영재교육필독시리즈 11

Program Evaluation in
Gifted Education

영재교육 프로그램 평가

Carolyn M. Callahan 편저 · 황윤세 · 강현석 · 정정희 · 전명남 공역

학지사

번역집필위원회

위 원 장 송인섭
부위원장 이신동　　　　　　　업무총괄 이정규

번역집필진(가나다 順)
강갑원, 강영심, 강현석, 고진영, 김미숙, 김정휘, 김정희, 김혜숙, 문은식,
박명순, 박은영, 박창언, 박춘성, 성은현, 성희진, 송영명, 송의열, 송인섭,
유효현, 이경화, 이민희, 이신동, 이정규, 이행은, 임　웅, 전명남, 전미란,
정정희, 최병연, 최지영, 최호성, 한기순, 한순미, 황윤세

Program Evaluation in Gifted Education

by Carolyn M. Callahan

Korean Translation Copyright ⓒ 2008 by Hakjisa Publisher
This translation is arranged with Corwin Press, Inc.,
A Sage Publications Company

영재교육필독시리즈 번역을 통한 새로운 지평을 열며

한국영재교육학회 회장 송인섭

한국에서 영재교육에 대한 관심의 역사와 뿌리는 수십여 년에 걸쳐 많은 영재교육학자들과 다양한 영역의 학자들이 이론적 대화와 논쟁을 통해 발전시키고 이를 교육 현장에 접목시키려는 노력에서 찾을 수 있다. 학문의 수월성 추구라는 측면과 한 인간이 가진 학습력의 다양성에 적절성을 제공한다는 의미에서 영재교육은 항상 우리의 관심 안에서 생명력을 키워 왔다. 그런 가운데 1995년 5월 30일 교육개혁안의 발표로 교육에서 영재교육이 차지하는 비중이 점차 강조되고 크게 다루어짐으로써, 영재교육의 새로운 지평을 여는 계기가 되었다. 이에 대한 실천 방안으로 2001년 1월 21일에 공포된 '영재교육진흥법'은 영재교육을 이론과 실제에서 구체적으로 한국사회에 정착하게 만든 중요한 전환점으로 기억된다.

> 이 법은 교육기본법 제12조, 제19조 규정에 따라 재능이 뛰어난 사람을 조기에 발굴하여 타고난 잠재력을 개발할 수 있도록 능력과 소질에 맞는 교육을 실시함으로써 개인의 자아실현을 도모하고 국가사회발전에 기여함을 목적으로 한다(영재교육진흥법 제1조 목적).

'영재교육진흥법 제1조 목적'을 보면, 이제 한국에서도 영재교육을 구체적으로 시행하려는 의도를 엿볼 수 있다. 자아실현을 통한 개인의 성장을 도모함과 국가사회발전에 기여함을 목적으로 설정한 점은 영재교육의 기본 전제와 차이가 없다. 이제 국가적인 차원에서 영재교육의 가능성이 열린 것이다.

그러나 영재교육은 이상과 의지만으로 되는 것이 아니고 합리적이고 타당한 실제가 있어야만 한다. 따라서 앞으로 단순히 법적인 차원에서의 목적 제시가 아닌, 한 개인이 자아실현을 이루고 그 자아실현을 통하여 한국사회에 봉사하는 영재를 교육하는 실제가 이루어지는 구체적인 노력이 필요하다.

이를 계기로 영재의 판별, 독립적인 영재교육과정의 개발, 정규 공교육과정 내에 영재교육의 실제적인 도입, 영재교육을 활성화하기 위한 다양한 영재교육기관의 설립, 그리고 영재교육을 위한 전문 연구소 또는 대학 부설 영재교육센터의 설치와 운영의 문제 등이 현실화되면서, 영재교육은 교육현장에서 중요한 부분을 차지하게 되었다.

영재교육은 통합학문적인 특성과 종합적인 사고속에서 이론과 실제가 연계될 때만이 신뢰성과 타당성을 갖출 수 있다는 특성이 있어 다양한 분야 전공 학자들이 이 문제에 대하여 큰 관심을 가질 필요가 있다. 교육학 자체가 이론과 실제의 조화를 요구하듯이, 영재교육에 대한 접근도 다양하고 종합적인 사고가 요구된다는 것을 우리는 잘 인식하고 있다. 영재교육은 영재교육에 대한 철학과 인간에 대한 가정으로부터 출발하여 인간의 특성에 대한 합리적이고 충분한 근거 위에서 논의해야 할 것이다. 이러한 이유로 현재 한국의 영재교육은 인문, 사회, 과학 분야를 망라하는 다양한 학자들의 손을 거쳐 점차적으로 이론과 실제라는 측면에서 발전하는 과정에 있다고 볼 수 있다.

이러한 발전과정의 하나로, 2002년 영재교육에 관심 있는 학자들이 뜻을 모아 현재의 '한국영재교육학회'를 창립하였다. 창립 이후에 각종 학술대회 개최, 세미나 실시, 그리고 매월 영재교육에 대한 콜로키움 등의 다양한 모임의 진행을 통하여 영재교육에 대한 문제를 토론하고 연구하며 현장에 적용하려는 노력을 지속하고 이를 『영재와 영재교육』이라는 학술지로 출판하고 있다. 특히, 영재교육학회의 콜로키움은 전국에서 20~30명 내외의 학자가 매월 1회씩 만나 영재교육과 관련된 논문 및 다양한 주제에 대해 토론하고 있다. 이를 통하여 영재에 관한 우리의 사고를 발전시킬 뿐만 아니라, 한국 사회에 어떻게 영재교육을 정착시킬 것인가의 문제를 가지고 논의하여 왔다. 이러한 노력으로 본 학회의 연구결과를 공표하는 학술지인 『영재와 영재교육』이 한국학술진흥재단의 등재후보학술지로 인정받았다.

이에 더하여 본 학회는 2006년도에 콜로키움의 주제를 미국영재교육학회에서 펴낸 지난 50년간의 영재교육의 연구결과물인 『영재교육필독시리즈(essential readings in gifted education, 2004)』를 선택하여 연구하였다. 매월 콜로키움을 통해 본 시리즈를 공부하고 논의하면서, 쉽지 않은 작업이지만 한국 영재교육의 발전을 위하여 시리즈를 번역하기로 합의하였다. 본서는 한국의 영재교육 상황을 설명하기 위하여 한국의 영재교육을 '특별호'로 첨가시켰으며 이 작업은 송인섭과 한기순이 하였다. 본 번역 작업은 1년 반의 기간이 소요되었으며, 공사다망한 가운데 번역 작업에 자발적으로 참여한 영재교육학자들은 강갑원, 강영심, 강현석, 고진영, 김미숙, 김정휘, 김정희, 김혜숙, 문은식, 박명순, 박은영, 박창언, 박춘성, 성은현, 성희진, 송의열, 송영명, 유효현, 이경화, 이민희, 이신동, 이정규, 이행은, 임웅, 전명남, 전미란, 정정희, 최병연, 최지영, 최호성, 한순미, 황윤세다.

물론 공동 작업은 쉽지 않은 일이었다. 그러나 많은 연구자들이 바쁜 와중에도 본 시리즈를 번역하는 일에 시간을 집중 할애함으로써 기간 내에 완성하였다는 점은 우리 모두로 하여금 학문적 성취감을 갖게 하기에 충분하였다. '번역은 제2의 창조'라는 말이 있듯이 새로운 지식 창출은 쉽지 않은 작업이었으나, 번역자들은 정기적인 회의를 통해 용어를 통일하였으며 내용의 일관성과 상호 검증과정을 통해 가능한 한 원저자의 의도를 반영하도록 노력하였다. 마지막으로 번역자들은 전체 회의를 통해 시리즈의 용어 통일을 위한 활동을 하면서, 시리즈 출판 후의 작업으로 '영재교육용어사전(가칭)'을 편찬하기로 합의하는 등 뜨거운 관심과 학문적 노력으로 본 시리즈의 번역물이 세상에 그 탄생을 알리게 되었다.

본 시리즈에 대해서는 원문의 편저자가 자세히 제시하였듯이, 영재교육에서 다루어야 할 대부분의 문제를 다루고 있다. 영재성의 정의, 판별, 교육과정, 영재의 정서적인 문제, 그리고 영재교육의 공공정책에 이르기까지 다양한 영역을 다루고 있다는 측면을 보더라도 본 시리즈가 갖는 학문적 포괄성과 깊이를 충분히 이해할 수 있다. 나아가 결론 부분에서 '영재교육이 지속적으로 성장하기 위해서는 새로운 목소리가 들려야 하고 새로운 참여자가 있어야 할 것이며 위대한 기회가 우리 분야에 활용될 것'이라는 주장은 영재교육의 미래에 대한 도전의 가치를 시사하고 있다.

본 시리즈에 포함된 주옥같은 논문들은 영재교육 분야의 『Gifted Child Quarterly』 같은 중요한 저널에서 가장 많이 인용된 논문들로, 엄선되어 소개된 것이 특징이다. 본 시리즈가 영재교육의 역사와 현재 영재교육에 대한 논의를 통해 영재를 위한 최상의 교육적 경험들을 찾는 것처럼, 한국의 영재교육 연구자에게도 바람직한 정보를 제공할 것이다. 또한 본 번역진들은 영재교육필독시리즈가 영재교육을 공부하는 학도들의 관심을 불러일으킬 만한 논문들로 구성되었다는 점을 확인할 수 있었다. 다소 그 대답을 찾지 못한 영역을 기술한 학자들은 도입 부분에서 아직 남아 있는 질문들을 이해하는 데 출발점이 될 수 있을 것이다. 우리는 그러한 대답들을 여전히 찾고 있으며, 현재 계속되는 발전적인 질문을 하기 위해 좀 더 나은 준비를 할 필요가 있다. 이번 시리즈의 독창적인 논문들은 우리가 어떤 이슈들을 해결하는 데 도움을 주면서 쉽게 답이 나오지 않는 다른 의문들도 강조한다. 결국 이 논문들은 끊임없이 제기되는 의문에 대하여 새롭게 도전하도록 도와준다고 볼 수 있다.

영재교육과 관련하여 그 성격과 내용, 방법, 교사연수, 교육과정 개발, 국가의 지원 문제 등에 대한 연구가 부족한 시점에서, 본 시리즈의 출판으로 많은 문제가 나름대로 정리되고 한국의 영재교육에 새로운 방향을 제시하기를 바라는 마음이 깊다. 영재교육에 관심 있는 영재 학도들의 토론의 출발점이 되는 번역서의 역할을 기대한다. 작업에 참여한 역자들은 영재교육 문제를 이론적·실제적으로 생각하고 논의하는 과정에서 마침내 본 시리즈를 한국 사회에 내놓게 되었다.

한편, 이 시리즈의 출판은 좀 더 큰 다른 결실로 나아가기 위한 과정이라고 볼 수 있다. 우리는 영재교육의 순기능을 극대화하는 방향을 모색하는 연구를 계속하고자 한다. 또한 영재교육에 관한 논의를 한국적 상황에 적용할 수 있는 한국적 영재교육을 생각하고자 한다. 교육과 연구를 병행함으로써 이론 발전을 통하여 현장에서의 영재교육 활동과 접목하여 발전시켜 나갈 것이다. 지금까지의 영재교육은 이론적 · 실제적 측면보다는 무작위적인 활동을 통한 교육으로 많은 시간을 소모하고 있는 듯하다. 이 시리즈의 논문에서 대답되고 제기된 문제들은 우리가 영재교육 분야에서 진일보할 수 있도록 도움을 줄 것이다.

우리는 '이 시리즈를 읽는 사람들이 영재교육의 흥미로운 여행에 동참해 주기를 희망한다'는 본 시리즈 소개의 결론에 동의하면서, 한국 사회에서 관심 있는 많은 사람들이 본 시리즈를 통하여 영재교육에 대한 관심과 새로운 도전에 참여하기를 기대한다. 역자들은 이 분야에 관련된 이론 발전을 위해 계속 연구할 것을 약속하고자 한다.

본 작업이 완료되기까지는 학지사의 김진환 사장의 출판에 대한 철학과 기획 시리즈의 사회적 기능을 고려한 적극적 지원의 힘을 얻었다. 뿐만 아니라 학지사의 편집부 직원 모두에게 깊은 감사를 드린다.

2007년 12월
청파골 연구실에서

역자 서문

본 역서는 Reis와 Callahan(2006)이 집필한 『Program Evaluation in Gifted Education』을 번역한 것이다. 제목에서 알 수 있듯이 영재교육 프로그램 평가와 이에 관심 있는 사람들에게 도움을 주기 위해 집필되었다. 특히 영재교육 프로그램 평가의 문제를 개괄적이면서도 심도 있게 다룬 영재교육 분야의 전문학술서다. 최근에 영재교육 분야에 대한 사회적 · 교육적 관심과 더불어 이 분야의 연구와 연구자들의 노력도 활발해지고 있어서 우리나라 영재교육의 성장과 성숙은 전도유망하다고 볼 수 있다.

영재교육 분야 중 특히 우리가 막연하게 생각해 오던 영재교육 프로그램 평가의 문제를 다루고 있는데, 국내에서 영재교육과 관련된 일반 저서가 많이 소개되는 상황에서 매우 귀중한 프로그램 평가 분야의 전문서다. 특히 다양한 연구 배경을 가지면서도 영재교육에 대해 공통 관심을 가진 4명의 역자가 이루어 낸 공동 연구의 성과물로서의 가치를 지님과 동시에, 영재교육 프로그램 평가 및 실제화, 그리고 영재교육 관련 전문가들에게 지침을 제공하고 있다는 점이 특징이다.

이 책의 내용은 네 범주로 나뉜다. 우선, 프로그램 평가에 관한 이론과 실제적 지침 제공, 구체적인 프로그램에 대한 평가, 평가 과정을 둘러싼 쟁점, 그리고 평가 과정에 관한 새로운 연구의 제언을 다루고 있다. 즉, 영재교육 프로그램 평가에 대한 일련의 과정과 내용을 담고 있다. 오늘날 영재교육 분야는 전 세계적으로 관심 대상이며 국가의 미래와 직결되는 중요한 분야로 대두되고 있다. 이에 영재교육 분야에서 영재교육을 올바르고 정확하게 이해하고, 실천하려는 연구자들에게 귀중한 자료가 될 것으로 확신한다. 향후 이 책은 영재교육 관련 전문가 양성 교육기관과 영재교육 현장에서 영재교육 프로그램을 평가하고 운영하는 데 중요한 기여를 할 것으로 기대된다. 아무쪼록 오늘날 영재교육에 대한 관심과 기대에 부응하며, 영재교육 현장의 문제를 해결하는 데 조그마한 기여를 할 수 있는 좋은 자료가 되기를 바란다.

이 책은 현재 영재교육과 관련된 분야에서 이론적, 실제적으로 활동을 하는 전문가들이 각자 관심을 갖는 분야를 선정하여 우리말로 번역하였다. 각자 번역하여 교차 검토하고 최종적으로 용어를 통일하는 방식으로 작업을 진행하였다. 여러 번 확인하고 수정하는 과정을 거쳤으나, 공동 번역이라는 한계로 인해 많은 문제가 발견되리라 예상된다. 이러한 문제들은 점차 수정해 나가려고 한다.

이 책을 번역하는 것이 역자 자신들에게 많은 도움이 되었다. 예를 들어, 지금까지 희미하게 알던 영재교육 프로그램 평가의 개념, 내용, 절차, 주요 쟁점에 대해 보다 분명하게 파악할 수 있었다. 그러나 대부분의 연구자들이 번역 과정에서 느끼는 것이지만, 원문의 바른 의미 전달 문제와 이 분야의 짧은 지식 때문에 생긴 번역상의 미흡한 점은 차차 공부하면서 고쳐 나가고자 한다. 지루한 번역 작업에 함께 동참해 주신 여러 교수님들께 감사의 말씀을 전하고자 한다.

번역을 하면서 원저자의 의도를 충실하게 살렸는지, 그 의미를 제대로 파악했는지 걱정이 앞선다. 이 분야의 선배들과 동료들의 지적과 충고를 바란다. 출판계의 어려운 사정에도 불구하고 출판을 허락해 주신 (주)학지사 김진환 사장님과 편집부 직원들께 감사를 드린다.

역자 일동

목 차

영재교육필독시리즈 소개

Sally M. Reis

영재교육에 대한 지난 50년간의 연구 업적은 과소평가할 수 없을 만큼 수행되었다. 영재교육 분야는 더욱 강력하고 가시적으로 나타나고 있다. 미국의 많은 주의 교육위원회 정책이나 입장은 영재교육에 더욱 많이 지원하는 방향으로 수립되고 있으며, 영재교육에 대한 특별한 요구를 특별 법안으로 지원하고 있다. 영재에 대한 연구 분야의 성장은 일정하지 않았지만, 연구자들은 영재를 교육하는 데 국가 이익에 대한 다양한 관점과 영재교육의 책임에 대하여 논의하였다(Gallagher, 1979; Renzulli, 1980; Tannenbaum, 1983). Gallagher는 역사적인 전통 속에서 영재를 위한 특별 프로그램의 지원과 냉담의 논쟁을 평등주의에서 수반된 신념과 귀족적 엘리트의 싸움으로 묘사하였다. Tannenbaum은 영재에 대한 관심이 최고조였던 두 시점을 1957년 스푸트니크 충격[1] 이후의 5년과 1970년대 후반의 5년이라고 제시하면서, 혜택받지 못한 장애인에 대한 교육에 여론의 집중이 최고조였던 시기의 중간 지점에서 영재교육은 오히려 도태되었다고 하였다. "영재에 대한 관심의 순환적 특징은 미국 교육사에서 특이한 것이다. 그 어떤 특별한 아동 집단도 교육자와 아마추어에게 그처럼 강하게 환영받고 또 거부당하는 것을 반복한 적이 없었다."(Tannenbaum, 1983, p. 16) 최근 미국 정부에서 영

---

1) 역자 주: 옛 소련이 세계 최초로 인공위성인 스푸트니크(1957년 10월 4일 발사)를 발사하자, 과학을 비롯하여 우월주의에 빠져 있던 미국은 이를 'Sputnik Shock'라 하면서, 교육과 과학을 포함한 모든 분야에서 국가 부흥운동을 대대적으로 전개함.

재교육 분야를 주도한 결과, 교육과정의 실험화와 표준화에 대한 우려가 증가하면서 영재교육이 다시 후퇴하는 것으로 나타난 것처럼, Tannenbaum의 말대로 영재교육의 순환적 본질이 어느 정도 맞아떨어지는 것이 우려된다. 영재교육의 태만한 상태에 대한 그의 묘사는 최근의 영재교육 상황을 잘 설명하고 있다. 영재교육에 대한 관심이 최고조였던 1980년대 말에는 영재교육 프로그램이 융성하였고, 초 · 중등 영재교육 프로그램을 위한 시스템과 15가지 모형이 개발되어 책으로 소개되었다(Renzulli, 1986). 1998년 Jacob Javits의 영재학생 교육법(Gifted and Talented Students Education Act)이 통과된 후 국립영재연구소가 설립되었다. 그리고 12개 프로그램이 '과소대표(underrepresentation)' 집단과 성공적인 실험에 관련된 영역에서 통합적인 지식으로 추가되었다. 그러나 1990년대에는 영재를 위한 프로그램이 축소되거나 삭제되기 시작하였고, 1990년대 후반에는 미국의 절반이 넘는 주가 경기침체와 악화된 예산 압박으로 영재교육을 더욱 축소하였다.

심지어 영재교육의 필요성이 더욱 증가하고 있음에도 불구하고, 제한적 서비스 제공에 대한 우려는 계속 제기되었다. 미국에서 가장 재능이 뛰어난 학생의 교육에 대한 두 번째 연방보고서(Ross, 1933)인 『국가 수월성－발전하는 미국의 재능에 대한 사례(National Excellence: A Case for Developing America's Talent)』는 영재에 대한 관심의 부재를 '심각한 위기(a quiet crisis)'라고 지적하였다. "수년간 영특한 학생의 요구에 단발적인 관심이 있었으나, 영재 중 대부분은 학교에서 자신의 능력 이하의 공부를 하며 지내고 있다. 학교의 신념은 경제적이고 문화적인 배경에서 탁월한 영재보다 모든 학생의 잠재력을 계발해야 한다는 쪽으로 바뀌었다. 따라서 영재는 덜 도전적이고 덜 성취적인 학생이 되었다."(p. 5) 또한 보고서는 미국의 영재가 엄격하지 않은 교육과정에서 별로 읽고 싶지 않은 책을 읽으며, 직업이나 중등교육 졸업 이후를 위한 진로 준비가 다른 많은 선진 국가의 재능이 뛰어난 학생보다 덜 되고 있다는 사실을 지적하였다. 특히 경제적으로 취약하거나 소수집단의 영재는 무시되고, 대부분이 어떠한 개입 없이는 그들의 탁월한 잠재력을 알아차리지 못할 것이라고 보고서는 지적하였다.

영재교육 분야의 진보를 축하하는 이 기념비적인 영재교육필독시리즈는 학자들이 『Gifted Child Quarterly』와 같은 영재교육 분야의 주요 저널에서 가장 많이 언급한 주옥 같은 논문들을 소개하고 있다. 우리는 영재교육의 과거를 존중하고 현재 우리가 직면한 도전을 인정하며, 영재를 위해 최상의 교육 경험을 찾는 것같이 미래사회를 위한 희망적인 안내문을 제공해 주는 사색적이고 흥미를 불러일으킬 만한 논문으로 영재교육필독시리즈를 구성하였다. 엄격한 검토 후 출판된 영향력 있는 논문들은 영재교육 분야에서 자주 인용되고 중요하게 여겨지기 때문에 선택되었다. 시리즈의 논문들은 우리가 영재교육에 대해 중요한 내용을 배우고 있다는 것을 보여 주고 있다. 우리의 지식은 여러 분야에 걸쳐 확장되고 진보된 것이 무엇인지에 대해 합의를 이끌어 내고 있다. 다소 분리된 영역을 기술한 학자들은 도입 부분에서 아직 남아 있는 질문을 이해하는 데 도움이 된다고 설명하였다. 그러한 대답을 여전히 찾으면서도, 현재 우리는 발전적인 질문을 계속하기 위해 좀 더 나은 준비를 하고 있다. 이번 시리즈의 독창적인 논문들은 어떤 쟁점을 해결하는 데 도움을 주며, 쉽게 답이 나오지 않는 다른 질문도 강조한다. 결국 이 논문은 끊임없이 제기되는 질문에 새롭게 도전하도록 도와준다. 예를 들면, Carol Tomlinson은 영재교육 분야의 상이한 교육과정은 영재교육 분야에서 계속 파생되는 문제라고 하였다.

초기 영재교육 분야의 문제들은 시간이 지남에 따라 해결되어 점차 체계적 지식의 일부로 포함되었다. 예를 들면, 학교와 가정 모두 높은 잠재력을 지닌 개인의 영재성을 육성하는 데 도움이 될 수 있다는 점과, 학교 내부와 외부의 교육 서비스의 연계는 영재성이 발달할 가장 훌륭한 학창시절을 제공해 줄 수 있다는 것이 널리 인정되고 있다. Linda Brody가 도입부에서 지적한 것처럼, 이미 30년 전에 제기된 집단편성과 속진 문제에 대해 논쟁을 벌이는 것은 현재로서는 불필요하다. 예를 들면, 영재학생들에게 적절한 교육 기회를 제공하기 위해 집단편성, 심화, 속진 모두 필요하다는 사실에 일반적으로 동의하고 있다. 이러한 과거의 논쟁들은 영재교육 분야를 발전시키는 데 도움은 되었으나, 사변적이고 상호 관련되는 작업이 아직 남아 있다. 이번 시리즈는 각 장의 편저자가 배워야 할 것을 모으고, 미래에 대해 흥미를 불러일으키는 질문을 끄집어냈다. 이러한 질문은 영재교육 분야에 고민할 기회를 많이 주고, 다음 세대의 학자들에게 연구할 기회를 충분히 제공한다. 서론에는 이번 시리즈에서 강조하는 내용을 간략하게 소개하고자 한다.

제1권 영재성의 정의와 개념

제1권에서는 Robert Sternberg가 영재성의 정의, 아동기와 청소년기에 보이는 재능의 종류에 대한 독창적인 논문들을 소개하고 있다. 일반적으로 가장 널리 사용되는 영재성의 정의는 교육학자들이 제안한 정의가 담긴 미국 연방법의 정의다. 예를 들면, Marland 보고서(Marland, 1972)는 미국의 많은 주나 학회에서 채택되었다.

주나 지역의 수준에 따라 영재성의 정의에 대한 선택은 주요 정책의 결정 사항이었고 지금도 여전히 그러하다. 정책결정이 종종 실제적 절차나 혹은 영재성 정의나 판별에 관한 연구결과와 무관하거나 부분적으로만 관련이 있다는 점은 흥미롭다. 정책과 실제에서 차이가 발생하는 것은 아마도 많은 변인이 있기 때문일 것이다. 불행하게도, 연방법에 따른 영재성의 정의는 포괄적이지만 모호하여 이 정의로 인해 발생하는 문제들이 해당 분야의 전문가들에 의해 밝혀졌다. 최근 영재 프로그램의 현황에 대한 연방정부 보고서인 『국가 수월성』(Ross, 1993)에서는 신경과학과 인지심리학에서의 새로운 통찰력에 토대를 두고 새로운 연방법에 따른 정의를 제안하고 있다. '천부적으로 타고난다(gifted)'라는 조건은 발달하는 능력보다 성숙을 내포하고 있다. 그 결과 재능 발달을 강조한 새로운 정의인 "현재의 지식과 사고를 반영한다."(p. 26)라고 한 아동에 대한 최근 연구결과와는 논쟁이 되고 있다. 영재에 대한 기술은 다음과 같다.

영재는 일반 아이들과 그들의 나이, 경험 또는 환경과 비교했을 때 뛰어난 탁월한 재능수행을 지니거나 매우 높은 수준의 성취를 할 수 있는 잠재력을 보여 주는 아동이다. 이런 아동은 지적, 창의적 분야, 그리고 예술 분야에서 높은 성취력을 나타내고, 비범한 리더십을 지니며, 특정 학문 영역에서 탁월하다. 그들은 학교에서 일반적으로 제공되지 않는 서비스나 활동을 필요로 한다. 우수한 재능은 모든 문화적 집단, 모든 경제 계층, 그리고 인간 노력의 모든 분야에서 아동기나 청소년기에 나타난다(p. 26).

공정한 판별 시스템은 각 학생의 차이점을 인정하고 다른 조건에서 성장한 학생들에 대해서도 드러나는 재능뿐만 아니라 잠재력을 확인시켜 줄 수 있는 다양하고 복잡한 평가방법을 사용한다. Sternberg는 책의 서두에서, 사람이 나쁜 습관을 가지고 있듯이 학문 분야도 나쁜 습관이 있다는 것을 인정하며, "많은 영재 분야의 나쁜 습관은 영재가 무엇인지에 대한 정확한 개념도 없이 영재성에 관한 연구를 하거나, 더 심한 경우는 아동이 영재인지 아닌지 판별하는 것이다."라고 설명하였다. Sternberg는 영재성과 재능의 본질, 영재성 연구방법, 영재성의 전통적 개념을 확장한다면 얼마나 달성할 수 있을까? 다시 말해, 영재성과 재능 사이에 차이점이 존재하는가? 유용한 평가방법의 타당성은 어떠한가, 그리고 아마도 가장 중요한 것으로 우리가 얼마나 영재성과 재능을 계발할 수 있는지에 대해 의문을 가져 봄으로써 영재성의 정의에 대한 중요 논문에서 주요 주제를 요약할 수 있었다. Sternberg는 논문을 기고한 많은 학자가 폭넓게 동의한 요점을 간결하게 정리하였다. 영재성은 단순히 높은 지능(IQ)보다 더 많은 것을 포함하고, 인지적·비인지적 요소를 포함하며, 뛰어난 성과를 실현할 잠재력을 계발할 환경이 있어야 하고, 영재성은 한 가지가 아니라고 하였다. 나아가 우리가 영재성을 개념화하는 방법은 재능을 계발할 기회가 있는 사람에게 큰 영향을 미치고, 독자에게 교육자로서의 책임을 상기시켜 준다고 경고하였다. 또한 영재교육 분야에서 가장 비판적 질문 중 하나는 천부적으로 뛰어난 사람은 그들의 지식을 세상에 이롭게 사용하는가, 아니면 해롭게 사용하는가다.

제2권에서는 Renzulli가 영재교육 분야의 연구자가 현재 직면한 가장 비판적인 질문인 어떻게, 언제, 왜 영재를 판별해야 하는지에 대하여 기술하고 있다. 그는 영재성의 개념이 매우 보수적이고 제한된 관점에서 좀 더 융통성 있고 다차원적인 접근까지의 연속된 범위를 따라서 존재한다고 생각한다. 따라서 판별의 첫 단계부터 의문을 가져야 한다. 무엇을 위한 판별인가? 왜 보다 어릴 때 판별해야 하는가? 예를 들어, 미술 프로그램이 재능 있는 예술가를 위해 개발되었다면, 그 결과로써의 판별 시스템은 반드시 미술 영역에서 증명되거나 잠재적인 재능을 가진 아동을 판별할 수 있는 구조여야 한다는 것이다.

Renzulli는 도입 부분에서 판별에 대한 중요한 논문들과 최근의 합의를 요약하였다. 예를 들면, 대부분의 연구자들이 언급하였듯이 지능검사나 다른 인지능력검사들은 대부분 언어적이고 분석적인 기술을 통해 아동의 잠재력의 범위에 대한 정보를 제공한다. 그러나 그것은 우리가 누구를 판별해야 하는지 알아야 할 필요가 있는 모든 정보를 다 설명해 주지는 않는다. 그런데 연구자는 판별 과정에서 인지능력검사를 빼야 한다고 주장하지 않는다. 오히려 대부분의 연구자 (a) 다른 잠재력의 척도들이 판별에 사용되어야 하고, (b) 이러한 척도들은 특별 서비스를 받을 학생을 최종 결정할 때 똑같이 고려해야 하며, (c) 마지막 분석 단계에서 신중한 결정을 내리려면 점수를 매기거나 도구를 사용할 것이 아니라 식견이 있는 전문가의 사려 깊은 판단을 믿어야 한다고 생각한다.

판별에 대한 중요한 논문들의 저자들이 제시한 또 다른 쟁점은 다음과 같다. (a) 수렴적이고 확산적인 사고(Guilford, 1967; Torrance, 1984), (b) 침해주의(entrenchment)와 비침해주의(non-entrenchment)(Sternberg, 1982), (c) 학교 중심의 영재성 대 창의적이고 생산적인 영재성의 차이(Renzuilli, 1982; Renzulli & Delcourt, 1986)다. 학교 중심의 영재성을 정의하는 것은 창의적이고 생산적인 영재성의 잠재력을 가진 아동을 정의하는 것보다 더 쉽다. Renzulli는 영재학생 판별에 대한 발전은 계속되어 왔으며, 특히 지난 25년 동안 인간의 잠재력과 영재성의 개념에 대한 새로운 이론을 고려한 평준화의 문제, 정책, 그리고 실제에 대한 새로운 접근법이 연구되고 있다고 믿는다. 그러나 그는 판별 기법에 대한 끊임없는 연구가 여전히 필요하고, 역사적으로 재능 있는 영재가 다른 이들처럼 항상 측정되지 않는 어떤 특성이 있다는 것을 마음속에 지니는 것이 중요하다고 하였다. 우리는 지금까지 설명하기 어려운 것을 위한 연구를 계속해야 할 필요가 있다. 영재성은 문화적으로나 상황적으로 모든 인간 행동에 고착된다는 것을 깨달아야 하며, 무엇보다 우리가 아직 설명하지 못하는 것의 가치를 매겨야 할 필요가 있다.

제3권 영재교육에서 집단편성과 속진
제4권 영재 교육과정 연구
제5권 영재를 위한 차별화 교육과정

제3, 4, 5권에는 영재 프로그램의 교육과정과 집단편성에 대한 쟁점에 대해 설명하였다. 아마도 이 영역에서 가장 유망한 기법의 일부가 영재에게 실시되고 있을 것이다. 집단편성의 다양한 유형은 영재에게 진보된 교육과정에서 다른 영재와 함께 공부할 기회를 주는 것처럼, 집단편성과 교육과정은 서로 상호작용한다. 수업상의 집단편성과 능력별 집단편성에 대해서 일반적으로 알려진 것처럼 학생을 집단편성하는 방법을 다루는 것이 아니라, 가장 큰 차이를 만드는 집단 내에서 무엇이 일어나는지를 다루는 것이다.

너무도 많은 학교에서, 영재를 위한 교육과정과 수업이 학교에 있는 동안 약간만 다르게 이루어지며 최소한의 기회를 주고 있다. 때때로 방과 후 심화 프로그램 또는 토요일 프로그램이 종합적인 학교 프로그램을 운영하고 있는 박물관, 과학 센터 또는 현지 대학을 통해 제공된다. 또한 학업적으로 매우 재능 있는 학생은 나라를 불문하고 수업을 지루해하고 비동기적, 비도전적으로 수업에 참여한다. 미국에서 빈번하게 사용된 교육방법인 속진은 종종 교사나 행정관료에 따라 시간적인 문제, 월반에 대한 사회적 영향, 그리고 기타 부분에 대한 염려를 포함한 다양한 이유를 들어 부적절한 방법으로 저지되었다. 속진의 다양한 형태—유치원이나 초등학교를 1년 먼저 들어가는 조숙한 아이, 월반, 대학 조기입학 등—는 대부분의 학교에서 일반적으로 사용하지 않는다.

불행하게도, 대안적인 집단편성 전략은 학교 구조의 개편을 의미한다. 그리고 일정, 재정 문제, 근본적으로 변화를 지연시키는 학교 때문에 교육적 변화를 일으키는 데 어려움이 있어서 아마도 매우 늦게 이루어질 것이다. 이렇게 지연되면서, 영재학생은 그들 연령의 동료보다 훨씬 앞서서 더 빠르게 배울 수 있고 더 복잡한 사물을 살필 수 있는 기본적인 기능과 언어 능력에 기초한 특별한 교육을 받지 못하는 것이다. 뛰어난 학생에게는 적절한 페이스, 풍부하고 도전적인 수업, 일반 학급에서 가르치는 것보다 상당히 다양한 교육과정이 필요하지만, 학업적으로 뛰어난 학생이 학교에서 오히려 종종 뒤처져 있다.

Linda Brody는 교육 목적에 맞게 학생을 집단편성하는 가장 좋은 방법을 소개하였다. 연령에 맞춘 전형적인 교육 프로그램이 그 교육과정을 이미 성취하고 인지능력을 지닌 영재의 욕구를 충족시켜 줄 수 있는가에 대하여 염려하였다. 집단편성에 대한 논문은 첫째, 개인의 학습 욕구를 충족시키는 데 교육과정이 갖추어야 할 융통성의 중요성, 둘째, 교육 집단으로 학생을 선정할 때 융통성 있는 교육자의 필요성, 셋째, 필요하다면 집단을 변경해야 할 필요성을 강조한다. 서론에는 영재를 일반학생과 같이 집단편성시키는 것에 대한 논쟁을 싣고 있다. 그리고 소수의 사람이 다른 학습 욕구를 지닌 학생을 위해 차별화된 교육을 허용하는 도구로 속진학습과 집단편성을 이용하고자 하는 요구에 찬성하지 않는다. 좀 더 진보된 교육 프로그램이 발달된 인지능력과 성취 수준을 다르게 하기 위한 방법으로써 이용될 때, 그러한 방법은 모든 학생에게 적절한 교육의 목표를 달성하도록 도와줄 수 있다.

VanTassel-Baska는 영재를 위한 교육과정의 가치와 타당한 요인을 강조하는 중요한 아이디어와 교육과정의 발달, 영재를 위한 교육과정의 구분, 그러한 교육과정의 연구에 기초한 효과와 관련된 교육법을 설명함으로써 영재교육과정에 대한 중요한 논문을 소개하고 있다. 또한 독자에게 교육과정의 균형에 대하여 Harry Passow의 염려와 불균형이 존재한다고 암시하였다. 연구결과를 보면, 영재의 정의적 발달은 특별한 교육과정을 통해서 일어난다고 암시하기 때문이다. 게다가 교육과정을 내면화하려는 노력은 예술 및 외국어 분야에서는 일어나지 않는다. 교육과정의 균형 있는 적용과 인정을 통해서 우리는 Passow가 생각했던 인문학의 개인 유형을 만들 수 있다. VanTassel-Baska는 균형을 맞추기 위해 교육과정의 선택뿐 아니라 다양한 영재의 사회정서적 발달을 위한 요구를 제시하였다.

Carol Tomlinson은 지난 13년 동안 유일하게 영재교육 분야의 차별에 대한 비판적인 논문을 소개하면서, 최근 논문이 '영재교육 분야에서 파생된 쟁점, 그리고 계속되어 재경험되는 쟁점'이라고 하였다. 그녀는 영재교육에서 중요한 것 중의 하나가 교육과정의 차별화를 다룬 주제라고 하였다. 인류학에서 유추한 대로, Tomlinson은 '통합파(lumpers)'는 문화가 공통적으로 무엇을 공유하는지에 대해 더 큰 관심을 가지는 것에 비해, '분열파(splitters)'는 문화 사이의 차이점에 초점을 맞춘다고 말하였다. 통합파는 혼합 능력 구조 안에서 다양한 집단에게 어떤 공통된 문제와 해결방법이 존재하는지를 질문한다. 반면, 분열파는 혼합 능력 구조 안에서 능력이 높은 학생에게 어떤 일이 일어나는지에 대해 물어본다. Tomlinson의 논문에서 주목할 만한 특징은 일반교육과 영재교육의 교육방법을 잘 설명하면서 두 교육과정의 결합을 제시하고 있다는 것이다.

제6권 문화적으로 다양하고 소외된 영재학생
제7권 장애영재와 특수영재
제8권 사회적 · 정서적 문제, 미성취, 상담

영재 프로그램에 참여하는 아동의 대부분은 우리 사회에서 다수 문화를 대표하는 학생이다. 그러나 경제적으로 어렵고 장애가 있으며 다른 문화적 배경을 지닌 소수의 학생은 영재 프로그램에 실제보다 적게 참여하는데, 이에 대하여 약간의 의혹이 존재한다. 의혹이 드는 첫 번째 이유는 영재의 판별에 사용되는 쓸모없고 부적절한 판별과 선발 절차가 이들의 추천 및 최종 배치를 제한할지도 모른다는 점이다. 이 시리즈에 요약된 연구는 영재 프로그램에서 전통적으로 혜택을 적게 받은 집단에 대해 다음의 몇 가지 요소가 고려된다면 좀 더 많은 영재가 출현할 수 있을 것이라고 지적한다. 고려될 요소란 영재성의 새로운 구인, 문화적이고 상황적인 가변성, 더욱 다양하고 확실한 평가방법 사용, 성취에 기초한 판별, 더욱 풍부하고 다양한 학습기회를 통한 판별의 기회다.

Alexinia Baldwin은 『Gifted Child Quarterly』에서 지난 50년간 영재교육에 대한 대화와 토론을 진행시켜 온 주요 관심사로, 영재 프로그램에서 문화적으로 다양하면서 영재교육의 혜택이 부족했던 집단에 대해 논의하였다. 이에 대한 3개의 주요 주제는 판별과 선발, 프로그래밍, 위원의 임무와 개발이다. 판별과 선발이라는 첫 번째 주제에서, 영재성은 광범위하면서 많은 판별기법을 통해 표현될 수 있다는 것을 확실하게 하기 위한 교육자의 노력은 아킬레스건과 같음을 지적하고 있다. Baldwin은 판별을 위한 선택을 확장한 Renzulli와 Hartman(1971), Baldwin(1977)의 호의적인 초기 연구를 인용하면서, 해야 할 것이 아직도 많이 남아 있다고 경고하였다. 두 번째 주제인 프로그래밍은 다양한 문화를 가진 학생의 능력을 알아보지만, 그들을 일괄적으로 설계된 프로그램 안에 있으라고 종종 강요한다. 세 번째 주제에서 그녀는 영재교육 프로그램을 담당하는 교사의 다양성뿐만 아니라, 이론을 만들고 그런 관심을 설명하며 조사하는 연구자의 태도나 마음가짐에 대해 관심을 표명하였다.

Susan Baum은 "영재는 일반 사람에 비해 더욱 건강하고 대중적이고 순응적이다."라고 제안한 Terman의 초기 연구를 요약하면서, 영재의 개별적인 특별한 요구에 대해 역사적 근원을 밝히고 있다. 더 중요한 것은 영재가 별다른 도움 없이 모든 영역에서 높은 수준의 성과를 낼 수 있을 것이라고 간주되어 왔다는 것이다. Baum은 영재에 대한 고정관념의 특징에 따라 특별한 요구를 지닌 영재가 특정 집단이 될 수 있는 가능성을 감소시켰다고 하였다. Baum은 이번 시리즈의 중요한 논문에서 영재가 위기에 직면하고 있으며 그들의 가능성을 실현하는 데 방해되는 장애물을 극복하기 위한 전략을 제안하였다. 논문은 세 개의 학생 집단에 초점을 맞추었다. (1) 학습장애와 주의력장애로 위기에 처한 중복-장애(twice-exceptional), (2) 계발되고 성취할 수 있는 능력을 사회적으로나 감정적으로 억제하는 성(gender) 문제에 직면한 영재, (3) 경제적으로 빈곤하고 학교에서 탈락할 위기에 놓인 학생이다. Baum은 이러한 아동 집단이 발달하는 데 하나 또는 그 이상의 장애의 영향을 받는다는 것을 연구하였다. 가장 큰 장애는 판별방법, 프로그램 설계의 결함, 적절한 사회적, 정서적 지원의 부족 등이다. 그녀는 이러한 비판을 통해 미래의 영재교육이 나아갈 방향에 대해 사려 깊은 질문을 던지고 있다.

Sidney Moon은 사회적, 정서적인 쟁점을 설명해 주는 영재학회의 프로젝트 팀이 기고한 영재의 사회적, 정서적 발달과 영재 상담에 대하여 중요한 논문을 소개하였다. 첫 번째 프로젝트는 2000년도에 '사회적, 정서적 문제를 위한 특별연구회(Social and Emotional Issues Task Force)'가 연구하였으며, 2002년에 연구결과를 『영재아동의 사회적, 정서적 발달: 우리는 무엇을 아는가?(The Social and Emotional Development of Gifted Children: What do we know?)』를 출판함으로써 마무리되었다. 이 부분에서는 영재의 사회적, 정서적 발달에 관한 문헌연구를 하였다(Neihart, Reis, Robinson, & Moon,

2002). Moon은 사회적, 정서적 발달과 상담 분야의 중요한 연구가 최근 영재교육 분야의 사회적, 정서적인 쟁점에 대한 연구의 장단점을 잘 설명해 준다고 믿는다. 논문은 영재의 잠재력을 계발하는 데 실패한 미성취 영재 집단 등의 특수영재 집단에 대하여 연구자의 관심을 증대시켰다. 또한 방해 전략과 좀 더 철저한 개입에 따라서, 이러한 학생에 대해 좀 더 경험적 연구를 요구하였다. 그녀는 비록 좋은 영재 상담 모형이 발전되어 왔지만, 아시아계 미국인, 아프리카계 미국인, 특수 아동과 같이 특수한 경우의 영재에 대하여 상담의 중재와 효과를 결정하기 위해 정확하게 평가될 필요가 있다고 하였다. 또한 Moon은 영재교육 분야의 연구자는 사회심리학, 상담심리학, 가족치료학, 정신의학과 같은 정서 분야의 연구자와 협력해야 한다고 주장한다. 이는 해당 분야의 전문가 집단에게 영재를 가장 효과적으로 중재하는 것을 배우기 위해서이며, 모든 영재가 최상의 사회적, 정서적, 개인적 발달을 할 수 있도록 도와줄 수 있는 좀 더 나은 방법을 배우기 위해서다.

제9권 예술 · 음악 영재학생
제10권 창의성과 영재성

Enid Zimmerman은 음악, 무용, 시각예술, 공간적 · 신체적 표현 예술 분야의 재능이 있는 학생에 대한 논문을 고찰하고, 시각과 행위 예술 분야의 재능 발달에 관한 책을 소개하고 있다. 논문에 나타난 주제는 (1) 예술 재능 발달에서 천성 대 양육에 관련된 문제에 관심을 보이는 부모, 학생, 교사의 인식, (2) 예술 재능이 있는 학생의 결정 경험에 관한 연구, (3) 다양한 환경 속에서 예술 재능이 있는 학생을 판별하는 학교와 공동체 구성원 간의 협동, (4) 교사가 예술 재능이 있는 학생을 격려하는 것에 관련된 리더십에 관한 쟁점이다. 이는 모두 어느 정도 예술 재능이 있는 학생의 교육에 관한 교사, 학부모, 학생과 관계되어 있다. 그리고 도시, 교외, 시골 등 다양한 환경에 놓여 있는 예술 재능 학생의 판별에 관한 논의도 포함되어 있다. Zimmerman

은 이러한 특별한 분야에서 교육 기회, 교육환경의 영향, 예술 재능이 있는 학생의 발달에 영향을 미치는 교사의 역할에 대한 연구가 필요하다고 하였다. 판별 기준과 검사도구의 영향, 시각과 행위 예술에 재능이 있는 학생의 교육 관계는 앞으로 연구가 매우 필요한 분야다. 예술 재능이 있는 학생의 교육에 관한 세계적이고 대중적인 문화의 영향과 비교 문화적 관계뿐만 아니라 학생의 환경, 성격, 성 지향성, 기법 개발, 그리고 인지적 · 정의적 능력에 관한 연구도 필요하다. 이 책에서 그녀가 소개하고 있는 사례연구는 이러한 관점에 대한 연구의 필요성을 제기하고 있다.

Donald Treffinger는 창의성과 관련된 개념적이며 이론적인 연구를 살펴보려는 연구자들이 공통적인 관심과 노력을 기울이고 있는 다음의 5가지 주요 주제, (1) **정의**(어떻게 영재성, 재능, 창의성을 정의하는가?), (2) **특성**(영재성과 창의성의 특성), (3) **정당성**(왜 창의성이 교육에서 중요한가?), (4) 창의성의 **평가**, (5) 창의성의 **계발**에 대해 논의하였다. 창의성 연구의 초창기에 Treffinger는 훈련이나 교육에 따라 창의성이 계발되는 것이 가능한지에 대해서 상당한 논의가 있어 왔다고 하였다. 그는 지난 50년 동안 교육자들이 창의성의 계발이 가능하다(Torrance, 1987)는 것을 배워 왔으며, '어떤 방법이 가장 최선이며, 누구를 위하여, 어떤 환경에서?'와 같은 질문을 통해 이러한 연구 분야를 확장시켜 왔다고 언급하였다. Treffinger는 효과적인 교수법을 통해 창의성을 발달시키고, 어떤 방법이 가장 큰 영향을 줄 수 있는지 탐구하려고 노력한 교육자의 연구를 요약하였다.

제11권 영재교육 프로그램 평가
제12권 영재교육의 공공정책

Carolyn Callahan은 적어도 지난 30년간 영재교육 분야의 전문가가 간과하였던 중요한 요소가 평가자와 참여자 간에 큰 역할을 한다는 평가에 대하여 비중 있는 논문을 소개하고 있다. 그녀는 평가에 관한 연구를 구분하였는데, 그중에서도 영재교육 프로그램의 평가에 관한 연구는 다음의 4가지 범주로 구분하였다. (1) 이론과 실제적인 지침 제공, (2) 평가의 구체적인 프로그램, (3) 평가 과정을 둘러싼 쟁점, (4) 평가 과정에 관한 새로운 연구 제안이다. Callahan은 연구자에 따라 평가 작업이 이미 수행되고 있으며, 재능아를 위한 프로그램의 효율성 증가에 평가가 중요한 공헌을 한다고 하였다.

James Gallagher는 가장 도전적인 질문이 증가하고 있는 공공정책을 소개하면서 전투 준비를 해야 한다고 하였다. Gallagher는 영재교육의 한 분야로, 영재교육의 강력한 개입을 통해 합의를 이끌어 내고, 우리가 어떻게 엘리트주의라는 비난에 대응할 것인지를 생각해야 한다고 제안하였다. 그는 영재교육 분야가 일반교사와 재능 교육 전문가의 개발을 지원하는 추가적인 목표에 노력을 더 기울여야 한다고 하였다. 그리고 부족한 자원을 획득하기 위한 공공의 싸움에 실패한 것은 이미 20년 전에 1990년을 전망하며 Renzulli(1980)가 던진 질문인 "영재아동의 연구동향이 2010년에도 계속 이어질 것인가?"를 다시금 생각하게 한다고 하였다.

결 론

영재교육 분야에 대한 고찰과 최근 수십 년 동안의 독창적인 논문에서 우리는 무엇을 배울 수 있는가? 첫째, 앞으로 영재교육을 계속하여 발전시켜야 하는 우리는 논문이 쓰였던 시기와 과거를 존중해야 한다. 우물에서 물을 마실 때 우물을 판 사람에게 감사해야 한다는 속담처럼, 선행연구가 영재교육 분야를 성장시키는 씨앗임을 알아야 한다. 둘째, 우리의 시리즈 연구가 영재교육 분야에서 매우 신나는 연구이며 새로운 방향 제시와 공통된 핵심 주제임을 알아야 한다. 마지막으로, 우리는 영재에 대한 연구에서 완전히 마무리된 연구결과물이란 없으며, 논문마다 제기한 독특한 요구를 어떻게 최선을 다해 만족시킬 수 있는지를 연구함으로써 미래를 포용해야 한다. 이 시리즈에서 보고된 논문은 앞으로 연구할 기회가 풍부하다는 것을 의미한다. 그러나 아직도 많은 질문이 남아 있다. 미래의 연구는 종단연구뿐만 아니라 양적, 질적인 연구에 기초해야 하고, 단지 수박 겉핥기만 해 온 연구를 탐구할 필요가 있는 쟁점과 많은 변수를 고려하여 완성시켜야 한다. 다양한 학생 중 영재를 판별해 내는 보다 포괄적인 프로그램을 개발하는 연구가 더욱 필요하다. 이것이 이루어질 때, 미래의 영재교육의 교사와 연구원은 교육자, 공동체, 가정에서 포용할 수 있는 답변을 찾을 것이고, 훈련된 교사는 학급에서 영재의 영재성을 보다 효과적으로 발달시킬 수 있을 것이다.

또한 우리는 일반적인 교육 분야가 어떻게 연구되고 있는지를 주의 깊게 고려해 볼 필요가 있다. 연구기법이 발전하고 새로운 기회가 우리에게 유용하게 찾아올 것이다. 이제 모든 학생이 새로운 교육과정을 시작하기 전에 교과과정을 먼저 평가할 수 있게 될 것이다. 그리고 이제는 학생이 많은 학점을 선취득했을 때, 그들을 자신의 학년 수준에 유지시키려는 문제는 사라질 것이다. 왜냐하면 우리는 새로운 기법으로 학생의 능력을 정확히 판별할 수 있기 때문이다. 새로운 기법으로 학생이 이미 알고 있는 것이 무엇인지를 더 잘 판별하게 되면, 학생의 강점과 흥미에 기초한 핵심적인 교육과정뿐만 아니라 다양한 기회에 도전하도록 격려하는 것이 꼭 필요하다. 이러한 특별한 영재 집단에 관심을 갖는 부모, 교육자, 전문가는 영재의 독특한 요구를 충족시켜 주기 위하여 정치적으로 적극적일 필요가 있으며, 연구자는 영재의 건강한 사회적, 정서적 성장을 위한 기회뿐만 아니라 재능 계발의 효과를 증명할 수 있는 실험연구를 수행해야 한다.

어떤 분야가 지속적으로 성장하려면 새로운 주장이 나타나야 하며 새로운 참여자가 있어야 한다. 위대한 기회는 우리 분야에서 활용될 수 있다. 우리가 지속적으로 영재를 위한 주장을 할 때, 우리는 변화하는 교육개혁의 움직임에서 중요한 역할을 해낼 수 있는 것이다. 우리는 영재와 심화 프로그램을 유지하기 위해 싸우는 한편, 모든 학생을 위해 그들이 더 도전적인 기회를 성취할 수 있도록 계속 연구할 것이다. 우리는 지속적으로 선행학습을 통한 차별화, 개별 교육과정의 기회, 발전된 교육과정과 개인별 지원 기회를 지지할 것이다. 이 시리즈의 논문에서 대답하고 제기한 질문은 우리가 영재교육 분야에서 진일보할 수 있도록 도움을 줄 것이다. 우리는 이 시리즈의 독자가 영재교육의 흥미로운 여행에 동참해 주기를 희망한다.

📝 참고문헌

Baldwin, A. Y. (1977). Tests do underpredict: A case study. *Phi Delta Kappan, 58*, 620-621.

Gallagher, J. J. (1979). Issues in education for the gifted. In A. H. Passow (Ed.), *The gifted and the talented: Their education and development* (pp. 28-44). Chicago: University of Chicago Press.

Guilford, J. E. (1967). *The nature of human intelligence.* New York: McGraw-Hill.

Marland, S. P., Jr. (1972). *Education of the gifted and talented: Vol. 1. Report to the Congress of the United States by the U.S. Commissioner of Education.* Washington, DC: U.S. Government Printing Office.

Neihart, M., Reis, S., Robinson, N., & Moon, S. M. (Eds.). (2002). *The social and emotional development of gifted children: What do we know?* Waco, TX: Prufrock.

Renzulli, J. S. (1978). What makes giftedness? Reexamining a definition. *Phi Delta Kappan, 60*(5), 180-184.

Renzulli, J. S. (1980). Will the gifted child movement be alive and well in 1990? *Gifted Child Quarterly, 24*(1), 3-9. **[See Vol. 12.]**

Renzulli, J. S. (1982). Dear Mr. and Mrs. Copernicus: We regret to inform you... *Gifted Child Quarterly, 26*(1), 11-14. **[See Vol. 2.]**

Renzulli, J. S. (Ed.). (1986). *Systems and models for developing programs for the gifted and talented.* Mansfield Center, CT: Creative Learning Press.

Renzulli, J. S., & Delcourt, M. A. B. (1986). The legacy and logic of research on the identification of gifted persons. *Gifted Child Quarterly, 30*(1), 20-23. **[See Vol. 2.]**

Renzulli, J. S., & Hartman, R. (1971). Scale for rating behavioral characteristics of superior students. *Exceptional Children, 38*, 243-248.

Ross, P. (1993). *National excellence: A case for developing America's talent.* Washington, DC: U.S. Department of Education, Government Printing Office.

Sternberg, R. J. (1982). Nonentrenchment in the assessment of intellectual giftedness. *Gifted Child Quarterly, 26*(2), 63-67. **[See Vol. 2.]**

Tannenbaum, A. J. (1983). *Gifted children: Psychological and educational perspectives.* New York: Macmillan.

Torrance, E. P. (1984). The role of creativity in identification of the gifted and talented. *Gifted Child Quarterly, 28*(4), 153-156. **[See Vols. 2 and 10.]**

Torrance, E. P. (1987). Recent trends in teaching children and adults to think creatively. In S. G. Isaksen, (Ed.), *Frontiers of creativity research: Beyond the basics* (pp. 204-215). Buffalo, NY: Bearly Limited.

영재교육 프로그램 평가에 대한 소개

Carolyn M. Callahan(University of Virginia)

프로그램 평가가 약 30년 전부터는 영재교육 분야의 전문가들에게 중요하지만 간과된 구성요소로 여겨져 왔으나(Gallagher, 1979; Renzulli & Ward, 1969), 본질적인 영역에 관한 지침은 아직도 제한적이다. 『Gifted Child Quarterly』는 평가자들과 교육 실제자들에게 중요한 지침을 제공하는 데 사용되고 있다.

평가의 범주

평가에 대한 문헌, 특히 영재 프로그램 평가에 대한 문헌은 네 개의 범주로 나눌 수 있다. 이러한 범주에 첫 번째로 포함되는 것으로는 이론과－또는 이론이나－실제적 지침을 제공해 주는 문헌들을 들 수 있다. 이러한 지침들이 때로는 영재 프로그램에 대한 일반적인 평가나 교직원 개발에 대한 평가와 같이 프로그램의 특수한 구성요소의 평가를 위한 제안을 하며, 도구 사용에 대한 사례나 도구 개발을 위한 제안을 제공하기도 한다. 이러한 논문은 Callahan(1986), Carter와 Hamilton(1985), Kulieke(1986), Lundsteen (1987), Reis와 Renzulli(1991)의 저서에 나타나 있다. 두 번째 범주에 속하는 평가 논문들은 특정 프로그램 평가를 기술하거나 보고하였다. VanTassel-Baska, Willis, 및 Meyer(1989)가 열거한 대로 『Gifted Child Quarterly(GCQ)』 논문들은 영재 전담(self-contained) 프로그램과 같은 특별한 프로그램의 효율성에 대한 평가를 요약하였다. Avery, VanTassel-Baska 및 O'Neill(1997)이 쓴 보고서는 다양한 모형을 사용한 교외 영재 프로그램에 대해 평가하였으며, Landrum(2001)은 영재학생에 대한 서비스 제공에서 상담/협력 접근법을 사용하는 촉진 프로그램에 대해 평가하였다. 세 번째 범주의 프로그램 평가 논문들은 평가 과정을 둘러싼 문제에 관한 토론에 자극제를 제공하였다. Baker와 Schacter(1996), Wiggins(1996)는 기준을 확립하기 위한 기초로 전문가 수행을 사용하여 영재학생을 평가하는 새로운 방안을 제공하였다. 평가 논문의 마지막 범주인 평가 과정에 대한 연구는 안타깝게도 『Gifted Child Quarterly』에서 놓치고 있으며, 영재 프로그램 평가에 관한 문헌에도 거의 없다. Callahan, Tomlinson, Hunsaker, Bland 그리고 Moon(1995)은 프로그램 평가에 따른 권고를 실행할 가능성을 증가시키는 요인에 대한 연구를 수행하였다. Hunsaker와 Callahan(1993)은 영재교육 분야에서 이루어진 최근 평가가 다양한 방법론, 출처, 분석 기법, 교육 프로그램, 프로젝트 및 교구에 대한 평가의 표준(Standard for Evaluation of Educational Programs, Projects and Materials)(Joint Committee on Standards for Educational Evaluation, 1981)에서 언급된 보고 형식을 사용하였다는 것을 어느 정도 검토하였다. 그러나 이러한 간행물들은 거의 평가 실제에 대한 연구의 전체적인 형체만을 다루고 있다.

이 책에서는 『Gifted Child Quarterly』에서 얻은 네 가지 범주를 보여 주는 논문들의 중요한 지침을 제공하였는데, 이는 그들이 의미 있는 쟁점을 제기하였기 때문이다. 그러나 각 범주 내에서, 그리고 각 범주 간의 명백한 부작위는 우리의 연구가 끝나지 않았음을 입증한다.

범주 I : 프로그램과 산출물을 평가하기 위한 지침

　보편적이고 유용한 일련의 원리들이 이 범주 내 논문들에 널리 나타나 있으며, 각 저자들은 주제에 대한 독특한 다양성을 제공하고 있다. Carter와 Hamilton(1985)은 영재 프로그램의 중요성에 관한 가정에 근거하여 구성요소의 중요성을 강조하였다. 그러나 Callahan은 부가적 평가질문을 포함하는 평가에 도움이 되는 청중의 모든 질문들을 제시하는 것이 중요하다고 강조하였다. 프로그램 평가 원리들의 공통점 또는 동의 사항은 다음과 같다. 평가를 통해 프로그램 내 주요 참가자들의 관심사를 제시할 수 있는 신중한 계획 수립하기, 평가질문을 가장 중요한 것에 국한하기, 체계적인 자료 수집 추구하기, 평가자와 고객 사이의 협력 관계를 만드는 것의 중요성을 인식하고 실행하기, 학생 성과를 평가계획의 한 초점으로 간주되도록 하기, 자료 수집을 체계적이고 제시된 질문에 적합하게 하며 심사숙고하기, 그리고 의사소통이 분명하고 시기 적절하도록 하기(Callahan, 1986; Carter & Hamilton, 1985) 등이다.

　관심을 가져야 할 특별한 주장 중의 하나는, 평가는 단지 질문문제에 '대답하기 쉽게(easy to answer)'만 고안될 것이 아니라 훌륭한 의사결정을 하기 위해 가장 중요한 질문을 제시하며, 평가자료 수집은 가장 직접적이고 타당한 도구를 사용한다는 것이다. Kulieke(1986)는 자신의 사례처럼 교직원 개발을 사용하였는데, 질문지가 교사 자신의 요구와 능력에 대해 알 수 있는 자료를 제공해 주지만, 실제로 가르치는 행동을 확인할 때는 직접 관찰이 중요하고 영재학습자들에게 적절한 교수전략을 실행해야 한다고 강조하였다.

　Kulieke는 또한 요구 사정에서의 유용한 도구로 평가 과정의 사용 사례를 제공함으로써 막대한 기여를 하였다. 모든 평가자들은 프로그램 개선을 위한 권고안 개발에서 평가자료의 사용에 관하여 말하였지만, 요구 사정에 대한 Kulieke의 논의는 평가 과정이 직접적으로 프로그램 결정을 알릴 수 있는 방법임을 구체적으로 제시한 것이다. Kulieke가 현직 프로그램의 특정 유형에 관해 평가자료를 수집한 방식의 개요는 Callahan과 Caldwell (1986, 1995)이 설명한 대로, 평가가 제공해 줄 수 있는 목적의 범위를 보여 준다. 또한 Kulieke의 접근법은 평가를 통해서 프로그램 설계가 목표 청중의 확인된 요구를 만족시키는 정도, 프로그램이 설계된 대로 시행되는지의 정도, 프로그램 시행의 결과로 어떤 행동이 변화되거나 학습이 일어나는 정도에 대한 정보를 제공할 수 있는 방법의 좋은 예가 된다.

Callahan(1986), Carter와 Hamilton(1985)은 평가를 위한 초점의 선택에서 핵심 의사결정자를 포함하는 것이 중요하다고 강조하였다. 그러나 Carter와 Hamilton은 의사결정자를 프로그램의 관리자로 정의하고, 관리자들이 평가의 명확한 목적을 갖지 못한 경우는 그 집단을 넘어설 것만을 주장한 반면에, Callahan은 의사결정자의 초기 개념을 내부 청중과 프로그램의 효율성에 이해관계를 갖는 외부 청중도 포함하는 것으로 확대하였다.

Callahan(1986), Carter와 Hamilton(1985)의 접근법에서 또 다른 공통점은 평가 과정의 목표 대상으로 고려되어야 하는 영재 프로그램의 필수요소에 대한 정의다. 이들의 필수요소 목록은 Renzulli(1975)가 확인했던 영재를 위한 프로그램의 핵심요소(The Key Features of Program for the Gifted)와 유사하지만, 미국영재학회(National Association for Gifted Children)에서 밝힌 영재 프로그램의 우수성 기준을 반영하기 위해 갱신되어야 한다. 미국영재학회의 이 기준에는 프로그램 설계, 프로그램 행정 및 관리, 교육과정과 수업, 학생 판별, 직업 개발, 사회적·정서적 지도와 상담, 프로그램 평가 등이 포함되고 있다(Landrum, Callahan, & Shaklee, 2001).

이들 각 범주 내에서 좀 더 정밀한 질문을 선택하는 과정이 진행됨에 따라 그 문헌은 내부 및 외부 청중에 대한 관심에 관계되는 질문, 그 프로그램의 중심적 기능과 관계되는 질문, 좋은 프로그램 기능을 억제하는 잠재적 문제들을 나타내는 질문, 의사결정을 위해 필요한 정보가 우선권을 얻어야 하는 질문을 제시하였다(Callahan, 1986).

또한 저자들은 평가에 대한 의사결정 과정－평가질문이 과정에 초점을 맞추든지 학생 성과에 맞추든지 간에—을 위한 정보를 수집하는 데 신뢰할 만한 도구 및 전략을 선택하거나 만들어 내는 것이 중요하다고 여기는 주제를 제시하였다. Carter와 Hamilton(1985)은 평가질문의 유형을 고려하는 것과 전략 및 특정 자료 수집 도구를 평가질문에 맞추는 것의 중요성을 지적하였다. Wiggins(1996)처럼, Callahan(1986), Reis와 Renzulli(1991)는 학생의 성과를 평가하기 위해 지필식 표준화 검사만 사용할 때의 고유한 약점을 지적하였다. 그러나 이러한 수집은 매우 분명하게 설명해 주기 때문에, 정신 측정 검사의 엄격성을 갖춘 대안적 도구의 이용 가능한 수집을 확장하기 위해 행해진 것은 거의 없었다. Kulieke(1986)는 「영재교사 행동에 대한 Martinson-Weiner 평정척도(Martinson-Weiner Rating Scale of Behaviors in Teachers of the Gifted)」(Martinson, 1976)에 기초한 학급 관찰 도구를 제공하지만, 신뢰성 혹은 타당성 있는 자료는 제공하지 못한다고 하였다. 적절한 심리측정적 속성을 제공할 것으로 기대되는 유일한 대안적 도구는 「학생 산출물 평가 양식(Student Product Assessment Form: SPAF)」(Reis & Renzulli, 1991)이다. 이 논문에서는 관련 문헌들의 고찰을 통해 학생의 창의적 산출물을 평가하기 위한 타당화된 도구의 부족을 설명하면서, 폭넓게 사용될 수 있는 탁월한 통계적 속성의 도구를 제공하였다.

범주 II: 특정 프로그램 평가에 대한 기술

Avery, VanTassel-Baska 및 O'Neill(1997), Landrum(2001), VanTassel-Baska, Willis 및 Meyer(1989)의 평가 요약은 첫 번째 범주에서 논한 논문들에 나타난 일반적인 이론이 어떻게 적용될 수 있는가를 보여 주는 귀중한 자료이며, 또한 학생 성과 목표를 평가하기 위한 도구의 개발이 부족하다는 것을 보여 준다. 지역 학군 프로그램에 대한 평가결과에 관련해서, Avery, VanTassel-Baska 및 O'Neill(1997)은 학급 관찰 문제를 교육과정 및 교육전략이 적절하게 차별화되는지 여부를 결정하는 데 사용하는 방식을 보여 준다. 또한 이 평가는 다양한 매체를 통한 보고 및 의사소통 결과가 결과의 유용성을 중대시키는 방식의 윤곽을 그리는 것의 지침을 제공해 준다.

그러나 Avery, VanTassel-Baska 및 O'Neill(1997)은 '학생 수행의 전통적인 요점(linch [원문대로] pin)'은 이 보고서에 나타나지 않았으며(p.124), Landrum의 보고서에도 나타나지 않았다고 지적하고 있다. 그러나 Landrum (2001)은 새 프로그램 모형 실행의 효율성을 판단하는 수단으로써 대안적 자료 원천을 사용하고, 여러 시간대에 걸쳐 통제집단을 사용하는 창조적 사례를 제공하였다. 즉, 학급 교육 전략에서의 변화, 영재학생이 보다 엄격한 것을 특징으로 하는 활동에 참여하는 기회의 빈도, 표준화 검사 수행에 관한 자료를 수집함으로써, 교사의 교실활동에 대한 상담 모형 실행의 효과를 확신하였다.

전일제, 영재 전담 학급에 대한 평가(VanTassel-Baska, Willis, & Meyer, 1989)는 프로그램 상호작용에 따른 학생 검사점수가 변화하게 된 기반으로써 사용하는 비교집단의 발견을 위한 하나의 전략을 설명하고 있다. 이 논문 내 분석에서 추가적으로 제시된 중요한 고려 사항은 효과크기를 제시하고 논의할 필요가 있다.

그러나 이러한 평가들 또한 적절한 비교집단을 설정하는 어려움과 학생의 성과 변수를 측정하기 위한 적절한 도구 확인의 어려움을 지적하고 있다.

범주 III: 평가에서의 문제

Baker와 Schacter(1996), Wiggins(1996)는 영재 프로그램에서 학생 수행 평가의 표준으로써 전문가 수행을 설정하는 것에 대해 신중하게 찬반 주장을 제시하였다. 또한 Baker와 Schacter는 학생의 성취 목표로 설정할 숙달 수준을 확립하기 위해 전문적 내용을 가진 교사의 수행 활용에 대한 가능성을 제안하였다. 이들이 제안하는 세 번째 가능성은 판별된 영재학생의 수행을 사용하는 것이다. 이러한 가능성에 대한 이들의 논의는 발달상 적절한 고려 사항에 대한 문제점을 제기하며, 중요하게는 학생 성과에 대한 평가 영역에서 잠재적으로 가치 있는 연구 영역을 제안하였다. Wiggins는 목표로서 최상의 수행을 사용하는 기준 확립에 대한 잠재적 저항을 인식하였다. 그러나 "지능은 탁월한 수행 사례들로 점수 기록 체계에서의 최고 점수를 고정하는, 그러한 사례들에 대해 언제나 편협한 기준을 조정하여야 한다. 목표로 삼을 만한 타당하고, 칭찬할 만하고, 안정적인 목표 대상을 갖는 것은 학생뿐만 아니라 교사에게도 유일한 방법이다."(p.66)라고 하였다. 나아가 그는 만약 우리가 창의성의 발달─산출물이 "청중을 설득하거나, 고객의 요구를 만족시키거나, 또는 문제를 해결하는"(p.67) 정도─을 유지하려면 산출물의 효과를 평가하는 것이 중요하다고 강조하면서도, 학생 산출물의 과정, 형식 및 내용에 대한 지나친 강조를 경고한다. 기대값 대 기준에 대한 그의 주장은 이러한 접근법의 사용과 관련된 이후의 탐구와 논쟁에서 주목을 받고 있다.

평가에서의 문헌적 토대의 결함

『Gifted Child Quarterly』와 같은 연구 지향적 저널들에 실린 논문들의 특징 중 하나는 논문들이 전통적인 실험설계를 위한 엄격한 준거로 사용되면서 검토되었다는 것이다(비록 최근에 이르러 질적 패러다임에 대한 관심이 증가하였지만). 평가는 엄격하게 통제된 실험 및 통제집단을 예상하는 조사연구가 아니며, 또한 다른 상황에서의 일반화 능력에 대해 예상하거나 일반 지식 기반의 확장을 예상하도록 설계된 것도 아니다. 평가가 출판되기 어려운 것은, 평가가 이러한 엄격한 준거를 고수하지도 않고, 고수해서도 안 되고, 고수할 수도 없기 때문이다. 나아가 대부분의 평가들은 프로그램의 부분으로 학군의 기대값을 가지고 수행되는데, 수집된 정보는 단지 프로그램에 대한 장단점, 그리고 영재의 요구 충족에서의 특정 학군의 노력에 대한 성과를 알리는 목적을 가진다. 따라서 좋은 평가에 대한 실제 사례들은 연구 근거 측면에서 제한된다. 결과물을 '드러내려(expose)' 하는 학군의 허가를 얻은 저자만이 특정한 평가보고를 출판 가능한 원고로 전환시킬 수 있다. 그리고 평가연구를 평가 본보기로 구성할 수 있는 저자나 비교집단에 대해 어떤 유사함을 만들어 낼 만큼 충분히 운이 좋은 저자만이 평가연구에서 배운 지식을 공적 영역으로 가져가는 데 성공할 수 있다.

학습한 교훈의 사례

위에서 논한 한계점들은 간혹 간과되기도 하였지만, 프로그램 계획 수립 및 수정을 위한 계획 형성에서 다른 것들을 안내하는 데 사용될 수 있는 중요한 정보를 허용치 않았다. 프로그램 과정 및 산출물에 관한 자료 수집의 중요한 과정에 적극적으로 참여한 평가자들은 평가 과정을 통해 배운 교훈을 사용하는 것을 고려해야 하는데, 이는 스스로 평가를 수행하려는 개인이나 외부의 개별 평가자를 고용하려는 사람 모두에게 정보를 주기 위함이다. 특히, 신중하고 창의적이고 체계적인 자료 수집을 통해 프로그램 효과에 대한 어려운 문제가 제기될 수 있는 방법을 설명해야 할 필요가 있다. 유용한 평가도구를 다른 이들에게 알려야 하는데, Reis와 Renzulli(1991)는 새롭고 혁신적인 평가도구의 신뢰성과 타당성에 대한 자료를 제공하였다.

장기적 평가

영재 프로그램의 평가에서 가장 소홀히 다루어진 측면 중 하나는 장기적 영향 평가였다. 이 개요에서 평가연구(Avery, VanTassel-Baska, & O'Neill, 1997; Landrum, 2001; VanTassel-Baska, Willis, & Meyer, 1989)는 1~2년의 평가 기간 동안의 영향을 보여 준 학생 성과에 대해 보고하였다. 단, 이 문헌은 영재 프로그램 내에서 아동의 경력 기간, 특히 초등학교, 중학교, 고등학교 프로그램 기간에 걸쳐 나타나는 학교 프로그램의 영향을 신중하게 탐지하지 못하였고, 그 영향을 평가하기 위한 모형도 제공하지 못하였다. Hertzog(2003)는 프로그램 결정자에게 전략 프로그램 또는 교육과정 변경의 지속적, 누적적 영향에 대한 증거를 제공하는 평가자료가 부족한 점을 안타깝게 여겼다. 장기 연구처럼 장기 평가연구도 독특한 계획 수립과 일상적인 수준을 넘어서는 자원—시간과 노력 모두—의 투자 또는 영재 프로그램 내 '위기(crises)'에 답하는 평가를 필요로 한다. '바로 그때(at the moment)' 실행된 영재 프로그램 평가는 몇 가지 요인에 따른 장기적 영향에 대한 평가를 방해한다. 첫째, 먼저 계획 수립이 이루어져야 한다. 먼저 계획을 수립하지 않으면, 학생에 대한 효과 추적이 가능하고, 결과 측정에 대한 신중한 선택 및 산출물과 함께 적절한 평가 간격을 추구하기 위해 설계되고 실행되며, 그 프로그램 또는 학군을 떠나는 학생을 모니터하거나 적어 두어야 하는 학생 데이터베이스를 충분히 갖출 수 없다.

둘째, 모든 평가처럼 장기적 평가는 학교 인사들이 '이 학생이 어떻게 다릅니까? 그들은 무엇을 알고 이해하며, 무엇을 할 수 있습니까?'라는 필연적 질문에 답하는 것을 필요로 한다. 그들이 이 고등학교를 마칠 때(또는 중학교 또는 초등학교를 마칠 때), 영재 프로그램이 존재하지 않았거나 거기에 참여하지 않았을 때와 비교해 그들은 어떤 성향을 가질 것인가? 이러한 질문에 대한 답은 영재 프로그램이 그 목표—아직 형성되지 않았거나 검토되지 않은—를 달성하는 데 효과적인지 아닌지 여부를 결정하는 근본적인 것이다.

영재학습자 특별 집단을 위한 프로그램 평가

영재 프로그램 내에서 전형적으로 불충분하게 나타난 학습자 집단에 대한 관심이 증가하고, 또한 Javits 영재 프로그램을 통해 이들 학생을 목표로 한 수많은 프로젝트들이 증가하면서, 이러한 프로그램을 평가하기 위한 적절한 기법에 대한 논쟁뿐만 아니라 적절한 프로그램과 학생 목표의 동일시를 둘러싼 쟁점이 나타났다.

이러한 프로그램에 대한 묘사는 『Contexts for Promise』(Callahan, Tomlinson, & Pizzat, 연도 미상)에 나타나 있다. House와 Lapan(1994)이 지적한 것처럼, 이러한 프로그램에 대한 평가는 모든 영재 프로그램의 평가에서 나타난 것과 동일하지만, 위기에 처한 집단에 초점을 맞춘 프로그램 평가의 특별한 문제에서 야기되는 부가적 쟁점 층을 제시하였다. 여기에는 불리한 조건의 한정적 영어 사용자 집단, 적절한 지표의 선택(탈락 비율, 대학 진학 학생의 비율 등), 성공 지표로서의 점수 획득의 희박한 본성을 둘러싼 평가 쟁점들이 포함된다.

독특하게 적용 가능한 모형

이러한 논문들 및 다른 유사한 논문들, 서적의 장(chapter), 전공 논문에서 제공된 일반적인 관념 및 유용한 지침들에도 불구하고, 이러한 원리와 모형 모두는 현존하는 일반적 프로그램 평가모형의 적용을 보여 준다. 새롭고 독특한 모형은 아직 제시되지 않았다. 그러한 발달이 필수적인지의 여부에 대해서는 명확히 답할 수 없지만, 우리는 그러한 모형이 영재교육 프로그램 계획 수립의 내적 부분으로 평가를 광범위하게 용인하고 활용하기 위한 자극이 될 수 있을지는 물어볼 수 있다.

양적 접근과 질적 접근을 통합하는 모형

그 분야가 양적 및 질적인 자료 수집과 분석의 통합을 위한 명확하고 유용한 지침을 제시해야 한다는 주장도 주목할 만하다. Barnette(1983)는 영재 프로그램 평가에 대한 중립적 접근법을 기술하였고, Lundsteen(1987)은 잠재적 모형으로서 민족지학적인 토대를 가진 연구모형을 제시하였다. Lundsteen은 프로그램 내에서 유형과 상호작용을 이해하는 데 도움을 주는 질적 접근법의 중요성을 분명히 하였는데, 이는 프로그램 능률과 잠재력에 영향을 준다. 그러나 그 분야는 이러한 작업을 토대로 하지 않으며 질적 접

영재교육 프로그램 평가

근법의 실행에서 신중한 지침과 설명을 제공하지도 않는데, 이는 자칫 잘못 사용될 수 있으며 그 결과 적합하게 실행되지 않으면 너무 쉽게 무시될 수 있다.

또한 프로그램의 상호작용이 학생 성장 및 발달에 대해 뚜렷한 영향을 미치는가의 여부를 결정하는 논쟁의 해결 범위도 불분명한 상태다. Carter (1992)는 영재 프로그램 평가에 대한 진정한 실험적 접근법을 만드는 것에서의 문제점을 제기하기 위해 하나의 모형을 제시하였다. 그러나 현재 그 모형은 영재 프로그램 평가에서 생겨나는 수많은 독특한 논쟁들을 제기하기 위해 특별히 설계된 모형이라기보다는 일반적인 모형을 적용한 것일 뿐이었다.

결 론

평가 작업은 아직 끝나지 않았으며, 연구자와 평가자를 통해 많은 도전과 제들이 여전히 제기되고 있는 듯하다. 지식의 적용 부족 및 연구 기반의 결함은 연구자에게 영재를 위한 프로그램의 유효성과 효율성을 증가시키는 데 기여할 값진 기회를 만들어 주고 있다.

참고문헌

Avery, L. D., VanTassel-Baska, J., & O'Neill, B. (1997). Making evaluation work: One school district's experience. *Gifted Child Quarterly, 41*(4), 124-132. [**See Vol. 11, p. 61.**]

Baker, E. L., & Schacter, J. (1996). Expert benchmarks for student academic performance: The case for gifted children. *Gifted Child Quarterly, 40*(2), 61-65. [**See Vol. 11, p. 109.**]

Barnette, J. J. (1983). Naturalistic approaches to gifted and talented program evaluation. *Journal for the Education of the Gifted, 7*(1), 26-37.

Callahan, C. M. (1986). Asking the right questions: The central issue in evaluating programs for the gifted and talented. *Gifted Child Quarterly, 30*(1), 38-42. **[See Vol. 11, p. 1.]**

Callahan, C. M., & Caldwell, M. S. (1995). *A practitioner's guide to evaluating programs for the gifted.* Washington, DC: National Association for Gifted Children.

Callahan, C. M., & Caldwell, M. S. (1986). Defensible evaluations of programs for the gifted. In C. J. Maker (Ed.), *Critical issues in gifted education* (pp 277-296). Rockville, MD: Aspen.

Callahan, C. M., Tomlinson, C. A., Hunsaker, S. L., Bland, L. C., & Moon, T. (1995). Instruments and evaluation design used in gifted programs. (RM 95132). Storrs, CT: The National Research Center on the Gifted and Talented, University of Connecticut.

Callahan, C. M., Tomlinson, C. A., & Pizzat, P. M. (n.d.). *Context for promise: practices and innovations in the identification of gifted students.* Charlottesville, VA: University of Virginia.

Carter, K. (1992). A model for evaluating programs for the gifted under non-experimental conditions. *Journal for the Education of the Gifted, 15*(3), 266-283.

Carter, K. R., & Hamilton, W. (1985). Formative evaluation of gifted programs: A process and model. *Gifted Child Quarterly, 29*(1), 5-11. **[See Vol. 11, p. 13.]**

Gallagher, J. J. (1979). Issues in education for the gifted. In Passow, A. H. (Ed.), The gifted and talented: Their education and development. *The seventy-eighth yearbook of the National Society for study of Education* (pp. 28-44). Chicago: University of Chicago.

Hertzog, N. B. (2003). Impact of gifted programs from the students' perspectives. *Gifted Child Quarterly, 47*(2), 131-143.

House, E. R., & Lapan, S. (1994). Evaluation of programs for disadvantaged gifted students. *Journal for the Education of the Gifted, 17*(4), 441-446.

Hunsaker, S. L., & Callahan, C. M. (1993). Evaluation of gifted programs: Current practices. *Journal for the Education of the Gifted, 16*(2), 190-200.

Joint Committee in Standards for Educational Evaluation. (1981). *Standards for evaluations of educational programs.* New York: McGraw-Hill.

Kulieke, M. J. (1986). The role of evaluation in inservice and staff development for educators of the gifted. *Gifted Child Quarterly, 30*(3), 140-144. **[See Vol. 11, p. 29.]**

Landrum, M. S. (2001). An evaluation of the catalyst program: Consultation and collaboration in gifted education. *Gifted Child Quarterly, 45*(2), 139-151. **[See Vol. 11, p. 77.]**

Landrum, M, S., Callahan, C. M., & Shaklee, B. D. (2001). *Aiming for excellence: Gifted program standards.* Waco, TX: Prufrock.

Lundsteen, S. W. (1987). Qualiative assessment of gifted education. *Gifted Child Quarterly, 31*(1), 25-29. **[See Vol. 11, p. 119.]**

Martinson, R. A. (1976). *A guide toward better teaching for the gifted.* Ventura, CA: Office of the Ventura County Superintendent of Schools.

Reis, S. M., & Renzulli, J. S. (1991). The assessment of creative products in programs for gifted and talented students. *Gifted Child Quarterly, 35*(3), 128-134. **[See Vol. 11, p. 47.]**

Renzulli, J. S. (1975). *A guidebook for evaluating programs for the gifted and talented.* Ventura, CA: Office of the Ventura County Superintendent of Schools.

Renzulli, J. S., & Ward, V. S. (1969). *Diagnostic and evaluative scales for differential education of the gifted.* Unpublished manuscript. University of Virginia.

VanTassel-Baska, J., Willis, G. B., & Meyer, D. (1989). Evaluation of a full-time self-contained class for gifted students. *Gifted Child Quarterly, 33*(1), 7-10. **[See Vol. 11, p. 101.]**

Wiggins, G. (1996). Anchoring assessment with exemplars: Why students and teachers need models. *Gifted Child Quarterly, 40*(2), 66-69. **[See Vol. 11, p. 39.]**

01

올바른 질문 제기: 영재교육 프로그램 평가에서의 주요 쟁점[1]

Carolyn M. Callahan(University of Virginia)

영재교육 프로그램 평가에 관한 적절한 초점은 무엇인가? 프로그램 평가에서 영재교육 프로그램의 성공을 판단하는 것보다 그 프로그램을 개선하는 것에 관련된 질문에 초점을 두는 일을 어떻게 정당화시킬 수 있는가? 저자는 평가 질문의 틀을 구성하기 위한 준거들을 제안하고 정당화시킨다.

모든 학술적인 탐구 분야에서 가장 중대한 진보는 다양하고 폭넓은 질문을 제기하고, 적절한 가설에 관심을 집중시키며, 가장 효과적이고 정확하게 질문을 제기하는 전략을 선택하는 탐구자의 특별한 능력에서 나온다. 평가 이론과 실제도 예외가 아니다. 만일 영재교육 프로그램에 관한 평가가 타당한 평가자료를 산출하고, 영재교육 프로그램의 개선에 중대한 영향력을 미친다면, 이들 프로그램이 직면한 타당하고 유용한 질문과 주요 쟁점을 제기하는 평가질문의 틀을 구성하는 방향으로 더욱 관심을 가져야 할 것이다.

---

1) 편저자 주: Callahan, C. M. (1986). Asking the right questions: The central issue in evaluating programs for the gifted and talented. *Gifted Child Quarterly, 30*(1), 38-42. © 1986 National Association for Gifted Children. 필자 승인 후 재인쇄.

적절성, 유용성, 중요성

적절성, 유용성, 중요성의 개념들은 중요하고 의미 있는 평가질문을 개발할 때 직면하는 여러 문제들의 핵심에 존재한다. 적절성은 그 평가질문이 바로 지금 고려 중인 프로그램의 기능, 구성요소, 활동, 목표 및 구조를 실제로 다루는 정도를 의미한다. 평가질문은 연구 질문(문제)이 아니다. 우리가 의도하는 것은 프로그램의 일반화 가능성을 다루는 것이 아니라 고려하고 검토 중인 프로그램의 특수성을 다루는 것이다. 우리는 보편적인 시스템을 확인하여 타당화시키려는 것이 아니라, 주어진 프로그램에 적합한 학생을 판별하기 위하여 시스템의 효과성과 효율성을 타당화시키려는 것이다. 유용한 질문은 어떤 대상자(고객)들이 프로그램의 의사결정 과정에서 실제로 사용할 수 있는 자료를 제공해 준다. 또한 교육과정이나 개선될지도 모르는 실행에서 문제들을 확인할 수 있다고 한다면, 학생이 명세화된 목표 달성에 실패하였다는 사실을 안다는 것은 더욱 유용한 자료가 된다. 중요한 질문은 영향을 미치게 될 의사결정에서 자료들을 유익하게 해 준다.

적절한 평가질문의 확인에서 제기되는 쟁점 및 제약 조건

영재교육 프로그램에 대한 평가질문을 공식화하는 데는 여러 사람들이 서로 상이한 문제들에 직면해 있다. 즉, 어떤 사람은 다른 모든 교육 프로그램의 평가질문과 중복되는 특정한 일련의 쟁점과 제약 조건들에 직면해 있고, 또 다른 사람은 어떠한 특별 프로젝트의 평가에서 제기되는 일련의 쟁점, 그리고 더 나아가 영재교육 프로그램의 평가에서만 제기되는 독특한 일련의 쟁점에 직면해 있다.

여타 특수 프로그램 평가와의 유사성   장애인을 위한 프로그램처럼 많은 영재교육 프로그램은 개별화된 연구 프로그램의 개발과 개별 아동의 관심과 능력에 대한 특별한 목표 설정에 기초를 두었다. 예를 들어, Renzulli (1977)의 삼부심화학습모형(Enrichment Triad Model)과 Renzulli와 Smith(1979)의 영재교육 개별화 프로그램(Individualized Educational Programs for the Gifted) 등이 있다. 이들 프로그램에서 개인별 학업성취나 성과를 평가하는 것과 대비되는 집단의 행동목표를 설정하는 것은 합리적이지 못하다. 게다가 비교집단으로 사용되는 통제집단의 설정을 위해 특수집단 프로그램을 준비하는 것은 매우 어려운 일이며, 불가능한 경우도 있다. 윤리적이고 정치적인 고려 사항들은 적격 아동 모두가 대접을 받는다는 사실을 항상 면밀하게 말해 준다.

영재교육 프로그램 평가의 독특한 쟁점   다른 특수학생을 위한 프로그램과는 달리 영재교육 프로그램은 성취를 측정할 수 있고, 심지어 프로그램의 효과를 판단할 수도 있다. 이에 비하여, 성취 수행의 기준을 설정하는 데는 어려움이 뒤따른다. 첫째, 영재에게 제공되는 프로그램의 종류는 학교에 따라 상당히 다르며, 특정한 프로그램의 역할에 대한 준거 설정에 적용될 영재교육 분야의 훌륭한 프로그램의 기준에 대한 합의가 이루어지지 않고 있다. 둘째, 영재교육 프로그램의 수많은 목표들은 매우 복잡하기 때문에 쉽게 정의되지 않는다. 예를 들면, 창의성과 비판적 사고 개념의 정의는 지난 20년 동안 심리학의 많은 논쟁거리의 주제가 된 가설적 구인이다. 또한 전통적인 학문 영역이나 비판적 사고, 창의성, 고차 수준의 사고기술과 같은 보다 독특한 영역에서 구체적으로 지정된 시기 동안의 '기대 성장(expected growth)'에 관하여 규준이나 지침을 제공해 주는 경험적 연구들이 없다. 그러므로 특정 성취도검사에서 어떤 점수를 획득하고자 하는 기대치로 평가질문을 표현하는 것은 근거가 부족한 불합리한 실제다.

영재교육 프로그램을 평가할 때 질문을 표현하는 것에서 보다 중요한 쟁점은 타당도에 관한 것이다. 제기된 질문과 이와 관련된 자료들을 수집하는 데 사용하기 위해 선정된 도구의 타당도는 흔히 평가설계 개발에서 중요한 고려 사항을 제공하지 않는다. 첫째, 왜 이것이 영재교육 프로그램 평가에서 특별한 문제인가? 그 이유는 이들 프로그램에 관한 목적과 목표 설정 유형이 독특하다는 데 있다. 영재교육 프로그램의 많은 목표들이 성과나 결과 지향적이고 개별화되어 있기 때문에, 단순히 지필 평가로는 프로그램의 목표들을 타당하게 평가할 수 없으므로 검사점수 획득으로 표현되는 모든 질문을 전적으로 거부해야 한다. 예를 들면, 개별연구 기술[2]과 대안적인 자료의 활용을 개발하는 목적은 흔히 표준 성취도검사 중 '자원의 활용'이라는 하위검사에서 얻은 점수에 초점을 두는 질문으로 바뀐다. 프로그램 스태프는 새롭고 비표준화된 자원을 적절히 확인하기 위해, 여러 가지 자원과 더욱 복잡해진 자원을 활용하기 위해 학생의 능력을 계발하려는 반면에, 이들 검사들은 색인이나 목차를 활용하는 학생의 능력을 평가한다. 둘째, 영재교육 프로그램의 목적과 목표 진술의 상당 부분은 총체적이고 장기적으로 되기 쉬우며, 그 목적과 목표들의 평가가 매우 어려워질 수도 있고, 흔히 단기적으로 설정되는 경우도 있다. 그렇지만 타당하지 않은 평가질문이 되는 결과를 초래하기 쉽다. 만일 실제로 이러한 단기적인 질문이 합법적인 목표들과 관련이 있다면, 이들 쟁점에 관한 자료 수집은 유용해질 것이다. 하지만 학생의 향상된 유창성 점수를 평가한다는 점을 너무 자주 중단시킴으로써, 창의적인 생산성의 향상에 관한 질문을 완벽하게 검토하는 데 실패하게 된다. 또는 판별 절차가 미리 정해진 대로 수행되었는지의 여부를 평가하지만, 실제로 이들 절차에 따라 **영재**를 판별하였는지의 여부를 평가하는 것에도 실패하게 된다.

모든 교육 프로그램 평가에 공통된 쟁점들　　가장 마지막의 이 쟁점은

---

2) 역자 주: 강의와 별도로 학생 스스로 프로젝트 주제를 정하고, 연구조사를 실시한 뒤 학점을 취득하는 시스템 기법

영재교육 프로그램에서는 새로운 것도 아니고 특별한 것도 아니다. 그것은 평가의 초점에 관한 쟁점이며, 그 초점에서 생겨난 질문에 관한 쟁점이다. 이러한 논쟁은 먼저 Renzulli(1975)에 의해 영재교육 프로그램을 평가하는 분야에서 깊이 있게 다루어졌다. 그는 오로지 프로그램 작성 노력의 최종 결과에만 초점을 둔 여러 평가질문과 영재교육 프로그램의 우수성을 판단하기 위한 부적합한 기준을 사용하는 여러 평가질문을 유감으로 생각하였다. 그리고 형성평가 질문과 총괄평가 질문을 구성하는 일의 중요성과 과정, 결과, 그리고 사전 정보와 관련이 있는 질문의 중요성을 지적하였다. 이러한 그의 설명은 프로그램이 '성공적인가' 또는 '성공적이지 않은가'를 간단하게 판단하지는 못하지만, 성공적인 프로그램에 기여할 수 있거나 기여할 가능성이 높은 역할을 담당하고 있는 프로그램에 관한 측면들을 확인하려는 요구를 반영하고 있다.

현재의 방향

평가 이론가들과 전문가들이 받아들인 방침으로 현대 사회에서 통용되고 있는 것은 앞서 언급한 적합성, 유용성, 중요성에 관한 쟁점을 다루기 위해 프로그램 평가의 '목적'을 더욱 확대함으로써 이 방침들을 확대 해석하는 것이다. 평가에 관해 확대된 개념을 사용하여 평가질문을 공식화한 경우는 Scriven(1967), Stufflebeam(1968), Stake(1967)가 의사결정의 목적을 위해 자료를 수집하는 과정으로 평가의 개념을 처음 검토하기 시작한 시기부터 시작한다. 이전의 평가모형들은 대부분 연구모형들을 모방해 왔다. 평가자와 평가되는 모든 것은 단지 매우 환원주의적이고 경험주의적인 것으로 표현되고 다음과 같은 결과 중심의 평가질문으로만 여겨지는 경향이 있다. '학생은 이러한 교육 프로그램의 결과로 보다 독립적인 학습자가 되었는가? 교사들은 교직원 개발 프로그램의 결과로 더 높은 수준의 사고를 요구하는 질문을 사용하고 있는가?' 등등이다.

　이러한 결과 중심의 질문은 합당한 평가 노력에 관한 초점의 하나로 남아 있지만, 1960년대 후반과 1970년대 초반의 연구들은 평가를 받는 프로그램에 더욱 유용성을 지닌 질문을 제시하고 정보를 제공하는 방향으로, 또한 의사소통이 증대되고 프로그램의 계획에 기초가 되는 논쟁을 다루는 방향으로 변하는 경향이 나타났다. Callahan과 Caldwell(인쇄 중)은 이러한 확대된 목적을 영재교육 프로그램에 세밀하게 적용시켰으며 다음 사항을 포함하였다. 프로그램의 필요성에 관한 문서화(문서 조사 및 분류), 특정한 접근법의 사례에 관한 문서화, 프로그램의 실행 가능성에 관한 문서화, 프로그램 실행에 관한 문서화, 프로그램의 장단점에 관한 확인, 진행 중인 프로그램의 개선에 관한 자료 준비, 프로그램의 결과나 영향에 관한 문서화, 그리고 흥미를 가진 대상과 충분한 지식이 없는 대상들에게 제공되는 프로그램에 관한 해설과 설명 등이다. 이러한 각 프로그램의 목적들은 평가의 맥락과, 서비스 제공을 받을 대상자(고객)에 따라 독특한 일련의 평가 관심사와 질문을 생성하는 기초 역할을 할 수도 있다(대상자 참조). 몇몇 사례에서는 이들 평가목적들에서 파생된 질문이 특정한 프로그램의 성과를 다룬다. 또한 그것들은 흔히 프로그램을 기술하고 설명하는 과정을 다루며, 가치 판단보다는 오히려 정보를 제공하고, 그리고 평가 과정을 프로그램의 필요에 따라 투입에 개방적인 상태로 둔다.

　새로운 방법론　사회과학 연구 분야에서 차용한 새로운 방법론들의 도입(예, 민족지학적인 연구는 문화인류학에서 차용하였다)(Guba, 1978)은 또한 평가의 기본적인 접근법과 마찬가지로 제시된 평가질문의 유형에서 극적으로 수정할 수 있도록 공헌해 왔다. 이들 '자연주의적' 접근법은 철학적 기반, 탐구 모형, 목적, 틀/설계, 양식, 실재관, 가치 구조, 환경, 범위, 맥락, 조건, 처치 정의, 방법 등에서 전통적인 방법론과는 다르기 때문에(Guba, 1978), 이들 방법론에 기반을 둔 설계에서 파생한 질문이 전통적인 탐구 양식과 다른 것은 당연하다. 예를 들면, 자연주의적 방법론들은 미리 결정되고 고정적이기보다는 불시에 나타나며 사실상 가변적이다. 그러므로 자연주의적 전략을 사용하는 평가자는 명확하게 진술된 일련의 가설들(평가질문)에서 연구조사를 시작하거나, 그렇지는 않더라도 조사연구자가 새로운 정보를 밝히는 것처럼 프로그램을 연구하는 과정에서 새로운 질문과 이들 질문을 제시하는 새로운 전략을 만들어 내야만 한다. 비전통적인 교육 접근법을 추구하는 개인은 더욱 일반적이고 중간에 변경이 가능한 방식으로 평가질문을 표현하기 쉽다.

자연주의적 탐구의 과정을 지나치게 간소화하고 질적 방법론과 양적 방법론의 구분을 지나치게 강조하는 위험을 감수하더라도, 다음에 설명하는 것은 대비되어 나타나는 질문에 관한 하나의 예시가 된다. 전통적인 평가설계에서는 다음과 같은 질문이 제시될 수 있다. '계획 수립(Scheduling) 과정과 교육과정 각각의 조정은 영재의 요구를 반영하는가?' 전통적인 평가자는 매우 정확하게 '요구'를 정의할 가능성이 높으며, 고려해야 할 변인으로 태도에 초점을 둘 수 있다. 선정된 방법은 학생 기록(프로그램)에 있는 개별화의 정도로 학생 프로그램을 평가하며, 학생이 수행할 조사를 제시할 수 있다. 자연주의적 탐구자는 틀림없이 다음과 같은 질문을 시작할 것이다. '영재를 위하여 변경된 계획과 교육과정은 무엇에 기초를 두고 있는가? 이러한 변경은 학생의 요구와 일치하는가?' 게다가 이것은 학생, 교사, 상담가, 부모, 교육행정가와의 심층면담을 끌어내기에 적절할 것이다. 그 과정에서, 어떤 영재는 "나의 계획은 다르다. 하지만 내가 **원하는 것**이 아니다."라고 말할지도 모른다. 그러면 평가자의 질문은 '관련된 변인(즉, 이 사례에서의 학생의 관심)들은 예정된 과정의 일부로 고려되고 있는가?'라는 것이 된다.

평가질문을 표현하는 일   평가질문을 표현하는 일은 전통적 평가질문과 평가에 관해 보다 많이 통용되는 견해 간의 차이점을 시사한다. 연구 목적을 위하여 제시된 질문 유형과 평가목적을 위하여 제시된 질문 유형의 차이점들은 일반화 가능성에 대한 차이점들이며, 그리고 '실행할 프로그램을 어떻게 계획해야 하는가?'와 '계획된 프로그램을 어떻게 잘 실행하여야 하는가?'의 차이와 같이 Yavorsky(1984)가 설명한 차이점들이다.

대상자　평가를 받는 대상자(들)는 적절한 평가질문을 결정하는 일의 핵심요소다. Dinham과 Udall(인쇄 중)이 지적하였듯이, 평가목적은 특정 대상자들의 특정 요구를 반영하여 수립되어야 한다. 즉, 평가질문은 특정 대상자들에게 특정 관련성(적절하게 관련이 있어야 하는 것)과 중요성을 지닌 쟁점들에 초점을 두어야 한다. Yavorsky(1984)는 적절한 평가 관심을 선택하는 문제에 관한 방침을 제공할 때 다른 두 대상자 집단－외부 대상자들과 내부 대상자들－을 구별하였다. 외부 대상자들에는 지원 기관(지방자치단체, 주정부, 연방정부, 사학 재단 등), 고등행정기관, 전문가협회와 인증 당국, 소비자 단체(예, 학부모 집단), 지역사회와 여러 종류의 이익 집단과 같은 개인과 집단이 포함된다. 내부 대상자들은 프로그램 활동에 직접적으로 관여하는 사람이며, 프로그램 관리자, 프로그램에 관련된 교사나 학군 내의 교사, 중앙 관청과 빌딩의 관리인, 프로그램에 관련된 학생 등과 같은 집단이 포함될 수 있다.

이들 각 집단의 관심들은 어느 정도 중복될 것이며, 같은 평가질문이 여러 대상자들에게 제공될 수도 있다. 예를 들면, 학생과 매우 밀접한 관련이 있는 사람들(프로그램 관련 교직원, 정규 교사, 학부모 등)은 학생에 관한 프로그램에 학술적으로나 심리학적으로 미칠 영향력에 관련이 있는 질문을 확인할 것이다. 한편, 또 다른 대상자들은 매우 다른 정보를 필요로 하는데, 지원 기관의 직원과 관리자들은 흔히 교직원, 학부모와 학생의 관심사－프로그램의 비용에 관한 관심사와는 다른 것－를 보이기도 한다.

평가설계자가 관련된 모든 대상자들에게 그들의 평가 관심사나 질문을 표명할 기회를 제공한다는 사실은 중요하다. Renzulli(1975)는 정보 입력 설문지와 면담 활용을 주장하였다. 그는 프로그램에 직접적으로 참여(학생, 학부모, 교직원)하거나 간접적으로 참여(프로그램과 무관한 교직원, 상담가 등)하는 대상자는 모두 관심사를 나타낼 기회와 다루게 될 질문을 제시할 기회, 그리고 프로그램 평가에서 수집할 정보의 유형에 관하여 의견을 표명할 기회를 가져야 한다고 주장하였다. 또한 그것들이 심지어 원래의 평가계획을 입안하는 대상자를 통해 명확하게 언급되지 않았을지라도 다루어져야 할 관심사와 질문이 될 수도 있다. 예를 들면, Scriven이 탈목표 평가(1967)에서 기술한 것과 같은 일종의 자료들, 이를테면 계획되지 않은 성과들도 고려해야 한다. 영재가 속한 컴퓨터 반의 효과를 확인하는 과정에서, 어떤 사람은 이 컴퓨터 반이 모든 학생이 받아야 한다고 믿는 동등한 컴퓨터 수업을 방해한다는 다른 교사의 불평을 폭로할 수도 있고, 또 다른 사람은 다른 과정에서의 숙제가 아직 미완성으로 남아 있다는 사실을 알 수도 있다. 이러한 상황이 비록 나타나지는 않았더라도, 컴퓨터 반의 존속에 따른 부정적인 영향이 생길 것이라는 사실을 예견할 수 있다. 비록 그러한 상황을 예견한 대상자가 없더라도, 심지어 원래의 계획 입안에 포함되지 않았지만 그러한 증거에 귀를 기울인다는 것은 중요한 일이다.

자연주의적 탐구라고 명명된 집단의 일부인 몇몇 평가모형들은 밝혀진 새로운 질문과 마찬가지로 특정 대상자들의 요구를 다루게 될 가능성이 높다. 예를 들면, Stake(1975)는 반응모형(Responsive Model)에 대해 "프로그램의 취지보다는 프로그램의 활동에 더욱 더 전적으로 방향을 맞추며, 또한 대상자의 정보에 관한 요건에 좋은 반응을 보이고 있다."(p. 14)라고 하였다. Guba가 언급한 같은 범주에 속하는 또 다른 모형들에는 사법적 모형 (Judicial Model, Wolf, 1975), 교류모형(Transactional Model, Talmadge, 1975), 감식모형(Connoisseurship Model, Eisner, 1979), 조명모형(Illuminatian Model, Parlett & Hamilton, 1976)이 있다.

평가질문의 공식화에서 프로그램 기술의 중요성

사실 우리가 대상자들에게 민감해지고, 영재교육 프로그램의 기능과 목적을 평가하는 일에 적합하며, 측정 가능한 질문을 검증할 수 있는 적절한 시점에 도달하는 것은 프로그램을 기술하는 능력에 달려 있다. 영재교육 프로그램 평가에서의 경험은, 사람이 기술하지 못하는 것은 평가할 수 없다는 사실을 매우 빠르게 확인시킨다.

프로그램의 구성요소(예, 검증 절차, 관리, 교육과정과 수업전략, 프로그래밍 옵션 등), 이들 구성요소 간의 기능적인 관계, 각 구성요소를 지원하는 자원, 그리고 각 구성요소의 역할로 이행되는 활동에 관해 기대된 성과에 따른 프로그램 기술에 주의를 기울인다면, 모든 가능한 평가질문을 가장 완벽하게 고려하게 될 것이다(Yavorsky, 1984 참조). 만일 평가자와 프로그램 관리자가 앞서 언급한 프로그램의 각 특성들을 확인할 수 있다면, 평가질문은 자연스럽게 나올 수 있다. 나아가 평가질문은 평가자료를 필요로 하는 또 다른 대상자들을 통해 이루어진 이러한 기술에 관한 검토에서 나와야 한다. 평가자가 매우 간단한 질문을 하는 것도 개인이나 집단이 자신의 관심사를 반영할 수 있는 영역에 관한 목록을 만들어야 한다.

평가질문을 공식화하기 위한 지침

이들의 관심사에서 나온 평가질문을 공식화하는 일과 질문의 우선순위를 매기는 일에 관한 지침들은 Yavorsky(1984)가 제안하였다. 이들 지침의 첫 번째는 내부 대상자와 외부 대상자에게 관심사에 관한 질문에 우선순위를 정하고 부여하는 것이다. 두 번째, 주요 기능의 중요성에 관한 영역인 프로그램의 영역과 관련이 있는 질문에 귀를 기울인다는 것이다. 이는 프로그램의 성공이 프로그램의 구성요소의 성공에 크게 의존한다는 것이다. 세 번째, 문제들이 시사하는 질문을 확인해야 한다는 것이다. 이것은 흔히 잘 정의되지 않은 영역, 즉 프로그램 설계가 문제 검토 중이거나 논쟁 중이거나 특정 프로그램 혹은 보편적인 영재교육 프로그램에서 문제가 있던 영역을 중심으로, 또는 교직원들의 의견 차이로 특징지어지는 영역에서 흔히 생겨나게 된다. 마지막으로, 우리는 곧 정보가 필요하게 될 이들 질문들을 확인해야 한다.

Covert(personal communication, 1985년 7월 5일)는 또한 다음과 같은 다양한 질문, 즉 프로그램을 실행하는 데 필요한 자원의 적절성과 유용성에 관한 질문, 계획된 활동의 적절성에 관한 질문, 실행을 계획대로 이행하는 정도나 실행이 적절하게 수정되는 정도에 관한 질문, 그리고 프로그램의 구성요소들이 서로 조화를 이루고 하나의 단위로 작용하는 정도에 관한 질문을 만들어 내야 한다고 주장하였다. 자원들에 관한 질문은 프로그램이 기대 사항을 이행하도록 돕는다는 점과 프로그램을 이행하는 것이 왜 실패했는지의 이유를 검증한다는 점에서 중요하다. 예를 들면, 만일 음악적 재능 학생에 대한 검증이 이전의 성취 수행성과에 달려 있고, 학교에 정규 음악 프로그램이 없다면, 검증은 더욱 힘들고 비용이 많이 든다. 계획된 활동의 적절성에 관한 질문은 불필요한 실패를 예방하는 데 도움을 주기 때문에 중요하다. 만일 행정 직원 개발이 교직원 개발보다 먼저 이루어지지 않는다면, 그 유효성은 심각하게 손상될지도 모른다. 실행에 관한 질문은 기대된 성과에 대한 성취도(또는 성취도 미달)가 계획된 것과 같은 프로그램에 기인하는지를 결정할 필요가 있다. 조화에 관한 질문은 계획이나 실행에 관한 문제들이 잠정적으로 상충하고 있다는 점을 확인하도록 도와주는 것이 필요하다. 학교가 멘터(mentor) 프로그램에 참여한 학생을 위한 계획을 세울 수도 있지만, AP 수업 계획이 너무 빡빡하게 세워져서 학생은 참여할 기회가 없다.

Guba(1978)는 자연주의적 평가자가 "관련된 사람은 평가받는 실체를 쟁점이나 관심사를 발생케 하는 것으로 간주할 수 있는 어떤 표준 상황

(standard situation)이 있다는 사실에 유의함으로써 물질적으로 도움을 받는다."(p. 51)라고 지적하였다. 그가 열거한 것 중에는 다음과 같은 것들이 있다.

- 상호작용이나 실행 과정에 대한 바람직하지 못한 결과(학부모는 자료실이 다른 학생의 자아개념에 부정적인 영향을 준다고 느낄 수도 있다.)
- 실행 과정에 관련이 있는 혼란(교사들은 검증 과정에서 자신의 역할을 이해하지 못할 수도 있다.)
- 오래된 관습에 대한 바람직하지 못한 일탈(어쨌든 정규수업은 만족스러웠다.)
- 전통적 가치와의 충돌(영재교육 프로그램은 '평등 교육에 관한 미국인들의 가치관'에 반대되는 것으로 인식할 수 있다.)
- 개인의 가치와의 충돌(영재교육 프로그램에서의 사회적 논쟁에 초점을 두고 있는 활동은 공동체의 가치와 충돌이 있을 수 있다.)
- 권력의 잠정적 손상(교장은 학교 내에서 교사들에 대해 너무 많은 권위를 가지기 때문에 영재교육 프로그램의 코디네이터로 보일 수 있다.)
- 잠재적인 경제적 위협(정규 교사들은 자료실이 정규수업에서 자원을 고갈시킨다고 인식할 수 있다.)
- 제시된 실행 과정과의 불일치 인식(만일 수업하는 교사들이 자료실 프로그램을 권장하고 학교가 클러스터 집단편성 수업을 이행하기로 결정하였다면, 교사들은 불만스러워하며 보다 덜 협조적일 것 같다.)
- 이론적 근거나 목표에 대한 이해 부족(만일 교사가 프로그램의 목표를 이해하지 못한다면, 교사는 교육과정을 효과적으로 실행할 수 없을 것이다.)
- 주어진 제도에 대한 개인의 부정적인 경험에 기초한 선입견(속진 프로그램에서 성공하지 못한 학생에 관한 사례가 하나라도 있으면, 속진 프로그램에 대한 일반적인 이미지를 심각하게 손상시킬 수 있다.)
- 잠재적으로 해로운 부작용(영재교육 프로그램의 결과로 사회적인 상호작

영재교육 프로그램 평가

용에 대한 부정적인 영향이 일어나고 있는가?)

평가질문의 선택에 영향을 미칠 수 있는 부가적인 요인은 질문이 가지는 '대답할 수 있는 가능성'의 정도다. 유감스럽게도 영재교육 프로그램에 관한 평가 분야에서, 우리는 보통 공정하게 받아들일 수 없는 이 요인들을 취급하는 방법 두 가지를 발견한다. 다른 한편으로는 이용 가능한 수단이 있기 때문이거나 또는 자료를 쉽게 수집할 수 있기 때문에, 답변하기가 너무 단순하고 쉬우면서도 비교적 하찮고 편협한 질문에 대답하고 있음을 스스로 발견하게 된다. 예를 들면, 흔히 설문지에 표시한 것과 같이 프로그램이나 교육과정에 대한 학생, 학부모, 교사의 인식에만 초점을 둔 평가연구들을 찾을 수 있다. 이들 연구에서 제시된 평가질문에 대한 편협함은 후광 효과를 무시하는 경향, 개개인의 반응에 대한 인식에 영향을 주는 상세한 정보 수집의 실패, 그리고 실제적 변화나 프로그램에 대한 활동의 성과를 입증하는 일의 실패라는 결과를 가져온다.

이것은 인식이 중요하지 않음을 시사하는 것은 아니다. 오히려 스스로 인식하는 것이 훌륭한 의사결정을 위한 충분한 증거인지 고려해야 한다. 또 다른 극단에서는, 질문이 대단히 복잡하거나 확실하지 않은 수준이라서 평가나 문서화에 제공되지 못하기 때문에 사실상 프로그램을 평가하는 전략을 발견하기가 불가능한데도, 영재교육 프로그램의 평가자들은 때때로 그러한 질문을 하기도 한다.

또한 평가질문은 목표나 주관적인 결과 사정(성취 수행의 평정척도, 에세이 평정법, 개별 결과 사정 등)과 같은 대안적인 자료에서 자원을 찾으려 할 때 평가자의 무능력 때문에 제한되어 왔다. 선다형 시험 문항의 원칙에 대한 영향을 평가하는 전통은 수집할 수 있고 이해 당사자에게 전달할 수 있는 평가 증거의 종류를 엄격하게 제한하고 있다. Renzulli와 Reis(1985), Callahan (1983)은 영재의 결과 등급에 관한 대안적인 자원을 제공해 주는 결과 평정 척도를 제안하였다.

우리가 고려해야 할 평가질문의 최종적인 확장 범위는 비용효과분석(CEA)과 비용편익분석(CBA)의 영역까지다. 프로그램이 학생에게 통계적으로 의미 있는 변화를 가져왔다고 간단히 진술함으로써 얻어지는 잘못된 결론에 관하여 질문을 제기하는 것은 중요하다. 특별 프로그램을 위해서 제한된 자금 조달을 하던 시대에는, 프로그램을 평가하는 일에서 학생의 이익과 관련된 비용의 요인들을 고려하는 것이 중요하였다.

미래의 연구를 위한 방향

이것은 『Gifted Child Quarterly』의 특별 쟁점과 관련되는 경우에 평가질문의 쟁점에 대해서 최종적으로 언급하는 부분이다. 이렇게 간단한 글에서는 프로그램 평가의 영역에 관한 연구에서의 쟁점들을 다루기 어렵다. 사실, 평가연구에 관한 주제(프로그램 평가의 실제가 아닌)는 영재교육 분야에서 독특한 주제이지만 실제로 존재하지는 않는다. 영재교육 연구문헌에 기술되고 실행된 평가 패러다임은 주로 더욱 일반적인 프로그램 평가 분야에서 나왔으며, 연구 분야의 특징을 나타내고 있는 유용성, 일반화 가능성, 영향 등에 관해서는 정밀한 검사를 받아 본 적이 없었다. 그러므로 그들의 (관련)적합성(대상자들을 통해 지각된 것)에 관하여, 그들의 유용성(평가 조사 결과에 바탕을 둔 사실상의 의사결정을 통해 검증된 것)에 관하여, 그들의 중요성(전문가, 프로그램 관리국과 학교 당국, 프로그램의 스태프 등의 판단으로 결정된 것)에 관하여 제기된 여러 종류의 평가질문을 더욱 면밀하고 체계적으로 검토할 필요가 있다.

평가질문에 관한 주제는 전적으로 독립적인 쟁점이 아니며, 그렇게 될 수도 없다. 평가를 위하여 선정된 설계나 모형의 측면에서 평가질문을 고려해야 한다. 그리고 이것은 평가에서 '닭이 먼저냐, 계란이 먼저냐?' 식의 질문이다. 질문을 공식화하고, 설계를 선정하는가? 또는 설계를 선정하고, 설계 접근법으로부터 생겨난 질문을 인정하는가? 상호의존성을 생각해 내고, 상호관련성을 인정하는 자료를 수집하고 기록하는 것은 대단히 중요하다.

참고문헌

Callahan, C. M. (1983). Issues in evaluating programs for the gifted. *Gifted Child Quarterly, 27*(1), 3-7.

Callahan, C. M., & Caldwell, M. S. (in press) Defensible evaluations of programs for the gifted. In C. J. Maker (Ed.), *Critical issues in gifted education.* Rockville, MD: Aspen.

Dinham, S. M., & Udall, A. S. (in press) Evaluation for gifted education: Synthesis and discussion. In C. J. Maker (Ed.), *Critical issues in gifted education.* Rockville, MD: Aspen.

Eisner, Elliot (1979). *The educational imagination.* New York: Macmillan.

Guba, E. G. (1979). Toward a methodology of naturalistic inquiry in educational evaluation. *CSE Monograph Series in Evaluation, 8.*

Parlett, M., & Hamilton, D. (1976). Evaluation as illumination: A new approach to the study of innovatory programs. In G. V. Glass (Ed.), *Evaluation studies review annual* (Volume 1). Beverly Hills, CA: Sage Publications.

Renzulli, J. S. (1975). *Working draft: A guidebook for evaluating programs for the gifted and talented.* Ventura, CA: Office of the Ventura County Superintendent of Schools.

Renzulli, J. S. (1977). *The enrichment triad model: A guide for developing defensible programs for the gifted and talented.* Mansfield Center, CT: Creative Learning Press.

Renzulli, J. S. & Reis, S. M. (1985). *The schoolwide enrichment model.* Mansfield Center, CT: Creative Learning Press.

Renzulli, J. S., & Smith, L. H. (1979). *A guidebook for developing individualized educational programs for gifted and talented students.* Mansfield Center,

CT: Creative Learning Press.

Scriven, M. (1967). The methodology of evaluation. In R. E. Stake (Ed.), *Curriculum evaluation* (American Educational Research Association monograph series on evaluation, No. 1). Chicago: Rand McNally.

Stake, R. E. (1967). The countenance of educational evaluation. *Teachers College Record, 68*, 523-540.

Stake, R. E. (1975). Program evaluation, particularly responsive evaluation (Occasional Paper No. 5). The Evaluation Center, Western Michigan University.

Stufflebeam, D. L. (1968). *Evaluation as enlightenment for decision-making.* Columbus, Ohio: Evaluation Center, Ohio State University.

Talmadge, H. (1975). Evaluation of local school community problems: A transactional evaluation approach. *Journal of Research and Development in Education, 8*, 32-41.

Wolf, R. L. (1975). Trial by jury: A new evaluation method. *Phi Deltea Kappan*, 1975, 57.

Yavorsky, D. K. (1984). *Discrepancy evaluation: A practitioner's guide.* Charlottesville, VA: University of Virginia, Curry School of Education Evaluation Research Center.

영재교육 프로그램의 형성평가:
과정과 모형[1]

Kyle R. Carter(University of Northern Colorado)
Wilma Hamilton(Weld County School District, Greeley, Colorado)

저자는 공교육의 수월성에 대한 최근의 초점에 따라 영재교육 프로그램 평가 분야가 증가할 것으로 내다보고 있다. 영재교육 프로그램 평가는 가치 있는 사회적 요구를 충족시키므로, 총괄평가가 아닌 형성평가가 되어야 한다고 주장한다. 저자는 평가자가 프로그램 평가를 수행하도록 세밀하게 조사하는 과정을 기술하고 프로그램 평가모형을 제시하였다. 두 가지 접근법은 모형 내에서 통합된다. 첫째, 과정 지향 평가는 프로그램의 필수적인 구성요소와 만족할 만한 기준을 밝히고 있다. 둘째, 결과 지향 평가는 학생 성과를 통해 구성요소를 평가한다. 두 가지 접근법 모두가 설명되었으며, 이러한 제안을 적용하려 한다.

1980년대는 공교육에서 특히 어려운 시기였다. 재정 자원의 감축으로 학교운영위원회의 예산 삭감 결정에서 어려움을 겪었다. 학교운영위원회 구성원들은 영재교육 프로그램을 때때로 교육 장식물 정도로 여겼기 때문에

---

1) 편저자 주: Carter, K. R., & Hamilton, W. (1985). Formative evaluation of gifted programs: A process and model. *Gifted Child Quarterly*, 29(1), 5-11. © 1985 National Association for Gifted Children. 필자 승인 후 재인쇄.

영재교육 프로그램은 예산 삭감의 대상이 되었다(Mitchell, 1984 참조). 영재교육 프로그램을 배제하자는 권고는 영재는 특별한 도움이 없이도 잠재력에 도달할 수 있다고 보는 일반적인 믿음에서 유래한다. 유감스럽게도, 그들은 틀림없이 「Marland 보고서(Marland Report)」(1972)의 연구결과를 모르고 있거나, Marland의 다음과 같은 경고를 무시하는 쪽으로 선택한 것이다.

> …연구들은 많은 재능 있는 아동이 그들의 지적 잠재력보다 훨씬 낮은 수준의 수행을 한다는 사실을 확인시켜 주었다. 빛나는 정신이 자신의 방식을 만들어 갈 수 있다는 안이한 생각에서 점차 벗어나고 있다. 지적이고 창의적인 재능은 교육 경시와 무관심에서 살아남을 수 없다(p. 9).

이러한 예산 삭감에 직면한 경우, 영재교육 지지자는 영재가 잠재력에 도달하기 위해 차별화된 교육이 필요하다는 사실을 증명해야 한다.

재정 문제는 미국 교육에서 평범함을 강력하게 주장하는 최근 보고서에서 드러나고 있다. 이들 보고서는 지역 수준의 영재교육 프로그램에 관한 자금 제공에 영향을 미칠 수 있다. 적절한 사례는 「위기의 국가(a nation at risk)」(1983)라는 표제가 붙은, '교육 수월성에 대한 대통령위원회'의 보고서다. 이 보고서는 산업화 세계에서 미국 학생의 경쟁력 준비를 위한 공교육의 능력에 대해 대단히 비판적인 입장을 취하고 있다. 이 보고서의 연구자들은 영재의 요구를 충족시키는 증가된 프로그램을 포함한 교육 체계의 전면적인 변화를 요구하였다. 또 다른 국가 보고서에는 영재를 위한 지원된 프로그램을 제안하고 있다. 이들 보고서에는 미국교육위원회(Education Commission of the United States)의 후원을 받은 「Action for Excellence」(1983), 카네기재단의 후원을 받은 「Education and Economic Progress」(1983), 그리고 카네기재단의 후원을 받은 Boyer의 「High School: A Report on Secondary Education in America」(1983)가 있다.

공교육에 관한 최근 보고서는 영재교육을 지지하는 자원인 동시에, 영재교육을 하는 사람에게는 도전이기도 하다. 이 보고서들은 10여 년 전 「Marland 보고서」에서 표현된 정서를 반영하여 다음 사항을 지지하였다. 영재는 낭비되는 국가 자원 중의 하나이며, 이러한 자원들을 활용하기 위해 교육 프로그램이 개발되어야 한다. 다른 한편, 이 보고서는 영재교육자에 대한 도전이다. 이 보고서의 연구자들은 영재교육 프로그램이 양질이어야 하며, 그것의 효율성이 입증되어야 한다는 점을 시사하였다.

공교육의 재정적 위기와 학교교육의 평범함에 대해 지적하는 보고서들 이 발표되자, 국민들은 교육 프로그램의 자금 지원과 질에 관한 논쟁에 민감 해졌다. 이 보고서들이 훌륭한 방안처럼 보이기 때문에, 앞으로는 학교이사 회가 영재교육 프로그램의 자금을 지원할 것 같지 않다. 자금 지원 여부는 학생의 성과로 측정된 프로그램의 효율성에 한층 더 의존할 것이다.

앞으로 몇 년 동안 프로그램 평가는 증가될 것이다. 즉, 장기간 시행된 중 요한 영재교육 프로그램의 효율성을 결정하기 위해 개선 가능한 영역을 확 인하도록 평가할 것이다. 새로운 영재교육 프로그램은 효율성 검증과 시행 첫해에 필연적으로 나타날 문제들을 해결하기 위한 목적으로 평가받을 것이다. 어떠한 경우든, 프로그램 평가의 정보는 학교 인적 구성원, 학교운영 위원회, 그리고 일반 국민들에게 프로그램의 성격이나 효과에 관한 정보를 제공하는 데 도움을 줄 것이다.

이 연구에서는 그릴리와 콜로라도 지역의 관할 교육청 내의 영재교육 프로그램에 대한 효율성 평가를 돕기 위해 저자가 개발한 평가 과정과 모형을 서술하였다. 평가 과정의 단계들과 모형을 설명하고 그 활용에 관한 제안을 할 것이다. 저자는 이러한 모형들이 영재교육 프로그램 평가를 계획하고 수 행하는 많은 사람에게 도움이 되기를 바란다.

평가 철학

Scriven(1967)은 프로그램 평가를 총괄평가 또는 형성평가로 분류하였다. 총괄평가는 전반적인 효율성을 결정하는 데 실시된 프로그램의 결과에 대한 평가라는 점이 특징이다. 평가결과들은 프로그램의 지속적인 유지 여부를 결정하는 데 사용된다. 형성평가는 시행 중인 새로운 프로그램 **변환기**에 **개선**을 위해 수행한다. 이러한 평가유형의 강조점은 개선에 있다.

Scriven의 두 가지 평가유형을 이해하는 것에 대해, Cronbach(1982)는 형성평가의 개념에 대해 프로그램을 개선할 목적으로 프로그램의 성과 측정을 포함하는 것까지 범위를 확장하였다. 형성평가에 대한 Cronbach의 개념에서 가장 중요한 가정은 프로그램이 의미 있는 사회적 요구를 다룬다는 것과 계속될 것이라는 사실이다. Cronbach(1982)는 "대안으로 대체하지 않고 프로그램을 중단하는 것은 질문에서 사회문제를 줄이기 위한 의무를 포기하는 것이다."(p.13)라고 지적하였다.

본 연구에서 서술된 평가모형의 바탕을 이루는 철학은 Cronbach의 형성평가 개념과 유사하다. 첫째, 영재교육 프로그램은 중요한 사회적 요구를 충족시키며 존속되어야 함을 가정한다. 둘째, 모형은 기대된 프로그램의 성과에 초점을 두고 있다. 프로그램의 효율성은 성과의 기초 위에서 판단되며, 약점이 확인되었을 때 이 모형은 프로그램의 개선을 위하여 제공된다.

평가 과정

[그림 2-1]은 그릴리(Greeley) 지역의 영재 프로그램 평가에 적용된 과정을 보여 준다. 이 장에서는 그 과정의 개요를 서술한다.

의사결정자들은 평가에 관한 의도(purpose), 범위(scope), 일반적인 기대를 결정하기 위해 회의를 개최한다. 의사결정자들은 프로그램 전반에 대한 관리 책임을 지는 개인 혹은 각 개인들의 집단이다. 회의가 열리는 동안, 평가자들은 평가에 대한 자신들의 이해가 의사결정자들의 이해와 일치하고 있다는 것을 확인해야 한다. 회의에 참여한 구성원들은 평가자와 의사결정자 모두가 평가, 평가에 관한 의도된 목적, 평가될 프로그램의 요소들, 평가를 수행하는 데 적합한 접근법, 그리고 프로그램의 질을 판단하는 데 사용될 기준들이 무슨 의미인지를 분명히 이해해야 한다. Nevo(1983)는 대략 10개 차원으로 평가를 개념화하는 것을 제시하였으며, 다음의 질문으로 나타냈다.

- 평가는 어떻게 정의되는가?
- 평가의 기능은 무엇인가?
- 평가 대상은 무엇인가?
- 각 대상에서 수집되어야 할 정보는 어떤 종류인가?
- 평가 대상의 장점과 가치를 판단하기 위하여 사용된 준거는 무엇인가?
- 평가를 통해 서비스를 제공받는 사람은 누구인가?
- 평가 과정은 무엇인가?
- 평가에 사용될 탐구 방법은 무엇인가?
- 누가 평가하는가?
- 평가는 어떤 기준에 따라 판단되는가?

프로그램 평가자들은 10개 차원의 각각의 프로그램 평가에서 각 질문에 대한 답변이 전문가의 관점에 관한 개요를 제공해 주기 때문에, Nevo의 연구가 도움이 된다는 것을 알 것이다.

때때로 의사결정자들은 평가를 시작할 때 마음속에 명확한 목표를 지닐 것이다. 만일 그렇다면, 평가 팀은 어떤 프로그램 대상들을 평가할 것인지 말할 수 있게 된다. 그러나 또 어떤 때는 의사결정자들에게 평가에 관한 명

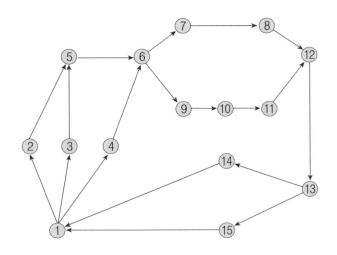

활동 또는 절차

1. 의사결정자와 평가를 계획하기 위하여 회의를 개최한다.
2. 프로그램의 요소들로부터 잠정적인 평가 대상들을 확인한다.
3. 대상 집단의 정보 투입으로부터 잠정적인 평가 대상들을 확인한다.
4. 의사결정자들은 평가 대상들을 확인한다.
5. 의사결정자와 협의된 대상들을 선정한다.
6. 의사결정자와 협의된 준거를 선정한다.
7. 의사결정자와 협의된 질적인(과정 지향) 준거를 선택한다.
8. 내용 분석을 수행한다.
9. 의사결정자와 협의된 양적인(결과 지향) 준거를 선택한다.
10. 연구 설계를 개발한다.
11. 자료를 수집하고 분석한다.
12. 조사결과에 관한 보고서를 작성한다.
13. 의사결정자의 답변을 구한다.
14. 불충분한 것으로 확인된 프로그램 구성요소들을 개발한다.
15. 잘못된 것으로 확인된 평가 절차와 측정을 개선한다.

[그림 2-1] 영재교육 프로그램에 대한 형성평가의 과정

확한 생각이 없을 수도 있다. 대신 그들은 **잠재적 프로그램 대상들에 대한 확인**을 평가 팀에게 의존할 것이다. 이러한 일이 발생할 때 평가 팀은 평가 대상들을 확인할 수 있는 두 가지 자원을 가진다. 첫째, 평가 팀은 프로그램에 관심을 가진 다양한 **대상(고객) 집단**으로부터의 정보 투입을 요구할 수 있다. 대상 집단의 예로는 영재의 부모, 영재, 영재 담당교사, 교장이 포함된

영재교육 프로그램 평가

표 2-1 영재교육 프로그램의 필수 구성요소

정 의
철 학
판별 절차와 준거
프로그램의 목적과 목표
학생의 목적과 목표
교육과정
인적 자원
예 산
프로그램 평가

다. 둘째, 평가 팀은 영재교육 프로그램에 필수적인 하나 혹은 그 이상의 프로그램 구성요소에 대해 평가할 것을 제안할 수 있다(〈표 2-1〉 참조).

어떤 면에서는 대부분의 평가들이 돈, 시간 또는 인적 자원의 제약을 받기 때문에, 의사결정자들은 일반적으로 평가의 일부가 되는 프로그램 대상들과 기대해야 할 대상들을 선택해야 한다. **대상 선정**은 평가 팀과 의사결정자들의 공동 노력으로 이루어진다. 우선순위는 돈이나 시간과 같은 제약 조건뿐만 아니라 평가 의도(purpose)에 따라 결정된다.

대상이 선정되면, 평가 팀은 평가 대상을 판단하는 적합한 **준거를 선정**한다. 이들 준거는 의사결정자들의 첫 회의에서 결정되기 때문에, 전체적인 평가 틀에 적합해야 한다. 특히, 평가자들은 의사결정자들을 통해 평가 대상에 대해 논리적이고 실제적인 측정이라고 생각된 준거를 선택해야 한다.

준거 선정은 평가 팀이 따르게 될 접근법을 결정할 것이다. 만일 그 준거가 **결과 지향적**이라면 더욱 경험적이 될 것이며, 자료 수집과 **분석**을 필요로 하는 **연구 설계**를 적용할 것이다. 실험 설계(experimental design), 준실험 설계(quasi-experimental design)(Campbell & Stanley, 1963), 기술적 설계는 이러한 과정에서 가능한 모든 방법들이다. 만일 준거가 더욱 과정 지향적이라면, 평가자들은 질적 접근법을 사용한다. 평가 대상에 대해 쓰인 문서가 존재한다는 것은 미리 결정된 기준들에 의존하여 점검하고 평가하게 된다는 것이다. **내용 분석**(Borg & Gall, 1983)이라 불리는 이러한 과정은 '프로그램의 목적은 적절한가?' '프로그램은 교육과정을 명확하게 정의하였는가?' 등의 질문에 대한 대답을 도와준다.

평가에 대한 **조사결과**와 **권장 사항**은 의사결정자(들)에게 전달된다. 평가 자체가 형성 과정이기 때문에, 다시 말하면 프로그램 개선이나 권장 사항들을 강조한다는 것은 대체로 평가 과정에서 프로그램 개발이나 변경을 요구한다는 것이다. 이러한 변화가 한 번이라도 이루어졌다면, 의사결정자는 프로그램 평가의 주기를 다시 시작하는 지속적인 평가를 요구할 것이다.

모 형

모든 영재교육 프로그램들은 프로그램의 필수요소로 분석될 수 있다. 그것은 본 저자들을 통해 개념화되었지만, 완전한 영재 프로그램은 〈표 2-1〉에 나타난 요소들을 포함해야 한다. 앞서 진술한 것처럼, 대상들을 평가하기 위한 준거는 질적일 수도 양적일 수도 있다. 제안된 모형은 각 프로그램의 요소들을 평가하기 위한 준거와 방법을 제시한다. 만일 준거가 질적이라면, 모형은 '내용 분석'이라는 과정 지향적 평가를 제안한다. 준거가 양적일 때는 결과 지향적 평가를 사용한다. 먼저 과정 접근법이 기술되고, 그 다음에 결과 접근법이 뒤따른다.

과정 중심 평가: 내용 분석

저자는 다양한 선행연구(예, Fox, 1979; Gallagher, 1975, 1979b; Marland, 1972)를 재검토하였고, 잘 정의된 영재교육 프로그램은 다음과 같은 프로그램 요소들을 분명하게 표현한다고 결론지었다. 즉, 정의, 철학, 판별 절차와 준거, 프로그램의 목적과 목표, 학생의 목적과 목표, 차별화된 교육과정, 교직원과 학부모의 현직 연수, 인적 자원에 관한 입장 설명, 예산 그리고 프로그램 평가 체제 등의 요소들이다. 인쇄된 교재에 관한 점검을 통해 정의되는 내용 분석은 프로그램의 각 구성요소들을 평가하기 위해 수행된다. 구성요소들에 대한 간단한 설명과 구성요소를 평가하는 데 사용된 준거들은 다음과 같다.

정의   많은 프로그램들이 「Marland 보고서」(1972)에 제시된 정의를 받아들였다. 영재 판별을 운용하는 데는 실패하였기 때문에 Renzulli(1978)와 Gallagher(1979a)는 이 정의에 대하여 비판적이었지만, 이러한 정의가 다음의 이유들 때문에 가장 새로운 프로그램의 훌륭한 출발점을 제공한다고 여긴다. 첫째, 정의가 광범위하게 알려져서 인지도가 높아졌고 많은 교육학자들에게 받아들여졌다. 둘째, 오늘날 인정되는 영재성에 대한 주요 범주를 정의하였다. 셋째, 각 지역 교육청(학군)은 정의를 조작하기 위하여 각 범주에 관한 객관적인 준거를 판별할 수 있다.

대부분의 학군들은 예산과 인적 자원의 제약 때문에 모든 범주를 충족시킬 수는 없다. 그러므로 정의는 그 학군의 자원들을 통해 판단되는 것처럼, 영재의 영역이 명확하게 정의되고 측정될 수 있는지, 그리고 정의의 폭(다시 말하면, 영재의 범주의 수)이 실제적인지를 결정하기 위해 평가되어야 한다. 학군들이 영재에 관한 정의를 한 번이라도 정책으로 받아들였다면, 그 정의로 상술된 모든 개인들에게 서비스를 전달할 법적 책임이 따를 수 있다는 사실을 알고 있어야 한다. 예를 들어, USOE의 정의가 위원회의 정책이 된다면, 이들 범주(지능, 특정한 학업 태도, 창의성, 시각예술과 공연예술 등)의 준거에 적합한 아동은 모두 제공받을 수 있어야 한다. 만약 학군이 많은 아동에게 프로그램을 제공할 여유가 없다면, 광의의 정의를 채택하는 것은 피해야 한다. 하나의 대안은 학군의 자원에 따라 제공받을 수 있는 USOE의 정의에서 학생의 이러한 범주에 대한 정의를 제한하는 것이다.

철학   철학에 관한 진술은 영재교육 프로그램을 뒷받침하는 이론적 논리를 설명한다. 철학은 영재교육을 중요하게 만드는 가치와 신념을 명확하게 정의함으로써 왜 영재교육이 학군에서 중요하게 고려되어야 하는지를 설명한다. 철학적 진술을 평가할 때, 프로그램 평가자들은 철학이 프로그램의 이론적 논리를 명확하게 설명하고 있는지, 이러한 이론적 논리가 정의와 일치하는지를 결정해야 한다.

판별 절차와 준거 판별 과정은 영재성에 관한 프로그램상의 정의를 조작할 수 있게 하므로, 판별 절차는 영재를 정의하는 방식과 일치해야 한다. 특히 판별 절차는 다음의 지침들을 따른다는 사실을 확인하기 위하여 점검되어야 한다.

1. 판별 준거는 특히 정의와 관련이 있다.
2. 수행 지표는 정의된 영재성 영역에 대해 믿을 수 있고 타당한 측정이다.
3. 다양한 준거가 사용된다.
4. 선발과 탈락의 기준은 관련된 연구의 입장에서 합리적이며, 모든 실수는 각각의 수행 지표에서 알 수 있다.
5. 개별 점수는 공통의 척도로 변환되어 왔으며, 종합 점수로 계산될 때는 적절하게 가중치를 부여해 왔다.
6. 과정은 이의 제기 절차를 허락한다.
7. 정당한 절차를 따른다.
8. 전 과정은 진술된 프로그램의 철학을 반영한다.

프로그램의 목적과 목표 프로그램의 목적은 프로그램에 관한 전체 방침을 제시한다. 목적은 명확하게 기록되어야 하고, 실행 가능한 것이어야 하며, 영재교육에 관한 전반적인 철학의 범위를 충족해야 한다. 각 목적은 명백하게 기록된 그 자체의 일련의 목표들을 통해 명확해야 한다. 목표는 측정 가능하고, 프로그램 철학과 일치하며, 실제적이어야 한다. 프로그램의 목적과 그 목표의 예는 〈표 2-2〉에 제시되어 있다.

표 2-2   프로그램의 목적과 목표 설정의 예

프로그램의 목적 : 지적이고 창의적인 영재를 위한 연속(3~12) 프로그램을 개발하고
실행하고 평가하는 것

프로그램의 목표

학군은 …

1. 서비스를 받을 학생 집단을 상세화할 것이다.
2. 철학을 명료하게 표현하고 프로그램의 존재를 정당화할 것이다.
3. 프로그램의 정의와 철학에 일치하는 판별 체계의 개요를 제시할 것이다.
4. 개별 학생의 요구에 맞는 다음 프로그램의 모형을 제공할 것이다.
   a. 멘터십
   b. 풀 아웃 심화학습
   c. 정규수업시간 내의 심화학습
   d. AP
   e. 우월반 혹은 우수반
   f. 속진제
5. 아동의 재능, 기술, 능력과 관련된 프로그램의 측면에서 학부모와 교사에게 정보와 서
   비스를 제공하여 참여시킬 것이다.
6. 영재, 창의적인 학생, 재능 있는 학생에게 서비스로 제공하도록 요구된 일반 자원들
   (즉, 자금, 교재, 멘터, 교직원)을 상세화할 것이다.
7. 학군 이외의 자금을 확인하고 확보할 것이다.
8. 지역사회에 대한 긍정적인 이미지를 촉진시킬 것이다.
   a. 매체를 통하여 프로그램의 활동을 널리 알릴 것이다.
   b. 지역사회의 프로젝트에 참여할 것이다.
   c. 지역 기관과 조직을 소개할 것이다.

학생의 목적과 목표   학생의 목적은 인지적 · 정의적 성과를 통합할 수
있어야 한다. 학습이론가는 학습이 긍정적인 태도 형성과 부정적인 태도 형
성과 함께 일어난다는 사실을 언급하였다(Bower & Hilgard, 1981). 사실, 학
생이 교과목에 대해 부정적인 태도를 나타내더라도, 학습은 숙달될 수 있
다. 그러므로 학생은 수학과 같은 분야에서는 비슷한 능력을 지닐 수도 있
지만, 좋아하는 정도는 다를 수 있다. 따라서 교육학자들은 교육과정의 한
분야인 인지적 기능에 관한 긍정적인 감정을 가르치기 위해 의도적으로 계

획을 세워야 한다. Scriven(1966)에 따르면, 인지 관련 가치를 가르치기를 외면하는 교사들은 당연히 업무상 무능하다고 고려될 수 있다. Scriven의 의견에 대해 Bloom, Madeaus 그리고 Hastings(1981)는 "학교는 정의적 목표 달성을 위해 노력할 의무가 있다."(p. 298)라고 논평하였다. 만일 공교육의 장기 목적 중의 하나가 평생학습이라면, 학생은 교과목뿐만 아니라 학습과정을 높이 평가하고 올바르게 인식해야 한다. 그러므로 평생학습은 인지적 학습과 정의적 학습의 통합에 의존한다.

학생의 목적 평가에서, 평가자는 인지적·정의적 성과의 통합을 기대할 수 있어야 한다(〈표 2-3〉 참조). 각 목적은 차별화된 교육과정을 제시해야 하며, 명확하게 기록되어야 하고, 프로그램의 철학과 일치해야 한다. 각 목적은 학생의 측정 가능한 성과를 분명히 전달하는 일련의 목표를 포함해야 한다.

표 2-3 학생의 목적과 목표 설정의 예

목적: 영재에 관한 개념(3학년)	
학생은 영재의 성격과 특성을 이해할 수 있다.	학생은 영재를 사회에서 소중한 존재로 받아들일 수 있다.
인지적 목표	**정의적 목표**
학생들은 …	학생들은 …
1. 역사적으로, 개인적으로 영재를 정의할 수 있다.	1. 고유한 재능, 기술, 능력에 대한 인식을 개발할 수 있다.
2. 영재의 여러 유형과 관련된 특성을 열거할 수 있다(즉, 지적, 창의적, 심동적 등).	2. 개별화된 교육 프로그램에 대한 요구를 올바르게 인식할 수 있다.
3. 영재가 된다는 것에 대한 함의와 책무성에 관하여 논의할 수 있다(긍정적으로, 부정적으로, 범문화적으로).	
4. 특별한 재능이 판별되는 과정을 기술할 수 있다.	
5. 영재의 책무성에 관한 진술을 명확히 말할 수 있다.	

교육과정 교육과정은 각 영재 프로그램의 핵심이며, 학생의 목적이나 목표들이 일치하는가를 결정할 수 있다. 교육과정은 다음의 준거를 통해 평가될 것이다.

1. 교육과정은 스코프(scope)와 시퀀스(sequence)를 제시한다.
2. 교육과정은 학생의 목적과 목표를 통해 개발된다.
3. 교육과정은 차별화된 교육철학과 일치한다.

프로그램 내용 분석과 관련하여, 평가는 프로그램의 질에 영향을 주는 다양한 다른 입력 정보 요인과 관련이 있다. 여기에 포함되는 것은 인적 고려 사항과 예산 고려 사항과 같은 항목일 것이다.

교직원과 학부모를 위한 현직 연수 교직원과 학부모 집단을 위하여 계획된 현직 연수는 전문가와 일반인에게 영재교육 프로그램에 대한 필요성을 교육시키는 데 필수적이다. 선행연구(Marland, 1972; Rubenzer & Twaite, 1979; Gallagher, 1981; Mitchell, 1984)는 잘못된 이해와 함께 영재교육 프로그램에 관한 양면 가치를 지닌 태도들을 여러 차례 입증해 왔다. 본 저자들(Cater & Hamilton, 1983)의 연구에서는 영재를 둔 부모, 담임교사, 교장, 영재교사들이 영재 교육과정, 영재의 특성, 그리고 판별 절차와 같은 주제에 대해 더 많은 현직 연수를 희망한다고 지적하였다.

인적 자원 다음의 투입 요인들은 학군의 영재교육 인적 자원/교직원에 관련하여 분석될 수 있다.

1. 영재교육 교직원에 관한 전문적인 준비(즉, 영재교육 영역에 대한 학위나 준비)
2. 총 교육 경력
3. 영재교육 경력

4. 영재교육과 관련 있는 훈련이나 학위 취득 후의 현직 연수의 횟수와
   연속성
5. 이전의 행정관리적 평가

예산   다른 프로그램은 연방정부, 주정부, 지방자치단체의 자금 조달, 또는 개인적인 자금 지원을 활용함으로써 성장하는 반면에, 비록 수많은 영재 프로그램이 '신발 끈(shoestring)'의 역할을 한다고 잘 알려져 있더라도, 평가자의 실질적인 질문은 그러한 프로그램의 기능에 관한 질에서 예산의 효과에 초점을 맞추어야 한다. 예를 들면, 평가 정보를 수집할 때 다음의 예산 상의 문제는 다른 프로그램 요소들에 관해 있을 수 있는 영향력과 관련하여 다루고 분석하여야 한다(즉, 인적 자원, 교육과정 교재 등).

1. 자금원의 활용
2. 영재 프로그램에 쓰이는 연간 총액
3. 예산 배분의 범주에 따른 분류 내역
   a. 인적 자원/스태프/코디네이터
   b. 자료－하드웨어/소프트웨어－인쇄물
   c. 수업 개선/교직원 개발
   d. 검사
   e. 이수 마일리지
   f. 협의회
   g. 대체원
   h. 멘터, 연사, 현장 견학 등
   i. 프로그램 평가

프로그램 평가   구체적인 절차와 정책들은 영재 프로그램 각각의 구성 요소에 대한 정규 평가계획을 상세화하기 위해 문서화되어야 한다. 계획들

은 Nevo가 앞서 제시한 공식화된 10개의 질문을 다루어야 한다. 그리고 평가계획은 형성평가의 맥락 내에서 과정과 결과 접근법을 활용해야 한다. 계획의 전체 목적은 프로그램의 개선을 위해 의사결정자에게 정기적인 피드백을 제공해 줄 수 있어야 한다.

결과 지향 평가

평가에 대한 결과 지향 접근법은 프로그램이 의도하는 결과들을 산출했는지를 결정하기 위해 설계되었다. 프로그램 요소들의 효율성은 기대된 성과들을 통해 판단된다. 그러므로 결과 지향 평가의 유일한 요구 조건은 일반적으로 프로그램 요소들에 대한 기대가 프로그램 목표의 형태로 상술되어야 하는 것이다. 만일 목표가 제시되었다면, 평가자들은 평가를 시작할 수 있다. 이러한 접근법의 기초 단계는 다음과 같다. (a) 기대하는 성과에 관한 측정치를 확인하고 개발하기, (b) 제기된 질문에 적절한 답변을 할 수 있는 연구 설계하기, (c) 자료를 수집하고 분석하기, (d) 자료의 측면에서 대상 평가 및 권고 사항을 작성하기 등이다. 이러한 접근법은 양적 교육연구로 가장 잘 설명된다.

결과 접근법을 활용하는 평가들은 각 프로그램에 대한 독특한 요구를 충족시키기 위하여 개별화되어야 한다. 영재교육 프로그램이 각각 다르기 때문에 개별화된 평가는 필연적이다. 각 프로그램의 요소들을 정의하는 데 사용된 일련의 목표들은 같지 않으며, 의사결정자들이 프로그램의 결과를 측정하기 위해 선택하는 준거에는 차이가 있다. 따라서 결과 접근법을 통하여 프로그램의 요소를 평가하기 위해 어느 하나의 접근법이나 방법을 처방하는 것은 불가능하다. 결과 지향의 접근법을 설명하기 위하여 프로그램의 두 가지 요소를 분할하는 과정을 적용할 것이다. 이 접근법은 먼저 판별 절차에 적용될 것이며, 그 다음에 교육과정에 적용될 것이다.

판별 절차에서 하나의 예견된 결과는 '차별화된 교육과정(즉, 영재교육 프로그램)으로 이익을 얻는 아동과 그렇지 못한 아동을 구별하는 것'일 수 있다. 그러므로 수년 전에 입증된 Pegnato와 Birch(1959)의 방식과 같은 것을 통해 판별 절차, 준거, 선발과 탈락 기준에 대한 효율성은 양적으로 많이 평가될 수 있다. Pegnato와 Birch는 중학생을 연구대상으로 하여 여러 가지 선정 준거와 선발과 탈락 기준(즉, 성취도검사 점수, 교사의 추천, 집단 IQ 점수 등)이 영재를 어떻게 잘 판별하였는지를 결정하였다. 그들이 말하는 절차는 Standford-Binet 검사에서 IQ 136 이상을 얻은 영재 집단의 구성과 선발 (screening) 방식에 따라 선정된 각 집단의 구성을 비교하였다는 것이다.

각 선발 방식은 그 자체의 효과성과 효율성을 통해 평가되었다. 효과성은 선발 장치(screening device)가 집단 내에서 모든 영재를 어느 정도까지 판별하였는가에 따라 정의되었다. 예를 들면, 만일 집단에 100명의 영재가 있는데 하나의 방법으로 40명을 판별하였다면, 그 효과성의 평점은 40%다. 효율성은 하나의 방법으로 추천된 사람 중의 영재에 대한 비율로 정의하였다. 만일 하나의 방법으로 10명이 추천되어 8명이 영재임이 드러났다면, 효율성의 평점은 80%다. 효과성 등급은 허위의 실재(positive)(예, 어떤 사람이 영재가 아닌 경우에 영재라고 말하기)에 따른 영향을 받지 않지만 효율성 등급은 허위의 긍정적 판단에 따른 영향을 받는다는 점을 주목해야 한다.

비록 Pegnato와 Birch가 사용한 기법들이 오늘날 영재의 개념을 너무 극단적으로 단순화시킬 수 있다고 해도, 패러다임들은 오늘날 판별 절차를 평가하는 연구에서 유래를 찾을 수 있다. 하나의 가능성은 영재교육 프로그램의 성공을 위하여 활용하는 추정 방정식(prediction equation)을 준거 변인으로, 판별 준거(identification criteria)를 독립 변인으로 이용하고 있다는 것이다. 따라서 사람은 이러한 방정식과 비슷한 다음과 같은 하나의 방정식을 갖는다. Y는 준거 변인이고, X_n은 종속 변인을 나타낸다면, $Y' = b_0 + b_1 X_1 + b_2 X_2 ... + b_m X_m$(Glass & Stanley, 1970, pp. 186-191)이다.

이러한 접근법에는 두 가지 주요 문제가 있다. 첫째는 영재가 복합적인 개념이므로 다른 유형의 영재, 즉 일반 지능, 창의성 등에 대하여 독립된 방정식을 지닐 필요가 있다. 둘째는 영재 프로그램에서의 성공을 정의하고 측정하는 일이다. 또한 다른 유형의 영재의 성공을 위해서는 독립된 준거를 지닐 필요가 있다.

또한 각 개인들이 적절하고 신뢰성이 높다고 여기는 프로그램의 성공에 관한 측정들을 개발하는 것은 어렵다. 그렇더라도 프로그램 평가자들은 예언타당도, 즉 학생이 실제로 수행하는 영재 프로그램을 얼마나 잘 선정하였는가 하는 문제에 따른 판별 준거에 대한 평가를 시작해야 한다. 다른 한편, 준거가 영재 프로그램으로 이익을 얻을 수 있는 아동을 체계적으로 선정하는 데 실패할지, 또는 오히려 프로그램에서 불이익을 얻을 수 있는 아동을 선정하는 데 실패할지를 알지 못할 것이다. 이러한 접근법의 훌륭한 예는 Reis와 Renzulli(1982)의 논문과 본 저자들이 최근에 수행한 연구(Carter & Hamiton, 1984)에서 찾을 수 있다.

교육과정은 결과 접근법을 통하여 평가될 수 있는 또 다른 영역이다. 교육과정 목표들이 명세화되었을 때, 교육과정의 효과성은 학생의 수행에 따라 판단된다. 즉, 이들 학생은 프로그램 이전에 할 수 없었던 것을 지금은 할 수 있다는 것이다. 이들의 성과는 교육과정, 학생의 산출물(Reis & Renzulli, 1982), 행동 체크리스트, 몇몇에 이름 붙인 것을 측정하기 위하여 설계된 목표의 결과를 통해 측정될 수 있다. 예를 들면, 〈표 2-3〉에서 열거한 것과 같이 목표들은 영재교육 프로그램에 참여한 결과로서의 특정 성과를 의미한다. 목표 검사, 행동 관찰, 그리고 태도 조사들은 이들의 성과를 측정하기 위해 사용될 수 있다. 적절한 연구 설계들은 이러한 교육과정에 관한 중요한 질문에 답하는 데 사용될 수 있다. 이러한 질문 중 한 가지는 '영재가 목표를 교육과정의 결과로 대하는가?'다. 이러한 질문은 평가자들이 교육과정을 이수한 영재들과 아직도 교육과정을 접하지 못한 영재를 비교하는 것을 필요로 한다. 영재는 자신이 영재인 것을 알고 있기 때문에, 이 비교는 영재 자신들이 교육과정을 공식적으로 경험하지 않고 교육과정에서 바람직한 결과를 얻었다는 것으로 알고 학습할 수도 있다는 가능성을 제거하는 것이 필수적이다. 만일 이것이 사실로 입증된다면, 교육과정은 여분의 것이 되며 불필요해질 것이다.

영재교육 프로그램의 교육과정은 정규수업시간의 교육과정과는 다르다는 것이 입증되어야 한다. 차별화된 교육과정은 다음과 같은 특성 중의 어느 하나 또는 모두에 따라 특징지어질 수도 있다. 즉, 정규수업시간에는 그 내용이 제공되지 않으며, 교재는 정규수업시간보다 훨씬 짧은 시간 동안 제공되거나(압축 교육과정, Renzulli, Smith, & Reis, 1982), 또는 교재가 정규수업시간보다 더욱 깊이 있거나 더욱 높은 이해 수준으로 제공된다. 위에서 언급한 첫 번째 특성은 영재 교육과정의 목표들과 정규수업시간의 목표들에 대한 비교를 통해 질적으로 평가될 수 있다는 사실을 유념해야 한다. 그렇지만 두 번째 특성은 결과에 대해 양적으로 평가되어야 한다. 그러므로 교육과정 결과에 관한 측정으로 영재의 수행과 정규수업시간의 아동을 비교하는 연구를 설계하는 것이 필요하다. 두 집단은 모두 같은 방식으로 같은 교육과정을 수행해야 한다. 자료는 수행을 통해 수집되고 비교되어야 한다. 만일 교육과정이 정확하게 차별화된다면, 사람은 종속 관계의 측정에 관하여 영재가 정규수업시간의 학생을 능가하기를 기대할 것이다.

우리는 판별 절차와 교육과정을 평가에 대한 결과 지향의 접근법을 강조하는 예들로 사용하여 왔다. 결과 지향의 접근법을 통해 평가되는 많은 다른 대상들이 있지만, 공간적 제약은 그것들이 여기에 서술되는 것을 방해한다. 이러한 접근법을 반드시 사용해야 함은 그 대상이 결과를 상세화한 목표를 포함해야 한다는 것을 의미한다. 결과를 평가하고 의사결정자들이 던진 질문에 답변할 수 있는 연구 설계를 고안하기 위하여 종속 관계의 측정을 검증하고 개발하는 일이 가능해질 것이다. 프로그램이 요구한 것을 수행하였는지는 오로지 평가자들이 결정하기 때문에, 결과 지향의 접근법 사용을 강력히 권장한다.

평가자들은 결과 지향의 평가를 수행하기 전에, 영재 집단에 특히 적용할 수 있는 확실한 평가 논쟁에 관하여 정통해야 한다. 가장 많은 비판을 받는 두 가지 논쟁은 교육 결과에 대한 적절한 측정과 적절한 통제집단의 선정이다. 공간적 제약으로 여기에서 이러한 논쟁을 기술하기는 어렵다. 관심 있는 독자는 Ganopole(1982), Payne와 Brown(1982), Callahan(1983)의 연구에서 이러한 논쟁과 다른 논쟁들에 대한 매우 훌륭한 정보를 발견할 수 있을 것이다.

요 약

이 책의 저자는 결과 지향/양적 설계와 결부시켜 과정 지향, 내용 분석 접근법을 사용하는 프로그램 평가모형을 강력히 지지한다. 과정 지향 접근법은 현행 프로그램의 내용을 평가하고 프로그램의 질에 영향을 미칠 수 있는 투입 요소들을 분석할 것이다. 본래 이러한 유형의 접근법은 프로그램의 입안, 실행 그리고 평가에서 이전 노력의 성과들을 조사한다. 결과 지향/양적 접근법은 위에 언급한 프로그램 요소들이 기대된 결과에 도달했는지를 결정한다. 이것은 양적인 교육연구 설계를 포함하고 있다. 이 방법론(즉, 과정 지향/내용 분석과 결과 지향/양적 접근법)은 계속적인 프로그램 향상을 위한 형성적 정보를 만들어 내야 한다.

이러한 책무성의 시대에 영재교육 프로그램이 계속 유지될 수 있다는 점을 주관적으로 결정하는 것은 더 이상 충분하지 않다. 정확한 조직, 계획, 실행, 평가에 기반을 둔 차별화된 교육 경험의 결과로, 학생과 프로그램의 성장을 기록하는 객관적인 증거가 제공되어야 한다.

📑 참고문헌

Action for excellence. (1983). Denver, CO: Education Commission of the United States. Task Force on Education for Economic Growth.

Bloom, B. S., Madeaus, G. F., & Hastings, J. T. (1981). *Evaluation to improve learning*. New York: McGraw Hill.

Borg, W. R., & Gall, M. D. (1983). *Educational research: An introduction* (4th ed.). New York: Longman.

Bower, G. H., & Hilgard, E. R. (1981). *Theories of learning* (5th ed.). Englewood Cliffs, NJ: Prentice-Hall.

Boyer, E. L. (1983). *High school: A report on secondary education in America*. New York: Harper.

Callahan, C. M. (1983). Issues in evaluating programs for the gifted. *Gifted Child Quarterly, 27*(1), 3-7.

Campbell, D. T., & Stanley, J. C. (1963). *Experimental and quasi-experimental designs for research*. Chicago: Rand McNally.

Carter, K. R., & Hamilton, W. (1983). *Program evaluation report. Gifted and talented education, grades 3-5*. Greeley, CO: School District 6.

Carter, K. R., & Hamilton, W. (1984). *An evaluation study of curriculum units on higher level thinking skills and independent learning*. Greeley, CO: School District 6.

Cronbach, L. J. (1982). *Designing evaluations of educational and social programs*. San Francisco: Jossey-Bass.

Education and economic progress. (1983). Toward a National Education Policy. New York: The Carnegie Corporation.

Fox, L. H. (1979). Programs for the gifted and talented: An overview. In A. H. Passow (Ed.), *The gifted and talented: Their education and development*. The seventy-eighth yearbook of the National Society for the Study of Education (pp. 104-126). Chicago: University of Chicago Press.

Gallagher, J. J. (1975). *Teaching the gifted child* (2nd ed.). Boston: Allyn &

Bacon.

Gallagher, J. J. (1979a). Research needs for the education of the gifted. In *Issues in gifted education*. Ventura, CA: National/State Leadership Training Institute on the Gifted and Talented.

Gallagher, J. J. (1979b). Issues in education for the gifted. In A. H. Passow (Ed.), *The gifted and talented: Their education and development*. The seventy-eighth yearbook of the National Society for the Study of Education (pp. 28-44). Chicago: University of Chicago press.

Gallagher, J. J. (1981, November). *A report on the national survey*. Paper presented at the National Association for Gifted Children, Portland, OR.

Ganopole, S. J. (1982). Measuring the educational outcomes of gifted programs. *Roeper Review, 5*(1), 4-7.

Glass, G. V., & Stanley, J. C. (1970). *Statistiocal methods in education and psychology*. Englewood Cliffs, NJ: Prentice-Hall.

Marland, S. P. (1972). *Education of the gifted and talented* (Vol, 1). Report to the Congress of the United States by the U.S. Commissioner of Education. Washington, DC: U. S. Government Prunting Office.

A nation at risk. (1983). (Stock No. 065-000-00177-2). Washington, DC: U.S. Government Prunting Office.

Mitchell, B. M. (1984, February). An update on gifted/talented education in the U.S. *Roeper Review*, 161-163.

Nevo, D. (1983). The conceptualization of educational evaluation: An analytical review of the literature. *Review of Educational Research, 53*(1), 117-128.

Payne, D. A., & Brown, C. L. (1982). The use and abuse of control groups in program evaluation. *Roeper Review, 5*(1), 11-14.

Pegnato, C. W., & Birch, J. W. (1959). Locating gifted children in junior high schools: A comparison of methods. *Exceptional Children, 25*(7), 300-304.

Reis, S. M., & Renzulli, J. S. (1982). A research report on the revolving door identification model: A case for the broadened conception of giftedness. *Phi Delta Kappan, 63*, 619-620.

Renzulli, J. S. (1978). What makes giftedness? Reexamining a definition. *Phi*

Delta Kappan, 60, 180-184.

Renzulli, J. S., Smith, L. H., & Reis, S. M. (1982, January). Curriculum compacting: An essential strategy for working with gifted children. *Elementary School Journal,* 185-194.

Rubenzer, R. L., & Twaite, J. A. (1979). Attitudes of 1,200 educators toward the education of the gifted and talented: Implications for teacher preparation. *Journal for the Education of the Gifted, 2*(4), 202-13.

Scriven, M. (1966). Student values as educational objectives. *Proceedings of the 1965 Invitational Conference on Testing problems.* Princeton, NJ: Education Testing Service.

Scriven, M. (1967). The methodology of evaluation. In R. E. Stake and Others (Eds.), *Perspectives on curriculum evaluation* (pp. 39-83). AERA Monograph Series on Curriculum Evaluation, No. 1. Chicago: Rand McNally.

영재교사 연수와 교직원 개발에서 평가의 역할[1)]

Marilynn J. Kulieke(Northwestern University)

교사연수(inservice training)와 교직원 개발(staff development) 프로그램에서 평가 활용은 대부분 그 범위가 한정되어 있다. 이 논문에서는 교사연수 프로그램이 영재교사에게 미치는 영향을 판단하기 위해 사용하는 평가기법들을 제시하여 영재교사 연수 프로그램과 교직원 개발에서 평가의 역할을 확장시켜 주고 있다.

일반적으로 영재교사들을 위한 교사연수와 영재학생을 위한 보다 나은 교육 사이에는 관계가 있다고 추정되기 때문에, 영재교육을 개선하기 위한 방편으로 교사연수 모형을 채택하였다. 교사와 학생의 정서적·행동적 변화에 가장 큰 영향을 미친 교사연수 유형들에 대한 체계적인 판단을 내림으로써 이러한 관계의 타당성을 조사해야 할 필요성이 제기되고 있다. 영향력에 대한 평가, 즉 어떤 프로그램이 바람직한 방향으로 변화를 야기하는지에 대해 그 정도를 평가하는 것은 프로그램의 효과를 평가하기 위한 하나의 방

1) 편저자 주: Kulieke, M. J. (1986). The role of evaluation in inservice and staff development for educators of the gifted. *Gifted Child Quarterly*, *30*(3), 140-144. ⓒ 1986 National Association for Gifted Children. 필자 승인 후 재인쇄.

법이다. '영향력 평가(impact evaluation)'는 프로그램 계획자들이 가장 유익한 교사연수 프로그램의 유형에 대하여 더 나은 판단을 하도록 도움을 준다. 또한 여러 평가전략은 가장 많은 개선을 필요로 하는 영역들의 우선순위를 결정하기 위해, 현직 교사 개발의 초기 단계에서도 이용할 수 있다. 여기서는 교사연수 프로그램에서 평가의 이용뿐만 아니라 프로그램의 유형과 평가유형 사이의 관계에 대해 논의하고, 그 영향력을 평가하는 몇 가지 일반적인 전략을 제시한다.

요구 사항에 대한 체계적인 평가

요구사정(needs assessment)을 수행함으로써 교사연수 개발의 초기 여러 단계에서 평가를 이용할 수 있다. Rossi와 동료들(1979)은 요구사정을 "목표 혹은 그 옹호자들이 지각하는 것으로 문제의 유형, 깊이, 범주에 대한 체계적인 평가"(p. 82)라고 정의 내렸다. 교사연수 프로그램을 개발할 때는 교사들이 영재학생을 가르치는 데 어려움을 겪는 정도를 판단하는 것이 가장 중요하다. 이것은 교사들이 가장 많은 교육을 필요로 하는 영역들의 우선순위를 결정하고 역점을 두어 다루는 교사연수 프로그램을 개발해 낼 수 있게 해 준다. 이 전략은 교사연수 프로그램이 교사들뿐만 아니라 학생에게도 영향을 미칠 수 있는 가능성을 증가시킬 것이다.

요구사정은 여러 가지 다른 방법으로 이행될 수 있다. 요구사정은 질문지나 면담을 통해서 공식적/비공식적으로 행해질 수 있다. 그러나 요구사정은 반드시 체계적으로 이루어져야 한다. 어느 학교에서든 단순히 몇몇 교사가 비공식적인 투표를 하는 것은 영재학생의 교육과 관련된 여러 문제들의 정확한 범주를 파악하는 데 부적절하다. 흔한 방법으로 여러 교사 집단의 의견을 고찰해 보는 것은 큰 도움이 된다. 영재교사, 일반교사, 부모, 학생, 학교위원회 의원, 학교 행정관 모두는 교사들이 영재교육을 어떻게 개선할 수

영재교육 프로그램 평가

이름(선택 사항): _____

당신은 ___ 입니까? (하나를 표시하시오)　(　) 교사(영재 프로그램)
　　　　　　　　　　　　　　　　　　(　) 교사(비영재 프로그램)
　　　　　　　　　　　　　　　　　　(　) 행정가
　　　　　　　　　　　　　　　　　　(　) 부모
　　　　　　　　　　　　　　　　　　(　) 학생
　　　　　　　　　　　　　　　　　　(　) 위원회 의원
　　　　　　　　　　　　　　　　　　(　) 기타 _____
　　　　　　　　　　　　　　　　　　　　　　(구체적으로 명시해 주세요)

1. 학교에서 영재학생을 교육할 때 가장 큰 문제라고 생각하는 것은 무엇입니까?
 (아무런 문제가 없다고 생각하면, 빈 칸으로 남겨 두세요.)

2. 학교에서 영재학생을 교육할 때 두 번째로 큰 문제라고 생각하는 것은 무엇입니까?
 (아무런 문제가 없다고 생각하면, 빈 칸으로 남겨 두세요.)

3. 학교에서 영재학생을 교육할 때 세 번째로 큰 문제라고 생각하는 것은 무엇입니까?
 (아무런 문제가 없다고 생각하면, 빈 칸으로 남겨 두세요.)

[그림 3-1] 영재교육의 요구사정 질문지

있느냐에 대해 중요한 견해를 가지는 집단이다. 이 각각의 집단에게 의견을 낼 것을 요구할 수도 있다. 다양한 집단이 유사한 문제들을 인지할 때까지, 여러 주요한 관심사들에 대한 규명이 이루어질 것이다.

　질문지 방법은 요구사정 정보를 수집하기 위한 한 가지 접근법이다. 질문지는 응답자의 견해에 대하여 간단명료한 척도를 제공한다는 면에서 도움이 된다. 질문지는 글로 쓰여진 의사소통이라는 제약과 응답자의 개인적 지각이나 편견에 의존하는 점 등의 단점이 있다. [그림 3-1]은 사용할 수 있는 질문지의 예다. 응답자를 집중시키면서 편견을 가지게 하는 폐쇄형 질문(closed questions)을 사용하지 않는다는 사실을 주목해야 한다.

　응답을 기입한 질문지를 회수할 때, 인용된 각 문제의 중요도는 반응자가 응답하는 번호 순서에 따라 응답을 집계하고 서열을 매겨 판단할 수 있다. 뿐만 아니라 응답은 범주에 따라서 세분화시킬 수도 있다(예, 위원회 의원, 부모, 교사). 이 집단의 서열을 비교하여 각 집단으로부터 파악된 요구 사항들의 우선순위를 매기는 것에 대한 결정을 이행할 수 있다.

더 비공식적인 요구사정은 직접 면담을 통해서 할 수 있다. 면담은 상호적인 방식으로 개념을 전개시킬 수 있게 해 준다는 측면이 큰 이점으로 작용한다. 이 과정은 자칫 평가에서 배제될 수 있는 개념들을 명백히 밝혀낼 수 있게 해 준다. 면담은 다소 많은 시간이 소요되고 양적 방식으로 분석하는 데 어려운 단점이 있다. 또한 면담자의 역할은 면담의 결과로 얻는 정보의 유형 면에서 매우 중요한 것이다. 면담 기법을 선정하기 전에 이 주제에 대한 방대한 조사 자료를 반드시 읽어 보아야 한다(Denzin, 1970; Richardson, Pohrenwend, Snell, & Klein, 1965; Kahn & Cannell, 1957; Henerson, Morris, & Fitz-Gibbon, 1978).

특정한 선발 체계를 이용함으로써 면담을 하거나 질문지법을 실시할 학생을 선정하는 것은 매우 중요하다. 만약 시간과 비용의 제약 때문에 전체 집단(예, 영재학생의 모든 부모)이 피드백을 요구받지 않는다면, 의견을 제공하기에 적절한 사람의 모집단부터 무작위로 표본을 뽑아 조사하는 것이 중요하다. 이러한 유형의 표본 조사는 편견을 최소화시키는 데 도움을 줄 것이다.

지각된 요구 사항들에 대해 다양한 집단에서 입수된 정보는 연수 교육이 초점을 맞출 영역을 판단하는 데도 사용될 수 있다. 그중 하나가 '교사의 관찰(teacher observation)'이다. Morris와 Fitz-Gibbon(1978)은 관찰 절차가 자연적인 환경 내에서 규정된 시간 동안 어떤 사람이 또 다른 개인이나 집단의 행동에 완전한 주의를 기울이게 한다고 이야기한다. 관찰은 한 학급이 어떻게 운영되고 있는지에 대해 다양한 이해를 제공하기 때문에 큰 이점으로 작용한다. 흔히 다른 사람이 사건(occurring)으로 지각하는 것은 실제 어떤 일이 일어난 것(happening)이 아니다. 관찰의 단점은 이행에 시간과 비용이 많이 드는 것이다. 또한 관찰은 관찰자가 교실에 있기 때문에 수업에서 일어나는 실제의 모습 그대로를 나타내지 않을 수도 있다. 이것은 해당 정보에 대해 편견을 갖게 할 수도 있다.

체계적으로 수업을 관찰하려는 노력은 교사연수 프로그램에 기울이는 노력의 토대가 되는 유용한 정보를 제공해 준다. 영재교육에서 동료, 행정가, 전문가는 교사들의 능숙함이 가장 부족한 영역을 알아내기 위해서 교사들의 수업을 관찰할 수 있다. 구조적인 관찰 도구는 다양한 영역에서의 강점과 약점을 평가할 수 있는 양적 정보를 제공해 준다. 'Martinson-Weiner의 영재교사의 행동 평정척도(Martinson-Weiner Rating Scale of Behaviors in Teachers of the Gifted)'(Martinson, 1976)는 [그림 3-2]에 제시되어 있다. Martinson-Weiner 평정척도는 영재를 가르치는 데 중요한 교수 행동의 존재 여부를 규명하고 그 양을 측정한다. 이러한 적응력에 대해서는 관찰이 이루어지는 수업의 각 측면들 사이에서 더 일관성 있는 비교를 행하기 위해 평가를 행한다. 이 접근법은 교사연수 프로그램에서 교사의 취약 영역들을 규명하는 데 성공적으로 이용되어 왔다.

요구사정은 영재학생 교육의 취약점을 다루는 영재 프로그램 연수 교육을 위한 계획을 도출해 내는 데 도움을 줄 수 있다. 파악된 취약점과 수업 관찰 정보를 통해서 알아낸 취약점에 적절히 맞도록 교사연수 프로그램을 만드는 것은 영재를 대상으로 하는 교육과 프로그램의 개선에 강력한 효과를 가져올 수 있다.

연수 교육의 요소와 평가

연수 교육을 이루는 요소들과 그 영향력에 대한 평가는 서로의 취약점을 보완해 줄 수 있도록 상호 연계되어 있다. 프로그램의 유형(type)은 시행될 수 있는 영향력 평가(impact assessment)의 종류를 결정짓는 데 큰 몫을 차지한다. 평가연구는 '처치(treatment)'(예, 연수 교육 프로그램)와 그러한 프로그램으로 기대해 볼 수 있는 결과가 밀접한 관계가 있음을 지적해 준다. 해당 프로그램의 길이, 질, 주제는 최선의 결과를 가져올 수 있는 평가의 유형을 결정짓는 주요한 요소다.

지시: 수업의 내용을 고려할 때, 당신은 교사가 다음의 각 교수전략을 이용하는 데 얼마나 유능하다고 생각하는가? 이 서식을 지침으로 이용하여 관련 연수 교육 전후 30분 동안 교사를 관찰하기를 추천한다.

집단 토의 지도	매우 우수함	우수함	보 통	서투름	매우 서투름
집단 토의를 이끌어 나간다.					
교사는 자신의 생각과 결론을 제시하는 것을 보류한다.	5	4	3	2	1
교사는 토의에 학생의 참여를 고무시킨다.	5	4	3	2	1
교사는 학생에게 설명을 요하는 질문을 제기한다.	5	4	3	2	1
고차적 사고를 자극하는 질문을 선택한다.					
학생은 상황, 문제, 쟁점 등을 평가해 본다.	5	4	3	2	1
학생은 분석적인 질문을 한다.	5	4	3	2	1
학생은 고등 수준 단계에서 구체적인 것에서 추상적인 것으로 일반화시켜 나간다.	5	4	3	2	1
다양한 교수전략을 효과적으로 사용한다.					
교사는 학생의 반응에 민감하게 대처한다.	5	4	3	2	1
교사는 능동적인 활동과 수동적인 활동 사이의 균형을 유지한다.	5	4	3	2	1
교사는 교수전략을 학생에게 맞게 신중히 변경한다.	5	4	3	2	1
적절한 맥락에서 비판적인 사고력을 활용한다.					
교사는 귀납 추리와 연역 추리를 활용하고, 수업에 여러 기법들을 활용할 수 있다.	5	4	3	2	1
교사는 학생에게 추리력의 발달과 논증 기술에 대한 평가를 권장한다.	5	4	3	2	1
교사는 유추적인 사고를 권장한다.	5	4	3	2	1
독자적인 사고와 개방형 질문을 권장한다.					
학생은 객관적인 증거를 이용하여 다양한 쟁점들을 비교하고 대조한다.	5	4	3	2	1
학생은 대립적인 쟁점에 대하여 활기찬 논쟁을 펼친다.	5	4	3	2	1
학생과 교사는 지식에 대하여 개방적이고 도전적인 태도를 보여 준다.	5	4	3	2	1

영재교육 프로그램 평가

집단 토의 지도	매우 우수함	우수함	보통	서투름	매우 서투름
학생의 생각과 학생 주도의 활동을 이해하고 권장한다.					
교사는 학생에게 새로운 접근법을 시도해 볼 것을 권장한다.	5	4	3	2	1
교사는 학생이 문제에 대한 해결책을 찾아내기 위해 여러 번 시도하는 것에 대하여 아량을 베푼다.	5	4	3	2	1
교사는 학생의 '추측'을 권장하고, 학생이 추측한 것의 가치를 검토하는 일을 도와준다.	5	4	3	2	1
교사는 학생이 연구 과정에서 시행착오를 겪는 것을 깨닫도록 돕는다.	5	4	3	2	1
영재성이 교육에 미치는 영향을 이해하고 있음을 보여 준다.					
교사는 수업의 운영, 자료 선별, 계획표 작성, 질문 등에서 여러 특성들이 미치는 영향을 이용한다.	5	4	3	2	1
교사는 학습과정에서 학생의 개인차를 극대화시킬 수 있는 관리 절차를 이용한다.	5	4	3	2	1
교사는 수업에 선행조직자를 이용하고, 일단의 영재가 통달할 수 있는 최고 수준의 기술과 개념 및 사고를 토대로 교육과정을 조직한다.	5	4	3	2	1

[그림 3-2] 영재교사들을 대상으로 활용하는 관찰 서식

* Martinson-Weiner의 영재교사의 행동 평정척도에서 채택(Martinson, 1976)

교사연수 프로그램의 '길이(length)'는 개발되는 평가(evaluation) 계획의 유형에 대해 의사결정할 때 고려하는 요소다. 2시간의 연수 교육은 정교한 프로그램 계획을 개발하는 데 기반이 되는 빈약한 프로그램을 제공할 것이다. 복잡하지 않은 평가방법을 이용하는 것은 단시간에 걸쳐 이루어지는 프로그램을 평가하는 데 가장 적절할 것이다.

프로그램의 '질(quality)'은 필수적인 평가유형을 결정하는 데 또 다른 중요한 한 가지 측면이다. 연수 교육에 필수적인 요소들을 결정한 후에, 그러한 요구 사항들을 다룰 수 있는 관련 프로그램을 배치하고 개발해야 한다. 평가에서 두 가지 주요한 관심사는 교사연수 프로그램의 질과 관련이 있다.

첫 번째는 계획된 연수 교육 프로그램을 파악된 요구 사항들과 얼마나 잘 관련짓는가다. 해당 프로그램이 그러한 요구 사항들에 얼마나 적합한지에 대해서 뿐만 아니라 그러한 요구 사항들을 충족시킬 수 있는 잠재성을 얼마나 지니고 있는가에 따라 평가는 비교적 유용한 정보를 제공할 수 있다. 이러한 관심은 평가계획을 결정하기에 앞서 잘 규정된 교사연수 프로그램을 보유하는 것의 중요성을 강조한다. 만약 계획된 프로그램의 검토가 끝난 후에 해당 프로그램이 파악된 요구 사항들을 다루지 않는다고 여긴다면, 예상되는 영향에 대한 평가는 성공을 거두지 못할 것이다.

프로그램의 '질'과 관련된 두 번째 관심사는 해당 프로그램이 계획했던 대로 어느 정도 이행되었는가다. 어떤 프로그램이 서면에 적힌 것과 같아 보인다고 할지라도, 실제 프로그램을 이행할 때는 상당한 변화가 일어날 수 있다. 따라서 교사연수 프로그램의 이행이 교사의 결과에 어떠한 영향을 미칠 수 있는가의 정도를 판단하기 위해서 프로그램을 이행하는 과정을 모니터하는 것이 필요하다.

교사연수 프로그램의 '유형'은 이행될 수 있는 평가유형에도 역시 영향을 미칠 수 있다. 프로그램이 정서적 결과에 미치는 영향보다 인지적 행동에 미치는 영향에 대해서 평가하는 것이 훨씬 더 쉽다. 예를 들면, 영재 수업을 위하여 학습목표를 진술하는 방법을 교사에게 훈련시키는 목적을 지니고 있는 프로그램은, 학생이 자신의 영재성을 잘 발달시켜 나갈 수 있도록 도움을 주는 것을 목적으로 하는 프로그램에 비해 평가가 훨씬 더 쉬울 것이다. 평가계획의 유형은 교사연수 프로그램의 목적에 따라서 매우 큰 차이를 보일 것이다.

연수 교육 프로그램에 가장 적합한 평가계획의 유형을 결정할 때, 프로그램과 평가 사이의 이러한 관계(길이, 질, 종류)를 각각 조사해 보는 것은 중요하다. 이것은 요구 사항들에 가장 적합한 평가계획을 개발하는 데 도움을 줄 것이다.

영재 프로그램 교사들의 연수 교육을 위한 평가전략

교육 프로그램의 영향을 판단하는 것은 많은 노력을 요하는 어려운 일이다. 다음에 제시되는 것은 교사연수 프로그램에 대한 참여가 미치는 영향을 평가하는 데 도움을 주는 여러 가지 평가전략이다. 선택된 전략은 그것의 존재뿐만 아니라 이전에 논의된 관심사들이 얼마나 중요한 요인으로 작용하느냐에 달려 있다. 그중 어느 것이 얼마나 주요한 문제를 제기하는가에 따라서, 영향력을 평가하는 데 시간이 덜 소요되고 덜 복잡한 전략이 선정될 수 있도록 보장해 준다. 변화를 이룰 수 있는 더 큰 기회를 제공하는 프로그램을 계획하고 고안하면서 시간을 더 효과적으로 보낼 수도 있다.

행동과 태도에서의 변화를 고찰해 볼 때, 그 변화를 추론할 수 있는 기준선을 판단하는 것은 중요하다. 변화를 평가하는 데 이용되는 전략은 흔히 세 가지가 있다. 첫 번째 전략은 연수를 시작하기 전에 한 개인을 측정하고, 연수가 이루어지고 난 후에 여러 사항들에 대해서 비교 판단하는 것이다. 두 번째 전략은 해당 연수 교육의 참여자들과 유사한 조건의 사람이지만 그 연수에 참여하지 않은 사람으로 구성된 비교집단을 찾아서, 연수가 시작되기 전후 사항들을 비교 판단해 보는 것이다(Cook & Campbell, 1979). 변화를 검토하는 세 번째 전략은 시간이 덜 소요되고 신뢰도가 낮은 전략으로, 개인을 기준선으로서 이용하고, 교사연수 프로그램에 참여한 결과로 발생한 변화들의 유형을 판단하기 위해 질문지법이나 면담을 이용하는 것이다.

연수 교육의 장기적인 효과를 평가하기 위한 이러한 기법들의 한 예로, 영재교사들이 영재의 '학습 스타일(learning style)'에 맞춘 교수기법들을 개발하는 데 도움을 주는 것을 목표로 하는 교직원 개발 교사연수 프로그램을 고찰해 본다. 연수는 교사연수 동안 이루어지고, 각 학교에서 영재를 담당하는 모든 교사들은 연수 교육에 참여하게 된다. 비교집단 모형을 이용하여 변화를 평가하기 위하여, 이 훈련을 받지 않는 또 다른 한 무리의 영재교사들을 찾는 것이 필요하다. 이처럼 다른 학교는 평가받는 것에 동의하는 교사들을 제공해 줌으로써 이러한 노력을 공동으로 행할 수도 있다.

문제에 대한 해결이 이루어지는 집단과 비교집단을 규명할 때, 교사연수 프로그램에 참여한 결과로 변화가 일어날 것이라 예상되는 행동에 맞추어 적절히 만들어진 도구를 개발해 내거나 찾아내야 한다. 교사의 현재 교수기법에 중점을 둔 비교 판단은 연수 효과에 대한 평가를 제공한다. 조정된 Martinson-Weiner 평정척도([그림 3-2] 참조)와 같이 관찰 비교 평가를 선택하는 것은 연수에 참여하는 교사들과 비교집단의 교사 모두의 수업을 관찰하는 것을 포함한다. 연수가 시작되기 전에 미리 그 집단을 관찰하고 연수를 마친 직후에 다시 관찰할 수도 있다. 교사 행동상의 변화가 연수 참여자들에게서는 관찰되고 연수에 참여하지 않은 사람에게서는 관찰되지 않는다면, 이는 교사연수 프로그램의 효과 때문임을 더 잘 알 수 있을 것이다. 만약 비교집단을 구할 수 없다면, 혹자는 이 모형을 앞서 나아가 변화 전후를 평가하거나 개인의 변화를 소급하여 평가하는 방법을 이용해야 한다.

연수 참가자들에게만 사전 · 사후검사(pretest & posttest) 관찰법을 이용하는 기법은 변화된 교수법에 대하여 덜 명확한 자료를 제공한다. 다른 요인들

'영재교사들을 위한 수업전략' 교사연수 프로그램 이후 그 빈도가 점차 증가하고 있다고 느끼는 정도를 표시하시오.				
	교사연수 이후 아주 많이	교사연수 이후 보다 많이	교사연수 이후 조금 적게	교사연수 이후 거의 없음
나 자신의 생각과 결론 제시를 유보한다.	4	3	2	1
학생의 참여와 토론을 격려한다.	4	3	2	1
학생에게 해석적 질문을 제안한다.	4	3	2	1

[그림 3-3] 표본 사후검사: 영향력 질문

이 그 변화에 영향을 미칠 수 있는 가능성이 존재하기 때문이다. 가능한 한 정확하게 판단하는 방법은, 연수 참여자들에게 해당 교사연수 프로그램에서 교수기법상 변화가 생겼다고 여겨지는 정도를 생각하게 하는 것이다.

회고적인 변화(retrospective change)를 사용한 평가는 가장 이행하기 쉬운 방법이다. 그것은 교사에게 해당 프로그램이 미쳤던 모든 효과에 대해 질문하는 면담이나 질문지로 구성된다. 변화의 존재는 이 효과에 대하여 교사가 인지하는 것에 근거한다. 교사의 교수기법을 고찰하기 위한 몇 가지 표본 질문은 [그림 3-3]에 제시하였다. 이것은 교사연수 프로그램의 영향력을 평가하는 가장 일반적인 양식이다. 비용이 들지 않고 비교적 쉽게 실시할 수 있다.

결 론

평가전략은 교사연수 과정의 여러 단계에서 이용될 수 있다. 준비 계획 단계에서 연수 교육 프로그램에 대한 내용을 결정하는 데 도움을 주기 위해 사용할 수 있다. 만약 교사연수 프로그램이 더 나은 평가전략을 이용할 만한 가치가 있는 실질적인 프로그램이라면, 연수 교육의 영향력에 대하여 더 나은 평가(assessment)를 제공하기 위해 준실험연구 설계(quasi-experimental research design)를 사용할 수 있다. 교사연수 프로그램에 참여하는 사람과 비교집단을 대상으로 실시하는 사전검사와 1회 이상의 사후검사는 교사연수 프로그램의 실질적인 영향력을 판단하는 데 유익한 전략이다.

교사연수 프로그램 평가는 도전적인 과제다. 영재학생을 돕기 위한 여러 교사연수 프로그램 평가의 잠재적인 역량은 해당 교육과정을 보다 가치 있게 해 준다. 그러려면 잘 정의되고 체계적인 평가가 이루어질 만한 가치가 있는 교사연수 프로그램을 개발하는 것이 첫 단계다. 연수 교육의 영향력에 대하여 질적인 정보를 제공해 주는 평가전략을 이용하는 것은 그 다음 단계다. 이 모든 것들이 모여서 영재교육에 중대한 기여를 할 수 있을 것이다.

🔖 참고문헌

Cook, T. D., & Campbell, D. T. (1979). *Quasi-experimentation: Design and analysis issues for field setting*. Chicago, IL: Rand McNally.

Denzin, N. K. (1970). *The research act*. Chicago, IL: Adlin Publishing Company.

Henerson, M. E., Morris, L. L., & Fitz-Gibbon, C. T. (1978). *How to measure attitudes*. Beverly Hills, CA: Sage Publications.

Kahn, R. L., & Cannel, C. F. (1957). *The dynamics of interviewing: Theory, technique, and cases*. New York, NY: John Wiley.

Martinson, R. A. (1976). *A guide toward better teaching for the gifted*. Ventura, CA: Office of the Ventura County Superintendent of Schools.

Morris, L. L. & Fitz-Gibbon, C. T. (1978). *How to measure attitudes*. Beverly Hills, CA: Sage Publications.

Rossi, P. H., Freeman, H. E., & Wright, S. R. (1979). *Evaluation: A systematic approach*. Beverly Hills, CA: Sage Publications.

사례 중심의 기준 평가:
왜 학습자와 교사에게 모형이 필요한가[1]

Grant Wiggins(Center on Learning, Assessment, and School Structure)

이 글은 학생의 수행에 명료한 기준을 설정하는 예를 사용하는 것에 대한 논의를 제공한다. 교육자들이 새로운 형태의 평가를 시행하고자 할 때 지역의 평가 기준은 최상의 수행 사례에 맞추어 설정해야 한다. 교육자들은 모든 학생이 그런 최상의 단계에 이르지 못하더라도 최상의 수행에 대해 기술하는 것을 두려워해서는 안 된다. 수행의 네 가지 유형을 제안하면 다음과 같다. 영향력(impact), 과정(process), 형식(form), 내용(content)이다. 최상의 수행 모델에 기초를 둔 평가의 예시도 소개될 것이다.

몇 년 전부터 J. Peterman 의류 카탈로그가 집으로 배달되어 왔으나 별 관심을 갖지 않았다. 그러던 어느 날 나는 카탈로그를 대충 훑어보다가 평범한 물건에 대해 아주 훌륭하게 쓴 글을 보고 매우 놀랐다.

Big Yellow에 대해 들어 보세요.
Hobsbawn(가명)은 기상 예보를 볼 때 더 이상 절망하지 않습니다. 한때 나약

1) 편저자 주: Wiggins, G. (1996). Anchoring assessment with exemplars: Why students and teachers need models. *Gifted Child Quarterly*, 40(2), 66-69. ⓒ 1996 National Association for Gifted Children. 필자 승인 후 재인쇄.

함을 느끼며 무능력했던 Betty는 이제 가장 도전적인 일을 찾고 있습니다. 화를 잘 내고 성미가 급했던 Harry는 어느 4월 아침에 난폭해지는 것을 두려워하게 되었습니다. 이제 그는 모든 사람을 향해 미소를 짓습니다. 가황 고무[2]가 우리가 인성이라고 생각하는 것을 바꿀 수 있다는 것은 무엇을 의미하는 것일까요? 인기 상품에 대한 우리의 개념에 대해 의문을 가져야만 할까요?

Big Yellow. 무한궤도식 트랙터의 인내심을 가졌으며 통학버스의 명랑함을 가진 방수용 구두입니다. 무릎 아래까지 옵니다. 신발이나 부츠 위에 끼워 (당신의 바지엔 밀어 넣을 공간이 많이 있을 겁니다) 꽉 죄어 주세요. 안감은 면 저지 소재입니다. 튼튼합니다. 아주 완벽히 방수됩니다. 비, 눈, 서리, 진흙, 수렁, 쓰레기 속에서 이것을 신고 있는 것은 당신 젖소에서 짠 우유로 만든 버터를 바른 McCann의 오트밀을 먹는 것과 같습니다.

이것은 정말 훌륭한 글이다. 생동감 있고, 풍부하며, 광고 문안이 그러하듯 설득력이 있다. 그런 관점에서 나는 각각의 발행물을 철저히 읽기 시작하였다. 물건을 사기 위해서가 아니라 항상 명확한 기준을 설정하는 수행의 유사한 '예시들(exemplars)'을 찾으려 하였던 것이다.

이 글에서 나의 목표는 그러한 예시들이 단순히 교수에서 설명적이고 매력적인 것이 아니라 특별히 영재학생에게 맞게 조정된 평가 체제를 위한 지표로써 그러한 예시들을 칭찬하기 위한 것이다. 만약 학생이 각 영역에서 가능한 가장 훌륭한 산출물, 수행, 설명을 지속적으로 접하지 못한다면 자신이 산출할 수 있는 가장 최선의 결과물을 만들어 낼 수 없을 것이다. 또한 그들은 교육적 권리─전문가들의 영역에서 영재들에게 요구되는 작업의 종류와 질에 대한 무지와 같은─를 박탈당할 것이다.

내가 사용하는 '기준(anchors)'의 의미는 무엇일까? 기준은 평가에서 수행의 모든 다른 단계처럼 가장 높은 기준을 설정하는 작업의 예다. 작문 평가에서 점수를 매기는 척도로서의 기준의 의미가 우리에겐 가장 친숙하지만 (특히 Advanced Placement Essay[3]와 주 전체에서 시행하는 작문 시험), 그것

---

2) 역자 주: 생고무에 유황을 넣어 탄력성 있게 만든 고무(vulcanized rubber)

영재교육 프로그램 평가

은 음악, 외국어, 연설 등을 포함한 다양한 영역에 존재한다.

내가 제안하는 것은 교사들이 그들의 점수 체계에서 가장 높은 지점을 가장 뛰어난 수행의 예에 맞춰 지역 표준을 조정해야 한다는 것이다. 이것이 교사들과 학생에게 타당하고, 설득력 있고, 안정된 목표를 향하도록 만드는 유일한 방법이다.

사람은 항상 그런 제안에 조심스럽게 반응한다. 대체적으로 모델은 가치 있고, 수행 기준은 타당하고 명확하며 교육적이어야 한다는 생각을 받아들이면서도 그런 모델들을 평가 기준으로 사용하는 것은 망설인다. 그들은 가장 뛰어난 작품과 자신의 작품이 비교되는 학생이 그런 비교 때문에 우울해하고 불안해할까 봐 걱정한다.

그러한 두려움은 잘못된 것이다. 이 점에 대해 비판하는 사람은 전형적으로 '기대(expectations)'와 '기준(standards)'을 혼동하고 있다. 기대는 많은 학생이 훌륭한 교수(instruction)와 학생의 노력으로 도달할 수 있고 또 그렇게 되어야만 한다는 우리의 가정을 포함한다. 그러나 기준은 다소 다르다. 그것은 가능한 한 가장 뛰어난 수행을 나타낸다. 기준은 학교의 누군가의 도달 여부에 상관없이 기준이 된다. Big Yellow는 어떤 학생도 그렇게 글을 잘 쓸 수 없다 할지라도 설명문의 기준이 된다. 우리는 고등학교 육상선수가 1마일을 4초 이하보다 더 빨리 뛰는 기록을 내길 기대하지 않는다. 반대로 우리는 좋은 이유 때문이라도 육상선수들이 가지고 있는 세계적 수준의

연구의 활용도

이 글 앞쪽의 논의는 교육자에게 적어도 두 가지 실용적 함의를 제공한다. 첫째, 학생의 수행에 대한 기준은 가장 뛰어난 작품의 예를 포함하여 가능한 한 모든 수행 범위를 설명할 수 있어야 한다. 둘째, 학생은 수많은 진정한 모델을 접할 필요가 있고 그들의 수행이 신장되도록 돕는 다양한 피드백을 제공받아야 한다.

---

3) 역자 주: 진학을 위한 에세이 시험

기록을 숨기지 않는다.

예시에 따른 평가 체제를 정한다는 것은 가치 있고 교육적인 목표를 설정하는 것이다. 학생 평가 체제의 목적은 단지 검사하는 데 있는 것이 아니라 수행을 향상시키는 것이다. 시험은 단순히 측정하는 것이 아니라 가르치는 것이다. 평가는 학생과 교사에게 매우 뛰어난 수행이 무엇인지에 대해 알려 줘야 한다. 그러므로 우리는 평가 작업이 단순히 수행 표준이 아니라 본보기임을 확실히 해야 한다. 이것은 '진정한 평가(authentic assessment)'에 대한 논의에서 중요한 부분이다. 그렇게 되면 평가는 교육적이 된다. 교수(instruction)는 반드시 사례에 대한 연구와 모방을 포함해야만 한다.

모든 수행자들은 모델을 필요로 한다. 즉, 그것이 모든 수행자들이 향상될 수 있는 방법이다. 또한 모든 수행자들이 향상되도록 고무하는 방법이기도 하다. 어떤 음악가, 운동선수, 디자인 예술가[4]라도 결과적으로 이런 기준 지향 평가를 두려워하지 않는다. 반대로 수행의 진정한 모델이 없다면 우리는 끊임없이 빈둥거리거나 제한된 개념에 기초한 단순한 노력에 의존하게 될 것이다. 재능은 당신을 멀리 데려다 줄 수 있다. 당신은 더 많은 것이 가능하고 위대한 사람에 대한 연구가 필요하다는 것을 항상 발견하는 것이 바람직하다.

이와 대조적으로(거의 모든 학생이 그런 것처럼) 진정한 모델이 없는 교육 세계에 산다는 것은, 특히 예술, 운동, 논쟁이나 연설과 같은 영역과 비교할 때 국가적 학문 수행능력을 키워 가는 것에 실패하고 있음을 설명해 준다. 안전한 시험들과 시험 준비에서 '내가 무엇을 찾는지 맞춰 보시오.'와 같은 접근들은 학생을 더 불안하게 만들 뿐 수행을 향상시키지 못한다. 우수한 성과와 수행이 무엇인지 확실히 알고 있다면 우리는 훨씬 높은 단계의 수행을 요구할 수 있다.

수행 획득(performance gains)에서 무엇이 가능한지에 대해 감추려는 것,

---

4) 역자 주: 일정한 평면에 문자나 그림 등을 표시, 장식, 인쇄하는 기술자나 예술가

교사의 숙명론이 존재하는 세계에서는 기준 참조 체제(standard-referenced system)를 피하는 것, 엄격한 의미에서 준거 참조 체제(norm-referenced system)로 돌아가는 것, 즉 현재의 표준이 무엇인가에 따라 우리의 평가를 고정시키는 것은 기준과 기대를 설정하는 데 실패하는 전략이다. 목표는 무엇인가(what is)에 대한 체제를 세우는 것이 아니라 무엇이어야 하는가(what ought to be)인 것이다. 사실, (너무나 많은 교육자가 그런 것처럼) 불가능을 가정하는 것 대신 수행자가 최고의 수행을 뛰어넘을 수 있다고 가정하는 체제에 따라서, 그리고 모델이 지속적으로 연구되고 평가의 참조 체제로 기능할 때 진보가 가능하다.

두 번째 두려움은 모델에 수업과 평가를 고정시키는 것은 진정한 창의적인 재능을 억제할 뿐이라는 점이다. 이런 두려움은 일부 영재교사들 사이에서 특히 두드러지게 나타난다. 그러한 두려움이 있을 수도 있으나 여기에서 조작적 용어인 '모델들(models)'이 복수임에 주목하는 것이 중요하다. 학생의 창의성을 방해하지 않고 더 효과적으로 가르치는 가장 쉬운 방법은 우수한 것에 대한 여러 개의 다양한 모델들을 제공하는 것이다. 설명서를 익히게 하기 위해 Peterman의 카탈로그뿐만 아니라 오스틴(Austen)[5]과 조이스(Joyce)[6]의 작품을 읽게 하라. 데스몬드 투투(Desmond Tutu), 로널드 레이건(Ronald Reagan), 제시 잭슨(Jesse Jackson), 그리고 바바라 조던(Barbara Jordan)의 연설을 듣게 하라. 스티븐 제이 굴드(Stephen Jay Gould), 존 맥피(John McPhee), 수위스 토머스(Sewis Thomas) 및 올리버 색스(Oliver Sacks)로부터 현상을 기술하고 독자에게 재미를 주는 방법을 배우게 하라.

그러나 다양한 모델들의 경우에도 잘못된 채점 기준과 항목에 따른 창의성은 방해받을 수 있다. 실제 수행과 모든 진취적인 행동은 바람직한 영향력을 불러일으키는 것에 관한 것이다. 그러나 너무나 많은 학교 시험이 보수적인 내용, 형식, 절차에 의지하고 있다. 즉, 반드시 특정한 방식의 연습문 쓰

---

5) 역자주: 영국의 여류 소설가
6) 역자주: 아일랜드의 소설가, 시인

기, 기하학에서 다섯 단계의 증명 절차 사용하기, 다섯 단락의 글쓰기 등이다. 그러한 평가는 대체적으로 쓴 글이 효과적인지, 설득력이 있는지에는 별 관심이 없고 단지 내용과 절차가 정확한지 여부에만 관심을 가질 뿐이다.

그러나 수행에 대한 핵심적인 질문을 함으로써 평가하는 법을 배우는 것이 중요하다. 수행이 효과적이었는가? 전통적이지 않은 방법이었더라도 목적이 달성되었는가? 우리가 내용, 절차, 형식과 반대로 영향력을 주로 평가한다면 창의성은 발현되고 계발될 수 있다. 이것이 바로 학습, 평가 그리고 학교 체제 센터(Center on Learning, Assessment, and School Structure)에 있는 우리가 현장 교사들과 함께 평가에서 영향력 있는 기준을 강조하기 위해 일하는 이유다. [그림 4-1]은 다른 세 가지 유형과 대조적으로 그러한 기준의 예를 제시한다.

과정, 형식, 내용은 중요하다. 이런 것들이 수행에 반드시 필요하지만 충분한 것은 아니다. 중요한 것은 수행과 수행자의 표면적인 혹은 기계적인 특성을 발견하는 것이 아니라 그들의 영향력과, 청중을 설득하고 고객의 요구를 만족시키거나 문제를 해결하는 능력을 찾아내야 한다는 것이다. 그렇지 않으면 우리는 창의적 수행을 억제시키게 된다. 그러므로 글이 힘이 있고, 기억될 만큼 인상적이고, 재밌거나 감동적인지(영향력과 관련된 모든 기준)에 대해 한번도 고려하지 않고 논점, 조직, 문체와 기법에 대해 점수를 매긴다면—심지어 높은 수준의 기준에서조차—많은 주에서 시행하는 글쓰기 평가는 훌륭한 글쓰기를 가려내지 못할 위험에 빠질 수 있다.

"그러나 너무 주관적이에요!" 그럴까? 사실은 꽤 객관적이다. 만약 작업이 감동적이거나 재미있다면 경험적으로 알 수 있다. 사실, 영어 교사들이 격렬히 반대하는 그런 기준은 '논점'이나 '조직'과 같은 특성들보다는 훨씬 더 객관적이다. 핵심을 이야기하기 위해 앞서 언급한 초반부로 돌아가 보자. Big Yellow의 기술은 상당히 인상적이지 않은가? 나는 그렇다고 생각하며, 위에서 언급한 것처럼 특히 우리가 그 분야의 전문가를 통해 훌륭하다고 판명된 여러 가지 예들을 사용한다면 우리가 외적인 형태를 중시하는 미학

영향력	과정	형식	내용
효과적인 • 고객을 만족시키는 • 문제를 해결하는 • 청중을 감동시키는 • 상황을 정립하는 • 건강한 • 설득력 있는 질 높은 • 학급에서 최고 • 가치 제공하기 • 경쟁적인 • 도덕적인 • 참신한 • 비범한	의도적인 • 능률적인 • 적합한 • 자기조절 능력이 있는 • 인내심 있는 • 진취적인 • (자기)비판적인 주의 깊은 • 사려 깊은 • 반응적인 • 탐구적인 • 조직적인, 논리적인 • 비판적인 • 포괄적인 능숙한 과제와 상황에 관련된 특정한 기술(예를 들어 글 잘 쓰기, 토론하기, 토의하기, 논증하기, 결론 내리기 등)	잘 설계된 • 적당한(기능에 맞는 형식) • 근거 있는 • 명쾌한 • 재치 있는 잘 숙련된 • 조직된 • 철저한 • 꼼꼼한 • 기계적으로 잘하는 • 명확한 • 간결한 문체 • (근거 있는) 의견 • 우아한	정확한 • 옳은 • 정보에 근거한 • 설득력 있는 • 검증된 • 이치에 맞는 • 엄격한 적절한 • 집중된 • 요구된 • 대상에 맞는 정교한 • 깊은 • 통찰력 있는 • 힘 있는 • 노련한 • 이치에 맞는

[그림 4-1] 네 가지 유형의 수행 준거의 예

(aesthetics)에 걸려 관념적인 대학살을 할 필요가 없으리라 생각한다.

'영향력(impact)' 기준이 평가에서 중요시되고 '형식(form)'과 '과정 (process)' 기준이 약해질 때 비로소 우리는 더 큰 창의성을 향해 문을 열게 되는 것이다. 그러면 누군가가 뛰어난 영향력을 달성할 수 있는 새로운 방법을 발견할 수 있을 것이고 실행할 것이다. 만약 '영향력' 기준을 강조하지 않는다면 학생은 단순히 교사를 기쁘게 하거나 기존의 접근을 모방하는 것 이상의 수행 목표를 가지지 못할 것이다. "스미스 씨, 이게 당신이 원한 것인가요?"라는 질문은 수행 기준이 기호나 교사 선호에 관한 것이 아니라 실생활에서 일어나는 것이 무엇인가에 관한 것, 즉 진정한 수행 목적을 달성하는 것임을 학생에게 가르치는 것에 실패했음을 나타내는 중요한 신호다.

예시 사용에 대한 세 번째 관심은 무엇이 가능한가를 아는 것이 상식적인 가치가 있다 할지라도 만약 가능성과 실제 사이의 차가 너무 크면 진정한 모델에 평가를 고정시키는 것의 실제적 유용성이 거의 없다는 것이다. 이것은 내가 제안한 모든 것이 모델의 사용이었다면 타당한 불평이다. 그러나 교육적 평가 체제는 1) 수행에서 질에 대한 다양한 기술들, 2) 학생의 자기평가와 자기조절에 기초해 세워진다. 이 두 가지는 우리가 채점 척도, 차이를 요약할 수 있는 간결한 항목(rubric)과 함께 가능한 수행의 모든 범위를 제공할 때만 가능하다.

수행의 향상은 수행자들에게 친숙한 방식으로 피드백을 제공하는 데 달려 있다. 그리고 그것은 수행자로 하여금 아주 작은 정도의 점진적 향상을 느끼게 하고 그들의 능력이 어떻게 달라져 가는지 확인하는 것을 가능하게 하는 평가를 요구한다. 가라테 벨트, 체스 순위, 전국 횡단 경주 횟수, 컴퓨터 게임 점수, 체중 감량 시스템이 명확하게 드러나는 것처럼, 우리가 도전적인 일을 계속 수행한다면 단순한 자료만이 아니라 지속적이고 작은 변화에도 민감한 피드백을 통해 제공되는 강화물이 필요하다.

또한 그런 시스템은 많은 프로그램을 괴롭히는 실제적 문제를 피할 수 있는 유일한 방법이기도 하다. 그 문제란 전형적인 학생 수행 유형의 확산으로 기준을 너무 낮게 세우는 것이다. 우리는 재능아들의 재능에 대해 지나치게 높은 보상을 할 수도 있다. 즉, 우리는 기술 숙달과 효과성과는 대조적으로 단순한 똑똑함과 영특함에 속기 쉽다. 주된 이유는 평균 수준보다 높은 그들의 수행을 평가할 수 있는 기준에 근거한 평가 체제를 개발하는 데 충분히 시간을 투자하지 않았다는 것이다. 모든 주와 국가 단위 시험 체제는 상한선의 기준이 너무 낮아 뛰어난 작업을 적절히 구별하지 못한다. 그리고 솔직히 말해 많은 교사들이 그런 점수 체계를 개발하기 위해 가르치는 여러 영역에서 수행의 가장 높은 단계에 대한 정보가 부족하다.

우리는 어떻게 모델에서 우리의 교수와 시험에 근거한 생각을 존중할 수 있을까? 교사들은 어떻게 기준에 근거한 체제를 더 효과적으로 개발할 수 있을까? 다음의 몇 가지 제안이 있다.

영재교육 프로그램 평가

- 작은 책자는 영어, 역사, 생물학 같은 과목에서 과거에 쓴 글의 예들을 수반한 월반 배치시험에 유용하다. 왜 그것들과 함께 지역 채점 시스템을 그것에 고정시키지 않는가? 고등학교 프로그램뿐 아니라 중학교 프로그램에도 넣어야 한다.
- 캘리포니아 온타리오에 있는 칼튼 학교위원회는 그들이 예시(사례) 책자(Exemplar Booklets)라 부르는, 설명을 덧붙여 학생이 쓴 다양한 영역의 글을 포함한 예들을 몇 년 전부터 계속 출간하고 있다. 그 시스템의 모든 학생, 학부모가 이 책자를 가지고 있다.
- 미국외국어교육협의회에서 읽기, 쓰기, 말하기, 듣기 영역에 유창한 사람부터 초보자에 이르기까지 모든 영역에 걸친 항목(rubric)과 사례들을 포함한 풍부한 자료를 개발하여 왔다.
- CLASS에서 함께 일하는 한 교사는 일학년 오디오 북 테이프 프로젝트를 전문적 모델에 고정하였다. 교사들의 안내와 함께 학생이 분석한 결과, 학생 자기평가에 사용한 기준의 목록이 만들어졌다.
- 콜로라도 리틀톤에 있는 헤리티지 고등학교는 콜로라도 주립 대학교 입학시험 수준으로 쓰기 시험의 끝을 맺는다. 채점에 사용되는 글 쓰는 것에 대한 조언, 제목, 고정 장치 답지는 신입생 배치시험에서 온 것이다.

앞서 기술한 것처럼 우리는 모델과 함께 교사의 일을 평가에 고정시켜야 한다. 지역의 시험을 설계할 때 고정하는 예를 다음에서 살펴보자.

- 미국교사협의회(AFT)는 핵심 학문 영역에서 전 세계에서 온 시험 사례와 함께 자료집을 출간해 오고 있다(그리고 AFT 의장인 Al Shanker는 수행 기준 설정에 대한 스카우트 공로 배지를 주장하고 있다. 많은 공로 배지들은 미국 문화, 기상학, 공학과 같은 학교 관련 교과를 위해 존재한다).
- 국제학사학위제(IB) 프로그램에서는 회원 가입 없이도 예전의 모든 시험 문제를 구할 수 있다. 또한 전 세계에서 가장 뛰어난 학생의 연구 논

문의 몇 가지 사례를 담은 책자도 구할 수 있다(학교에서 마지막 해에 실시한 확장 연구 프로젝트는 국제학사학위제 요구 사항이다.).

- 당신이 초등학교 또는 중학교 교사라면 앞서가는 고등학교 과정과 학생 학업 영역의 표본으로부터 모든 중요한 시험과 프로젝트 요구 사항에 대한 내용을 입수하라.

- 하버드 대학교는 라몬트 도서관에서 모든 신입생 시험을 발간했는데, 이것은 에세이 질문을 만드는 데 아주 귀중한 자료로 사용되고 있다. 대학교 시험을 형편없는 모델이라 혹평하는 유치원에서 12학년까지의 교육자가 있음에도 불구하고 시험의 대부분이 일등급이다. 창의적이고 도전적이며 사소한 일로 칭찬을 받으려는 경향이 드물다. 여기 세 가지 예가 있다.

1. 정부는 희귀하고 상업적으로도 중요한 기억 증진 물질 때문에 *Helix memoresus*라는 달팽이를 생산하기로 결정하고 고정된 양만을 생산하는 정책을 적용키로 하였다.

자연학 전문가로서 근시안적 정책이 가진 잠재적 문제점에 대해 설명하시오. 생산량을 어떻게 정할 것인지에 대한 조언과 그 이유를 설명하시오.

2. 시(詩) 시험

20세기 시에 대해… 내 생각에 그것은 무의미한 존재에 반해 더 어렵고 건전해질 것이며 또한… '본질에 더 가까워질' 것이며 가능한 화강암처럼 더 많아질 것이고, 그것의 힘은 진실성 속에 있을 것이다… 나는 시가 그렇게 되고 더 엄격해지며 감정의 흐름에서 자유로워지길 바란다.

(Ezra Pound, 1912)

현대 시에 대한 Pound의 생각은 우리가 읽은 현대 시에서 어떻게 증명될 것인가? 그의 예견은 실현되고 있는가?

3. 매사추세츠의 가장 큰 섬보다 훨씬 큰 낸터컷 섬에서 당신은 *Glaucum flavum*의 개체군이 있음을 발견하였다. 당신은 그 개체군이 가진 차이점이 성장 속도에 있다는 것을 발견한다. 성장 속도의 차이점은 유전적 차이나 환경적 차이 때문에 있을 것이다.

이 가설들을 중재하는 실험을 설계해 보라.

목표는 시간에 걸쳐 모든 사람의 수행을 향상시키는 것이다. 이것은 우리가 교육자로서 가장 거대한 도전을 계속 시도할 때만 가능할 것이다. 학생에게 그들이 현재보다 더 향상되는 것이 가능하다는 것을 보여 주어라. 이를 위해 우리가 지금 제공하는 것보다 더 나은 모델과 피드백이 필요하다.

📔 참고문헌

Wiggins, G. (1993). *Assessing student performance: Exploring the purpose and limits of testing.* San Francisco: Jossey-Bass.

영재를 위한 프로그램에서 창의적 산출물의 평가[1]

Sally M. Reis, Joseph S. Renzulli(University of Connecticut)

영재를 위한 프로그램에서 학생의 완성된 산출물에 대한 형식적인 평가는 거의 이루어지지 않고 있다. 이러한 목적을 위한 평가도구도 거의 없으며, 현재 사용하고 있는 평가도구의 신뢰도와 타당도에 대한 정보조차 제공되지 않고 있다. 본 논문에서는 학생 산출물 평가 양식 개발에 대해 검토할 것이다. 내용타당도 검증 절차, 신뢰도 산출, 점수화, 그리고 채점자 간 일치도와 신뢰도에 대한 설명이 제공될 것이다.

"나는 시작점, 즉 모든 창의성 연구의 기초는 창의적 산출물의 분석에서 출발하며 그것이 일반적인 산출물과 다른 점이 무엇인지 결정하는 것이라고 생각한다."

– Donald W. Mackinnon(1987, p. 120) –

창의성 분야에서 저명한 연구자인 Donald Mackinnon은 반드시 연구해야 할 창의성의 다른 양상은 창의적 산출물이라 생각한다(1987). Mackinnon

---

1) 편저자 주: Reis, S. M., & Renzulli, J. S. (1991). The assessment of creative products in programs for gifted and talented students. *Gifted Child Quarterly, 35*(3), 128-134. ⓒ 1991 National Association for Gifted Children. 필자 승인 후 재인쇄.

에 따르면, 창의적인 과정, 창의적인 사람, 창의적인 문제해결을 포함하는 창의성의 다른 양상들은 반드시 창의적 산출물과 관련하여 정의되어야 한다. Mackinnon은 창의적인 과정을 창의적 결과물을 산출하는 것으로, 창의적인 사람을 창의적 산출물을 만들어 내는 사람으로, 창의적 환경을 창의적 산출물을 수용, 촉진, 가능하도록 하는 일련의 상황들로 정의한다.

Rhodes(1987) 역시 창의적 산출물에 대해 유사한 관점을 가지고 있다. Rhodes에 따르면, 산출물은 새로운 개념이 만들어지는 순간에 개인의 통찰 기록을 나타낼 수 있으며, 산출물들이 통찰의 인공 산물이기 때문에 산출물들의 분석은 창안이라는 정신적 과정을 재구성하도록 도와줄 수 있다. 따라서 창의적 과정의 특성에 관한 조사는 산출물부터 사람까지, 그리고 과정과 환경(사람과 그들의 환경 간의 관계)까지 이루어진다.

창의적 산출물의 평가에 관한 분석은 영재 프로그램에 참여한 학생의 창의적인 가능성에 관한 통찰을 제공해 줄 수 있다. 또한 산출물을 완성하는 데 사용되는 과정에 대한 정보를 제공해 줄 수도 있다. 산출물을 효과적이고 공정하게 평가할 수 있는 방법은 어떤 것일까? 산출물을 창의적이면서 다르게 만드는 것이 무엇인지를 어떻게 결정할 수 있는가? Amabile(1983)은 우리는 반드시 "무엇이 창의적 산출물을 만드는지에 대한 우리의 개념을 정량화해야 하고 그러한 질을 평가하기 위한 객관적인 도구를 구체화시켜야 한다."(p. 26)라고 제안하였다. 창의적 산출물의 엄격한 객관적 평가가 어렵기 때문에, 그녀는 "창의성 평가는 단순한 객관적 분석 하나만으로 이루어지기 어렵다. 주관적인 평가유형이 함께 이루어져야 한다."(p. 27)라고 결론을 내렸다.

Getzels와 Csikszentmihalyi(1976), Jackson과 Messick(1965), 그리고 Sobel과 Rothenberg(1980)는 산출물의 창의성을 평가하기 위한 중요한 책임을 평가자의 가치와 경험에 두는 데 동의하면서 산출물 평가 기준에 관해 논의하였다. 일반적으로 평가자가 사용할 수 있는 구체적인 지침은 준비되어 있지 않다. 따라서 평가의 신뢰도와 타당도에 문제가 있을 수 있다.

영재 프로그램에서 산출물 평가 영역에 관한 연구는 거의 이루어지지 않고 있다. 본 연구는 이러한 목적을 위해 설계된 산출물 평가척도 개발에 대해 기술한다.

창의적 산출물의 평가

영재 프로그램에서 완성된 학생 산출물의 결과 및 과정 평가를 위한 수많은 도구를 검토해 보면, 이 분야의 연구가 극소수에 불과하다는 것을 알 수 있다. 정밀 검사용으로 유용한 도구는 부족하며, 심지어 신뢰도, 타당도나 영역별 검사항목 측면에서 검증된 도구는 거의 없다. 창의성 전문가인 Treffinger(1987, p. 114)는 창의성 기준에 기초한 산출물 평가를 위한 검사도구의 신뢰도 및 타당도 증명의 필요성을 포함하여, 창의성 평가 영역에서 11가지의 중요한 기회 및 관심의 영역을 주장하였다. 특수아동학회(Council for Exceptionl Children, 1979)에서는 상이한 영재 프로그램을 운영하는 미국의 7개 기관의 평가 과정에 대한 상세한 설명을 제공하는 「영재 프로그램 평가를 위한 검사도구의 예(Sample Instruments for the Evaluation of Programs for the Gifted and Talented)」라는 제목의 간행물을 발행하였다. 오직 한 개의 프로그램만이 프로그램 목표의 하나로 산출물 평가를 포함하였다. 50개의 영재 프로그램이 이 연구의 일부로 참여하였으나, 학생의 산출물에 대한 형식적인 평가는 거의 이루어지지 않았다. 산출물을 평가한 경우들은 학생이 그들의 산출물을 완성하면서 배워 왔던 것을 나타내는 방식으로 지역 자체에서 개발된 양식을 사용하였다. 영재교사들은 자신들의 평가가 학생과의 언어적 교환으로 이루어지며 학생 산출물의 기록 평가는 거의 제시되지 않는다고 지적하였다.

더 최근에, 산출물 평가 양식은 Archambault와 Gubbins(1980), Callahan (1980), Tuttle(1980), 그리고 Westberg(1990)가 개발하여 왔다. 이러한 양식

많은 학생이 산출물을 만들어 내는 영재 프로그램에 참여하고 있다. 이러한 산출물의 평가는 주로 완성되지 않거나 비형식적인 방식으로 이루어진다. 만약 학생의 산출물 평가가 일정한 근거에 따라 조직되고 수행된다면, 기록은 학생 작업의 중요한 측면을 보관해 줄 수 있다. 학생 산출물 평가 양식 (The Student Product Assessment Form: SPAF)은 교사들이 학습자의 산출물을 평가하는 데 도움을 주기 위해 개발되었다. 여러 해 동안 현장에서 검증되고 있으며 타당성과 신뢰성 모두 입증되고 있다. SPAF를 사용하고 있는 지역에서 요약지(Summary Sheet) 사본 [그림 5-1]은 그 해에 산출물을 완성한 각 학생의 영구적인 기록물로 포함된다. 축적된 요약지는 영재 프로그램에서 완성한 모든 산출물의 개요를 제공하며, 학생의 창의적 산출물의 학업적 포트폴리오를 제공해 준다.

들은 모두 다양한 연구와 평가 관련 연구에서 사용되고 있으며 앞으로도 현장에서 사용될 것이다. Tuttle의 양식은 평가자에게 연구와 의사소통 기술의 수행, 그리고 작업의 질을 평가하기 위한 타당한 근거를 제공해 주기 위해 개발되었다. Tuttle에 따르면, 숙련된 평가자가 사용하였을 때 이러한 산출물 평가 양식(Product Evaluation Form)은 뛰어난 연구와 의사소통 기술의 실행을 평가하기 위한 타당하고 믿을 만한 도구로 입증되었다. Tuttle은 또한 그의 양식이 연구 기능을 포함하거나 독자와 함께 결과물을 공유하는 산출물 유형에만 적절함을 지적하였다.

Callahan의 산출물 평가 양식(1980)은 특별히 삼부심화학습모형(The Enrichment Triad Model, Renzulli, 1977)에 근거한 영재 프로그램에서 Type III 연구를 평가하기 위해 고안되었다. Callahan은 학생이 탐구를 위해 선택한 분야의 문제, 기술, 방법론, 환경, 산출물 그리고 흥미 분야의 청중과 정통하였는가의 여부를 결정하기 위해 이 양식을 고안하였다. Tuttle이나 Callahan의 평가도구 중 어떤 것도 과정과 산출물 기술 사이에 차이는 없다.

Amabile(1983)은 창의성 평가를 위한 합의 기법의 사용을 지지하였다.

합의적 평가기법의 주요 특징은 다음과 같다. 분석될 과제는 평가될 수 있는 산출물 혹은 관찰 가능한 반응으로 이끄는 것이어야 한다. 과제는 반드시 응답에서 융통성과 참신성을 허용하기 위해 개방적이어야 하며, 그리기 능력이나 언어적 유창성과 같은 특정한 기능에 의존해서는 안 된다. Amabile은 다섯 가지 요구 사항을 포함한 평가 절차를 설명하고 있다. 첫째, 평가자는 평가하는 영역에 관련된 경험을 가져야 한다. 이 요구가 의미하는 것은 평가는 개발된 영역, 평가 시간, 창의성을 위한 몇 가지 함축적인 평가 기준, 기술적 유용성 등에 대해 충분히 잘 알고 있어야 한다는 것이다. 평가 절차를 위한 두 번째 절차적인 요구는 평가자가 독립적으로 평가하는 것이다. 셋째, 평가자는 창의성에 부가적으로 다른 요인들도 평가하도록 요구된다. 또한 평가자들은 문제되는 차원에 대해 서로 다른 산출물들, 예를 들면 해당 영역에서 지금까지 산출되었던 최고의 작품들에 비해 어느 정도인가를 평가한다. 마지막으로, 각각의 평가자는 산출물들을 무작위로 살펴보아야 하고 평가할 다른 요인을 고려할 때도 무작위로 해야 한다는 것이다 (Amabile, 1983, pp. 37-39). Amabile은 산출물을 평가하기 위해 사용된 도구의 각 요인들이 내부 검사자 신뢰도를 위해 분석되도록 추천한다.

Westberg(1990)는 초등학생과 중학생이 만든 발명품들의 창의적인 생산성을 평가하기 위한 검사도구를 개발하기 위해 Amabile(1983)의 합의적 평가기법을 사용하였다. 창의적 생산에서 전문가로 간주되는 평가자들은 학생의 발명품을 평가하려고 Westberg의 창작 평가도구(Invention Evaluation Instrument)를 사용하였다. 이 도구의 요인분석은 11개의 항목이 세 가지 요인, 즉 독창성, 기술적 유용성, 심미적 매력에 초점을 두고 있음을 나타냈다. 이 도구의 평가자 간 신뢰도는 .96이었다.

Bessemer와 Treffinger(1981)는 창의적 산출물의 특성에 대한 문헌연구가 거의 이루어지고 있지 않다는 유사한 결과를 발견하고 '창의적 산출물 분석 행렬(The Creative Product Analysis Matrix)'을 개발하였다. CPAM의 저자는 세 가지 다르면서도 상호 관련된 요인들 사이에서 연관된 특성들을 제안하였다. (a) 참신함, (b) 해결책, (c) 정교화 및 종합이다. 이들은 참신함을 사용된 새로운 개념, 새로운 처리 과정, 혹은 새로운 자료와 같은 산출물의 독창성 정도로 정의한다. 한 가지 산출물의 해결은 문제의 창출, 숙고 및 종합을, 복잡성 측면에 초점을 맞춘 산출물의 유형적 특성 또는 구현 과정에서 볼 수 있는 산출물의 개념, 정교화, 종합 및 정확화 과정을 숙고하는 것으로 묘사하는 데 내포된 문제를 해결하는 정도를 반영한다(Bessemer & O'Quin, 1987, p. 342). 부가적인 연구는 연구대상들이 제안된 모형과 일치하는 방식에서 창의적 산출물을 평가할 수 있는지에 대해 조사하였다. 다양한 창의적 산출물을 선별하기 위해서 CPAM과 참신함, 해결책, 정교화와 종합의 세 가지 요인을 묘사하는 110개의 형용사와 형용사 어구를 포함한 CPAM 형용사 체크리스트에 근거한 평가도구가 개발되었다. 이 연구에 근거하여, 12개의 하위척도는 110개의 다른 단어들로 구성되었다. 참신함의 요인(dimension)에는 3개의 하위척도—기발한, 독창적인, 놀랄 만한—가 나타났다. 해결책(Resolution)의 요인에는 2개, 즉 논리적인, 유용한 하위척도가 나타났다. 정교화와 종합의 요인에는 3개 즉, 고상한 혹은 고유의, 매력적인, 숙련된 하위척도가 나타났다. CPAM에 대한 신뢰도와 타당도는 척도 개발자들이 상당히 긍정적인 것으로 보고하였다. 문헌들(Bessemer & Treffinger, 1981; Bessemer & O'Quin, 1987)에서 보고된 연구를 보면 CPAM의 사용은 성인의 창의적 산출물 평가에 대단히 긍정적임을 알 수 있다.

학생 산출물 평가 양식 개발

내용타당도

학생 산출물 평가 양식 설명   학생 산출물 평가 양식(Student Product Assessment Form: SPAF, Reis, 1981) 개발에서 첫 번째 단계는 검사도구 구성을 위한 내용을 결정하는 것이다. 이 단계 끝 부분에서 전 세계적으로 50곳의 입증된 영재 프로그램 책임자에게 편지를 보냈다. 프로그램 책임자와 교사에게 학생의 산출물 평가에 사용된 어떤 양식이나 검사도구를 제공해 달라는 내용의 편지였다. 모든 응답은 형식적 산출물 평가가 거의 이루어지지 않음을 나타냈다. 검사도구를 사용한 경우는 지역에서 개발한 것을 사용하였으며 신뢰도와 타당도에 대한 정보가 부족하였다. 대부분의 산출물 평가 양식들은, 예를 들어 학생이 산출물을 완성하였을 때 이 프로젝트를 하면서 무엇을 배웠는가와 같은 질문을 하도록 구성된 매우 간단하면서도 개략적인 것이었다.

영재 프로그램에서 실시된 학생 산출물 평가방법들을 확인하기 위해 문헌연구들이 수행되었다. 앞서 지적한 것처럼, 이러한 목적을 위해 고안된 검사도구가 부족한 것으로 나타났다. 이용 가능한 검사도구가 신뢰도, 타당도 혹은 현장검증 연구를 통해 평가된 것이 거의 없었다. 또한 조사된 모든 이용 가능한 양식과 척도들은 성인들의 산출물을 목적으로 하고 있거나(Bessemer & Treffinger, 1981), 발명품(invention)과 같이 특정한 산출물에 초점을 맞추었거나(Westberg, 1990), 혹은 영재학생의 산출물 평가에 사용되기에는 대략적이고 부적절하거나 불완전한 것으로 판단되었다.

문헌연구와 영재학생이 개발한 뛰어난 산출물과 관련된 오랜 기간의 경험에 기초하여, 영재 프로그램에서 완성된 산출물의 질을 평가하기 위한 타당하고 신뢰할 수 있는 근거를 가진 도구가 평가자들에게 제공되기 위해 새로운 양식이 고안되었다([그림 5-1] 참조). 산출물의 전반적인 우수성과 개별적인 양상 모두를 평가하도록 15항목이 산출되었는데, 각 항목은 평가자들이 반드시 주의를 기울여야 하는 유일한 특성들을 보여 준다. 1~8의 항목은 3개의 관련된 부분들로 나누어진다.

1. **주요 개념**　이 개념은 항상 먼저 나타나며 큰 글자로 인쇄된다. 평가자의 관심이 평가되어야 할 주요 개념이나 특성들에 초점을 맞추도록 도와주어야 한다.

```
이름 _____  날짜 _____
지역 _____  학교 _____
교사 _____  학년 _____
산출물(제목과 간단한 설명) _____
_____
산출물을 위해 작업한 개월 수 _____

              요인들                        점수*    적용 불가능
 1. 목적의 진술 ...........................  _____   _____
 2. 문제에 초점 맞추기 ....................  _____   _____
 3. 자료의 수준 ...........................  _____   _____
 4. 자료의 다양성 .........................  _____   _____
 5. 자료의 적절성 .........................  _____   _____
 6. 논리, 계열, 전이 .......................  _____   _____
 7. 행동 지향성 ...........................  _____   _____
 8. 청중 .................................  _____   _____
 9. 전반적 평가
    A. 사고의 독창성
    B. 계획 시 설정된 목표 성취 ............  _____   _____
    C. 주제와의 친숙도
    D. 나이/학년 수준을 넘어서는 질 ........  _____   _____
    E. 상세한 것에 대한 관심, 주의 등
    F. 시간, 노력, 열정 ....................  _____   _____
    G. 기여도 .............................  _____   _____
기타 논의점:
양식 작성자:
_____

* 평가척도: 1~8 요인        요인 9A~9G
   5-탁월한 수준으로        5= 뛰어난
   3-다소                  4= 평균 이상으로    2= 평균 이하
   1-제한된 정도로          3= 평균            1= 부족
```

[그림 5-1] 학생 산출물 평가 양식 요약지

2. **항목 묘사** 주요 개념 다음에는 그 특성들이 학생의 산출물에 어떻게 반영되는지에 대한 한 가지 또는 그 이상의 진술이 따른다.

3. **예시** 그 항목들의 의미를 명료히 하도록 돕기 위해 학생 작업의 실례가 제공된다. 이러한 예들은 주요 개념과 항목 묘사 모두의 의미를 자

영재교육 프로그램 평가

세하게 해 준다. 이 예시들은 다음 각 항목 묘사에서 진한 글자로 나타나 있다.

항목의 예시는 다음에 나타나 있다.

자료의 다양성

학생은 결과물 산출 과정에서 여러 가지 형태의 자료들을 사용하였는가? 학생은 백과사전과 같은 일반적인 자료 사용과 함께 다음과 같은 정보 자료들을 사용하였는가? 그것은 교과서, 녹음/통계책, 전기, 실용서적, 정기간행물, 영화 및 슬라이드 필름, 편지, 전화, 개인적 면담, 여론 조사, 선거, 상품 목록 등등이다.

예를 들면, 제2차세계대전 때 사용된 무기와 운송 수단에 관심이 있는 4학년 학생은 전기, 자서전, 정기간행물, 기록을 포함하여 이 주제에 관한 성인 수준의 책들을 여러 권 읽었다. 또한 제2차세계대전의 지역 참전 용사들과 직접 면담을 실시하였으며, 그 기간에 대한 영화와 슬라이드 필름을 미리 관람하고 바다 건너 살고 있는 그들의 자녀에게 보낼 참전 용사들의 편지를 수집하였다.

9번 항목은 산출물의 전반적인 평가를 다루는 7개의 다른 구성요소를 포함한다. 9번 항목을 위한 학생 작업의 예는 제공되지 않는다. 학습자 산출물의 전반적인 측면에 대한 평가를 마치면 평가자들은 반드시 자신의 가치관과 심미감, 유용성, 그리고 전반적인 기여 등과 같은 질적인 측면을 나타내는 특성들에 따라서 산출물을 평가하도록 시도해야 한다. 즉, 평가자들은 9번 항목에서 전체적인 관점으로 자신의 주관적인 견해에 따르도록 한다.

모든 유형의 산출물에 보편적으로 적용할 수 있는 단일 검사도구 개발의 어려움 때문에, 어떤 항목들은 특정 산출물에 적용할 수 없는 경우가 발생한다. 그러한 이유 때문에 1~8번 항목의 1~5점 Likert 척도에 덧붙여서 '적용할 수 없음'이라는 항목이 추가된다. 예를 들면, 창의적 글쓰기 작품(극본,

5	4	3	2	1	없음
아주 많이		다소		제한된 수준으로	

시, 소설)에서, 자료의 수준(항목 3)이나 자료의 다양성(항목 4)은 학생이 자신의 경험에서 나온 내용에 대해 직접적으로 글을 쓴다면 적용할 수 없게 된다. 이러한 적용 불가 항목(Not Applicable Category)은 대부분의 평가 상황에서 아주 드물게 사용되며, 1~4점 Likert 척도를 사용하는 산출물(항목 9)의 전반적인 평가에서는 포함되지 않았다.

더 나아가 내용타당도를 조사하기 위해, 그 양식에 대한 평가는 영재교육 분야와 교육 관련 연구에서 인정받은 다수의 권위 있는 국가 기관을 통해 이루어졌다. 또한 이 평가 양식은 코네티컷에 있는 20명의 경험 있는 영재교사에게 배부되었다. 책임자들은 누락된 것, 명료한 것, 그리고 중복된 것을 찾아내기 위해 그 평가 양식의 내용을 검토하도록 요청받았다. 그들은 또한 그 평가 양식을 개선하기 위한 제안을 하도록 요청받았다. 평가 양식은 전문가가 언급한 제안 사항이나 누락된 사항(간과된 것)이 거의 없었고, 약간의 수정만 이루어졌다.

신뢰도

채점자 간 일치 채점자 간 일치는 두 개의 분리된 단계를 통해 결정된다. 첫 번째 단계에서, 영재교육 분야에 정통한 19명의 평가자들(평가자들의 대부분이 영재를 위한 자원 교사들이었다)은 1학년들의 산출물인 스컹크에 관한 창의적인 책을 평가하였다. 척도에 대한 설명이나 검사 지시 사항에 대한 정보는 전혀 주어지지 않았다. 평가자들은 단순히 SPAF 용지와 평가물만 받았다. 또한 그들은 언어적 명료성, 중복, 지시 사항의 용이성, 그리고 누락된 것(내용타당도 확인)에 대한 부분에서 SPAF를 평가하도록 요청받았다. 즉, 평가자 훈련은 그 평가 양식에 따라오는 3쪽 정도의 지시문을 통해 이루어졌다. 이것은 공식적인 현직 연수 훈련이 독립적으로 이루어지기 위한 미래의 도구 사용에 중요하게 고려되었다.

첫 단계의 현장 검사 이후에, **학생 산출물 평가 양식**(SPAF)은 채점자 간 일치도에 따라 수정되었다. 80%의 일치도에 이르지 못한 2, 6, 7번 항목들은 수정되고 개선되었다. 9번 항목에서 한 가지 주요 개념이 제거되었고 3명의 평가자들이 누락된 것으로 지적한 항목을 대체하였다. 두 번째 현장 검사에서, 22명의 평가자들(첫 번째 평가 영역 집단의 19명과 영재교사 3명)은 두 번째 산출물(코네티컷 도시 최초의 역사적 도보 여행)과 세 번째 산출물(6학년 학생이 쓴 소설)을 평가했다. 두 번째 산출물에서, 15항목 중 12개에서 100%의 채점자 간 일치도를 나타냈다. 다른 3개 항목은 각각 86.4, 90.9, 95.5의 일치도를 나타냈다. 세 번째 산출물(소설)의 특성은 자료의 수준과 자료의 다양성 두 영역에서 80% 이상의 채점자 간 일치도를 보이지 못했다. 그러나 다른 모든 일치도는 80% 이상이었고, 15개 항목 중 10개가 90% 일치도를 나타냈다.

안정성

살펴보아야 할 추가적인 고려 사항은 시간에 걸쳐 평가가 안정성을 보여야 한다는 것이다. 안정성 신뢰도(Stability Reliability)는 첫 번째 평가 후 대략 2주 후 동일한 평가자들이 두 번째 산출물(역사적 도보 여행)을 평가함으로써 결정되는데, 거의 동일한 반응과 일치도가 기록되었다. 두 번째 산출물의 첫 번째 평가와 두 번째 평가 사이에 +.96의 상관관계가 나타났다.

채점자 간 신뢰도

신뢰도 검사의 마지막 부분은 〈표 5-1〉에 나타난 20개의 다른 산출물의 채점자 간 신뢰도 생성이다. 그 산출물은 과학적($n=1$), 창의적 글쓰기($n=5$), 사회($n=5$), 시청각적($n=2$), 그리고 학제적인 것($n=1$)을 포함하는 5개의 서로 다른 유형을 나타낸다. 그 산출물은 코네티컷에서 영재학생을 교육하고 있는 공립학교 3곳의 구성원들이 평가하도록 제공되었다. 영재 프로그

표 5-1 채점자 간 신뢰도 산출을 위해 사용된 유형별 산출물 목록

유 형*	
4	1. 영재학생 집단이 지휘하고, 만들고, 영상화한 '모든 유형의 아이들'이라는 주간 TV 쇼
1	2. 위상 수학에 대한 슬라이드 필름
2	3. 짧은 이야기
1	4. 코네티컷의 연못 생활에 대한 논픽션 도서
1	5. 스컹크에 관한 책
3	6. 한 가족의 계보를 탐구한 기록을 적은 책
1	7. 사진을 첨부한 에세이와 책
3	8. '발지(Bulge) 대전투'의 역사적 탐구와 재창조
1	9. 태양열 집 모델
1	10. 반사 망원경
5	11. 컴퓨터와 그것의 역사에 대한 슬라이드 필름
3	12. E. R. A에 대한 학교와 지역사회의 태도에 관한 연구
3	13. 한 도시에서의 역사적 도보 여행
2	14. 짧은 소설
2	15. 자서전 저술을 위한 창의적 글쓰기 노력
3	16. 지역사회에서 정치적 쟁점에 대한 탐구
2	17. 시집
2	18. 『노예 소년』이라는 제목의 소설
1	19. 태양에 대한 수집가
4	20. 기호 언어에 대한 기록 필름

* 산출물 유형을 위한 척도
  1-과학적   2-창의적 글쓰기   3-사회   4-시청각   5-학제적

램에서 4명의 경험 있는 교사들은 SPAF(학생 산출물 평가 양식)를 사용하여 산출물을 평가하도록 요청받았다. 그 산출물은 양식, 주제, 완성한 학생의 연령, 그리고 최종 양식에서 다양하게 나타났다. 일부 산출물(영재학생을 위한 몇몇 프로그램에서 사용된 협약과 같은 양식)은 완전한 관리 계획에 따라 이루어졌다. 다른 산출물은 학생 산출물 평가 양식의 부가물인 학생을 위한 안내서에 따라 이루어졌다.

몇 가지 예에서, 평가자들은 산출물을 평가하기 전에 산출물을 완성한 학생을 면담하였다. 또 다른 경우 평가자들은 학생을 면담하는 것 없이 단순

표 5-2 학생 산출물 평가 양식

개별 항목과 전체에 대한 한 명의 평가자와 네 명의 평가자의 채점자 신뢰도*

항 목	1인 평가	4인 평가
1. 초기 목적 진술	1.000	1.000
2. 문제에 초점 맞추기	1.000	1.000
3. 자료의 수준	.973	.993
4. 자료의 다양성	.963	.990
5. 자료의 적절성	.983	.996
6. 논리, 계열, 전이	.779	.934
7. 행동 지향성	.913	.997
8. 청중	.533	.820
핵심 개념 1~8 소계	.994	.998
9. 전반적 평가		
A. 아이디어의 독창성	.778	.993
B. 계획 시 설정된 목표 성취	.789	.937
C. 주제와의 친숙도	1.000	1.000
D. 나이/학년 수준을 넘어서는 질	.912	.971
E. 상세한 것에 대한 관심, 주의 등	1.000	1.000
F. 시간, 노력, 열정	.875	.966
G. 기여도	.390	.718
9 A~G 핵심 개념 소계	.924	.980
SPAF 모든 항목 총계	.961	.990

* 이 자료는 4명이 평가한 20가지 산출물을 기초로 한 자료임.

히 산출물만을 검사함으로써 최종 결과물을 평가하였다. 평가도구가 다양한 상황에서 사용될 것이기 때문에 검사도구의 일반화를 위해 필수적으로 고려되어야 하였다.

채점자 간 신뢰도를 구하기 위해 Ebel(1951)이 제시한 기법은 다른 평가자들에게서 얻어진 평가를 상호 관련시키는 데 이용되었다(Guilford, 1954, pp. 395-397 참조). 4명의 개별적인 평가자들의 평가는 항목 1~8까지의 소계(subtotals), 9번 항목의 A~G, 그 항목들의 전체 평가뿐만 아니라 SPAF에서 보여 준 각각의 항목을 서로 상호 관련지었다. 각각의 평가자들이 20개의 결과물을 15개의 서로 다른 특성으로 평가하였을 때, 모든 가능한 평가로부터 산출물 평가의 상관관계가 얻어졌다. 〈표 5-2〉는 9개의 서로 다른 항목에서 4명의 평가자뿐만 아니라 한 명의 평가자에 대한 평균 신뢰도의 채점자 간 신뢰도 결과를 보여 준다. 또한 SPAF의 소계와 총계가 나와 있다.

두 가지의 핵심 개념, 청중과 독창적 기여는 4명의 평가자가 평가할 때보다 오히려 한 명의 평가자가 평가할 때 신뢰도가 더 낮게 나타난 것을 주목해야 한다. 앞으로 SPAF는 단일 평가자가 사용할 것이기 때문에, 이 두 가지 영역에 대한 검토가 필요할 것이다.

더 높은 채점자 간 신뢰도를 위해서는 평가를 위해 제출된 산출물이 3개의 탁월한 영재 프로그램에서 온 것이어야 한다. 산출물을 제출한 교사들은 종종 더 높은 질 때문에 그것을 선택하였다. 그것은 덜 우수한 산출물이 더 낮은 신뢰도와 관련될 수 있다. 앞으로는 이 분야에 대한 자료가 수집될 것이다. 요약하면, 학생 산출물 평가 양식(SPAF) 개발 과정에 대해 설명하였고, 내용타당도 절차를 제시하였으며, 신뢰도 평가 절차(채점자 간 일치도, 안정성, 그리고 채점자 간 신뢰도)에 대해 기술하였다.

학생 산출물 평가 양식의 사용

모든 연령의 학생들의 보편적인 특성은 그들이 어떻게 평가받으며 '등급이 매겨지는지'를 알고 싶어 하는 욕구가 있다는 것이다. 우리는 학생의 창의적인 산출물에 대한 형식적 등급 매기기를 강하게 반대하는 입장에서 출발하려고 한다. 어떠한 문장, 석차 혹은 백분율로라도 창의적 산출물의 맥락 안에서 개발된 지식, 창의성, 그리고 과제집착력을 정확하게 반영할 수는 없다. 그러나 동시에 평가와 피드백은 이러한 유형의 강화 경험을 통해 성장을 촉진하는 전반적 과정에서 중요한 부분이며, 학생은 자신의 과제를 평가하는 데 사용될 절차에 대해 철저히 준비되어 있어야 한다.

학생이 자신의 과제가 평가되는 방식을 이해하도록 돕는 가장 최선의 방법은 SPAF를 중심으로 조직된 일련의 오리엔테이션을 제공하는 것이다. SPAF 검사도구로부터 각각의 척도에 대한 다양한 질적 수준을 나타내는 완성된 학생 산출물의 2~3가지 예들은 학생이 평가에 포함된 요인들과 각 요인의 명시의 예 모두에 대한 판단이 가능하도록 도와줄 것이다.

많은 영재 프로그램에서 학생 산출물 평가는 무작위로 하거나 우연한 방식에 따라 실행되어 왔다. 그리고 대부분 평가를 하지 않아 후속 작업에 대한 방안을 논의하거나 피드백을 제공할 가치 있는 기회를 잃어버렸다. 만약 SPAF가 완성된 학생 산출물을 평가하는 데 사용된다면, 표지([그림 5-1] 참조)는 초등학교부터 고등학교까지 그들의 창의적 산출물의 학업적 포트폴리오를 제공함으로써, 학생의 영구적인 기록화 작업이 이루어질 수 있다. 수많은 영재 프로그램 모형들이 학생 산출물의 진전을 포함하기 때문에(Betts, 1986; Clifford, Runions, & Smyth, 1986; Feldhusen & Kolloff, 1896; Feldhusen & Robinsin, 1986; Kaplan, 1986; Renzulli & Reis, 1985), 그런 산출물의 평가는 논리적일 뿐만 아니라 바람직하다고 본다.

참고문헌

Amabile, T. M. (1983). *The social psychology of creativity*. New York: Springer-Verlag.

Archambault, F. X., & Gubbins, E. J. (1980). [Student product rating scale]. Unpublished.

Bessemer, S. P., & O'Quin, K. (1987). Creative product analysis: Testing a model by developing a judging instrument. In S. G. Isaksen (Ed.), *Frontiers of creativity research: Beyond the basics* (pp. 341-357). Buffalo, NY: Bearly Limited.

Bessemer, S. P., & Treffinger, D. J. (1981). Analysis of creative products:

Review and synthesis. *Journal of Creative Behaviors*, 15, 159-179.

Betts, G. T. (1986). The autonomous learner model. In J. S. Renzulli (Ed.), *Systems and models for developing programs for the gifted and talented* (pp. 27-56). Mansfield Center, CT: Creative Learning Press.

Callahan, C. M. (1980). [Student product rating scale]. Unpublished.

Clifford, J. A., Runions, T., & Smyth, E. (1986). The learning enrichment service (LES): A participatory model for gifted adolescents. In J. S. Renzulli (Ed.), *Systems and models for developing programs for the gifted and talented* (pp. 92-125). Mansfield Center, CT: Creative Learning Press.

Council for Exceptional Children. (1979). Sample instruments for the evaluation of programs for the gifted and talented. Bureau of Educational Research, U-7, Storrs Hall, University of Connecticut, Storrs, CT 06269.

Ebel, R. L. (1951). Estimation of the reliability of ratings. *Psychometric, 16*, 407-424.

Feldhusen, J. F., & Kolloff, M. B. (1986) The Purdue three-stage enrichment model for gifted education at the elementary level. In J. S. Renzulli (Ed.), *Systems and models for developing programs for the gifted and talented* (pp. 126-152). Mansfield Center, CT: Creative Learning Press.

Feldhusen, J. F., & Robinson, A. (1986). The Purdue Secondary Model for gifted and tal-ented youth. In J. S, Renzulli (Ed.), *Systems and models for developing programs for the gifted and talented* (pp. 126-152). Mansfield Center, CT: Creative Learning Press.

Getzels, J., & Csikszentmihalyi, M. (1976). *The creative vision: A longitudinal study of problem-finding in art.* New York: Wiley-Interscience.

Guilford, J. P. (1954). *Psychometric methods.* New York: McGraw Hill.

Jackson, P., & Messick, S. (1965). The person, the product and the response: Conceptual problems in the assessment of creativity. *Journal of Personality. 33*, 309-329.

Kaplan, S. N. (1986). The grid: A model to construct differentiated curriculum for the gifted. In J. S. Renzulli (Ed.), *Systems and models for developing programs for the gifted and talented* (pp. 180-193). Mansfield Center, CT: Creative Learning Press.

Mackinnon, D. W. (1987). Some critical issues for future research in creativity. In S. G. Isaksen (Ed.), *Frontiers of creativity research* (pp. 120-130). Buffalo, NY: Bearly Limited.

Reis, S. M. (1981). *An analysis of the productivity of gifted students participating in programs using the revolving door identification model.* Unpublished doctoral dissertation, University of Connectcut, Storrs.

Renzulli, J. S. (1977). *The enrichment triad model: A guide for developing defensible programs for the gifted* (pp. 429-460). Mansfield Center, CT: Creative Learning Press.

Renzulli, J. S., & Reis, S. M. (1985). *The schoolwide enrichment model: A comprehensive plan for educational excellence.* Mansfield Center, CT: Creative Learning Press.

Rhodes, M. (1987). An analysis of creativity. In S. G. Isaksen (Ed.), *Frontiers of creativity research* (pp. 216-222). Buffalo, NY: Beariy Limited.

Sobel, R. S., & Rothenberg, A. (1980). Artistic creation as stimulated by superimposed versus separated visual images. *Journal of Personality and Social Psychology, 39,* 953-961.

Treffinger, D. J. (1986). Fostering effective, independent learning through individualized programming. In J. S. Renzulli (Ed.), *Systems and models for developing programs for the gifted and talented* (pp. 429-460). Mansfield Center, CT: Creative Learning Press.

Treffinger, D. J. (1987). Research on creativity assessment. In S. G. Isaksen (Ed.), *Frontiers of creativity research* (pp. 103-119). Buffalo, NY: Bearly Limited.

Tuttle, F. B. (1980). *Evaluation report for Concord MA.* Project Gather and project Lift. Concord School System, Concord, MA.

Westberg, K. L. (1990). *The effects of instruction in the inventing process on students' development of inventions.* Unpublished doctiral dissertation, Universiry of Connecticut, Storrs, CT.

06

평가 수행하기: 한 학군의 경험[1]

Linda D. Avery & Joyce VanTassel-Baska(The College of William and Mary)
Barbara O'Neill(Greenwich Public Schools)

이 논문에서는 영재학생 및 특수한 재능을 지닌 학생을 위한 K~8 프로그램에 대하여 이루어지는 외부 평가를 지지하는 측면에서 그리니치 공립학교(Greenwich Public Schools)의 경험을 공유한다. 이 논문은 그 평가에서 이용되는 방법론에 대하여 설명하고, 연구결과 및 추천 사항들에 대해 논의한다. 또 그 결과를 프로그램 개선을 위해 활용하는 방법에 대해 상세히 설명해 준다. 또한 평가 과정에서 알게 된 교훈(lessons)에 대해 평가자가 관찰했던 내용들도 다루고 있다. 이 교훈은 입수한 정보의 효용성을 반영해 준다.

영재교육 분야에서는 다년간 프로그램 개발의 핵심적인 부분으로 평가를 옹호해 온 반면에, 영재 프로그램에서 효과가 있는 것이 무엇이고 효과가 없는 것이 무엇인지에 대하여 통찰력을 제공하는 연구는 부족한 실정이다(VanTassel-Baska, 1998). 프로그램을 발전시키는 동안에 기본적인 자료를 구축하지 못한다면, 의미 있는 프로그램의 개선은 불가능할 것이다. 또한 학생의 영향력에 대하여 체계적인 평가가 이루어지지 않는다면, 그 분야는

---

1) 편저자 주: Avery, L. D., VanTassel-Baska, J., & O'Neill, B. (1997). Making Evaluation work: One school district's experience. *Gifted Child Quarterly, 41*(4), 124-132. ⓒ 1997 National Association for Gifted Children. 필자 승인 후 재인쇄.

어떤 모든 새로운 아이디어들을 비생산적으로 이용하는 결과를 낳을 수도 있다. 그러므로 어떤 학군도 코네티컷 주의 그리니치만큼이나 프로그램의 개선과 평가 사이에 강력한 연계가 있음을 철저히 의식하고 정교하게 이해하는 모습을 보여 주는 경우는 거의 없다. 그들의 경험을 통해서 얻은 통찰은 평가와 프로그램 개선 사이의 연계에 대한 우리의 이해를 한층 더 증진시켜 준다.

그리니치의 주된 특성은 학생의 시험성적이 우수하고 인구통계학적인 기준(base)이 천천히 변화하고 있으며 풍부한 교외 학교 체제가 수립되어 있다는 점이다. 지난 30년 동안 이 학군은 초등 3~5학년의 단계에서 다양한 조직적 모듈(module)을 통해 국어와 수학 과목을 대상으로 풍부한 교육적 경험을 영재학생에게 제공해 왔다. 부차적인 학제간 세미나와 더불어 수학, 영어, 인문학 분야에서의 고등 교육과정은 6~8학년 사이의 중등학교 단계에서 제공된다. 비록 이 연구에 포함되지는 않았지만 고등학교 프로그램은 풍부한 우등(honors) 과정을 통합시키고 있다. AP 교육과정 (Advanced Placement courses) 및 개별연구(independent study)를 할 수 있는 기회 등이다.

이 학군에는 영재교육을 위한 전업 코디네이터가 없다. 그러나 프로그램의 효용성을 재검토하기 위해서 뿐만 아니라 서비스의 질을 향상시키기 위해서 프로그램 개발상의 여러 쟁점 해결에 도움을 얻기 위해 외부 자문가와 정기적인 모임을 가지고 있다. 만약 그 학교가 학습 공동체로 간주된다면, 그리니치는 이와 관련해서 제기되는 의문점들을 해결하려고 기꺼이 노력할 것이다. 이러한 노력은 명예스러운 일임과 동시에 때로는 고통스러운 일이기도 하지만, 여기에는 항상 학부모 지지자들의 열성적인 기여가 유의미하게 포함된다.

이 장에서 보고한 프로그램 평가는 두 가지 주요 문제에 초점을 둔다.

1. 영재교육 프로그램은 일반교육 프로그램과 어느 정도 효과적으로 차

영재교육 프로그램 평가

별화되어 이루어지고 있는가?

2. 현행 프로그램의 다양한 요소들을 수정하고 강화시키는 데 비판적인 관계자는 어떠한 태도를 지니는가?

비록 학생의 수행에 대한 전통적인 핵심 부분(linchpin)을 다루지는 않지만, 이러한 문제들은 필수적이면서도 상관된 변수들을 다룰 수 있는 기회를 제공해 줄 뿐만 아니라 프로그램 개발에서의 진정한 관심사들을 논의하도록 해 준다.

최근 논문을 검토한 결과, 영재 프로그램에 대한 효과적인 평가에서 확고하고 의미심장하며, 총체적이면서도 자금 조달이 잘 이루어지는 몇몇 평가 계획 및 절차가 있기도 했지만 여전히 부족한 실정인 것으로 나타났다(Tomlinson & Callahan, 1993). 영재 프로그램의 평가가 희소함과 동시에 아무렇게나 이루어지고 있다는 사실은 Silky와 Reading(1992)을 통해 더 확고히 입증되었다. 영재 프로그램이 필요한지의 여부를 판단하기 위해서만 평가가 이루어지면 안 되겠지만(Callahan, 1995), 평가는 프로그램의 차별화가

연구의 활용도

이 연구를 통해 얻은 결과를 공유하는 것은 효과적인 영재 프로그램 평가의 절차를 해명하는 데 도움을 주기 위해서다. 이 특별한 기획은 수업 관찰, 영향력에 대한 학부모, 교사, 학생의 지각, 그리고 프로그램을 이루는 다양한 요소들에 대한 학부모와 교사의 견해에 초점을 두었다. 평가가 이루어지는 동안에는 학생의 수행 자료를 입수할 수 없지만, 그 과정은 자료를 구축하는 것의 중요성에 대하여 이해 당사자 집단을 납득시켜 주었다. 평가는 평가결과를 유용한 것으로 만드는 방법에 대하여 다른 연구자들이 추천했던 많은 사항들이 옳은 것임을 입증해 주며, 몇 가지 추가적인 제안들을 더 제공해 준다. 추천받은 수정 사항들을 이행하도록 고무시키는 도구로서 '기술 보고서'에만 지나치게 의존하기보다는, 다양한 경로를 이용하여 그 결과들을 공유할 필요성에 대해 특히 많은 관심을 기울이고 있다.

지니는 가치와 프로그램이 영재들에게 영향을 미치는 수준을 평가해 보는데 중대한 역할을 해야 한다. Southern(1992)에 따르면, 자료의 범주를 축소시키고 우선 사항들을 재배치하는 시점에, 교육자들은 영재학습자들을 위한 프로그램과 서비스가 중요하면서도 가치 있는 것임을 지지자들에게 입증해야 한다.

전체 분야를 포괄하여 가치 있는 자료를 수집하는 것의 진보는, 커다란 그림에 또 다른 하나의 요소를 첨가시키면서 각각의 타일로 모자이크를 만드는 것과 흡사하게 진행된다. Miller(1991)는 부분적으로 이러한 기여 요소들의 특유한 성질이 세 가지 핵심 용어(영재성, 영재 프로그램, 평가)들에 대한 다양한 정의로 생겨나는 것이라고 이야기한다. 그녀는 평가에 대한 기존 논문이 의문의 여지가 있고 "여러 프로그램과 정책의 효과에서 단순히 힌트가 되는 것뿐" 임을 시사한다. 불리한 조건에 놓인 영재학생을 위한 프로그램에 대하여 이루어진 평가(evaluation) 연구의 결과를 통합하면서, House와 Lapan(1994)은 실제 이루어진 연구들이 세 가지 영역 모두(평가, 영재교육, 불리한 조건에 놓인 학습자들)에서 산출된 학문적 지식을 근거로 하지 않음을 주목하였다. 더 나아가 그들은 양적 자료와 질적 자료를 통합시키는 현재의 동향이 가치 있는 것임을 인정하고, 복수 지표를 더 많이 이용하고 형성평가를 더 많이 강조할 것을 추천하였다.

다른 기여 요소들은 영재 프로그램의 평가와 연구와 관련해서 이루어졌다. VanTassel-Baska, Willis 및 Meyer(1989)는 사우스벤드(South Bend)에서 해당 프로그램에 참여하는 학생이 인지적인 능력에서의 성과뿐만 아니라 학교생활에 대한 더 높은 만족도를 입증한 다수의 척도 결과들과 더불어 사전·사후검사 계획을 활용하면서, 영재 전담 프로그램에 대한 통제된 연구를 수행하였다. Purdue의 3단계모형(Purdue Three-Stage Model)을 사용한 풀 아웃 프로그램(pull-out program)의 장기적인 효과에 대하여 비실험적으로 이루어진 연구에서는 사고력과 문제해결력의 향상이 나타나서 프로그램 수혜자들이 긍정적인 지각을 얻고 있음이 밝혀졌다(Moon, Feldhusen, &

영재교육 프로그램 평가

Dillon, 1994). 북 콜로라도 주의 영재 프로그램이 독자적인 학습에 미치는 영향에 대한 Carter(1992)의 연구는, 참가자들과 비교집단 사이에 통계적으로 의미 있는 차이가 발견되지 않는 실망스러운 결과를 보여 주었다.

비록 수업 관찰이 프로그램 평가에 대한 영재교육 관련 문헌에서 널리 보고되지는 않았지만, 일반 수업에서 영재학생을 대상으로 이용되었던 교육 실제에 대한 미국 내 연구에는 수업 관찰뿐만 아니라 교사를 대상으로 한 조사(survey)까지도 포함되어 있다(Westberg, Archambault, Jr., Dobyns, & Salvin, 1993). 연구는 대다수의 교실활동에서 가르치는 것뿐만 아니라 교육 과정에서도 차별화가 이루어지지 않고 있음을 보고하였다.

현재의 영재 프로그램 평가에 대한 실제를 설명하기 위해서, Hunsaker 와 Callahan(1993)은 70개의 평가 보고서를 검토하고 분석하였다. 이들의 연구에서 주목받은 세 가지 유망한 실제는 모두 그리니치 평가, 즉 1) 단순히 책무성을 위해서가 아닌 프로그램의 개선을 위해서 자료를 수집하는 것, 2) 일반화된 프로그램의 인상에 만족하기보다는 다수의 핵심 영역에 초점을 두는 것, 3) 추천 사항들에 대응하여 행동 계획을 수립함으로써 효용성을 증진시키는 것 등으로 통합되었다. 불행히도 Tomlinson, Bland 그리고 Moon(1993)은 "영재교육에 대한 문헌은 평가의 효용성에 대하여 거의 언급조차 하지 않는다."(p. 183)라고 비방하였다. 그리니치 영재 프로그램의 평가가 지역 수준에서 프로그램 개선을 지지하는 과정에 대한 우리의 지식에 가장 많은 정보를 제공해 준다는 사실은, 효과적인 활용이라는 한 맥락 내에서 부분적으로 맞는 말이라 할 수 있다.

방법론

이러한 평가를 수행하기 위해 이용되는 일반적인 접근법은 Stake의 '자연주의적 평가모형(naturalistic evaluation model)'을 따르는 것이었다(1975).

Stake 모형의 핵심 단계들에는 탐구해야 할 올바른 질문을 판단하기 위해서 관계자들과 이야기를 나누는 것, 이렇게 규명된 문제들에 대한 자료를 수집할 수단과 방법을 계획하고 선정하는 것 등이 포함된다. 이 평가의 첫 번째 단계는 초점 집단을 구성하는 것이었는데, 그 다음으로 그들의 토의 결과를 요약하고, 더 심층적인 성찰 및 해명을 위해서 참가자들에게 결과를 피드백해 주는 것이 뒤따른다. 지속적인 의사소통은 중간 단계에서 평가 과정을 계속해 나아가는 데 매우 중요하였다.

그리니치 영재 프로그램을 위한 평가계획에는 1) 영재 수업 및 일반 수업에 대한 관찰, 2) 교장 및 다른 핵심 행정관, 영재교사, 학부모 집단과의 면담, 3) 해당 프로그램을 재정의하고 확대시켜 나아가는 데 우선적으로 중요한 사항들에 초점을 두는 교육자와 학부모에 대한 조사, 4) 프로그램의 영향력에 대하여 학생, 교사, 부모가 인지하는 것에 대한 질문지 등이 포함되었다. 다수의 자료 출처를 이용하는 것은 그 평가가 다양한 이해 당사자의 관점에 부합하였다고 확신하는 데 도움을 주었다.

수업 관찰을 이루는 요소

도구의 사용

수업 관찰을 이루는 요소는 차별화 수준(level of differentiation)에 대한 의문에 부합되는 것으로서 영재 수업과 일반 수업에 대한 관찰 결과를 비교하면서 '준(準)실험법'을 이용하였다. 이것은 연구 및 평가계획의 측면에서 볼 때 평가에서 가장 엄밀하게 이루어지는 요소였다.

숙련된 대학원생들과 핵심 교수진들은 관찰 가능한 내용과 교수전략에 대한 일곱 가지 범주와 두 가지 범주의 교육 개정 요소들을 통합한 연구를 위해서 '수업 관찰 양식(classroom observation form)'을 개발하였다. 이 범주들은 여러 항목으로 더 세분화되었는데, 그 결과 전체 범주를 망라하여 총 40개의 항목으로 이루어졌다. '결과' 단락에서 논의될 예정인 〈표 6-1〉은 그 범주와 항목들을 일일이 열거하고 있다. 여러 항목들은 영재학습자들에게 각별한 관심을 기울이는 효과적인 교수 실제에 대한 문헌 검토를 통해 선정되었다. 신뢰도를 향상시키기 위한 부차적인 도구로는, 해당 도구에 대한 파일럿 검사(pilot-test)를 실시하는 것, 파일럿 검사에서 얻은 결과를 토대로 하여 도구를 수정하는 것, 관찰을 수행하기 위하여 다수의 다양한 숙련자들을 활용하는 것, 그리고 표본을 대규모로 도출해 내는 것 등이 포함되었다.

모두 114개 수업에 대하여 관찰이 이루어졌다. 75개의 초등 단계의 수업과 39개의 중등 단계의 수업 중에서, 초등 단계에서는 수업의 39%가 영재학생을 대상으로 하고 있었고, 중등 단계에서는 31%가 영재학생을 대상으로 하고 있었다. 비율은 각 항목에 대하여 산출된 것이고, 중요도에 대한 통계학적 검증은 카이스퀘어를 이용하여 수행하였다. 40개의 2×2 카이스퀘어에 대한 결과를 얻었고, 그 필자들이 이용을 허락하였다.

결 과

교수 행위와 교육과정 개정에 초점을 두는 9가지 주요 범주들 중에서, 영재 수업과 일반 수업 사이에 통계적으로 유의미한 차이는 보이지 않았다. 하지만 지도의 대부분의 동향은 비판적이고 창의적인 사고 전략을 이용하는 것과 같이 차별화가 예상되는 영역들과 일치를 이루었다. 더 놀라운 것은, 영재 수업을 선호하기는 하지만 프로그램을 구성하는 두 유형 중 어떤 한 가지에서도 해당 체제를 완전히 파악하고 있음을 거의 보여 주지 않는 교육 개정과 관련된 동향들이었다.

해당 항목의 수준에 대하여 더 정교한 시각으로 볼 때, 통계적으로 유의미한 차이가 나타났다. 40개 항목들 중 19개가 영재 수업이 우세한 것으로 나타났는데, 2개 항목에서는 통계적으로 의미 있는 차이가 나타났다. 이 항목들 중 한 가지는 교육과정을 단기에 마치게 하는 내용을 다루고 있었고, 다른 한 가지는 문제 중심적인 교육과정을 학교개혁의 요소에 초점을 두고 있었다. 그 결과는 항목들 중 13가지에 대해서 일반 수업이 우세하였고 통계적으로 의미 있는 차이를 나타내는 두 가지 추가적인 항목들이 있었다. 바로 다문화적인 민감도 및 강의/담화의 이용이다. 그 항목들 중 8가지에 대해서는 어떤 식으로든 아무런 동향도 파악되지 않았다. 〈표 6-1〉은 수업 관찰 양식의 운영 결과에 대한 요약 도표다.

함 의

비록 영재 수업과 일반 수업 사이의 차이를 심층적으로 파악하지 못한다고 할지라도, 이 분야 교수진의 뛰어난 자질과 학생 수 전반의 강력한 학문적 위상은 여러 효과들의 약한 부분을 설명해 줄 수 있다. 또한 그 도구는 실질적인 차이를 감지해 낼 만큼 충분히 민감하지 못할 수도 있다. 이 연구는, 전통적인 수업이 강의식 교수법을 수업에 통합시킬 가능성이 더 큰 반면에 영재 수업에서는 교육과정을 단기에 마치게 하는 내용을 제시해 줄 뿐만 아니라 비판적인 사고력 및 고차적 사고력을 강조하는 증거가 훨씬 더 두드러진다. 역사상 영재교육 경험을 규정했던 다수의 다른 특징들은 일반 교육과정으로 흡수된 듯하다.

그렇다고 해도, 영재 수업은 교육 개정 운동의 여러 요소들을 통합하는 데 선구자적 위치에 있다. 뛰어난 능력을 지닌 학습자를 위한 교육과정은 문제 기반 학습을 수업에 포함시키고, 핵심 개념들을 체계적으로 조직하고, 학제 간 협력을 촉진시키는 데 비옥한 토대가 된다. 놀랍게도 그리니치 프로그램에서 영재 수업은 협력학습 전략을 사용할 뿐만 아니라 손으로 교묘히 다루는 활동에 직접 참여하는 방법도 훨씬 더 많이 사용하고 있음이 입증되었다. 그러한 학습 향상 요소들이 명백히 학생을 학습에 전념케 하려고 의도된 것인 반면에, 전반적인 교육 경험에서의 변화를 보다 생생하게 조명하는 것은

표 6-1 수업 관찰 양식에 대한 요약 도표

번호	범주/문항	영재 수업 우위	일반 수업 우위	동일
1.	**교육과정 계획 수립**			
A.	기술된 수업 계획 (수업 지도안)		×	
B.	상호 논의된 학습목표		×	
C.	계획의 고수		×	
D.	계획으로부터의 이탈	×		
2.	**개인차**			
A.	적절한 도전	×		
B.	학습능력상의 차이	×		
C.	다문화적인 민감성*	×		
D.	다양한 학습방식	×		
3.	**전략상의 융통성**			
A.	강의 / 강연(담화)*		×	
B.	토의	×		
C.	학생 지원	×		
D.	첨단 기술의 이용			×
E.	대규모 집단의 상호작용			×
F.	소규모 집단의 상호작용	×		
G.	개별 활동	×		
4.	**비판적 사고력 / 고등 사고력**			
A.	상황/문제를 사정하기	×		
B.	여러 개념들을 비교 및 대조하기	×		
C.	구체적인 개념을 추상적인 개념으로 일반화시키기			×
D.	토의 / 토론			×
E.	여러 학과를 비교 검토하여 새로운 자료 얻기	×		
F.	단기에 이수하는 교육과정의 내용 습득하기**	×		
5.	**창의적 사고력/ 문제해결력**			
A.	아이디어 브레인스토밍하기			×
B.	탐구 또는 진척시켜 나가기 새로운 결론 도출해 내기		×	
C.	대안적인 표현 방식			×
D.	더 심층적인 탐구를 위해 주제를 직접 선택하기			×
6.	**학습환경**			
A.	동기부여 기법		×	
B.	의욕과 열정		×	
C.	학생의 능력에 보조를 맞춘 교수. 준비도를 토대로 함			×
7.	**수업 확대**			
A.	과제 부여하기	×		
B.	연구를 행할 다른 대안적인 아이디어들			×
C.	쉽게 행할 수 있는 특별 프로젝트	×		
D.	참고 자료. 사람과 자료에 대한 부록			×
8.	**교육과정 개정 요소**			
A.	문제 중심적인 성향*	×		
B.	융통성	×		
C.	상세 연구를 강조함	×		
D.	설계에서의 학제성	×		
E.	핵심 개념들에 대한 체계적인 접근	×		
9.	**수업 개선 전략**			
A.	손으로 교묘히 다루는 활동에 직접 참여	×		
B.	협력학습	×		
C.	탐구 지향적/지속적	×		

*p < .05   **p < .01

영재교사들의 적응을 통해서만 가능할 것이다.

평가를 이루는 이러한 요소로부터 도출된 추천 사항들은, 영재 수업에서 더 높은 수준의 교육과정 차별화를 이루려고 애쓰고, 영재학생을 대상으로 하는 공개 강좌 경험을 늘리며, 교육 개정의 핵심요소들을 강조하기 위해 의도된 것들이었다. 전반적인 교육적 동향에 비추어 볼 때 다문화적인 민감성의 증거를 강화시켜야 할 필요성이 특히 많은 관심을 얻었다.

학생에게 영향을 미치는 요소에 대한 인식

도구의 사용

그리니치 평가의 학생 영향력 요소는 세 지지 집단의 관점에서 해당 프로그램의 효용성에 대한 지각으로 평가하였다. 세 가지 집단은 '영재 프로그램 교사들(teachers of the gifted program: TAG)' '프로그램에 참여하는 학생의 부모' '학생 자신'이다.

'학생 영향력 질문지(Student Impact Questionnaire)'는 인지적 지표와 정서적 지표를 포함하는 두 가지 평가척도로 구성하였다. '인지적 지표'에는 다양한 학과 영역에서의 성취도, 문제해결력, 의사소통 능력에 대한 평가가 포함되어 있다. '정서적 지표'에는 자신감, 관용, 해당 프로그램에 대한 느낌 등이 포함되어 있다. 도구에 대한 각 항목에서 점수 등급을 토대로 한 방법과 양식은 학생, 부모, 영재 프로그램 교사 집단을 대상으로 계산이 이루어졌다. 해당 프로그램 전반에 대한 일반적인 유형을 알아보기 위하여 집단 전체로부터 충분한 응답을 확보하였지만, 응답들은 그 결과를 구성요소별로 한층 더 세밀하게 분류시킬 수 있도록 전 학년 단계 및 전 교육기관에 걸쳐서 균등하게 분포되지 않았다.

결 과

학생에게 영향을 미치는 요소에 대한 조사결과는 해당 프로그램에 대한 인식에서 상이한 영역과 수렴되는 영역을 판단하는 데 유용하다. 교사들이 학생이나 학부모에 비해 시종일관 우위를 차지하고는 있지만, 교사와 학생 사이에서 가장 우수한 평가를 받은 항목에서는 완전한 일치를 이루었다. 교사와 학생 모두가 해당 프로그램의 복잡한 개념에 대해 생각해 보고, 다른 사람의 말에 귀를 기울이며, 문제를 해결하고, 더 창의적인 사고를 할 수 있는 학생의 능력에 영향을 끼쳤다는 사실을 인지하였다.

이와 대조적으로, 자신감에 영향을 미치는 요소를 다루는 동안 학부모가 가장 선호하는 응답은 교사와 학생이 가장 선호하였던 다섯 가지 응답들 중에 포함되지 않았다. 교사 및 학생과는 달리, 학부모는 다양한 특성을 지닌 타인에게 관용을 베푸는 것을 다루는 항목에 대하여 중립성을 보여 주었다. 비록 세 응답 집단 전체에서 지각상의 차이가 극적이지는 않았지만, 그러한 불일치는 참가자가 초점 집단에 재소집되었을 때 해당 프로그램에 대한 조사결과와 관련된 여러 사항들을 논의해 볼 수 있는 기회를 제공해 주었다.

함 의

평가를 이루는 이러한 요소로부터 도출된 권고 사항들은, 모든 지지자들이 해당 프로그램에 대해 기대하는 것을 이해하고, 인지적 혹은 정서적으로 학생이 성취하는 공통의 관심사가 될 수 있도록 프로그램의 기획을 보강하는 것이었다. 학생이 성취한 것을 측정하기 위해서, 교육과정은 학교전체에 대한 더 큰 규모의 표준화를 필요로 할 뿐만 아니라, 평가도구를 파악하여 승인도 받아야 하였다. 이 요소를 통해 생성된 의미심장한 부산물은, 해당 프로그램의 결과로 이루어진 교육과정 변화와 밀접한 관련이 있는 학생의 수행에 대해 실험 및 관찰을 통해 증거를 수집해야 할 책임을 학군의 행정관이 지게 되었다는 사실이었다. 그러므로 여러 이해 당사자들의 견해를 모아

보면, 결국은 학습을 통해 성취하는 이점을 해당 프로그램에 대한 지속적인 평가계획으로 통합시켜야 한다는 사실을 지각할 수 있다.

교사 및 학부모 조사 요소

도구의 사용

'교사 및 학부모 질문지(Educator & Parent Questionnaires)'를 이용하는 것은 현행 프로그램을 재구성하거나 다듬을 때 필요한 것이 있다면 체계적인 평가, 즉 어떤 변화가 이루어져야 하느냐에 대한 두 번째 질문에 직접적으로 부합된다. 각각 33개의 문항으로 이루어진 두 가지의 질문지가 이러한 교사와 학부모들을 대상으로 고안된 것이기는 하지만, 대다수의 문항들은 목표 모집단에 맞게 각각의 구절을 적절히 조정하여 각 도구에 대해 똑같이 되풀이되는 것이었다. 이렇게 쌍을 이룬 문항들은 또다시 교직원과 학부모 사이에서 의견이 수렴되는 부분과 대립되는 부분을 규명해 낼 수 있게 하였다.

이 질문지상의 문항에는 매개변수의 규명, 조직별/집단별 배치, 교육과정 내용 및 교수전략, 교수진 개발의 기회, 학부모 참여, 학생과 프로그램에 대한 평가, 전반적인 프로그램에 대한 만족도 등과 다양한 쟁점들이 포함되어 있었다. 이러한 문항들의 예는 〈부록 A〉에 제시되어 있다. 비록 일부는 응답자의 재량에 따라 기입하면서 '다른' 범주를 선택할 수 있게 하였지만, 대부분의 문항들은 선다형 문항으로 이루어져 있다. 그에 대한 분석은 두 집단 간의 응답을 비교하기 위하여 막대그래프로 제시된 백분율을 이용하였다. 그 의의를 파악하기 위해서 어떠한 통계학적 절차도 이용되지 않았다.

결 과

도구로 사용된 질문지의 분량이 매우 많았음에도 불구하고, 조사에 참여

영재교육 프로그램 평가

한 13개 학교에서 550부 이상의 질문지가 회수되었다. 학부모 대상 질문지의 회수율은 58%였고, 교사 대상 질문지의 회수율은 43%였다.

영재 프로그램 코디네이터는 회수율을 높이기 위해서 교사 집단과 지속적인 접촉을 행하였지만, 질문지의 막대한 분량(대략 6장)은 교사들의 응답 의욕을 좌절시켰다.

자료 분석에서는 모든 문항에 대한 학부모와 교사의 응답을 비교하였고, 그래프에서 선택된 문항들에 대한 분포를 나타내는 방식으로 이루어졌다. 평가 보고서의 문항별 결과에 대해 이야기식 토론을 하게 하였고, 이러한 분석 내용들은 여러 가지 권고 사항들을 제시해 주었다. 프로그램을 이루는 요소나 기능에 대한 주요 연구결과 및 그와 관련된 결론들은 〈부록 B〉에 상세히 설명되어 있다.

함 의

최종 보고서에 진술된 추천 사항들은 평가를 위해 기울인 모든 노력을 통해 얻어낸 자료들이 통합된 것이었지만, 모든 사례에서의 결론과 직접적인 관련이 있는 것은 아니었다. 예를 들어, 교직원 구성에 대한 추천 사항들은 직접적으로 진술된 것이라기보다는 여러 가지 결론에 대한 부산물로 생성된 것이었다. 해당 학군이 수행해야 하는 것으로 여덟 가지 추천 사항들이 제시되었다.

1. 영재 프로그램의 조정을 위한 전임직(정규직)을 확립한다.
2. 해당 학군 전반에서 확립 단계의 영재 프로그램에 참여하기 위한 기준을 개정하여 표준화시킨다.
3. 차후 5년간에 걸쳐서 유치원부터 2학년까지의 영재학생 판명에 대한 확대를 단계적으로 시행한다.
4. 모든 참여 학교를 대상으로 영재 프로그램 핵심 서비스를 제공하기 위

한 계획을 개발해 낸다. 핵심 서비스는 해당 학군의 모든 학교들을 대상으로 획일적으로 전달되는 내용들을 최소화시켜야 한다.

5. 각 학교에 영재 프로그램을 위한 전임 교원을 임명해 준다.

6. 해당 과정에 대한 합의를 통해서 확립된 우선 사항들을 토대로 하여, 확립 단계에서 제공되는 보충적인 서비스에 대한 학군별 지침을 개발해 낸다. 흥미를 유도하는 단계에서 영재학생을 대상으로 하는 예비 과학 프로그램을 시행하는 것을 고려하라.

7. 영재 프로그램의 본질과 범위에 대해 효과적으로 전달해 주는 자료와 의사소통 전략을 개발하라.

8. 영재학생의 수행에 대하여 인지적인 영역과 정서적인 영역 모두를 강조하는 평가전략을 개발하라.

이러한 추천 사항들 중 한 가지를 제외한 전부를 통합시키면서 평가를 위해 애쓰는 과정에서 행동 계획을 수립해 내었다. 해당 학군에서는 그 당시에 전임 코디네이터를 채용하는 것이 재정적으로 불가능한 일이라고 판단하였지만, 초등학교 단계에서 영재 프로그램 교사의 수는 꾸준히 증가되고 있다.

요약 보고 메커니즘

평가결과로 밝혀진 사실들은 여러 메커니즘을 통해 알려졌다. 초안 보고서에 대해서는 잘못된 부분을 정정하고 교육학상의 특수 용어를 제거하기 위해 프로그램 관리자와의 논의가 이루어졌다. 학교위원회의 공식적인 발표는 연구원들을 통해 이루어졌다. 시 대표자 회의는 해당 지역사회를 대상으로 개최되었다. 평가결과 및 제안을 받은 3년간의 행동 계획에 대해 논의하기 위한 특별 세션은 교장, 특별전문 위원회, 영재 프로그램 교사, 연구결과에 관심이 있는 사람이 참여하여 개최되었다. 핵심 지지자들과의 공식적 및 비공식적인 모임이 복잡하게 얽혀진 망(web)은, 연구의 결과로 알아낸 사실들의 활용을 촉진시키는 데 기술 보고서보다 훨씬 더 가치 있는 것이었다. 최종 기술 보고서는 그 계약의 약정에 부합되도록 마련되었지만, 지지자들에게 전달하기 위해서 오버헤드 영사기와 유인물의 형태로 연구결과를 평가 및 요약해 주는 것은, 참가자가 그 결과를 확실히 이해할 수 있도록 도와주었다. 평가결과뿐만 아니라 해당 학군 자체의 특유한 관심사를 공유하고 마케팅하려는 노력은 주요 프로그램이 향상되었음을 인정받는 데 기여하였다. 프로그램 개발 계획과 함께 평가 보고서를 나란히 병치시키는 것은, 해당 학군이 솔직하게 프로그램의 제약 요소들을 논의할 수 있게 해 줄 뿐만 아니라 권고되는 변화들을 이루는 데 그들이 투자한 것을 공개할 수 있는 기회도 제공해 준다.

적극적으로 평가를 수행하는 것에 대한 함의

프로그램을 평가하기 위한 노력은, 평가결과로 알게 된 사실들이 프로그램에 대한 의사결정자들에게 의미 있고 유용할 것이라는 가능성을 증진시킨다는 점에 대해 우리가 몇 가지 사항들을 관찰해 보도록 이끈다. 우리의 경험은 다음에 제시되는 사항들을 시사해 준다.

1. 평가는 이상적이지 않은 실질적인 수준에서 프로그램 개발의 여러 요건들과 밀접하게 결부되어 이루어져야 한다. 평가를 수행하는 자는 그 프로그램이 현재의 발달단계에서 어느 위치에 있는지를 파악하여, 다음 발달단계에 합당한 체제를 결정해야 한다. 다시 말해서, 평가는 뒤이어 이루어질 적절한 단계에 대한 계획을 수립해야 한다. 만약 평가가 프로그램이 현재 어느 단계에 있는지(해당 프로그램의 현재 위치)와 '이상적인' 프로그램이 어떻게 생겨야 하는지(이상적인 프로그램의 형태) 사이의 격차에 초점을 둔다면, 그 학군은 메워야 할 격차가 너무 크다는 것을 알게 될 것이다. 반대로, 만약 권고 사항들이 해당 프로그램의 현재 진행 방식과 너무나 흡사하다면,

그러한 권고 사항들은 간과되거나 불필요한 것으로 간주될 수도 있다. 섬세한 균형이 이루어져야 하기 때문에 해당 프로그램의 변천사, 그것의 현재 매개변수, 평가의 목적에 대한 이해 당사자의 인식 등을 이해하고 종합하는 데 세심한 주의를 기울여야 한다.

2. 평가는 지지자들의 잠재적인 대립 가능성을 줄이기 위해 상호적으로 이루어져야 한다. 결과를 측정하는 데 높은 수준의 객관성을 필요로 하는 양적인 연구 패러다임과는 달리, 만약 가장 중요한 청중(예를 들면, 관리자, 교사 등)이 평가에 대해 조정을 한다면 그것은 가장 유용하게 될 것이다. 효과적인 평가는 서로 달라야 하며 심지어는 적대적인 견해를 조율할 적절한 기회 및 저항이나 분개를 처리할 합동 포럼이 이루어질 수 있도록 해 주어야 한다. 심지어 영재교육에 대하여 높은 수준의 투자와 헌신을 보여 주는 학군에서조차도, 평가 과정에서 촉발되는 대립 요소들은 여러 가지가 있다. 그러한 대립을 해결해 주는 피뢰침의 역할을 하면서, 평가 수행자는 대화를 시작하고 대립이 발생할 수 있는 시점마다 그 과정에 참여해야 한다. 만약 해당 학군이 이러한 대립을 완화시키기 위해 홀로 서야 한다면, 변화를 이룬 것에 대한 결과는 그 현상을 유지하는 것에 대해 불리하게 작용할 것이다.

3. 평가는 도출되는 권고 사항에서 유동적으로 변경시킬 수 있는 융통성 있는 것이어야 한다. 해당 학군의 집행부에게 자발적으로 평가에 응하여 조치를 취할 수 있는 기회를 주는 권고 사항들을 체계적으로 수립하는 것은 중요하다. 다양한 권고 사항이나 해당 고려 사항에 대한 일련의 선택 사항들을 제시해 주는 것은 어떤 학군이 발전해 나가는 것뿐만 아니라 정치적, 경제적 측면의 제약이라는 실제를 적절히 해결해 나가는 데 도움을 준다. 권고 사항을 적절히 말로 표현하기 위해, 또는 해당 권고 사항에 대한 필요성을 설명하기 위해 사용된 언어뿐만 아니라, 추후 회의는 영재학생을 대상으로 양질의 교육 서비스를 제공한다는 궁극적인 목표에 대한 대안적인 경로를 논의하는 장을 열어 줄 수 있어야 한다.

지역별 프로그램을 위한 함의

그리니치 영재 프로그램이 자체적으로 해결하기 위해 고심하고 있는 다수의 문제들은 전국의 다른 학교 체제들이 직면해 있는 문제들과 다르지 않다. 그러므로 문제들에 대한 해명은 프로그램 개선을 위한 중요 조치들을 더 잘 파악할 수 있게 해 줄 것이다. 이러한 중대 문제점들은 다음과 같다.

1. 학교라는 현실 세계에서 영재학생과 일반학생에 대한 구별은 명확하지 않다. 교육 서비스를 제공한다는 맥락에서 '영재성'은 절대적인 현상이 아니라 상대적인 것이므로, 영재교육 전문가들은 다른 환경에 참여시킬 수 있는 아동을 배제시키는 판정(능력 인지) 전략 및 선별 점수에 대해 신중을 기한다. 프로그램에 참여시킬 학생을 더 많이 선발하기 위하여 선발 망(net)을 방대하게 펼치는 것은 결국 영재성의 범주를 확대시킨다. 해당 프로그램에서 아동의 능력에 대한 범주가 더 넓을수록, 특히 백분율상에서 우등 범주에 속하는 점수를 받은 학생 집단이 포함된 여러 학군에서 그것이 일반 교육과정과 흡사하게 보이기 시작할 때까지, 프로그램은 더 폭넓게 보급된다. 학생 선발과 배치에 대해 우리가 선의에서 행한 의사결정들은 서비스의 차별화를 확실히 하는 데 예상 외의 문제들을 야기시킨다.

2. 영재교육은 근본적으로 학군 수준에서 학교 전반에 걸쳐 교육과정을 단기에 마치는 보강된 핵심 교육과정과 밀접한 관련을 맺고 있어야 한다. 그러한 핵심 교육과정의 시행은 영재학습자의 인지적, 정서적 요구 사항들을 충족시키는 교육 경험상의 여러 요소들에서 닻(뒷받침해 주는 것)으로서의 역할을 수행한다. 영재학생의 요구에 맞게 적절히 조정되고 특수하게 차별화된 교육과정상의 요소에 전념하지 않는다면, 우리는 영재교육을 지지하고 반대하는 사람이 모두 겉치레라고 간주하는 일관성 없는 강의 과목뿐만 아니라 임의적이고 임시방편으로 개입하는 것에 대해 비난을 받을 수밖에 없다.

3. 영재교육을 통해 제공되는 교육과정은 전 학년 단계에서는 '수직적'으로, 일반 교육과정에 대해서는 '수평적'으로 명확히 표현되어야 한다. 영재교육과정상의 강의 과목에서 범위와 계열에 대한 기대치뿐만 아니라 일반 교육 프로그램과의 연계 및 상호작용의 영역을 반드시 명시해 두어야 한다. 영재를 대상으로 여러 교육과정 경험을 연계시키는 방법뿐만 아니라 특정 학과 문제, 지역 학교의 언어, 새로운 전국적 기준 과제 등을 통해서, 일반학교 교육과정과 연계시키는 방법에 대한 논의가 이루어져야 할 실질적인 필요성이 제기되고 있다. 교육과정을 명확히 이야기하는 것은 해당 학군의 수준에서 이러한 논의를 이끌어 내는 과정이다.

4. 학교전체를 대상으로 표준화된 선별(선발) 절차나 전체 교육 체계와 결부시켜 규정된 교육과정 개입이 없다면, 영재 서비스는 다른 체계상의 요구 사항들에 따라 손쉽게 제멋대로 이용될 것이다. 영재교사들은 다른 프로그램의 독창성에 이끌려 힘을 얻게 된다. 특별 세미나가 전체 학생에게 확대된다. 재정적인 지원의 방향은 더 일반화된 서비스 간의 격차 쪽으로 조정된다. 합리적 기반이 약할 때 정부 보조금을 횡령하기 쉽다.

5. 지역 기반 관리가 이루어지는 현재의 풍토에서 중앙집권화 대 기관별 자치 사이의 싸움은 더 격렬해지고 있다. 중앙 행정 정책 및 지침의 부재와 모호성에서, 기관의 행정관들은 다채로운 범주와 특성으로 이루어진 여러 프로그램을 제작하는 데 자유롭다. 이것은 교장 간의 경쟁을 강화시키고, 부모의 불안을 가중시키며, 영재교육에 해당 학군이 기울이는 교육 실천의 통합에 문제를 야기한다. 프로그램 고안을 위한 여러 도전들을 재구성하기 위해 합의 도출 모형이 이용되고 있다는 것은 중요한 사실이다.

이러한 문제점들을 추상적으로 규명해 보는 것은 실제적인 것으로 바꾸는 것보다 훨씬 더 쉽다. 그리니치에서 우리가 했던 경험들은 이러한 견해들을 공개 포럼에서 공표할 수 있고, 프로그램에 대한 여러 가지 결정을 토

영재교육 프로그램 평가

론의 맥락에서 합의에 이를 수 있도록 하여 영재교육에 대한 통찰력을 강화시키고 길러 주는 것이었다. 그 분야에 대한 우리의 경험과 관찰을 공유할 때, 평가의 활용에 대한 논문의 토대에 기여하는 것뿐만 아니라 평가에 대한 노력이 미치는 영향력을 규명해 내는 데 다른 전문가들에게 도움을 줄 수 있기를 바란다.

요 약

그리니치 영재 프로그램의 평가를 공동으로 수행할 수 있는 기회는 개념적인 단계와 운영상의 단계 모두에 많은 통찰력을 얻게 해 주었다. 영재교육 분야에서 누가 영재교육을 받아야 하고 어떤 조직적 모형을 통해서 교육을 시켜야 할 것인지에 대해서는 거의 합의하지 못하고 있기 때문에, 지역학군 수준에서의 영재교육 시행이 단편적이고 일관성이 없다는 것은 놀랄 일이 아니다. 심지어 교수진이 매우 유능하고 학부모 역시 지적이며 적극적인 참여를 보이는 그리니치의 정교한 학군에서조차도 중대한 쟁점들이 쉽게 흐려질 수 있다. 지역별 프로그램은 여러 핵심 프로그램의 실제에 대하여 지속적으로 주의를 기울이고, 검사를 시행하며, 솔직한 의견을 주고받는 것을 통해서만 부족한 사항들을 규명해 내고 그에 맞서 해결해 낼 수 있다. 영재교육의 완전무결한 모습이 보존되고 강화되는 것은 면밀한 조사 및 그 결과에 따라 프로그램을 수정하여 이루어질 수 있다.

📝 참고문헌

Callahan, C. M. (1995). Using evaluation to improve programs for the gifted. *The School Administrator, 52*(4), 22-24.

Carter, K. (1992). A model for evaluating programs for the gifted under non-experimental conditions. *Journal for the Education of the Gifted, 15,* 266-283.

House, E .R., & Lapan, S. (1994). Evaluation of programs for disadvantaged gifted students. *Journal for the Education of the Gifted, 17,* 441-466.

Hunsaker, S. L., & Callahan, C. M. (1993). Evaluation of gifted programs: Current practices. *Journal for the Education of the Gifted, 16,* 190-200.

Miller, A. B. (1991). Evaluating gifted programs; The state of the art. *Gifted Education International, 7,* 133-139.

Moon, S. M., Feldhusen, J. E., & Dillon, D. R. (1994). Long-term effects of an enrichment program based on the Purdue three-stage model. *Gifted Child Quarterly, 38,* 38-48.

Silky, W., & Reading, J. (1992). REDSIL: A fourth generation evaluation model for gifted education programs. *Roeper Review, 15,* 67-69.

Southern, W. T. (1992). Lead us not into temptation: Issues in evaluating the effectiviteness of gifted programs. In *Challenges in gifted education: Developing potential and investing in knowledge for the 21st century.* (pp. 103-108). Columbus, OH: Ohio Department of Education.

Stake, R. (1975). *Program evaluation.* Occasional Paper Series. Kalamazoo, MI: Evaluation Center, Western Michigan University.

Tomlinson, C., & Callahan, C. M. (1993). Planning effective evaluations for programs for the gifted. *Roeper Review 17,* 46-51.

Tomlinson, C., Bland, L., & Moon, T. (1993). Evaluation utilization: A review of the literature with implications for gifted education. *Journal for the Education of the Gifted, 16,* 171-189.

VanTassel-Baska, J. (Ed). (1998). *Excellence in educating gifted and talented learners.* 3rd ed. Denver, CO: Love.

VanTassel-Baska, J., Willis, G. B., & Meyer, D. (1989). Evaluation of a full-time self-contained class for gifted students. *Gifted Child Quarterly, 33,* 7-10.

Westberg, K. L., Archambault, Jr., F. X., Dobyns, S. M., & Salvin, T. J. (1993). *An observational study of instructional and curricular practices used with gifted and talented students in regular classrooms.* Storrs, CT: NRCGT.

교사 질문지에서 발췌한 표본 문항

번 호	문 항

4. 영재 프로그램 서비스에 참여할 학생을 선발하기 위해 이용되는 선발 과정을 잘 알고 있는가?

　　　　　　　□ 예　　　　□ 아니요

5. 위 질문에서 '예'라고 응답한다면, 다음 어느 진술문이 그 과정에 대해 당신이 지각하고 있는 것을 가장 잘 나타내고 있는가?

　□ 선발 과정은 공정하게 이루어지며, 프로그램에 참여할 적절한 수의 학생을 대상으로 한다.

　□ 선발 과정(범주)이 너무 방대하게 이루어져서 프로그램의 효과를 약화시킨다.

　□ 선발 과정이 너무 협소하게 이루어져서 프로그램에 참여시켜야 할 학생을 배제시킨다.

　□ 선발 과정이 너무 일관성이 없기 때문에 학년/학교마다 균일한 절차를 제공해 주지 못한다.

　□ 이외 다른 의견(상세히 기술하시오): ＿＿＿＿＿＿＿＿＿＿＿＿＿＿＿＿＿

6. 만약 당신이 소속된 학군이 국어와 수학에서 획일적으로 TAG 프로그래밍 접근법을 제공해 줄 것을 결정하였고, 당신이 소속된 학교가 이미 적절히 선정된 접근법을 가지고 있다면, 프로그래밍 확대에 대하여 다음에 제시되는 영역에서 최우선적으로 선호하는 사항은 무엇인가?

　□ 나는 과학 영역에 프로그래밍이 추가되는 것을 원한다.

　□ 나는 창의력 계발 영역에 프로그래밍이 추가되는 것을 원한다.

　□ 나는 체육 영역에 재능 계발 및 후원이 이루어지는 것을 원한다.

　□ 나는 비판적 사고력에 초점을 두는 다른 분야 제휴의 보강 활동을 원한다.

　□ 내가 소속된 학교는 언어나 수학 수업이 아직 제대로 이루어지지 않고 있기 때문에, 이것이 바로 내가 가장 우선적으로 고려하는 사항이다.

　□ 이외 다른 의견(상세히 기술하시오): ＿＿＿＿＿＿＿＿＿＿＿＿＿＿＿＿＿

11. 소속된 학교의 교육과정이 영재학생의 의욕을 불러일으키기에 충분한 것인지에 대하여 당신의 의견을 가장 잘 반영하는 진술은 어느 것인가?

　□ 일반 프로그램의 교육과정은 고무적이다.

　□ TAG 교육과정은 고무적이다.

　□ 일반 교육과정과 TAG 교육과정 모두가 고무적이다.

　□ 일반 교육과정과 TAG 교육과정 모두 고무적이지 않다.

주요 연구결과	결 론
1. 선발 과정 A. 학부모 74%와 교사 65%가 선발 과정을 잘 알고 있다고 주장하였다. B. 학부모 40%와 교사 50% 이상이 선발 과정에 대한 불만을 표출하였다. C. 일단의 학부모와 교사들은 낮은 임금과 학생을 무능함과 동일한 것으로 간주하는 것에 대해 우려를 나타내었다.	해당 학군은 다양한 평균 이하 인구(모집단)의 편의를 도모하고, 학교 운영상 융통성을 발휘할 수 있도록 하기 위해서 선발 과정을 개정해야 한다.
2. 교육과정 및 수업 A. 교사 41%와 학부모 20%는 교육과정 차별화가 이루어지고 있음을 자각하지 못했다고 이야기하였다. B. 부모와 교사 모두 해당 프로그램에서 비판적 사고 및 복합적인 사고에 주안점을 두고 있음을 인식하였다. C. 교사는 거의 70%이지만 학부모 중에서는 단 40%만이 해당 지역의 교육과정을 충분히 고무적인 것이라고 평가하였다. D. 학부모는 12%이지만 교사들 중에는 단 3%만이 교육과정 내용의 단기 이수를 확대시키는 것의 필요성을 인지하였다. E. 이러한 결과들은 해당 조사를 이루는 요소가 되는 수업 관찰을 통해서 검색된 정보를 보완해 주었다.	해당 학군은 수업 수준에서 일반교육과 영재교육 사이의 차별화를 확대시키고, 수업 이외의 경험(공개 강좌)을 강화시키며, 학습상의 개인차에 대한 관심을 증대시켜야 한다.
3. 조직 A. 부모와 교사 모두 영재교육을 후원해 주기 위하여 다양한 조직상의 준비(계획)에 대한 지지를 나타내었는데, 학부모의 70%는 국어와 수학에서 특별 수업이나 선발 프로그램을 선호하였다. B. K-2로의 확대 프로그래밍에 대하여 어느 정도의 지지를 나타내었다. C. 두 집단 중에서 64%는 학교 전문화에 대한 부차적인 선택 사항들과 결부시켜 생각하면서, 학교 전반에 기본 영재 서비스에 대한 정형(定型)을 제공해 주는 것을 지지하였다. D. 학부모 77%와 교사 60%는 제공되는 영재 서비스의 범위를 확대시킬 것을 지지하였다. 학부모의 거의 60%는 영재교육 교사들이 정규 수업과는 별도로 영재학생에	해당 학군은 일반 수업의 질의 향상, 국어와 수학에서 핵심 학과 강의 과목, 과학·창의력 관련 기초과목·학교 수준에서의 초기 아동기 선발과 같이 확대된 프로그램 선택 등을 망라하는 다중 단계의 서비스를 제공하는 방향으로 나아가야 한다.

주요 연구결과	결론
게 직접적인 수업을 해 주어야 한다고 지적하였다.	

4. 교직원 개발

A. 교사의 85%는 모든 교사들이 영재학생 대상 프로그래밍과 관련된 교직원 개발로부터 혜택을 받을 수 있었다고 이야기하였다.

B. 영재교육 교사들과 일반교육 교사들은 합동 교육과 관련해서 똑같은 선호도를 나타내었다.

C. 이전 교육 세션에 참여했던 교사들 중 88%가 그들의 경험을 그런 대로 좋았거나 매우 좋았다고 평가한다.

D. 대부분의 학부모가 영재학생에게 동기를 불어넣어 주거나 지지해 주는 것과 관련된 정보 제공 행사 및 교육에 참여하는 것에 대해 흥미를 나타내었다.

결론: 해당 학군은 핵심 서비스의 차별화에 대한 교수진 개발에 중점을 두어야 한다. 교수진 개발은 모든 교사들이 참여할 수 있는 기회를 포함하고 있어야 하며, 부모 교육 요소 역시 제공해 주어야 한다.

5. 사정과 평가

A. 학부모와 교사 모두 학생의 수행에 피드백을 제공해 주기 위한 핵심 전략으로 의견 기술형의 성적표를 사용하는 것을 생각하였다. 내용에 대한 사전과 사후검사 또한 두 집단 모두 선호하는 것으로 평정하였다.

B. 학부모와 교사 모두가 자녀들의 수행을 평가하는 데 학부모가 정기적으로 참여해야 한다는 것에 동의하였다.

C. 두 집단 모두 연간 피드백뿐만 아니라 장기적으로 바라보는 관점의 중요성을 인식하고 있었다.

결론: 해당 학군은 학생의 성장도를 측정해 보는 학생평가 접근법을 고려해 보아야 한다. 연구결과로 이루어지는 프로그램의 변경에 대해서는 면밀하게 모니터해야 한다.

6. 의사소통

A. 많은 학부모와 교사들은 의사소통을 보통이나 그보다 낮다는 평가를 내렸지만, 불충분하다는 평가를 내린 사람도 꽤 많았다.

B. 교사의 30%는 영재교육 교사와 일반교육 교사들 사이의 의사소통에 대해 불충분하다고 평가하였다.

C. 학부모와 교사 모두 의사소통에서 문서로 기술하는 방법들을 선호하였다.

결론: 해당 학군은 기술 자료를 이용하는 것뿐만 아니라 적절한 시점에 얼굴을 대면하는 모임을 통해서 의사소통에 관련된 노력을 향상시켜야 한다. 특별한 전략은 채택하기에 앞서 관련 집단의 구성원들이 검토해 보아야 한다.

07

촉진 프로그램에 대한 평가:
영재교육에서 상담과 협력[1]

Mary S. Landrum(University of Virginia)

최근 영재교육에 적용된 상담 과정의 유효성과, 학생의 학업적 수행 및 교사 능력의 결과를 연구하기 위해 영재교육에서 자원 상담 및 협력 프로그램인 촉진 프로그램(Catalyst Program)에 대한 평가가 이루어졌다. 2년 동안의 사전 예비 프로그램(Pilot Program)에서, 대도시 학군의 10개 초등학교 일반교육자 들과 영재교육 전문가들이 영재학습자들에게 차별화된 교육 경험을 제공하 기 위해 서로 상담하고 협력하였다. 그 결과, 모형이 영재학습자들에게 차별 화된 교육을 준비하는 효과적 서비스 전달 전략이며, 전체 학교에 대해 긍정 적 확산 효과를 가지고, 영재교육 전문가의 역할을 재정립하도록 이끌었으 며, 그리고 영재교육에 적용하는 상담 과정의 본질을 명료화하도록 시도해 주었다.

전통적인 영재교육 서비스 제공 전략에는 고유의 한계점이 있다. 예를 들 어, 정규교육 프로그램에서 분리된 풀 아웃 프로그램(pull-out program)을 운영하는 경향이 있으며, 제한적 기초에 근거하여 학생을 돌본다. 또한 영

---

1) 편저자 주: Landrum, M. S. (2001). An evaluation of the catalyst program: Consultation and collaboration in gifted education. *Gifted Child Quarterly*, 45(2), 139-151. © 2001 National Association for Gifted Children. 필자 승인 후 재인쇄.

재 서비스 분리는 엘리트주의의 인식에 기여한다. 나아가, 때로는 풀 아웃 프로그램만이 영재의 독특한 요구를 충족시켜 준다. 풀 아웃 접근법에서 흔히 영재학습자들은 필요에 따라서가 아니라, 엄격히 짜인 시간에 맞추어 교실을 떠나게 된다. 풀 아웃 프로그램의 부족은 영재교육에서 고유한 서비스 제공 모형의 발달에 대한 요구를 낳게 되었다.

영재 프로그램이 변화함에 따라, 영재교육 전문가들은 새로운 역할과 책임감을 갖게 되었다. 영재교육 전문가들의 변화하는 역할에 대한 요구는 선행연구에 잘 나타나 있다(Dettmer, 1993; Hertzog, 1998; Renzulli & Purcell, 1996; Schack, 1996; VanTassel-Baska, 1992). Dettmer는 영재 프로그램의 교사에게 새로운 방식으로 일할 것을 요구하였고, Renzulli와 Purcell은 영재교육을 담당하는 교사들의 확장된 역할을 기술하였다. 특히 영재교육을 담당하는 교사들은 학급교사들과 협력하고 교육과정 노력을 조화할 필요가 있다(Hertzog, 1998; Schack, 1996). 영재교육 프로그램은 분리되고 단절된 역할에서 전체 학교 프로그램과 통합되는 방향으로 변화해야 한다. 이러한 프로그램에 대해 가교 역할을 할 수 있는 서비스 제공 전략은 자원 상담과 협력이다.

연구는 일반교육자들이 영재교육 전문가들의 상담 도움과, 적절한 교육용 교구를 배치하고 사용하는 데서의 훈련과 도움을 더 많이 원한다는 것을 보여 준다(Renzulli & Reis, 1994; Tomlinson, Coleman, Allan, Udall, & Landrum, 1996). "학급교사들이 영재 프로그램에 적극적으로 참여하도록 장려되면, 그들은 결국 공동의 책임감을 갖고 우수한 학생의 특별한 요구를 만족시키기 위한 노력에 관심을 갖게 될 것이다." (Reis, 1983, p. 21) 영재 프로그램을 위한 이러한 주인의식 유형은 모든 교육자들이 모든 영재학생을 위한 적절한 교육 기회에 대한 촉진자(facilitator)가 되도록 해 줄 수 있다. 또한 영재학습자들을 위한 서비스가 훨씬 더 빈번하게 이루어질 수 있다. 나아가, 영재학습자들은 정규 교육과정 경험을 확장시키고 심화시키는 차별화를 경험함으로써 이익을 얻을 수 있는데, 이는 일반교육자들이 그 과정에

연구의 활용도

영재교육에서의 서비스 제공 모형으로서 자료 상담과 협력에 대한 연구는 교육 프로그램에서 최상의 실제를 위한 몇 가지 중요한 함의를 갖는다. 첫째, 이러한 접근법을 영재교육에서의 실용적인 서비스 제공 모형으로 활용하는 데 대해 함의가 있다. 둘째, 결과물은 모든 서비스 제공 접근법에 대한 영재교육의 통합에 대해 함의를 갖는다. 셋째, 연구결과물에서는 공식적으로 영재로 판별되지 않은 비대표 모집단을 포함하는 데 대한 함의가 강조되었다. 마지막으로, 이 연구에 포함된 기술적 자료는 상담 및 협력적 접근법을 영재교육 프로그램 작성에 활용하는 데 대한 한계점뿐만 아니라, 최상의 실제에 대해 수집한 자료를 제공해 준다.

연구결과물에는 촉진 프로그램(Catalyst Program)이라는 자료 상담 및 협력 모형의 실행 가능성이 있다. 학생의 향상된 학업수행, 향상된 교사 능력, 영재 및 영재 행동을 보이는 비영재학생을 포함시키는 것은 그 모형의 유효성에 대한 통찰력을 제공해 준다. 나아가, 전체 학교 프로그램에 대한 긍정적 확산 효과의 잠재력은 이 접근법을 모든 학생을 위한 양질의 교육적 접근에 적용할 수 있음을 보여 준다.

마지막으로, 이 연구는 교육자들 사이에 자원 상담 및 협력에 많이 활용되어 온 빈번한 실제의 개요를 보여 준다. 예를 들면, 공동으로 계획하고, 가르치고, 군집 집단으로 구성하는 것이 월별 보고서에서 수집된 자료와 사이트 방문에서 나타난다. 자료 분석에서 전개된 타협할 수 없는 것들에 따라 이러한 실제의 한계점들이 강조되었다.

참여하기 때문이다(Landrum, 1994).

Archambault와 동료들(1993)은 영재교육 전문가들이 직접적 서비스로 자신들의 역할을 재규정하고 학급교사들을 위한 더 많은 지원을 포함시키려는 노력의 결과에 대해 더 많은 논의가 필요하다고 제안하였다. 이에 따라 영재교육에서 자원 상담의 적용에 대한 연구가 계속해서 보장되었다 (Armstrong, Kirschenbaum, & Landrum, 1999 참조). 그리하여 그 학군에 의해 촉진 프로그램이라 불리는 영재교육에 대한 협력적 접근법이 평가되었다. 이와 같은 프로그램 모형에서(Ward & Landrum, 1994 참조), 교사들이 일반교육 동료들 간에 영재학습자들을 위한 지지와 서비스를 점화하는 불꽃으로 활동할 수 있도록 영재교육 자원의 역할을 재정의하였다(Reid, 1997).

Armstrong, Kirschenbaum 및 Landrum(1999)의 보고에 따르면, 학생 행동, 교사 능력 및 상담 과정을 심화시키기 위한 모형의 효율성을 조사하기 위해 일반적인 상담과 협력에 대한 연구가 수행되어 왔다(Dettmer, Thurston, & Dyck, 1993). 상담 과정의 모든 측면을 포함하는 영재교육 분야 외부의 연구결과물을 두 배로 하고, 영재교육의 제한적인 기반 아래 수행된 초기 연구를 되풀이하기 위해서는 더 많은 연구가 필요하다(Landrum, 1994).

이 연구는 영재교육에서 자원 상담 및 협력 프로그램의 발전에 기여하기 위한 것이다. 본 연구는 다음의 세 가지 질문에 초점을 맞추고 있다. (1) 자원 상담은 영재학습자들과 그들 또래의 학문적 능력을 향상시키는가? (2) 자원 상담은 교사 능력을 증진시키는가? (3) 자원 상담 과정이 영재교육에 적용될 때 얼마나 효과적인가?

방 법

연구대상 표집과 설정

장소　10개의 연구 참여 학교는 인종적으로나 사회경제적으로 혼합된 학생 집단이 있는 거대 도시 주변의 동일한 대도시 학군에 있다. 그 학군은 미국 남동부 주에서 가장 크다. 39,000명의 학생을 수용하는 약 70개의 초등학교(6년제(K~6)) 건물이 있었는데, 그 학생 중 약 17%가 공식적으로 영재학습자로 규정되어 있다. 그 학군은 일부 영재학습자들이 네 군데 마그넷 스쿨(magnet school) 중 하나에서 도움을 받고 있음에도 불구하고, 대부분 학교에서는 초등학생을 위한 주요 서비스로 일주일에 한번씩 만나는 풀 아웃 서비스 제공 모형을 사용하였다.

영재교육 프로그램 평가

학군의 상담자들로서 도움을 주고 있는 대학 교수진으로 구성된 연구자들은 평가 프로젝트를 계획하였다. 여기에는 학군 내에서 실행된 자료 상담 모형을 발전시키고, 초기 워크숍과 뒤이은 현장 방문을 통해 교직원에게 사전예비 학교교육을 제공하며, 현장 방문 중에 현장 기록을 모으는 것이 포함된다. 사전예비 프로젝트에 참여하고 있는 지역 영재교육 전문가들은 학생 성적 자료를 수집하고, 월별 상담 행동 보고서를 준비한다. 다른 평가자료는 연구 보조자들이 수집하였다.

교직원 참여하는 교직원은 하나의 건물에 6명의 영재교육 교사, 2~3개 학교 건물에 2명의 순회 교사, 그리고 2~6학년에 영재학습자 집단이 있었던 23명의 일반교육 교사들이 포함되었다. 사전예비 프로젝트에 참여하는 10개 초등학교는 건물 관리자를 통해 자발적으로 참여하였다.

학생 10개 사전예비 프로젝트 학교 중 한 군데에 다니는 3~6학년의 영재 39명은 촉진 프로젝트(Catalyst Project)에 참여하였다. 그들은 주립 부서 규정이나, 모든 2학년 학생을 대상으로 매년 수행되는 Gardner의 다중지능 이론에 근거한 문제해결 평가 과정에 따라 초안이 잡힌 표준화된 집단 지능 검사 및 학력검사에서 매우 높은 점수를 받아 영재로 판별되었다. 그들은 동일한 교실에서 나이, 성별, 사회경제적 상태에 따라 53명의 비영재학생과 함께 참가하였다.

평가설계

학교 직원들은 영재학습자를 위한 자원 상담 모형을 개발하기 위해 연구자들과 상담하였다. 사전예비 프로그램은 자원 상담 또는 촉진 모형의 광범위한 실행에서 자원을 어디에 투자할지를 결정하기 전에 이루어졌다. 단지 각각의 학교에서 완전한 모형 실행을 허용하기 위해 10개 학교만 2년간에 걸친 그러한 노력의 사전예비 활동에 참여할 수 있도록 정해져 있었다. 나아가, 프로그램 결과는 영재교육 분야 외부의 자료 상담 프로그램에 따라 나타나는 결과와 비교하여 세 영역, 즉 학생 행동상의 변화, 교사 능력, 그리고 상담 과정의 효율성에서 평가받는다. 사전예비 프로젝트에 대한 평가가 그 프로젝트를 위해 이루어지는 것이기는 하지만, 더 폭넓은 청중들에게 보급을 정당화하는 우리 분야를 위해 중요한 의미를 갖는 것이다.

절 차

각 사전예비 학교에서 온 영재교육 담당교사, 일반교육 학급교사, 학교 행정가 및 지원 인력(예, 상담자, 미디어 전문가)들이 학기 초에 열리는 협력과 상담에 관한 일일 워크숍에 참석하였다. 훈련 내용은 상담과 협력 과정, 자원 상담 실행 모형, 교직원의 역할과 책임감, 교육과정과 수업에서 협력적·상담적 차별화로 이루어졌다. 참여하는 각 학교의 교직원들을 위해 몇 개의 뒤따르는 훈련 회기가 연간 실시되었는데, 여기에는 학급교사들 간 광범위한 회기 공유, 영재교육 전문가들을 위한 월 1회의 방과 후 교직원 미팅, 차별화를 위한 최상의 실제에 제공되는 건물 수준이 포함되어 있다.

영재교육에서 상담과 협력 모형의 실행에 대한 훈련은 2년간 이어진다. 이 평가에서 실행된 특정한 자원 상담 모형은 Curtis, Curtis 및 Garden(1998)이 개발하였고, Ward와 Landrum(1994)이 영재교육을 채택하였다. Ward와 Landrum 모형에 따르면, 문제에 관련된 학생을 위한 상담은 상이한 수준에서 일어날 수 있다. 이 모형은 위계적인 각 수준에서 여과 사례를 참작한다. 수준 1에서 교사들은 일정한 체계가 없고 비공식적인 토대에서 다른 교사들과 협력하려 한다. 학급교사들은 그 모형의 수준 2에서 전문적인 영재교육 인사로부터 도움을 구한다. 수준 3은 의사결정에 따라 영향을 받은 몇몇 교직원 구성원들 간의 팀 상호작용을 나타낸다.

자료 수집

자료 수집은 한 해의 첫 2개월 동안과 두 번째 해 중 5월에 수행된 인지과정에 관한 표준화 검사에 나타난 학생 학업성적, 기존의 원안을 사용하는 일반교육 학급교사의 관찰, 그리고 영재교육 전문가가 수집하고 연구자가 개발한 월별 상담 활동 보고서를 포함한다. 덧붙여, 2년간 사전예비 학교를 방문하는 동안 연구자들이 계속하여 선험적인 범주로 구성된 현장 기록을 하였다.

영재학습자들과 동년배들의 증가된 학생 학업성적 학생의 성적은 Ross의 고등인지과정검사(The Ross Test for Higher Cognitive Processes, Ross & Ross, 1976)를 사용하여 평가되었는데, 영재교육에서 차별화된 교육 기회는 대부분 고등사고의 향상을 목표로 하기 때문이다. 이 검사는 영재 학습자들(표준 지능검사에서 IQ가 최소 125)만으로 이루어진 집단과, 4~6학년 정규학급에서 영재와 비영재학생이 혼합된 집단 모두에 대해 표준적인 점수 자료를 제공한다. 영재 및 비영재학생은 사전예비 프로젝트의 첫해 초기와 두 번째 해 후반에 검사를 받았다(2년째에 추가된 한 학교는 제외).

개선된 교사 능력 교사들이 실행한 영재학습자들에 대한 특별한 교육적 실제의 증거는 최소한 45분간 이루어지는 개별 학급 관찰을 통해 첫해와 두 번째 해 동안에 각각 사전과 사후에 수집되었다. 3명의 개별 평가자들은 이러한 평가를 수행하기 위해 교실실제기록(Classroom Practices Record: CPR, Westberg, Dobyns, & Archambault, 1993)을 활용하였다. CPR은 영재학생이 학급 활동, 교육용 교구, 언어적 상호작용을 통해 받는 차별화된 교육을 기록하기 위해 사용되었다. 이는 신원 확인 정보, 물리적 환경 목록, 교육과정 활동, 교사 면담 기록, 일일 요약을 포함하고 있으며, .85의 내부 평가 신뢰도를 갖는다.

영재교육에 적용된 상담 과정의 유효성 영재교육의 자원 상담 과정을 이해하는 데 중요한 점은 (a) 영재교육 전문가의 역할, (b) 이러한 노력의 시간 효율성과 비용 효율성이다.

역할의 본질은 교사들이 참여한 활동의 빈도와 유형에 대한 인식으로 나타난다. 영재교육 전문가들의 역할 확장의 본질은 영재학습자들을 위한 전문가들의 차별화된 교육 실제의 직접적·간접적 서비스 제공에 대한 월별 교직원 활동 보고에서 수집한 자료에 대한 기술적 통계를 검토함으로써 평가된다. 간접적 서비스의 증가는 영재교육 전문가를 위한 직접적 서비스라는 전통적 역할의 재정의를 뜻한다. 모든 영재교육 전문가들은 전통적이고 전체적인 직접적 서비스 제공 접근법에서 가능한 한 간접적 서비스 제공으로 이동하기 위해, 그리고 간접적 서비스 제공에 적합하지 않는 것으로 여겨지는 활동들을 위해 직접적 서비스를 유지하려고 교육을 받았다. 직접 또는 간접 서비스 제공 방식에서는 상담자가 시간 비율을 특정하지 않으며, 이러한 논쟁에 대해 학군 차원에서 제시하는 기대치도 없었다.

자원 상담과 협력의 유효성과 효율은 영재교육 전문가들에 따른 월간 활동 보고(매년 각 학교에 대해 최대 9개)상의 빈도 자료를 수집함으로써 평가된다. 특히, 그 보고에는 팀 수업과 계획 수립에 대한 공유, 서비스 전달의 목적 대상인 청중, 상담과 협력 활동에서 자료의 활용과 같은 상담 및 협력 활동의 빈도와 지속 기간을 기록하였다. 제공된 서비스의 빈도는 다른 관련된 활동들과 함께 기록되어 있다.

월별 보고서에서 발췌한 자료는 협력 활동의 빈도와 지속 기간을 기록하고 있다. 특히, 수업 개발과 실행, 교구 개발과 조직, 협의의 본질을 포함하는 상담 활동의 빈도수를 기록하고 있다. 수업에 참여하는 학생 청중과 교사의 숫자 및 특성 또한 월별 보고에 기록되었다. 사전예비 학교를 방문한 프로젝트 상담가가 수집한 현장 기록의 일화와 같은 자료는 기술적 자료의 질을 높였다.

자료 분석

처치 및 통제집단 학생의 학업성적 점수 차이를 연구하기 위하여, Ross의 비판적 사고력 검사(Ross Test of Critical Thinking, Ross & Ross, 1976))에 대한 사전·사후 총 점수를 가지고 대응표본 독립 t검정이 수행되었다. 교실실제기록(Classroom Practices Record, Westberg, Dobyns, & Archambault, 1993)을 사용하는 학급교사들의 무선 표집을 위해 교실환경의 독립 관찰에 대한 사전·사후평가의 기술적 요약이 준비되었다. 영재교육 맥락에서 상담 과정의 본질을 결정하기 위해, 상담 활동의 빈도 및 지속 기간에 대한 기술적 통계가 교사의 월별 보고 내 각각의 항목이 집계되었는데, 여기에는 협력학습, 계획 수립 회기, 사용된 교구의 유형 등이 포함된다. 수업 동안 학생의 수, 학생 집단의 구성과 같은 인구통계학적 자료에 대한 기술적 통계 또한 월별 보고에 기록되었다. 현지 방문으로 얻은 일화적 정보는 현장 기록에서 수집하였다. 상담 수업 경향의 선험적 범주는 현장 기록의 초기 환경에 걸쳐서 나타나며, 2년에 걸친 현장 기록의 내용을 안내하기 위해 꾸준히 사용되었다.

결 과

결과는 세 영역으로 나누어 분석되었다. 향상된 학생 학업성적, 개선된 교사 능력, 영재교육에서 상담 과정의 특성에 대한 이해다.

향상된 학생 학업성적

학생 학업성적은 사전·사후검사에서 Ross의 고등인지과정검사(The Ross Test for Higher Cognitive Processes, Ross & Ross, 1976)를 사용하여 고등인지사고를 평가함으로써 측정되었다. 검사는 목표 학급 내 영재와 비영재를 판별하기 위한 것이었다. 학생 고등인지과정에 대한 개별 평가는 사전 검사에서 사후검사까지 영재($M = 88.88 \sim M = 102.10$; $t = 3.80$, $p < .001$)과 비영 재($M = 103.71 \sim M = 113.00$; $t = 2.03$, $p < .05$)의 평균 함수 또는 전체 점수에서 유의미한 증가가 있는 것으로 나타났다(〈표 7-1〉 참조). 이러한 도구로 영재 및 비영재학생의 평균이 두 개의 대조적 표본을 사용하면서 상이하게 표준 화됨을 주의해야 한다. 영재교육 표본은 125 또는 그보다 더 높은 지능지수 를 가진 학생을 포함하고 있는 반면에, 비영재학생 표본은 124 또는 그보다 더 낮은 학생을 포함하고 있다. 각 표본의 점수는 집단의 표준화에 적합한 동일한 숫자에 대한 상이한 기대치와 관련이 있으며, 따라서 서로 간에 직접 적으로 비교될 수 없다.

여기에서 각 집단 점수가 사후검사에서 유의미하게 높아졌다는 점, 영재 집단에서의 증가가 비영재 집단에서보다 훨씬 더 크다는 점이 주목할 만하 다. 이것은 모든 학생의 학업성적이 향상되었으며, 영재들에게 조금 더 이 점이 있다는 증거다.

차별화된 수업 빈도와 참여한 학생 숫자가 성공적인 학업성적을 보장하 지는 못할지라도, 참여한 모든 학생의 학업적 정연함을 향상시키는 가능성 을 연 것이다. 10개 학교에서의 상담 활동에 대한 월별 보고에 따르면, 교사 들은 학생에게 첫해에 평균 195개, 두 번째 해에는 평균 233개의 차별적인 수업을 하였다(〈표 7-2〉 참조). 학군 내의 전통적인 풀 아웃 프로그램에서, 판별된 학생은 일주일에 한두 번 미만으로 평균 2시간 차별화된 수업에 참 여하거나, 또는 학생이 상담을 통해 제공받는 것보다 훨씬 더 적은 수업에 참여하였다. 월별 기록에도 약 1,215명의 판별된 영재학습자들이 사전예비 프로젝트의 첫해 동안에 상담 노력을 통해 차별화된 교육을 제공받았고, 두 번째 해에는 1,132명의 영재학습자들이 제공받았다는 것을 나타내는 자료 가 포함되어 있었다. 사전예비 프로젝트의 첫해 동안, 약 1,032명의 비영재 학생이 차별화된 수업에 참여하였고, 두 번째 해에는 유사한 994명의 학생 이 참여하였다(〈표 7-3〉 참조). 이와 같은 학생 수의 감소는 첫해와 두 번째

표 7-1 영재(*n*=39)와 비영재(*n*=53)의 고등인지과정에 대한 평균 집단 점수

하위검사	영 재					비영재				
	사전검사		사후검사			사전검사		사후검사		
	M	*SD*	*M*	*SD*	*t*	*M*	*SD*	*M*	*SD*	*t*
추상적 관계	80.17	(29.48)	88.17	(26.25)		95.80	(10.16)	99.00	(15.53)	
유추	98.46	(23.19)	102.85	(15.69)		108.72	(14.60)	120.18	(14.70)	
분석 하위검사	90.69	(26.78)	100.90	(18.12)		106.00	(9.99)	111.33	(12.24)	
속성 분석	94.81	(15.14)	99.04	(17.30)		105.46	(14.89)	108.03	(16.87)	
연역적 추리	90.12	(19.47)	95.94	(15.38)		106.72	(12.03)	107.59	(15.31)	
평가 하위검사	97.33	(16.69)	102.00	(11.71)		110.03	(9.96)	112.49	(10.65)	
정보 분석	99.06	(18.44)	104.39	(13.50)		107.90	(14.85)	109.64	(16.78)	
누락된 전제	87.93	(25.45)	101.74	(17.59)		101.44	(11.98)	106.69	(16.09)	
질문 전략	105.33	(13.42)	106.38	(14.27)		112.51	(12.25)	118.03	(9.18)	
연속적 종합	98.14	(18.69)	107.50	(20.39)		105.74	(15.68)	105.10	(19.45)	
종합 하위검사	85.29	(23.48)	97.40	(18.28)		102.21	(9.72)	105.00	(12.91)	
총 점수	88.88	(24.16)	102.10	(15.46)	3.80*	103.71	(11.76)	113.00	(13.39)	2.03**

주: 영재 및 비영재의 점수를 표준화하기 위해 개별 표준 표본들을 사용하였다.
*$p < .001$, **$p < .05$

해 사이에 초등학교 6학년에서 중학교로 진학하였기 때문인 것으로 보인다. 관례상 영재 프로그램은 비영재학습자들을 포함하지 않는다. 그러나 상담 모형에서는 비영재학생이 영재학습자들과 비슷한 교육적 요구를 나타냈을 때 차별적 수업에 참여하였다. 따라서 비영재학습자들은 그러한 서비스가 일반적인 교육자들의 상담 및 협력을 통해 제공되지 않는다면 배제되었을 교육 기회를 갖게 되었다.

　현장 방문을 통한 현장 기록은 차별화된 수업 중에 사용되었던 수업 교재의 특성을 상세하게 설명해 준다. 이는 학생의 학업 경험의 질에 대한 긍정적인 무엇인가를 보여 줄 수 있는데, 이는 학업성적의 향상을 이끌 것이다. 특히, 차별화된 경험의 진보적이고 복합적이며 정교한 특성은 차별화된 학습 경험을 만들어 낸다. 예를 들어, 전문가들은 일반교육 학급교사에게 초빙강사, 연구 자료, 기본적 독자들을 대체하기 위한 소설과 실험 설비를 제

표 7-2 유형에 따라 진행된 차별화된 수업의 빈도
(첫해 N=63, 두 번째 해 N=81)

차별화된 수업의 유형	첫 해		두 번째 해	
	빈 도	(%)	빈 도	(%)
원래의 수업	44	(23%)	47	(20%)
협력 수업	38	(19%)	47	(20%)
설명 수업	31	(16%)	32	(14%)
특별 수업	46	(24%)	49	(21%)
정규학급 관찰	13	(6%)	20	(9%)
팀 학습 수업	23	(12%)	38	(16%)
전 체	195	(100%)	233	(100%)

주: 빈도는 월별 보고에 기록된 시간을 나타낸다. 두 번째 해에 몇몇 학교들은 6학년 학급을 중학교에 진학시켰고, 따라서 참여한 전체 학생 집단이 감소하였다.

표 7-3 자원 상담과 협력에 의한 영재 및 비영재학습자들의 빈도
(첫해 N=63, 두 번째 해 N=81)

학생 집단의 규모	영 재		비영재	
	첫해 빈도	두 번째 해 빈도	첫해 빈도	두 번째 해 빈도
1~5	15	5	14	6
6~10	18	6	16	5
11~15	15	11	5	6
16~20	3	2	5	5
21~24	0	8	3	1
25+	27	26	23	28
그 외	11	11	7	12

주: 도수는 월별 보고에 기록된 시간을 나타낸다. 두 번째 해에 몇몇 학교들은 6학년 학급을 중학교에 진학시켰고, 따라서 참여한 전체 학생 집단이 감소하였다.

공하였다. 이러한 교구들은 상급 수준의 학급, 도서관, 공동 자료, 또는 영재교육 자원에서 나왔다. 그들은 고등 학습자들에게 차별화된 학습경험을 제공하기 위해 적절한 교육과정과 수업 도구를 학급교사에게 제공하였다.

또한 프로젝트 상담자의 현장 기록은 차별화된 수업에 참여하는 영재 및 비영재학습자들의 향상된 학업성적을 위한 기회에 대한 부가적 지표를 포

함한다. 영재에 대한 준비에는 최대한의 차별화된 수업을 위한 등급 조항, 학생 성적 평가를 위한 적절한 항목의 개발, 교육활동의 배치상 선행하는 학생 사전평가의 실행을 거쳐 모니터된 연속적인 과정을 포함하였다. 나아가, 차별화된 수업은 학생이 학문적으로 도전하기 위한 수업을 설계하고 실행하는 데 상이한 전문가들이 함께하는 다양한 교육자들을 포함하고 있다.

개선된 교사 능력

교사 행동의 사전·사후평가인 교실실제기록(Classroom Practices Record, Westberg, Dobyns, & Archambault, 1993)은 영재학습자들을 위한 차별화된 교육 실제에서 교사의 능력 변화를 평가하는 데 사용되었다. 처음의 학급 관찰($N=7$)은 교사들이 강의하고 정보를 설명하였으며(23%), 교실수업 중에 학생에게 서면 과제를 부과하였는데(23%), 이는 적절히 차별화된 교육에 대한 전반적인 능력이 부족함을 의미한다(〈표 7-4〉 참조). 이는 특히 문제가 되는 기정 사실로, 학급의 약 절반(48%)이 이질적이라는 것은 동일 학급 내에서 극도의 능력상 차이가 있음에도 불구하고 동일 학급 내 학생이 전체 집단 수업에 참여하고 있음을 암시하는 것이다. 학생과 교사 사이에 이루어지는 언어적 상호작용의 대부분은 교사의 질문에 대해 답변하고(31%), 설명하고 진술하고(26%), 흔치는 않지만 학생에게 고등사고를 필요로 하는 주문이나 명령(11%)과 관련되어 있다. 사전평가 수업의 57%에서는 아무런 차별화도 없었다.

사후 학급 관찰($N=17$)에서는 관찰된 수업(〈표 7-4〉 참조) 중에 교사 능력 향상을 나타내 주는 차별화된 교육 실제가 더욱 빈번하게 나타났다. 널리 행해지는 교육과정 활동들의 대부분은 여전히 설명과 강의지만(23%), 차별화된 수업을 포함한 보다 다양한 교육과정 활동들이 많이 있었다. 관찰자들은 개별연구 활용의 증가(18%)와 다양한 차별 전략(12%)을 주목하였다. 수업을 위한 학생의 집단편성은 크게 전체 집단이었으며(60%), 이에 반해 그

표 7-4	교실실제기록(Classroom Practices Record)을 사용하는 일반교육 학급의 수업 실제의 사전 · 사후 관찰(1년차 N=7, 2년차 N=17)

교실 실제의 유형	1년차 %	2년차 %
교육과정 활동		
시청각	8%	0%
시 범	8%	12%
토 론	19%	16%
설명/강의	23%	23%
게 임	0%	2%
비학문적	3%	3%
구두 읽기	4%	3%
프로젝트 작업	0%	9%
복습/암송	8%	12%
묵 독	4%	0%
시뮬레이션/역할 놀이	0%	3%
검 사	0%	2%
언어적 실습	0%	3%
서면 과제	23%	12%
집단 규모 개별	19%	16%
소집단	27%	14%
대집단	19%	10%
전체 학급	35%	60%
집단 구성		
동 질	52%	84%
이 질	48%	16%
언어적 상호작용		
지식/이해 질문	(13%)	(21%)
고등사고 질문	(11%)	(13%)
요구 또는 명령	(19%)	(21%)
설명/진술	(26%)	(27%)
대 답	(31%)	(8%)
비언어적 응답	0%	(1%)
기다리는 시간	2(4%)	35(26%)
학습 센터의 유형		
3개 또는 그 이상	(43%)	(50%)
2개 또는 그 이상	(43%)	(22%)
1개	0	(17%)

영재교육 프로그램 평가

표 7-4 (이어서)

교실 실제의 유형	1년차 %	2년차 %
없음	(14%)	(11%)
차별화 전략		
상급 내용	(40%)	(32%)
상급 과정	(30%)	(22%)
상급 결과	0	(16%)
개별연구(지정적)	0	(12%)
개별연구(자율 선택적)	0	(6%)
다른 차별화	0	(12%)
차별화 없음	4(57.14%)	1(5.88%)

주: 참가 학급에는 21~30명의 아동이 있고, 3학년 또는 4학년 학급이었다. 기다리는 시간은 사
    전·사후평가에서 관찰된 전체 질문의 숫자를 반영한다. 차별화 없음 자료는 사전·사후
    평가에서 전체 수업의 숫자를 반영한다.

집단편성은 거의 언제나(84%) 동질적으로서, 전형적으로 수준 높은 학습자
들이었다. 동질적 학급에서도 일부 수업에서는 개별화(16%)가 뚜렷하였다
는 점이 중요하다. 일부 소집단(14%) 및 대집단(10%) 수업 또한 분명하게 나
타났다. 교실 내 언어적 상호작용에는 미세한 변화가 있었다. 예컨대, 질문
(34%) 및 다음의 질문을 기다리는 시간(26%)의 증가였다. 일부 차이점은 수
업 내용(32%), 과정(22%), 결과(16%)에서 수정이 나타났다. 이러한 것들이
처음 보기에는 사전평가에 비해 감소된 것처럼 보이지만, 두 번째 평가에서
관찰된 수업에서는 더욱 많은 변별화가 있었음을 기억해야 한다. 마지막으
로, 그리고 가장 중요하게는, 사후평가 중에 차별화 없는 실질적인 수업 감
소(6%)가 있었다.

교실실제기록은 다음의 학급 관찰에 활용되었던 교사들에 대한 면담 계
획안을 포함하고 있다. 교사들은 학생 집단 구성에 관한 의사결정뿐만 아니
라 교육과정 및 수업 차별화의 본질에 관한 질문을 받았다. 면담은 초기 관
찰한 7명의 교사 중 3명이 학과에서 교육과정 및 수업 차별화를 위한 의지

가 없음을 보여 주었다. 다른 4명의 학급 교사들은 차별화의 수단으로써 상급 학생 소설 활용, 집단 토론, 질문하기, 문제해결, 자기 보조 맞추기를 하였음을 보여 주었다. 교사들은 영재학습자들이 포함된 이질적 학급 내에서 전체 집단으로서의 수업 집단편성을 학급 내 클러스터 집단으로 보고하였다. 마지막으로, 교사들은 습득 수준 및 검사점수로 학생 집단편성을 결정함을 보여 주었다.

사후평가 면담의 답변들은 학생 집단화의 다양한 실제뿐만 아니라 교육과정과 교육의 차별화가 빈번하고 다양하게 이루어졌음을 보여 준다. 사전평가에서 사용된 차별화 전략에 덧붙여, 교사들은 자신들이 다음과 같이 차별화의 실제를 하고 있음을 보여 주었다. 완전 학습에서 다양한 출발점 및 종착점, 학업 산출물에 대한 학생의 선택, 학습 장소, 계약, 상급(advanced) 내용, 개별화된 학생 과제, 고등사고기술, 현장 경험, 유사한 능력의 또래 간 상호작용, 공동 교수, 차별화된 학생 학업 성과 항목 등이다. 유사하게, 교사들은 수업 집단을 편성하기 위해 사용된 여러 개의 다양한 근거를 명명하였다. 교사들은 자신들이 사용한 특정한 집단편성에 대해 물어보았을 때 다음과 같은 것을 사용하였음을 제시하였다. 잘 갖추어진 동질 집단, 복합 연령 팀 및 군집 집단을 몇 번이든지 사용하였음을 보여 주었다. 몇몇 학생 집단편성은 여전히 검사 성적으로 결정되지만, 교사들은 또한 사전평가, 포트폴리오, 교육과정에 기초한 평가를 사용함을 보여 주었다.

프로젝트 상담에 대한 현장 기록은 영재교육 전문가와 학교 교직원들 간에 영재교육에 대한 공유된 책임감을 인정하는 관찰을 포함하고 있었다. 이 책임감 공유는 모든 참여 교직원들에게 새로운 교사 능력을 보여 주는 것이다. 영재교육 전문가들이 차별화된 학업 산출물에 대한 학생 평가를 수행한 반면에, 학급교사들은 차별적 수업 계획 수립에 참여하였다. 양 교사 집단 모두에게 이는 새로운 교사 행동이나 능력을 나타내는 것이다. 책임감 공유의 다른 실례로는 수업을 위한 학생 집단편성의 결정, 차별화된 수업의 준비 및 전달, 규칙적으로 짜여진 공동 계획 수립을 들 수 있다.

　영재교육 프로그램 평가

상담 과정의 효과

시간 효율성은 영재교육을 담당하는 교사가 설명한 시간 배분에 나타나 있다(〈표7-5〉 참조). 시간 효율성은 가능한 한 많은 학생에게 제공될 수 있는 차별화의 정도와 관련이 있다. 이 경우는 간접 또는 협력 서비스, 즉 몇 사람의 전문가를 고용하는 간접 서비스가 정규학급을 통해 필요할 때마다 학생에게 얼마나 많이 실행되고 제공될 수 있는가를 의미한다. 사전예비 프로그램 2년 동안 전문가들은 간접 활동에 관련된 프로젝트에 각각 67%와 64%를 소비하였고, 직접 서비스 제공에는 각각 33%와 36%만 소비하였다. **간접 서비스 제공**은 협동과 상담을 말하는 것이며, 이에 반해 직접 서비스 제공은 영재교육 전문가의 개별적 노력과 관련되는 것이다. 나아가, 분석(〈표 7-6〉 참조)에서는 일상적 활동을 위한 시간 배분을 보여 주고 있다. 첫해와 두 번째 해에 각각 제공된 195와 233개(〈표 7-2〉 참조) 변별화 수업은 전문가들의 전체 활동에서 각각 40%와 41%를 차지하였다. 다른 22%와 26%는 첫해와 두 번째 해의 수업 자료를 모으고 준비하는 데 보냈다. 그들 활동의 대부분은 교육적 준비와 실행에 사용되었다(각각 62%와 67%).

시간 효율성의 다른 지표들은 초기 접촉, 계획 수립, 수업 실행 및 사후 점검을 하는 데 소비되는 시간의 빈도에 따라 측정되는 것으로, 영재교육 전문가들의 상담 시간(〈표 7-7〉 참조)에 대한 분석에서 나타난다. 예컨대, 첫 해(17%)에서 두 번째 해(31%)까지, 영재교육 전문가들은 1~15분 정도의 짧은 간격으로 동료들과 초기 접촉하는 데 거의 두 배의 시간을 사용하였다. 교직원들이 매주 1시간에 미치지 못하는 계획 수립 시간을 첫해(63%)와 두 번째 해(84%)에 상당히 많이 사용하면서, 계획 수립 시간은 더욱 효율적이 되었다.

그러나 수업 실행 및 교육 시간은 첫해(71%)와 두 번째 해(65%)에 수업당 30분~2시간 가까이로 훨씬 늘어났다. 추후 지도는 한 시간 미만으로 간략하게 진행되어 각각 73%와 71% 정도였다. 그러므로 교육자들이 함께 상담

표 7-5 영재교육 전문가들의 간접 · 직접 서비스 제공 분포
(1년차 *N*=63, 2년차 *N*=81)

서비스 제공 활동	간접 서비스 제공		직접 서비스 제공	
	1년차	2년차	1년차	2년차
	빈 도		빈 도	
원래의 수업			44	47
시범 수업			31	32
풀 아웃 수업			46	49
정규학급 관찰			13	20
전 체			134(33%)	148(36%)
초기 접촉	65	78		
계획 수립 기간	80	50		
추후 지도 기간	67	51		
협력학습	38	47		
팀 학습 수업	23	48		
전 체	273(67%)	264(64%)		

주: 빈도는 월별 보고에 기록된 시간을 나타낸다. 2년 동안 몇몇 학교는 6학년 학급이 중학교에
진학하여 참여한 전체 학생 숫자가 감소하였다.

표 7-6 협력과 상담에 관련된 일일 활동에서 영재교육 전문가들의 시간 소비
(1년차 *N*=63, 2년차 *N*=81)

촉진 교사 활동의 유형	1년차		2년차	
	빈 도	%	빈 도	%
학생 판별	90	(18%)	110	(19%)
협 의	96	(20%)	78	(14%)
수업(교육 시간)	195	(40%)	233	(41%)
자료 개발/분류	106	(22%)	145	(26%)

주: 빈도는 월별 보고에 기록된 시간을 나타낸다. 2년 동안 몇몇 학교는 6학년 학급이 중학교에
진학하여 참여한 전체 학생 숫자가 감소하였다.

하는 데 소비한 시간의 최장 길이는 교육 시간과 관련이 된다.

상담 접근의 기본 전제는, 영재교육 전문가들은 그들이 제공하는 직접 서
비스 숫자를 줄이더라도 정규학급에 차별화를 제공하기 위해 학급교사들

표 7-7 영재교육 전문가들이 영재교육을 위한 자료 상담 및 협력에 참여하는 교육자들과 보내는 시간에 대한 분포(1년차 N=63, 2년차 N=81)

자료 상담 시간	1년차		2년차	
	빈 도	%	빈 도	%
초기 접촉	65	(23%)	78	(27%)
계획 수립 기간	80	(28%)	50	(24%)
실행(교육)	76	(26%)	69	(28%)
추후 지도	67	(23%)	51	(21%)

주: 빈도는 월별 보고에 기록된 시간을 나타낸다. 2년 동안 몇몇 학교는 6학년 학급이 중학교에 진학하여 참여한 전체 학생 숫자가 감소하였다.

및 다른 교육자들과 함께 일할 수 있다는 것이다. 이 프로젝트의 영재교육 전문가들은 상담과 협력을 통해 교사들, 지원 교직원, 학교 행정관, 그 외 관심 있는 다른 이들과 함께하였다. 다른 이들과 함께하는 시간의 분포는 첫해(10%)에서 두 번째 해(25%)로 가면서, 전문가들이 개별 교사들과 더 많은 시간을 보낸다는 것을 보여 주는데(〈표 7-8〉 참조), 이는 시간이 흐름에 따라 협력적 파트너십의 증가를 가져왔다. 상담 접근 속에서 활용할 수 있는 차별화된 수업은 증가된 숫자의 교사 및 교육 전문가들을 통해 제공되며, 이것으로 더욱 비용 효율적인 서비스 전달이 이루어진다. 특별 프로그램의 첫해와 두 번째 해를 각각 살펴볼 때, 영재교육 전문가들은 개인보다는 학년 수준 교사들 또는 교사 소집단과 함께하였는데 각각 63%와 47%였으며, 협력하고 상담하는 데 보낸 시간은 효율적이었다. 나아가, 이 결과는 시간이 흐름에 따라 상담 서비스 제공 모형의 효율성을 보여 준다.

학생 대 영재교육 전문가들 및 그들이 협력하는 교직원 비율에 대한 분석은 학급과 학생에 대한 영재교육 전문가들의 시간과 노력의 배분을 보여 준다. 이러한 사전예비 프로젝트에서, 고도의 능력을 가진 모든 영재학생과 비영재학생은 협력을 목표로 하여 교실 내에서 클러스터 집단을 구성하였다. 여기에 보고된 활동의 수준은 1명의 전문가 대 9~12명의 교사들과, 1명의 영재교육 전문가 대 120명의 학생 비율로 일정하다.

표 7-8 영재교육 전문가와 협력한 교사 집단 특성 분포
(1년차 *N*=63, 2년차 *N*=81)

협력에 참여한 교사들의 특성	1년차		2년차	
	빈 도	%	빈 도	%
개 인	10	(10%)	27	(25%)
학년 수준 교사들	31	(29%)	25	(24%)
둘 이상 교사들	35	(33%)	25	(24%)
문제해결 집단	1	(1%)	1	(1%)
지원 교직원	3	(3%)	10	(9%)
교육행정가	10	(10%)	6	(6%)
그 외 다른 이들	15	(14%)	12	(11%)

주: 빈도는 월별 보고에 기록된 시간을 나타낸다. 2년 동안 몇몇 학교는 6학년 학급이 중학교에 진학하여 참여한 전체 학생 숫자가 감소하였다.

영재교육 전문가의 역할 재정립   영재교육 담당교사를 통해 수집된 월별 보고서의 검토는 전통적인 영재교육 전문가의 역할에서 새롭게 정의된 역할로의 이동을 열거하고 있다. 영재교육 전문가의 역할 재정립에 가장 강력한 영향을 미친 것은 상담 서비스 제공의 본질이다. 영재교육 전문가들은 첫해에 자신들의 교육 서비스 영역 전체의 67%를, 두 번째 해에는 64%를 간접 서비스에 소비하였다(〈표 7-5〉 참조). 간접 서비스는 학생을 위해 정규교육과 협력하여 준비되고 제공되는 학생을 위한 차별적 부분으로써, 협력(공동 계획) 수업, 공동 교수 수업, 서비스가 필요한 동료들과의 초기 접촉, 공동 계획 수립 및 추후 지도를 포함하고 있다. 직접 서비스는 영재교육 전문가들의 단독 책임인 학생을 위한 차별적 영역이다. 영재교육 전문가들은 직접 서비스에 각각 첫해에 33%, 두 번째 해에 36%의 시간을 보냈다. 협력적 경험에서 간접 서비스의 포함 및 우세는 주된 직접 서비스 제공 모형으로부터 영재교육 전문가의 역할을 재설계하였다.

첫해의 63개의 월별 보고와 두 번째 해의 81개의 월별 보고에서 수집된 자료는 상담 및 협력적 접근에 사용된 교육 시간의 배분을 보여 주는데, 이는 사전예비 프로젝트에서 영재교육 전문가의 역할을 정의하는 데 도움을

준다(〈표 7-2〉 참조). 영재교육 전문가의 가장 두드러진 교육활동은 정규 교육과정의 확장으로서 원래의 풀 아웃 수업을 실행하는 것이었다. 첫해, 영재교육 전문가들은 특별 수업에 교육 시간의 24%를, 두 번째 해에는 21%를 사용하였다. 이는 차별화된 학습기회를 제공하기 위해 영재교육 전문가들을 어떤 서비스 제공 모형에 계속 존속시키는 것의 중요성을 강화하는 것이다. 그러나 영재교육 전문가들의 역할은 간접적 또는 협력적 수업을 포함하는 것으로 변화되었다. 두 해에 걸쳐 전문가들은 끊임없이 새로운 수업 개발과 협력적 수업 실행에 대해 거의 동등한 시간을 투입하였다. 2년에 걸쳐 실시한 팀 수업은 12%에서 16로 증가하였다. 최소한의 영재교육 협력 활동이었던 교실 관찰 및 시범 수업을 수행하는 데는 시간이 덜 소요되었다.

　교사들은 교육 자료를 준비하는 데 다양한 방식으로 시간을 보냈다(〈표 7-9〉 참조). 영재교육 전문가들은 수업을 위해 특별한 자료들을 개발하였다(각각 첫해는 37%, 두 번째 해는 35%). 이와 유사하게, 그들 스스로 만들어 낸 원래 자료는 첫해와 두 번째 해에 교구의 33%와 30%였다. 전문가들은 또한 정규교육 교사에게 자원을 배포하였다. 이에 따라 첫해에는 자료의 19%, 두 번째 해에는 28%가 간접 서비스를 위해 개발되었다. 이러한 증가는 시간이 흐름에 따라 전문가들이 교사들을 위해 더욱 중요한 자료들을 개발할 수 있음을 보여 준다.

　상담 활동의 맥락　현장 방문 동안 현장 기록된 상담 및 협력 활동에는 공동 계획 수립, 공동 교수, 변별적 교육 기회의 제공, 영재교육과 일반교육 간 교육과정의 연계, 학생 평가에 대한 책임감 공유, 교육 자료의 수집 및 배포가 포함되어 있다. 학교 교직원들은 영재학습자들을 위한 차별화된 교육 기회를 제공하기 위해 협력하여 계획하는 일정한 기반을 충족하고 있는데, 이는 정규교육과 영재교육 간 교육과정의 연계를 이끌어 낸다. 다시 말해, 영재학습자들을 위한 차별화된 교육과정 및 수업 실제를 개발하기 위해서는 일반 교육과정의 수정이 이루어진다. 공동 계획 수립 기간은 빈도와 기

표 7-9 영재교육 전문가들이 교육활동 준비 및 실행에 투입한 시간 분포
(1년차 N=63, 2년차 N=81)

교육활동의 유형	1년차		2년차	
	빈 도	%	빈 도	%
풀 아웃 수업 자료 준비	39	(37%)	50	(35%)
원래(original) 수업 자료 준비	35	(33%)	44	(30%)
자원/정보의 배분	20	(19%)	41	(28%)
교구 사용에 관한 훈련 부분	12	(11%)	10	(7%)

주: 빈도는 월별 보고에 기록된 시간을 나타낸다. 2년 동안 몇몇 학교는 6학년 학급이 중학교에
진학하여 참여한 전체 학생 숫자가 감소하였다.

간 면에서 학년 수준과 학교에 따라 다양하다. 계획 수립 시간은 최소한 일
주일에 한 번씩, 더욱 자주는 주 2회씩 이루어졌으며, 매번 30분에서 1시간
30분에 걸쳐 이루어졌다. 이는 학급교사와 영재교육 전문가 각 1인, 또는 몇
몇 교사들과 전문가들이 함께, 또는 전문가들과 일련의 동학년 수준 교사들
집단을 통해 이루어졌다. 그 기간의 목적에는 협력 교수, 추후 지도, 학생 평
가를 위한 계획 수립이 포함되어 있다.

공동 계획 수립에 덧붙여, 교사들은 수업을 공동으로 진행하였다. 공동
교수(coteaching) 노력은 팀 수업, 시범 수업, 지원적 학습활동의 제공, 보충
수업(complementary teaching)과 관련된다. 공동 교수의 모든 유형은 전체
학교에 걸쳐 분명하게 나타났다. 시범 수업은 영재교육 전문가들이 어떤 학
생의 흥미와 능력을 고도로 유발시키기 위해 전체 이질적 학급을 위한 차별
화된 수업을 준비하는 것과 관련된다. 그 의도는 수업의 어떤 측면에 학급
교사들을 관련시키는 것, 또는 그 수업에 반응하는 학생의 행동을 관찰하는
것이다. 매우 제한적이기는 하나, 일부 일반교육 교직원과 후원 인사들은
영재교육 전문가들과 함께 작업한 후에 구체적인 추후 지도 협력 활동을 함
께 하였다. 역시 제한적이지만, 영재교육 전문가들은 영재학습자들을 위한
차별화된 교육 영역과 관계 있는 문제 또는 관심사에 관해 학교 교직원 간에
팀 문제해결 수업을 진행하였다.

차별화된 교육활동의 부분에서 학교 교직원들이 협력하는 방법은 다양하였다. 어떤 교육 전략에는 계약의 활용, 개별연구, 고등사고기술의 활용, 계약 맺기, 층을 이룬 과제 부과, 문제기반적 접근, 연구가 포함되었다. 교육과정을 차별화시키기 위해 사용된 전략에는 상급 내용, 상급 학급으로의 속진, 보완(supplemental) 교육과정의 활용, 문제해결 프로그램, 원래 교육과정의 개발이 포함되었다. 협력학습의 가장 고유한 특징은 일반과 영재교육 프로그램의 통합을 반영한다는 것이다. 차별화된 수업은 일반 교과과정의 깊이 확장 또는 증대에 기반을 두었다. 이러한 통합은 영재학습자들의 교육적 경험에 대해 모든 학교 교직원들 사이에 공통의 이해를 제공해 준다. 나아가, 학습의 전이를 촉진시키기 위해 학생에게 프로그램 간 가교를 제공해 주었다.

상담자의 현장 기록에 있는 일화 정보는 상담 과정에 대한 장벽이나 장애를 보여 준다. 예컨대, 경쟁적인 학교개혁은 협력적이고 상담적인 접근에 대한 포괄성과 유창함을 방해한다(예, 동질적 집단의 폐지, 표준화 운동, 검사에서 능력과 능숙함 강조). 매해 행해지는 교직원 인사 이동은 교직원 개발을 되풀이하고, 새로운 교직원 성원들과 그 프로그램을 '다른 차와 배터리를 연결하여 시동 걸기'를 해야 할 필요를 낳는다. 이는 모형을 위한 교직원 개발이 제공되지 않았을 때, 서비스 제공 모형이 다시 시작되지 않거나 양적으로 몹시 제한되는 것으로 이어진다. 협력에 참여하는 학교를 위한 교직원 개발이 수행되지 않는다면, 성공이 제한적이라는 것은 명백하다. 영재교육 전문가와 함께 일하는 학교, 교사, 학생의 숫자가 너무 많아지면 그 프로그램의 성과는 제약을 받는다. 융통성 있는 학생 집단이 없다면, 상담 및 협력 노력은 빈도와 지속 면에서 극도로 제한받는다. 공동의 계획 수립 시간을 갖지 못한 교사들은 협력 활동을 시작하거나 유지할 수 없다. 행정적 지지는 교직원이 함께하는 프로그램의 타당성과 신뢰성에 중요하다. 마지막으로 자발적 기반 위에서 협력적 과정에 참여하지 않은 교직원들은 변별적 수업에 종종 또는 전혀 참여하지 못할 것이다.

교육적 함의

전반적으로, 자원 상담 모형은 영재학습자들에게 다양하고 더 빈번한 서비스를 제공하였으며, 영재학생에게 변별적 교육 영역이 되었다. 정규교육 교실에서 영재 및 비영재학생 모두에게 제공되었던 교육 서비스는 정규학급 교사들에 따른 다양한 효율적 수업 실제의 활용을 통해 향상되었으며, 미판별 학생에게 더욱 특별한 서비스가 주어지도록 하였다. 자원 상담의 활용을 통해 영재 및 비영재학생에게 제공되었던 서비스의 빈도는 시간이 지남에 따라 꾸준히 증가하였다.

이러한 사전예비 프로젝트의 결과물은 어떻게 자원 상담이 영재학습자들과 미판별 참여자들을 위한 변별적 교육을, 일반교육 교실 외부의 배타적 서비스 영역에서 일반교육 프로그램의 내부와 외부의 서비스 영역을 모두 포함하는 모형으로 옮겨 놓았는가를 보여 준다. 전통적 교육 모형을 통해 영재학생에게 제공되었던 서비스와 비교해 볼 때, 학생 서비스의 빈도와 다양성이 향상되었다. 나아가, 차별화된 수업에서 교육 시간의 빈도도 증가되었다. 각 교육 시간은 1~2시간까지 길어졌다. 분명히, 이러한 결과물은 특별히 전문적인 인사의 증가 없이(영재 및 비영재학습자) 서비스 면에서 더 많은 학생을 포함하면서 함께 영재학습자들을 위한 서비스의 확장을 보여 주는데, 이는 영재교육 프로그램이 자원 상담 서비스 제공 모형에서 학급교사들과 그 외 다른 인사들의 참여를 받아들였기 때문에 추가적인 자금 지원을 필요로 하게 될 것이다.

상담 및 협력 노력의 실행으로 나타나는 전체 학교 및 학군의 잠재적인 긍정적 전이(spill-over) 효과는 사전예비 프로젝트의 중요한 결과였다. 예컨대, 각 학교의 전체 교직원에 대해 보다 향상된 전문적 개발이 있었다. 영재교육 전문가들은 일반교육 프로그램에 대해 더 많은 것을 배웠고, 교실 교사들과 다른 전문가들은 이 과정에서 이득을 얻었으며, 공식적으로 영재로 판별되지 않은 학생은 이 서비스의 이익을 증명하였다. 또한 학생에 대한 다른 긍정적 효과도 있다. 때때로, 학생은 정규 교육과정에서 필수 숙달 수준을 보여야 할 때, 정규 교실의 내외부에서 차별화된 수업에 참여하였다. 정규 교실에 남겨진 학생의 교사 대 학생 비율은 보통 때보다 더 낮았다. 전통적인 영재교육 프로그램에서는 이 학생이 변별적 수업에 참여하거나 능력을 시범 보일 기회를 갖지 못하였을 것이다. 모든 학교들은 책임감 공유와 협력적 분위기의 문화를 발달시켰다.

나아가, 전형적인 영재로 판별되지 못한 학생을 포함하는 것은 영재 프로그램에 몇 가지 이득을 주었다. 첫째, 이러한 접근법은 학생 서비스를 덜 엘리트적으로 만들었는데, 이는 영재 프로그램에 대한 보편적인 비난 소재였었다. 둘째, 영재이면서 영재로 판별받지 못한 학생이 변별적 수업 영역에 자유롭게 참여하였으며, 이는 장래에 영재로 판별받을 가능성을 증대시켰다. 예를 들어, 많은 교사들은 시범 수업 또는 다른 차별화된 수업 중에 예전에는 보지 못하였던 학생의 행동을 관찰하여 보고하였다. 이러한 관찰은 영재교육 서비스를 위한 아동을 추천하고, 장래에 목표 협력학습에 포함되도록 할 수 있었다. 공식적 판별은 지방 수준에서 절차를 요구하는 정부 위임 권한 때문에, 그리고 명명되지 못한 학생의 변별 요구가 일부 교사들을 통해 발견되지 않을 수 있기 때문에 중요하다.

마지막으로, 자원 상담은 영재학습자들에게 차별화된 교육을 제공하기 위해 효과적이고 효율적인 방법인 것으로 보인다. 그 결과물은 자료 상담이 영재학생의 차별화된 요구를 충족시키는 학교 체제의 잠재력을 향상시키는 데 기여할 수 있다고 제시하고 있다. 덧붙여, 차별화된 교육과정 및 수업의 실제 활용에서의 교사 기술의 향상은 모든 학생에게 이득이 되어야 하며, 전체적으로 개선된 교사의 수업 능력은 전이 효과를 위한 잠재력을 제공하여야 한다. 이러한 효과는 다른 상태에서 일부 학생이 이용할 수 없었던 자료를 제공할 뿐만 아니라, 영재교육과 일반교육 프로그램을 연계하는 데 도움이 될 것이다.

상담에 관한 선행연구 검토는 상담의 전형적인 함정과 위험을 강조하고 있다(Huefner, 1988; Johnson, Pugach, & Hamilton, 1988). Dettmer, Thurston 그리고 Dyck(1993)은 네 개 집단 내에서 가장 중요한 장애물을 인식하였다. 역할 정의의 결여, 상담을 하는 틀의 부재, 공식적·비공식적 상담과 협력을 문서화하고 평가하는 데의 실패, 상담 기술 훈련의 부족 또는 전무다. 이러한 장애물들은 예측 가능하며, 여기 보고된 사전예비 프로젝트에서 분명히 나타났다. 상담 과정에서의 특수한 방해물들의 확인은 그 과정의 가장 중요하고 필수적인 구성요소를 인식하도록 한다. 그것들은 자원 상담의 중요한 구성요소들이다.

1. 교육의 융통성 있는 보조 맞추기
2. 풀 아웃을 포함한 융통성 있는 학생 집단편성하기
3. 규칙적으로 짜인 계획 수립 시간(장기, 단기)
4. 자발적 참여
5. 교직원 개발
6. 행정적 지원(옹호, 타당성, 존속)
7. 상담 활동의 문서 자료
8. 협력적 노력에 관련된 동료 숫자 대비 영재교육 전문가의 낮은 비율
9. 현장의 전문적 지식을 갖고 있는 영재교육 전문가의 참여
10. 훈련받은 전문가가 영재학습자들을 위한 직접 서비스를 제공하는 지원의 지속

영재교육에 대한 특별한 논쟁

몇몇 교육 전문가들은 영재학습자들이 일반교육 학급 환경에서 배타적으로 수업받을 때 영재교육 서비스의 질이 떨어지거나 제거될 가능성에 관심을 갖고 있다. 실제로 영재학습자들을 위한 많은 차별화된 프로그램은 일

반교육 학급이 영재학습자들의 특수한 학문적, 사회정서적 요구에 도움이 되지 않는다는 개념에 기초한다. 따라서 자원 상담 또한 회의론을 갖고 있었다. 그러나 이 결과물에 나타난 영재학습자들을 위한 교육적 이점은 일반 교육 학급에서 희석되는 영재교육 서비스에 대한 관심사를 감소시킬 수 있다는 것이다. 전통적 교육 모형을 통해 영재학생에게 제공된 서비스와 비교할 때, 학생 서비스의 빈도와 다양성은 사실상 향상되었다. 물론 이 서비스 제공 모형의 경험의 질에 대한 평가는 다른 접근만큼 중요한 쟁점이다. 그러나 안타깝게도, 이 연구는 어떤 수준에서의 두 개 접근법의 비교를 포함하지 않았다.

더 많은 교직원들의 관여와 영재학습자들을 위한 간접 서비스의 포함에도 불구하고 풀 아웃 수업에 대한 계속적인 요구는 이 평가의 결과물에서 명백하게 드러났다. 영재학습자들에 대한 서비스의 빈도가 특히 협력적 노력을 통해 증가하였음에도 불구하고, 풀 아웃 서비스에 대한 요구는 여전히 진행 중이었다. 풀 아웃 수업의 빈도는 초기의 서비스 제공 모형에 비해 실질적으로 감소하였다. 그럼에도 불구하고 일정한 수준에서는 필연적이었다. 사실, 이 사전예비 프로젝트에서 이루어지는 대부분의 변별화가 단독 또는 다른 이들과의 협력을 통한 영재교육 전문가들의 책임이었다. 풀 아웃 서비스는 절대적으로 필요하고 협력적 노력을 제거한 후에 사용되었다. 따라서 풀 아웃 서비스는 이전보다 더욱 큰 목표를 가졌다. 이러한 결과물은 협력적 노력 없이는 일반 교실 변별화가 거의 존재하지 않는다는 점을 확신하는 만큼, 변별적 영재학습자들을 위한 어떤 영역에서 영재교육 전문가들을 위한 요구가 있다는 점을 확신하는 것이다.

마지막으로, 영재교육 교사들의 역할은 협력과 상담의 결과로 변화되었다. 영재교육 교사 모형은 차별적 서비스 제공에 대해 흔히 단독으로 책임지는 고립된 사람에서, 직접 서비스와 간접 서비스의 결합을 제공하는 사람으로 옮겨 가게 되었다. 이 모형과 특별학급 같은 다른 접근법의 비교는 장래에 정당화될 것이다.

이러한 평가의 결과물은 영재교육을 담당하는 교사 역할의 재정립을 제시하는데, 이는 그들을 가장 필요로 하는 학생에게 대안적 또는 변별적 교육경험을 제공하기 위해 학교 교직원들 간 촉진자(Reid, 1997)로서 역할이 영재교육 전문가의 역할인 것이다. 따라서 영재교육 전문가들은 협력적 노력에 종사하는 참여 학교 교직원 성원들과 함께 영재학습자들에 대한 변별적 교육에 대해 책임감을 공유한다.

제한점과 후속 연구의 방향

평가에 대한 몇 가지 제한점은 결과를 충분히 해석하고 후속 연구를 수행하는 것에 맞추어야 한다. 첫째, 저자가 제시한 다양한 역할(예, 상담자, 교직원 개발자, 평가자)은 그 연구결과의 중요성에 도움이 된다. 나아가, 자료 수집의 일정한 측면은 연구결과의 영향력 향상에 맞추어야 한다. 예컨대, 학업성적은 단지 Ross의 인지능력검사로만 평가되었으며, 다양한 측정을 포함해야 한다. 자원 상담을 통해 학생에게 제공되는 학문 기회의 양보다는 질이 결정되어야 한다. 그리고 여기 보고된 연구결과에서 암시한 전체 학교에 대한 잠재적 파급 효과 또한 타당성이 입증되어야 한다. 마지막으로, 어떤 단일 사전예비 프로젝트의 가장 중요한 제한점은 뒤이어 나타나는 결과가 한 가지 적용에 다른 상황적 환경에만 고유한 것이라는 것이다. 이 연구에서 학교 교직원과 학생에 대한 전문적 교직원들의 분포는 이 고유한 상황에서만 적용될 것이다.

후속 연구는 앞서 논의한 평가 결과물과 그것이 나온 평가의 제한점에 대한 면밀한 주시에서 향상될 수 있다. 이 영역에서의 후속 연구는 엄격한 이후 연구결과물을 추가하는 실험설계를 활용할지 모르겠다. 특히 그 설계는 현존하는 서비스 제공 모형에 관한 예비 자료(예, 서비스의 진도 및 지속 기간, 서비스의 질, 제공받는 학생의 수 등)를 수집하기 위하여 만들어질 것이며, 또는 통제를 사용하여 동시에 수집될 것이다. 부과된 연구 설계에도 불구하고, 후속 연구는 학생 학업성적과 차별화된 서비스 개발의 질을 평가하기 위한 확장된 자료의 원천을 포함해야만 한다. 게다가 전체 학교에 대한 전반적인 효과(예, 교직원 개발의 이점, 클러스터 집단, 정규교육 학과에 참여하는 학생의 감소 등)도 충분히 평가되어야 한다.

사전예비 프로젝트의 연구결과는 교직원과 학생 대비 전문가의 한정적 비율에 기반을 두고 있다. 이러한 연구결과는 이 비율이 더 큰 환경하에서는 변할 수 있을 것이다. 영재 프로그램과 교직원의 다양성을 고려할 때, 이는 학교 환경의 다양성에 대한 서비스 제공 모형의 영향을 결정하는 데 중요할 것이다. 마지막으로, 그 과정에서 이중 역할을 수행하지 않는 상담자 등의 외부 연구자들은 그 연구결과에 대해 더 큰 신뢰성을 가져다 줄 것이다.

📝 참고문헌

Archambault, F. X., Westberg, K. L., Brown, S. W., Hallmark, B. W., Zhang, W., & Emons, C. L. (1993). Classroom practices used with gifted third- and fourth-grade students. *Journal for the Education of the Gifted, 16,* 103-119.

Armstrong, D., Kirschenbaum, R., & Landrum, M. S. (1999). The resource consultation model in gifted education to support talent development in today's inclusive schools. *Gifted Child Quarterly, 43,* 39-47.

Curtis, M. J., Curtis, V. A., & Graden, J. L. (1988). Prevention and early intervention assistance programs. *School Psychology International, 9,* 257-264.

Dettmer, P. (1993). Gifted education: Window of opportunity. *Gifted Child Quarterly, 27,* 92-97.

Dettmer, P., Thurston, L., & Dyck, N. (1993) *Consultation, collaboration, and teamwork for students with special needs.* Boston: Allyn and Bacon.

Hertzog, N. B. (1998, January/February). The changing role of the gifted education specialist. *Teaching Exceptional Children 30*, 39-43.

Huefner, D. S. (1988). The consulting teacher model: Risks and opportunities. *Exceptional Children, 54*, 403-414.

Johnson, L. J., Pugach, M. C., & Hamilton, D. (1988). Barriers to effective special education consultation. *Remedial and Special Education, 9*(6), 41-47.

Landrum, M. S. (1994, April). *A study of the nature of effective resource consultation in the education of the gifted.* Paper presented at the annual meeting of the American Educational Research Association, New Orleans, LA.

Reid, C. (1997). *Vision 2000.* Charlotte, NC: Charlotte-Mecklenburg Public Schools.

Reis, S. M. (1983). Creating ownership in gifted and talented programs. *Roper Review, 5*(4), 20-23.

Renzulli, J. S., & Purcell, J. H. (1996). Gifted education: A look around and a look ahead. *Roper Review, 18*, 173-178.

Renzulli, J. S., & Reis, S. M. (1994). Research related to the schoolwide enrichmennt triad model. *Gifted Child Quarterly, 38*, 7-70.

Ross, J. D., & Ross, C. M. (1976). *The Ross test of higher cognitive processes.* Novato, CA: Academic Therapy Publications.

Schack, G. D. (1996). All aboard or standing on the shore? Gifted education and the educational reform movement. *Roper Review, 18*, 190-197.

Tomlinson, C. A., Coleman, M. R., Allan, S., Udall, A., & Landrum, M. (1996). Interface between gifted education and general education: Toward communication, cooperation, and collaboration. *Gifted Child Quarterly, 40*, 165-171.

VanTassel-Baska, J. (1992). Educational decision making on acceleration and grouping. *Gifted Child Quarterly, 36*, 68-72.

Ward, S. B., & Landrum, M. S. (1994). Resource consultation: An alternative service delivery model for gifted education. *Roper Review, 16*, 275-279.

Westberg, K. L., Dobyns, S., & Archmbault, F. X. (1993). *Observation manual for the Classroom Practices Record* (CPR). Storrs, CT: National Research Center for the Gifted and Talented, The University of Connecticut.

전일제 영재 학급에 대한 평가

Joyce VanTassel-Baska(College of William and Mary)
Gordon B. Willis(Northwestern University)
Donna Meyer(South Bend (IN) Community Schools)

영재 프로그램의 유효성에 대한 통제된 연구는 드물다. 인디애나 주 사우스 벤드의 Depth 영재 프로그램에 대한 평가연구는 통제집단, 사전·사후검사, 다양한 결과 측정을 활용하여 수행되었다. 인지능력에 대한 일반적 검사에서 프로그램 참여자들은 통제되었을 때보다 훨씬 더 높은 결과를 보였으며, 참여자들은 프로그램 막바지에 자신들의 학교생활을 더욱 높게 평가하였다. 본 연구는 영재 전담 프로그램의 이점을 지지하는 결과를 나타냈다.

영재 프로그램에 참여한 학생의 효과에 초점을 맞춘 연구는 거의 없다. 선행연구 분석에서 Gallagher, Weiss, Oglesby 그리고 Thomas(1983)는 약 40건의 연구들을 인용하였는데, 그중 대부분은 통제되지 않았거나 비교집단이 없었다. 일반적으로 단순한 사전·사후 모형은 증가를 나타내기 위해 사용되었다. 보다 최근의 연구에서 Traxler(1987)는 영재 프로그램 평가가 최근에 훨씬 빈번하게 이루어지고는 있으나, 그중 50%만이 프로그램 실행

---

1) 편저자 주: VanTassel-Baska, J., Willis, G. B., Meyer, D. (1989). Evaluation of a full-time self-contained class for gifted students. *Gifted Child Quarterly*, *33*(1), 7-10. ⓒ 1989 National Association for Gifted Children. 필자 승인 후 재인쇄.

이전에 고안되며, 훈련된 평가자가 관련된 것은 30%가 채 되지 못한다는 것을 발견하였다. Feldhusen과 Treffinger(1985)는 영재를 위한 전일제, 전담 학급에 대한 모든 연구들을 검토하였으며, 그러한 학급들이 영재학생의 요구를 진정으로 충족시키기 위해 필요하다고 결론내렸다.

문제의 일부는 영재 프로그램의 유효성을 나타내기 위해 이용할 수 있는 평가방법에 달려 있다. 검사는 신중하게 선택되어야 하며, 잠재적인 최고 효과를 조정해야 한다. 그 문제의 또 다른 부분은 영재를 위한 프로그램을 개선하기 위해 평가결과가 어떻게 활용될 수 있는가를 이해하는 것이다. 평가 보고들은 너무나 빈번히 단지 보류하기만 하였다. Callahan과 Caldwell(1984)은 평가결과의 효과적 활용에 대한 선행연구를 종합하였고, 평가 과정의 개념화, 정보의 신뢰 가능성, 시기적절성, 평가의 용이성이 유용성을 결정하는 가장 중요한 요소임을 알아냈다. Carter와 Hamilton(1985)은 프로그램의 유효성을 확인하기 위해 학생 성장이나 변화보다는 태도에 관한 자료에 초점을 맞추는 문제를 언급하였다.

영재 프로그램을 평가하는 데 사용되는 접근법 또한 선행연구에 나타나 있다. Archambault(1984)는 프로그램 결과물을 측정하기 위해 질적인 절차뿐만 아니라 영재교육 내에서 더 많은 양적 설계를 사용할 것을 주장하였다. 어떤 연구자들은 체계적 절차가 뒤따르고 결과의 삼각화가 다양한 자료를 원천으로부터 획득되는 한, 질적(자연적; naturalistic) 평가가 영재교육과 같은 특별한 프로그램 영역에서 유용하다고 보았다(Stake, 1975; Barnette, 1984). Kulieke(1986)는 프로그램 접근과 평가방법론 간의 훌륭한 결합이 이루어지도록 하기 위해, 프로그램의 주요 목적에 따라 다양한 설계를 평가하는 평가모형을 제시하였다.

영재교육 프로그램 평가

연구의 활용도

이 연구는 전일제 영재 전담 학급에서 학생 성장을 설명하려는 이들에 대해 몇 가지 중요한 방법을 제시한다. 다른 학군에서 반복하기 위해 고려될 수 있는 연구의 몇 가지 특성은 다음과 같다. 1) 통제집단 또는 학군 외부의 비교집단 사용, 2) 학생 성장의 인식을 확신하기 위한 다양한 측정의 사용, 3) 표준화 검사, 고안된 검사지, 질문지 등 측정방법의 결합 사용, 4) 목표에 근거한 평가의 사용이다. 여기에서 학군은 학생이 프로그램의 목표를 향해 얼마나 잘 나아가고 있는가를 알려고 한다. 덧붙여, 연구는 영재학습자들의 잠재력을 향상시키기 위한 기제로써 영재 전담 프로그램을 위한 사례에 타당성을 부여하고 있다.

방 법

연구대상   이 연구는 인디애나 주 사우스 벤드 지역 학교(South Bend Community School Corporation)의 3학년과 4학년 영재 전담 학급에서 실시되었다. 모든 학생은 보편적 능력 조사, 성적 자료, 교육 인사의 추천을 포함하는 확인 측정의 결합에 따라 그 도시 내 한 고등학교 참가 학군에서 그 프로그램을 위해 선발되었다. 프로그램 내 모든 아동은 선발 측정에서 95% 정도 또는 그 이상으로 입증되는 기능적 학교 능력에서 상당히 앞선 발달을 보였는데, 여기에 사용된 선발 측정은 아이오와 기초기능검사, 인지능력검사, 학문적 재능과 관련된 행동 특성에 대한 체크리스트다. 또한 통제집단 학생은 열거된 도구를 가지고 이러한 점수를 보이는 그 도시 내 다른 학군에서 선정되었다.

프로그램 처치   영재 실험집단은 그 도시의 한 건물에서 전일제에 기초한 특별 프로그램(Depth)에 참여하였다. Depth 프로그램은 네 가지의 주요 목표를 가진다.

- 비판적 사고와 탐구 향상시키기
- 자아개념 향상시키기
- 학교와 학습과정에 대한 긍정적 태도 증진하기
- 인지적인 영재들 간의 상호작용 기회 제공하기

이와 같은 목표는 개별 및 소집단 활동으로 풍부하고, 기본 내용에 덮어 씌우기로 비판적 사고활동을 채택하며, 학생 토론과 아이디어 생성을 위한 맥락을 제공하는 교육과정을 통해 다루어졌다. 프로그램의 교사들은 학습 과정을 돕기 위해 공동체와 외부 강사를 활용하였다. 영재 프로그램 코디네이터가 상세히 기술한 것처럼, 그 프로그램의 주요 특성들은 다음과 같은 내용을 포함하였다. 고등사고에 대한 초점, 다양한 성과를 위한 기회, 용이함에 기반을 둔 핵심 내용에의 노출, 교사 효율성 등이다. Depth 프로그램은 다음의 교육과정 내용을 더욱 강조하므로 정규 프로그램과 차이를 보인다.

1. 빨리 숙달되거나 학생 스스로 숙달된 교재 내용의 압축 또는 삭제
2. 고등사고기술에 대한 집중
3. 지식 총체 간 상호관련성에 집중
4. 적절한 도전을 제공하는 내용 영역의 활용-논리, 철학, 외국어
5. 재능을 잘 처리하는 것에 분명한 초점을 맞춘 지침 구성요소의 포함
6. 개별연구 부과
7. 자기주도적 학습

덧붙여, 프로그램의 교사들은 언어, 수학, 과학, 사회 교과를 가르치기 위해 주요 기술과 개념의 범위(scope)와 계열(sequence)을 개발하였다. 통제 집단은 특별 프로그램이나 교육과정을 제공받지 않으며 동일 학년 수준에서 상이한 교사에게 배정되었다.

절 차

평가의 의도는 한 해의 말에 이르러 사우스 벤드 지역 공동학교에서 이뤄진 Depth 프로그램의 인지적, 정의적 결과를 확인하는 것이다. 평가도구는 인지능력검사부터 학생 및 학부모의 주관적 자기 보고서까지 다양하였다. 이런 방법으로, 장래의 프로그램 변화와 개선을 위한 중요한 자료를 제공하는 방식을 통해 다양한 결과가 잠재적으로 측정될 수 있었다.

연구대상은 주요 비판적 사고 영역에서의 증진을 측정하기 위해 학기의 초기와 말기에 **Ross의 인지능력검사**(Ross Test of Cognitive Abilities)를 받았다. 두 집단 모두에 시행된 두 번째 측정은 **학교생활의 질 척도**(Quality of School Life Scale: QSL)였는데, 이는 학교 상태에 대한 학생의 긍정적 반응 정도를 판단하기 위한 질문지다. 세 번째 사용된 도구는 **ME** (Feld-husen & Kolloff, 1981) 척도로, 이는 영재학생 간에 자아개념을 측정하는 도구다. 타당하고 신뢰할 만한 자료는 모든 도구에서 이용 가능하며 연구 목적을 만족시키는 것으로 판단되었다. 학부모용 질문지 또한 프로그램에 대한 태도를 측정하고, 이점을 파악하기 위해 사용되었다.

결 과

평균들 간의 차이에 대한 통계 검증은 .05 수준에서 유의한 것으로 판단되었다. Ross 검사의 사전·사후 결과에 대한 공분산분석(ANCOVA)은 Depth 프로그램의 긍정적 효과가 있음을 제시하였다. 사후검사에서의 평균점수는 통제집단보다 Depth 집단에서 유의미하게 높은 것으로 나타났다($p < .05$). 19명의 실험집단과 20명의 통제집단의 전체적인 사전 Ross 검사 평균점수는 각각 54.8과 54.5였다. 이러한 집단 간 차이는 통계적으로 유의미하지 않은 것으로 나타났다. Ross 검사(분석적, 종합적, 평가적)를 포함하여

표 8-1 Ross의 인지능력검사에 대한 Depth 집단과 통제집단의 평균점수: 전체 점수 및 하위척도 점수

	Depth(실험)			통제		
	사 전	사 후	차 이	사 전	사 후	차 이
전 체	54.8 (8.7)[1]	70.9 (10.3)	16.1*	54.5 (10.9)	64.7 (9.5)	10.2
분석적	16.2 (4.3)	22.4 (4.2)	6.2*	16.7 (4.0)	19.1 (5.0)	2.4
종합적	19.2 (4.6)	26.5 (4.8)	7.3	18.4 (5.5)	24.3 (3.2)	5.9
평가적	19.5 (3.3)	22.0 (4.3)	2.5	19.5 (3.3)	21.4 (3.7)	1.9

* .05 수준에서 의미 있음.
[1] 괄호 안의 숫자는 평균 분산임.

세 개의 하위척도상의 점수는 집단 간에 상이하지 않았다. 사후검사에서 평균 총점은 Depth 집단이 70.9, 통제집단이 64.7이었다. 이러한 차이는 유의미하지 않는 것으로 나타났다. 하위척도에 대한 분석은 분석적 척도에 대한 사후검사에서는 Depth 집단이 유의미한 우세를 보였으나, 종합적 척도나 평가적 척도에서는 유의미한 차이를 보이지 않았다(〈표 8-1〉 참조).

Depth 집단의 전체 Ross 점수의 평균치는 16.1이며, 통제집단은 10.2다. 이는 유의미한 차가 있는 것으로 나타났다. Depth 프로그램은 통제집단보다 훨씬 큰 정도의 전체적 성장을 나타냈다는 결론이다. 또한 하위 분석에서 통제집단보다 Depth 집단이 유의미한 증가를 보였다.

삶의 질(Quality of Life) 척도 분석에서 전체 및 하위검사(만족도, 교실수업에의 전념도, 교사에 대한 반응도)에서의 평균점수는 통제집단보다 Depth 집단이 훨씬 더 높은 것으로 나타났다(〈표 8-2〉 참조). 이러한 차이는 전체 점수, 전념도 점수, 교사에 대한 반응에서 통계적으로 유의미하였다. 5학년 기준을 사용한 분석은, 교사에 대한 반응 및 만족도의 전체 비율에서 Depth 집단이 대체로 '높은' 것으로 분류되고, 학교수업에 대한 전념도에서 '중상'으로 분류되는 것으로 나타났다. 통제집단은 방법의 모든 영역에서 '중간' 범주에 포함되었다. 요약하면, Depth 집단은 학교경험에 대한 평가에서 긍정적인 것으로 나타났고, 이에 반해 통제집단은 보다 중립적이었다.

표 8-2 학교생활의 질 척도(QSL)에 대한 Depth 집단과 통제집단의 평균 점수:
전체 점수와 하위점수

학생 집단의 규모	Depth (실험)		통 제		효과크기
전 체	21.7	(4.4)	16.7*	(7.7)	.79
교사에 대한 반응	8.9	(2.1)	6.6*	(3.5)	.79
학교수업에의 전념	8.8	(2.2)	6.9	(3.0)	.72
만족도	4.1	(1.4)	3.3	(1.7)	.51

*집단 간 차이는 .05 수준에서 유의함.
주: 괄호 안의 숫자는 표준편차 값임.

 자아개념에 대한 ME 척도에서, 36 중 평균점수는 Depth 집단이 28.8, 통제집단이 30.9였다. 이러한 차이는 통계적으로 유의미하지 않았다. 두 개의 관찰이 이루어질 수 있다. 첫째, 평균점수는 평균점수 비교에 크게 근거해 있다. 양 집단은 사후검사에서 높은 자아개념을 보였다. 둘째, 실험집단이 자아개념에서 낮지 않다는 것은 중요한 연구결과가 될 수 있다. 특별학급의 잠재적 결과 중의 하나는, 이전에 학문적 우월성의 경험을 갖던 일부 영재학생이 급우들보다 열등하다고 느끼고, 따라서 자아개념 감소를 경험하는 것이다. 자료는 이러한 영역에서의 사전검사 부족으로 절대적인 차이가 평가되지 않을 수 있음에도 불구하고, Depth 프로그램이 자아개념의 저하를 초래하지 않는다는 것을 보여 준다.

 학부모용 질문지의 회수 비율은 상대적으로 높았는데, Depth 집단이 78%, 통제집단이 75%였다. 두 집단에 대해 상이한 질문이 이루어졌기 때문에 두 질문지를 엄격하게 비교할 수는 없지만, 6개의 질문이 질문지 전체에 걸쳐 동일하였기 때문에 분석하였다. 이 질문에 대한 학부모의 평균 등급은 〈표 8-3〉에 제시되어 있다. 등급은 1~4나 1~5 중 하나의 척도로 이루어졌으며, 강한 동의를 나타낼수록 높은 값을 가지며, 동시에 1은 강한 불일치를 나타낸다. 그 프로그램의 전체 등급 중 질문에 대한 평균 답은, Depth 집단이 5 중 4.7이었는데, 이는 학부모가 프로그램 질에 대해 아주 만족한다는 것을 나타내는 것이다. 흥미로운 것은, 유사한 학생끼리 집단으로 묶는 것의 바람직함에 대한 질문에 대해 두 집단 모두에서 압도적으로 강한 동의를 보였다는 것이다.

Depth 집단의 학부모가 제시한 대표적인 의견들은 등급에서 제시한 것을 입증해 준다.

1. 학급은 실패에 대한 두려움이나(더 중요하게는) '너무 영리해짐'에 대한 당황스러움 없이 상호 경쟁을 만들어 낸다.
2. 학교에 대한 흥미와 학습능력을 회복하였다. 학급에의 소속감과 다른 학생과의 친밀함의 진정한 느낌을 계발하였다.
3. 더 많은 책임감을 배웠다. 처음으로 학문적으로 도전하였다. 또한 학교에 대한 태도는 개선되었다. 예전에는 학교를 싫어하였다.

표 8-3 평가 질문지에 대한 Depth 집단과 통제집단의 평균점수

	Depth (실험)		통 제		효과크기
1. 아동 학교생활의 질에 대한 전체 등급	4.7	(0.6)	3.9 *	(1.0)	.98
2. 프로그램이 아동의 교육적 요구를 충족시킴	4.4	(0.8)	3.5 *	(1.2)	.05
3. 유사한 능력을 가진 아동끼리 집단화하는 것이 중요함	4.7	(0.6)	4.5	(0.9)	.26
4. 학생은 학교에 대한 긍정적 태도를 가짐	3.6	(0.6)	3.0 *	(0.9)	.79
5. 학생은 학교에서 하는 활동에 즐거움을 보임	3.7	(0.5)	3.3 *	(0.6)	.73
6. 아동은 도전해야 할 것을 학교에서 찾음	3.5	(0.5)	3.0 *	(0.6)	.91

*집단 간 차이는 .05 수준에서 유의함.
주: 질문 1, 2와 3은 5점 척도임. 5 = 강한 동의, 1 = 강한 불일치
　　질문 4, 5와 6은 4점 척도임. 4 = 자주, 1 = 전혀 없음
　　괄호 안의 숫자는 표준편차 값임.

논 의

각 부분에 대한 분석은 일관성 있는 주제를 표현하기 위해 결합된다. 1년 과정에 걸쳐 Depth 프로그램은 일반학급 환경과 비교할 때 광범위한 긍정적 결과를 가져왔다. 학생과 학부모는 이러한 일반적 유형의 프로그램과 시행되었던 독특한 프로그램 모두에 대한 필요에 대해 강력하게 지지하는 것으로 보인다. 학생 참여자들은 그 프로그램의 결과로 자아개념에 손상을 입지 않았으며, 학교생활의 질이 매우 높은 것으로 평가하였다. 인지검사 점수는 Depth 프로그램의 가치를 더욱더 뒷받침하였다. Depth 프로그램 집단 아동은 그 프로그램 후반기에 이르러 통제집단 아동보다 유의미하게 향상된 것으로 밝혀졌다.

현재의 연구는 영재 프로그램 평가에 대한 효과적 접근법에 관해 몇 가지 가치 있는 정보를 제공해 준다. 다양한 결과 측정은 양적, 질적 평가의 혼용을 가능하게 하였다. 통제집단은 진정한 결과 비교를 가능하게 하였다. 영재 프로그램의 진술된 목표를 측정하려는 시도 또한 성공적이었다. 일부 목표들이 정서적 영역에 있기는 하지만, 그 도구들은 가장 중요한 구인 요인 일부, 즉 학교에 대한 태도와 자아개념을 평가해 냈다.

또한 연구는 전일제 영재 전담 학급이 영재학생에게 긍정적 효과를 설명하는 몇 개의 연구들과 일치한다. Depth 프로그램에 대한 후속 연구는 사고 기술과 교육과정의 다른 영역에서 학생의 이후 성장을 평가해야 한다.

참고문헌

Archambault, F. X. (1984). Measurment and evaluation concerns in evaluation programs for the gifted and talented. *Journal for the*

Education of the Gifted, 7, 12-25.

Bernette, J. J. (1984). Naturalistic approaches to gifted and talented program evaluation. *Journal for the Education of the Gifted, 7*, 26-37.

Callahan, C., & Caldwell, M. (1984). Using evaluation results to improve programs for the gifted and talented. *Journal for the Education of the Gifted, 7*, 60-74.

Carter, K. R., & Hamilton, W. (1985). Formative evaluation of gifted programs: A process and model. *Gifted Child Quarterly, 29*, 5-11.

Feldhusen, J. F., & Kolloff, M. B. (1981). ME: A self-concept scale for gifted students. *Perceptual and Motor Skills, 53*, 319-323.

Feldhusen, J. F., & Treffinger, D. J. (1985). *Creative thinking and problem solving in gifted education*. Dubuque, IA: Kendall/Hunt.

Gallagher, J. J. (1981). *A report on the national survey*. Paper Presented at the National Association for Gifted Children, Portland, OR.

Gallagher, J. J., Weiss, P., Oglesby, K., & Thomas, T. (1983). *The status of gifted/talented education: United States survey of needs, practices and policies*. Los Angeles: Leadership Training Institute.

Kulieke, M. (1986). *An evaluation handbook on assessing the impact of programs for gifted learners*, Evanston, IL: Center for Talent Development, Northwestern University.

Stake, R. E. (1975). *Program evaluation*. Occasional paper series, No. 5, Kalamazoo, MI: Evaluation Center, Western Michigan University.

Traxler, M. A. (1987). Gifted education program evaluation: A national review. *Journal for the Education of the Gifted, 10*, 107-113.

학생의 학업수행에 대한 전문가의 기준: 영재의 경우[1]

Eva L. Baker & John Schacter(University of California, Los Angeles)

여기에서는 평가 채점 기준을 추론해 내기 위한 토대로 전문가의 수행(expert performance)을 사용하는 것에 대한 논의가 제시된다. 아동의 수행도 평가를 위해 성인 전문가들의 수행을 사용하는 적합성을 고찰하는 것을 중심으로 전문가들의 특성이 논의된다. 아동을 대상으로 우선 분류법(classifications)을 이용하는 것에 대해 고찰하고, 영재학생의 수행을 기준으로 사용하는 것에 대해 검토해 보아야 한다는 제안이 제시된다. 긍정적인 결과와 부정적인 결과 모두에 대해 상세히 기술한다.

학생의 복잡한 수행을 평가하는 것에 대한 현재의 모형에는 내용 영역에서 전문가들이 고안해 낸 일련의 표준 및 기준으로 수행 수준을 채점하는 방식을 평가자에게 교육시키는 것이 포함되어 있다. '평가 · 표준 · 학생 검사 연구 센터(Center for Research on Evaluation, Standards, and Student Testing: CRESST)'에서의 다년간의 연구는, 평가자들이 복잡한 수행을 신뢰할 수 있게 채점하도록 훈련받을 수 있고, 학생의 수행도를 측정하기 위한 이러한 방

---

1) 편저자 주: Baker, E. L., & Schacter, J. (1996). In the public interest. Expert benchmarks for student academic performance: The case for gifted children. *Gifted Child Quarterly*, *40*(2), 61-65. © 1996 National Association for Gifted Children. 필자 승인 후 재인쇄.

법론이 타당한 것임을 입증하였다(Abedi, Baker, & Herl, 1993; Baker, 1994b; Baker, Aschbacher, et al., 1991; Baker, Freeman, & Clayton, 1991; Herl, 1995; Herl, Niemi, & Baker, 1995; Shavelson, Lang, & Lewin, 1994). 근본적인 쟁점은 어떤 표준들(standards)이 사용되며, 채점을 위한 타당한 기준은 어떻게 고안되고 있는가다. 모든 채점 방식의 선택과 특징 역시 평가가 다양하기 때문에 그 목적에 따라서 어느 정도 다양하게 바뀔 것이다. 다시 말해서, 전반적인 책무성을 보고하기 위해 기획된 평가는, 아직 수행 목표에 도달하지 못한 학생에게 부차적인 '보충 수업(supportive instruction)'을 해 주는 데 교사에게 도움을 주려는 평가에 비해 다소 덜 상세하고 불완전한 기준을 가질 수도 있다. 하지만 새로운 정책들이 단일 평가 선택안을 이용하도록 강요하기 때문에, 차후에는 교육평가 중 많은 부분이 '책무성(accountability)'과 '수업 개선(instructional improvement)' 모두에 대해 유용한 결과를 전달해 주는 것을 추구할 가능성이 매우 크다.

채점 기준 개발에는 데 두 가지 주요 전략이 사용되어 왔다. 첫 번째 접근법은 학생이 성취해야 할 수행의 종류뿐만 아니라 채점에서의 핵심요소들에 대해서 교사와 다른 교육과정 전문가들이 논의하고, 분석하며, 합의에 이르는 것에 따라 전적으로 결정된다. Baker(1994b)가 간략히 설명한 이 접근법은 학생의 반응에서 무엇이 나타나야 하는지, 이러한 기준들을 토대로 어떻게 채점해야 하는지에 대해 논의하는 것에 초점을 두고 있다. 두 번째 접근법은 교사가 무엇을 이야기하느냐에 대해서보다는 전문가들이 무엇을 이야기하느냐에 대해 고찰하는 것을 포함한다. 몇몇 연구들은 전문가와 초심자의 수행을 대조시켜 왔다(Baker, 1994a; Baker, Freeman, & Clayton, 1991; O'Neil, Allred, & Dennis, 인쇄 중; O'Neil, Baker, Ni, Jacoby, & Swigger 1994; O'Neil, Chung, & Brown, 인쇄 중). 이 접근법은 일반적인 기대가 아닌 실질적인 수행에 근거하므로 구체적이기 때문에 높은 타당성을 동반하는 이점이 있다. 다시 말해서, 만약 학생의 수행을 특정 분야에서의 전문가의 행동과 비교하여 상세히 나타낸다면 전문가의 수행에서 도출된 기준을 신뢰하

영재교육 프로그램 평가

는 것이 더 합당한 것으로 보인다.

지난 6년에 걸쳐서 CRESST는 여러 가지 내용 영역에서 학생의 수행을 평가하기 위해 전문가 지식 모형(expert knowledge models)을 이용해 왔다. CRESST의 채점 방식은 앞서 설명했던 두 가지 전문가 모형 조사연구 모두에서 도출된 요소들을 이용해 왔다. CRESST의 문제해결 과제로 Baxter, Elder 그리고 Glaser(1995)가 제작한 과학 수행평가에서는 학생의 문제해결 수행도를 네 가지 특성에 따라서 평가하고 있다. 유능한 학생은 (a) 아는 것을 추리하고, 설명하며, 추론해 내는 자신의 능력을 길러 주는 지식을 통합해 낼 수 있고, (b) 문제의 의미를 효과적으로 설명하는 것뿐만 아니라 어떤 문제해결 전략을 이용하기 전에 접근방법을 계획할 수 있으며, (c) 시행착오 과정이 아니라 논리적이고 효과적인 문제해결 전략을 선정할 수 있고, (d) 자신의 수행을 모니터하기 위하여 잘 발달된 일련의 자기조절 기술(self-regulatory skills)을 사용할 수 있는 특성이 있다. 이러한 채점 기준은 전문가들에 대한 연구로부터 외삽(extrapolated)하였다. 이러한 능력들 각각에 대하여 4점 척도로 평가하였다. 학생의 복합적인 수행을 평가하기 위한 포괄적인 기준에서 높은 점수의 학생과 낮은 점수의 학생이 수행상에서 질적으로 다른 특성을 살펴볼 수 있다. 높은 점수의 학생은 자신의 설명에서 내용 영역을 근간으로 하는 원리에 대해 귀납적으로 이해하고 있음을 보여 주었다. 높은 점수의 학생은 문제를 해결하는 데 결론을 도출하기 전에 가능한 모든 정보를 입수하는 체계적인 접근법을 보여 주었다. 높은 점수의 학생은 자신의 선행연구 보고서를 참고하고 해당 과제에 대해 제약된 범주 내에서 적절히 조작함으로써 자신의 수행에 대해 효과적이고 융통성 있는 모니터링을 수행하였다(Baker, Aschbacher, Niemi, & Sato, 1992; Baxter et al., 1995).

수행 기준의 설정은 첫 번째로 교사들이 여러 가지 사항 중에서 선택할 수 있도록 이끈다. 이때 성인 전문가의 수행을 평가에 대한 기준으로 활용할 수 있다. 두 번째로 교사들은 내용적인 지식뿐만 아니라 교육적인 지식까지 갖추고 있기 때문에, 우수한 수행 기준을 정립하기 위해 내용 면에서 전문 지식을 보유한 교사들의 수행을 이용할 수도 있다. 세 번째로 발달상 더 적합한 모형, 예를 들면 영재로 판별된 학생의 수행을 이용할 수도 있다. 채점 기준을 설정하기 위하여 수행도가 높은 학생의 예를 이용하는 것은 그 모형에 성인을 이용하는 것보다는 아동이 이행한 과업을 이용하는 이점을 가진다. 마지막으로 더 높으면서도 합당한 기준을 설정하기 위해서, 교사들은 평가받는 학년보다 1~2학년 정도 높은 단계에 있는 학생의 수행을 활용할 수도 있다. 처음 두 가지 성인 모형은 연구의 토대가 되는 자료를 생성해 왔다. 두 가지 아동 모형은 조사가 이루어져야 한다. 영재와 유아를 다루는 교사들은 과제 표본과 아동 평가 모형에 대한 수행도를 체계적으로 수집함으로써 조사뿐만 아니라 실재로도 한층 더 발전할 수 있는 기회를 얻는다.

전문가 수행

전문가 수행에 대한 연구는 특정 분야에서 지식의 체계를 밝히려는 연구에서 사용되어 왔다. 일부 연구에서 학습이 이루어지는 동안 전문가와 초심자들 사이에서 대조되는 부분을 조사하였다. 전문가가 과제를 수행하는 일련의 과정과 수행도를 조사하고, 그것을 초심자의 수행도와 비교함으로써, 이 조사자들은 전문가들이 지식을 어떻게 조직하여 이용하는지의 여러 가지 차이점을 집중적으로 조명하였다(Chi, 1978; Gentner 1988; Johnson, 1988; Larkin, 1983; Lawrence, 1988; Lesgold et al., 1988; Miyake & Norman, 1979; Simon & Simon, 1978; Voss & Post, 1988). 다른 연구에서는 복잡한 체계를 계획하고 평가하기 위해서 전문가의 수행에 초점을 두었다(Kieras, 1988; Means & Gott, 1988; O'Neil et al., 1994; Shank & Kass, 1988; Staggers &

영재교육 프로그램 평가

Norcio, 1993). 전문가의 전반적인 수행은 원칙에 근거하며, 절도 있고, 고도로 자동화되어 있으며, 조직적인 선행지식에 의존적인 경향을 보인다. 학습자들은 처음에 특정 학과 활동에 참여하는 것부터 시작하기 때문에, 이런 일반적인 기준들은 실제 전문가 수행을 학습자들의 수행과 지나치게 동떨어지게 만들 수 있다.

교사는 학생의 전문적인 지식을 가장 잘 어림할 수 있는 존재인가?

교사들은 학과 문제에 대한 전문 지식뿐만 아니라 교육학적인 전문 지식을 가지고 있으므로 잠재적으로 타당성 있는 전문가 모형으로 고려해 볼 수 있다. 교사의 전문 지식을 학생의 수행과 비교하는 연구가 이루어졌다. 연구는 개념도 작성 과제(concept mapping)에서 교사의 지식 표상을 동일한 주제 영역에서 학생의 지식 표상을 평가하기 위한 기반으로 활용하였다(Herl, 1995; Lomask, Baron, Greig, & Harrison, 1992). Herl(1995)은 대공황에 대한 학생의 논술(서술형 시험)을 신뢰성 있게 채점해 왔던 여러 교사들을 동원하여 비공개 개념도, 즉 사전에 결정된 관련 용어들과 사전에 결정된 중심점으로 이루어진 개념도를 작성하였다. 이들 교사들이 주제 관련 지식에 대하여 더 심층적인 이해를 할 것이라고 예상되었기 때문에, 학생의 논술을 채점하는 법을 교육받아 온 여러 교사들을 선발하는 것은 하나의 전략으로 채택되었다. Herl(1995)은 11학년 학생의 개념도를 4명의 전문가 교사 개념도에 비유하였다. 개념도에 대한 의미론적인 내용의 점수는 그들의 개념도에서 전문가들이 구성해 낸 의미론상의 연결을 토대로 하였다. 다음으로 각 전문가들의 개념도는 각 학생에 대한 전체 개념도 점수를 컴퓨터로 계산하는 데 이용되었는데, 그 결과 각 학생의 개념도에 대하여 컴퓨터로 계산된 4개의 점수를 얻었다. 전문 교사들이 이용했던 여러 용어 및 연결과 비교하여, 학생이 이용했던 여러 개념과 관계에 대해 이와 같이 심층적인 유형으로 짝을 짓는 분석은, 학생의 개념도가 전문 교사의 개념도와 얼마나 많이 유사한가를 어림할 수 있게 하였다.

Herl(1995)의 접근법은 교사 자신의 내용 전문 지식뿐만 아니라 학생 수행에 대한 그들의 지각까지도 동시에 근거로 삼기 때문에, 매우 흥미롭다. 교사에게는 개념도를 작성하기 전에 학생의 논술을 보게 하였는데, 그것은 교사들의 개념도가 학생의 논술문에 포함된 내용과 더 많이 일치할 것이라는 가정에서 이루어진 조치였다. 하지만 이러한 가설은 아직 조사된 것이 없다.

얼마나 많은 전문가가 있는가?

지식의 근원으로서 전문가들 사이의 편차 역시 하나의 쟁점이다. Herl의 연구에서는 4명의 전문가들을 동원하였다. 전문가들의 개념도를 모은 것은 학생의 수행을 채점하기 위한 전문가 템플릿(template)으로써의 역할을 하였다. 비교 평가를 목적으로 선정된 전문가들의 수는 여러 발달상 요인들 때문에 한층 더 복잡해진다. 한 가지 두드러지는 요인은, 성인의 '지식 표상(knolwedge representations)'이 아동보다 더 다채로울 것이라는 점이다. 성인의 지식은 더 많이 발달되었을 것이기 때문에 지식 표상은 3학년 학생의 표상보다도 더 상세하고 정교할 것이다. 정교한 지식 표상의 경우에 평가의 핵심 기준을 추론해 내는데 부차적인 기술적 문제를 내놓으면서도 내용 영역 내에서는 타당성이 클 수도 있다. 평가 기준이 매우 다채로운 상황은 교육평가에서 다양성을 이끌 것이다. 특정 사례에서의 다양성은 해당 분야에 대한 일반적인 합의에 도달하지 못했음을 나타내는 것이기 때문에, '일치'를 추구하는 채점 기준을 만들려는 것은 부적절하다. 예를 들어, 평가목표가 문제해결 혁신인 경우에 상이한 여러 가지 영역들은 본질적으로 접근법과 세부 항목에서의 차이에 따라 결정된다. 학생의 응답을 채점할 때에 전문가와 교사의 수행부터, 예를 들면 인색함이나 예상치 못했던 관계 등의 성공과 관련된 핵심 속성들에 이르기까지의 외삽을 필요로 할 것이다. 특히, Stevens(Stevens & Lopo, 1994; Stevens, Wang, & Lopo, 인쇄 중)는 전문가의 수행에서 논리적으로 이끌어 낸 일련의 추론에 의존하는 접근법을 이용하였기 때문에, 그는 자신의 컴퓨터 보조 채점 체계(computer aided scoring system)를 개발하는 데 수백 명의 전문가들을 동원하였다. Stevens의 연구는 전문가들이 다양한 경로를 취할 수는 있지만, 특히 과학적인 영역에서 '정확한' 해답에 대해 의견의 합의를 도출해 낸다는 것이 불가능함을 예증해 준다.

전문가를 기반으로 하는 채점 방식을 이용하는 데에도 실질적인 어려움이 반드시 존재한다. 학생이 그와 같은 수행 수준에 접근해 가는 것을 실질적인 목표로 할 때, 전문가들의 수행을 이용하는 것은 좋은 방법이다. 예를 들어, 인명 구조 절차를 수행하는 전문가의 역량을 평가할 때 외과 레지던트에게 그 전문가의 기준을 고수하는 것은 합당한 것으로 보일 수 있다. 또한 고등학생에게 전문가의 수행에 통합된 여러 요소들을 역사 시험문제에 대한 답안 작성에서 이용하게 하는 것도 적절할 것이다. 우리는 주요한 역사적 사건에 대한 논술(서술형 시험) 형태의 질문에 응답하는 것에서 전문가들이 항상 다양한 관점을 취하고, 여러 가지 원리나 주요 주제에 초점을 두며, 관련된 선행지식을 기억하여 참조한다는 사실을 알게 되었다. 우리가 기대하였던 것은 학생이 직접적으로 풍부한 전문적인 지식을 구현하지는 않겠지만 전문가의 응답에서 발견되는 핵심요소들을 포함시킴으로써 전문적인 지식 면에서 어느 정도 닮아 가기 시작할 것이라는 점이었다. 예를 들어, 선행지식은 논술형 응답을 이루는 근본적인 요소가 되어야 하지만, 전문가들이 제시하였던 선행지식과 비교하여 학생이 선택한 선행지식은 타당성이 적고, 덜 정교하며, 그것을 조직하는 주제나 원리와 적절히 연관을 맺지 못할 가능성이 크다.

하지만 더 어린 학생에 대하여 전문가를 토대로 기준을 정립하는 문제에 직면할 때, 우리는 실행 가능성의 문제(feasibility issue)를 해결하기 위해 더욱 노력해야 한다. 4학년 정도의 어린 학생이 어떤 식으로든 위엄 있는 전문가의 수행에 접근해 나갈 것이라고 기대하는 것은 합당한 것인가? 예를 들어, 3학년 학생에게 구체적인 사실들의 계통을 수립하여 일반적인 원리를 만들어 내는 것을 기대할 수 있는가? 만약 3학년 학생들이 성공하지 못한다면, 그들의 수행에서 교수상의 가설이나 발달상의 가설에 더 적합한 추론이 도출될 수 있는가? 만약 통상적으로 사용하는 출처인 성인 전문가들이 발달상 부적합하다고 한다면, 우리는 채점 기준을 산출하기 위하여 전문가 모형(model of experts)을 어떻게 이용할 수 있는가?

만약 우리가 발달적으로 적합한 전문가의 수행을 고려하는 접근법에 대해 타당성 확인을 시도한다면, 표면적으로 성공한 학생이 행한 수행의 예를 기반으로 하는 접근법을 떠맡게 될 것이다. 우리는 '목표 학습자(target learner)'들이 지닌 중요 특성들을 공유하는 전문가에게서 얻을 수 있는 가장 우수한 수행을 찾아내야 한다. 성인 전문가들은 그들이 몸담고 있는 직업과 학위, 그리고 이외 다른 외적 변인들 때문에 매우 한정되어 있다. 그러한 개인들의 일이 평가 기준을 정립하는 데 유용성을 판단하기 위한 면밀한 조사가 이루어지도록 학생 전문가들에 대한 분류(classification)와 유사한 토대를 찾아내야 한다. 본질적으로 우리가 찾는 것은 전문가와 초심자의 비교와 유사한 방식으로 학생의 과업을 구별하게 해 주는 분류 체계다.

수행 기준으로 수행도가 뛰어난 학생을 이용하는 것은 어떠한가?

우리는 수행도가 뛰어난 학생의 수행을 이용하는 것에 대해서 고려해 볼 것을 제안한다. 우리는 체계적으로 5학년 영재의 수행을 고찰하여 미국사

영재교육 프로그램 평가

(American history)에서의 전문가 수행을 어림잡아 볼 수 있었다. 채점 가능한 평가 기준으로 설명될 수 있는 보편적인 특질들을 추론하기 위해서, 5학년 영재들의 수행 과제를 수집하고 바람직한 모형으로 이용하였다. 이 전략은 판사들에게 수행을 높은 범주와 낮은 범주로 단순히 분류한 다음 차이점을 추론해 낼 것을 요구하는 접근법과 다르지 않다(Baker, Freeman, & Clayton, 1991). 하지만 여기에는 중대한 차이점이 있다. 첫째, 학생에 대한 우선 분류의 근본 원리가 존재한다. 학생을 외적인 기준을 통해 분류하는 한 가지 보편적인 방식에는 성적이 포함된다. 하지만 평점을 매기는 관행은 매우 다양하며 지역적인 기준에 따라 크게 좌우된다. 비록 그러한 특례에 지능적인 요소가 기여한다는 것에 대해서는 여전히 논쟁이 되고 있지만, 영재아동을 선발하는 데는 더 일반적인 관행이 존재하고 있을지도 모른다. Sternberg와 Clinkenbeard(1995)가 말하는 것처럼, "학자들은 영재성을 판별하기 위해서 어떤 능력들을 고려해야 하는지에 대해 합의에 이르지 못할 수도 있지만, 대부분은 현행 절차가 인간능력의 방대한 범주에서 단지 일부분만을 견본으로 조사한다는 점에 동의할 것이다."(p. 255) 어떤 관행이 이용되건 안 되건 간에 그것을 토대로 하기 때문에, 학생에게서 추론된 채점 기준을 이용할 때 산출된 조사결과의 타당도를 통해서 이 접근법의 효용성을 탐구할 가능성이 크다. 또한 영재학생의 수행에서 그렇게 두드러지지는 않지만, 유능한 아동의 수행에서 불규칙적으로 발견되던 다른 속성들에는 어떤 것들이 포함되었는지를 판단해 보는 것도 바람직하다. 영재학생의 수행을 기준의 원천으로 이용한 다음 채점 기준을 추론하기 위한 조사가 이루어질 것이다.

영재는 전문가들이 지닌 인지적인 특성들 중 다수를 가지고 있다. 평균적으로 영재는 높은 수준의 상위인지적인 능력(metacognitive abilities)을 나타낸다(Cheng, 1993; Rogers, 1986). 영재는 자신의 생각을 모니터링하고, 적절한 전략을 선택하며, 주의력이라는 자원을 적절히 배분하고, 해결과정을 반복적인 방식으로 평가한다. 수행도가 뛰어난 아동 및 특출한 영재는 더 적은 정보가 제공되는 상황에서 그들에게 요구되는 것이 무엇인지를 파악하는 데 정통한 듯하다(Sternberg, 1988). 이렇게 하기 위해서, 영재는 복잡한 문제들을 연구하여 해결하도록 도움을 주는 총체적인 계획 수립 전략을 수행하는 데 막대한 양의 시간을 투자한다(Sternberg, 1981). 전문가들과 마찬가지로, 영재들은 여러 가지 과제들을 자동화시키고, 높은 수준의 속도와 정확도를 갖추고 문제를 완수할 수 있는 영역에 따라 결정되는 거대한 지식 체계를 지니고 있다. 이러한 자동화(automaticity)는 해당 과제의 더 어려운 측면들을 처리하기 위해서 기억 능력(memory capacity)을 자유롭게 해 준다. 그러므로 영재는 다른 방식으로 주의를 필요로 하는 과제들을 자동화시켜 왔기 때문에, 단기 기억과 장기 기억 모두에서 높은 수행도를 보여 준다(Chi, Glaser, & Farr, 1988; Sternberg, 1977).

전문가 수행자들(expert performers)의 강점은 관련 변인들을 암호화하고 규명하는 데 있다(Johnson, 1988). 또한 영재학생은 부적절한 정보와 적절한 정보를 가려내는 기술을 보유하고 있다. 영재학생은 별개의 정보 조각으로 보일 수 있는 것들을 통합된 전체로 결합시키는 것에서도 매우 정통하다. 이 능력은 알고 있는 것과 배우고 있는 것을 연계시키는 것도 포함한다. 전문가 수행자들과 흡사하게, 영재학생은 정신적 모형(mental model)을 정립하여 추진시켜 나감으로써 문제를 머릿속에 그린다(Sternberg, 1988). 문제에 대한 정신적인 표상을 정립하는 것은, 그 상황을 규정짓고 그 체계가 어떻게 운영되는지를 더 잘 이해하도록 하는 관련 사항들을 문제해결자들이 추론할 수 있게 도와준다(Gentner & Gentner, 1983; Glaser & Chi, 1988; Mayer, 1989). 그러므로 영재학생은 전문가들과 많은 인지적 유사점을 공유한다. 전문가들과 마찬가지로, 영재학생들은 정보의 여러 가지 유형을 이용하고, 탁월한 상위 인지적인 능력 및 문제 포착 능력을 지니고 있으며, 고등 서열 관계를 마음속에 그리고, 지식 중 많은 부분을 자동화시키며, 해결 중인 문제들에 대해 정신적 표상을 형성한다(Sternberg & Davidson, 1986). 이 모든 논거들은 발달상 적절한 전문가적인 수행의 기준으로서 영재학생을 이용하는 것을 뒷받

영재교육 프로그램 평가

침하지만, 그것을 유보하자는 의견 역시 다수 존재할 것이다.

영재 수행 모형의 적합성

이 안건과 관련해서 가장 강한 관심을 얻는 한 가지는, 그것이 본질적으로 일단의 부적절한 전문가(성인 전문가)들을 또 다른 하나의 무리(영재학생)로 대체하면서 학생이 성취하기에 비합리적인 기준(unreasonable standards)을 설정할 수 있다는 점이다. Sternberg와 Clinkenbeard(1995)는 분석 능력, 창의적인 종합 기술, 실제적인 맥락화 기술이 학교 환경뿐만 아니라 그 밖의 환경에서도 매우 중요하면서도 독특한 일련의 세 가지 인간능력이라고 주장한다.

다른 연구자들은 영재성을 이루는 요소들이 형성되고 창조될 수 있다고 주장한다. Ericsson, Krampe 그리고 Tesch-Romer(1993)에 따르면, 일개 영역 내에서 해당 분야에 노련한 교수 및 코치와 결합하여 매일 3~4시간씩 수년간 지속적이고 계획적인 연습을 하는 것은 개인의 지능과는 상관없이 특출한 수행을 할 수 있는 사람을 양성해 낼 수 있다. 비범한 수행에 대한 조사에서, Ericsson, Krampe 그리고 Heizmann(1993)은 타고난 능력과 재능은 미미한 역할을 하는 것으로 보이며, 심지어 "전문가적인 수행에 도달하는 일반아동과 성인들에게는 무시해도 좋을 정도의 역할을 하는 것 같다."(p. 230)라고 설명하였다. Ericsson의 연구결과는 동기부여, 자기주도성, 고도로 훈련된 행동 등이 개인의 탁월성을 성취할 수 있게 해 준다고 밝혔다. 비록 현재의 상황에서 그러한 특성들을 계발해 낼 수 있는 능력은 매우 한정되어 있지만 이는 학교를 통해서도 역시 길러질 수 있는 것들이다.

더 나아가, 영재로 판별된 학생의 수행을 대부분의 아동에 대한 수행 목표로 활용하는 것의 공식적인 결과들이 나타나는 것은 당연한 듯하다. 그러한 기준은 더 많은 아동과 교사가 추구해야 하는 것이라기보다는, 오히려 도달할 수 없는 것으로 특별한 사람만의 영역이라는 더 큰 의미를 나타낼 수도 있다. '영재로 판별된 학생'을 학생에 대한 분류 기준으로 이용하는 것에 대한 대안을 생각해 볼 수 있다. 한 가지 선택은 평가가 이루어지는 학년보다 1~2학년 앞선 학생의 수행을 살펴보는 것이다. 이 접근법은 특정 학년 범주에서만 받아들여질 수 있는 것으로서, 발달상 차이가 가속화되는 연령대에서는 매우 부적합하다. 학생 개인의 수행, 학교 효용성, 교육적 책무성에 대하여 타당한 추론을 할 수 있게 해 줄 합리적이고, 공정하며, 임의적인 채점 기준이 무엇인지를 판단하기 위해서 일련의 실험 전략에 대한 조사가 이루어져야 한다. 너무 오랫동안 교육공동체는 근시안적이라는 비난을 받아 왔다. 그러한 선견지명을 기르는 데는 위험이 뒤따르기 마련이다.

📝 참고문헌

Abedi, J., Baker, E. L., & Herl, H. (1993). *Comparing reliabilities obtained by different approaches for performance assessment.* Paper presented at the annual meeting of the American Educational Research Association, Atlanta.

Baker, E. L. (1994a). Human benchmarking of natural language systems. In H. F. O'Neil & E. L. Baker (Ed.), *Technology assessment in software applications.* (pp.85-97). Hillsdale, NJ: Lawrence Erlbaum Associates.

Baker, E. L. (1994b). Learning-based assessments of history understanding. *Educational Psychologist, 29*(2), 97-106.

Baker, E. L., Aschbacher, P., Niemi, D., & Sato, E. (1992). *CRESST performance assessment models: Assessing content area explanations.* Los Angeles: University of California, National Center for Research on Evaluation, Standards, and Student Testing.

Baker, E. L., Aschbacher, P., Niemi, D., Chang, S., Weinstock, M., & Herl, H. (1991). *Validating measures of deep understanding of history.* Paper presented at the annual meeting of the American Educational Research Association, Chicago.

Baker, E. L., Freeman, M., & Clayton, S. (1991). Cognitive assessment of history for large-scale testing. In M. C. Wittrock & E. L. Baker (Eds.), *Testing and cognition* (pp. 131-153). Englewood, NJ: Prentice Hall.

Baxter, G. P., Elder, A. D., & Glaser, R. (1995). *Cognitive analysis of a science performance assessment* (CSE Technical Report 398). Los Angeles: University of California, Center for Research on Evaluation, Standards, and Student Testing.

Cheng, P. W. (1993). Metacognition and giftedness : The state of the relationship. *Gifted Child Quarterly, 37*, 105-112.

Chi, M. T. H. (1978). Knowledge structures and memory development. In R. Siegler (Ed.), *Children's thinking: What develops?* (pp. 73-96). Hillsdale, NJ: Lawrence Erlbaum Associates.

Chi, M. T., Glaser, R., & Farr, M. J. (1988). *The nature of expertise*. Hillsdale, NJ: Lawrence Erlbaum Associates.

Ericsson, K. A., Krampe, R. T., & Heizmann, S. (1993). Can we create gifted people? In Ciba Foundation, *The origins and development of high ability* (pp. 222-249). New York: John Wiley & Sons.

Ericsson, K. A., Krampe, R. T., & Tesch-Romer, C. (1993). The role of deliberate practice in the acquisition of expert performance. *Psychology Review, 100*, 363-406.

Gentner, D., & Gentner, D. R. (1983). Flowing waters or teeming crowds: Mental models of electricity. In D. Gentner & A. L. Stevens (Eds.), *Mental models* (pp. 99-129). Hillsdale, NJ: Lawrence Erlbaum Associates.

Gentner, D. R. (1988). Expertise in typewriting. In M. T. H. Chi, R. Glaser, & M. J. Farr (Ed.), *The nature of expertise* (pp.1-22). Hillsdale, NJ: Lawrence Erlbaum Associates.

Glaser, R., & Chi, M. T. H. (1988). Overview. In M. T. H. Chi, R. Glaser, & M. J. Farr (Eds.), *The nature of expertise* (pp. xv-xxviii). Hillsdale, NJ: Lawrence Erlbaum Associates.

Herl, H. E. (1995). *Construct validating of an approach to modeling cognitive structure of experts' and novices' U.S. history knowledge.* Unpublished doctoral dissertation. University of California, Los Angeles.

Herl, H., Niemi, D., & Baker, E. I. (1995). *Construct validation of an approach to modeling cognitive structure of experts' and novices' U.S. history knowledge.* Paper presented at the annual meeting of the American Educational Research Association, San Francisco.

Johnson, E. J. (1988). Expertise and decision under uncertainty: Performance and process. In M. T. H. Chi, R. Glaser, & M. J. Farr (Eds.), *The nature of expertise* (pp. 209-228). Hillsdale, NJ: Lawrence Erlbaum Associates.

Kieras, D. E. (1988). What mental model should be taught: Choosing instructional content for complex engineered systems. In J. Psotka, L. D. Massey, & S. A. Mutter (Eds.), *Intelligent tutoring systems: Lessons learned* (pp. 85-111). Hillsdale, NJ: Lawrence Erlbaum Associates.

Larkin, J. H. (1983). The role of problem representation in physics. In D. Gentner & A. L. Stevens (Eds.), *Mental model* (pp. 75-100). Hillsdale, NJ: Lawrence Erlbaum Associates.

Lawrence, J. A. (1988). Expertise on the bench : Modeling magistrates' judicial decision making. In M. T. H. Chi, R. Glaser, & M. J. Farr (Eds.), *The nature of expertise.* (pp. 229-260). Hillsdale, NJ: Lawrence Erlbaum Associates.

Lesgold, A., Rubinson, H., Feltovich, P., Glaser, R., Klopfer D., & Wang, Y. (1988). Expertise in a complex skill : Diagnosing X-ray pictures. In M. T. H. Chi, R. Glaser, & M. J. Farr (Eds.), *The nature of expertise* (pp. 311-342). Hillsdale, NJ: Lawrence Erlbaum Associates.

Lomask, M., Baron, J., Greig, J., & Harrison, C. (1992). *ConnMap: Connecticut's use of concept mapping to assess the structure of students' knowledge of science.* Symposium presneted at the annual meeting of the National Center for Research in Science Teaching and Learning, Cambridge, MA.

Mayer, R. E. (1989). Models for understanding. *Review of Educational Research, 59*(1), 43-64.

Means, B., & Gott, S. P. (1988). Cognitive task analysis as a basis for tutor development: Articulating abstract knowledge representations. In J.

영재교육 프로그램 평가

Psotka, L. D. Massey, & S. A. Mutter (Eds.), *Intelligent tutoring systems: Lesson learned* (pp. 35-57). Hillsdale, NJ: Lawrence Erlbaum Associates.

Miyake, N., & Norman, D. A. (1979). To ask a question one must know enough to know what is not known. *Journal of Verbal Learning and Verbal Behavior, 18*, 357-364.

O'Neil, H. F. Jr., Allred, K., & Dennis, R. A. (in press). Assessment issues in the validation of a computer simulation of negotiation skills. In H. F. O' Neil, Jr., (Ed.), *Workforce readiness: Competencies and assessment.* Mahwah, NJ: Lawrence Erlbaum Associates.

O'Neil, H. E. Jr., Baker, E. L., Ni, Y., Jacoby. A., & Swigger, K. M. (1994). Human benchmarking for the evaluation of expert systems. In H. F. O'Neil, Jr., & E. L. Baker (Eds.), *Technology assessment in software applications* (pp. 13-45). Hillsdale, NJ: Lawrence Erlbaum Associates.

O'Neil, H. E. Jr., Chung, G., & Brown, R. (in press). Use of networked simulations as a context to measure team competencies. In H. F. O'Neil, Jr., (Ed.), *Workforce readiness: Competencies and assessment.* Mahwah, NJ: Lawrence Erlbaum Associates.

Rogers, K. (1986). Do the gifted think and learn differently? A review of recent research and its implications for instruction. *Journal for the Education of the Gifted, 10*, 17-39.

Shank, R., & Kass, A. (1988). Knowledge representation in people and machines. In U. Eco, M. Santambrogio, & P. Violi (Eds.), *Meaning and mental representations* (pp. 181-200). Bloomington: Indiana University Press.

Shavelson, R. J., Lang, H., & Lewin, B. (1994). *On concept maps as potential "authentic" assessments in science* (CSE Tech. Rep. No. 388). Los Angeles: University of California, National Center for Research on Evaluation, Standards, and Student Testing.

Simon, D. P., & Simon, H. A. (1978). Individual differences in solving physics problems. In R. Siegler (Ed.), *Children's thinking: What develops?* (pp. 325-348). Hillsdale, NJ: Lawrence Erlbaum Associates.

Staggers, N., & Norcio, A. F. (1993). Mental models: Concepts for human-computer interaction research. *International Journal Man-Machine Studies, 38*, 587-605.

Sternberg, R. J. (1977) *Intelligence, information processing, and analogical reasoning: The componential analysis of human abilities.* Hillsdale, NJ: Lawrence Erlbaum Associates.

Sternberg, R. J. (1981). Intelligence and nonentrenchment. *Journal of Educational Psychology, 73*, 1-16.

Sternberg, R. J. (1988). A unified theory of intellectual exceptionality. In J. D. Day & J. G. Borkowski (Eds.), *Intelligence and exceptionality: New directions for theory, asessment, and instuctional practices* (pp. 135-172). Norwood, NJ: Ablex.

Sternberg, R. J., & Clinkenbeard, P. R. (1995). The triarchic model applied to identifying, teaching and assessing gifted children. *Roeper Review* 17(4), 255-260.

Sternberg, R. J., & Davidson, J. E. (1986). *Conceptions of giftedness.* New York: Cambridge University Press.

Stevens, R., & Lopo, A. (1994). Artificial neural network comparison of expert and novice problem-solving strategies. *Proceedings of the Eighteenth Annual Symposium of Computer Applications in Medical Care* (pp. 64-68).

Stevens, R., Wang, P., & Lopo, A. (in press). Artificial neural networks can distinguish novice and expert strategies during complex problem-solving. *Journal of the American Medical Informatics Association.*

Voss, J. E., & Post, T. A. (1988). On the solving of ill-structured problems. In M. T. H. Chi, R. Glaser, & M. J. Farr (Eds.), *The nature of expertise* (pp. 261-285). Hillsdale, NJ: Lawrence Erlbaum Associates.

10

영재교육의 질적 평가[1]

Sara W. Lundsteen(North Texas State University)

본 논문은 영재교육과 특별한 관련이 있는 민족지학적인 관점을 활용한 질적 연구를 기술하였다. 영재교육 프로그램을 연구하고 평가할 때, 독자가 사례를 통하여 질적인 평가방법에 대한 잠정적인 활용을 이해하는 데 도움을 주기 위한 것이다. 그 자원은 민족지학적인 관점을 활용하는 영재교육 관련 선행연구를 포함한다. 여기에서 내린 결론은 이러한 방법론을 많이 활용하는 것이 영재교육에 유익하다는 점이다.

무(無)에서 일어나라
그리고 위대한 영웅이 되어라
당신이 해결하려고 애써야 할 아래의 문제들에 답하라 —
　　"나는 어디로 가고 있으며
　　나는 어떻게 거기에 도착할 것인가, 그리고
　　나는 어떻게 내가 도착하였다는 것을 알 것인가?"

－Mager(1968) －

---

[1] 편저자 주: Lundsteen, S. W. (1987). Qualitative assessment of gifted education. *Gifted Child Quarterly, 31*(1), 25-29. ⓒ 1987 National Association for Gifted Children. 필자 승인 후 재인쇄.

긴 시의 일부인 앞의 내용은 교육 분야에 종사하는 대부분의 사람들에게 잘 알려져 있는데, 일종의 '행동 목표'에 찬사를 보내는 것으로 Mager가 쓴 것이다. 실례를 들면, '종이와 연필이 주어진다면, 영재는 98%의 철자법의 정확성을 가지고 5분 안에 200단어의 작문을 할 수 있을 것이다.' 질적 평가는 본래 Mager가 주장한 특정 자료를 사용하지는 않는다. 그럼에도 불구하고 이것은 영재교육자들이 어디로 가고 있는지를 생각하는 것에 관한 질문, 그들이 어떻게 거기에 도착할 것인가를 생각하는 것에 관한 질문, 그리고 그들이 어떻게 도착하였다는 것을 아는가에 관한 질문에 참여자들이 답변하는 하나의 생산적인 방식이 될 수 있다. 이들 질문은 질적 연구와 평가를 기술하면서, 그리고 영재교육에 관한 민족지학적인 관점을 강조하면서 이 논문의 목적으로 우리를 인도한다. 우선 이 논문은 질적 연구의 포괄적이고 중요한 문제들을 다루었다. 그리고 나서 민족지학적 관점의 중심을 논의하였다.

질적 연구의 특징

Bogdan과 Biklen(1982)이 제시한 질적 연구의 다섯 가지 특징은 다음과 같다.

1. **질적 연구에서는 자연적인 환경이 자료의 직접적인 근원이 되며, 연구자는 연구의 주된 도구가 된다.** 연구자들은 연구 중에 있는 행동이 일어나기 쉬운 곳에서 자료를 관찰하고 수집하기 때문에, 흔히 **자연주의**라는 말을 사용한다. 영재가 정규수업시간을 활용하는 방법을 알기 위하여, 사람이 영재로 판별된 아동이 활동하는 교실을 관찰하는 것은 당연하다.

2. **질적 연구는 기술적(descriptive)이다.** 이 자료는 사람이 생각하는 것에

영재교육 프로그램 평가

대하여 말하고, 행동하고, 또는 나타내는 것에 관한 '느낌'이 생기게 하는 경향이 있다. 이것에는 영재가 쉬는 시간 동안 친구들과 놀이하는 방법에 관하여 작성한 기록, 또는 영재가 예술적인 일을 수행하는 방식에 관한 비디오테이프가 포함될 수도 있다. 또한 수많은 자료들이 사용될 수 있다.

　3. **질적 연구자들은 산출물뿐만 아니라 과정에도 관심을 갖는다.** 예를 들어, 형성평가자들은 어떤 아동이 영재 프로그램에 참여자로 선발되었는지, 실제로 선발방법을 준수하였는지, 그 결과가 적절한지 혹은 부적절한지, 그리고 선발 과정 동안 학생의 지각과 인식은 어떠하였는지를 파악하는 것을 검사할 수 있다.

　4. **질적 연구자들은 자료를 귀납적으로 분석하려는 경향이 있다.** 연구자들이 관찰하는 것을 우선으로 하고, 그 관찰 자료로부터 벗어나면 기술적 유형, 가설 또는 심지어 이론으로 조롱받는다. 이러한 생각들(가설들)과 함께 환경을 검토하는 것이 하나의 역할이지만, 연구자는 관찰을 진행할 때 변화에 탄력적이고 순종해야 한다. 많은 영재가 정규수업에 시간을 낭비하고 있다는 생각을 가져야 할 것이다. 관찰을 통하여 연구자는 짧은 시간에 자신의 일을 끝내고 책상에 앉아 '하는 일 없이 헛되이' 많은 시간을 보내는 아이들을 알게 될지도 모른다. 반복 관찰 후에 연구자는 시간을 허비하고 있다는 것을 느끼기 시작한다. 그 아이와 다음과 같은 면담을 한다. 그 아이는 오늘 지난번에 했던 것보다 더 멀리 여행을 가려는 추진을 어떻게 구상할 것인지를 마음속으로 생각하고 있었다고 한다. 이러한 발견은 영재가 그들의 '여가' 시간을 실제로 어떻게 사용하고 있는가에 관해 더욱 많은 조사연구를 가져올 수도 있다.

　5. **'의미'는 질적 연구에서 중요한 관심사다.** 자신의 상황, 환경, 행동을 보는 방법인 참여자들의 관점은 자연주의적인 연구자에게 중요하다. 다른 사람은 어떻게 그들의 삶을 이치에 맞도록 살아가는가? 영재는 서로 간에, 또

한 급우들과 선생님과 함께 그들의 역할을 어떻게 지각하는가? 사례연구들 (제한된 체제, 아동, 교실)과 질적 연구의 또 다른 형태들이 많이 있기 때문에, 이 연구는 민족지학적인 관점에 초점을 두고 있다. 영재에 관한 연구에서 교육적 민족지학은 비교적 새롭다.

참고 자료—질적 연구의 특징[*]

Bogdan과 Biken(1982)은 다음과 같이 다섯 가지로 질적 연구의 특징을 제시하였다.

첫째, 질적 연구에서는 자연적인 환경이 자료의 직접적인 근원으로 간주되며, 연구자 자신이 주된 연구 도구다. 질적 연구자들은 상황에 관심이 있어서 연구의 대상이 되는 그 환경에 직접 들어간다. 그들은 행동이란 행동이 일어나는 바로 그 환경에서 관찰될 때 가장 잘 이해될 수 있다고 본다.

둘째, 질적 연구는 기술적(descriptive)이다. 질적 연구자들은 실생활의 현실을 상호 관련된 현상들의 흐름과 같은 것으로 보기 때문에, 매우 철저하게 기술적인 자료의 수집을 시도하며 자세하고 세부적인 기술을 강조한다. 그러므로 질적 연구의 자료에는 면접 내용을 기록한 자료, 현장 노트, 사진, 비디오테이프, 개인적인 소품, 메모 및 다른 공식적인 기록 등이 포함된다. 따라서 질적 연구 논문과 보고서는 일화적(episodic)이란 말로 표현되기도 한다.

셋째, 질적 연구자들은 결과나 산출물보다는 과정(process)에 관심을 갖는다. 이들은 과정을 통해서 나타나는 실제의 변화 양상에 주목하는 경향이 있다. 사람은 어떻게 의미를 주고받는가? 어떻게 특수한 용어와 명칭이 적용되는가? 어떻게 특수한 개념이 상식으로 받아들여지는가? 어떠한 행동이나 사건은 어떤 역사를 통하여 일어나게 되는가? 등에 관심을 갖는다. 이처럼 과정을 강조하는 경향은 질적 연구자가 연구대상자의 시각을 따르는 데서 비롯된 결과라고 할 수 있다.

넷째, 질적 연구자들은 연구 자료를 귀납적으로 분석하려는 경향이 있다. 질적 연구에서는 자료 수집이 거의 끝날 무렵에, 그리고 연구대상자들과 많은 시간을 보낸 후에 연구의 방향이 나타나기 시작한다. 개방적이며 비구조화된 접근방법을 사용하는 것은 연구자들이 사전에 갖는 개념적 틀보다는 연구대상자들에게서 개념을 도출해 내는 데 초점을 두기 때문이다.

다섯째, 질적 연구에서 의미는 매우 중요한 관심사다. 질적 연구자는 사람이 그들의 삶에 의미를 부여하는 방법에 관심을 가진다. 즉, 연구대상자의 관점에 관심을 가진다.

민족지학적인 관점

'민족지학적인 관점'은 영재교육이 이루어지는 실생활의 과정, 영재가 생활하는 사회 집단의 맥락에서의 생활방식, 그리고 그 문화를 연구하고 의미를 포착하는 것이다. 문화는 사람이 지각하고, 행동하고, 평가하고, 행위하는 지속적인 방식들을 말한다(Goodenough, 1971). 이러한 관점에서 제시되는 질문은 다음과 같다. '여기서 무슨 일이 일어나고 있는가? 행동과 그 행동의 의미는 무엇인가? 무엇이 안정적이고 변화하지 않는 것인가? 무엇이 변화하고 있는가? 예언할 수 있는 것은 무엇인가?' 훨씬 더 제한된 초점을 지니는 하나의 질문은 다음과 같은 것이 될 수 있다. '왜 이러한 영재교육 프로그램에서 자료들은 있는 그대로 제시되고 사용되는가?' 이러한 질문에 대한 답변을 알고 있는 것은 중요하고도 의미심장한 일이다.

더 나아가서, 우리는 다음과 같이 질문할 수 있다. "아동과 교사들이 영재 수업에 참여하기 위하여 알아야 하고, 제시해야 하고, 예측해야 하고, 평가해야 할 규칙들은 무엇인가?"(Heath, 1982) "이들 영재 집단의 구성원들은 서로 어떻게 책임을 지우는가?" 이러한 연구는 되도록 많은 기술적 묘사 중에서 하나를 제시할 것이다.

민족지학적 관점(교육적 환경에 적용된)은 '참여자들'의 관점(학생과 교사들의 관점)을 이해하는 것을 수반한다. 교실, 학교, 지역사회와 같은 환경에 둘러싸인 사람에 관한 사실적인 묘사를 이해한다. 우리는 영재교육과 관련된 집단 관계의 문화적 역사를 이해한다. 이들 참여자들이 가져온 사회 · 문화적 지식이 환경을 이룬다는 것을 알고 있다. 문화를 초월하여 그것들을 다른 것들과 비교할 수 있다. 이러한 구성개념들은 민족지학적인 '관점'이 무엇을 뜻하는가의 문제들이다.

민족지학적인 과정

민족지학적인 관점은 과정과 결과를 모두 필요로 한다. 최상의 결과는 엄격한 과정을 요구한다. 이들 구성요소들의 몇 가지를 다음에 제시하였다.

이 론

민족지학적 관점을 활용하는 방식은 원칙에 의거하고, 심지어 이론에 치우쳐 있다. 하지만 이론의 활용은 매우 융통성이 있다. 연구방법은 과거의 민족지학적 중심의 작품에 나타난 이론과 기초교육에 관한 개발에서의 성장을 가져온다. 포용력이 있는 환경에 들어가는 것은 지각이 없어지는 것이 아니다. 그들의 맥락에서 영재 연구에 관한 민족지학적인 관점과 관련 있는 수많은 설명적인 이론을 가진다. 현재 다른 사람에게 일어나고 있는 일과 이것이 의미하는 것에 관하여 설명을 요구한다. 민족지학적인 방식에서 이론의 창의적인 활용을 요구한다.

예를 들면, Lutz와 Lutz의 연구(1981)에서, 영재는 영재성이 덜한 자신의 친구들보다 전형적으로 크게 성장한다고 본 Terman의 이론을 일반화하였다. Lutz의 연구에 따르면, 영재는 더 크게 성장하는 것이 아니었다. 어떤 영재는 영재의 더욱 우수한 지능에 따라 '괴롭힘을 당한다'고 느끼는 더 크게 성장하는 사람에게서 괴롭힘을 당하기까지 한다. 그들은 Terman의 일반화에 도전하였다. Story(1985)의 연구에서, 이 이론은 영재교사로서 맡겨진 역할에 관한 이론적 모형을 성립시키는 데 사용되었다.

현장에서의 다양한 도구들의 활용

이론을 활용하고 개발하는 것 외에도, 민족지학적인 과정은 단지 하나의 도구가 아닌 다양한 도구들의 사용을 요구한다. 기능 위주의 인간이 되고

영재교육 프로그램 평가

있다는 점에서, 우리는 많은(모두는 아니지만) 중요한 수단에 전념하기 위하여 충분한 시간이 걸리는 수많은 자원들에 모두 의존하여 왔다. 질적 연구에서 조사결과를 발견하고 보강하기 위한 자료의 자원에 대한 활용은 **삼각화 기법**(triangulation)이라고 불린다. 측정이라고 불리는 이 방식은 셈하고 이해하기 쉬운 몇몇의 자원을 사용하는 방식과 대조를 이룬다. 민족지학적인 현장조사에 사용된 다양한 도구들 중 일부는 관찰, 면담, 서면 자원(written sources), 기록되지 않은 기록들이다.

관찰 민족지학적인 관점에 관한 인기 있는 하나의 도구는 영구적인 기록의 형태를 지닌 **참여자 관찰**이다(현장 노트, 오디오테이프, 카메라 촬영, 비디오테이프). 관찰은 될 수 있으면 자연적 환경을 혼란시키지 않으려고 노력하는 동안 행동이 일어나는 맥락에 대한 검토를 강조한다. 그럼에도 불구하고 결여된 것(관찰자가 상당한 문외한)부터 대단히 많이 관여하는 것(연구자가 관찰하에 사람과 상호작용하는)까지의 범위에 이르는 참여자 관찰의 정도들이 있다. 상당히 많이 관여하는 참여자는 자신이 가르치는 수업을 관찰하는 교사들일 수도 있다. 또 다른 참여 관찰자는 학급에서의 활동에 참여하는 학생이나 연구자들일 수도 있다.

현장 노트 현장 노트는 다양한 내용에 관한 관찰의 중요한 부분이다. 현장 노트의 다섯 가지 유형은 다음의 것들을 포함한다.

1. **틀을 설정하는 정보** – 환경, 물리적 공간의 배열, 참여자의 행동, 축어(verbatim language), 몸짓, 시간 순서, 상호작용의 일화에 관한 특성과 지속 기간
2. **방법론** – 사용된 방법에 관한 기록들과 연구자들이 다음에 할 것에 관한 기록들
3. **개인적인 반응** – 민족지학자들의 개인적 감정, 인간적인 반응, 좌절감(편견에 대한 덜 과학적인 근원을 골라내도록 하는 일에 유익한)

4. **추론** – 영재들, 사상(事象)들, 목적들, 감수성이 강한 경향, 그리고 과정들에 대한 추론
5. **이론** – 프레임워크, 모형, 양식과 구조에 관련이 있는 이론

현장 노트의 각 유형은 단일한 사상(事象)이나 일련의 사상들, 또는 '장면 단위(scenic units: TV 대본 쓰기로부터 용어를 빌리는 것)'에 얽매일지도 모른다. 범주들은 기록에서 나온다. 범주들은 미리 결정되어 있지 않은 것이다. 그래서 연구자들은 각 개인들이 그들 자신이나 다른 사람을 대면하는 일에서 전체 배경 장면 단위의 특정한 의미와 차이를 조사할 수 있다.

그리고 가장 중요한 도구는 관찰이나 그 현장 노트다. 하지만 민족지학자는 무엇을 관찰하며 언제 관찰하는가? 그 답변은 "글쎄, 그 나름대로." (Wolcott, 1980) 초기의 관찰은 나중의 관찰에 정보를 제공하고, 나중의 관찰이 초기의 관찰에 관한 해석에 영향을 미치기 때문에 관찰은 탐구 과정의 일부라 볼 수 있다.

예를 들어, 문제의 연구자들의 경우, 창의적인 문제해결에 참여한 스웨덴 아동들의 모습을 담은 비디오테이프를 관찰한 결과 행동상의 어떤 스타일의 차이를 알아차린 후에야 우리는 '스타일'에 관하여 스스로에게 질문을 던져보기로 결정하였다. 우리는 아동들을 관찰하면서 시작하였고, 그들이 사용하는 스타일의 형태에 대해 통찰력을 얻을 수 있도록 우리를 도와주는 과제들을 관리, 조정함으로써 시작하였다. 하지만 우리가 미국인 유치원 교사들과 가까워졌을 때, 우리는 연구를 위하여 다른 도구를 추가하는 데 조언 가능성과 실행 가능성을 알 수 있다. 예를 들면, 우리는 교사들의 관점을 존중하기 때문에, 우리가 교사에게 실행하는 "Who in the Class?" 라는 설문지를 개발하였다. 유치원 교사들은 우리들이 다른 유형의 아동을 보다 앞서 검증(그리고 이들에 관한 우리의 느낌을 보완)하도록 도와주었다(Lundsteen, 1983).

면담   면담은 각 개인에게 질문을 제시하는 것을 포함한다. 일단 질문이

제시되기만 하면, 연구자들은 변경할 수 없는 조치를 취한다. 그들은 관찰 도구를 장면이 펼쳐진 그들 앞에 남겨 두며, 또 다른 도구 세트를 특별한 정보를 찾은 곳으로 이동한다. 면담은 순서상 비형식적인 대화부터 미리 설정된 질문 세트를 지닌 형식적인 면담까지의 범위를 정할 수 있다. 면담은 설문지, 형식적 조사, 과제, 또는 투사법(projective techniques; 민족지학자들이 표준 방식을 사용하지 않을지도 모르는)들을 포함한다. 주요 정보 제공자는 심층면담을 하거나, 중요하지 않은 몇몇 인물들은 간략하고 적절한 질문을 받을 것이다. 사건 또는 생활사에서 정보를 찾아낼 것이다.

참여자와 관찰자의 역할들 사이에는 미묘한 균형이 있다. 질문을 제시하지 않는다면 중요한 정보를 놓칠 수 있다. 다른 한편으로는, 너무 주제넘게 참견하는 것이 연구자가 일의 과정에 너무 많이 지시하는 결과를 낳을 수도 있다. 이러한 주제넘는 참견은 있는 그대로 개발하는 일의 과정에 대한 '있는 그대로의 장면'을 관찰하는 것이 아니라, 연구자가 자기도 모르게 창조하도록 도와주는 환경을 관찰하는 것을 의미할지도 모른다. 잠정적인 문제의 이러한 유형에 관한 안전 장치는 그 환경과 사람이 꽤 가까워지고 있다는 사실을 우선 관찰하는 것이다. 생각은 관찰로부터 일어나기 시작하기 때문에, '면담'이라고 명명된 장르의 도구들은 현장에서 개발되거나 수정될 수 있을 것이다.

서면 자원(문서화된 자원) 또 다른 도구 세트는 '서면 자원'으로 분류될 수 있다. 이것들에는 문서 기록이나 보고서, 그리고 저널, 논문, 영재가 쓴 이야기와 같은 덜 형식적인 문서 기록들, 또는 도서관 대출용 도서 중의 서면 증거들이 포함될 수 있을 것이다.

기록되지 않은 기록(unwritten records) 기록되지 않은 기록에는 환경 변화표(environmental-change diagrams), 지도, 사회성 측정표(사회도), 사진, 필름, 비디오와 오디오테이프, 아동의 예술 작품이 포함될 수 있다. 예를 들면, 연구에서 유치원 아이들이 창안한 종이 고리로 만든 3차원의 콜라주를 수집하였다. 그것들을 만들어 내는 데서 관찰된 아이들의 행동과 최종 결과물에 관한 특징들 모두는 우리들에게 매우 유익한 듯하다. 우리가 수집한 것에서 창의적인 스타일과 덜 창의적인 스타일에 관한 정보를 '읽는다'. 이들자료는 여전히 다른 일들과 관찰을 통해 확인되었다. 교실과 학교의 지도를만들었을 때, 우리는 더 많은 '스타일' 정보를 제시하면서 참여자들이 어떻게 그 공간을 지나서 이동하는지 또는 이동하지 않는지를 구상할 수 있다.

다음은 다양한 도구들('삼각화')을 사용하는 하나의 연구 사례다. 최근의연구(Speck, 1984)에서, Speck은 어린 영재가 수행하는 창의적인 프로젝트에 어떻게 전념하고 있는지를 검토하려고 하였다. Speck은 아동을 관찰하고, 비디오와 오디오테이프를 사용하였다. 또한 이들 프로젝트에 참여한 참가자들(교사들과 학생)을 면담하였다. Speck은 더 나은 정보를 얻기 위하여설문지를 고안하였고, 그들의 창의적인 작업 결과물을 검토하였다. 사례에는 셰익스피어의 『한 여름밤의 꿈(A Midsummer Night's Dream)』에 관한 비디오테이프 작품, 연극, 소설책과 논픽션 서적, 모형들이 있다. 관찰은 평균8개월 이상 수행한 많은 장기간의 프로젝트를 광범위하게 검토하였다.

확장된 시간 범위

현지 조사에 관한 이론과 많은 도구들 외에 민족지학적인 관점에 대한 또다른 요구 사항은 장기간의 시간 범위다. 이들 연구들은 전체 일의 순환에대한 관찰을 결정하고 허락하는 일에 긴 시간을 필요로 한다. 관찰은 장기적이며 반복된다. 예를 들어, 한 학년이 그것이다. 또한 연구자는 관찰과 마찬가지로 분석과 해석을 위해서도 많은 시간을 허락할 필요가 있다. 경험법칙의 하나는 다음과 같다. 관찰할 때마다 매일 집필하고 이해해야 한다.

연구 도구로서의 연구자

또 다른 요구 사항은 잘 훈련된 민족지학자가 연구 매개자의 역할을 한다는 것이다. 인간이라는 단점에도 불구하고 인간 행동을 연구하기 위하여 다른 인간들보다 더 나은 도구는 무엇이 있는가? 우리는 형태와 배경, 배경과 형태(또는 부분−전체나 전체−부분) 사이에 선택적으로 작동하는 인간의 줌 렌즈라는 유추를 통해 설명을 끌어낸다. 이들 연구자들에게 요구되는 훈련에는 주제(우리의 관심인 영재교육)에 관한 배경지식뿐만 아니라 정보를 수집하는 방법, '진행시키는' 방법, 그리고 상호작용에 관한 윤리학도 포함될 수 있다(Sieber, 1982). 훈련에는 주요 사건을 필기하는 일도 포함될 수 있다. 종종 정기적으로 일어나는 사건들이 있다. 또한 주요 사건들은 또 다른 주요 사건에 관하여, 더욱 광범위한 사회적 맥락에 관하여, 그리고 이론적 토대에 관하여 검토할 수도 있다.

민족지학적인 연구 사이클

지금쯤 탐구 과정은 그 자체로서 피드백을 하는 연구 사이클을 요구한다는 점이 분명해질 것이다. 이러한 주기는 다음과 같은 단계를 포함할 수 있다.

1. 열린 마음을 지니고 있는 동안 프로젝트를 선택하라(하나의 예는 3개 학년을 위한 영재교육 프로그램에 대한 질적 평가일 수 있다.).

2. 접근하여 관계를 맺어라(관리자, 교사, 학생과 상호 신뢰 관계와 존중의 관계를 조성하기 시작하라.).

3. 민족지학적 관점에 의거하여 질문을 하라(여기서 무슨 일이 일어나고 있는가?). 연구에 참가하여 더욱 많이 배울 수 있기 때문에, 그것들을 더욱 명확히 하는 질문을 다시 공식화하라(예, 영재교육 프로그램은 이러한 특수아동을 도와주고 있는가? 왜 그런가? 왜 그렇지 못한가? 이러한 풀 아웃 프로그램을 위해서는 하루 중 어떤 시간이 가장 생산적일 것 같은가?).

4. 현장에서 자료를 수집하라. 당신이 정보를 제공받고 질문을 수정할 때

더욱 많은 자료를 수집하라(예, 처음에는 될 수 있는 대로 자주 하루 동안 직무에서 전체 집단을 지켜보라. 그리고 나서 한 아이가 어떻게 시간을 활용하는가를 관찰하라. 아동이 무엇을 하고 그것에 대해 어떻게 느끼고 있는지를 아동에게 물어보아라. 시간을 어떻게 사용하는지를 알아보기 위하여 다른 특정한 시간에 전체 집단을 관찰하라.).

5. 당신의 자료를 분석하고 그 이상의 것을 위하여 되돌아가라(예, 그 집단은 수요일보다 화요일에 문제를 어떻게 해결하는가에 대한 더욱 많은 아이디어를 제안하였다. 왜? 샐리는 이번 주에는 말을 많이 하였지만 그 다음 주에는 거의 전적으로 침묵한다. 이것은 프로젝트의 변화인가?).

이들 단계들은 순환적이지만 일직선으로 늘어선 것은 아니다. 이 단계들 간에는 상호작용을 한다. 질문과 구성개념들은 새로운 방법 또는 변화된 방법을 사용하여 추가적인 자료를 수집하는 과정에서 분별되었다. 가설과 질문은 연구가 환경 내에서 진행될 때 나타난다. Guba(1978)는 물결치는 '파도'와 같이 순환하는 주기, 자료를 발견하고 수집하는 일에 실패였을 때 새로운 가능성을 위하여 마음을 열도록 폭을 확장하는 주기, 그리고 제안을 증명하고 보강할 자료를 수집하고 특별한 정보를 찾으려고 할 때 폭이 좁아지는 주기를 기획하였다.

최종 산출물

최종 보고서는 **무엇이 일어나고 있으며, 관련된 것들에 대하여 어떻게 깨닫게 되는가**에 관한 기술적 묘사다. 최종 산출물은 기술적 묘사를 해석하는 기초로 제공되는 사회적·문화적 양식(규칙성들)을 추출한다.

영재들 사이의 사회적 상호작용의 몇 가지 양식들은 Lutz와 Lutz의 연구

(1981)에서 발췌하였다. 이들 연구자들은 영재가 풀 아웃 프로그램에 참여하는 동안 그들 사이의 더욱 자발적인 사회적 상호작용을 언급하였다. 반면에 영재들은 영재 프로그램에는 참여하지 않았지만, 영리한 급우들을 좋아하는 경향이 있다. 이 연구에서 영재는 친구 관계에서 경쟁자가 없는 것을 즐기기 때문에, 그들보다 조금 덜 영재인 친구를 가장 친한 친구로 사귀는 것을 좋아하는가? 이것은 영재들 사이에 하나의 일반적인 양식인가? 이러한 가설들은 더욱 검증될 필요가 분명히 있다. 최종적으로, 가치 있는 민족지학적인 연구는 다른 사람이 **특별한 것에서 일반적인 것을 알 수** 있도록 기술적인 묘사를 한다.

본질적으로, 최종 결과물은 행동에 관한 사례들 내에서, 그리고 사례들에 걸쳐서 어떤 예언하는 힘을 지닌다. 자신의 문화와 함께 영재교육 수업을 하나의 사회 체제로 고려함으로써, 영재교육에 관한 이해를 넓힐 수 있다.

거시적 접근법과 미시적 접근법

절차와 결과 모두는 비교적 거시적인 것을 지향하거나 미시적인 것을 지향할지도 모른다. **거시적인 것**은 영재 프로그램의 포괄적, 역사적, 문화적, 또는 사회적 맥락에 관한 폭넓고 전체론적인 이해를 의미한다. **미시적인 것**은 주제가 상당히 좁혀져 있다. 게다가 더욱 적은 수의 행동이 검증될 것이다.

예를 들면, Janesick(1978)은, 6학년 수업에서 상호 존중과 협동의 분위기를 전개하여 왔다고 생각하는 한 교사가 6주 동안 기간제로 대신할 사람을 구해야 할 때, 무엇이 일어났는지에 관하여, 그 수업이 어떻게 무산되었는지에 관하여, 그리고 그가 되돌아왔을 때 그 집단을 어떻게 재건하였는지에 관하여 거시적 접근법을 제시하였다. 이러한 거시적 연구로부터 Janesick은 교사의 교수이론을 추상하였으며, 이것과 다른 이론을 관련지었다.

대조적으로, 미시적인 것을 지향하는 연구는 기술하는 사람의 유형, 방식, 세계관, 영재가 그들의 스토리텔링에서 사용한 대상자들의 오리엔테이

선에 관한 증거물에 초점을 둘 것이다. 질적 분석은 오디오와 비디오테이프에서 재현에 관한 완벽하고 철저한 고찰을 포함할지도 모른다.

초 점

최종 산출물은 다음의 다섯 가지 측면 중에서 하나 또는 그 이상에 초점을 둘 것이다.

1. 전체에 초점을 두는 것(통합하는 전체로서의 문화)
2. 참여자의 관점에서 보는 의미에 초점을 두는 것(예를 들어, Lutz의 영재와 교사에게 사건들은 무엇을 의미하는가?)
3. 행동에 초점을 두는 것(사람이 행동한 것, 전 집단에 걸쳐 일어난 행동들의 형태와 기능)
4. 주제에 초점을 두는 것(영재교육이나 창의적인 문제해결과 같은 주요한 주제)
5. 여러 가설에 초점을 두는 것(보통 일반적인 이론적 구조의 틀 내에의 사상(事象)들에 과한 가설)
6. 이론에 초점을 두는 것

후자에 관한 하나의 예로는 Janesick(1978)이 활용한 해석적인 과정을 포함하고 있는 상징적 상호작용(symbolic interaction), 의사결정과 행동을 통한 '자아' 형성이 있다. Janesick이 관찰한 교사는 가르치는 일에서 첫 번째 우선순위가 협력과 상호 존중의 분위기를 조성하고 유지하는 것이라고 결정하였다.

영재교육 프로그램 평가

결 론

민족지학적인 연구에 사용된 과정들과 이것에서 나온 결과물은 이상한 것이 아니다. 대다수는 영재교육 프로그램에서의 행동, 즉 독특하게 상세화된 설명을 보는 일, 다른 실례, 사건, 사례들과 공통으로 공유된 특성을 언급하는 일을 관찰하는 것에 익숙해져 있다. 무슨 일이 진행되는지에 대한 총체적인 '느낌'을 이해하려고 노력한다. 민족지학자가 하였듯이, '영재에 대한 이러한 경우는 무엇을 나타내는가?'라고 묻는다.

민족지학적인 관점에서 평가하는 일에 사용된 방법들은 정확하면서도 융통성을 지니고 있다. 광범위한 문화적 맥락의 범위 내에서, 이러한 민족지학적인 관점은 조사하여 발견하기 위해서 충분한 시간을 가지고 주시하고 묻는다. 일반적으로 인정하는 것처럼 인간에게 흔히 있는 수단은 너무 분리되고, 너무 복잡하고, 편견과 악에 너무 영향을 받기 쉬운 것으로 비난받을 수 있으며, 아직까지 우리가 만난 적이 있는 가장 민감하게 반응하는 수단이 될 수 있다.

질적인 방법에 관한 장점들은 그 방법들이 교사들과 영재가 참여한 주요 과정들을 더욱 잘 이해하도록 우리를 도와준다는 점이다. 이 방법들은 이해의 깊이와 검사에 유익한 가설을 제공할 수 있다. 그것들은 영재의 반응에 대한 유형들을 밝힐 수 있으며, 지나치게 간소화하는 실수를 하지 않도록 도와줄 수 있다. 그것들은 현장연구를 하는 동안 줄곧 삼각화를 제공할 수 있으며, 민족지학으로 잘 훈련된 생각을 제공해 줄 수 있다. 여러 종류의 사건들은 특정한 사례에 관한 철저한 검증을 통하여 더욱 잘 이해될 수도 있다.

생산적인 영재교육에 관하여, 질적 연구는 프로그램 평가에서 가장 적게 사용한 방법일지도 모른다. 하지만 이것은 '어디를 가고 있고, 어떻게 거기에 도달할 수 있으며, 그리고 도착한 것을 어떻게 알 수 있는가?'를 아는 가장 장래성이 있는 방법일 것이다.

결론적으로, 이것은 연구 질문의 몇 가지 견본들을 제시하는 데 도움을 줄 것이다.

민족지학적인 영재 연구에 대한 몇 가지 질문

1. 교육이 이루어지는 동안 영재들이 수행하는 사회적 역할은 무엇인가?
2. 그들은 사회적 상호작용에서 어떤 역할을 구성하고 수행하는가?
3. 영재교육 프로그램의 참가자는 일과의 관계에서 서로에게 어떻게 책임을 지우는가?
4. 영재를 위한 활용 가능한 다양한 과정과 교재는 무엇에서 선택되는가? 이들은 영재의 능력과 교육에 어떻게 영향을 끼치는가?
5. 영재교육에서 변화하는 혁신에 대하여 사회에 미치는 상호작용의 결과는 무엇인가?(경쟁적인 활동, 협력적인 활동, 협력적이고 개인적인 활동을 고려하라.)
6. 영재의 능력은 어떤 맥락에서 활발하게 성장하는가?
7. 현재의 연구결과를 지원하고, 반박하고, 발전시키는 또 다른 사례들과 맥락들은 무엇인가?

일반적으로― '여기에서 무엇이 일어나고 있는가?'

📖 참고문헌

Bogdan, R. C., & Biklen, S. K. (1982). *Qualitative research for education*. Boston: Allyn & Bacon.

Goodenough, W. (1971). *Culture, language and society*. Reading, MA: Addison-Wesley.

Guba, E. G. (1978). *Toward a methodology of naturalistic inquiry in educational evaluation*. Los Angeles: University of California, Center

영재교육 프로그램 평가

for the Study of Evaluation.

Heath, S. B. (1982). Ethnography in education: Defining the essentials. In P. Gilmore & A. Glatthorn (Eds.), *Children in and out of schools.* Washington, DC: Center for Applied Linguistics.

Janesick, V. J. (1978). An ethnographic study of a teacher's classroom perspective: Implications for curriculum. *Monographs of the Institute for Research on Teaching, 33.* East Lansing: Michigan State University.

Lundsteen, S. W. (1983). Problem solving of Swedish and American children. *National Council of Teachers of Engilsh.* NCTE International Assembly, 14-19. (Newsletter, yearly edition).

Lutz, F. W., & Lutz, S. B. (1981). Gifted pupils in the elementary school setting. *The Creative Child and Adult Quarterly, 4*(2), 93-102.

Mager, R. F. (1968). *Developing attitude toward learning.* Belmont, CA: Fearon.

Sieber, J. E. (1982). *The ethics of social research.* New York: Springer-Verlag.

Speck, A. M. (1984). *The task commitment of young gifted children: A micro-ethnographic study of the effects of teacher and peer behavior on creative productivity.* Unpublished doctural dissertation, University of Connecticut.

Story, C. M. (1985). Facilitator of learning: A micro-ethnographic study of the teacher of the gifted. *Gifted Child Quarterly, 29*, 155-159.

Wolcott, H. (1980). Ethnographic research in education. In R. M. Jaegar (Ed.), *Alternative methodologies in educational research* (AERA Cassette Tape Series L-2). Washington, DC: AERA Central Office.

인 명

내 용

Sally M. Reis

Sally M. Reis는 코네티컷(Connecticut) 대학교의 교육심리학과 학과장이며, 국립영재연구소의 책임 연구원으로 활동하고 있다. 15년 동안의 교사 재직 기간 중에서 11년을 초·중·고등학교에서 영재를 가르쳤다. 130여 편의 논문, 9권의 책, 그리고 수많은 연구 보고서를 집필하였다.

연구대상은 학습장애 학생, 여성 영재, 재능 있는 학생 등 영재와 재능을 지닌 학생이다. 특히, 영재를 위한 학교전체 심화학습모형의 확장뿐 아니라, 이전에 영재로 판별되지 않은 학생의 잠재력과 재능을 확인하기 위해 일반적인 강화를 제공하고 강의를 늘리는 데도 노력을 기울이고 있다.

또한 워크숍을 운영하며, 학교에 영재교육, 심화 프로그램, 재능발달 프로그램의 전문적인 발전을 위해 여러 곳을 다니며 힘쓰고 있다. 『The Schoolwide Enrichment Model』 『The Secondary Triad Model』 『Dilemmas in Talent Development in the Middle Years』의 공동 저자이며, 1998년에는 여성의 재능 발달을 다룬 『Work Left Undone: Choices and compromises of Talented Females』를 출판하였다. 그리고 『Gifted child Quarterly』를 포함한 여러 저널 위원회의 편집 위원으로 활동하면서, 미국영재학회 회장을 역임하였다.

Carolyn M. Callahan

Carolyn M. Callahan은 코네티컷 대학교 교육심리학과에서 영재교육 분야로 박사학위를 받았다. 이후 버지니아 대학교에서 교수로 재직하면서, 지난 12년 동안 영재교육 분야의 대학원 프로그램을 개발하였고, 영재를 위한 여름 및 토요일 프로그램, 버지니아 대학교 국립영재연구소의 소장을 역임하였다. 영재 판별 영역, 영재 프로그램 평가, 수행평가 개발, 영재 프로그램의 선택을 포함한 영재교육의 폭넓은 범위에 걸쳐 계속적인 연구를 수행해 왔다. University of Virginia 프로그램의 직원들과 협력하여, 지난 5년 동안 해마다 Summer Institute on Academic Diversity를 성공적으로 개최하였다. 나아가, 현재 영재 프로그램을 판단하기 위한 준거의 틀로 폭넓게 적용되고 있는 『Aiming for Excellence: Gifted Program Study』의 편집자 중 한 명이다.

대학 밖에서도 활발한 업적을 남기고 있는데, Dr. Callahan은 거의 모든 주 정부 전역의 관할 교육청에 속한 300여 개 공립학교의 프로그램 설계, 교육과정, 그리고 평가 개발을 해 왔다.

마지막으로 Dr. Callahan은 버지니아 주 연방정부의 저명한 교수, Curry School of Education의 저명한 교수로, Distinguished Higher Education Alumnae of University of Connecticut으로 인정받았고, 미국영재학회로부터 Distinguished Scholar Award을 수여하였다. 영재학회와 미국영재학회의 회장을 역임하였다. 또한 『Gifted Child Quarterly』『Journal for the Education of the Gifted』 그리고 『Roeper Review』의 편집위원이기도 하다.

 역자 소개

황 윤 세
대구대학교 유아교육과 졸업
경북대학교 대학원 교육학과(교육학석사)
덕성여자대학교 대학원 유아교육과(교육학박사)
(현재) 강원대학교 영유아보육학과 교수

〈주요 저서 및 역서〉
최신 영재교육과정론(제3판)(공역, 시그마프레스, 2007)
아동발달(공역, 정민사, 2007)
영유아보육과정(학현사, 2007)

강 현 석
경북대학교 교육학과 졸업
경북대학교 대학원 교육학과 졸업(석사ㆍ박사)
미국 위스콘신대학교 메디슨캠퍼스 연구원, 한국대학교육협의회 선임연구원 역임
(현재) 경북대학교 사범대학 교육학과 교수

〈주요 저서 및 역서〉
선택중심 교육과정의 이론과 실제(공저, 학지사, 2004)
최신 영재교육과정론(제3판)(공역, 시그마프레스, 2007)

정 정 희

경북대학교 교육학과 졸업
미국 남일리노이 주립대학 유아교육학과 졸업(석사 · 박사)
대구시 교육청 교육발전위원 및 창의성기획위원 역임
(현재) 경북대학교 생활과학대 아동가족학과 교수
        경북대학교 영어영재교육원 부장

〈주요 저서 및 역서〉
진정한 유아기(공역, 정민사, 2002)
영유아 프로그램 개발(공저, 양서원, 2003)
구성주의 교육과정(공역, 시그마프레스, 2005)
최신 영재교육과정론(제3판)(공역, 시그마프레스, 2007)
아동놀이지도(공저, 양서원, 2007)

전 명 남

경북대학교 사범대학 졸업
경북대학교 대학원 교육학과 졸업(석사 · 박사)
학술진흥재단 Post-doc.
연세대학교 교육개발센터 학습지원부장, 계명대학교 교수학습지원센터 초빙교수 역임

〈주요 저서〉
창의력 개발(공저, 창지사, 2003)
교육심리학(공저, 양서원, 2004)
학습전략 업그레이드(연세대학교출판부, 2004)
토의식 교수법, 토론식 학습법(계명대학교출판부, 2006)

영재교육필독시리즈 제11권

영재교육 프로그램 평가
Program Evaluation in Gifted Education

2008년 1월 8일 1판 1쇄 인쇄
2008년 1월 15일 1판 1쇄 발행

엮은이 • Carolyn M. Callahan

옮긴이 • 황윤세 · 강현석 · 정정희 · 전명남

펴낸이 • 김진환

펴낸곳 • **학지사**

121-837 서울시 마포구 서교동 352-29 마인드월드빌딩 5층

대표전화 • 02-326-1500   팩스 • 02-324-2345

등록 • 1992년 2월 19일 제2-1329호

홈페이지 www.hakjisa.co.kr

ISBN 978-89-5891-551-5   94370
        978-89-5891-540-9   (전13권)

가격 14,000원

영재교육필독시리즈 12

Public Policy in Gifted Education

영재교육의 공공정책

James J. Gallagher 편저 · 김미숙 · 유효현 · 이행은 공역

학지사

번역집필위원회

위 원 장 송인섭
부위원장 이신동　　　　　　업무총괄 이정규

번역집필진(가나다 順)
강갑원, 강영심, 강현석, 고진영, 김미숙, 김정휘, 김정희, 김혜숙, 문은식,
박명순, 박은영, 박창언, 박춘성, 성은현, 성희진, 송영명, 송의열, 송인섭,
유효현, 이경화, 이민희, 이신동, 이정규, 이행은, 임 웅, 전명남, 전미란,
정정희, 최병연, 최지영, 최호성, 한기순, 한순미, 황윤세

Public Policy in Gifted Education

by James J. Gallagher

Korean Translation Copyright ⓒ 2008 by Hakjisa Publisher

This translation is arranged with Corwin Press, Inc.,

A Sage Publications Company

Copyright ⓒ 2004 by National Association for Gifted Children

All rights reserved.

영재교육필독시리즈 번역을 통한 새로운 지평을 열며

한국영재교육학회 회장 송인섭

한국에서 영재교육에 대한 관심의 역사와 뿌리는 수십여 년에 걸쳐 많은 영재교육학자들과 다양한 영역의 학자들이 이론적 대화와 논쟁을 통해 발전시키고 이를 교육 현장에 접목시키려는 노력에서 찾을 수 있다. 학문의 수월성 추구라는 측면과 한 인간이 가진 학습력의 다양성에 적절성을 제공한다는 의미에서 영재교육은 항상 우리의 관심 안에서 생명력을 키워 왔다. 그런 가운데 1995년 5월 30일 교육개혁안의 발표로 교육에서 영재교육이 차지하는 비중이 점차 강조되고 크게 다루어짐으로써, 영재교육의 새로운 지평을 여는 계기가 되었다. 이에 대한 실천 방안으로 2001년 1월 21일에 공포된 '영재교육진흥법'은 영재교육을 이론과 실제에서 구체적으로 한국사회에 정착하게 만든 중요한 전환점으로 기억된다.

이 법은 교육기본법 제12조, 제19조 규정에 따라 재능이 뛰어난 사람을 조기에 발굴하여 타고난 잠재력을 개발할 수 있도록 능력과 소질에 맞는 교육을 실시함으로써 개인의 자아실현을 도모하고 국가사회발전에 기여함을 목적으로 한다(영재교육진흥법 제1조 목적).

'영재교육진흥법 제1조 목적'을 보면, 이제 한국에서도 영재교육을 구체적으로 시행하려는 의도를 엿볼 수 있다. 자아실현을 통한 개인의 성장을 도모함과 국가사회발전에 기여함을 목적으로 설정한 점은 영재교육의 기본 전제와 차이가 없다. 이제 국가적인 차원에서 영재교육의 가능성이 열린 것이다.

그러나 영재교육은 이상과 의지만으로 되는 것이 아니고 합리적이고 타당한 실제가 있어야만 한다. 따라서 앞으로 단순히 법적인 차원에서의 목적 제시가 아닌, 한 개인이 자아실현을 이루고 그 자아실현을 통하여 한국사회에 봉사하는 영재를 교육하는 실제가 이루어지는 구체적인 노력이 필요하다.

이를 계기로 영재의 판별, 독립적인 영재교육과정의 개발, 정규 공교육과정 내에 영재교육의 실제적인 도입, 영재교육을 활성화하기 위한 다양한 영재교육기관의 설립, 그리고 영재교육을 위한 전문 연구소 또는 대학 부설 영재교육센터의 설치와 운영의 문제 등이 현실화되면서, 영재교육은 교육현장에서 중요한 부분을 차지하게 되었다.

영재교육은 통합학문적인 특성과 종합적인 사고속에서 이론과 실제가 연계될 때만이 신뢰성과 타당성을 갖출 수 있다는 특성이 있어 다양한 분야 전공 학자들이 이 문제에 대하여 큰 관심을 가질 필요가 있다. 교육학 자체가 이론과 실제의 조화를 요구하듯이, 영재교육에 대한 접근도 다양하고 종합적인 사고가 요구된다는 것을 우리는 잘 인식하고 있다. 영재교육은 영재교육에 대한 철학과 인간에 대한 가정으로부터 출발하여 인간의 특성에 대한 합리적이고 충분한 근거 위에서 논의해야 할 것이다. 이러한 이유로 현재 한국의 영재교육은 인문, 사회, 과학 분야를 망라하는 다양한 학자들의 손을 거쳐 점차적으로 이론과 실제라는 측면에서 발전하는 과정에 있다고 볼 수 있다.

이러한 발전과정의 하나로, 2002년 영재교육에 관심 있는 학자들이 뜻을 모아 현재의 '한국영재교육학회'를 창립하였다. 창립 이후에 각종 학술대회 개최, 세미나 실시, 그리고 매월 영재교육에 대한 콜로키움 등의 다양한 모임의 진행을 통하여 영재교육에 대한 문제를 토론하고 연구하며 현장에 적용하려는 노력을 지속하고 이를 『영재와 영재교육』이라는 학술지로 출판하고 있다. 특히, 영재교육학회의 콜로키움은 전국에서 20~30명 내외의 학자가 매월 1회씩 만나 영재교육과 관련된 논문 및 다양한 주제에 대해 토론하고 있다. 이를 통하여 영재에 관한 우리의 사고를 발전시킬 뿐만 아니라, 한국 사회에 어떻게 영재교육을 정착시킬 것인가의 문제를 가지고 논의하여 왔다. 이러한 노력으로 본 학회의 연구결과를 공표하는 학술지인 『영재와 영재교육』이 한국학술진흥재단의 등재후보학술지로 인정받았다.

이에 더하여 본 학회는 2006년도에 콜로키움의 주제를 미국영재교육학회에서 펴낸 지난 50년간의 영재교육의 연구결과물인 『영재교육필독시리즈(essential readings in gifted education, 2004)』를 선택하여 연구하였다. 매월 콜로키움을 통해 본 시리즈를 공부하고 논의하면서, 쉽지 않은 작업이지만 한국 영재교육의 발전을 위하여 시리즈를 번역하기로 합의하였다. 본서는 한국의 영재교육 상황을 설명하기 위하여 한국의 영재교육을 '특별호'로 첨가시켰으며 이 작업은 송인섭과 한기순이 하였다. 본 번역 작업은 1년 반의 기간이 소요되었으며, 공사다망한 가운데 번역 작업에 자발적으로 참여한 영재교육학자들은 강갑원, 강영심, 강현석, 고진영, 김미숙, 김정휘, 김정희, 김혜숙, 문은식, 박명순, 박은영, 박창언, 박춘성, 성은현, 성희진, 송의열, 송영명, 유효현, 이경화, 이민희, 이신동, 이정규, 이행은, 임웅, 전명남, 전미란, 정정희, 최병연, 최지영, 최호성, 한순미, 황윤세다.

물론 공동 작업은 쉽지 않은 일이었다. 그러나 많은 연구자들이 바쁜 와중에도 본 시리즈를 번역하는 일에 시간을 집중 할애함으로써 기간 내에 완성하였다는 점은 우리 모두로 하여금 학문적 성취감을 갖게 하기에 충분하였다. '번역은 제2의 창조'라는 말이 있듯이 새로운 지식 창출은 쉽지 않은 작업이었으나, 번역자들은 정기적인 회의를 통해 용어를 통일하였으며 내용의 일관성과 상호 검증과정을 통해 가능한 한 원저자의 의도를 반영하도록 노력하였다. 마지막으로 번역자들은 전체 회의를 통해 시리즈의 용어 통일을 위한 활동을 하면서, 시리즈 출판 후의 작업으로 '영재교육용어사전(가칭)'을 편찬하기로 합의하는 등 뜨거운 관심과 학문적 노력으로 본 시리즈의 번역물이 세상에 그 탄생을 알리게 되었다.

본 시리즈에 대해서는 원문의 편저자가 자세히 제시하였듯이, 영재교육에서 다루어야 할 대부분의 문제를 다루고 있다. 영재성의 정의, 판별, 교육과정, 영재의 정서적인 문제, 그리고 영재교육의 공공정책에 이르기까지 다양한 영역을 다루고 있다는 측면을 보더라도 본 시리즈가 갖는 학문적 포괄성과 깊이를 충분히 이해할 수 있다. 나아가 결론 부분에서 '영재교육이 지속적으로 성장하기 위해서는 새로운 목소리가 들려야 하고 새로운 참여자가 있어야 할 것이며 위대한 기회가 우리 분야에 활용될 것'이라는 주장은 영재교육의 미래에 대한 도전의 가치를 시사하고 있다.

본 시리즈에 포함된 주옥같은 논문들은 영재교육 분야의 『Gifted Child Quarterly』 같은 중요한 저널에서 가장 많이 인용된 논문들로, 엄선되어 소개된 것이 특징이다. 본 시리즈가 영재교육의 역사와 현재 영재교육에 대한 논의를 통해 영재를 위한 최상의 교육적 경험들을 찾는 것처럼, 한국의 영재교육 연구자에게도 바람직한 정보를 제공할 것이다. 또한 본 번역진들은 영재교육필독시리즈가 영재교육을 공부하는 학도들의 관심을 불러일으킬 만한 논문들로 구성되었다는 점을 확인할 수 있었다. 다소 그 대답을 찾지 못한 영역을 기술한 학자들은 도입 부분에서 아직 남아 있는 질문들을 이해하는 데 출발점이 될 수 있을 것이다. 우리는 그러한 대답들을 여전히 찾고 있으며, 현재 계속되는 발전적인 질문을 하기 위해 좀 더 나은 준비를 할 필요가 있다. 이번 시리즈의 독창적인 논문들은 우리가 어떤 이슈들을 해결하는 데 도움을 주면서 쉽게 답이 나오지 않는 다른 의문들도 강조한다. 결국 이 논문들은 끊임없이 제기되는 의문에 대하여 새롭게 도전하도록 도와준다고 볼 수 있다.

영재교육과 관련하여 그 성격과 내용, 방법, 교사연수, 교육과정 개발, 국가의 지원 문제 등에 대한 연구가 부족한 시점에서, 본 시리즈의 출판으로 많은 문제가 나름대로 정리되고 한국의 영재교육에 새로운 방향을 제시하기를 바라는 마음이 깊다. 영재교육에 관심 있는 영재 학도들의 토론의 출발점이 되는 번역서의 역할을 기대한다. 작업에 참여한 역자들은 영재교육 문제를 이론적·실제적으로 생각하고 논의하는 과정에서 마침내 본 시리즈를 한국 사회에 내놓게 되었다.

한편, 이 시리즈의 출판은 좀 더 큰 다른 결실로 나아가기 위한 과정이라고 볼 수 있다. 우리는 영재교육의 순기능을 극대화하는 방향을 모색하는 연구를 계속하고자 한다. 또한 영재교육에 관한 논의를 한국적 상황에 적용할 수 있는 한국적 영재교육을 생각하고자 한다. 교육과 연구를 병행함으로써 이론 발전을 통하여 현장에서의 영재교육 활동과 접목하여 발전시켜 나갈 것이다. 지금까지의 영재교육은 이론적·실제적 측면보다는 무작위적인 활동을 통한 교육으로 많은 시간을 소모하고 있는 듯하다. 이 시리즈의 논문에서 대답되고 제기된 문제들은 우리가 영재교육 분야에서 진일보할 수 있도록 도움을 줄 것이다.

우리는 '이 시리즈를 읽는 사람들이 영재교육의 흥미로운 여행에 동참해 주기를 희망한다'는 본 시리즈 소개의 결론에 동의하면서, 한국 사회에서 관심 있는 많은 사람들이 본 시리즈를 통하여 영재교육에 대한 관심과 새로운 도전에 참여하기를 기대한다. 역자들은 이 분야에 관련된 이론 발전을 위해 계속 연구할 것을 약속하고자 한다.

본 작업이 완료되기까지는 학지사의 김진환 사장의 출판에 대한 철학과 기획 시리즈의 사회적 기능을 고려한 적극적 지원의 힘을 얻었다. 뿐만 아니라 학지사의 편집부 직원 모두에게 깊은 감사를 드린다.

2007년 12월
청파골 연구실에서

역자 서문

우리나라는 농경사회에서 산업사회, 지식 기반 사회 순서로 사회 패러다임이 변화하였다. 지식 기반 사회가 되면서 우리 사회는 새로운 문제 상황에서 창의적으로 해결하고, 새로운 지식과 정보를 창출, 활용할 수 있는 고급 인적 자원이 강조되고 있다. 고급 인적 자원 개발을 위하여 영재교육을 활성화시키고자 하는 정책적 관심이 부각되고 있다. 이러한 시기에 우리나라 영재교육의 질적인 발전을 위해 다른 연구자들과 함께 '영재교육필독시리즈' 번역을 할 수 있었던 것은 매우 가치 있는 일이 아닐 수 없다.

그동안 영재교육에 대한 수많은 연구들을 통해 영재가 누구이고, 영재를 위한 교육 프로그램에는 무엇이 포함되어야 하며, 영재교육을 하는 교사의 전문성 함양 등에 대한 기본적인 논의는 어느 정도 자리를 잡아가고 있다. 이제 우리는 영재교육을 실행하기 위해 필요한 여러 정책적인 문제들을 잘 해결해 나가고 있는지를 고려해 봐야 한다. 왜냐하면, 영재에 대한 정의의 문제가 있지만, 전문가와 학부모, 기타 교육 관계자들이 정책 결정권자들에게 영재교육의 필요성을 설득시켜야만 영재교육의 발전을 이룰 수 있기 때문이다. 그러나 전문적 영재교육이 사회 변화와 발전의 원동력이 되는 다양한 분야에 영향력을 미칠 수 있다는 강력한 이유를 제시하지 못함으로 인해 정책 결정에 문제들을 초래하였다.

이 책에서는 정책 결정권자들이나 교육 관계자들에게 영재교육에 관하여 불확실하게 제시하였던 점들, 즉 영재교육을 위한 전문적인 교사의 필요성, 영재교육과 일반교육의 연계의 필요성, 영재교육을 위한 특별한 교육 프로그램의 수립과 지원 등의 필요성에 관한 논문들을 소개함으로써 논리적이고 명확하게 대답하고 있다.

일반적으로 정책을 수용하고 결정하기 위해서는 먼저 독특한 사회적 가치와 상황을 고려하면서 한걸음씩 발전하는 체계적인 접근법을 사용한다. 영재교육을 위해 다양한 정책을 결정할 때, 이 책은 상충된 사회적 가치와 이해를 가진 입장을 합리적이고 체계적으로 설득하여 영재교육 정책이 국가와 사회의 발전을 위해 필요하다는 공감과 합의를 도출해 내는 데 중요한 역할을 할 것으로 기대된다.

한국영재교육학회와 함께 우리나라 영재교육의 발전을 위해 진심 어린 지원을 해 주신 학지사의 김진환 사장과 편집부의 직원 모두에게 감사드린다.

2007년 12월
역자 일동

목 차

영재교육필독시리즈 소개

Sally M. Reis

영재교육에 대한 지난 50년간의 연구 업적은 과소평가할 수 없을 만큼 수
행되었다. 영재교육 분야는 더욱 강력하고 가시적으로 나타나고 있다. 미국
의 많은 주의 교육위원회 정책이나 입장은 영재교육에 더욱 많이 지원하는
방향으로 수립되고 있으며, 영재교육에 대한 특별한 요구를 특별 법안으로
지원하고 있다. 영재에 대한 연구 분야의 성장은 일정하지 않았지만, 연구
자들은 영재를 교육하는 데 국가 이익에 대한 다양한 관점과 영재교육의 책
임에 대하여 논의하였다(Gallagher, 1979; Renzulli, 1980; Tannenbaum,
1983). Gallagher는 역사적인 전통 속에서 영재를 위한 특별 프로그램의 지
원과 냉담의 논쟁을 평등주의에서 수반된 신념과 귀족적 엘리트의 싸움으
로 묘사하였다. Tannenbaum은 영재에 대한 관심이 최고조였던 두 시점을
1957년 스푸트니크 충격[1] 이후의 5년과 1970년대 후반의 5년이라고 제시하
면서, 혜택받지 못한 장애인에 대한 교육에 여론의 집중이 최고조였던 시기
의 중간 지점에서 영재교육은 오히려 도태되었다고 하였다. "영재에 대한
관심의 순환적 특징은 미국 교육사에서 특이한 것이다. 그 어떤 특별한 아
동 집단도 교육자와 아마추어에게 그처럼 강하게 환영받고 또 거부당하는
것을 반복한 적이 없었다."(Tannenbaum, 1983, p. 16) 최근 미국 정부에서 영

---

1) 역자 주: 옛 소련이 세계 최초로 인공위성인 스푸트니크(1957년 10월 4일 발사)를 발사하자,
   과학을 비롯하여 우월주의에 빠져 있던 미국은 이를 'Sputnik Shock'라 하면서, 교육과 과학
   을 포함한 모든 분야에서 국가 부흥운동을 대대적으로 전개함.

재교육 분야를 주도한 결과, 교육과정의 실험화와 표준화에 대한 우려가 증가하면서 영재교육이 다시 후퇴하는 것으로 나타난 것처럼, Tannenbaum의 말대로 영재교육의 순환적 본질이 어느 정도 맞아떨어지는 것이 우려된다. 영재교육의 태만한 상태에 대한 그의 묘사는 최근의 영재교육 상황을 잘 설명하고 있다. 영재교육에 대한 관심이 최고조였던 1980년대 말에는 영재교육 프로그램이 융성하였고, 초·중등 영재교육 프로그램을 위한 시스템과 15가지 모형이 개발되어 책으로 소개되었다(Renzulli, 1986). 1998년 Jacob Javits의 영재학생 교육법(Gifted and Talented Students Education Act)이 통과된 후 국립영재연구소가 설립되었다. 그리고 12개 프로그램이 '과소대표(underrepresentation)' 집단과 성공적인 실험에 관련된 영역에서 통합적인 지식으로 추가되었다. 그러나 1990년대에는 영재를 위한 프로그램이 축소되거나 삭제되기 시작하였고, 1990년대 후반에는 미국의 절반이 넘는 주가 경기침체와 악화된 예산 압박으로 영재교육을 더욱 축소하였다.

심지어 영재교육의 필요성이 더욱 증가하고 있음에도 불구하고, 제한적 서비스 제공에 대한 우려는 계속 제기되었다. 미국에서 가장 재능이 뛰어난 학생의 교육에 대한 두 번째 연방보고서(Ross, 1933)인 『국가 수월성−발전하는 미국의 재능에 대한 사례(National Excellence: A Case for Developing America's Talent)』는 영재에 대한 관심의 부재를 '심각한 위기(a quiet crisis)'라고 지적하였다. "수년간 영특한 학생의 요구에 단발적인 관심이 있었으나, 영재 중 대부분은 학교에서 자신의 능력 이하의 공부를 하며 지내고 있다. 학교의 신념은 경제적이고 문화적인 배경에서 탁월한 영재보다 모든 학생의 잠재력을 계발해야 한다는 쪽으로 바뀌었다. 따라서 영재는 덜 도전적이고 덜 성취적인 학생이 되었다."(p. 5) 또한 보고서는 미국의 영재가 엄격하지 않은 교육과정에서 별로 읽고 싶지 않은 책을 읽으며, 직업이나 중등교육 졸업 이후를 위한 진로 준비가 다른 많은 선진 국가의 재능이 뛰어난 학생보다 덜 되고 있다는 사실을 지적하였다. 특히 경제적으로 취약하거나 소수집단의 영재는 무시되고, 대부분이 어떠한 개입 없이는 그들의 탁월한 잠재력을 알아차리지 못할 것이라고 보고서는 지적하였다.

영재교육 분야의 진보를 축하하는 이 기념비적인 영재교육필독시리즈는 학자들이 『Gifted Child Quarterly』와 같은 영재교육 분야의 주요 저널에서 가장 많이 언급한 주옥 같은 논문들을 소개하고 있다. 우리는 영재교육의 과거를 존중하고 현재 우리가 직면한 도전을 인정하며, 영재를 위해 최상의 교육 경험을 찾는 것같이 미래사회를 위한 희망적인 안내문을 제공해 주는 사색적이고 흥미를 불러일으킬 만한 논문으로 영재교육필독시리즈를 구성하였다. 엄격한 검토 후 출판된 영향력 있는 논문들은 영재교육 분야에서 자주 인용되고 중요하게 여겨지기 때문에 선택되었다. 시리즈의 논문들은 우리가 영재교육에 대해 중요한 내용을 배우고 있다는 것을 보여 주고 있다. 우리의 지식은 여러 분야에 걸쳐 확장되고 진보된 것이 무엇인지에 대해 합의를 이끌어 내고 있다. 다소 분리된 영역을 기술한 학자들은 도입 부분에서 아직 남아 있는 질문을 이해하는 데 도움이 된다고 설명하였다. 그러한 대답을 여전히 찾으면서도, 현재 우리는 발전적인 질문을 계속하기 위해 좀 더 나은 준비를 하고 있다. 이번 시리즈의 독창적인 논문들은 어떤 쟁점을 해결하는 데 도움을 주며, 쉽게 답이 나오지 않는 다른 질문도 강조한다. 결국 이 논문은 끊임없이 제기되는 질문에 새롭게 도전하도록 도와준다. 예를 들면, Carol Tomlinson은 영재교육 분야의 상이한 교육과정은 영재교육 분야에서 계속 파생되는 문제라고 하였다.

초기 영재교육 분야의 문제들은 시간이 지남에 따라 해결되어 점차 체계적 지식의 일부로 포함되었다. 예를 들면, 학교와 가정 모두 높은 잠재력을 지닌 개인의 영재성을 육성하는 데 도움이 될 수 있다는 점과, 학교 내부와 외부의 교육 서비스의 연계는 영재성이 발달할 가장 훌륭한 학창시절을 제공해 줄 수 있다는 것이 널리 인정되고 있다. Linda Brody가 도입부에서 지적한 것처럼, 이미 30년 전에 제기된 집단편성과 속진 문제에 대해 논쟁을 벌이는 것은 현재로서는 불필요하다. 예를 들면, 영재학생들에게 적절한 교육 기회를 제공하기 위해 집단편성, 심화, 속진 모두 필요하다는 사실에 일반적으로 동의하고 있다. 이러한 과거의 논쟁들은 영재교육 분야를 발전시키는 데 도움은 되었으나, 사변적이고 상호 관련되는 작업이 아직 남아 있다. 이번 시리즈는 각 장의 편저자가 배워야 할 것을 모으고, 미래에 대해 흥미를 불러일으키는 질문을 끄집어냈다. 이러한 질문은 영재교육 분야에 고민할 기회를 많이 주고, 다음 세대의 학자들에게 연구할 기회를 충분히 제공한다. 서론에는 이번 시리즈에서 강조하는 내용을 간략하게 소개하고자 한다.

제1권 영재성의 정의와 개념

제1권에서는 Robert Sternberg가 영재성의 정의, 아동기와 청소년기에 보이는 재능의 종류에 대한 독창적인 논문들을 소개하고 있다. 일반적으로 가장 널리 사용되는 영재성의 정의는 교육학자들이 제안한 정의가 담긴 미국 연방법의 정의다. 예를 들면, Marland 보고서(Marland, 1972)는 미국의 많은 주나 학회에서 채택되었다.

주나 지역의 수준에 따라 영재성의 정의에 대한 선택은 주요 정책의 결정 사항이었고 지금도 여전히 그러하다. 정책결정이 종종 실제적 절차나 혹은 영재성 정의나 판별에 관한 연구결과와 무관하거나 부분적으로만 관련이 있다는 점은 흥미롭다. 정책과 실제에서 차이가 발생하는 것은 아마도 많은 변인이 있기 때문일 것이다. 불행하게도, 연방법에 따른 영재성의 정의는 포괄적이지만 모호하여 이 정의로 인해 발생하는 문제들이 해당 분야의 전문가들에 의해 밝혀졌다. 최근 영재 프로그램의 현황에 대한 연방정부 보고서인 『국가 수월성』(Ross, 1993)에서는 신경과학과 인지심리학에서의 새로운 통찰력에 토대를 두고 새로운 연방법에 따른 정의를 제안하고 있다. '천부적으로 타고난다(gifted)'라는 조건은 발달하는 능력보다 성숙을 내포하고 있다. 그 결과 재능 발달을 강조한 새로운 정의인 "현재의 지식과 사고를 반영한다."(p. 26)라고 한 아동에 대한 최근 연구결과와는 논쟁이 되고 있다. 영재에 대한 기술은 다음과 같다.

영재는 일반 아이들과 그들의 나이, 경험 또는 환경과 비교했을 때 뛰어난 탁월한 재능수행을 지니거나 매우 높은 수준의 성취를 할 수 있는 잠재력을 보여 주는 아동이다. 이런 아동은 지적, 창의적 분야, 그리고 예술 분야에서 높은 성취력을 나타내고, 비범한 리더십을 지니며, 특정 학문 영역에서 탁월하다. 그들은 학교에서 일반적으로 제공되지 않는 서비스나 활동을 필요로 한다. 우수한 재능은 모든 문화적 집단, 모든 경제 계층, 그리고 인간 노력의 모든 분야에서 아동기나 청소년기에 나타난다(p. 26).

공정한 판별 시스템은 각 학생의 차이점을 인정하고 다른 조건에서 성장한 학생들에 대해서도 드러나는 재능뿐만 아니라 잠재력을 확인시켜 줄 수 있는 다양하고 복잡한 평가방법을 사용한다. Sternberg는 책의 서두에서, 사람이 나쁜 습관을 가지고 있듯이 학문 분야도 나쁜 습관이 있다는 것을 인정하며, "많은 영재 분야의 나쁜 습관은 영재가 무엇인지에 대한 정확한 개념도 없이 영재성에 관한 연구를 하거나, 더 심한 경우는 아동이 영재인지 아닌지 판별하는 것이다."라고 설명하였다. Sternberg는 영재성과 재능의 본질, 영재성 연구방법, 영재성의 전통적 개념을 확장한다면 얼마나 달성할 수 있을까? 다시 말해, 영재성과 재능 사이에 차이점이 존재하는가? 유용한 평가방법의 타당성은 어떠한가, 그리고 아마도 가장 중요한 것으로 우리가 얼마나 영재성과 재능을 계발할 수 있는지에 대해 의문을 가져 봄으로써 영재성의 정의에 대한 중요 논문에서 주요 주제를 요약할 수 있었다. Sternberg는 논문을 기고한 많은 학자가 폭넓게 동의한 요점을 간결하게 정리하였다. 영재성은 단순히 높은 지능(IQ)보다 더 많은 것을 포함하고, 인지적·비인지적 요소를 포함하며, 뛰어난 성과를 실현할 잠재력을 계발할 환경이 있어야 하고, 영재성은 한 가지가 아니라고 하였다. 나아가 우리가 영재성을 개념화하는 방법은 재능을 계발할 기회가 있는 사람에게 큰 영향을 미치고, 독자에게 교육자로서의 책임을 상기시켜 준다고 경고하였다. 또한 영재교육 분야에서 가장 비판적 질문 중 하나는 천부적으로 뛰어난 사람은 그들의 지식을 세상에 이롭게 사용하는가, 아니면 해롭게 사용하는가다.

영재교육의 공공정책

  제2권에서는 Renzulli가 영재교육 분야의 연구자가 현재 직면한 가장 비판적인 질문인 어떻게, 언제, 왜 영재를 판별해야 하는지에 대하여 기술하고 있다. 그는 영재성의 개념이 매우 보수적이고 제한된 관점에서 좀 더 융통성 있고 다차원적인 접근까지의 연속된 범위를 따라서 존재한다고 생각한다. 따라서 판별의 첫 단계부터 의문을 가져야 한다. 무엇을 위한 판별인가? 왜 보다 어릴 때 판별해야 하는가? 예를 들어, 미술 프로그램이 재능 있는 예술가를 위해 개발되었다면, 그 결과로써의 판별 시스템은 반드시 미술 영역에서 증명되거나 잠재적인 재능을 가진 아동을 판별할 수 있는 구조여야 한다는 것이다.

  Renzulli는 도입 부분에서 판별에 대한 중요한 논문들과 최근의 합의를 요약하였다. 예를 들면, 대부분의 연구자들이 언급하였듯이 지능검사나 다른 인지능력검사들은 대부분 언어적이고 분석적인 기술을 통해 아동의 잠재력의 범위에 대한 정보를 제공한다. 그러나 그것은 우리가 누구를 판별해야 하는지 알아야 할 필요가 있는 모든 정보를 다 설명해 주지는 않는다. 그런데 연구자는 판별 과정에서 인지능력검사를 빼야 한다고 주장하지 않는다. 오히려 대부분의 연구자 (a) 다른 잠재력의 척도들이 판별에 사용되어야 하고, (b) 이러한 척도들은 특별 서비스를 받을 학생을 최종 결정할 때 똑같이 고려해야 하며, (c) 마지막 분석 단계에서 신중한 결정을 내리려면 점수를 매기거나 도구를 사용할 것이 아니라 식견이 있는 전문가의 사려 깊은 판단을 믿어야 한다고 생각한다.

  판별에 대한 중요한 논문들의 저자들이 제시한 또 다른 쟁점은 다음과 같다. (a) 수렴적이고 확산적인 사고(Guilford, 1967; Torrance, 1984), (b) 침해주의(entrenchment)와 비침해주의(non-entrenchment)(Sternberg, 1982), (c) 학교 중심의 영재성 대 창의적이고 생산적인 영재성의 차이(Renzuilli, 1982; Renzulli & Delcourt, 1986)다. 학교 중심의 영재성을 정의하는 것은 창의적이고 생산적인 영재성의 잠재력을 가진 아동을 정의하는 것보다 더 쉽다. Renzulli는 영재학생 판별에 대한 발전은 계속되어 왔으며, 특히 지난 25년 동안 인간의 잠재력과 영재성의 개념에 대한 새로운 이론을 고려한 평준화의 문제, 정책, 그리고 실제에 대한 새로운 접근법이 연구되고 있다고 믿는다. 그러나 그는 판별 기법에 대한 끊임없는 연구가 여전히 필요하고, 역사적으로 재능 있는 영재가 다른 이들처럼 항상 측정되지 않는 어떤 특성이 있다는 것을 마음속에 지니는 것이 중요하다고 하였다. 우리는 지금까지 설명하기 어려운 것을 위한 연구를 계속해야 할 필요가 있다. 영재성은 문화적으로나 상황적으로 모든 인간 행동에 고착된다는 것을 깨달아야 하며, 무엇보다 우리가 아직 설명하지 못하는 것의 가치를 매겨야 할 필요가 있다.

제3권 영재교육에서 집단편성과 속진
제4권 영재 교육과정 연구
제5권 영재를 위한 차별화 교육과정

제3, 4, 5권에는 영재 프로그램의 교육과정과 집단편성에 대한 쟁점에 대해 설명하였다. 아마도 이 영역에서 가장 유망한 기법의 일부가 영재에게 실시되고 있을 것이다. 집단편성의 다양한 유형은 영재에게 진보된 교육과정에서 다른 영재와 함께 공부할 기회를 주는 것처럼, 집단편성과 교육과정은 서로 상호작용한다. 수업상의 집단편성과 능력별 집단편성에 대해서 일반적으로 알려진 것처럼 학생을 집단편성하는 방법을 다루는 것이 아니라, 가장 큰 차이를 만드는 집단 내에서 무엇이 일어나는지를 다루는 것이다.

너무도 많은 학교에서, 영재를 위한 교육과정과 수업이 학교에 있는 동안 약간만 다르게 이루어지며 최소한의 기회를 주고 있다. 때때로 방과 후 심화 프로그램 또는 토요일 프로그램이 종합적인 학교 프로그램을 운영하고 있는 박물관, 과학 센터 또는 현지 대학을 통해 제공된다. 또한 학업적으로 매우 재능 있는 학생은 나라를 불문하고 수업을 지루해하고 비동기적, 비도

영재교육의 공공정책

전적으로 수업에 참여한다. 미국에서 빈번하게 사용된 교육방법인 속진은 종종 교사나 행정관료에 따라 시간적인 문제, 월반에 대한 사회적 영향, 그리고 기타 부분에 대한 염려를 포함한 다양한 이유를 들어 부적절한 방법으로 저지되었다. 속진의 다양한 형태―유치원이나 초등학교를 1년 먼저 들어가는 조숙한 아이, 월반, 대학 조기입학 등―는 대부분의 학교에서 일반적으로 사용하지 않는다.

불행하게도, 대안적인 집단편성 전략은 학교 구조의 개편을 의미한다. 그리고 일정, 재정 문제, 근본적으로 변화를 지연시키는 학교 때문에 교육적 변화를 일으키는 데 어려움이 있어서 아마도 매우 늦게 이루어질 것이다. 이렇게 지연되면서, 영재학생은 그들 연령의 동료보다 훨씬 앞서서 더 빠르게 배울 수 있고 더 복잡한 사물을 살필 수 있는 기본적인 기능과 언어 능력에 기초한 특별한 교육을 받지 못하는 것이다. 뛰어난 학생에게는 적절한 페이스, 풍부하고 도전적인 수업, 일반 학급에서 가르치는 것보다 상당히 다양한 교육과정이 필요하지만, 학업적으로 뛰어난 학생이 학교에서 오히려 종종 뒤처져 있다.

Linda Brody는 교육 목적에 맞게 학생을 집단편성하는 가장 좋은 방법을 소개하였다. 연령에 맞춘 전형적인 교육 프로그램이 그 교육과정을 이미 성취하고 인지능력을 지닌 영재의 욕구를 충족시켜 줄 수 있는가에 대하여 염려하였다. 집단편성에 대한 논문은 첫째, 개인의 학습 욕구를 충족시키는 데 교육과정이 갖추어야 할 융통성의 중요성, 둘째, 교육 집단으로 학생을 선정할 때 융통성 있는 교육자의 필요성, 셋째, 필요하다면 집단을 변경해야 할 필요성을 강조한다. 서론에는 영재를 일반학생과 같이 집단편성시키는 것에 대한 논쟁을 싣고 있다. 그리고 소수의 사람이 다른 학습 욕구를 지닌 학생을 위해 차별화된 교육을 허용하는 도구로 속진학습과 집단편성을 이용하고자 하는 요구에 찬성하지 않는다. 좀 더 진보된 교육 프로그램이 발달된 인지능력과 성취 수준을 다르게 하기 위한 방법으로써 이용될 때, 그러한 방법은 모든 학생에게 적절한 교육의 목표를 달성하도록 도와줄 수 있다.

VanTassel-Baska는 영재를 위한 교육과정의 가치와 타당한 요인을 강조하는 중요한 아이디어와 교육과정의 발달, 영재를 위한 교육과정의 구분, 그러한 교육과정의 연구에 기초한 효과와 관련된 교육법을 설명함으로써 영재교육과정에 대한 중요한 논문을 소개하고 있다. 또한 독자에게 교육과정의 균형에 대하여 Harry Passow의 염려와 불균형이 존재한다고 암시하였다. 연구결과를 보면, 영재의 정의적 발달은 특별한 교육과정을 통해서 일어난다고 암시하기 때문이다. 게다가 교육과정을 내면화하려는 노력은 예술 및 외국어 분야에서는 일어나지 않는다. 교육과정의 균형 있는 적용과 인정을 통해서 우리는 Passow가 생각했던 인문학의 개인 유형을 만들 수 있다. VanTassel-Baska는 균형을 맞추기 위해 교육과정의 선택뿐 아니라 다양한 영재의 사회정서적 발달을 위한 요구를 제시하였다.

Carol Tomlinson은 지난 13년 동안 유일하게 영재교육 분야의 차별에 대한 비판적인 논문을 소개하면서, 최근 논문이 '영재교육 분야에서 파생된 쟁점, 그리고 계속되어 재경험되는 쟁점'이라고 하였다. 그녀는 영재교육에서 중요한 것 중의 하나가 교육과정의 차별화를 다룬 주제라고 하였다. 인류학에서 유추한 대로, Tomlinson은 '통합파(lumpers)'는 문화가 공통적으로 무엇을 공유하는지에 대해 더 큰 관심을 가지는 것에 비해, '분열파(splitters)'는 문화 사이의 차이점에 초점을 맞춘다고 말하였다. 통합파는 혼합 능력 구조 안에서 다양한 집단에게 어떤 공통된 문제와 해결방법이 존재하는지를 질문한다. 반면, 분열파는 혼합 능력 구조 안에서 능력이 높은 학생에게 어떤 일이 일어나는지에 대해 물어본다. Tomlinson의 논문에서 주목할 만한 특징은 일반교육과 영재교육의 교육방법을 잘 설명하면서 두 교육과정의 결합을 제시하고 있다는 것이다.

제6권 문화적으로 다양하고 소외된 영재학생
제7권 장애영재와 특수영재
제8권 사회적·정서적 문제, 미성취, 상담

영재 프로그램에 참여하는 아동의 대부분은 우리 사회에서 다수 문화를 대표하는 학생이다. 그러나 경제적으로 어렵고 장애가 있으며 다른 문화적 배경을 지닌 소수의 학생은 영재 프로그램에 실제보다 적게 참여하는데, 이에 대하여 약간의 의혹이 존재한다. 의혹이 드는 첫 번째 이유는 영재의 판별에 사용되는 쓸모없고 부적절한 판별과 선발 절차가 이들의 추천 및 최종 배치를 제한할지도 모른다는 점이다. 이 시리즈에 요약된 연구는 영재 프로그램에서 전통적으로 혜택을 적게 받은 집단에 대해 다음의 몇 가지 요소가 고려된다면 좀 더 많은 영재가 출현할 수 있을 것이라고 지적한다. 고려될 요소란 영재성의 새로운 구인, 문화적이고 상황적인 가변성, 더욱 다양하고 확실한 평가방법 사용, 성취에 기초한 판별, 더욱 풍부하고 다양한 학습기회를 통한 판별의 기회다.

Alexinia Baldwin은 『Gifted Child Quarterly』에서 지난 50년간 영재교육에 대한 대화와 토론을 진행시켜 온 주요 관심사로, 영재 프로그램에서 문화적으로 다양하면서 영재교육의 혜택이 부족했던 집단에 대해 논의하였다. 이에 대한 3개의 주요 주제는 판별과 선발, 프로그래밍, 위원의 임무와 개발이다. 판별과 선발이라는 첫 번째 주제에서, 영재성은 광범위하면서 많은 판별기법을 통해 표현될 수 있다는 것을 확실하게 하기 위한 교육자의 노력은 아킬레스건과 같음을 지적하고 있다. Baldwin은 판별을 위한 선택을 확장한 Renzulli와 Hartman(1971), Baldwin(1977)의 호의적인 초기 연구를 인용하면서, 해야 할 것이 아직도 많이 남아 있다고 경고하였다. 두 번째 주제인 프로그래밍은 다양한 문화를 가진 학생의 능력을 알아보지만, 그들을 일괄적으로 설계된 프로그램 안에 있으라고 종종 강요한다. 세 번째 주제에서 그녀는 영재교육 프로그램을 담당하는 교사의 다양성뿐만 아니라, 이론을 만들고 그런 관심을 설명하며 조사하는 연구자의 태도나 마음가짐에 대해 관심을 표명하였다.

Susan Baum은 "영재는 일반 사람에 비해 더욱 건강하고 대중적이고 순응적이다."라고 제안한 Terman의 초기 연구를 요약하면서, 영재의 개별적인 특별한 요구에 대해 역사적 근원을 밝히고 있다. 더 중요한 것은 영재가 별다른 도움 없이 모든 영역에서 높은 수준의 성과를 낼 수 있을 것이라고 간주되어 왔다는 것이다. Baum은 영재에 대한 고정관념의 특징에 따라 특별한 요구를 지닌 영재가 특정 집단이 될 수 있는 가능성을 감소시켰다고 하였다. Baum은 이번 시리즈의 중요한 논문에서 영재가 위기에 직면하고 있으며 그들의 가능성을 실현하는 데 방해되는 장애물을 극복하기 위한 전략을 제안하였다. 논문은 세 개의 학생 집단에 초점을 맞추었다. (1) 학습장애와 주의력장애로 위기에 처한 중복–장애(twice-exceptional), (2) 계발되고 성취할 수 있는 능력을 사회적으로나 감정적으로 억제하는 성(gender) 문제에 직면한 영재, (3) 경제적으로 빈곤하고 학교에서 탈락할 위기에 놓인 학생이다. Baum은 이러한 아동 집단이 발달하는 데 하나 또는 그 이상의 장애의 영향을 받는다는 것을 연구하였다. 가장 큰 장애는 판별방법, 프로그램 설계의 결함, 적절한 사회적, 정서적 지원의 부족 등이다. 그녀는 이러한 비판을 통해 미래의 영재교육이 나아갈 방향에 대해 사려 깊은 질문을 던지고 있다.

Sidney Moon은 사회적, 정서적인 쟁점을 설명해 주는 영재학회의 프로젝트 팀이 기고한 영재의 사회적, 정서적 발달과 영재 상담에 대하여 중요한 논문을 소개하였다. 첫 번째 프로젝트는 2000년도에 '사회적, 정서적 문제를 위한 특별연구회(Social and Emotional Issues Task Force)'가 연구하였으며, 2002년에 연구결과를 『영재아동의 사회적, 정서적 발달: 우리는 무엇을 아는가?(The Social and Emotional Development of Gifted Children: What do we know?)』를 출판함으로써 마무리되었다. 이 부분에서는 영재의 사회적, 정서적 발달에 관한 문헌연구를 하였다(Neihart, Reis, Robinson, & Moon,

영재교육의 공공정책

2002). Moon은 사회적, 정서적 발달과 상담 분야의 중요한 연구가 최근 영재교육 분야의 사회적, 정서적인 쟁점에 대한 연구의 장단점을 잘 설명해 준다고 믿는다. 논문은 영재의 잠재력을 계발하는 데 실패한 미성취 영재 집단 등의 특수영재 집단에 대하여 연구자의 관심을 증대시켰다. 또한 방해 전략과 좀 더 철저한 개입에 따라서, 이러한 학생에 대해 좀 더 경험적 연구를 요구하였다. 그녀는 비록 좋은 영재 상담 모형이 발전되어 왔지만, 아시아계 미국인, 아프리카계 미국인, 특수 아동과 같이 특수한 경우의 영재에 대하여 상담의 중재와 효과를 결정하기 위해 정확하게 평가될 필요가 있다고 하였다. 또한 Moon은 영재교육 분야의 연구자는 사회심리학, 상담심리학, 가족치료학, 정신의학과 같은 정서 분야의 연구자와 협력해야 한다고 주장한다. 이는 해당 분야의 전문가 집단에게 영재를 가장 효과적으로 중재하는 것을 배우기 위해서이며, 모든 영재가 최상의 사회적, 정서적, 개인적 발달을 할 수 있도록 도와줄 수 있는 좀 더 나은 방법을 배우기 위해서다.

제9권 예술 · 음악 영재학생
제10권 창의성과 영재성

Enid Zimmerman은 음악, 무용, 시각예술, 공간적 · 신체적 표현 예술 분야의 재능이 있는 학생에 대한 논문을 고찰하고, 시각과 행위 예술 분야의 재능 발달에 관한 책을 소개하고 있다. 논문에 나타난 주제는 (1) 예술 재능 발달에서 천성 대 양육에 관련된 문제에 관심을 보이는 부모, 학생, 교사의 인식, (2) 예술 재능이 있는 학생의 결정 경험에 관한 연구, (3) 다양한 환경 속에서 예술 재능이 있는 학생을 판별하는 학교와 공동체 구성원 간의 협동, (4) 교사가 예술 재능이 있는 학생을 격려하는 것에 관련된 리더십에 관한 쟁점이다. 이는 모두 어느 정도 예술 재능이 있는 학생의 교육에 관한 교사, 학부모, 학생과 관계되어 있다. 그리고 도시, 교외, 시골 등 다양한 환경에 놓여 있는 예술 재능 학생의 판별에 관한 논의도 포함되어 있다. Zimmerman

은 이러한 특별한 분야에서 교육 기회, 교육환경의 영향, 예술 재능이 있는 학생의 발달에 영향을 미치는 교사의 역할에 대한 연구가 필요하다고 하였다. 판별 기준과 검사도구의 영향, 시각과 행위 예술에 재능이 있는 학생의 교육 관계는 앞으로 연구가 매우 필요한 분야다. 예술 재능이 있는 학생의 교육에 관한 세계적이고 대중적인 문화의 영향과 비교 문화적 관계뿐만 아니라 학생의 환경, 성격, 성 지향성, 기법 개발, 그리고 인지적 · 정의적 능력에 관한 연구도 필요하다. 이 책에서 그녀가 소개하고 있는 사례연구는 이러한 관점에 대한 연구의 필요성을 제기하고 있다.

Donald Treffinger는 창의성과 관련된 개념적이며 이론적인 연구를 살펴보려는 연구자들이 공통적인 관심과 노력을 기울이고 있는 다음의 5가지 주요 주제, (1) **정의**(어떻게 영재성, 재능, 창의성을 정의하는가?), (2) **특성**(영재성과 창의성의 특성), (3) **정당성**(왜 창의성이 교육에서 중요한가?), (4) 창의성의 **평가**, (5) 창의성의 **계발**에 대해 논의하였다. 창의성 연구의 초창기에 Treffinger는 훈련이나 교육에 따라 창의성이 계발되는 것이 가능한지에 대해서 상당한 논의가 있어 왔다고 하였다. 그는 지난 50년 동안 교육자들이 창의성의 계발이 가능하다(Torrance, 1987)는 것을 배워 왔으며, '어떤 방법이 가장 최선이며, 누구를 위하여, 어떤 환경에서?'와 같은 질문을 통해 이러한 연구 분야를 확장시켜 왔다고 언급하였다. Treffinger는 효과적인 교수법을 통해 창의성을 발달시키고, 어떤 방법이 가장 큰 영향을 줄 수 있는지 탐구하려고 노력한 교육자의 연구를 요약하였다.

제11권 영재교육 프로그램 평가
제12권 영재교육의 공공정책

Carolyn Callahan은 적어도 지난 30년간 영재교육 분야의 전문가가 간과하였던 중요한 요소가 평가자와 참여자 간에 큰 역할을 한다는 평가에 대하여 비중 있는 논문을 소개하고 있다. 그녀는 평가에 관한 연구를 구분하였는데, 그중에서도 영재교육 프로그램의 평가에 관한 연구는 다음의 4가지 범주로 구분하였다. (1) 이론과 실제적인 지침 제공, (2) 평가의 구체적인 프로그램, (3) 평가 과정을 둘러싼 쟁점, (4) 평가 과정에 관한 새로운 연구 제안이다. Callahan은 연구자에 따라 평가 작업이 이미 수행되고 있으며, 재능아를 위한 프로그램의 효율성 증가에 평가가 중요한 공헌을 한다고 하였다.

James Gallagher는 가장 도전적인 질문이 증가하고 있는 공공정책을 소개하면서 전투 준비를 해야 한다고 하였다. Gallagher는 영재교육의 한 분야로, 영재교육의 강력한 개입을 통해 합의를 이끌어 내고, 우리가 어떻게 엘리트주의라는 비난에 대응할 것인지를 생각해야 한다고 제안하였다. 그는 영재교육 분야가 일반교사와 재능 교육 전문가의 개발을 지원하는 추가적인 목표에 노력을 더 기울여야 한다고 하였다. 그리고 부족한 자원을 획득하기 위한 공공의 싸움에 실패한 것은 이미 20년 전에 1990년을 전망하며 Renzulli(1980)가 던진 질문인 "영재아동의 연구동향이 2010년에도 계속 이어질 것인가?"를 다시금 생각하게 한다고 하였다.

결 론

영재교육 분야에 대한 고찰과 최근 수십 년 동안의 독창적인 논문에서 우리는 무엇을 배울 수 있는가? 첫째, 앞으로 영재교육을 계속하여 발전시켜야 하는 우리는 논문이 쓰였던 시기와 과거를 존중해야 한다. 우물에서 물을 마실 때 우물을 판 사람에게 감사해야 한다는 속담처럼, 선행연구가 영재교육 분야를 성장시키는 씨앗임을 알아야 한다. 둘째, 우리의 시리즈 연구가 영재교육 분야에서 매우 신나는 연구이며 새로운 방향 제시와 공통된 핵심 주제임을 알아야 한다. 마지막으로, 우리는 영재에 대한 연구에서 완전히 마무리된 연구결과물이란 없으며, 논문마다 제기한 독특한 요구를 어떻게 최선을 다해 만족시킬 수 있는지를 연구함으로써 미래를 포용해야 한다. 이 시리즈에서 보고된 논문은 앞으로 연구할 기회가 풍부하다는 것을 의미한다. 그러나 아직도 많은 질문이 남아 있다. 미래의 연구는 종단연구뿐만 아니라 양적, 질적인 연구에 기초해야 하고, 단지 수박 겉핥기만 해 온 연구를 탐구할 필요가 있는 쟁점과 많은 변수를 고려하여 완성시켜야 한다. 다양한 학생 중 영재를 판별해 내는 보다 포괄적인 프로그램을 개발하는 연구가 더욱 필요하다. 이것이 이루어질 때, 미래의 영재교육의 교사와 연구원은 교육자, 공동체, 가정에서 포용할 수 있는 답변을 찾을 것이고, 훈련된 교사는 학급에서 영재의 영재성을 보다 효과적으로 발달시킬 수 있을 것이다.

또한 우리는 일반적인 교육 분야가 어떻게 연구되고 있는지를 주의 깊게 고려해 볼 필요가 있다. 연구기법이 발전하고 새로운 기회가 우리에게 유용하게 찾아올 것이다. 이제 모든 학생이 새로운 교육과정을 시작하기 전에 교과과정을 먼저 평가할 수 있게 될 것이다. 그리고 이제는 학생이 많은 학점을 선취득했을 때, 그들을 자신의 학년 수준에 유지시키려는 문제는 사라질 것이다. 왜냐하면 우리는 새로운 기법으로 학생의 능력을 정확히 판별할 수 있기 때문이다. 새로운 기법으로 학생이 이미 알고 있는 것이 무엇인지를 더 잘 판별하게 되면, 학생의 강점과 흥미에 기초한 핵심적인 교육과정뿐만 아니라 다양한 기회에 도전하도록 격려하는 것이 꼭 필요하다. 이러한 특별한 영재 집단에 관심을 갖는 부모, 교육자, 전문가는 영재의 독특한 요구를 충족시켜 주기 위하여 정치적으로 적극적일 필요가 있으며, 연구자는 영재의 건강한 사회적, 정서적 성장을 위한 기회뿐만 아니라 재능 계발의 효과를 증명할 수 있는 실험연구를 수행해야 한다.

어떤 분야가 지속적으로 성장하려면 새로운 주장이 나타나야 하며 새로운 참여자가 있어야 한다. 위대한 기회는 우리 분야에서 활용될 수 있다. 우리가 지속적으로 영재를 위한 주장을 할 때, 우리는 변화하는 교육개혁의 움직임에서 중요한 역할을 해낼 수 있는 것이다. 우리는 영재와 심화 프로그램을 유지하기 위해 싸우는 한편, 모든 학생을 위해 그들이 더 도전적인 기회를 성취할 수 있도록 계속 연구할 것이다. 우리는 지속적으로 선행학습을

영재교육의 공공정책

통한 차별화, 개별 교육과정의 기회, 발전된 교육과정과 개인별 지원 기회를 지지할 것이다. 이 시리즈의 논문에서 대답하고 제기한 질문은 우리가 영재교육 분야에서 진일보할 수 있도록 도움을 줄 것이다. 우리는 이 시리즈의 독자가 영재교육의 흥미로운 여행에 동참해 주기를 희망한다.

참고문헌

Baldwin, A.Y. (1977). Tests do underpredict: A case study. *Phi Delta Kappan, 58*, 620-621.

Gallagher, J. J. (1979). Issues in education for the gifted. In A. H. Passow (Ed.), *The gifted and the talented: Their education and development* (pp. 28-44). Chicago: University of Chicago Press.

Guilford, J. E. (1967). *The nature of human intelligence.* New York: McGraw-Hill.

Marland, S. P., Jr. (1972). *Education of the gifted and talented: Vol. 1. Report to the Congress of the United States by the U.S. Commissioner of Education.* Washington, DC: U.S. Government Printing Office.

Neihart, M., Reis, S., Robinson, N., & Moon, S. M. (Eds.). (2002). *The social and emotional development of gifted children: What do we know?* Waco, TX: Prufrock.

Renzulli, J. S. (1978). What makes giftedness? Reexamining a definition. *Phi Delta Kappan, 60*(5), 180-184.

Renzulli, J. S. (1980). Will the gifted child movement be alive and well in 1990? *Gifted Child Quarterly, 24*(1), 3-9. **[See Vol. 12.]**

Renzulli, J. S. (1982). Dear Mr. and Mrs. Copernicus: We regret to inform you... *Gifted Child Quarterly, 26*(1), 11-14. **[See Vol. 2.]**

Renzulli, J. S. (Ed.). (1986). *Systems and models for developing programs for the gifted and talented.* Mansfield Center, CT: Creative Learning Press.

Renzulli, J. S., & Delcourt, M. A. B. (1986). The legacy and logic of research on the identification of gifted persons. *Gifted Child Quarterly, 30*(1), 20-23. **[See Vol. 2.]**

Renzulli, J. S., & Hartman, R. (1971). Scale for rating behavioral characteristics of superior students. *Exceptional Children, 38*, 243-248.

Ross, P. (1993). *National excellence: A case for developing America's talent.* Washington, DC: U.S. Department of Education, Government Printing Office.

Sternberg, R. J. (1982). Nonentrenchment in the assessment of intellectual giftedness. *Gifted Child Quarterly, 26*(2), 63-67. **[See Vol. 2.]**

Tannenbaum, A. J. (1983). *Gifted children: Psychological and educational perspectives.* New York: Macmillan.

Torrance, E. P. (1984). The role of creativity in identification of the gifted and talented. *Gifted Child Quarterly, 28*(4), 153-156. **[See Vols. 2 and 10.]**

Torrance, E. P. (1987). Recent trends in teaching children and adults to think creatively. In S. G. Isaksen, (Ed.), *Frontiers of creativity research: Beyond the basics* (pp. 204-215). Buffalo, NY: Bearly Limited.

영재교육의 공공정책에 대한 소개

James J. Gallagher

(The University of North Carolina at Chapel Hill)

저명한 저널인 『Gifted Child Quarterly』의 독창적인 논문 시리즈에 참여하게 되어 영광이다. 미국영재학회(NAGC) 창립 50주년 기념일에 영재교육 분야의 다양한 차원들을 요약하려는 시도는 참으로 인상적인 노력이다. 이 프로젝트는 『Gifted Child Quarterly』를 통해 영재교육 분야에 기여한 공로에 초점을 맞추고 있지만 『Reoper Review』와 『Journal for the Education of the Gifted』와 같은 영재에 관한 저널들을 통해서도 이 주제에 대해 훌륭하고 타당한 기여가 많이 이뤄졌음을 독자들은 알아야 할 것이다. 그 밖에도 『American Psychologist』와 『Exceptional Children』 등과 같은 일반적인 저널들에서도 관련성 있는 논문들의 도움을 받았다.

교육정책 부분에 수록된 논문 선정은 영재교육을 담당하는 교육자들이 수 세기 동안 관심을 갖고 당면해 온 영재교육에 대한 사안들을 반영한다. 많은 세월이 흘렀음에도 불구하고 우리는 여전히 기본적인 질문들과 씨름하며 놀라워한다. 누가 영재인가? 과연 영재는 존재하는가? 그들에게는 교육 체제에서 무엇을 다르게 해 주어야 하는가? 영재들을 교육하는 교사들은 특별한 훈련을 받아야 하는가?

그렇다면 여기에서 제기되지 않은 질문들은 무엇인가? '우리는 영재교육을 잘 수행하기 위해 필요한 도구를 가지고 있는가?' '만약 그 도구가 없다면 (예, 교육과정 차별화, 인력 준비 등), 우리는 그 도구를 만들어 낼 수 있는가?' '우리가 필요한 도구를 만드는 것을 돕도록 공공정책 입안자들을 설득시킬 수 있는가?' 이 질문들은 우리의 미래에 대해 어느 정도의 중요성을 지닌 정책 관련 사안들이다. 입법, 법원 결정, 행정 법규 제정, 전문가적 발의와 같이 이 사회를 움직여 나가는 주된 원동력이 되는 분야에서 영재교육자들이 영향력을 나타내지 못하였다는 것이 놀라운 일일까?(Gallagher, 2002). 여기에 실린 논문들은 정책결정자들과 교육계의 지도자들에게 우리가 영재교육이라는 전문성을 불확실하게 제시하는 점에 대해서 설득력 있게 논하고 있다.

예를 들어, '누가 영재인가?' 혹은 '영재라는 말은 써도 되는 것인가?'의 질문을 생각해 보자. Renzulli와 Reis(1991)는 이 분야에서 분명하게 제기되는 한 가지 문제를 전개하였다. 우리가 다루는 것이 영재 개인인가 아니면 영재성을 나타내는 행동들인가? 특수교육(special education)은 사람에 관한 것이지 영재성이나 창의력을 만들어 내는 것이 아니다. 공공정책 결정자들의 관심은 사람이지 추상적 개념이 아니다. 전국영재행동협회(National Association for Gifted Behaviors)에서 어버이날 행사를 갖는 것을 상상할 수 있는가? 상상할 수 없다. 좋든 나쁘든 결과는 차치하고, 우리가 다루는 것은 특정한 특성을 가진 사람들과 우리의 교육 체제 안에서의 그들의 운명이다.

영재들은 동질적인 집단인가? 물론 아니다. 정신지체나 학습장애를 지닌 아동들의 지체나 장애 정도가 다르듯이 영재 집단을 구성하는 아동들도 저마다 다르다. 그러나 자신의 연령 수준보다 훨씬 앞선 영재들의 사고력은 교육제도와 정책입안자들에게 공통적인 문제를 안겨 준다.

불공평과 영재성

필자는 우리가 서로 다른 계급과 인종적 배경에 속한 학생들 간에 존재하

영재교육의 공공정책

는 확연한 불평등에 대해서 지속적인 당혹감을 느낄 것을 제안하고 싶다. "모든 인간은 평등하게 창조되었다."라는 말은 법 앞에서 인간의 신분에 대한 말이라기보다는 오히려 개인의 특성이나 재능을 두고 하는 말인 듯하다. Renzulli와 Reis(1991)는 "많은 사람은 특정한 사람이 그들을 영재로 만들어 주는 황금 염색체를 부여받은 것으로 믿어 왔다."라고 말하였다.

Gallagher(2000)가 지적한 대로 행동유전학은 '황금 염색체'라는 것이 존재한다는 것을 놀랍도록 분명히 증명하였다. 인간 게놈 프로젝트와 같은 기념비적인 사건에 주의를 기울인다면, 우리는 어떤 아동들이 다른 아동에 비해 현대사회가 어른과 아동에게서 가치 있게 여기는 생각과 개념들을 보다 빨리 학습할 수 있는 능력을 지니고 태어난다는 결론에 이를 것이다(Gallagher, p. 6). 우리는 어떤 사람의 경우 그들의 인생 중 특정한 시기에 특정 분야에서 다른 사람보다 더 탁월한 능력을 나타내므로 각각의 재능과 시기에 따라 다양한 사람들의 다양한 진로 개발을 위한 프로그램 옵션들이 탐구되어야 한다는 Coleman, Sanders 그리고 Cross(1997)의 주장을 믿을 준비가 되었는가?(p. 107) 이들은 모든 재능을 다 갖춘 아동이란 없으며, 다만 인생의 특정 분야에서 다른 아동들보다 더 재능 있는 아동들이 있을 뿐이라는 사실을 말하고 있다. 그러나 아직도 어떤 집단의 아동들은 누군가가 나서서 그들의 특별한 재능에 도전해 주길 기다리고 있다.

우유부단의 대가

영재전문가 집단이 변화의 원동력에 대해 강한 영향력을 미치지 못한 무능력의 결과는, 반대로 그 원동력이 제대로 작용하였을 때 어떠한 일들이 일어날 것인가를 살펴보면 알 수 있다. 장애아동에 대한 정의의 문제에도 불구하고, 장애아동에 대한 교육제도는 전문가와 학부모들이 공공정책 결정권자들에게 특수교육의 필요성을 납득시킴으로써 놀라운 진보를 이룩하였다. 장애인교육법(The Individuals with Disabilities Education Act: IDEA)은 강력한 입법으로서 모든 아동들에게 무상으로 적합한 공교육을 제공하는 것을 내용으로 한다. 법원의 결정도 아동들이 무상으로 적합한 공교육을 받을 권리가 있음을 확인해 주었다. 행정 법규 역시 일반교육에 장애아동을 포함시킬 것을 명령하며 IDEA를 더욱 세심하게 다듬었다. 강력한 공공의 발의와 함께 이 모든 공적 행동들은 장애아동을 교육적인 계획에 수용하는 풍토를 창조하였다. 이와는 대조적으로 영재교육 담당자인 우리가 불확실한 목소리를 낸다면 과연 누가 우리를 따르겠는가? 우리는 왜 행동하기를 주저하는 것인가?

최고의 불공평

수년이 지난 후 필자는 영재교육을 반대하는 사람들의 사고 속에 자리한 한 줄기의 숨겨진 가치가 영재학생의 부모나 교육자들까지도 자신들의 주장을 옹호하는 것을 주저하게 한다는 결론에 이르렀다. 이러한 사실은 분노한 한 여성을 통해 극적으로 표출되었다. 필자가 영재에 대한 강의를 마쳤을 때, 한 여성이 다가와 "하나님은 그렇게 하시지 않습니다."라고 말하였다. 어리둥절한 내가 그녀에게 무슨 뜻인지 묻자, 그녀는 "하나님은 어떤 아이들(영재)만 그토록 많은 것을 갖게 하시고, 다른 아이들에게는 적게 주시는 분이 아닙니다."라고 말하였다.

바로 이와 같다. 지극히 불공평한 외양은 많은 사람들에게 문제로 작용하였으며, 영재와 관련된 사안들에 대한 토론에서 우리가 믿고 싶은 수준 이상으로 많은 영향력을 끼쳐 왔다. 예를 들어, 학생들 사이에서 분명하게 관찰되는 인지적 수준 차이의 원인이 불공평한 유전학이 아니라 불공평한 환경 때문이라면, 그 차이의 원인은 인간이 만든 것이므로 우리가 더 쉽게 납득할 수 있다. 그렇다면 이러한 '영재적 행동들'은 오로지 유리한 환경에서 비롯된 것인가? 불공평한 우주를 탓하기보다는 불행한 사회적 조건을 탓하는 편이 쉬운 법이다.

영재교육의 공공정책

Gallagher, Coleman 그리고 Nelson(1995)이 보고한 중학교 교사들 및 협력학습(cooperative learning) 교사들의 태도와 영재교사들의 태도에서 발견된 분명한 차이점은 영재학생들과 일반학생들 간의 격차를 되도록 좁히려는 일반교육계의 성향을 나타낸다. 일반교육을 담당하는 교사들의 시각에서 보면 영재학생들을 위해 특별히 해 줄 것이 없다. 협력학습 개혁과 중학교 운동만으로도 충분하다. 그러나 영재교사들은 이 점에 서 분명히 다른 입장을 보이며, 일반학생들과 영재학생 간의 차이점은 서로 다른 교육적 접근법을 요구한다는 사실을 인정하였다.

Purcell(1993)의 논문은 영재 프로그램이 사라지고 영재들이 일반교육 프로그램으로 되돌아간다면 어떠한 상황이 발생할 것인가에 대해 명확하게 설명하고 있다. 그러한 상황에서라면 영재들은 다른 학생들과 똑같은 프로그램을 다시 시작할 것이고, 특별한 관심을 받지 못할 것이다. Jackson(1988)은 논문에 "조숙한 읽기능력은 일반적 지능과 관련이 있으나, 글 읽기를 빨리 터득한 모든 아동들이 높은 지능지수를 지닌 것은 아니며, 지능지수가 높은 아동들이 모두 읽기를 빨리 배우는 것도 아니다."라고 보고하였는데, 이러한 그의 논문은 차이를 중시하지 않는 듯 보인다.

분명히 어떤 아동들은 IQ가 높아도 다양한 환경적 이유들 때문에 글을 빨리 깨치지 못한다. 그러나 IQ가 높은 몇몇 학생들의 읽기능력이 동년배들보다 3~4학년 정도 앞서 있다는 사실은 우리의 관심을 끌 만한 것이며, 따라서 차별화된 교육을 필요로 한다. 그러한 학생들에게 차별화된 교육이 필요하다는 사실을 인정함으로써 영재학생들과 평범한 학생들 간에 의미심장한 차이가 있음을 확인해야 하는데, 이 차이는 우리를 긴장하게 만든다.

우리는 능력 측정에서 인종 및 민족 간의 차이점을 우려하지만 중요한 것은 각 집단 내에서 측정된 학생의 능력 간에는 엄청난 차이가 있으며, 어떤 집단을 선택하든지 최고 점수를 보이는 학생은 있다. 학생 간의 선천적인 차이는 우리 삶의 자연스러운 일부이며, 차이점을 지닌 영재들이 자신의 월등한 지능을 사용하여 인류의 많은 고질적인 문제들(예, 전쟁, 전염병, 빈곤,

불의)을 창의적으로 해결하는 데 중대한 역할을 할 수 있는 사람들이라고 보기 전까지는, 아마도 우리는 영재들에게 특별한 교육을 제공하기 위해 노력과 자원을 투자하는 것에 대해 계속해서 사과해야 할지도 모른다.

영재교육의 공헌

영재교육은 일반교육을 개선하기 위해 고안된 예비 실험 프로그램이어야 하는가? Tomlinson과 Callahan(1992)은 자신들의 논문에서 영재교육이 일반교육에 기여한 실질적이고 가능성 있는 여러 가지 공헌들을 지적하였다. 그 공헌들에는 (문제해결 및 문제발견과 같은) 고차원적인 사고과정의 강조와 (계획하기, 불분명하게 정의된 문제에 대한 공략과 같은) 상위인지적 과정(metacognitive process)의 강조 등이 포함된다.

그 밖에도 영재교육에서 강조하는 다중교육 양식(탐구학습, 교육과정 차별화, 압축 등)와 탁월한 내용 수준 고수, 전통적인 표준화 검사를 뛰어넘어 상투적이지 않은 방식(포트폴리오 분석, 산출물 검토 등)을 사용한 숨겨진 재능발굴 등, 이 모두가 지속적으로 보다 효과적인 교육을 추구하는 일반교육계에 도움을 주었다. 특별 수업을 위해 영재들을 분리하여 교육하는 일이 없었다면 위와 같은 기여는 불가능하였을 것이다. Treffinger(1991) 역시 일반학생 및 교사의 기술과 자원이 의도한 교육 목표를 성취하는 데 영재교육자들이 촉매 역할을 담당하였다고 밝히고 있다.

Tomlinson과 Callahan(1992)이 제안한 것처럼 일반교육과 특수교육 분야 간에 저널이나 회의, 모임 등을 통해 상호 의사소통을 권장한다면 두 분야 모두 더욱 풍성해질 것이고 생각의 교환이 용이해질 것이다.

영재교육과 일반교육을 어떻게 융합시킬 것인가는 수십 년간 계속되어 온 질문이다. 20년 전 Treffinger(1982)는 다음 융합 프로그램을 제안하였다.

1. 영재 프로그램은 학교의 교직원들이 가치 있다고 여기는 광범위한 영

영재교육의 공공정책

역의 서비스를 주도한다.

2. 이 서비스들은 일반 프로그램의 다양한 교사들에 의해서는 효과적으로 제공될 수 없다.

3. 모든 교직원들의 직무능력을 성숙·향상시키기 위해 영재교사들이 자원과 상담을 제공한다…

4. 영재 프로그램의 노력은… 학교 프로그램의 다른 요소들과 통합된다.

Treffinger의 제안은 지금까지도 적절해 보이지만 몇 가지 의문이 제기된다. 영재교육 전문가는 누가 훈련시킬 것인가? 차별화된 교육과정은 어디에서 유래된 것인가? 특별 프로그램을 뒷받침해 줄 연구는 어디에서 비롯하는가? 이러한 지원들(Sapport features)은 어떻게 보상될 것인가? 이 질문들에 대한 대답이 현재 프로그램들에서 자연스럽게 나오지는 않으므로 그 해답을 얻도록 계획하고 노력해야 한다.

우리는 영재교육 전문가가 필요한가?

특별한 준비과정을 거친 교사들을 고용하는 것은 교육의 전문성을 세우는 것의 일부다. 50개 주 중에서 절반 정도의 주에서는 영재들을 교육하는 특별 프로그램 담당교사들에게 특별한 자격증을 요구하고 있다. 물론 나머지 주들은 자격증을 요구하지 않는다는 의미도 된다. Renzulli(1985)는 영재교육 분야의 전문성이 진정으로 존재하는가에 관한 문제를 가지고 영재교사가 일반적 경험을 갖춘 교사보다 우선적으로 고용되었던 매사추세츠 지역의 법원 사례에 대해 보고하였다. Gallagher(2000)는 전문가들을 양성하기 위한 인력 준비 프로그램이 진정 존재하는가에 대한 문제를 다시 제기하면서 전문교사기준위원회(Board of Professional Teaching Standards)는 아직도 영재교육자를 특별전문가로 인정하지 않는다는 사실을 지적하였다. 영재학생을 교육하는 한 교사에 대한 Coleman의 통찰력 있는 사례연구(1994)는 모든 교사들에게 우리가 바라는 것을 잘 나타내었다. Coleman은 그 교사에 대해 세밀한 관찰과 면접을 실시하였는데, 그 교사가 보여 준 섬세함과 학생들의 높은 성취를 위한 성실함은 그와 똑같은 복제인간이 있다면 하고 바랄 정도다.

이제는 영재교육 분야가 스스로 자문해 온 질문에 대한 답변을 제시해야 할 때다. 답변이 제시될 때까지는 공공정책 입안자들이 부족한 자원을 영재교육계로 전용해 줄 가능성이 거의 없다. '영재는 존재하는가?'라는 질문에 대한 해답은 '그들은 존재하고, 그들이 지닌 능력의 일부는 유전적인 것이고 일부는 풍부한 기회의 산물'이라는 것이다. 민족 집단별로 널리 이해되는 영재성이 다르게 측정되는 이유는 각각의 집단에게 주어진 사회적·교육적 기회들이 크게 다르기 때문이다. 상대적으로 환경적 혜택이 불리한 집단 속에서 숨은 영재를 발굴하여 육성하기 위한 특별한 노력이 필요하다고 현재 연방정부의 Javits 프로그램이 권장하고 있다.

영재교육을 위해 특별 훈련을 받은 교사들이 필요한가? 이에 대한 답은 '필요하다'다. 훈련에 포함될 내용은 학생들에게 영재 개개인이 지닌 독특한 특성을 이해할 수 있도록 도움을 주며, 지식을 추구하는 연구기법을 알려 주고, 지식을 구성하는 방법과 적극적인 학습자가 되는 방법을 알려 주는 것이다. 모든 학생들이 위의 것들을 배워야 하는가? 배워야 한다. 그러나 영재학생들의 개념 이해 수준은 보다 심도 깊을 필요가 있는데, 영재들은 졸업을 하고 전문적인 훈련을 받게 될 것이기 때문이다. 중학교의 국제학사학위제(International Baccalaureate: IB, 영재교육, p. 150)나 강력한 AP교육과정(Advanced Placement Courses: AP, 영재교육, p. 147)과 같은 프로그램들은 현재 영재들이 받는 과목 내용에 바람직한 엄밀함을 더해 줄 수 있을 것이다.

영재교육 분야의 연구는 일반교육과 연관성이 있는가? 연관성이 있다. 우리의 연구는 새로운 교육기법에 대한 예비연구가 될 수 있다. 그러나 우리는 교육적 분리가 재능 있는 음악가와 운동선수를 훈련하는 것의 일부라는 사실을 기억해야 한다. 영재교육 역시 교육적 분리와 특수한 훈련을 필요로 한다.

영재교육은 일반교육을 지지하는 체계인가 아니면 별개의 독립된 존재인가?
영재교육은 분명 일반교육의 강력한 지지 체계의 한 부분이다. 그러나 영재
교육은 어느 정도의 분리성을 가져야 하는데, 이러한 분리성은 앞으로 자신
들의 직업이나 관심 분야에서 최고의 자리를 차지할 학생들을 개발하는 데
도움을 준다. Cooper(1998)는 목표를 보다 높게 정하여 학생들이 자신들의
삶에 윤리적 또는 도덕적 기반을 세울 수 있도록 돕는 양심 교육과정을 생각
해 냈다. 그러나 그러한 삶의 목적을 위한 차별화된 교육과정 개발을 위한
재정 지원은 누가 할 것인가?

교육 변화를 위한 원동력이라 할 수 있는 **입법, 법원 결정, 행정 법규 제정,
전문가적 발의**는 영재학생들의 교육을 가볍게만 다루었다(Gallagher, 2002).
이 분야에서 이뤄지는 토론의 대부분은 정의, 판별, 차별화 등에 대한 전문
적 견해 차이에 주로 집중되어 있다.

인력 준비, 차별화된 교육과정 개발, 연구 및 프로그램 평가나 기술적 지
원 등을 위한 영재 특별 프로그램들을 법으로 명문화(입법, 법원 결정, 행정 법
규 제정 등)하려는 대대적인 발의는 거의 없었다. 이러한 지원 체계 요소들은
모든 능력 수준의 학생들에게 양질의 교육을 제공할 수 있도록 도와준다. 그
러나 이러한 특별 지원 프로그램들을 수립하는 것과 더불어 그와 관련된 공
적 지원이 있어야만 영재들을 위한 양질의 교육이 달성되고 유지될 수 있다.

다른 전문 분야인 의료계를 보면, 의사가 환자를 치료할 때 대개는 가장
약한 처방부터 시작하였다가 첫 번째 치료가 효과를 나타내지 못하면 좀 더
강한 처방으로 치료의 강도를 높인다. 영재를 교육할 때도 이와 같은 접근
법을 사용한다. 앞서 언급한 불공평의 문제 때문에 가능한 한 다른 사람들
의 심기를 건드리지 않으면서도 모종의 효과를 거둘 수 있기를 바라는 마음
에서 처음에는 최소한의 치료(어떤 사람들은 전혀 치료를 받지 않았다고 표현할
수도 있다)를 처방하는 것이다.

하나의 전문 분야로서 우리는 영재교육에 보다 강력한 처방이 요구된다는

일정한 합의를 도출해 낼 필요가 있다. 만약 우리가 엘리트주의자나 인종차별주의자라는 비난을 받는다면, 우리는 필요한 지원에 대한 우리의 요구를 낮춰야 하는가? 아니면 국가와 사회를 위해 중요한 일을 하고 있으므로 그 일을 잘 수행하기 위한 도구가 필요하다고 대응해야 하는가? 우리가 영재들을 위해 하는 일은 가치가 있지만, 일반교사들의 지원과 영재교육의 전문가 개발을 위한 재원이 확보된다면 보다 많은 일을 할 수 있을 것이다. 공적인 무대에서 희귀한 자원을 얻는 데 실패하면 이미 20년 전 Renzulli(1980)가 1990년대를 내다보며 제기하였던 질문—2010년에도 영재아동운동은 건재할 것인가?—을 다시 촉발시키게 될 것이다.

📄 참고문헌

Coleman, L. J. (1994). "Being a teacher": Emotions and optimal experience while teaching gifted children. *Gifted Child Quarterly*, *38*(3), 146-152. **[See Vol. 12, p. 131.]**

Coleman, L. J., Sanders, M. D., & Cross, T. L. (1997). Perennial debates and tacit assumptions in the education of gifted children. *Gifted Child Quarterly*, *41*(3), 105-111. **[See Vol. 12, p. 35.]**

Cooper, C. R. (1998). For the good of humankind: Matching the budding talent with a curriculum of conscience. *Gifted Child Quarterly*, *42*(4), 238-244. **[See Vol. 12, p. 147.]**

Gallagher, J. J., Coleman, M. R., & Nelson, S. (1995). Perceptions of educational reform by educators representing middle schools, cooperative learning, and gifted education. *Gifted Child Quarterly*, *39*(2), 66-76. **[See Vol. 12, p. 49]**

Gallagher, J. J. (2002). Society's role in educating gifted students: The role of public policy. Storrs, CT: The National Research Center on the Gifted and Talented.

Gallagher, J. J. (2000). Unthinkable thoughts: Education of gifted students. *Gifted Child Quarterly, 44*(1), 5-12. **[See Vol. 12, p. 21.]**

Jackson N. E. (1988). Precocious reading ability: What does it mean? *Gifted Child Quarterly, 32*(1), 200-204. **[See Vol. 12, p. 95.]**

Purcell, J. H. (1993). The effects of the elimination of gifted and talented programs on participating students and their parents. *Gifted Child Quarterly, 37*(4), 177-187. **[See Vol. 12, p. 71.]**

Renzulli, J. S. (1985). Are teachers of the gifted specialists? A landmark decision on employment practices in special education for the gifted. *Gifted Child Quarterly, 29*(1), 24-28. **[See Vol. 12, p. 121.]**

Renzulli, J. S. (1980). Will the gifted child movement be alive and well in 1990? *Gifted Child Quarterly, 24*(1), 3-9. **[See Vol. 12, p. 1.]**

Renzulli, J. S., & Reis, S. M. (1991). The reform movement and the quiet crisis in gifted education. *Gifted Child Quarterly, 35*(1), 26-35. **[See Vol. 12, p. 159.]**

Tomlinson, C. A., & Callahan, C. M. (1992). Contributions of gifted education to general education in a time of change. *Gifted Child Quarterly, 36*(4), 183-189. **[See Vol. 12, p. 107.]**

Treffinger, D. J. (1982). Demythologizing gifted education: An editorial essay. *Gifted Child Quarterly, 26*(1), 3-10.

Treffinger, D. J. (1991). School reform and gifted education-opportunities and issues. *Gifted Child Quarterly, 35*(1), 6-11.

01

개혁운동과 영재교육의 조용한 위기

Joseph S. Renzulli and Sally M. Reis

(The University of Connecticut)

교육개혁운동은 교사와 학생, 교육 내용 간에 발생하는 상호작용보다는 학교의 조직과 관리 방법에 초점을 맞추고 있는 듯 보인다. 우리 사회의 가장 유망한 학생들을 격려하고 위기에 처한 학생들의 필요를 충족시키기 위한 교육개혁을 기획하는 과정에서 우리는 현재 지지받고 있는 변화의 유형에 대해 고찰해 볼 필요가 있다. 본 논문은 다양한 개혁의 노력들과 그 개혁이 영재교육에 미친 영향에 대해 고찰하고 있다. 우리의 동의도 없이 모든 개혁운동이 학생들에게 영향을 미치도록 허용할 것이 아니라(특히 집단편성을 폐지하자고 주장한 사람들), 영재 프로그램과 영재교육 활동이 미치는 영향력과 그것들이 개혁운동에 어떻게 영향을 미칠지를 생각해 보아야 한다. 우리는 고능력의 학생들을 위해 무엇을 성취할 수 있는지 보여 줄 수 있는 모델로서의 모범적인 영재 프로그램을 구성하고, 창조하고 유지하는 일에 지속적으로 관심을 기울여야 한다. 영재학생들이 갖는 특별한 욕구를 충족시켜 줄 어떤 것도 제공하지 않는 교실 속에 그들을 배치하는 단순한 조치는 영재교육 분야로서는 엄청난 퇴보다. 형평성을 이루기 위해 수월성 추구를 늦추는 현재의 흐름은 가장 잠재력 있는 아동들을 위한 교육에 비참할 정도는 아니지만 분명 실망스러운 결과를 초래할 것이다.

---

1) 편저자 주: Renzulli J. S., & Reis, S. M. (1991). The reform movement and the quiet crisis in gifted education. *Gifted Child Quarterly, 35*(1), 26-35. ⓒ 1991 National Association for Gifted Children. 필자 승인 후 재인쇄.

더 이상 아무도 행동을 믿지 않는다. 그래서 사회의 밑바닥부터 꼭대기까지 말이 행동을 대신하게 되었고, 진리가 대체되었다. 아무도 진리를 듣고 싶어 하지 않는다. 들어도 바꿀 수 없기 때문이며, 바꾸려다가 직업을 잃을 수도 있기 때문이다. 아니면 어떻게 바꿔야 할지를 모르기 때문일 수도 있다.

— John Le Carré, 『The Russia House』 —

위기라는 것은 보통 자연재해나 정치 폭동의 여파로 초래되는 상황이지만, 표면적으로 보기에는 안정적인 상황이라서 그 이면 속에 문제가 발생하고 있다는 사실을 우리가 미처 알아차리기도 전에 우리 곁에 조용히 다가와서 희생의 대가를 치르게 만드는 형태의 위기도 있다. 이러한 유형의 '조용한 위기'는 보통 그 희생자를 한번에 하나씩 무너뜨리기 때문에, 보다 떠들썩한 위기였다면 동원되었을 수 있는 대비책을 미연에 막아 버린다. 우리는 미국의 영재교육계가 현재 조용한 위기를 맞고 있다고 생각한다. 그리고 이 위기는 여러 가지 면에서 미국의 교육개혁운동과 직접적으로 관련이 있다고 여긴다. 우리의 의견으로는 현 교육개혁운동의 주된 초점이 교사와 학생, 학습내용 간에 일어나는 세 방향의 중대한 상호작용에 맞춰 있지 않고 학교들을 조직하고 관리하는 방식의 결점을 감추기 위한 행정상의 변화에 맞춰져 있다. 간단히 말해서, 구조개편의 거대한 설계도는 학습과정이라는 핵심 요소를 제외한 다른 모든 것에 초점을 맞추고 있는 것처럼 보인다.

또한 우리는 이 조용한 위기가 미국 교육의 두 가지 숭고한 목표들 간에 발생한 갈등의 직접적인 결과라고 믿는다. 두 가지 목표 모두 개혁운동의 원인이 되었지만 상호 간에 조화를 이루지 못하고 있다. 두 가지 목표에 대해서는 다음 장에서 다루겠지만, 그 전에 지적하고 싶은 것은 두 목표 모두 중요하다는 사실이다. 두 가지 중 한 목표가 영재청소년을 위한 서비스와

영재교육의 공공정책

관련이 있다고 해서 일반교육과 위기에 처한 청소년 교육에 집중된 다른 목표를 희생시켜서라도 첫 번째 목표만을 추구해야 한다고 생각하지 않는다. 마지막 장에서는 상호양립이 불가능해 보이는 두 가지 목표 간에 해결할 수 있는 계획에 관한 제안점들을 제시한다.

숭고한 목표 I: 가장 유망한 학생들에게 가능한 한 최상의 교육을 제공하여 전 세계의 지적, 예술적, 도덕적 지도력에서 미국의 탁월성을 거듭 확인한다.

다음 부분에서 거론되는 이유들로 숭고한 목표 I은 마침내 미국 교육의 최우선 사항으로 부상하였다. 이제까지 미국 역사상 목표 I은 중요도가 낮았는데, 그 이유는 전반적인 미국의 경제와 사회가 일정 범위의 고급 재능만을 흡수할 수 있었기 때문이다. 공립학교로 알려진 거대한 여과 체제는 전국에서 가장 뛰어나고 두뇌가 우수한 학생들을 대학 및 종합대학교에 상당수 공급하였다. 물론 학생들이 고등교육 비용을 지불할 능력이 있거나 운이 좋게도 제한된 재정지원을 받을 수 있었던 경우에 한한다. 이민자들의 유입으로 고위직부터 일반 노동직에 이르기까지 산업계의 필요가 채워질 수 있었다. 좋은 경력과 근로 의욕이 넘치는 노동력이 다량 확보되자 산업계는 행복해했다. 공립학교의 여과 체제가 많은 수의 가난한 민족 출신자, 여성, 전통을 따르지 않는 학습자들을 배제했다는 사실은 사회계획자들에게 별 문제가 되지 않았다. 왜냐하면, 그 당시에는 미국이 농업, 과학발전, 산업생산성 분야에서 세계를 이끌고 있었기 때문이다. 그러나 시간이 흐르면서 상황은 변화되었고, 경제학자들이 '후기산업시대'라고 부르는 시대로 접어들면서, 우리는 미국의 교육 체제가 변화에 대처해 온 방식들을 재검토해야만 한다.

우리가 인정하기를 원하든 원하지 않든, 미국은 한때 스스로 매우 자랑스럽게 여겼던 모든 분야에서 빠른 속도로 이등 국가로 전락하고 있다. 아시아와 서유럽 국가들에 비하여 미국의 제조업 생산성이 뒤떨어졌을 뿐만 아니라, 과거 미국이 영재들을 위한 특수한 교육적 노력의 전문 분야라고 생각하였던 지식과 창의성 분야에서도 경쟁에서 뒤처지고 있다. 일본은 인구 만 명당 미국보다 거의 두 배 많은 과학자와 기술자들을 배출하고 있으며, 한국은 세계에서 일인당 박사학위 보유수가 가장 높은 국가다(Naisbitt & Aburdene, 1990). 한때 미국은 스스로를 다른 국가들에서 제조하는 물건들을 설계하고 발명하는 나라로 여겼으나, Naisbitt과 Aburdene(1990)의 보고에 따르면, 일본이 패션디자인과 예술, 그리고 거의 대부분의 산업 및 상업, 국내 디자인 분야에서 선두를 유지하고 있는 것으로 나타났다(pp. 181-182). 『New York Times』(in Doyle, 1989)에 따르면 일본의 미국 내 한 해 평균 특허권 보유 건수는 지난 15년 동안 4%에서 19%까지 신장한 반면, 동일 기간 미국의 일본 내 한 해 평균 특허권 보유 건수는 20% 하락하였다. 『Statistical Abstracts of the United States』(1988)는 미국 특허사무소(U.S. Patent Office)가 발행한 전체 특허의 47%는 외국계 기업이나 외국인들에 의한 것이었고, 가장 많은 특허를 보유한 10대 기업 중 겨우 두 개의 기업만이 미국계 기업이었다. 17~18세기의 식민지 국가들처럼 미국의 원자재 수출량은 점점 증가하고 있으며, 상당량의 최첨단 제품을 해외에서 수입하고 있다.

분명 미국의 지도력과 생산량 쇠퇴에는 여러 가지 복잡하고 다양한 이유들이 작용하였지만, 미국이 외국의 도전에 효과적으로 맞서지 못하는 무능력의 가장 큰 원인으로 지목되고 있는 것은 바로 미국의 학교 체제다. 「A Nation at Risk」 같은 보고서나 Alan Bloom의 『The Closing of the American Mind』(1987)와 같은 책들은 한결같이 교육제도야말로 모든 단계에 걸쳐 개혁이 필요한 분야라고 지적하고 있다. 1960년대와 1970년대에 급격히 하락하였던 SAT 점수는 그 후 겨우 다시 16점이 상승하였으나 아직도 가장 높았던 평균점수에 비해서는 90점이 낮은 수준이다. 언어와 수리 영역 모두에서 SAT 고득점자(800점 만점에서 650점 이상 득점자) 수는 1950년대 보다 낮은 수준에 머물고 있다(Doyle, 1989, p. E14). 한때는 SAT 점수의 하락 요인이 응시자 수가 증가하면서 평균점수가 떨어진 것이라고 합리화하였다. 그러나 최근 국제교육성취협회(International Association of Educational

영재교육의 공공정책

Achievement)가 발표한 보고서(1988)는 미국의 가장 재능 있는 학생들에 대해 매우 충격적인 통계자료를 제시하고 있다.

미국에서 가장 우수한 학생들의 시험점수가 헝가리, 스코틀랜드, 캐나다, 핀란드, 스웨덴, 뉴질랜드, 일본, 벨기에, 영국, 이스라엘 중에서 가장 낮게 나타났다. 일본의 경우 일반학생들조차도 대입준비 수학시험에서 상위 5%에 속하는 미국 학생들보다 우수한 성적을 거두었다.… 자료를 수검한 나라들 중 미국의 성적이 가장 저조하였다. 이것은 곧 상위 1%에 속하는 미국 학생들의 대수 성적은 다른 나라 상위 1% 학생들의 대수 성적보다 낮음을 의미한다.… 그리고 미국의 상위 5%는 이스라엘을 제외한 다른 모든 나라의 상위 5%보다 성적이 낮았다. 중학교의 고학년 과정에서 고급 수준의 과학을 공부하는 미국 학생들의 생물 성적은 모든 국가들 중 가장 낮았고, 화학과 물리학에서도 대부분의 다른 국가들보다 뒤떨어졌다. 더 놀라운 사실은 다른 나라의 학생들이 수많은 정보를 기계적으로 암기하여 시험에서 더 좋은 성적을 거둔 단순한 공부벌레들이 아니라는 사실이다. 오히려 검사 내용이 보다 복잡해지고 고난이도의 개념을 다룰수록, 외국 학생들과 비교하여 미국 학생들의 성취는 더욱 악화되었다(p. 12).

다음에 나오는 두 개의 수학 문제를 살펴보기로 하자. 이 문제는 캘리포니아에 있는 학교에 재학하고 있는 자녀를 둔 아시아계 미국인 연구과학자 Kie Ho(1990)가 보고한 것이다.

1. 다섯 명의 여자 아이와 세 명의 남자 아이가 허리케인 산의 정상에 올라갔다. 정상에 함께 오른 어린이는 모두 몇 명인가?
2. Mark, Theo 그리고 Jack은 형제다. Theo는 두 번째로 태어났고, Mark의 나이가 가장 어리다. 나이가 가장 많은 사람은 누구인가?

나는 한 비과학적인 조사에서 15명의 학생들에게 이 문제를 냈다. 모두 8세 미만이었고, 그중 두 명은 유치원생이었다. 당연히 그들은 두 문제를 모두 손쉽게 풀었다.

그러나 이 문제들은 1학년이나 2학년 교과서에서 발췌한 것이 아니다. 이 문제들은 캘리포니아 최고의 명문 공립학교에 속하는 어느 한 학교의 5학년 수학교과서에 수록되었던 것들이다.… 나는 네덜란드나 인도네시아의 14세 학생들이 미국에서는 대학 과정에서 다루는 2차방정식의 해법을 배운다는 사실을 알고 슬퍼졌다. 대만에서는 5학년부터 "두 차가 교차하는 시점은 언제일까요?"와 같은 운동의 문제를 다룬다. 네덜란드에서는 곱셈과 나눗셈을 3학년까지 모두 마치는 것으로 되어 있다. 일본의 5학년 수학교과서를 보았을 때 나는 슬프고, 부끄럽고, 분노가 치밀었다. 도대체 누가 미국의 5학년생들─심지어는 영재학급 학생들까지도─은 아시아의 5학년생들처럼 기본적인 대수(음수와 일차방정식)와 기하학(피타고라스의 정리)을 배울 자격이 없다고 결정을 내린 것인가?

미국에서 상위 10%에 오른 학교들에서 위와 같은 일들이 벌어지고 있다면 교육적 환경이 열악한 도심부의 아동들에게는 무엇을 교육하고 있을까에 대해 생각하니 오싹한 기분이 들었다(p. 20).

이 모든 것의 결말은 우리의 가장 유망한 젊은이들을 위해서나 세계 정세에서 미국이 담당해야 할 미래의 역할을 위해서나 너무도 분명하다. 조용한 위기가 교육개혁의 필요에 대해서 대대적으로 설득을 불러일으키는 동안, 우리는 그러한 설득이 어느 정도까지 실제적이고 지속적인 변화를 촉진할 수 있을지에 대해 검토해야 하며, 또한 현재 주장되는 변화의 형태에 대해서도 살펴보아야 한다. 만약 숭고한 목표 I이 높은 잠재력을 지닌 청소년들을 위한 도전과 수월성을 증진시킬 수 있는 계획을 개발하려는 것이라면, 아마도 그 목적을 위한 좋은 출발점은 과거의 개혁 노력들을 살펴보는 일이 될 것이다. 특히 학교라는 곳에서 작은 변화라도 이끌어 내려는 노력의 이상과 실제의 차이에 대해서 살펴보아야 한다. 미국의 교육을 개혁하려던 거의 모든 노력들은 제한적이고 일시적인 성공만을 맛보았다. 진보주의 교육, 프로그램 학습, 발견학습(discovery learning), 열린 교육, 그리고 다른 많은 '혁신적인 생각들이' 두들겨 맞고 부서진 채 교육개혁이란 길가에 방치되어 있다. Goodlad(1983), Cuban(1982)을 비롯한 다른 분석가들은 그동안 교육과정에서 중대한 변화를 이루기 위해 막대한 노력과 수십 억 달러의 재정이 지출되었음에도 불구하고, 오늘날의 학교들은 여전히 1900년대 초의 교육 구조와 놀랍도록 유사한 모습을 띠고 있다고 말하였다. 전체 집단 지도, 미리 정해져 있는 강의 중심 교육과정, 표준화된 성취와 최소한의 능력에 대한 강조는 오늘날의 학교를 지루한 곳으로 만들어 버렸고, 이제 학교는 과외활동, 학교와 관련되지 않은 것에 대한 관심, 그리고 TV 앞에서 보내는 끝없는 시간들과 차마 경쟁을 시작할 수도 없게 되었다.

숭고한 목표 II: 위기에 처한 학생들(특히 빈곤한 도심 지역 학교와 빈곤한 농촌 지역 학교의 학생들)의 교육을 향상시킨다. 이들 위기에 처한 학생들은 학교를 중퇴하지 않았음에도 불구하고, 읽기, 쓰기 그리고 기본적인 산술능력을 갖추지 못한 채 졸업하게 된다.

목표 II는 의심의 여지없이 개혁운동이 시작된 1960년대 초반 이후 계속적으로 미국 교육계의 추진력으로 작용해 왔다. 위기에 처한 학생들에 대한 우려는 Head Start 프로그램을 통해 연방정부의 일반교육 분야에 대한 중대한 지원을 첫 번째로 이끌어 내게 되었다. 그 이후 불우한 환경의 아동과 청소년들이 더 나은 학업성취를 거둘 수 있도록 돕기 위해 문자 그대로 수십 억 달러의 연방정부 및 주정부의 재정이 사용되었다. 이 목표의 가치에 대해 의문을 제기하는 것은 도덕적이지 못한 처사일 것이다. 게다가, 영재학생들을 위한 지원이 목표 II 때문에 다른 곳으로 흘러 들어갔다고 암시한다면, 비도덕적일 뿐더러 이제까지 영재교육계가 조심스럽게 회피해 왔던 엘리트주의에 대한 모든 사회적·정치적 비판이 한꺼번에 쏟아질 것이다. 그러나 목표가 숭고하다고 해서 그 목표를 성취하기 위해 사용되는 방법상의 현명함과 자질에 대한 의문 제기를 막아서는 안 되며, 이러한 방법들이 교육계 전반에 초래한 부작용에 대한 검토를 배제해서도 안 된다. 특히 목표 II를 위해 행하였던 대부분의 방법들이 아무리 잘 보아도 제한적인 성과밖에는 거두지 못하였다는 부인할 수 없는 사실을 고려할 때, 이러한 검토는 더욱더 중요성을 띠게 된다. 미국에서는 매년 700,000명의 기능적으로 문맹인 학생들이 고등학교를 졸업하며, 고교 중퇴율은 25%, 다수의 도심 지역에서 고교 중퇴율은 50%를 넘어섰다(Doyle, 1989, pp. E14, 22).

문제는 초·중학교에만 있는 것이 아니다. 미국의 가장 우수한 대학생들조차도 심각한 문제를 겪고 있다. 국립과학재단(National Science Foundation)이 실시한 대학교육에 관한 Disciplinary Workshops의 보고서 (1989년 4월)에는 과학 분야의 여러 가지 문제점들이 나타나 있다. "미국 대학의 과학 및 공학 교육은 위기 상황에 처해 있다.…"(Chemistry Worshop, p. 3) "부적절한 대학 전 과정의 과학교육, 과학전공 지원자의 감소, 쇠퇴하는 교육시설, 학생들이 참여하는 연구에 대한 자금 지원 부족 등의 문제들이 특히 심각하다."(Geoscience Worshop, p. 3). 위기에 처한 학생들의 교육을 향상시키기 위해 시도된 수많은 프로그램과 프로젝트 중에서 몇몇 성공적인 사례들이 있었던 것은 분명하다. 그러나 대다수는 어떠한 중대한 결과도 이끌어 내지 못하였다. 학업성취도는 여전히 하락하거나 낮은 수준에 머물고 있으며, 고교 중퇴율은 계속 증가하고 있다. 이러한 상황에서 초래되는 십대의 임신, 구직능력의 미비, 마약 및 알코올중독, 자살, 범죄, 젊은이들의 절망 등에 관련된 문제들이 증가하고 있다.

목표 II의 숭고함과 그 목표의 달성 실패 때문에 정책입안자들은 필사적인 결정을 내리기에 이르렀다. 표준화 성취검사와 최소한의 능력은 효과성 운동(effectiveness movement)의 대표적인 목표가 되었고, '수월성'에 대한 개념은 많은 경우 예년보다 2~3점 정도 '점수를 높이는 것'으로 해석되었다. 최소한의 능력은 출발점이 아닌 목표가 되었고, 시험 중심의 교육제도가 낳은 정신자세로 인해 통상적으로 좋은 평판을 지닌 학교들이 심화 프로그램을 폐지하거나 축소하여 절감한 예산을 주 단위 능력시험에서 인근 지역의 학교보다 단 몇 점이라도 앞서기 위해 사용하는 결과를 낳았다. 특별히 예산이 빠듯한 상황에서는 겉치레를 없애자는 논리가 마음 조이는 납세자

영재교육의 공공정책

들에게 큰 호소력을 갖는다.

숭고한 목표 II 달성의 실패는 교육개혁 추진의 강력한 동기로 확실히 작용하였다. 그러나 좌절감이 변해 필사적인 태도로 바뀔 경우에 늘 그렇듯이, 사람들은 독단적인 해결책을 강구하게 된다. 독단적 해결책은 연구에 기초한 것이 아니고 때로는 논리나 상식조차도 결여되기도 한다. 미국의 학교들은 날로 늘어가는 규칙의 목록과, 중앙계획 역사상 그 유례를 찾을 수 없는 시험 중심의 교육과정에 종속되어 왔다. 정책입안자들이 이러한 조치들을 내렸을 때 그들은 분명 고상한 동기에서 그렇게 행동하였을 것이다. 그러나 Atkin(1990)이 지적하였듯이 그 행동들의 결과는 종종 의도하지 않았던 획일성을 불러왔고, 지역의 적극성이나 상상력을 저해하였다.

> 주정부의 정책입안자들과 교육 관리들은 하나의 학교나 지역사회만을 생각해서는 안 되고 많은 학교와 지역사회들을 동시에 고려해야 한다. 소규모의 창의성이나 상상력도 좋겠지만, 공공정책은 대개 전반적인 제도의 개선을 꾀해야 한다. **그런데 장애가 있다.** 반복적으로 주정부의 기존 정책결정 유형은 표준화, 강요, 규칙을 강조하는데, 이러한 유형은 유용하든 해가 되든 간에 지역적 변화에 불리하게 작용한다. 규범과 규칙이 믿을 수 없는 실행을 막는 것에 도움이 되긴 하지만 학교나 지역사회 최고의 영재들에게 동기를 부여할 수는 없을 것이다(p. 36). (굵은 서체는 추가한 것임)

'장애'를 실제 활동으로 해석하면 아마 더 잘 이해할 수 있을 것이다. 어떻게 몇몇 교육자들은 카네기위원회의 집단편성 비판에서 출발하여 우등학급을 폐지하거나 영재 프로그램 전체를 협력학습(cooperative learning)으로 대체하는 것으로 비약할 수 있었을까? 주 전체에서 필수적으로 실시하는 능력평가시험이 왜 모든 학생들은 같은 날 같은 교과서의 같은 내용을 공부해야 한다는 의미로 해석되었을까? 학교 중심의 관리정책 채택은 왜 모든 교육과정의 결정권을 교사조합이나 경험이 미숙한 학부모 집단에게 넘겨 주는 것으로 귀결되었을까? Benjamin Bloom이 제시한 완전학습(mastery learning)

의 개념은 학습능력이 뒤지는 학생들을 다시 가르치고 재시험을 치르게 하는 동안 학습능력이 우수한 학생들은 그저 시간만 때우는 것으로 해석되었을까? 그리고 집단편성에 대한 소수의 빈약하고 심지어는 하찮은 연구들(주로 사회적 측면만을 다룬)이 어떻게 전국의 주지사들로 하여금 모든 종류의 특별한 집단편성 제도의 폐지를 요구하도록 만들었을까?

잔인한 책략 게임

위기에 처한 학생들이 겪는 곤경을 극복하는 데 어떠한 중대한 소득도 이루어 내지 못한 우리의 무능력은, 실패를 설명하고 위기에 처한 청소년과 부모들로 하여금 우리가 그들을 위해 진정한 노력을 기울이고 있다고 믿게 하기 위해 짧지만 지독한 결과를 초래하는 '잔인한 책략'의 목록을 고안하였다. 초기에는 우리의 행동을 합리화하려고 유전 대 환경 논란에서 근거를 찾았다. 그리하여 첫 번째로 소수의 청소년들은 유전적으로 열등하기 때문에 다수 학생들의 학습 속도와 학습 수준을 따라갈 수 없다는 설명을 제시하였다. 이 개념이 그릇된 것이라고 증명되긴 하였지만, 환경론자들도 해결책을 제시하는 데 큰 도움을 주지는 못하였다. 단순히 빈곤과 차별, 사실상의 인종분리정책이 학교 실패의 주된 원인이라고 주장(혹은 증명)하는 것은 극복하기까지 수 세대가 걸릴 사회문제들을 강조하는 효과만 있을 뿐이다. 그러나 사람들로 하여금 비효율적인 학교가 그러한 문제들의 결과물이 아니라 원인이라고 믿게 만드는 것은 잔인한 책략이다. 더욱이 한두 가지의 임시변통적인 구조개편 계획으로 빈곤과 차별, 인종분리정책의 산적한 문제들을 극복할 수 있다고 사람들을 믿게 만드는 것은 더욱더 잔인한 책략이다. 환경론자들도 가족과 사회적 배경에 문제의 책임을 돌림으로써 잔인한 책략 게임에 일조하였다. 위기에 처한 청소년의 가족들은 학교교육에 대해 자녀들을 제대로 준비시키지 못하며 자녀들의 학업 추구를 뒷받침하지 못

영재교육의 공공정책

한다고 주장하는 것 역시 낙인을 찍고, 원인을 찾고, 많은 사람들에 대한 기대 수준을 일반적으로 낮추려는 것을 정당화시키기 위한 또 다른 합리화다.

무능한 학교교육에 대한 다른 합리화 조류는 거의 모든 교육 문제의 영원한 희생양인 교직(teaching profession)과 교사교육(teacher education)에 책임을 전가하려는 시도였다. 이러한 설명은 통제된 교육공식의 새로운 발흥과 교사가 인증한 교재(teacher-proof materials)라는 것의 확산을 불러왔다. 처방과 통제, 학습과정의 표준화를 강조하는 이러한 교육공식과 교재들은 이것들만 아니었다면 상상력과 개별화, 그리고 학습의 즐거움이 요구되는 상황에서 교사들이 발휘하였을 수 있는 지성과 이해력, 창의력을 효과적으로 제거하였다.

다음으로 등장한 잔인한 책략 게임은 시험을 비난하는 것이었다. 그래서 우리는 일정한 기간을 거쳐 평가를 위해 오랫동안 반복된 시험이라는 절차에 새로운 이름을 부여하였다. 그러나 그때까지 시험은 거의 모든 교육활동에서 주요한 결정 요인으로 작용하고 있었다. 그래서 매우 빠른 기간에 성취도검사(achievement tests)는 기준 지향 평가(criterion-referenced tests)로 바뀌었고, 이후에도 최소 능력 평가(minimum competency tests)로 다시 바뀌었다가, 지금은 교육과정 준거 평가(curriculum-referenced tests)로 바꾸자는 움직임이 일고 있다. 비록 산출물 평가와 학생 포트폴리오 같은 대안적 형태의 평가방식들이 상당히 지지받고 있긴 하지만, 이 방면의 심각한 노력들은 거의 언제나 주정부의 조정자들이나 기초 기술 옹호자(basic skills advocates)들에 의해 묵살당하는 실정이다. 그들은 언제나 "맞습니다, 그렇지만…." 이라고 말하면서 신뢰성, 타당성, 객관성이라는 깃발로 자신들을 감싸 버린다. 일반적인 지능검사가 그 중요성을 잃어 가고 있는 것은 Gardner의 다중지능 연구(Gardner, 1983)와 같은 새로운 이론들 때문이다. 그러나 시험 기관의 수치적 측정에 대한 집착은 일반 측정(즉, IQ)을 보다 넓은 범위의 특정 점수들로 대체시켰다. 수치적 측정이 교육과정에 미친 엄청난 영향력 때문에 시험성적 향상을 목적으로 하는 반복학습(drill and skill)의 틀에서 벗어나려는 교사들은 불이익을 받았다. 심지어는 교육과정에 보다 많은 사고력 기술을 도입하려는 새로운 경향조차도 선호하는 답변을 선다형 답안지에 표기함으로써 용이하게 실력을 평가할 수 있는 공식 중심의 관행과 규범적 수업과정에 이미 종속되어 버렸다. 그리하여 이제는 각 주의 주요 일간지 1면에 학군별 학력 시험점수를 공개하는 대신, 사고력 시험점수를 공개하여 여전히 과거와 동일한 게임을 하면서도 무언가 진정한 개혁이나 대대적인 구조개편을 단행하는 듯 가장하고 있다. 그리고 새로 명명된 시험제도가 또다시 우세 지역과 열세 지역 간에 존재하는 학력 격차를 설명할 수 없게 되면, 시험 기관들은 언제나처럼 다음과 같은 장황하고 진부한 상투적 발언을 제시할 것이다. "표준화 검사와 관련된 문제들은 시험 자체에서 기인한 것이 아니라, 시험이 사용되는 방식에서 비롯된 것이다."

새로운 책략들

앞서 제시된 책략 중 그 어느 것도 학력 격차에 대한 해결책을 제시하는 것은 고사하고 그 원인조차도 제대로 설명하지 못하였기 때문에, 학교에 대한 불만이 극적으로 증가하는 것을 뿌리 뽑기 위한 또 다른 구실들을 찾고 있다. 새로운 합리화가 나올 때마다, 검토도 되지 않은 또 하나의 만병통치 처방이 장려되곤 한다. 그런데 이번엔 대중들뿐만 아니라 **점점 더 많은 수의 교사와 행정가들이** 공교육을 와해시키는 첫걸음이 될 수 있는 행동을 촉구하게 되면서 정책입안자들이 정말로 다급해졌다. 불과 10년 전부터 거론되기 시작하였던 사립학교들을 위한 상품권 체계(voucher system)[2]와 사립학교에 대한 세금환급제도가 몇몇 주에서 실행되고 있으며, 다른 주들도 실행을 고려하고 있다.

---

2) 역자 주: 바우처 제도란 공적 기관이 사립학교에 수업료의 지불을 보증하는 증명서를 발행하여 학교의 선택권을 확대해 주는 제도임.

최근에 고안된 책략은 단순하지만 거의 모든 학생들에게 치명적인 영향을 초래할 수도 있다. 바로 미국 전체 학교의 학력 수준을 심각하게 낮추어 집단 간의 학력 격차를 최소화시키는 것이다. 외면적으로는 위기에 처한 학생들이 높은 성적을 내던 동급생들과의 격차를 줄인 것으로 **보일** 것이다. 필자의 이러한 비난이 광적으로 들린다면, 이미 학교에서 실시되고 있는 다음의 두 실태들을 살펴보라.

교육과정의 우둔화

교육 소비자들을 위한 비영리 단체인 교육성과정보교환협회(Education Products Information Exchange Institute)가 실시한 연구에 따르면(1979), 어떤 학군에서는 4학년 학생의 60% 이상이 새 학년이 되어 교과서를 펼치기도 전에 실시한 4학년 과정 수학시험에서 80점 이상의 성적을 거두었다. 4학년과 10학년 과학시험 및 10학년 사회시험에서도 비슷한 결과가 나타났다.

보통 또는 보통 이상의 읽기능력을 갖춘 학생들을 대상으로 최근에 실시된 Taylor와 Frye(1988) 연구에서 5학년과 6학년에 재학 중인 보통 수준의 읽기능력을 갖춘 학생들 중 78~88%가 기초 독본(basal reader)을 배우기도 **전에** 기초 이해기술 예비 검사에서 합격 점수를 받을 수 있었다. 이 검사에서 보통 실력의 학생들은 대략 92%의 정확성을, 더 나은 실력의 학생들은 93%의 정확성을 보였다.

보통 또는 보통 이상의 학생들이 일반 교육과정에서 이렇게 좋은 성적을 낼 수 있었던 한 가지 이유는 현재 사용 중인 교과서가 몇 십 년 전에 비해 훨씬 쉬워졌기 때문이다. Terrel Bell 전 교육부장관은 이러한 실태를 교과서의 '우둔화'라고 명명하며, 전국적으로 이러한 내용의 교과서를 만드는 출판사들과 교과서채택위원회의 정책과 절차를 비판하였다.

지난 10~15년 동안 교과서의 난이도는 두 학년이 낮아졌다. Kirst(1982)는 캘리포니아 주에서 상위 1/3에 해당되는 학생들에게 도전을 주기 위해 교과서의 난이도를 두 학년 높이려고 했을 때, 그에 합당한 교과서를 제시한 출판사가 하나도 없었다고 보고하였다. 출판사는 1960년대 후반에 사용되었던 교과서들을 다시 출판하거나(그러나 여성과 소수 민족에 대한 부정확한 묘사로 그 당시 교과서를 사용하는 것은 받아들일 수 없는 제안이었다.) 새로운 교과서의 집필을 제안하였는데, 두 번째 안은 3~5년이 소요되는 프로젝트였다 (p. 7). 미국의 거의 모든 주요 교과 단체들은 교과서의 내용이 너무 쉬운 것과 관련한 문제점을 지적하였다. 수학의 미래에 관한 국가 보고서에서 세인트 올라프 대학의 수학과 교수인 Lynn Arthur Steen은 수학 교과서 내용이 너무 쉬워 학생들이 도전을 느끼지 못하는 것과 관련하여 적절하게 요약하였다. "사실, 법률 분야는 아닐지라도 수학 분야에 국가적 학습과정(national course of study in mathematics)이 있다. 그것은 일정한 반경의 나선형을 따르는 성취 수준이 낮은 교육과정이다. 매년 과거의 내용을 너무 많이 복습한 나머지, 새로운 학습이 거의 이루어지지 않고 있다." (1989, p. 2).

교과서 채택을 둘러싼 정치학과 가독성 공식(readability formulas)의 위임 사용에 대하여 광범위하게 다루었던 Harriet T. Bernstein(1985)은 출판업자들이 주정부와 지방정부의 가독성 공식을 맞추기 위해 어쩔 수 없이 교과서 내용을 바꾸었다고 믿는다. 그녀는 이 공식들 때문에 한 주제에서 다른 주제로 스치듯이 지나가는 교과서들이 만들어졌고, 교과서 연구자들은 이러한 현상을 '언급하는'이라고 부르고 있다. Bernstein은 현재 사용되는 교과서가 영재학생들에게 제기하는 특정한 문제에 대해 적절하게 요약하였다. "교과서 난이도라는 민감한 주제에 관한 좋은 경험률이 존재한다 할지라도, 한 학군에서 해당 과목과 학년의 모든 학생들을 위해 오로지 한 종류의 교과서만을 구매할 때에(주로 초등학교에서) 이 사안은 논의의 대상이 된다. 이러한 구매정책은 교재채택위원회에게 가장 실력이 뒤떨어지는 학생도 읽을 수 있는 교과서를 구입해야 한다는 압박감을 준다. 그 결과, 실력이 우수한 학생들의 필요(요구)가 희생된다." (p. 465) 조숙한 읽기능력을 지닌 아동이 유치원이나 초등학교에 진학하였을 때 당면할 좌절감을 상상해 보

라. 이미 하루에 여러 권의 책을 익숙하게 읽는 여섯 살 아동이 어느 날 기초 읽기 체계를 접한다면, 아마도 이 아동의 읽기에 대한 애정이 식을 수도 있다. Brown과 Rogan(1983)은 "이미 글읽기를 시작한 초등 수준의 영재아동을 다시 평균 수준에 맞추게 되면 심각한 퇴보를 초래한다." (p. 6)라고 주장하였다. Savage(1983)는 기초 독본이 읽기에 대한 관심과 능력을 촉진하기 위한 최상의 방법이 아닐 수도 있다고 생각한다. "읽기능력이 뛰어난 아동들은 교재의 내용이 재미없다고 느끼며, 수준도 어렵지 않다고 생각한다. 게다가, 반드시 뒤따라 나오는 지루한 연습문제는 이 아동들에게는 너무도 하기 싫은 부분이다. 이미 상당 수준의 읽기능력을 갖춘 아동들이 초급 독본을 엄격하게 차례대로 공부한다면 그들의 발전은 가로막힐 수도 있다." (p. 9)

지난 10년간 교육과정 압축(curriculum compact)을 통한 교육과정 조정에 대해 실시한 현장실험에서(Renzulli, Reis, & Smith, 1981) 우리는 다음과 같은 사실을 발견하였다. 삼부심화학습모형(Enrichment Triad Model)에 기초한 프로그램에 입학 자격을 취득한 학생들에게는 대부분의 초등교사들이 기초 정규 교육과정의 50%까지 생략하고 가르칠 수 있었다. 프로그램에 참여한 학생은 대략 전체 학생의 10~15%에 해당되는 인원이었다. 기초 언어 기술 및 수학 프로그램에서 매우 영리한 아동들이 정규 교육과정의 80% 정도를 생략하고 배울 수 있는 것은 드문 일이 아니다. 중학교 수준의 교육과정 압축에 대한 현장실험 결과, 학과목에 대한 학생들의 사전지식과 흥미에 따라 집단편성된 학급에서는 정규 교육과정의 50% 정도가 생략될 수 있음을 알 수 있었다. 사실, 영재 전담 학급 속에서 영리한 학생들을 가르쳐 온 많은 교과목 교사들은 일주일에 이틀만 정규 교육과정을 배우고 나머지 시간은 대체수업을 한다고 진술하였다.

교과서의 우둔화와 학습을 보강하기 위한 방편으로 교육과정의 모든 접근법에 반복학습이 자리 잡고 있기 때문에, 많은 영재학생들은 자신들이 이미 아는 내용을 읽고 아는 기술을 연습하면서 학교 시간의 대부분을 보내고 있다. 이 사실은 영재학생들에게 기초적인 교과서를 사용하는 것에 대해 많은 학교 관계자들이 불만을 표현하면서 잘 나타나고 있다. Kulik과 Kulik (1984), Slavin(1984), Slavin(1986), Slavin, Karweit 그리고 Madden(1989)을 비롯한 다른 연구들이 집단편성과 개별화를 통해서 학생들은 더욱 빠른 속도로 기술과 개념들을 배운다는 사실을 나타내고 있음에도 불구하고, 교사들은 여전히 전체집단 교육법을 사용하고 있다(Cuban, 1982; Goodlad, 1983, 1984).

집단편성의 폐지

국가 전체적으로 학업성취도를 의심의 여지없이 저하시킬 두 번째 실태는 대부분의 집단편성 형식을 폐지하려는 최근의 경향이다. 집단편성과 관련된 사안들에 대해 논의하기 전에, 우리는 집단편성(grouping)과 트래킹(tracking)은 다른 것임을 강조하고 싶다. 우리가 생각하는 트래킹은 일반적인 것이고 대개의 경우 특정 수준의 학급에 학생을 영구적으로 배치함으로써 배치된 학생들을 전체집단 교수모형(the whole-group instructional model)을 사용하여 가르친다. 반면, 집단편성은 보다 유연성(즉, 영구성이 덜함) 있는 학생 배치로서, 학생의 능력 이외의(때로는 능력 대신에) 다른 요소들까지 고려한 형태다. 이러한 고려 요소들에는 동기, 특별한 흥미, 상보적인 기술(문예창작 학생들이 지은 단편에 삽화를 그려 줄 학생), 직업에 대한 열망, 심지어는 자아개념과 자기효능감, 또는 집단 내의 조화를 증진시키는 데 도움이 되는 학생들 간의 우정까지도 포함된다. 집단의 유효성을 위한 주요 기준은 동일한 목적, 상호 존중, 조화, 집단과 개인이 함께 목표를 향해 전진하는 것, 그리고 개인의 기쁨과 만족감이다.

집단편성에 대한 논쟁은 길고도 열띤 양상을 띠어 왔다. 당파마다 자신들의 연구조사 결과를 장황하게 발표하면서 그와 동시에 다른 당파에서 제시한 연구결과의 단점을 지적하였다. 또한 마치 신은 자신들의 편이라고 확신한 군사들처럼, 적수들은 자신의 해석과 자료 재분석 절차를 추가하여 동일

영재교육의 공공정책

한 연구에 대해서 자신의 소유권을 주장하기까지 하였다. 논쟁을 위해, 우리는 학업성취에서 능력별 집단편성의 효과를 지지하거나 반박할 결정적 증거가 없다는 중립적 입장을 취할 것이다.[3] 그러나 집단편성에 대한 사회적 그리고 태도상의 부정적인 영향을 보고한 소수의 연구들이 얼마나 과도하게 대중언론이나 비연구 저널에서 부풀려져 보도되었는지 살펴보기로 하자. 『The Middle School Journal』에 「트래킹과 집단편성: 어느 것이 중학교에 적합할까(Tracking and Grouping: Which Way for the Middle School)」(1988)의 제목으로 실렸던 논문에서, George는 설문지 결과를 이용하여 자료에 의해 명백하게 정당화되지 않은 결론을 도출해 냈다. 그러나 저널의 편집인들은 가장 교묘한 방식으로 George의 논문을 선택하여 '만장일치로 집단편성에 반대한다'는 문구를 (크고 두꺼운 글씨체로) 인용하였는데, 사실 그 내용은 논문의 앞부분에서 밝히고 있는 편집자의 입장과 일치하는 것이었다.

전국 중고등학교 교장연합회(The National Association of Secondary School Principals)의 후원을 받은 후속 보고서(Teopfer, 1989)는 일반 독자로 하여금 그 보고서가 실제보다도 더 영향력 있다고 믿게 만드는 점에서 George의 논문과 가깝다. 그 연구보고서는 집단편성에 반대하는 또 다른 주장을 강조한다. 분명한 것은 해설자들이 '그 연구'를 교육적 사안보다는 정치적 사안을 지지하기 위해 이용하고 있다는 사실과 '그 연구'가 정치적 편의를 위하여 이용되는 볼모에 지나지 않는다는 점이다. 집단편성에 반대하는 사람들이 연구를 정치적으로 해석한다는 혐의를 증명할 수 있는 가장 좋은 방법은 집단편성에 관해 이루어지는 연구가 확정적 결론이 나지 않았으며 중립적이라고 잠시 가정한 뒤, 그 연구들로부터 이끌어진 결론들을 고찰하는 것이다. 집단편성 방식의 수업을 통해서 보통 또는 보통 이하 학생들의 학업성취가 향상되지 않을 때마다 내려지는 보편적인 결론은 집단편

---

3) 사실, 집단편성에 관한 연구는 고능력 학생들에게 가장 강력하고 명확한 영향을 미쳤다. 특히 Roger(인쇄 중), Kuik과 Kulik(1982, 1984, 1987)을 참조.

성의 잘못이라는 것이다. 그러나 긍정적인 향상이 일어났을 때 사용되는 또 다른 방식의 논리를 주의 깊게 살펴보자.

영재 및 특수교육 프로그램은 능력별 집단편성의 한 형태로 생각될 수 있다. 그러나 이러한 프로그램들 역시 (통합적인 능력별 집단편성 계획과는 근본적으로 다른) 교육과정이나 학급의 크기, 자원, 목표 면에서 많은 변화들과 관련이 있다. …영재들을 위한 특별 프로그램에 대한 연구는 영재들을 위한 학업적 유익을 발견하려는 것에 초점을 맞추는 경향이 있다.… 그래서 능력별 집단편성은 우수한 학생들에게는 유익하지만 학업이 뒤떨어지는 학생들에게는 손해라는 인상을 준다. **그러나 영재들을 위한 특별한 속진 프로그램의 특성들은 영재 프로그램의 효과를 설명하는 것이지 별개의 집단편성 자체의 사실을 설명하는 것은 아닐 것이다**…(Slavin, 1984, p. 307). (굵은 서체는 추가된 것임)

우리는 집단편성의 효과를 고찰하기 위해 사용될 수도 있는 전형적인 연구 패러다임이 갖는 결론들을 대조함으로써 비논리적인 관행을 지적하려 하였다([그림 1-1] 참조). 만약 연구가 일관성이 없거나 어느 방향으로든지 설득력이 부족하다면, 우리는 적어도 그 연구를 해석하기 위해 동일한 논리를 사용해야 한다. **서로 다른 논리를 사용해서는 안 된다!** 교육과정 적용 학급의 크기, 자원, 목표의 결과가 학습 향상이었다면, 학습 향상이 이루어지지 않은 사례에 대해서는 왜 동일한 설명을 적용할 수 없는 걸까? 여기서 발견된 사실들을 성적이 낮은 학생의 학습력을 높이기 위한 방법을 모색하는 근본적 원리로 사용해서는 안 되는 것인가?

현재 미국 내 언론에서 1면 기사로 다루고 있으며 대부분의 전문 잡지나 간행물들의 취재 대상이 되고 있는 것은 2000년 국가적인 목표의 목록이다(National Governors' Association, 1990). 그 목록에서 우선순위를 차지하는 것이 바로 '능력별 집단편성이나 반편성을 폐지하도록 교육자들을 유도한다'다. 신문 잡지의 '머리기사' 감인 이 목표는 이미 몇몇 행정가들과 정책입안자들로 하여금 우수한 학생들을 위한 프로그램들을 폐지하거나 심각한 수

연구 모집단 →	검토 변인들 →	발견 사실 →	결 론
보통 능력과 위기에 처한 학생들	집단편성의 효과	향상 부족	집단편성이 원인이다!
영재 프로그램에 참여한 학생들	집단편성의 효과	긍정적 향상	집단편성이 원인이 아니다!

[그림 1-1] 집단편성의 효과에 대한 연구 패러다임

준으로 그 효력을 약화시키려는 합리적 근거로 작용하고 있다. 대개 머리기사만을 읽는 사람들은 작은 글씨체의 기사 내용은 잘 읽지 않는다. 그러나 만약 읽게 된다면 다음과 같은 면책 조항을 발견하게 될 것이다.

> 집단편성이나 능력별 반편성을 폐지한다고 해서 영재학생들을 위한 특별한 기회들 또는 상급 학년 배치제와 같은 프로그램들의 폐지를 요구하는 것은 아니다. 또한 추가적인 지도나 도움이 필요한 학생들을 위한 특별교육이나 보충 프로그램의 실시를 그만두는 것도 아니다(p. 17).

조용한 위기 극복하기

숭고한 목표 II가 가져온 결과는 이미 영재교육에 크나큰 영향력을 미쳤다. Bernstein이 지적하였듯이, 각 학군들이 대다수의 학생들이 읽을 수 있는 교과서를 선택한다면, 불가피하게도 영재학생들이 도전을 받는 수준이 저하되는 결과를 낳는다. 교육과정의 우둔화와 기초 기술 교재의 확산의 결과로, 아마도 우리는 미국 공립학교 역사상 자신의 능력을 제대로 발휘하지 못하는 영재들을 가장 많이 양산하게 될 것이다. 영재들의 대부분은 학교에 들어가 최선을 다하게 되면, 그들에게 돌아오는 보상은 비슷한 내용을 끊임

없이 반복하는 수많은 분량의 연습용 교재일 뿐임을 아주 어린 나이부터 배우기 시작할 것이다. 또한 영재아동들은 실력 차이가 존재하는 학급 내에서 자신의 뛰어난 능력을 표현하게 되면, 동급생들로부터 조롱을 당하고 공부벌레나 얼간이와 같은 여러 가지 별명들을 얻게 된다는 사실을 깨달을지도 모른다. 한 고등학교 학생이 동질성에 기초한 집단편성과 우수 학생들을 위한 영재 프로그램을 지지하며 쓴 글에서 인용한 다음 내용에 대해 생각해 보자.

> 토링턴 학교에서 보낸 12년 동안 나는 중학교 과정까지 '보통' 학급에 배치되어 공부하였다. 그곳의 아이들은 내가 과제를 정상적으로 해 오고, 수업시간에 발표하기 위해 손을 들고, 특히 월등히 좋은 성적을 받은 것에 대해서 내게 침을 뱉고, 나를 따돌렸으며, 언어적 폭행을 일삼았다(Peters, 1990).

기술 공유

아마도 본 논문에서 논의된 두 가지 국가적 목표 사이에서 해결점에 이를 수 있는 한 가지 길은 영재 프로그램들에서 개발된 기술을 일반교육까지 보다 광범위하게 확대하는 것을 통해서 가능할 것 같다(Renzulli & Reis, 1985). 영재교육 분야의 기술이 개혁운동에 의해 제기된 조직상의 문제들에 대해 빠른 해결책을 제시하진 않을 것이다. 그러나 지도법 및 교육과정과 관련하여 창의적인 다수의 대안책들을 제공할 수는 있다. 비교적 짧은 역사 속에서 영재교육은 상당히 인상적인 방안을 개발하였다. 그 방안에는 상황에 맞게 변형된 교육과정 적응(curricular adaptation), 사고기술의 적용(thinking skill applications), 개별연구(methods for teaching independent study), 그리고 그 밖의 많은 혁신적인 방안들이 있다. 그 하나의 예를 들면, 영재교육 분야의 전문가들은 학생들의 사전지식이나 배경에 대한 고려 없이 30명 모두에게 동일한 학습경험을 제공하는 것이 아니라, 학생들의 관심과 학습 유형을 알아내어 학생 **개개인**에게 적합하며 도전적인 교육과정을 제공하는 것에 집중해 왔다.

초등학교 고학년 학생들을 위한 현재의 실제와 활동들	비율(%)	교실환경에서 영재학생들을 위해 제안되는 관찰 가능한 지원들
쓰 기	30.4	차별화된 교육과정－고등 수준의 내용
설명/강의 듣기	20.1	교육과정 압축 또는 변형
과제 준비	11.5	개인의 학습양식에 맞춘 교실수업의 변형
토 의	7.7	보다 도전적인 내용의 쓰기나 읽기 과제 할당
읽 기	5.5	주어진 주제에 대한 개별적 혹은 소집단 작업
신체 활동/수행	5.3	학습 센터
시청각 교재 사용	4.9	스스로 정한 관심 분야에 따른 소집단 학습
학생 비과제 행동(nontask behavior)		개별연구를 촉진시키기 위한 계약 또는 관리 계획
－과제가 아님	4.8	의 사용
언어 활동/수행	4.4	개인적 필요를 충족시키기 위한 교수 집단편성
시 험	3.3	(instructional grouping)의 사용
실연(demonstration) 시청	1.0	자기주도적 학습과 의사결정의 기회
모의 실험/역할극	0.4	열린 사고와 문제해결에 대한 지원
훈 육	0.3	
(Goodlad, 1984, p. 107)		(Renzulli, 1986)

[그림 1-2] 일반 교실환경에서 영재학생들을 위한 지원

영재교육 분야의 전문가들은 또한 학습 진도의 속진, 주제적 접근법과의 통합, 그리고 보다 도전적인 교재나 과제로의 대체 등을 포함하여 다양한 방법들을 통해 정규 교육과정을 우수한 학생들의 필요에 맞게 적응시키는 전문성을 지니고 있다. [그림 1-2]에 나타나 있듯이, Goodlad와 동료들(1984)이 대부분의 교실에서 관찰한 교수기법의 범위는 오늘날 많은 영재 프로그램들에서 권장되고 있는 기법과는 엄청난 차이가 있다. 영재 프로그램에서 장려되는 집단편성에서의 유연성은 다른 유형의 교육환경에서도 도움이 될 수 있을 것이다.

따라서 우리는 학생들에게 과정 기술을 가르치고, 정규 교육과정을 변형하고, 학생들 스스로가 지식의 생산자가 되도록 돕는 과정을 통해서 습득한 우리의 기술을 다른 교육자들과 공유하기 위해 모든 노력을 기울여야 한다

(Renzulli, 1977). 또한 심화활동을 확장하고 영재 프로그래밍의 모형들을 지도해 온 많은 원리들에 대해서 교직원 개발 프로그램을 제공할 수 있다. 그러나 시험점수 향상을 강조하고, 내용면에서 심각하게 도전성이 결여된 단조롭고 빈약한 교과서를 채택하는 현재의 관행을 바꿀 수 있도록 연방정부, 주정부, 지방정부의 정책결정권자들이 변하지 않는다면 우리의 노력도 보잘 것 없는 것이 될 것이다.

정체성 지키기

개혁운동이 현재의 교육정책에 중대한 영향력을 끼칠 수 있는 시점에 이르면, 우리도 일반학급에 편성된 영재학생들의 필요를 충족시킬 수 있도록 일선 교사들에게 기술적 지원과 교직원 개발 프로그램을 제공할 수 있도록 노력을 경주할 수 있을 것이다. 예산 부담의 문제로 점점 더 많은 영재 프로그램들이 폐지되고 있으며, 영재 프로그램에 의해 도전받는 학생들의 수도 점점 줄어들고 있다. 10년의 교직 경험과 영재교육 분야에서 석사학위를 받은 일선 교사로부터 온 다음의 편지를 읽어 보자.

> 실력이 서로 다른 아이들이 함께 편성된 학급에서 영재학생들에게 제대로 도전을 주지 못하는 것에 대한 나의 좌절감은 해가 더할수록 커져 간다. 학습 수준과 능력, 특수한 필요가 각자 다양한 28명의 학생들을 대하다 보면, 그중 가장 소홀히 여겨지는 아이는 가장 똑똑한 학생임을 종종 깨닫는다. 이 아이들을 위해 **무엇을** 해 주어야 하는지는 알지만 그들이 필요로 하고 또 마땅히 받아야 할 차별화된 교육을 제공할 시간이 없다. 오히려 나의 관심은 과거에도 늘 그랬듯이 특별한 학습문제가 있어서 2학년에서 이미 학습 진도가 심각하게 뒤처진 학생들에게로 흘러간다(P. C. Morgan, Personal Communication, 1990년 9월 10일).

일반교육계와 기술을 공유하는 것이 우리 자신의 숭고한 목표 중 하나지만, 그와 동시에 우리는 고능력 학생들을 위해 어떤 것들을 성취할 수 있는지를 보여 주는 모범적인 프로그램들과 실제들을 개발하고 유지해야 한다. 또한 전문적 단체들을 통해서 영재들이 갖는 독특한 요구에 대해서도 지속적으로 주장해야 한다. 우리가 설명하는 영재학생들이 그토록 간절하게 필요로 하는 영재 프로그램, 형평성에 맞는 집단편성의 실제, 그리고 차별화된 학습경험을 유지하기 위해 논리적이고도 강력하게 논쟁해야 한다. 자신들의 특별한 필요에 대해 어떤 것도 충족시켜 줄 수 없는 일반학급 속에 영재들을 배치하는 것은 우리 분야로서는 엄청난 퇴보다. 형평성을 담보로 하는 현재의 움직임 속에서 수월성을 추구하는 자세를 잃어버린다면, 가장 잠재력 있는 아동을 위한 교육이 비참한 수준은 아닐지라도 분명 실망스러운 결과를 초래할 것이다.

방향 전환 : 영재에서 영재행동 개발로

프로그램들과 전문적 단체들을 통해서 우리의 정체성을 유지하는 것이 중요한 일임을 믿지만, 우리는 과거에도 그랬듯이 명칭을 붙이는 과정에서 약간의 변화를 꾀할 것에 대해 주장해 왔다. 지금까지 이루어진 영재 연구의 일반적인 접근법은 매우 특별한 관심을 기울이지 않는 한, 일반 독자로 하여금 영재성은 마치 파란 눈이나 붉은 머리, 또는 검은 피부를 갖고 태어나듯이 선천적으로 주어지는 절대적인 조건이라고 믿게 만들 수 있는 소지가 크다. 그러나 이러한 입장은 연구에 의해 지지된 것이 아니다. 너무나 많은 세월 동안 우리는 절대적이고 명료한 방식으로 영재를 판별할 수 있는 것처럼 가장해 왔다. 실제로 많은 사람들이 어떤 사람들은 그들을 영재로 만들어 주는 황금 염색체를 지니고 태어난다고 믿었다. 이러한 믿음은 잘못된 생각으로 이어졌는데, 즉 우리가 할 일은 특별한 선물인 영재성의 존재를 증명해 주는 요소들의 올바른 조합을 찾아내기만 하면 된다는 생각이었다. '진정한 영재' '상당한 영재' '중간 영재' '경계선 영재'와 같은 용어의 사용은 문제만 더 복잡하게 만들었다. 왜냐하면, 이 용어들은 모두 한결같이 영재성을 시험점수 개념과 동일시하게끔 유도하였기 때문이다. 영재성의 개념이 오용되면서 영재의 판별과 프로그래밍에 대해서도 상당한 비판과 혼란이 초래되었다. 그 결과, 교육자들과 대중 전반에게 혼란스러운 메시지가 너무나 많이 전달되면서, 이제는 교육자 단체와 대중 모두가 영재교육단체의 신뢰성과 우리가 일반교육과는 질적으로 다른 서비스를 제공할 수 있는 능력을 갖추었는가에 대해 회의적인 태도로 바라보고 있다.

여러 저자들에 의해 제공된 영재성의 정의를 둘러싼 대부분의 혼동과 논란은 우리가 몇 개의 중요한 질문들에 대해 검토해 본다면 올바른 시각으로 재정립할 수 있다. 영재성은 절대적 개념인가 상대적 개념인가? 즉, 이 사람은 영재인가 아닌가(절대적 시각), 또는 다양한 수준의 영재적 행동은 특정 사람에 의해서 특정 시기에 특정한 환경에서 개발될 수 있는 것인가(상대적 시각), 영재성이란 정적인 개념인가(즉, 소유하고 있거나 없거나), 아니면 동적인 개념인가(즉, 사람에 따라 그리고 학습/수행 환경에 따라 다르다) 등이다.

바로 이러한 질문들 때문에 우리는 앞으로 영재성의 개념을 바라보는 시각에 근본적인 변화가 일어나야 한다고 주장한다. 주로 전문적인 초점(즉, 연구, 훈련, 입법)이나 표현상의 용이함을 위한 기능적 목적이 아니라면, 학생들에게 '영재'라는 명칭을 부여하는 것은 일반적인 보통학교에서 일정 학생들에게 보충적 교육을 제공하려는 교육적 노력에는 오히려 역효과를 나타낸다. 그래서 우리는 이제 영재교육계가 '영재(혹은 비영재)'라는 전통적인 개념에 두었던 강조점을 특별한 교육 서비스 수혜에 특혜를 얻을 수 있는 가장 높은 잠재력을 지닌 학생들의 **'영재 행동 개발'**로 옮겨야 한다고 믿는다. 이러한 작은 용어상의 변화가 어쩌면 사소한 것을 가지고 까다롭게 구는 것처럼 보일 수도 있지만, 우리는 이것이 영재성의 개념에 대한 우리의 전체적인 사고방식과 영재 판별 및 프로그래밍 노력들을 구성하는 방식에 대해서 중요한 의미를 지닐 것이라고 믿는다. 또한 용어를 바꾸는 것으로 위기에 처하였거나 학습 성과가 낮은 학생들이 우리 프로그램에 참여할 것을 장려할 판별 및 프로그래밍 노력들에 유연성이 더해질 것이다. 만약 그런 일들이 발생한다면, 우리는 높은 잠재력을 지닌 학생들에게 참여의 기회를 줄 뿐만 아니라 몇몇 영재 프로그램에 대해서 가끔씩 합법적으로 가해지는 엘리트주의라는 비판과 집단편성에 대한 편견을 없애는 데 도움을 줄 것이다.

개혁, 구조개편, 혁신은 1990년대의 표어만은 아니다. 교육을 변화시키고 개선하려는 노력은 수백 년간은 아닐지라도 수십 년간 진행되어 왔다. 용기와 창의력, 비전을 지니고, 급변하는 문화와 사회가 학교의 정문 앞에 가져다 놓은 끊임없는 문제들에 대한 보다 나은 해결책을 찾기 위해 노력하는 사려 깊은 사람들이 존재하는 한, 교육개선을 위한 노력 역시 계속될 것이다. 그러나 모든 구조개편의 노력 속에서도 반드시 개혁가들이 지속적으로 주목해야 할 문제들이 있다.

이제 싹이 트기 시작한 어린 콘서트 피아니스트나 작곡가에게 매주 한두 시간씩 평상적인 음악 수업을 제공함으로써 그들의 잠재력을 계발할 수는 없다. 미래의 토머스 에디슨과 마리 퀴리는 수학과 과학 시간의 많은 부분 동안 학과 내용을 이해하지 못하는 다른 학생들을 강제로 도와야만 하는 환경에서는 나오지 않는다. 수학 과목의 협력학습 시간에 다른 학생들의 이해를 돕는 학생은 자신의 기초적 기술 과정을 연마할 수는 있을 것이다. 그러나 이런 형태의 학습환경은 해당 과목의 가장 진보된 형태로 나아가기 위해 요구되는 적절한 도전을 제공하지 못한다.

운동선수를 평범한 체육관에 배치해 놓고, 적절한 수준의 도전을 제공할 수 있는 다른 선수들과 경쟁하는 것을 막는다면 그들을 세계적 수준의 선수를 길러 낼 수는 없을 것이다. 고등학교 테니스 선수는 연습경기나 결승전에서 상대방과 맞붙을 때, 사력을 다해 경쟁할 것이다. 이때 이 선수는 경쟁과 동시에 자신의 기술을 연마하고 또한 자신이 지닌 잠재력의 최고 수준까지 자신의 능력을 밀어붙인다.

마틴 루터 킹, 골다 메이어, 마하트마 간디와 같은 세계적 지도자는 기초 기술을 지속적으로 반복연습시키거나, 분명 다른 학생들보다(때로는 교사보다도) 더 빨리 이해할 수 있는 세상의 진리들을 되풀이하여 배워야 하는 환경에서는 나오지 않는다.

재능 계발은 우리 분야의 소임이다. 개혁을 위한 노력의 방향이 어디로 가든 상관없이 절대로 우리의 목표를 잊어서는 안 될 것이다.

📎 참고문헌

Atkin, J. M. (1990, April). On 'alliances' and science education. *Education Week, 9*(29), 36.

Bell, T. (1984, February). Speech before American Association of School Administrators.

Bernstein, H. T. (1985). The new politics of textbook adoption. *Phi Delta Kappan, 66*(7), 463-466.

Bloom, A. (1987). The closing of the American mind. New York: Simon & Schuster.

Brown, W., & Rogan, J. (1983). Reading and young gifted children. *Roeper Review, 5*(3), 6-9.

Cuban, L. (1982). Persistent instruction: The high school classroom 1900-1980. *Phi Delta Kappan, 64*(2), 113-118.

Doyle, D. P. (1989). Endangered species: Children of promise. [Reprint.] *Business Week.*

Education Products Information Exchange Institute (EPIE). (1979). Grant Progress Report NIE G-790083. Mimeographed. Stonybrook, NY: EPIE.

Gardner, H. (1983). Frames of mind. New York: Basic Books.

George, P. S. (1988). Tracking and ability grouping–Which way for the middle school? *The Middle school Journal,* (9), 21-28.

Glasser, W. (1989). Quality: The key to the disciplines. *Phi Kappa Phi Journal* (Winter), 36-38.

Goodlad, J. (1983). A study of schooling: Some findings and hypotheses. *Phi Delta Kappan, 64*(7), 465-470.

Goodlad, J. (1984). A place called school. New York: McGraw-Hill.

Ho, K. (1990). Parents must act to change school math. *Education Week*, *9*(35), 20.

International Association for the Evaluation of Educational Achievement (IEA). (1988). Science achievement in seventeen countries: A preliminary report. Oxford: Pergamon Press.

Kirst, M. W. (1982). How to improve schools without spending more money. *Phi Delta Kappan*, *64*(1), 6-8.

Kulik, C.-L. C., & Kulik, J. A (1982). Effects of ability grouping on secondary school students: A meta-analysis of evaluation findings. *American Educational Research Journal*, *19*, 415-428.

Kulik, C.-L. C., & Kulik, J. A. (1984, August). Effects of ability grouping on elementary school pupils: A meta-analysis. Paper presented at the annual meeting of the American Psychological Association. Ontario, Canada. (ERIC No. ED 255 329)

Kulik, J. A., & Kulick, C. (1987). Effects of ability grouping on student achievement. *Equity & Excellence*, *23*(1-2), 22-30.

Naisbitt, J., & Aburdene, P. (1990) Megatrends 2000: Ten new directions for the 1990s. New York: William Morrow.

National Commission on Excellence in Education. (1983, April). A nation at risk: The imperative for educational reform. (Stock No. 065-000-00177-2). Washington, DC: U.S. Government Printing Office.

National Governors' Association. (1990) Education America: State strategies for achieving the national educational goals. Report of the task force on education.

National Science Foundation. (1989, April). Report on disciplinary workshops on undergraduate education.

Peters, P. (1990, July). TAG student defends programs against critic. [Letter to the editor]. *The Register Citizen* (Torrington, CT), p. 10.

Renzulli, J. S. (1977). The enrichment triad model: A guide for developing defensible programs for the gifted and talented. Mansfield Center, CT: Creative Learning Press.

Renzulli, J. S. (1980). Will the gifted child movement be alive and well in 1990?

Gifted Child Quarterly, 24, 3-9.

Renzulli, J. S. (Ed.). (1986). Systems and models for developing programs for the gifted and talented. Mansfield Center, CT: Creative Learning Press.

Renzulli, J. S., & Reis, S. M. (1985). The schoolwide enrichment model: A comprehensive plan for educational excellence. Mansfield Center, CT: Creative Learning Press.

Renzulli, J. S., Reis, S. M., & Smith, L. H. (1981). The revolving door identification model. Mansfield Center, CT: Creative Learning Press.

Rogers, K. B. (in press). A research synthesis on the effects of ability grouping. University of Connecticut. Storrs, CT: National Research Center on the Gifted and Talented Monograph Series.

Savage, J. F. (1983). Reading guides: Effective tools for teaching the gifted. *Roeper Review, 5*(3), 9-11.

Slavin, R. E. (1984). Meta-analysis in education: How has it been used? *Educational Researcheer, 13*(8), 24-27.

Slavin, R. E. (1986). Best-evidence synthesis: An alternative to meta-analytic and traditional reviews. *Educational Researcher, 15*(9), 5-11.

Slavin, R. E. (1987). Ability grouping and student achievement in elementary schools: A best evidence synthesis. *Review of Educational Research, 57,* 293-336.

Slavin, R. E., Karweit, N. L., & Madden, N. A. (1989). Effective programs for students at risk. Needham Heights, MA: Allyn & Bacon.

Statistical abstracts of the United States. (1988).

Steen, L. A. (1989). Everybody counts: A report to the nation on the future of mathematics education. Washington, DC: National Research Council of the National Academy of Sciences.

Taylor, B. M., & Frye, B. J. (1988). Pretesting: Minimize time spent on skill work for intermediate readers. *The Reading Teacher, 42*(2), 100-103.

Toepfer, C. F. (1989, May). Planning gifted/talented middle level programs: Issues and guidelines. [Report.] National Association of Secondary School Principals.

상상치도 못할 생각들: 영재학생의 교육[1]

James J. Gallagher

(The University of North Carolina at Chapel Hill)

새천년의 도래는 몇 가지 '상상치도 못할 생각들'을 고려해 볼 만한 적당한 시기다. 이 생각들은 우리의 심기를 너무도 불편하게 만들어서, 대부분의 전문가들은 차라리 무시하고 싶어 한다. 그러나 발전을 위해서는 우리의 전문적 역할에 대한 그러한 도전들에 반드시 직면해야 한다. 영재교육을 위해 네 가지의 다루기 힘든 질문들이 고려되고, 그와 함께 그것에 대처하기 위한 행동들이 제안된다.

1. 영재는 진정으로 존재하는가?
2. 영재교육이라는 것은 존재하는가?
3. 영재학생을 위한 교사들을 준비시키는 특별한 인력 준비(personnel preparation)가 존재하는가?
4. 영재학생들을 위한 특별 서비스의 적용은 그 범위와 강도가 교실 내에서 변화를 이루어 낼 만큼 충분한가?

이러한 문제들에 대해 우리가 어떤 방식으로 대처하길 결정하든, 언제나 그랬듯이 우리의 현재 상태는 21세기를 위해 실행할 수 있는 선택은 아님을 인식해야 한다.

---

1) 편저자 주: Gallagher, J. J. (2000). Unthinkable thoughts: Education of gifted students. *Gifted Child Quarterly*, *44*(1), 5-12. ⓒ 2000 National Association for Gifted Children. 필자 승인 후 재인쇄.

새천년의 시작은 영재교육이라는 전문 분야에서 우리의 현재 위치는 어디며, 장차 어느 방향으로 나아갈 것인가에 대해서 전체적으로 재정리하고 재평가하기에 딱 알맞은 시간이다. 이러한 재평가 작업에 참여할 수 있는 한 가지 방법은 '상상치도 못할 생각들'에 대해 숙고해 보는 것이다. 이 '상상치도 못할' 질문들은 전문가들조차도 생각해 보는 것이 너무 괴로웠던 나머지, 그것에 대해 침묵하자는 음모가 종종 있었다. 즉, 우리는 이 분야의 전문가들로서 이러한 질문들을 품위 있는 사람들 앞에서는 절대 거론하지 않겠다는 암묵적인 동의가 이루어졌던 것이다(Gallagher, 1984). 그러나 어려운 질문을 회피하려는 마음은 이해가 되지만, 계속 그렇게 하는 것이 영재교육 분야의 유익을 위한 최선의 선택은 아니다.

본 논문은 영재교육 분야 내의 핵심적인 신념들에 대한 중대하고도 의미심장한 질문들과 미주하려는 시도다. 우리는 대다수의 영재교육 종사자들이 '상상할 수 없는' 생각이라고 여기는 네 가지의 주요 질문들과 함께 저자가 생각하는 후속 행동들에 대해 숙고할 것이다.

우선 1번 질문에 대한 대답이 "아니요."라면, 나머지 질문들에 대해 논하는 것은 무의미하다는 점을 인식해야 한다. 마찬가지로 2번 질문에 대한 대답이 "아니요."라면 3번과 4번 질문도 의미를 잃게 된다. 따라서 각각의 질문에 대한 답변을 제시하는 것은 중대한 의미를 지닌다. 이 질문들은 여러 명의 적군과 아군이 번갈아 가며 제기한 것들이다.

영재는 진정으로 존재하는가?

질 문

영재의 존재와 관련된 첫 번째 질문이다. 지능은 개인의 소유물인가? 아니면 단지 다른 아동들은 진정한 잠재력에 따른 성장이 저지되었을 때, 특정

영재교육의 공공정책

아동들만이 유리한 환경의 혜택으로 자신의 재능을 충분히 발휘하는 것인가? Renzulli와 Reis(1997)는 '영재 개인'이 아닌 '영재 행동'을 논하기 원하였다. 그들의 학교전체 심화학습 모형(Schoolwide Enrichment Model)은 모든 학생들의 문제해결과 사고의 기술을 자극하기 위해 고안된 것이다. Renzulli와 Reis는 '존재 상태로서의 영재성(giftedness as a state of being)'이라는 명사형을 거부하고 '영재적인(gifted)'이라는 형용사형을 선호한다(p. 140).

Sapon-Shevin(1996)과 Oakes(1985) 같은 비평가들은 '영재성'이 **사회적 개념**이지 독립된 자연적 존재가 아니라고 지적하였다. 스웨덴에서 영재인 사람이 보츠와나에서는 영재가 아닐 수도 있다. 맞는 말이다. 영재아동은 서구사회가 만들어 낸 사회적 개념이다. 그러나 '학습장애(learning disabilities)' '사회적 능력' '운동능력' 등과 같은 용어들도 마찬가지로 사회적 개념이다. 이 용어들 역시 의미심장한 사회적 혹은 교육적 목적을 위해 만들어진 말들이다. 사실, 많은 비평가들이 문제 삼는 것은 '영재'라는 용어가 사회적 개념이라는 사실이 아니라, 이 사회적 개념이 교육적으로 유용한가 아닌가의 문제다(Borland, 1997).

연구의 활용도

최근 영재들을 교육하는 교사들은 '영재란 것이 존재하는가?'라는 질문부터 시작하여 '일반학급에 영재들을 포함시켜야 하는가?'라는 질문에 이르기까지 여러 가지 모순적인 논쟁에 휘말렸다. 본 논문은 교사들에게 영재들은 존재하며, 능력에 합당한 교육 서비스와 교육 경험을 받아야 한다는 사실을 재확인시키고자 한다.

만약 교사들이 현재 교육 경험의 강도나 적합성에서 많은 영재들이 본 논문에서 지적한 대로 자신들의 능력에 합당한 대우를 받지 못한다고 생각한다면, 전문성을 지닌 동료 교사와 손을 잡고, 그 전문적 연합을 통해 집단적 연계 활동을 생각할 수 있을 것이다. 기준을 세우기 위한 이러한 통합적 활동은 영재들에게 적합한 교육 서비스를 제공하고자 할 때 우리에게 주어진 가장 좋은 기회일 수 있다.

출생 때부터 동년배의 다른 아동들보다 빨리 배우고, 많은 것을 기억하며, 효과적으로 정보를 처리하고, 더욱 새롭고 비상한 개념들을 생산해 낼 수 있는 신경 체계를 지닌 아동들이 있는가? 정보시대에서 이것은 중요한 특성들이다. 여기에는 두 가지 계통의 주요한 증거들이 있다. 첫 번째 증거는 쌍생아 연구 및 입양아의 능력과 친부모의 능력 간에 존재하는 긴밀한 연관성에서 찾을 수 있다(Plomin, 1997). 일란성 쌍생아와 이란성 쌍생아에 대한 연구는 유전적 요인이 지능에 미치는 강력한 영향력을 분명하게 나타내고 있다. 일란성 쌍생아의 경우 서로 떨어져 양육된 경우에도(Bouchard, Lykken, McGue, Segal, & Tellegen, 1990) IQ의 상관관계가 .70에서 .75 범위에 이르렀다. 동시에 입양아 연구는 양육이 담당하는 중요한 역할을 보여 준다(Bouchard & McGue, 1981). 타고난 영재성에 대한 두 번째 증거는 부인할 수 없는 신동들의 존재다(Morelock & Feldman, 1997). 신동들은 열 살 전에 뛰어난 과제들을 성인 전문가의 수준으로 해낼 수 있다(예, 여덟 살 어린이가 어른과 대등하게 체스 경기를 펼침). 비록 이러한 조기 능력 향상에 가족이 영향을 미치기는 하지만, 그토록 놀라운 재능을 순전히 환경적 요인으로만 돌리는 것은 불가능하다(Gallagher & Gallagher, 1994).

따라서 다음의 주장을 지지할 증거가 있다고 결론을 내릴 수 있다. 어떤 아동들은 다른 아동들에 비해 현대사회가 어른과 어린이에게 가치 있다고 여기는 생각과 개념들을 보다 빨리 학습할 수 있는 능력을 지니고 태어난다. 이러한 아동들과 그들의 능력은 사회적으로 많은 영향을 받으며, 주위 환경과 상호작용해야만 한다. 그렇기 때문에 종종 다문화 사회 속에서 이러한 특별한 재능을 지닌 학생들을 찾기가 어렵다(Baldwin, 1994; Frasier, 1991).

영재(gifted)라는 용어에 반대하는 진정한 이유는 그것이 사회적 개념이라는 사실 때문이 아니라 바로 사악하다고 여겨지는 목적에 맞춰 고안된 사회적 개념이라는 생각 때문이다. 특히 사악한 목적이란 이미 경제적으로 혜택 받은 아동과 가족에게 호의를 베풀려는 것이다. 그러나 이렇게 편의를 봐 주는 것은 사회적으로 혜택을 적게 받은 환경에서 자란 아동들의 능력을 억누르고 제한하는 결과를 가져올 수 있다(Margolin, 1996; Oakes & Lipton, 1992). 영재 판별을 위해 지능검사의 결과를 사용하면, 영재를 위한 특별 프로그램에 참여하는 학생 구성에 불균형이 생기는 '부당함(unfairness)'이 초래된다. 그 부당함이란 인구 크기에 비해 흑인이나 히스패닉 학생들의 영재 프로그램 참여율은 적고, 아시아계 학생들의 참여율은 지나치게 높다는 점이다(Gallagher & Gallagher, 1994). 이러한 사실을 발견하면서 현재 사용되는 영재 판별 절차에 의문이 제기되었고 이를 대체할 수 있는 영재 판별 정책의 강구를 촉발하였다(Frasier, 1997).

영재교육 분야에서 거론되는 중요한 발의 중 하나는 숨겨진 재능을 발굴하여 육성하는 것이다(Baldwin, 1994; Patton, 1992). 연방정부의 Javits 법안이 이러한 노력에 박차를 가하였다. 게다가, 일리노이, 오하이오, 텍사스, 노스캐롤라이나, 그리고 조지아 등의 주들에서는 미국의 주류 문화와 다른 문화적 배경에 속한 재능 있는 아동을 발견하기 위한 영재 판별 절차와 정책에서 대대적인 변화가 일어났다(Coleman, Gallagher, & Foster, 1994).

지능의 구성 과정에서 나타나는 분명한 단계들과 학생들 안에서 나타나는 지능 단계의 다중적인 차원 때문에, 많은 비평가들은 '영재 프로그램'에 참여하는 것이 '전부가 아니면 포기하는(all-or-nothing)' 양상을 띠고 있으며, 능력의 단계와 다양한 능력을 고려하지 않는 부당함을 보이고 있다고 불만을 제기한다(Pendarvis & Howley, 1996). 그러나 이러한 반대 의견은 다른 많은 교육적 결정들 역시 '전부가 아니면 포기하는' 특성을 지니고 있다는 사실을 간과한 것이다. 운동능력과 기술에 분명한 단계가 있음에도 불구하고 농구부에 들어가든지 못 들어가든지 둘 중 하나다. 음악적 재능에도 분명한 단계가 있지만 줄리아드 음대에 들어가든지 못 들어가든지다. 수학 및 과학 특수학교에도 학생의 관심과 능력에 단계가 존재하지만 받아들여지거나 아니면 안 받아들여지는 것이다.

현재의 지식에 기초한 행동들

교육 프로그램들에서 영재 판별 과정은 본래 특별 프로그램 설립을 위한 적격성을 확보하고 지방정부가 주정부로부터 재정적인 보상을 받아 낼 목적으로 실시되었던 것이다. 그러나 현재 주정부의 지방정부에 대한 보상 정책은 영재의 수에 의해 결정되는 것이 아니라 주정부의 자원에 상한선을 정하는 공식에 의해 결정되기 때문에(예, 하루 평균 출석 학생 수의 4%), 예전처럼 영재를 개별적으로 판별해야 할 필요성은 줄었다.

우리는 영재학생들의 발달된 정신능력과 성취 수준을 활용할 수 있는 내용 분야에서 특정한 상급 프로그램들을 위한 적격성의 법칙들을 확립해야 한다. 이러한 내용 분야는 고등수학 프로그램이나 사회학의 문제 중심 학습 단원들처럼 적성과 학업성적, 그리고 관심(흥미) 등을 포함한 다양한 기준들을 통해 그 적격성이 결정될 수 있는 분야다. 특정 서비스나 프로그램들 또는 학급을 위한 적격성은 중등 과정의 AP 제도나 우등생 프로그램의 유형으로 이미 확립되어 있다. 이러한 프로그램들의 적격성 기준은 여러 가지 입학 허가 표준 중 한 가지로 일반적인 지적 적성(general intellectual aptitude)을 포함한다. 이러한 다양한 선택 표준들은 한 학생이 수학 적성을 가지고 고등수학 프로그램에 참여할 수는 있지만, 높은 수학 성적이 그 학생을 창의적 예술 프로그램에 참여시킬 수는 없다는 점에서 Howard Gardner(Ramos-Ford & Gardner, 1997)의 다중지능 체계와도 잘 부합한다.

영재교육은 존재하는가?

질 문

영재를 위한 프로그램들이 갖는 특수한 성격은 무엇인가? 이 프로그램들은 흥미로운가? **그렇다.** 이 프로그램들은 지루하고 사소한가? **그렇다.** 소수 민족을 차별하는가? **차별한다.** 차별을 반대하는가? **반대한다.** 문제의 진실은 미국이라는 이 다양한 국가에서 영재들을(혹은 다른 집단을) 위한 프로그램이나 서비스에 대해 언급되는 어떠한 발언도 모두 부분적으로는 사실이라는 것이다. 우리가 정말로 집중해야 하는 것은 특정 주장에 어느 만큼의 진실이 담겨 있으며, 영재 프로그램들의 본질을 보다 긍정적으로 만들기 위해서 우리가 할 수 있는 것은 무엇인가다.

영재학생들을 위한 확실히 특별하거나 혹은 차별화된 프로그램들이 존재하는가? 이 질문에 대한 대답은 그다지 분명하지 않으며, 차별화의 본질 역시 분명하지 않다. 차별화란 **내용**과 **기능**, **학습환경**, 그리고 심지어는 **기술** 면에서 기본 교육과정의 수정을 일컫는다. 우리의 차별화된 프로그램은 내용(역사 또는 수학)이나 특별한 기능(문제해결 또는 창의력)에 기초하고 있는가? 따라서 영재들이 공부하는 지리적 장소는(자료실, 일반학급, 특별학급 등) 차별화로 언급되기에는 불충분한 조건이다. 아마도 교육과정에 무언가 다르고 독특한 일이 일어나게 하려고 영재들을 특별한 장소에 모았을 것이다. 그러나 장소만 다르고 교육과정은 일반학급에서 대할 수 있는 내용과 동일하여 그들에게 부적합한 내용이라면, 어떻게 우리가 교육적으로 중요한 일이 발생할 수 있다고 기대할 수 있는가?(Kulik & Kulik, 1997)

차별화된 프로그램은 과연 필요한가? 여기에 대해서는 영재들의 목소리가 설득력 있는 증언을 제시한다. 노스캐롤라이나의 9개 학군에 소속된 800명 이상의 영재들에게 현재 배우고 있는 수학, 과학, 사회학, 그리고 언어 과목의 내용에 의해 도전을 받고 있는지를 물어보았다(Gallagher, Harradine, & Coleman, 1997). 이 질문에 대해서 수학과 영재교육의 특별 수업에 대해서만 50% 이상의 긍정적인 답변이 나왔다. 교육과정이 중복되고 낮은 수준의 사고력을 요구하기 때문에 많은 학생들은 지루함을 느낀다고 대답하였다.

영재교육에 대한 비판에서 Margolin(1996)은 영재 프로그램의 초점은 '내용'이 아니다라고 주장하며, 영재 교과서의 11%만이 해당 과목의 내용과 관계된 것이었다는 검토 내용을 제시하였다. Margolin과 Sawyer(1988)

가 제시한 시시하고 부적합한 영재 수업내용에 대한 사례들을 보면, '어떤 정신 나간 부모가 자녀를 그러한 프로그램에 보내겠는가?'라는 의문을 갖게 될 것이다. Margolin의 의견은 다음과 같다. 부모들이 중요하게 생각하는 것은 수업의 내용이 아니라 영재라는 용어가 주는 특권과 신분이다. 그것이 동인이 되어 부모들은 자신의 자녀들이 영재 서비스와 프로그램(그리고 영재라는 명칭!)을 제공받아야 한다고 주장하는 것이다.

우리가 차별화된 프로그램을 구성하여 개발하기 원하는 것이 높은 수준의 사고력인가? Callahan(1996)이 지적하였듯이, 이러한 목표는 일반학급의 교사들이 학생들의 사고력을 자극하는 데 관심이 없다고 가정하고 있는 것처럼 들린다. 그러나 이것은 명백하게 잘못된 해석이다. 문제해결과 문제발견, 그리고 창의력과 같은 사고력의 계발이 '차별화'에서 종종 중요한 역할을 하는 것은 분명 사실이다(Treffinger & Feldhusen, 1996).

Sapon-Shevin(1996)은 다른 이유로 영재교육을 공격하였다. 그녀에게는 영재교육이 나빠서가 아니라 너무 좋기 때문에 문제가 된다. "영재교육이 제공하는 혜택들—소규모의 학생 수, 보다 열정적인 교사들, 풍성한 교육과정, 보다 개별화된 교육—은 영재뿐만 아니라 모든 학생들을 위해 유익한 변화들이다."(p. 199) Sapon-Shevin은 그러한 형태의 프로그램을 우리 사회에서 좋은 위치에 있는 부유한 아동들에게 제공함으로써, 영재들과 경제적으로 어려운 형편의 아동들 사이의 격차를 증대시킬 것이라고 생각한다. 따라서 영재들을 위한 교육은 적어도 그녀에게는 불공평한 문화적 유리함을 지속시키는 수단이 된다.

자신들의 자녀에게 영재 프로그램이라는 구명 보트가 주어진다면 공교육이라는 거대한 배가 침몰하는 것을 전혀 개의치 않는 일부 부모들이 있다는 사실을 부인할 수는 없다. 그러나 이것이 수천 명의 학부모와 교사들이 영재 프로그램을 지지하고 영재교육에 종사하는 주된 이유라고 주장한다면, 그것은 너무도 실정을 모르는 말이다. 그럼에도 불구하고 우리는 여전히 우리가 프로그램을 '차별화'시키고 있다고 말할 때 무엇을 하고 있는 것인지, 또한 어떤 결과를 기대하며, 어떤 결과들을 거두었는지에 대해 분명하게 밝힐 의무가 있다(Gallagher, 1998).

영재들을 위한 교육과 모든 교육에서 제기되는 질문들 중 중요한 한 가지는 "현재 우리가 사용하는 관행은 유익한 것인가? 아니면 단순히 반복을 통해 형성된 행동방식을 나타내 주는 기존의 관행일 뿐인가?"다. Shore와 동료들(Shore, Cornell, Robinson, & Ward, 1991)은 『Recommended Practices in Gifted Education: A Critical Analysis』를 발표하였는데, 이 책에는 영재들을 교육시키기 위해 널리 지지되고 있는 101가지의 실태들이 수록되어 있다. 그들은 또한 이 실태들 중 연구로 뒷받침된 것은 어떤 것들이며, 연구적 뒷받침이 없는 것은 어떤 것들인가를 나타내기 위해 자세한 문헌적 검토도 실시하였다. 이러한 노력에 뒤이어 Shore와 Delcourt(1996)는 보다 최근의 연구조사까지 자신들의 분석에 포함시켜 효과적인 교육 프로그램에 대하여 다음과 같은 결론에 이르렀다(내용 요약은 〈표 1-1〉을 참조). 〈표 1-1〉은 Shore와 Delcourt의 연구에서 영재들을 위해 보다 유리한 결과를 가져왔던 정책들을 나타낸다. 비록 몇몇 정책들(집단편성, 속진, 상위 수준의 내용)은 특별히 영재들에게만 적용되는 것처럼 보이지만, 훌륭하게 훈련된 교사들, 사고과정, 마이크로컴퓨터와 같은 정책들은 모든 학생들에게 다 같이 유익하게 보였다. 이러한 실태들은 변화하는 학습환경과 내용, 그리고 기능이라는 요소들을 포함하면서 교육과정 차별화라는 목적을 지지하고 있다.

과거 우리가 범하였던 실수 중 하나는 영재들을 위한 프로그램과 서비스를 고안할 때에 영재성의 폭넓은 범위를 하나의 통일체로 다뤘다는 점이다. 최상위 범위에 위치한 영재들은 단순히 보통학생들보다 학습능력이 다소 우월한 영재들을 위해 제공되는 교육과는 다른 내용의 교육을 요구한다는 사실을 믿어야 할 훌륭한 이유가 있다. 우리가 '뛰어난 영재(highly gifted)'라고 말할 때, 이 소수의 학생들은(아마도 전체의 1% 미만일 것이다) 일반교사들의 책임이 아닌 영재교육 전문가들의 책임이 되어야 한다고 믿는다. 연령은 같지만 매우 특별한 영재들과 보통학생들 간의 격차는 너무나 커서 일반

표 2-1	영재 및 일반교육에서 바람직한 관행들
오직 영재교육에만 적합한 정책들	영재 및 일반교육에 효과적인 정책들
속 진	심화학습
직업교육(여학생들)	탐구, 발견, 문제해결, 창의력
능력별 집단편성	표준으로서의 전문적인 최종 산출물
상위 수준의 교육과정	(Professional end products as standards)
차별화된 프로그래밍	마이크로컴퓨터

주: "Effective curricular and program practices in gifted education and the interface with general education," by B. Shore & M. Delcourt, 1996. *Journal for the Education of the Gifted, 20*, pp. 138-154. Copyright 1996 by Prufrock Press. 허락을 득하고 발췌.

교사들이 정규 교육과정에 이 영재들을 맞춰 넣는 것은 불가능하다. '보통 영재들'의 경우 본 논문에서 기술한 지원 체제에 의해 도움을 받을 수 있겠지만, 뛰어난 영재들은 개별 지도나 속진, 또는 개별연구와 개별 프로젝트의 기획과 같은 보다 개별적인 관심을 필요로 한다.

현재의 지식에 기반을 둔 행동들

우리는 '차별화된' 영재 프로그램들 중 몇몇은 내용이 빈약하며 적절성도 부족하다는 비판을 심각하게 받아들여야 한다. VanTassel-Baska(1997)가 개발한 과학 교재, Gallagher와 Stepien(1998)의 사회학 교재(Stepien & Gallagher, 1993 참조)처럼 학생들을 도전하게 하기 위해 높은 수준의 내용과 사고과정의 숙달을 강조한 차별화된 교과 단원의 모형은 일반교육을 담당하는 교사들이나 영재교육 교사들 모두에게 필요하다. 일반교육에서 내용 표준(content standards)을 세우려는 움직임에는 영재교육의 전문가들이 일반 표준(standards)에 영재들을 위한 차별화된 내용을 나타내는 **표준 이상의 것**(standards plus)을 더하는 것이 필요하다.

예를 들면, 전국과학교육표준(The National Science Education Standards, Klausner, 1996)은 5~8학년의 생명과학에서 "모든 학생들은 생명체의 구조

와 기능, 생식과 유전, 조절과 습성, 개체군(個體群)과 생태계, 유기체의 다양성과 적응에 대한 이해를 개발하도록 한다." (p. 155)라고 제안하고 있다. 5~8학년의 생명과학이라는 넓은 범위 안에는 모든 학생들이 기대되는 수준 이상으로 영재들에게 도전할 수 있는 과학적 탐구와 개인별 혹은 집단별 프로젝트의 기회들이 많이 존재한다. 이를 위해서는 영재들이 해당 학년에서 기대되는 일반 표준들을 달성한 다음, 상급 학년의 표준을 학습하든지 아니면 해당 학년의 **일반 교육과정에 기초한** 진정한 심화학습 모형을 시작할 수 있도록 이끌어 줄 수 있는 **교육과정 압축**(curriculum compacting, Reis & Renzulli, 1992) 형태의 일관된 적용이 요구된다.

물론 이것이 창의성과 문제해결, 그리고 문제 중심 학습 등을 강화하려는 특별한 노력에 지속적인 주의를 기울이지 말라는 것을 의미하는 것은 아니다(Treffinger & Feldhusen, 1996). 그러나 이와 같은 기술들의 숙달이 학생들에게 의미 있고 유용한 것이 되기 위해서는 중요하면서도 관련성 있는 내용과 연결되어야 한다.

영재학생을 위한 교사를 준비시키는 특별한 인력 준비라는 것이 존재하는가?

질 문

영재학생들의 교육 발전을 위해 가장 빈번하게 제시되는 전략 중 하나는, 영재들을 가르치게 될 교사나 지도 인력들이 영재교육 서비스나 교육과정을 제공하고 조직할 수 있도록 특별히 준비할 기회를 제공하자는 것이다. 이러한 준비과정을 통하여 '전문가'가 탄생할 수 있는데, 그 이유는 바로 이러한 준비과정이야말로 종종 초·중·고등학교의 일반 교육자격증의 최고 단계에 적용되기 때문이다. 그런데 준비과정에 대한 상상치도 못할 한 가지 생각은 그러한 준비과정들이 종종 되는 대로 아무렇게나 깊이 없이 이뤄지고 있다는 점이다. 이곳에서 하계 워크숍에 잠깐, 저곳에서 3일간 컨퍼런스에 잠깐 참석하는 식으로는 도저히 **전문가**라는 명칭을 부여할 수 없다. 영재교육 분야에서 집중적인 교육 경험이 있어야 전문가의 자격을 갖출 수 있다는 규율이(Parker, 1996; Council for Exceptional Children [CEC], 1995) 제안되긴 하였지만, 대부분의 주에서는 교사가 영재의 특성 및 차별화된 교육과정에 대해 배우고, 지능과 높은 사고과정에 대해 학습한 다음, 관리 감독하에서 실습 기간을 거치는 것을 기준으로 삼고 있다. 영재를 위한 교사가 추가적인 준비과정으로 어떤 것을 택하느냐는 너무나 많은 경우 전적으로 해당 교사의 몫으로 남아 있다(Feldhusen, 1997).

그렇다면 우선 교육 분야에서 '전문가'로서의 우리의 역할에 대해 생각해 보자. 우리는 다음의 질문에 대답해야 한다. 우리는 교육 분야에서 다른 사람들이 할 수 없는 무엇을 할 수 있는가?(바로 이것이 전문가에 대한 정의가 아닌가?) 심리학자는 다른 전문가가 할 수 없는 검사를 실시할 수 있다. 소아과의사는 다른 의사들이 처방할 수 없는 약품을 처방할 수 있다. 청각장애 아동을 가르치는 교사라면 수화를 가르칠 수 있다. 또한 시각장애아동의 교사라면 보행 방식과 점자 해독 기술을 가르칠 것이다. 이러한 모든 기술들은 대체로 독특하여 전문가들을 구별할 수 있게 해 준다. 우리의 전문지식은 사고력을 진작시키고 교육과정 차별화 전략을 활성화시키는 데 있는 것으로 보인다.

이러한 영재교육의 전문가들을 **어디서** 준비시키는가라는 질문에 대한 대답은 고등교육 과정부터 시작하여 워크숍, 교직원 개발 프로그램, 그리고 컨퍼런스 참석에 이르기까지 실망할 정도로 여러 곳이 있다. 인력 준비가 이렇게 되는대로 이루어지는 실정은 전문 교육 기준을 위한 국가위원회(The National Board for Professional Teaching Standards: NBPTS)가 영재교육의 '전문성' 실존에 대해 의문을 제기하게 된 부분적 원인이 되었다(J. Kelly, Personal Communication, 1996).

영재교육의 공공정책

현재의 지식에 기반을 둔 행동들

우리는 전문 교육 기준을 위한 국가위원회(NBPTS)가 영재교육 분야에 전문적인 가르침이 진정으로 존재하는가에 대해 의심하며 영재교육에 대해 제기한 비판을 심각하게 받아들여야 한다. 그리고 영재교육 전문가가 갖춰야 할 전문지식과 기술에 대해서도 명확하게 제시할 필요가 있다(Baldwin, 1994; Feldhusen, 1997; Gallagher & Gallagher, 1994; Parker, 1987; VanTassel-Baska, 1997).

분명한 것은 영재교육 전문가라면 복잡한 사고와 개념 체계를 강조하는 차별화된 수업과 단원을 개발할 수 있는 기술을 갖추어야 한다. 다시 말해서, 이것은 어떤 내용 영역(예, 역사, 수학, 경제학 등)에서 높은 지적 교양을 지녀야 함을 의미한다. 영재교육 전문가가 정보의 근원에 도달할 수 있는 다양한 접근방법에 대해 해박한 지식을 지니고 있어야 학생들이 자신들이 맡은 프로젝트에 대한 광범위한 정보를 효과적으로 찾을 수 있다. 이 밖에도 영재교육 전문가는 높은 수준의 사고과정과 그 사고과정이 교육에 어떻게 이용될 수 있는가에 대한 근본적인 이해를 갖추어야 하며, 일반 학급에 속한 뛰어난 학생들을 위한 심화학습 프로그램에서 일반교사들과 협력할 수 있어야 한다. 그리고 마지막으로 동년배 아이들에 비해 3~4학년 이상의 현저하게 월등한 수준을 나타내는 비범한 학생들에게 개인적인 멘터링을 제공할 수 있어야 한다.

따라서 중요한 질문은 장차 영재교육을 위한 인력 준비는 어느 곳에서 누구의 지도 아래 이루어져야 하는가다. 비록 몇몇 고등교육 센터에서 영재교사 훈련을 위한 기본적인 토대를 마련하긴 하였지만, 대부분의 준비과정은 주정부나 지방정부 차원에서 실시하는 조직화된 교직원 개발 프로그램을 통해 실행되어야 할 것이다. 이러한 접근법의 예는 Harrison, Coleman 그리고 Howard(1994)가 고안한 모듈 전략(module strategy)에 잘 나타나 있다. 이들은 노스캐롤라이나 주의 영재교육 자격증의 기준을 주정부가 승인한 10시간짜리 모듈 시리즈로 변화시켰는데, 이 모듈 시리즈는 각 지방 단위로 대학이나 경험 많은 교원에 의해 제공되었다.

표준을 정하고 교사들을 위한 체계적이고 순차적인 경험을 조직하는 것은 영재협회(The Association for the Gifted: TAG)와 미국영재학회(National Association for Gifted Children: NAGC) 같은 주정부 차원의 전문교육협회 지도자들의 임무다. 영재협회는 영재성을 지닌 학생들을 교육하는 교사들이 반드시 알아두어야 할 사항들에 대한 보고서 (「모든 특수교육자들이 알아야 할 사항(What Every Special Educator Must Know」), CEC, 1995)를 제작하고자 노력하였다. 미국영재학회는 대학원 교육을 위한 잠정적인 표준을 개발하였다(Parker, 1996). 그러나 이러한 보고서나 표준이 개발되었음에도 불구하고, 지방 또는 지역적 차원에서 자격을 갖춘 인사들이 일정 형태의 상급 영재교육 교사 자격증을 부여할 수 있는 인력 준비과정을 고안하고 만들어 낸다는 것은 여전히 영재교육 전문가들 입장에서 주요한 노력이 소요되는 일이다.

영재학생들을 위한 특별 서비스의 적용은 그 범위와 강도가 교실 내에서 변화를 이루어 낼 만큼 충분한가?

질 문

영재학생들에게 특별한 서비스를 제공하는 프로그램들 사이에 비교적 널리 퍼져 있는 관행은 학생이 특별히 훈련된 교사와 상호작용할 수 있는 교육시간을 따로 마련하는 것이다. 이 특별한 시간은 일주일에 하루나 이틀의 반나절일 수도 있고, 매일 한 시간씩일 수도 있는데, 지역에 따라 어떤 경우에는 그보다 적은 시간(일주일에 한 시간이나 한 시간 반 정도)이 할당되기도 한다.

영재교사는 일주일에 고작 한 시간이나 한 시간 반(아마도 45분씩 두 번으로 나누어 진행할 것이다)이라는 시간 동안 영재의 필요를 제대로 충족시켜 주지 못하였을 일반 수업의 교육과정으로 보낸 주당 23.5시간을 어떻게 보충해 줄 수 있을까? 학생들에게 특별한 책을 읽도록 요구할 것인가? 아니면 한 달간 지속될(6시간의 특별 수업 가치가 있는) 도서관 프로젝트를 부여하는 것은 어떨까? 어째서 우리는 그토록 분명하게 제 기능을 발휘하지 못하는 교육적 조정을 참아 주는 것인가? 이러한 조처들은 제한된 예산과 곤경에 처한 교육행정가들이 주어진 자원을 최대한으로 사용하려는 시도라는 차원에서 '정당화' 되고 있다. 심한 압박 가운에 놓인 행정가들의 처지를 동정할 수는 있겠지만, 특별 수업 시간을 그토록 인색하게 배정하는 행위는 위험스럽게도 교육 사기에 가깝다. 다시 말해서, 결코 실행할 수 없는 것을 약속하는 행위다.

의약 분야에서 다음과 같은 일이 일어났다고 가정해 보자. 의사가 천식으로 발작을 일으킨 학생에게 50mg의 코르티솔(부신피질 호르몬의 일종)을 처방하였다. 약사는 천식약을 필요로 하는 학생들은 많은데 코르티솔이 다 떨어져 가고 있음을 알게 되었다. 그래서 약사는 그 학생에게 의사가 처방한 50mg의 코르티솔 대신 5mg의 코르티솔정을 안타까운 마음으로 내주었다. 이 경우 의사는 수동적인 자세로 어깨를 으쓱하며 "어쩔 수 없어. 그렇게 하는 수밖에"라고 말할 것인가, 아니면 자신이 내린 전문적 지시를 무시하고 약사가 환자의 치료에 **전혀 도움이 안 되는 분량**의 코르티솔을 조제한 것에 대해 불같이 화를 낼 것인가?

문자 그대로 말하자면, 사실 우리는 교육 분야의 의사들이다. "우리가 무엇을 할 수 있겠어? 세상 일이 다 그런 거지…." 우리도 이렇게 대답할 것인가? 아니면 교육적 치료에 **전혀 도움이 안 되는 분량**에 맞서, 아무도 진정으로 영재들을 위한 양질의 교육을 옹호하지 않으며 많은 사람들은 그저 침묵으로 도움이 안 되는 관행들을 참고만 있다고 큰 소리로 외칠 것인가? 기대하는 목표와 유익을 얻기 위해 요구되는 '최소한의' (영재교사와의 접촉) 시간에 대한 지침을 정해야 하지 않을까?

이 질문에 대한 영재교육 전문가들의 대답은 종종 이런 식으로 되돌아온다. "우리도 영재들에게 제대로 주의를 기울이지 못하는 것에 대해서는 인정을 하지만, 단 한 사람이 일주일에 한 시간 하는 영재 프로그램과 같은 정책에 대해 무엇을 할 수 있단 말인가?" 그러나 이 한 사람은 종종 대규모의 전문 단체에 소속되어 있고, 통합적으로 그런 단체들은 적어도 특별교사와의 접촉 시간에 대한 최소한의 기준을 정립하는 것에 대해 고려해 볼 수 있다. 그런 다음, 그와 같은 기준이 영재협회나 미국영재학회의 인증을 받기 위한 필수적 요소로 제안할 수 있다. 정해진 최소 기준 시간에 못 미치는 것은 모두 비전문적인 프로그램으로 간주하는 것이다. 만약 그러한 기준들이 『Parenting for High Portential』과 같은 저널에 게재된다면 영재학생을 자녀로 둔 부모들의 관심을 끌 수 있을 것이다.

영재교육의 전문가들이 일반교육 교사들에게 제공할 수 있는 시간과 관련하여 이와 유사한 사안이 있다. 영재교육 전문가가 일반학급에 들어가서 영재들 또는 학습능력이 높은 학생들을 위해 추가적인 활동을 제공할 수 있다는 사실을 기반으로 영재학생들을 일반학급에 편성시키자는 **포함 정책**(policy of inclusion)이 점차적인 지지를 얻게 되었다. 그러나 영재교육 전문가가 한 학급에서 보내야 하는 시간은 얼마 정도인가? 2주일에 한 시간이면 어느 정도 의미 있는 소득이나 발전을 거두기에 충분한가? 아니면 일주일에 한 시간이면 충분한가?

일반교육 교사들과 영재교육 전문가들의 상호 접촉 시간에 대한 대부분의 정책 역시 좋은 교육적 실례와 이론에 의해 결정되는 것이 아니라 경제학 논리에 의해 결정된다. 문제는 이러한 관행에 대해 무언가를 말해야 하는 집단적 책임이 우리에게 있느냐는 것이다. 우리가 적절한 전문적 행동으로서 고수하기 원하는 최소한의 시간 기준이 있는가? 최소 요구 시간에 대한 경제적 논리에 우리가 대항하여 일어나지 않는다면 누가 일어날 것인가? 특별 조언자의 최소한 활용 문제는 우리가 침묵으로 대처하는 또 다른 교육적 사기인가? 우리는 왜 그렇다고 말하지 않는 것인가?

현재의 지식에 기초한 행동들

마지막 쟁점은 영재학생들을 위해 제공되는 서비스에 대한 최소한의 시간 기준을 수립하고, 그것을 널리 알리는 것을 요한다. 예를 들어, 영재학생들을 위해 실행 가능한 프로그램으로서 영재학생이 전문가와 직접적으로 대면하는 것을 일주일에 세 시간 미만으로 한정한다면 우리는 그것을 받아들일 수 있겠는가? 누구든지 그러한 제안을 한 사람은 적어도 그런 의심스러운 환경 속에서 영재학생들이 성취한 결과에 대한 구체적인 증거를 제시하도록 요구되어야 한다. 영재교육 지원 인원을 교실에 배치하는 최소 기준 시간이 일주일에 적어도 다섯 시간 이상으로 정해져야 한다(이 다섯 시간 안에는 영재교육 전문가가 일반교사에게 조언을 제공하는 시간과 교실 안에서 학습능력이 뛰어난 아이들을 직접적으로 지도하는 시간, 자료실 활동, 그리고 극도로 뛰어난 영재학생과의 개별 수업 등이 포함될 것이다.).

최소 기준이 세워지면 영재교육 전문가를 여러 학교에 배정하는 예측 가능한 일은 피할 수 있을 것이다. 또한 어느 장소에서나 학생이나 교사 간의 접촉이 최소한으로 끝나는 스케줄도 피할 수 있을 것이다. 부정적인 교육경제학에 기반을 둔 관행들은 또 다른 종류의 '유령 프로그램'을 등장시켜 학부모들에게는 자녀들에게 무언가 건설적인 일들이 일어나고 있다고 말하지만, 영재학생들을 위해 할당된 제한적인 교육자 수나 시간을 고려할 때 실제로는 그러한 일들이 전혀 일어날 가능성이 없는 '효력 없는 처방'을 내리게 될 것이다.

현상 유지의 선택?

'상상치도 못할 생각들'과 그에 따르는 행동들에 대한 독자의 개인적 반응이 무엇이든 간에, 현상 유지를 실행 가능한 대안으로 선택하자는 의견에 동의하기에는 모두가 조금은 망설여질 것이다. 우리는 앞서 묘사된 고통스러운 상황들과 아마도 더 많은 문제들을 다루는 데 중요한 변화를 이끌어 내기 위해 우리 자신을 재정비해야 할 것이다. 21세기에는 우리가 "우리의 한계를 보았고 그것에 대한 행동을 취하였다"라고 자랑스럽게 말할 수 있어야 한다. 개인으로서는 중대한 제도상의 변화를 이룰 수 없으므로 변화를 위한 많은 행동들을 집단적으로 취해야 할 것이다. 이미 다른 많은 산적한 문제를 안고 있는 고등교육계가 변화를 주도할 가능성은 매우 희박하다. 이 문제들을 해결하기 위해 주도적 입장을 취해야 하는 것은 분명 영재교육 분야의 책임이다. **참으로 '상상치도 못할' 생각은 영재교육계가 변화의 필요성에 대한 어떠한 인식도 없이 지금까지 해 온 방식을 지속하는 것이 될 것이다.**

🖎 참고문헌

Baldwin, V. (1994). The seven plus story: Developing hidden talent among students in socioeconomically disadvantaged environments. *Gifted Child Quarterly, 38*, 80-84.

Borland, J. (1997). Evaluating gifted programs. In N. Colangelo & G. Davis (Eds.), *Handbook of gifted education* (2nd ed., pp. 253-266). Boston: Allyn & Bacon.

Bouchard, T., Jr., Lykken, D., McGue, M., Segal, N., & Tellegen, A. (1990). Sources of human psychological differences: The Minnesota study of twins reared apart. *Science, 250*, 223-228.

Bouchard, T., Jr., & McGue, M. (1981). Familial studies of intelligence: A review. *Science, 212*, 1055-1059.

Callahan, C. (1996). A critical self study of gifted education: Healthy practice, necessary evil, or sedition? *Journal for the Education of the Gifted, 19*, 148-163.

Coleman, M., Gallagher, J., & Foster, A. (1994). *Updated report on state*

영재교육의 공공정책

policies related to identification of gifted students. Chapel Hill, NC: Gifted Education Policy Studies Program, The University of North Carolina at Chapel Hill.

Council for Exceptional Children (1995). *What every special educator must know: The international standards for the preparation and certification in special education teachers*. Reston, VA: Author.

Feldhusen, J. (1997). Educating teachers for work with talented youth. In N. Colangelo & G. Davis (Eds.), *Handbook of gifted education* (2nd ed., pp. 547-552). Boston: Allyn & Bacon.

Frasier, M. (1991). Disadvantaged and culturally diverse gifted students. *Journal for the Education of the Gifted, 14*, 234-245.

Frasier, M. (1997). Gifted minority students: Reframing approaches to their identification and education. In N. Colangelo & G. Davis (Eds.), *Handbook of gifted education* (2nd ed., pp. 498-515). Boston: Allyn & Bacon.

Gallagher, J. (1984). Unthinkable thought. *The Exceptional Parent, 14*(5), 13-17.

Gallagher, J. (1998, June). Accountability for gifted students. *Phi Delta Kappan*, 739-742.

Gallagher, J., & Gallagher, S. (1994). *Teaching the Gifted Child* (4th ed.). Newton, MA: Allyn & Bacon.

Gallagher, J., Harradine, C., & Coleman, M. (1997). Challenge or boredom: Gifted students' view on their schooling. *Roeper Review, 19*, 132-136.

Gallagher, S., & Stepien, W. (in press). *Curricula for problem-based learning*. Charlotte, NC: University of North Carolina.

Harrison, A., Colema, M., & Howard, J. (1994). *Personnel Preparation Academically gifted*. Raleigh, NC: North Carolina Department of Public Instruction.

Klausner, R. (1996). *National science education standards*. Washington, DC: National Academy Press.

Kulik, J., & Kulik, C. (1997). Ability grouping. In N. Colangelo & G. Davis (Eds.), *Handbook of gifted education* (pp. 230-242). Boston: Allyn & Bacon.

Margolin, L. (1996). A pedagogy of privilege. *Journal for the Education of the Gifted, 19,* 164-180.

Morelock, M., & Feldman, D. (1997). High-IQ children, extreme precocity, and savant syndrome. In N. Colangelo & G. Davis (Eds.), *Handbook of gifted education* (2nd ed., pp. 439-459). Boston: Allyn & Bacon.

Oakes, J. (1985). *Keeping track: How schools structure inequality.* New Haven, CT: Yale University Press.

Oakes, J., & Lipton, M. (1992). Detracking schools: Early lessons from the field. *Phi Delta Kappan, 73,* 448-454.

Parker, J. (1987). *Standards for graduate programs in gifted education.* Washington DC: National Association for Gifted Children.

Parker, J. (1996). NAGC standards for personnel preparation in gifted education: A brief history. *Gifted Child Quarterly, 40,* 158-164.

Patton, J. (1992). Assessment and identification of African-American learners with gifts and talents. *Exceptional Children, 59,* 150-159.

Pendarvis, E., & Howley A. (1996). Playing fair: The possibilities of gifted education. *Journal for the Education of the Gifted, 19,* 215-233.

Plomin, R. (1997). Genetics and intelligence. In N. Colangelo & G. Davis (Eds.), *Handbook of gifted education* (2nd ed., pp. 67-74). Boston: Allyn & Bacon.

Ramos-Ford, V., & Gardner, H. (1997). Giftedness from a multiple intelligences perspective. In N. Colangelo & G. Davis (Eds.), *Handbook of gifted education* (2nd ed., pp. 54-66). Boston: Allyn & Bacon.

Reis, S., & Renzulli, J. (1992). Using curriculum compacting to challenge the aboveaverage. *Educational Leadership, 50*(2), 51-57.

Renzulli, J., & Reis, S. (1997). The schoolwide enrichment model: New directions for developing high-end learning. In N. Colangelo & G. Davis (Eds.), *Handbook of gifted education* (2nd ed., pp. 136-154). Boston: Allyn & Bacon.

Sapon-Shevin, M. (1996). Beyond gifted education: Building a shared agenda for school reform. *Journal for the Education of the Gifted, 19,* 194-214.

Sawyer, R. (1988). In defense of academic rigor. *Journal for the Education of*

영재교육의 공공정책

the Gifted, 11, 5-19.

Shore, B., & Delcourt, M. (1996). Effective curricular and program practices in gifted education and the interface with general education. *Journal for the Education of the Gifted, 20,* 138-154.

Shore, B., Cornell, D., Robinson, A., & Ward, V. (1991). *Recommended practices in gifted education.* New York: Teachers College, Columbia University.

Stepien, W., & Gallagher, S. (1993). Problem-based learning: As authentic as it gets! *Educational Leadership, 50*(7), 25-38.

Treffinger, D., & Feldhusen, J. (1996). Talent recognition and development: Successor to gifted education. *Journal for the Education of the Gifted, 19,* 181-193.

VanTassel-Baska, J. (1997). What matters in curriculum for gifted learners: Reflections on theory, research, and practice. In N. Colangelo & G. Davis (Eds.), *Handbook of gifted education* (2nd ed., pp. 126-135). Boston: Allyn & Bacon.

영재교육에서 끊이지 않는
논쟁과 암묵적 가정들[1]

Laurence J. Coleman(University of Tennessee)
Michael D. Sanders(Indiana Department of Education)
Tracy L. Cross(Ball State University)

여러 해 동안 영재교육자들은 정의, 판별, 교육과정과 같은 분야에 집중된 주제들에 대해 토의해 왔다(Getzels & Dillon, 1973). 본 논문은 영재교육자들의 주기적인 논쟁과 사회과학 분야에서 관점이 서로 다른 연구자들이 펼치는 철학적 전투 사이에 있을 법한 관계에 대해 탐구하고 있다. 저자들은 특정 형태의 탐구를 수용하는 것이 결정을 어렵게 만드는 암묵적인 생각들을 논쟁에 어떻게 끼워 넣는가에 대해 논의한다. 훈련된 탐구의 세 가지 방식(경험-분석적 방식, 해석적 방식, 변화적방식)에 대한 암묵적인 가정들은 각각의 탐구방식과 함께 발생하는 동반적인 재형식화와 재개념화의 문제들(정의, 판별, 교육과정)과 연계되어 제시되고 있다.

1) 편저자 주: Coleman, L. J., Sanders, M. D., & Cross, T. L. (1997). Perennial debates and tacit assumptions in the education of gifted children. *Gifted Child Quarterly, 41*(3), 105-111. ⓒ 1997 National Association for Gifted Children. 필자 승인 후 재인쇄.

도 입

　영재교육 분야의 전문가들은 수년간 정의, 판별(identification), 그리고 교육과정과 같은 기본적인 주제에 대해 토론해 왔다(Getzels & Dillon, 1973). 또한 영재교육에 관한 저명한 저서들도 기본 주제들에 대해 다루고 있다(Gallagher & Gallagher, 1994). 비록 최상의 실행들에 대한 일종의 합의가 도출되긴 하였지만(Shore, Cornell, Robinson, & Ward, 1991), 이에 대한 논쟁들은 여전히 끊이지 않고 계속되고 있다. 우리는 이러한 상황에 대한 동료들과 학생들의 의견을 듣고 나서, 왜 주기적으로 이러한 주제들이 다시 논쟁의 대상으로 떠오르는 것이며, 왜 영재교육계는 그에 대한 해결책을 도출해 내지 못하는 것인지에 대해 의문을 갖게 되었다. 명백하게 드러나는 겉모습 뒤에, 합의에 이르지 못하는 우리의 분명한 무능력을 설명할 수 있는 암묵적인 무언가가 존재하는 것일까?

　영재교육이라는 응용 학문 분야의 논쟁과 함께, 사회과학계 역시 훈련된 탐구에 대한 다양한 개념과 서로 이의를 제기하는 연구로 혼란에 빠져 있다. 보다 광범위한 사회과학 분야의 논쟁은, 우리 영재교육계의 교육적 논쟁과 상호작용을 하고 있다. 때로는 패러다임의 전쟁(Guba, 1990)이라 불리는 논쟁의 대상인 탐구의 개념과 영재교육계의 논쟁 사이에 모종의 연관성이 존재할 수 있는가?

　이 논문은 영재교육계의 주기적인 논쟁과 사회과학 분야에서 관점이 다른 연구자들이 펼치는 철학적(이론적) 전투 사이에 있을 법한 관계에 대한 탐구로서 시작되었다. 상이한 철학적 입장에 대한 우리의 이해가 커지면서 관계에 대한 생각들을 형성하기 시작하였고, 1990년부터 미국영재학회 모임에서 지면상으로 그러한 우리의 생각들을 동료들에게 제시하였다(예, Coleman, Cross, & Sanders 1992; Coleman, Sanders, & Cross, 1991). 동일한 시기에 Borland(1990)가 「후기 실증론자의 탐구(Post Positivist Inquiry)」라는 제목의 논문을 발표하였는데, 그의 논문이 우리의 사고에 자극을 주었다. 본 논문은 지난 6년간 진행되었던 본 연구자들 간의 대화 및 동료들과 나눈 대화의 결과물이다.

연구를 하며 우리는 탐구나 연구에 대한 사고방식과 앞서 언급된 논쟁들이 연결되어 있다는 개념에 설명적 힘이 존재하고 있다고 믿게 되었다. 우리의 목적은 영재교육 분야에서 탐구에 대하여 서로 다른 개념들을 지지하는 사람들이 영재교육의 중요한 주제에 대해서는 어떻게 생각하고 있는가에 대한 생각을 독자에게 제공하는 것이다. 우리는 영재교육 분야에 관련된 사람들이 다양한 탐구방식에 이끌리고 있다고 믿는다. 그중 한 가지 탐구방식을 자신의 것으로 받아들임으로써(본인은 자신이 탐구방식을 받아들인 사실에 대해 인지하지 못할 수도 있다), 사안들을 바라보는 하나의 시각이 형성되고, 우리는 그 시각을 통해 다양한 활동들과 문제들을 판단하게 된다. 요컨대, 우리는 특정 방식을 받아들임으로써 결정을 어렵게 만드는 암묵적인 생각들을 논쟁 속에 끌어들이고 있다. 본 연구에서 우리의 의도는 그러한 암묵적인 생각들을 드러내는 것이다. 우리는 또한 세 가지의 훈련된 탐구방식을 명명하고 논의할 것이다. 즉, 경험-분석적 방식, 해석적 방식, 그리고 변화적 방식이다. 본 연구에서 우리의 사고는 Popkewitz(1984), Guba(1990), 그리고 Skrtic(1991)의 영향을 받고 있다. 본 연구는 영재교육계에서 이 세 가지의 탐구방식이 저마다 정의, 판별 그리고 교육과정 개발의 개념들을 재형식화하고 재개념화하기 위한 각자의 시각을 어떻게 창조해 내는가에 대해 고찰할 것이다. 또한 독자가 영재교육 분야에서 일어나는 논쟁의 윤곽을 이해할 수 있도록, 각각의 시각이 영재교육 사안을 둘러싼 사고들을 어떻게 굴절시키는지 보여 주는 실례들을 제공할 것이며, 각각의 관점들이 논쟁 속에서 어떻게 드러날 수 있는지에 대해 설명할 것이다. 우리는 관점의 통일이 가능하다고 생각하지는 않는다. 그러나 관점들이 혼합된 사고에 대한 한 가지 예를 제시하고, 세 가지 입장의 화해 가능성에 대해 숙고하며 본 논문의 결론을 맺을 것이다.

영재교육계에서 끊이지 않는 논쟁을 부추기는 숨겨진 암묵적 생각들을 인지하게 되면 우리의 반대 입장이 지니는 정당성에 대해서 이해할 수 있다. 우리가 상대방의 입장에 대해 더욱 깊이 이해할수록 연구나 실제적인 갈등에 직면하였을 때 그것을 더욱 잘 협상할 수 있다. 더 나아가, 상대가 어떠한 탐구 방식을 사용하고 있는가에 대해 알게 되면, 그가 영재성을 바라보는 한 가지 시각에만 근거하는 교육 프로그램들이나 연구 목적까지도 이해할 수 있다.

본 논문에서 우리는 어느 한 탐구방식이 다른 방식보다 우월하다는 것을 말하는 것이 아니라, 서로 조화되지 않는 각자의 입장 차이가 중요한 주제들에 대한 끊이지 않는 논쟁의 원인이 되고 있다는 점에 대해 의심하는 것이다. 우리의 주장은 영재들을 위한 교육을 한 가지 탐구방식으로만 고찰할 것이 아니라 모든 탐구방식이 다 유용하다는 것이다. 다양한 관점들을 탐구함으로써 우리는 영재교육계가 영재성이 나타내는 현상에 대해 보다 분명한 이해를 발전시킬 수 있으리라 믿는다.

기본적 용어들

우리의 논점을 이해하기 위해서는 '탐구방식' '패러다임' 그리고 '이론'과 같은 용어들에 대한 명확한 정의가 필요하다. 이 용어들은 순차적으로 그 의미가 점점 더 좁혀진다. '탐구방식'은 세 용어 중 가장 광범위한 의미를 갖는다. 탐구방식은 학자들이 이 세상에 대해서, 그리고 어떻게 연구를 수행할 것이며, 연구의 목적은 무엇인가에 대해 일련의 철학적 가정들로 무장하여 연구를 시작하는 개념을 담고 있다. 우리가 이 논문에서 사용한 예들은 이 수준에 속한다. 다양한 학자들이 분류 도식(classification schemes)을 제안하면서 사회과학 문헌들을 정리하고자 시도하였다(예, Guba, Popkewitz, Skrtic).

'패러다임'은 '패러다임의 변화(paradigm shift)'라는 용어와 함께 학술 매체나 대중 매체 분야 모두에서 오늘날 매우 유행하는 말이다(Hoyningen-

Huene, 1993). 패러다임이라는 용어의 기원은 『The Structure of Scientific Revolutions』를 저술한 Kuhn(1962)에게서 찾을 수 있다. 본 논문에서는 패러다임에 대한 잘못된 이해 때문에 이 용어를 자주 사용하지는 않을 것이다. 그럼에도 불구하고 Kuhn(1962)에서 비롯된 세 가지 개념들은 본 논문과 연관성이 있다. Kuhn의 저서들은 대부분 자연과학을 다루고 있지만 사회과학에 대해서도 언급하였으며, 많은 사회과학자들이 패러다임들에 대한 Kuhn의 생각을 사용하였다(예, Popkewitz, Guba, Skrtic). 본 논문과 연관성이 있는 Kuhn의 첫 번째 개념은 물리학과 생물학 같은 훈련된 탐구의 자연과학 분야가 그 분야의 중요한 문제와 개념, 그리고 연구방법을 규정짓는 일관된 사고 체계에 기반을 두어 운영된다는 것이다. 두 번째 개념은 사람들이 자신의 탐구를 이끄는 가정에 대해 직접적으로 이야기하지 않는데, 그것은 그 가정을 확연하고 진실한 것으로 받아들이기 때문이다. 이 개념은 우리의 주장과 가장 관련성이 깊은 부분이다. 우리가 갖는 신념들은 우리의 논쟁을 방해하는 데 암묵적인 영향력을 갖는다. 세 번째 개념은 '비상응성(incommensurability)'이다. 비상응성이라는 용어는 하나의 패러다임을 다른 패러다임에 비교할 수 없음을 의미한다. Hoyningen-Huene(1993)은 비상응성에 대한 Khun의 개념이 20여 년간 어떻게 변화하였는지를 분석하여 보여 주는데, 본 논문에서는 비상응성을 '대립성(irreconcilability)' '비환언성(untranslatability)'의 의미로 사용하였다.

'이론'이라는 용어는 하나의 현상에 대한 특정하고 일관적인 가정과 명제, 그리고 가설의 통일체를 나타내기 위해 사용하는 말이다. 이론은 '탐구방식'이나 '패러다임'보다는 좁은 의미의 용어다. 이론은 탐구방식의 수용을 전제할 수도 있고 안 할 수도 있다.

세 가지 탐구방식

우리는 사회과학 분야, 보다 정확히 말하여, 본 논문의 경우에는 교육 분야에서 사용되는 세 가지 탐구방식에 대해 제시할 것이다. 우리의 분석에 따르면 영재교육 분야는 재능 계발이라는 현상을 바라볼 때 주로 경험적 분석법이라는 한 가지의 관점만을 유력하게 사용해 왔다. 우리는 다른 두 가지의 패러다임도 현상을 바라보는 관점으로 사용될 수 있다고 생각한다. 단언하면, 주제 사안들을 조망하는 우리의 시각은 관점의 변화에 따라 함께 바뀐다. 각 패러다임의 핵심적인 내용을 요약할 것이다. 본 논문에서는 Guba(1990)가 제시한 패러다임 분류법을 사용할 것이다. Guba의 분류법에는 세 가지 범주가 있다. 인식아(我)(knower)의 역할(인식론), 지식의 본질(존재론), 그리고 현상을 어떻게 연구하는가(방법론)다. 비교할 목적으로 각 패러다임의 특성들은 서로의 차이점을 강조하기 위해 다소 과장되었다.

경험-분석적 방식(Empirical-Analytic Mode: EM) Popkewitz(1984)가 만든 용어인 경험-분석적 방식을 신봉하는 사람들은 이 우주가 과학자들이 발견한 우주와 자연의 법칙들로 이루어져 있다고 생각한다. 이 법칙들로 과학자들은 생각의 허위성을 결정하고, 평상적 관계들을 발견하며, 사건에 대해 예측한다. 연구자들은 객관적인 방법을 사용함으로써 있을 수 있는 오차의 근원을 통제하고 중립적인 관찰자가 되려고 노력한다. 경험적-분석적 방식은 실증론(positivism)의 변형으로서, 과거의 절대론적 입장이 무너진 이후 금세기 서구 과학계의 주도적인 패러다임이 되어 왔다.

영재교육계는 전통적으로 자연과학과 연계성을 갖는 경험-분석적 방식을 사용하면서 다른 연구방식이 가지는 가능성들을 무시하는 경향을 보여 왔다. 일반적으로 경험적 분석방법을 사용하는 연구자들은 영재성과 재능을 계량화할 수 있는 사회심리적인 현상으로 바라본다. 이러한 시각은 교육자와 학생, 교육 프로그램을 측정이 가능하고 정의를 내릴 수 있는 개체들로 평가한다. 통상적으로 이러한 방식을 대표하는 연구자들은 영재성을 문화적 영향력으로부터 비교적 자유로운 자연적 현상이라고 생각한다. 재능과 능력들은 표준화된 시험과 등급 척도에 의해 정의(결정)된다. 영재성과 재능

영재교육의 공공정책

에 대한 올바른 판별은 이론상으로 오차 가능성을 용인 가능한 수준까지 축소시킨 체계에 의한 객관적인 방식을 사용한다. 교육 프로그램들은 다양한 교육환경과 문화환경에서 일관적으로 최상이었던 일련의 경험들을 토대로 구성된다. 숙달 정도는 객관적인 평가에 의해 입증된다.

해석적 방식(Interpretivist Mode: IM) 해석적 방식을 대표하는 연구자들은 사람들이 자신들의 세상을 해석하기 위해 사용하는 기호(sign)나 상징(symbol)들에 의해 세상의 지식이 전달된다고 생각한다. 이들은 지식을 주관적인 것이라고 여기며, 학습될 수 있는 것은 다른 사람들이 세상을 이해하는 방식이라고 생각한다. 해석론적 연구자들은 집단이나 개인들이 바라보는 사회적 관계들 속의 유형이나 법칙을 발견하기 위해 노력한다. 그들은 모든 현상을 다 설명해 줄 수 있는 단 하나의 가장 적합한 설명을 찾아낼 수 있다고 기대하지 않는다(Guba, 1990; Popkewitz, 1984 참조). 해석적 방식을 따르는 연구자들은, 어떤 사람들은 다른 사람들보다 특정 영역에서 특정 시기에 보다 우수한 능력을 나타낸다는 생각을 이해하기 때문에, 이들에게 영재성은 개인 및 지역 집단에 의해 정의되고 판별된다. 이들이 프로그램을 바라보는 시각은 다양한 사람들의 다양한 진로를 재능별, 시간별로 개발하는 것이다. 프로그램이 생산한 결과의 세부 사항들은 그 프로그램에 참여한 사람들 사이에 이루어진 대화의 산물이므로 참여자와 상황이 변하면 프로그램의 결과도 바뀐다. 공식적 측정이 유용할 수는 있겠지만 중요한 모든 정보를 제공할 수는 없을 것이다. 해석적 방식은 프로그램 개발에서 절대적인 모형을 따르기보다는 합의된 모형을 따른다.

변화적 방식(Transformative Mode: TM) 변화적 방식을 대표하는 연구자들은 세상의 지식이 가치라는 문화적 기반(cultural matrix) 속에 담겨 있다고 생각한다. 그들에게 모든 탐구와 인간 행동은 성별과 인종, 사회 계급, 그리고 그 밖의 다른 문화적 · 사회적으로 결정된 한계들을 둘러싼 투쟁에 기반을 둔 권력 관계의 그물망(a web of power relationships) 속에 갇혀 있다. 연구자들은 사람들이 세상에서 자신의 위치를 이해하고 그것을 변화시킬 수 있도록 그러한 권력 관계들을 명백하게 하여 드러내고자 노력한다. 이러한 의견의 지지자들은 가치가 피할 수 없는 것이며 사람 사이의 이상적인 관계를 정의한다고 믿는다.

변화적 방식은 비판적인 이론(Guba, 1990) 대신 비판적인 과학(Popkewitz, 1984) 탐구의 목적과 탐구의 방법론을 명확하게 구분하기 위해 본 논문의 탐구방식으로 지정되었다. 경험-분석적 방식과 해석적 방식에서는 탐구의 목적과 탐구의 방법론 사이의 상관 고리가 보다 직접적이며 지속적이다. 그러나 변화적 방식에서는 목적과 방법의 단일성이 보다 덜 지속적이다. 예를 들어, 어떤 비판이론가들은(예, Bourdieu, 1994) 경험-분석적 방식을 자료 분석도구로 사용하는가 하면, 또 어떤 비판적 과학자들은(예, Popkewitz) 보다 해석적인 방식의 분석도구들(예, 현상학적/구성주의적 방법)에 찬성하기도 한다.

변화적 탐구방식의 시각으로 볼 때, 영재성은 사회의 유력자나 권력자들이 가치 있다고 여기는 자질들에 의해 결정되는 것인데, 이러한 결정은 그 범위 안에 들지 못하는 영재성이나 재능을 지닌 사람들에게는 잠재적인 손해를 끼친다. 판별과 평가에 사용되는 측정들은 저소득층, 문화적 소수 계층, 그리고 여성들과 같이 비권력층의 사람들이 영재로 판별되고 프로그램에 선택되는 경우가 인구수에 비례하여 불균형적으로 낮게 나타나는 결과를 낸다. 시험적 편견(test bias)은 사회 내의 권력 관계 재생산의 결과다. 교사는 지식의 형태를 생산하고 비판하는 변화적인 지성인인 동시에 특정의 경제에 기초한 사회구조 내에서 학생의 경험을 정당화하고, 평가하며, 배치한다. 프로그램과 교육과정은 학생들로 하여금 사회 형태를 이해하고 변화시키며 지식을 창조하는 것에 동참하도록 격려한다.

분명한 여러 가지 관점들

영재아동들을 교육하는 영재교육 분야에서 주도적으로 나타나고 있는 탐구방식은 분명 우리들 중 다수가 받아들이는 방식이다. 앞서 묘사된 세 가지 탐구방식의 다양한 특성들로 우리의 연구 노력들이 하나의 탐구방식만으로 압도되는 것을 보기는 어렵다. 영재교육계에서 우세한 탐구방식과 그에 동반되는 관점을 알아내기 위해, 우리는 이 분야에서 대다수의 사람들이 표면상의 가치 그대로 받아들일 영재교육에 관한 진술(statement)을 시작할 것이다. 다음으로 우리는 세 가지 방식의 신봉자들이 각각의 관점에 의해 어떻게 영향을 받았는지 보여 주기 위해 그 선언문을 분석하고 재개념화할(reconceptualize) 것이다. 이 부분에서 탐구방식들에 대한 보다 완전한 비교가 뒤따를 것이다.

다음의 진술을 고찰해 보자. **영재교육계의 목적은 적절한 교육과정과 각 학생들의 잠재력을 극대화시키는 데 필요한 특성과 기술을 갖춘 교사들이 있는 프로그램에 참여시키기 위해 영재들을 판별하는 데 있다.** 다른 식의 진술이 쓰일 수도 있겠지만, 합의에 의해 성립된 이 진술은 영재교육 분야의 주된 개념들을 요약하며, 많은 암묵적인 가정들을 포함한다. 그 가정들은 다음과 같다.

명확하게 정의할 수 있는 집단이 있다(영재).
이들은(어떠한 상황 속에서도) 보편적으로 판별이 가능하다.
구체화할 수 있는 교육과정을 담은 프로그램은 작성되거나 만들어질 수 있다.
교사들은 특별한 기술과 특성을 갖추고 있다.
영재학생들을 프로그램에 참여시키면 그들의 잠재력은 극대화될 것이다.

우리는 진술에 담긴 각각의 주장들을 살펴보고 세 가지 탐구방식의 측면에서 논할 것이다.

첫 번째 진술인 '**명확하게 정의할 수 있는 집단이 있다**'는 경험–분석적 방식(EM)의 토대가 된다. 영재들은 영재성이 없는 다른 집단으로부터 자신들을 구분시켜 줄 일련의 명확하고도 보편적인 특징들을 갖는다. 이러한 영재 집단은 사회적 혹은 민족 집단과 관계없이 독립적으로 정의될 수 있다. 해석적 방식(IM)을 지지하는 사람들은, 영재는 그가 속한 집단의 사람들에 의해 받아들여지는 그들 자신들만의 특성들에 의해 정의될 수 있다고 한다. 아프리카계 미국인, 히스패닉계 미국인, 그리고 유럽계 미국인들은 저마다 영재에 대한 다른 정의를 내리기 때문이다. 변화적 방식(TM)의 추종자들에 의하면, 영재는 인종, 계급, 성별의 우세한 가치를 재생산해 내는 특성들에 의해 정의된다. 따라서 보편적인 집단은 존재하지 않는다. 대신, 정의(definition)에 존재하는 각 문화와 관계있는 가치의 문제들이 존재한다.

'**영재들은 보편적으로 판별이 가능하다**'는 두 번째 진술은 본질상 측정의 문제로서 첫 번째 진술에 뒤따르는 것이다. 경험–분석적 방식(EM)을 지지하는 사람들은 영재 판별을 위해서 환경적, 경제적, 정치적 고려사항 및 연구의 편견과 상관없이 영재적 특성을 보이는 사람들을 발굴할 수 있는 표준화된 측정과 절차를 개발해야 한다고 생각한다. 또한 모든 사회에서 동일한 비율의 영재들이 판별되어야 한다고 믿는다. 해석적 방식(IM)과 변화적 방식(TM)의 사람들은 '보편적인 판별'이라는 개념을 믿지 않는다. 그들은 문화적 상황이 판별 과정에 영향을 미친다고 생각한다. 각 학군별로 지역적 기준을 만족시키는 방식으로 어린이들을 뽑는다면 성공적인 영재성 측정이 가능할 것이다.

세 번째 진술인 '**적절한 교육과정 프로그램이 창조될 수 있다**'에 대해서는 세 가지 탐구방식의 지지자들이 바라보는 관점이 다 다르다. 경험–분석적 방식(EM)을 추종하는 사람들은 최고의 영재학생들에게 가장 적합한 교육과정을 개발하는 것이 가능하다고 믿는다. 해석적 방식(IM)을 지지하는 사람들에게 최상의 단일 교육과정을 개발한다는 것은 있을 수 없는 일이다. 그들은 각각 다른 시기와 장소에 알맞은 다양한 교육과정들을 기대한다. 바람직한 교

영재교육의 공공정책

육과정은 아동들로 하여금 자신의 문화와 관련하여 자신만의 시각을 개발할 수 있도록 장려하는 것이다. 변화적 방식(TM)의 지지자들은 교육과정이란 사람을 변화시켜서 자신의 필요를 더욱 잘 만족시킬 수 있도록 돕는 것이어야 한다고 믿는다. 교육과정은 학생이 현재 세계의 제한적인 모순들을 발견하고 세상을 변화시킬 수 있는 방법을 제공할 수 있도록 도와야 한다.

네 번째 진술인 **'교사들은 특별한 기술과 특성을 갖추고 있다'**는 영재를 가르치는 교사가 반드시 갖추어야 할 기술들이 있음을 말하고 있는데, 그 기술들은 영재들에게서 가장 큰 효과를 나타내기 때문이다. 경험–분석적 방식(EM)의 연구자들은 '최고의' 교사들은 판별될 수 있으며, 그들이 갖춘 기술과 특성들은 다른 교사들에게서도 계발될 수 있다고 믿는다. 이러한 기술들을 확산시킴으로써 교육과정은 더욱 개선될 것이다. 해석적 방식(IM)의 지지자들은 최고의 교사가 지니는 기술들을 일반적인 방식으로 묘사할 수는 있겠지만 각각의 교사들은 자신이 지도하는 학생들과 환경에 맞는 자신만의 기술을 개발한다고 믿는다. 변화적 방식(TM)을 따르는 사람은 최고의 교사란 학생이 자신을 무력한 위치에서 자유롭게 하고 자신을 변화시킬 수 있도록 하는 자신만의 시각 정립을 가능하게 하는 기술과 특성을 지니고 있어야 한다고 주장한다.

다섯 번째 진술인 **'영재학생들을 프로그램에 참여시키면 그들의 잠재력은 극대화될 것이다'**는 프로그램이 영재들의 잠재력을 극대화시킬 수 있음을 나타낸다. 여기서 '잠재력'이란 알려진 것이며 '잠재력의 실현' 역시 알 수 있는 것으로 추정된다. 경험–분석적 방식(EM)은 잠재력을 정의하고 측정하는 것이 가능하다고 생각한다. 지금은 잠재력을 정의하고 측정하는 것이 어렵겠지만, 기술력의 부족이라는 문제만 해결되면 조금도 어려운 일이 아니라는 것이다. 해석적 방식(IM)은 잠재력이란 단어가 너무 많은 의미를 지니고 있기 때문에 유용하지 않다고 주장한다. 우리는 그 의미들이 무엇이며, 다양한 이해당사자(stakeholders)의 시각으로부터 어떤 방식으로 잠재력이 표현되는가 확인해야 한다. 변화적 방식(TM)의 연구자들은 잠재력이 사회의 유력자들이 가치 있다고 생각하는 것들에 근거하여 정의되고 있다고 생각한다. 잠재력을 극대화하는 것은 개인의 기술과 지식이 사람들의 삶에 영향을 주는 힘(forces)에 대한 인식을 증대시켜서 사람들로 하여금 그러한 환경에서 자신을 자유롭게 할 수 있도록 만드는 것을 의미한다.

영재교육 분야의 목적을 묘사한 진술처럼 일반적이고 겉으로 보기에 어떠한 악의도 담겨 있지 않은 문구조차도, 탐구방식에 따라 각각 다른 의미의 해석이 가능하다는 것이 분명해졌다. 이 진술은 영재교육과 관련한 세 가지 탐구방식의 전반적인 개요를 보여 준다. 그런데 안타까운 것은 탐구방식의 추상적인 성격 때문에, 어떻게 그 관점이 사람들을 제한하고 우리로 하여금 문제들을 다른 방식으로 바라보도록 몰고 가는가에 대해 아는 것이 어렵다는 것이다. 다음 부분에서 우리는 영재교육 분야의 특정 사안에 대한 각 탐구방법의 입장들을 비교하여 우리의 요점을 보다 구체적으로 제시할 것이다.

다양한 사안들에 대한 탐구방식의 해석

이제 우리는 영재교육 분야의 주된 주제들을 이용하여 각 탐구방식의 지지자들이 상황을 어떻게 바라보는가에 대해 보다 구체적으로 비교할 것이다. 세 가지 사안을 둘러싼 다양한 입장들이 [그림 3-1]에 나타나 있다. 각각의 사안을 대표하는 문구들은 영재교육 분야에서 탐구방식들이 갖는 암묵적인 의미와 실질적인 의미를 명확하게 표현할 목적으로 이상화되어 있다. 비교 검토를 위해 많은 사안들을 선택할 수도 있었지만, 지속적인 논쟁의 주제로 떠올랐던 세 가지 사안으로 범위를 한정하였다. 그 사안들은 다음과 같다.

1. 영재성과 재능의 정의
2. 영재의 판별
3. 교육과정

[그림 3-1]을 읽을 때 세 가지 탐구방식의 차이점을 염두에 두는 것이 중요하다. 각 사안들과 관련하여 세 가지 탐구방식의 핵심만을 [그림 3-1]에 제시하였다.

설명 사례로 제시된 주제들에 대하여 각 탐구방식마다 상당한 의견 차이가 존재한다. 미국영재학회(The National Association for Gifted Children)와 특수아동학회-영재분과학회(The Council for Exceptional Children-The Association for the Gifted)가 주최한 모임에서 [그림 3-1]의 내용을 읽었던 영재교육자들은 친숙함과 불편함을 동시에 느꼈다는 의견을 말하였다. [그림 3-1]의 문구들이 친숙하게 느껴졌던 이유는 영재교육에 대한 주장들이 유사하게 들리기 때문이며, 불편함을 느꼈던 이유는 각각의 관점들 사이에 존재하는 커다란 격차를 해소하는 것이 어렵고, 또한 관점들마다 일정 부분 타당성을 지니고 있기 때문이다.

유사한 주장들과 부조화

연구의 토대를 분석한 결과, 영재교육계에서는 경험-분석적 방식이 연구에 지배적으로 사용되고 있음을 알 수 있었다(Coleman, Cross, & Sanders, 1992; Rogers, 1989). Terman, Hollingworth 그리고 Torrance와 같은 영재교육 분야의 거목들 역시 경험-분석적 방식에 뿌리를 두고 평생의 연구를 실시하였다. 그러나 우리는 그들이 이 사실에 대해 인식하고 있었다고 추측해서는 안 된다. 또한 이 분야에서 수년간에 걸쳐 끊임없이 발생하는 논쟁들과 영재교육에 대해 가해지는 비판들 역시 경험-분석적 방식이 함축하는 자질들을 획득하려는 시도에서 기인한 것이다. 다시 말해서, 비평가들은 영재교육 분야에 경험-분석적 방식의 관점을 들이댄 채 영재성의 정의나 판별 절차 등에 대한 판단 기준을 세우고 있다. 영재교육 분야에서 받아들여질 수 있는 해결책들은 경험-분석적 방식의 자질들을 만족시키는 데에 기초하고 있다. 따라서 우리는 경험-분석적 탐구방식과 일치하는 방식으로 세상에 대해 사

정의: 영재성이란 무엇인가	판별	교육과정: 교육과정의 내용
경험적 분석적 방식 이들은 영재성을 정의 가능한 것으로 본다. 영재성은 인간 본성에 존재하는 특성으로서 집합체로서 비교적 문화의 영향으로부터 자유롭다.	비교적 오차 없는 영재 판별 제도를 실행하기 위해 사용될 객관적인 측정법이 개발될 수 있다고 믿는다. 따라서 영재를 발굴할 때의 문제점은 재판적인 시스템을 고안하는 것이다. 상당히 자주 문제시되는 것은 검사를 받는 사람이 아니라 검사자 자체다. '보다 민감한' 측정 도구 과정에 관한 논의들은 이러한 입장에 기반하고 있다.	경험적 분석론자들은 영재성을 양육할 수 있는 최적 혹은 최상의 경험들이 존재한다고 주장한다. 이러한 경험들은 프로그램의 시간과 형태보다 중요하므로 모든 양질의 프로그램은 이 경험들을 포함해야 한다. 그 프로그램이 무료든 적절한 경험들을 진술한 것일지 모든 프로그램이 갖는 내용적인 문제는 위와 같은 유형의 교육과정을 구성하는 것이다. 현재 경험적 분석론자들 사이에는 이러한 입장에 대한 두 가지 변형된 의견이 있다. 첫 번째 의견은 유연하게 올바른 교육과정이란 수학, 셰익스피어 같은 정규 교과목이라고 주장한다. 두 번째 의견은 이것은 기술 개발이 교과목이 실제 하습과목보다 중요하다고 주장한다. 교과목이 내용을 벗어나 높은 수준의 사고와 창의적인 사고를 촉진하는 것이 더 중요하다. 두 경우 모두 수업 정도는 시험을 통해 나타낸다.
변화적 방식 영재성은 사회의 권력자들과 영향력을 가지는 자들이 가치 있게 여기는 자질에 의해 정의된다. 이 사회에서 받아들여질 수 있는 재능들은 일방 정부가 정의한 재능들이다. 받아들여질 수 없는 재능들, 즉 소수한 재능들이다. 민족이 가치 있게 여기는 것들은 아마도 비교전적 음악 같은 것일 것이다.	영재성 측정 및 측정 체계는 권력 구조에 유리하게 고안되어 있다. 그 결과, 소수 민족, 여성, 또는 빈민 계층에 속하는 사람들이 영재 프로그램에 선택되는 수는 연구	교육과정은 학생들이 지식을 구성하는 근본적인 가정들을 고안되어야 한다. 학생들은 지식을 제기할 수 있도록 고안되어야 한다. 학생들은 지식을 도구를 사용하여 '지식' 자체의 구성뿐만 아니라 문화 안에서의 권력 관계에 대해 이해할 수 있도록 장려되어야 한다. 변화론자들은 '게임과 놀이(fun and game)'라는 교육과정에 대한 접근방식을 소수 만족 청소

[그림 3-1] 다양한 사인틀에 대한 탐구방식의 시각

영재교육의 공공정책

정의: 영재성이란 무엇인가	판별	교육과정: 교육과정의 내용
	크기에 비해 불균형적으로 낮다. 판별 과정이 갖는 문제는 (1) 시험이 편파적이고 (변화적 방식 이론가들의 경향-본질적 방식 이론가들의 전제를 일부 채용한 셈이다), (2) 선택된 사람들은 사회 권력 관계의 재의 반영이며, 권력 관계를 재생산한다.	너와 여성들로 하여금 사회구조 내에서 자신들의 위치를 확보할 기회를 제공할 수 있는 유용한 지식과 기술의 수단을 마는 수단으로 보고 있다. 또한 '재미와 놀이의 내용'은 중매를 촉진하는 것을 갖추어있다고 생각되지만 사실을 그렇지 못하다. 오히려 이러한 교육과정은 실생활의 노력과는 아무 관계없는 시험상의 기술과 점수만을 취득하는 사람을 양산한다. 몇몇 변화적 방식의 이론가들은 전통적인 과목 중심의 교육과정을 지지하기도 한다.
해석적 방법론자들은 이떤 사람들이 삶의 특정 분야에서 다른 사람들보다 우수한 능력을 나타낸다는 관념을 믿기 때문에, 이들에게서 영재성은 개개인과 집단에 의해 정의되는 것이다. 영재의 정의에 무엇을 포함시켜야 하는가에 관한 지속적인 논쟁들, 그리고 '제능' '월등함'과 같은 용어의 의미 정의에 대한 '고도로' 끝임없는 논쟁은 각 개인과 집단이 올바른 능력이고 생각하는 그들의 개념에 맞게 영재성을 정의하려는 시도다.	영재를 판별할 수 있는 방식은 여러 가지가 있다. 영재로 선발되 사람들도 참가자들이 가치를 반영한다. 이것은 불가피한 사실이다. 결재를 중요하게 생각하는 사람들이 모두 영재 판별 과정에 동참하지 않는 한, 참석자들의 가치를 대표한다는 선발상의 문제는 해결되지 않을 것이다.	해석론적 방법을 따르는 사람들은 제능개발을 위한 다양한 교육과정의 선택 사항들(메안들이)이 존재하며 교육과정의 방향은 개인별, 제능별, 시기별로 다르다고 믿는다. 교육과정 개발자들은 학생들이 복잡한 지식과 기술의 복합체에 정통할 수 있는 방법을 찾도록 교육과정의 경험들에 대해 신중하게 고려해야 한다. 교육과정은 다양한 필요를 만족시킬 수 있도록 유연해야 하지만, 실제 세계에 대한 고려도 함께 다루어야 한다.

[그림 3-1] (이어서)

고하는 것에 익숙해져, 다른 관점들을 통해서 관찰될 수 있는 가능성들을 볼 수 없게 된다.

생각 있는 비평가들은 다른 탐구방식에 따르는 기준들을 사용하여 영재교육 분야의 개척자들에게 반론을 제기한다(Margolin, 1993; Sapon-Shevin, 1994; *Journal for the Education of the Gifted, 19*(2) 참조). 그런데 우리를 불편하게 하는 것은 특정 논쟁들만이 아니다. 오히려 비판에 대해 제시한 반박이 논쟁을 전혀 끝내지 못한다는 사실이다.

우리는 이러한 복잡한 상황이 지속되는 것이 각각의 탐구방식이 서로 조화될 수 없기 때문이라고 생각한다. 하나의 사고 체계를 지지하는 사람들은 다른 탐구방식이 제시하는 논의나 증거들을 선뜻 받아들일 수가 없다. 그 이유는 각각의 탐구방식이 세상을 저마다 다른 방법으로 바라보기 때문이다. 각 방식의 근본 신념은 다른 신념들과 섞이는 것을 불가능하게 한다. 전통적으로 우리가 사용한 중립적 전문 언어는 분열을 가려 주고, 서로 반대되는 사고방식들을 하나로 모으는 것이 가능할 것처럼 보이게 만든다. 표면적으로는 우리가 같은 말을 하는 것 같지만 깊은 단계로 들어가 보면 서로 다른 생각을 갖고 있다. 한 탐구방식에 가해진 비판을 다른 탐구방식에 걸맞은 해결책과 연결시킬 수 있다는 사실은 부조화를 더더욱 가려 버린다. 그 결과로 상황은 여전히 혼란스럽고 미결 상태로 남게 된다.

사 례

우리의 시각과 모순되는 입장을 수용한 사례가 『Exceptional Children』(Patton, 1992)에 실린 한 논문에 나와 있다. 그 논문은 영재교육계의 고질적인 문제를 다룬 사려 깊은 연구로서, 인구 크기에 비해 불균형적으로 적은 수의 학생만이 영재로 판별되는 아프리카계 미국인 아동들에 관한 것이다. 이론적으로 이 논문은 여러 가지 탐구방식에 의존하고 있다. 우리는 이 논문을 다양한 탐구방식에 소속된 요소들을 혼합시킨 모형으로 해석하였다.

많은 논점들이 이 논문에서 전개되었지만, 우리의 주장을 설명하기 위해 몇 가지 논점만을 선택하였다. 우리는 우리의 선택성을 인정하며, 거론된 사안들에 대한 우리의 관점이 논문의 저자와 일치하는 것은 아니라는 사실을 독자가 분명히 이해하기 바란다. 우리의 유일한 목적은 논문 저자의 주장과 그의 주장에 대한 우리의 동의가 탐구방식의 혼합으로 손상을 입었다는 개념을 제시하려는 것이다. 다음의 논점들을 살펴보자.

1. 보편적인 정의는 가능하다. 그리고 문화적으로 의미 있는 정의가 가장 타당하다.
2. 객관적인 측정은 가능하며, 유용하고, 바람직한 것이다. 그리고 문화적으로 의미 있는 객관적 형태의 측정이 가장 타당하다.
3. 올바른 평가도구와 절차의 개발은 영재성이 있고 재능 있는 소수 민족 아동을 판별해 내는 것과 관련된 문제를 반드시 완화시켜 줄 것이며 어쩌면 완전히 제거할 수도 있다.

위의 논점에서 탐구방식들은 어떻게 혼합되어 있는가? 각각의 논점은 그 논점이 내포하는 모순을 보여 주기 위해 고찰될 것이다. 경험–분석적 방식은 1번과 2번 논점의 첫 문장만을 수용한다. 1, 2번 논점의 두 번째 문장은 해석적이고 비판적인 탐구방식으로 옮겨가고 있는데, 해석론자들이 주장하는 문화적으로 의미 있는 정의는 영재성의 보편적인 정의와 보편적인 측정 형태를 불가능하게 만들기 때문이다. 이 논점들은 경험–분석적 방식과 해석적 방식은 사용하지만 문화 안에서 권력자들이 자신들을 재생산하기 위해 영재성의 정의와 측정을 이용한다는 변화적 방법론의 주장은 피하고 있는 것 같다. 경험–분석론자들과 해석론자들은 위의 논점들처럼 두 가지 방식을 동시에 따를 수는 없다고 주장할 것이다. 즉, 정의의 상대성을 주장함과 동시에, 사실을 알 수 있는 유일한 방법은 객관적인 실재를 드러내는 측정을 통하는 것이라는(경험–분석적 방식의) 개념을 따를 수 없다는 말이다.

두 가지는 서로 양립할 수 없다. 좋은 평가 장치의 개발에 관한 3번 논점이 문제는 해결할 수도 있겠지만, 1번, 2번 논점과 동일한 어려움에 마주친다. 경험-분석적 방식을 따르는 사람들은 측정을 통해 진정으로 재능 있는 아동을 발견할 수 있다는 점에서 3번 논점을 지지할 것이다. 해석적 방식과 변화적 방식을 고수하는 사람들은 좋은 평가 장치의 개발이란 불가능하다고 주장할 것이다. 해석적 방식의 지지자들은 적절한 측정방식을 개발하기 위해서는 많은 이해당사자들 사이에 합의를 이루는 것이 필요하다고 단언한다. 다문화 집단(이해당사자)의 다양성을 감안할 때, 합의에 도달할 수 있는 확률은 얼마나 될까? 변화적 방법론자들은 만약 합의가 도출된다면, 그 합의는 다른 사람들을 희생시켜서 사회 기득권층의 이익을 반영하는 것이라고 주장할 것이다.

결론적으로, 이제까지 우리는 완벽하게 가능할 듯 보이는 문구 안에 사실은 상호 조화가 불가능한 요소들이 담겨 있다는 것을 보여 주고자 노력하였다. 이렇듯 해결책처럼 보이는 것이 사실상, 경쟁 관계에 있는 탐구방식에 대한 어느 쪽의 지지자들도 만족시키지 못하고 있다.

영재교육에 대한 함의

이것은 좋은 소식이자 나쁜 소식이다. 나쁜 소식은 우리가 일정한 탐구방식을 따르는 사람들이 제기한 비판에 대해서 그들과는 다른 탐구방식의 용어나 토대를 사용하여 답변할 수 없다는 것이다. 이것은 우리가 동일한 분야에 존재하는 서로 다른 견해들을 받아들이는 것을 배워야 함을 의미한다. 좋은 소식은 이러한 미해결의 상황 때문에 영재교육이 무엇이며 앞으로 무엇이 될 수 있는가에 대한 보다 큰 이해를 불러올 수 있다는 것이다.

영재교육계는 영재교육의 실제가 복잡하며 표현되지 않은 탐구방식의 존재로 한층 더 복잡해졌음을 인지해야 할 필요가 있다. 이러한 탐구방식들은 우리가 하는 것을 바라볼 수 있게 새로운 방식을 제공하고, 무엇이 영재성을 구성하며, 영재성은 어떠해야 하며, 영재 프로그램들은 어떻게 조직되어야 하는가에 대한 포괄적인 개념을 개발하는 데 장애가 되는 것들을 제시해 준다. 또한 이러한 탐구방식들은 영재성에 대한 통합된 개념이 불가능하다는 사실을 보여 준다.

영재교육계에 의견 차이가 존재한다는 사실을 인정하는 것이 우리의 어려움을 없애 주지는 않는다. 지금까지 우리는 영재교육계의 몇몇 문제들이 순환성(circularity) 때문에 한 가지 탐구방식 내에서는 해결될 수 없음을 설명하기 위해 노력하였다. 또한 탐구방식의 체계 속에서는 해결될 수 없는 사안들이 있다는 사실도 지적하였다. 우리가 할 수 있는 한 가지는 패러다임의 다양한 성향들을 인정하고, 연구를 수행하는 토대로서 그 성향을 사용하는 것이다. 각각의 관점을 지지하는 증거들이 축적됨에 따라, 우리는 보다 완전한 개념의 영재성이 형성되기 위해 필요한 조건들을 창조할 수도 있을 것이다.

참고문헌

Borland, J. H. (1990). Post positivistic inquiry: Implications of the "New Philosophy of Science" for the field of the education of the gifted. *Gifted Child Quarterly, 34,* 61-67.

Bourdieu, P. (1994). Structures, habitus, power: Basis for a theory of symbolic power. In Dirks, N., Eley, G., & Ortner, S. (Eds.), *Culture/Power/History: A reader in contemporary, social theory.* (pp. 155-199). Princeton, NJ: Princeton University Press.

Coleman, L. J., Cross, T. L., & Sanders, M. (1992, November). *Alternative inquiry in education: Hey can you paradigm?* Paper presented at the National Association for Gifted Childen Conference. Los Angeles, CA.

Coleman, L. J., Sanders, M., & Cross, T. L. (1991, November). *Theory development and inquiry: How are they connected?* Paper presented at the National Association for Gifted Children Conference, Kansas City, MO.

Gallagher, J. J., & Gallagher, S. A. (1994). *Teaching the gifted child* (4th ed.). New York: Allyn and Bacon.

Getzels, J., & Dillon, J. T. (1973). The nature of giftedness and the education of the gifted. In R. M. W. Travers (Ed.), *Second handbook of research on teaching* (pp. 689-731). Chicago: Rand McNally.

Guba, E. (Ed.). (1990). *The paradigm dialogue.* Newbury Park, CA: Sage.

Hoyningen-Huene, P. (1993). *Reconstructing scientific revolutions: Thomas S. Kuhn's philosophy of science.* Chicago: University of Chicago Press.

Kuhn, T. S. (1962). *The structure of scientific revolutions.* Chicago: University of Chicago, 2nd ed. 1970.

Margolin, L. (1993). Goodness personified: The emergence of gifted children. *Social problems, 40,* 510-532.

Patton, J. M. (1992). Assessment and identification of African-American learners with gifts and talents. *Exceptional Children, 59,* 150-159.

Popkewitz, T. (1984). *Paradigm and ideology in educational research: The social functions of the intellectual.* London: Falmer:

Rogers, R. (1989). A content analysis of the literature of giftedness. *Journal for the Education of the Gifted, 13,* 78-88.

Sapon-Shevin, M. (1994). *Playing favorites: Gifted education and the disruption of community.* Albany: State University of New York Press.

Shore, B., Cornell, D., Robinson, A., & Ward, V. (1991). *Recommended practices in gifted education.* New York: Teachers College Press.

Skrtic, T. (1991). The special education paradox: Equity as the way to excellence. *Harvard Educational Review, 61,* 1991.

중학교, 협력학습, 영재교육을 대표하는 교육자들의 교육개혁에 대한 견해들[1]

James J. Gallagher, Mary Ruth Coleman, Susanne Nelson
(University of North Carolina at Chapel Hill)

본 논문은 영재학생을 가르치는 교육자들의 견해와, 중학교에서 일반교육을 담당하는 교육자들과 협력학습 전문 교육자들의 견해를 비교하기 위해 실시된 두 가지 조사결과를 다루고 있다. 조사결과는 일반교육 교사들과 영재교육 교사들 사이에 커다란 의견 차이가 있음을 보여 준다. 중학교의 경우, 능력별 집단편성이 지니는 가치와 영재로 분류됨으로써 직면하는 사회적 결과에 대해 견해 차이가 있었다. 협력학습의 경우, 전반적으로 거의 모든 항목에 대해 큰 의견 차이가 있었다.
필자들은 영재교육자와 교육개혁운동 추진자 사이에 보다 광범위하고 다방면에 걸친 대화를 갖는 것이 관련 당사자들에게 유익하다는 결론을 내렸다.

지난 몇 년간 이루어진 교육 구조개편 및 개혁운동은 미국 교육의 주요한 변화를 대표하는 것으로 보인다(Fullan, 1993). 공공정책 입안자들과 대중 전

---

1) 편저자 주: Gallagher, J. J., Coleman, M. R., & Nelson, S. (1995). Perceptions of educational reform by educators representing middle schools, cooperative learning, and gifted education. *Gifted Child Quarterly, 39*(2), 66-76. ⓒ 1995 National Association for Gifted Children. 필자 승인 후 재인쇄.

반에 퍼져 있던 학교 체제의 대대적인 변화에 대한 전체적 갈망에 기초하여 폭넓은 국민의 지지를 받은 이 운동은 현재 미국 교육이라는 기업을 공격하고 있다(*America 2000*, 1992; *Goals 2000*, 1994). 미국의 교육은 실패하였고, 많은 학생들이 모든 수준에서 그저그런 교육을 받고 있다는 믿음이 널리 퍼져 있다.

그런데 현재까지 이뤄진 교육개혁의 노력 중 한 가지 인상적인 특징은 영재교육자들의 의견이 거의 포함되지 않았다는 점이다. 그 주제가 어떤 것이든—중학교든지, 협력학습이든지, 혹은 진 평가(authentic assessment)나 산출물 기반(outcome-based)의 교육이든지, 아니면 국가적 표준의 정립이나 현장 기반의 관리든지—미국의 교육을 크게 바꾸어 놓을 수도 있는 중요한 의사결정의 자리에 참석할 수 있는 기회가 영재교육자들에게는 거의 주어지지 않았다. 이와 동시에 우리의 가장 재능 있고 우수한 학생들이 도전의 부재와 낮은 기대치 때문에 현재의 교육 상황에 의해 부정적인 영향을 받고 있다는 명백한 경고도 있었다. Riley 교육부장관은 이러한 상황을 일컬어 '조용한 위기'라는 발언을 하였다(Ross, 1993에 인용됨).

영재교육 교육자들의 교육개혁운동 참여 부진은 여러 가지 의문점들을 야기한다. 그중에서 한 가지 중요한 질문은 "현재의 개혁운동에 대한 영재교육자들의 의견은 일반교육자들의 의견과 어느 정도 비슷한가? 이 논문의 목적은 중학교의 개혁운동과 협력학습, 그리고 영재교육을 대표하는 교육자들이 교육개혁운동에 대해 저마다 가지고 있는 의견들을 비교하는 것으로서, 그 이유는 이들의 의견이 영재교육에 영향을 끼치기 때문이다.

우리는 생각이 행동을 낳는다는 사실을 알고 있다(Kelly, 1970 비교). 또한 하나의 문제를 둘러싸고 집단 간에 커다란 의견 차이가 있다면, 그들 사이에 조화를 이끌어 내기가 어렵다는 사실도 알고 있다. 예를 들어, 만약 벽에 비친 그림자를 보고 도둑이 들었다고 생각한다면 우리는 곧 감지된 위험에 대처할 것이다. 만약 우리의 동료가 우리의 유익에 적으로 작용한다고 판단되면, 이에 따른 우리의 반응은 흔히 동료를 대하는 자세처럼 유쾌하고 긍정적

영재교육의 공공정책

이지는 않을 것이다. 반면, 상호 간에 동일한 의견을 갖고 있다면, 이는 서로 협력할 수 있는 출발점이 될 수 있을 것이다.

배 경

이 연구에서 비교의 토대를 형성하는 두 가지 개혁 분야는 중학교운동 (middle school movement)과 협력학습(cooperative learning)이다. 미국의 중학교는 대대적인 개혁의 대상으로 선정되었는데, 중학교운동이 시작된 시기는 현재의 개혁운동보다 앞서지만 지금은 개혁운동에 병합되었다. 본 연구에서 비교의 대상으로 협력학습을 선택한 이유는, 협력학습이 정의를 내릴수 있는 교육적 전략으로서 많은 학교 체제에서 운영되고 있기 때문이다.

중학교운동은 학교전체에 걸친 구조 변화를 의미하고, 협력학습은 교실 내부 전략을 강조하지만, 두 가지 모두 비슷한 변화를 추구한다. 중학교운동과 협력학습은 '이종간 집단편성(heterogeneous grouping)'이라는 특성을 지니며, 학문적이고 인지적인 수월성보다는 종종 사회적 행동양식을 강조

연구의 활용도

본 논문은 영재교육자들과 교육개혁운동 추진자들의 관계에 대해 몇 가지 의문을 제기한다. 영재교육자들이 교육계를 바라보는 시각과 중학교와 협력학습에 종사하는 사람들이 교육계를 바라보는 관점 사이에는 큰 차이가 있다. 중학교와 협력학습에 관련된 교육자 집단은 그들의 개혁 노력이 영재교육자들에 의한 특별한 프로그램을 제공하지 않고도 영재학생들의 필요를 충분히 다루고 있다고 생각한다. 그러나 그들의 생각이 잘못되었다 하더라도(본 논문의 저자들은 그들의 생각이 잘못되었다고 믿는다), 그들의 생각을 지지하는 곳에서는 영재 프로그램을 위한 지원을 제한하는 위험이 도사리고 있다. 따라서 영재교육자들은 교육개혁 추진자들과 보다 많은 대화를 통해서, 영재아동들이 갖는 특별한 필요를 강조하고, 또한 영재들의 교육적 필요를 저버리지 않으면서도 개혁운동의 긍정적인 측면들을 수용하는 방법에 대해 검토해야 한다.

하는 '형평성의 목적(equity goals)'을 중요시한다. 두 가지 접근법 모두 영재교육자들과 실질적 또는 잠재적인 갈등을 불러일으켰는데, 왜냐하면 영재교육자들은 탁월함이라는 교육적 목적을 강조하기 때문이다.

중학교   중학교운동은 대개 6~8학년 학생들을 위한 프로그램을 재구성하려는 시도를 의미한다. 중학교운동의 목적은 전통적인 중학교의 모습을 감성교육(affective education)과, 간학문적 교육과정(interdisciplinary curriculum), 팀을 이루어 가르치고 계획하기(team teaching and planning), 그리고 개인의 정체성 계발을 강조하는 새로운 교육환경과 프로그램으로 바꾸는 것이다(George, 1988; Lounsbury & Vars, 1978; Scales, 1992). 그런데 최근 몇몇 지도자들이 이종간 집단편성의 이점에 대해 강조하면서, 중학교운동은 영재교육자들을 우려하게 만드는 원인이 되었다. 이러한 이질적인 집단편성에 대한 강조는 차별화된 교육을 위해 영재들을(또한 특별한 아동들도) 별도로 분리하는 프로그램에 반대하는 정책을 야기해 왔다(Epstein & MacIver, 1990; George, 1998; Oakes, 1985; Sicola, 1990; Tomlinson, 1992).

협력학습   협력학습은 교육개혁운동 내부에서 인기 있는 교육 전략으로 떠올랐다. 변형된 형태가 많이 있긴 하지만, 일반적으로 협력학습은 학생들의 협력과 적극적인 학습, 참여를 강조한다(Johnson & Johnson, 1990; Kagan, 1990; Slavin, 1988). 협력학습을 활용하는 교사들은 학생들을 소규모 집단으로 나누어 함께 공부하고 공동 과제를 수행하게 한다. 협력학습에서는 집단 내부의 협동과, 팀원들과의 협력을 통하여 학습에 요구되는 다양한 기술들의 숙달을 강조한다. 중학교운동과 마찬가지로, 많은 협력학습의 지도자들 역시 소집단에서 다양한 학생들 간의 이종간 집단편성의 유용성에 대해 강력히 주장해 왔다. 이러한 주장에는 **모든** 학생들의 핵심적인 교육과정 욕구가 이종간 집단편성 전략을 통해 충족될 수 있다는 가정이 내포되어 있다(Allan, 1991; Oakes, 1992; Slavin, 1990). 그러나 이와 같은 가정이 초래한 하나의 부작용은 우등생 프로그램(honors programs)이나 영재학생들을 위한 다른 특별 프로그램들을 축소시켰다는 사실이다(Joyce, 1991; Slavin, 1990; Robinson, 1990).

문 제

본 연구에서 제기하는 질문은 "현재의 개혁운동이 영재학생들에게 미칠 영향력에 대해서, 영재교육계에 종사하는 사람들의 의견이 중학교 운동 및 협력학습을 실시하는 사람들의 의견과 어느 정도 비슷한가 또는 어느정도 다른가?"다.

연구방법

절 차

중학교 영재교육 종사자들과 중학교운동 추진자 집단을 비교하는 주된 도구는 유사한 방식으로 개발된 두 가지 설문조사를 실시하는 것이다. 우리는 중학교운동과 영재교육 분야에서 선발된 25명의 주요 인물들에게 개방형 질문지(open-ended questionnaire)를 보냈다. 질문지는 응답자들에게 중학교운동의 목적과 영재 프로그램의 목적을 융합시킬 때, 다루어야 할 다섯 가지 고려 영역에 대해 답변할 것을 요청하였다. 답변을 통해 여섯 가지의 중대한 사안들이 도출되었고, 이 사안들은 조사에서 개별적인 줄기 항목(stem item)들을 만들어 내는 토대가 되었다. 여섯 가지 사안은 다음과 같다. (a) 중등 영재들을 위한 집단편성 전략, (b) 중등 영재들을 위한 판별 전략, (c) 중등 영재들을 위한 교육과정의 변형, (d) 교사의 준비 필요성, (e) 프로그램 평가유형, (f) 중등 영재들이 갖는 사회적·정서적 필요 등이다.

우리는 이러한 사안들에 기초하여 작성한 설문지의 초안을 다시 응답자들에게 보내어 추가적 의견을 부탁하였다. 이 초안에는 기존의 여섯 가지 고려 영역을 반영하는 23개의 줄기 항목이 포함되었다. 설문조사 참여자들에게 각 항목별로 1(강력히 반대함)부터 4(강력히 찬성함)까지 리커드척도를 사용하여 응답해 줄 것을 요청하였다. 또한 의견이 없는 사람은 N(no opinion)을 선택하게 하였다. 설문조사의 첫 번째 부분인 23개 항목에 덧붙여, 두 번째 부분에서는 참여자들에게 여섯 가지의 고려 영역에 순위를 매기도록 요청하였는데, 먼저 여섯 가지 중 필수적인 세 개를 선택하여, 선택된 세 가지를 우선순위로 나열하도록 하였다. 설문조사의 세 번째 부분에서는 응답자의 의견을 자유롭게 표현해 줄 것을 요청하였다.

중학교 설문지에 실린 조사 항목의 예는 다음과 같다.

> '영재'라는 명칭을 얻게 되면 사회의 엘리트라는 느낌을 가질 수 있다. 교과목 학습을 위해 이종간 집단편성으로 집단에 배정된 영재학생들은 자신에 맞는 학습 속도대로 진도를 나가지 못할 수도 있다.
> 중학교 내의 영재들을 위해 고안된 현재의 프로그램들은 영재들뿐만 아니라 모든 학생들에게 유익할 수 있다.

협력학습　협력학습에 관한 설문내용도 중학교운동 설문내용과 유사한 절차를 따라 작성되었다. 20명의 저명한 협력학습 전문가와 영재교육 전문가에게 역시 개방형 질문지를 보냈다. 이들의 답변을 통해서 다음 여섯 가지의 중대 사안들이 대두되었다. (a) 교사 준비의 필요성, (b) 영재학생들에게 가장 적합한 협력학습의 형태는 무엇인가?, (c) 협력학습과 영재교육을 가장 잘 결합시킬 수 있는 방법은 무엇인가?, (d) 협력학습을 통한 영재학생의 학교에 대한 필요 및 정서적 필요의 충족, (e) 영재학생들의 협력학습을 평가하는 방법은 무엇인가?, (f) 협력학습 동안 능력별 집단편성의 활용 등이다.

위의 여섯 가지 사안들을 토대로 27개 항목의 질문지 초안이 작성되었고, 우리는 이 초안을 다시 20명의 응답자들에게 보내어 추가적인 의견을 물었다. 설문지는 응답자들이 장문의 의견도 기재할 수 있는 형식으로 마련되었

영재교육의 공공정책

다. 추가적인 수정을 거친 후 설문지가 완성되었다.

협력학습에 대한 설문조사를 위한 항목들은 다음의 예와 같다.

많은 영재학생들이 협력학습 집단에 참석하는 것을 통해서 자신의 지도력을 계발시킬 수 있다.

협력학습 집단에 참가하는 영재학생은 종종 '보조교사(junior teacher)'가 되어 다른 학생들을 가르쳐야 할 책임감을 느낀다.

협력학습은 교사들로 하여금 다양한 학생들이 모인 교실 안에서 모든 학생들을 효과적으로 교육할 수 있게 해 주는 전략이다.

표 본

우리는 중학교와 협력학습, 그리고 영재교육의 각 분야의 주요 전문 단체에 소속된 회원들의 명단을 입수하였다. 그리고 각각의 명부에서 무작위로 100명의 이름을 선택하였다. 중학교의 경우에는 전국중학교협회(The National Middle Schools Association)와 감독 및 교육과정 개발 중학교 네트워크협회(The Association for Supervision and Curriculum Development Middle Schools Network)를 이용하였다. 그리고 협력학습을 위해서는 국제협력학습연구협회(The International Association for the Study of Cooperative Learning: IASCL)와 감독 및 교육과정 개발을 위한 협력학습 네트워크협회(The Cooperative Learning Network of the Association for Supervision and Curriculum Development)가 사용되었다.

각각의 비교를 위해 영재협회(The Association for the Gifted: TAG, Council for Exceptional Children의 한 분과)과 미국영재학회(The National Association for Gifted Children: NAGC)의 회원 명부를 통해 영재교육자들의 명단을 확보하였다. 그리고 중학교와 협력학습의 비교를 위해 위의 두 영재단체 회원 명부로부터 별도의 표본을 선발하였다. 그래서 각각의 연구를 위해 400통의 설문지가 발송되었다.

설문조사에 대한 회신율은 높았다. 중학교 설문조사에서는 84% 이상이 회신하였고, 협력학습 조사에서는 75%가 회신하였다. 이렇게 높은 비율은 연구 주제에 대한 강한 관심을 반영하는 것일 수도 있다. 회신율이 높았던 또 다른 이유는 발송자 앞으로 발신용 봉투를 제공하였던 것과 참여를 촉진하기 위해 후속 편지를 보냈기 때문으로 해석된다. 응답자의 50% 이상이 설문지에 제시된 사안들에 대해 자신의 의견을 제시하였다.

자료 분석

설문 항목들에 대한 답변은 내부적 일관성을 위해 Cronbach 알파계수를 사용하여 항목 클러스터(item cluster)에 의해 확인되었다. 이렇게 분석한 결과, 몇몇 추가적인 클러스터들이 개설되었고, 결과는 그대로 보고될 것이다. 집단 간의 응답을 비교하고 분석하는 방식으로 처음에는 '다변량분산분석(MANOVA)'이 고려되었다. 그러나 이 방법 대신 '효과크기 통계법(effect size statistic)'이 채택되었다. 효과크기 통계법은 다변량분산분석에 비해 큰 표본 간의 차이를 보다 정확하게 기술한다(Cohen, 1988). 효과크기는 집단 평균들(group means)의 차이를 총집단 표준편차로 나눔으로써 결정된다. 효과크기가 .80이면 큰 편이고, .50이면 중간이며, .20이면 최소한의 영향을 의미한다.

연구결과

중학교/영재 비교

175명의 영재교육자들과 147명의 중학교 교육자들의 설문지 응답으로부터 계산된 내용은 [그림 4-1]에 효과크기 순서별로 제시되어 있다. 전반적으로 높은 효과크기는 두 집단의 교육자들 사이에 태도 및 의견 차이가 상당히

영재교육의 공공정책

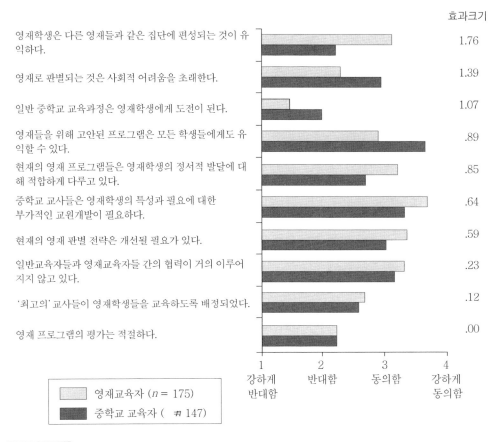

효과크기

영재학생은 다른 영재들과 같은 집단에 편성되는 것이 유익하다.   1.76

영재로 판별되는 것은 사회적 어려움을 초래한다.   1.39

일반 중학교 교육과정은 영재학생에게 도전이 된다.   1.07

영재들을 위해 고안된 프로그램은 모든 학생들에게도 유익할 수 있다.   .89

현재의 영재 프로그램들은 영재학생의 정서적 발달에 대해 적합하게 다루고 있다.   .85

중학교 교사들은 영재학생의 특성과 필요에 대한 부가적인 교원개발이 필요하다.   .64

현재의 영재 판별 전략은 개선될 필요가 있다.   .59

일반교육자들과 영재교육자들 간의 협력이 거의 이루어지지 않고 있다.   .23

'최고의' 교사들이 영재학생들을 교육하도록 배정되었다.   .12

영재 프로그램의 평가는 적절하다.   .00

```
1          2          3          4
강하게      반대함      동의함      강하게
반대함                            동의함
```

영재교육자 (*n* = 175)
중학교 교육자 (＃ 147)

[그림 4-1] 설문조사 클러스터에 대한 영재 및 중학교 교육자들의 평균적인 답변
비교

컸음을 뜻한다. 그러나 대부분의 경우에서 두 집단 간의 의견 차이는 전적인 불일치라기보다는 감정의 강도(intensity)의 차이였다. 예를 들어, '일반 교육과정이 영재학생들에게 도전이 된다.'라는 진술을 반영하는 클러스터를 보면, 두 집단 모두 평균적으로 이 생각에 동의하지 않지만, 두 집단 간의 효과크기는 여전히 크게 나타났다. 이것은 영재교육자들이 중학교 교육자들보다 더욱더 열정적으로 이 생각에 반대하였음을 나타낸다.

그러나 두 집단 간에 분명한 불일치가 존재하는 두 가지의 영역이 있다.

이것들은 '영재학생은 다른 영재들과 같은 집단에 편성되는 것이 유익하다'에 대한 클러스터에 반영되어 있다. [그림 4-1]에서 나타난 것처럼 중학교 교육자들은 평균적으로 '영재학생은 다른 영재들과 같은 집단에 편성되는 것이 유익하다'는 진술에 동의하지 않았지만, 영재교육자들은 이 주장에 대해 중학교 교육자들과는 큰 차이로 동의하였다. 이외에도 '영재로 판별되는 것은 사회적 어려움을 초래한다.'라는 진술에 대해서도 두 집단 간에 상당한 의견차가 나타났다. 영재교육자들은 영재 판별이 학생에게 사회적 어려움을 겪게 한다고 믿지 않았다. 그러나 중학교 교육자들은 그 진술에 동의하였다. [그림 4-1]에 있는 각각의 클러스터 집단에 대한 논의는 설문조사 분석에 도움이 될 것이다.

클러스터 항목 반응

1. **영재학생은 다른 영재들과 같은 집단에 편성되는 것이 유익하다.** 이 클러스터는 영재학생들이 이종 집단(heterogeneous group)에서 교육받아야 하는가, 동종 집단(homogenous group)에서 교육받아야 하는가에 대한 문제를 다룬다. 두 집단의 교육자들은 이 문제에서 가장 큰 불일치를 보였다. 중학교 교육자들은 영재학생들에게 능력별 집단편성이 도움을 주지 못할 수도 있다고 생각하는 반면, 영재 집단 교육자들은 영재학습자들의 필요를 충족시키는 데 능력별 집단편성이 중요하다고 생각하였다. 이 문제에서 효과크기 1.76은 두 교육자 집단의 의견은 분명하게 분리된다는 것을 뜻한다.

2. **영재로 판별되는 것은 사회적 어려움을 초래한다.** 중학교 교육자들은 전반적으로 이 주장에 동의하였다. 그들은 '영재'라는 꼬리표와 이에 동반하는 특별 프로그램들이 종종 영재학생들에게 사회 적응의 문제를 야기한다고 여겼다. 그러나 영재교육자들은 전반적으로 이 주장에 반대하였다. 이들은 '영재성'이 반드시 사회성의 계발을 저해한다고는 볼 수 없으며, 오히려 영재라는 꼬리표와 그에 따라 제공되는 서비스는 영재들의 사회 적응을 도

영재교육의 공공정책

와줄 수 있다고 느낀다. 효과크기 1.39는 두 집단의 태도에 커다란 차이가 있음을 나타낸다.

3. **일반 중학교 교육과정은 영재학생에게 도전이 된다.** 이 항목은 일반 중학교의 교육과정이 영재학생들의 필요를 만족시킬 수 있는가 없는가의 문제를 다루고 있다. 두 집단 모두 표준 교육과정이 영재들에게 도전이 되지 못한다고 느꼈다. 그러나 의견의 강도는 집단별로 달랐다. 중학교 교육자들도 이 주장에 반대하였지만, 영재 교육자들은 보다 강력히 반대하였다. 효과크기가 1.07인 것으로 보아 강도상의 차이가 중요한 듯하다.

4. **영재들을 위해 고안된 프로그램은 모든 학생에게 유익할 수도 있다.** 중학교 교육자들은 이 말에 강력하게 동의하였으나 영재교육자들은 가벼운 동의만을 표하였다. 영재교육자들은 영재학생들을 위해 고안된 프로그램의 구성요소들이 어느 정도까지는 일반학생들에게도 유익할 것으로 느꼈다. 효과크기 .89는 두 집단의 교육자들이 이 진술에 대해 동의하는 강도의 정도가 달랐음을 보여 준다.

5. **현재의 영재 프로그램들은 영재학생들의 정서적 발달에 대해 적합하게 다루고 있다.** 이 항목은 중학교에 다니는 영재들이 갖는 정서적 필요들에 대해 충분한 지원과 지도가 제공되고 있는지에 대해서 다루었다. 중학교 교육자들과 영재교육자들 모두 위의 진술에 대해 동의하였다. 그러나 영재학생들을 가르치는 교사들은 보다 강한 동의를 보였다. 그들은 영재들을 위한 프로그램들이 학생들의 정서적 필요를 잘 다루고 있으며, 그러한 특별 프로그램들에는 학생들의 감성 계발에 대한 충분한 사회적 지원과 관심이 담겼다는 것에 강하게 동의하였다. 효과크기가 .85로 크게 나타난 것은 두 집단이 느끼는 강도가 달랐음을 의미한다.

6. **중학교 교사들은 영재학생의 특성과 필요에 대한 부가적인 교원 개발(staff development)이 필요하다.** 이 항목은 중학생을 가르치는 교사들이

영재들의 필요를 충족시켜 줄 만큼 충분한 준비가 되어 있는가에 대해 다루고 있다. 이 항목에서 감지된 것은 교사들이 자신의 학급에 있는 영재들의 필요를 충족시키기 위해서 부가적인 교원 개발 및 지원을 필요로 한다는 사실이다. 두 집단의 교사들 모두 이 주제에 대해 동의하였는데, 영재교사들이 더욱 강하게 동의하였다. 효과크기 .64는 두 교육자 집단이 동의하는 강도의 격차가 보통 수준임을 나타낸다. 이 분야는 두 집단 모두가 우려하는 것으로서 어쩌면 장래에 협력해야 할 분야가 될 수도 있다.

7. **현재의 영재 판별 전략은 개선될 필요가 있다.** 이 클러스터는 두 가지 문제를 다루고 있다. 현재의 전략으로는 자신의 능력 이하의 성적을 얻는 학생들을 알아내지 못한다는 문제점과 합당한 서비스의 제공을 담보하기 위한 학생 판별에 대한 필요의 문제다. 이 분야에서는 전반적인 동의가 이루어졌다. 그런데 초점은 집단별로 약간 달랐다. 중학교 교육자들은 현재의 영재 판별 전략이 많은 학생들을 간과한다고 느끼는 반면, 영재교육자들은 영재들에게 알맞은 서비스를 확보하기 위한 목적으로서의 영재 판별의 필요에 관심을 기울였다. 효과크기는 중간 수준인 .59인데, 이는 두 집단이 이 문제에 대해서 약간 다른 관점을 갖고 있음을 보여 준다.

8. **교육과정 개발에서 일반교육자들과 영재교육자들 간의 협력이 거의 이루어지지 않고 있다.** 간학문적 교육에 대한 중학교의 철학적인 강조와 교육과정 내에서의 사고전략의 포함이 주어질 때, 이 주제는 특별히 중요하다고 할 수 있다. 위의 두 가지 영역 모두 영재들을 위한 차별화된 교육과정을 기획할 때, 광범위하게 사용되어 왔다. 두 집단 모두 협력이 거의 이루어지지 않은 점에 대해 동의하였다. 효과크기 .23은 이 사안에 대해 두 집단이 비슷하게 느끼고 있음을 보여 준다. 게다가, 두 집단 모두 상호 협력하는 것이 서로에게 유익할 것으로 느끼고 있는 듯하다.

9. **'최고의' 교사들이 영재학생들을 교육하도록 배정되었다.** 이 항목을 포

함한 이유는 때때로 이러한 불만이 들리기 때문이다. 그런데 두 교육자 집단의 응답은 동의도 반대도 아닌 것으로 나타났다. 두 집단 모두 평균적으로 '의견 없음'으로 답변하였는데, 영재교육을 포함한 모든 교육 분야에 우수한 교사와 그렇지 못한 교사가 함께 존재한다는 의견을 반영한다. 효과크기 .12는 이 항목에서 두 집단 간에 별다른 의견 차이가 없음을 의미한다.

10. 영재 프로그램의 평가는 적절하다. 이 항목은 특별한 집단의 학생들을 위한 프로그램 평가에 대한 것이다. 중학교 교육자들과 영재교육자들 모두 이 진술에 대해 반대 의견을 표하며, 프로그램 평가는 주의가 요구되는 영역임을 나타냈다. 이 클러스터에서 두 집단 간에 차이는 없었다(효과크기 0).

〈표 4-1〉에는 중학교 설문조사에 참여한 응답자들이 자발적으로 제공한 몇몇 의견들의 표본이 기록되어 있다. 여러 가지 면에서 준비 없이 즉흥적으로 답변되었던 의견들은 설문조사의 사안들과 비슷하였다. 입장의 변화를 나타내는 의견들도 있었다. 예를 들어, 몇몇 중학교 교육자들은 영재학생들이 갖는 특별한 필요에 대해 분명하게 인식하고 있었고, 어떤 영재교육자들은 중학교가 갖는 몇 가지 우수한 자질에 반응을 보였다(〈표 4-1〉 참조, pp. 139-142).

중학교 교육자들에 대한 설문조사 결과, 발견할 수 있었던 전반적인 내용은 두 집단의 교육자들이 영재들을 위한 중학교 프로그램을 바라보는 시각에 분명한 차이가 존재하고 있다는 사실이다. 특별히 큰 차이를 보였던 사안은 능력별 집단편성이었는데, 이 부분에 대해서는 두 집단 간에 견해 차이를 좁히는 의사결정이 필요하다고 생각한다. 이러한 두 집단 간의 의견 차이를 감안할 때, 본 연구자들이 실시한 중학교의 철학을 능력별 집단편성과 성공적으로 결합시켰던 학교들에 대한 사례연구는 참으로 중요하다고 할 수 있다(Coleman, Gallagher, & Howard, 1993).

협력학습/영재 비교

중학교/영재 비교에서 사용되었던 방식과 마찬가지로, 클러스터 내부의 일관성을 기하기 위해 각 클러스터별로 Cronbach 알파계수를 계산하였다. 능력별 집단편성에 대한 클러스터를 제외하고, 모든 클러스터들은 .51에서 .80 범위에 해당되는 알파계수를 얻었다. 그래서 집단편성 클러스터의 줄기 진술문들(stem statements)은 개별 항목으로 보고되었다. [그림 4-2]는 각각의 항목 클러스터(item cluster)나 항목(item)에 대한 효과크기를 보여 준다.

클러스터 항목 답변

[그림 4-2]의 클러스터들은 능력별 집단편성에 대한 단일 항목 진술문 (single item statements)만 제외하고 효과크기에 따라 배열되어 있다. 각각의 클러스터들은 개별적으로 논의될 것이다.

1. **협력학습에 사용되는 교육과정이 영재학생들에게는 충분한 도전이 되지 않는다.** 이 클러스터가 특별히 비판하는 것은 협력학습 활동을 위해 선택된 과제들이 그 활동에 참여하는 영재학생들에게는 너무 쉬울 수도 있다는 점이다. 효과크기 1.68은 두 집단 간에 상당한 의견 차이가 있음을 나타낸다. 영재교육자들은 이 부정적인 진술문에 동의하였고, 협력학습에 관련된 교육자들은 협력학습이 영재들에게 도전이 되지 못한다는 의견을 받아들이지 않았다.

2. **협력학습이 영재들에게 어떻게 작용하는가에 대한 평가는 거의 이루어지지 않았다.** 영재교육자 집단은 협력학습이 영재들에게 어떻게 작용한다는 증거는 거의 없다는 생각에 동의하였으나 협력학습 집단은 이에 대해 강하게 반대하였다. 효과크기 역시 1.53으로 크게 나타나서 두 집단 간에 강한 의견상의 차이가 있음을 보여 준다. 다른 클러스터들에도 해당되겠지만, 이 클러스터에서 답변자들의 응답은 사실이나 객관적 자료를 반영한다기보다는 감정적인 헌신도를 나타내는 것으로 보인다. 자신들의 관점을 뒷받침해

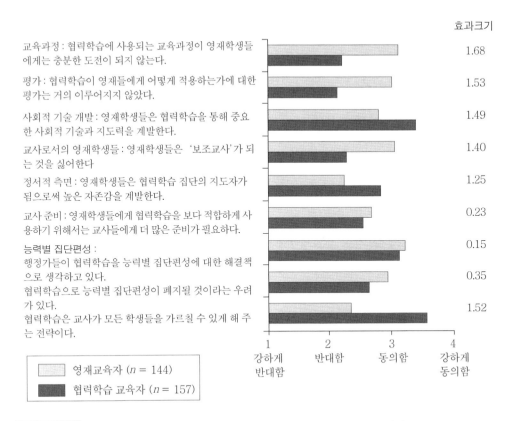

효과크기

교육과정 : 협력학습에 사용되는 교육과정이 영재학생들에게는 충분한 도전이 되지 않는다. 1.68

평가 : 협력학습이 영재들에게 어떻게 적용하는가에 대한 평가는 거의 이루어지지 않았다. 1.53

사회적 기술 개발 : 영재학생들은 협력학습을 통해 중요한 사회적 기술과 지도력을 계발한다. 1.49

교사로서의 영재학생들 : 영재학생들은 '보조교사'가 되는 것을 싫어한다 1.40

정서적 측면 : 영재학생들은 협력학습 집단의 지도자가 됨으로써 높은 자존감을 계발한다. 1.25

교사 준비 : 영재학생들에게 협력학습을 보다 적합하게 사용하기 위해서는 교사들에게 더 많은 준비가 필요하다. 0.23

능력별 집단편성 :
행정가들이 협력학습을 능력별 집단편성에 대한 해결책으로 생각하고 있다. 0.15

협력학습으로 능력별 집단편성이 폐지될 것이라는 우려가 있다. 0.35

협력학습은 교사가 모든 학생들을 가르칠 수 있게 해 주는 전략이다. 1.52

	1	2	3	4
	강하게 반대함	반대함	동의함	강하게 동의함

영재교육자 (n = 144)
협력학습 교육자 (n = 157)

[그림 4-2] 협력학습 집단과 영재교육자 집단의 항목 클러스터에 대한 답변

주는 연구 문헌과 같은 확실한 정보를 가진 사람이 두 집단 모두에 거의 없었을 것이다.

3. **영재학생들은 협력학습을 통해 중요한 사회적 기술과 지도력을 계발한다.** 협력학습 집단은 이 클러스터의 주제에 대해서 매우 강하게 동의하였으나, 영재교육자 집단은 그렇지 않았다. 두 집단을 분리해 놓은 상당히 높은 효과크기인 1.49는 위와 같은 이유에서 비롯한다. 많은 협력학습 프로그램들이 사회적 기술 계발을 매우 강조하고 있다는 사실을 생각할 때, 이 항목에 대한 영재교육자 집단의 부정적인 반응은 더욱 중요하다 하겠다.

4. **영재학생들은 '보조교사'가 되는 것을 싫어한다.** 이 진술에 대한 영재교육자들의 강력한 동의는 소규모 집단학습 시간에 가끔씩 영재학생들이 맡게 되는 역할에 대해서 영재교육자들이 공통적으로 관찰한 내용을 보여 준다. 그러나 협력학습 집단은 전반적으로 이 생각에 반대하였다. 이 항목에 대한 두 집단의 응답 내용을 ─ 높게 나타난 효과크기 ─ 보면, 두 집단은 '협력학습'이라는 개념에 대한 일반화된 반응을 보이는 것 같다. 다시 말해서, 협력학습 집단은 어떠한 상황에서든지 협력학습에 대한 긍정적인 면을 보는 반면, 영재교육자 집단은 환경에 상관없이 협력학습의 부정적인 면만 보는 것 같다.

5. **영재학생들은 협력학습 집단의 지도자가 됨으로써 높은 자존감을 계발한다.** 협력학습 관계자들은 협력학습의 좋은 점만을 보고, 영재교육자들은 부정적인 면만을 본다는 위의 가정을 고려할 때, 5번 항목에 대한 응답 결과가 놀라운 일은 아니다. 협력학습 집단은 영재들이 협력학습 상황으로부터 얻을 수 있는 높은 자존감이라는 긍정적인 결과에 동의하였으나, 영재교육자 집단은 동의하지 않았다. 역시 효과크기도 1.25로 매우 높게 나타난 것을 알 수 있다.

6. **영재학생들에게 협력학습을 보다 적합하게 사용하기 위해서는 교사들에게 더 많은 준비가 필요하다.** 아마도 이 항목에 대한 두 집단의 의견 차이가 가장 큰 것으로 보인다. 협력학습 집단은 6번 항목에서 가장 강한 긍정적인 반응을 보였다. 그러나 영재교육자 집단은 이 주장을 받아들이지 않았다. 이와 같은 불일치는 아마도 두 집단 간에 화해를 이루는 데 가장 큰 어려움인 것 같다. 협력학습 교육자들은 자신들의 전략이 영재학생의 필요를 만족시켜 줄 수 있을 것이라고 믿는 것 같지만, 영재교육자들은 교육과정에 협력학습 이외에도 무언가 특별한 것이 더 있어야 한다고 믿고 있다.

7. **다른 항목들** 효과크기가 .35거나 그보다 적은 항목이나 클러스터들도 있다. .35 이하는 두 집단 사이에 상당한 동의가 이루어졌음을 보여 준다.

두 집단 모두 영재들을 가르치는 교사들이 협력학습에서 보다 더 준비될 필요가 있다는 점에 대해 동의하였다. 또한 행정가들이 협력학습을 능력별 집단편성에 대한 해결책으로 생각한다는 것에 대해서도 동의하였다(비록 두 집단이 '해결책'에 대해 어떻게 생각하는가는 다를 수도 있지만). 그리고 두 집단은 행정가가 협력학습 전략으로 영재학생들의 필요가 충족되고 있다고 주장하면서 영재들을 위한 특별 프로그램의 감축이나 폐지를 허락하여 논쟁의 궁지에서 벗어날 수 있다는 점에 대해서도 동의하였다. 그들은 협력학습으로 능력별 집단편성이 폐지될 수도 있다는 생각에도 동의하였는데, 사실이 문제는 영재교육자 집단이 가장 우려하는 사안이다.

자유로운 의견들

숫자로 자신의 의견을 나타내야 하는 응답 방식이 갖는 문제점은 응답자가 자신의 현재 태도에 대한 정보는 주지만, 왜 그러한 태도를 갖는지에 대한 이유나 태도에 어떤 변화가 있었는가에 대한 정보를 줄 수는 없다. 그렇기 때문에 응답자들이 즉흥적으로 자유롭게 제시한 의견들을 고찰하는 것이 매우 중요하다. 자유롭게 제시된 의견들은 질문된 사안들에 대해 다소 복잡한 사고의 유형들을 보여 준다.

이러한 의견들의 몇 가지 예가 〈표 4-2〉에 제시되어 있다. 응답자들이 제공한 의견들을 보면, 교육개혁운동에 관련된 교육자들이 영재학생들의 필요에 대해 꼭 무감각하였던 것만은 아니며, 영재교육자들도 많은 경우 개혁운동에 상응하였음을 알 수 있다(Gallagher, Coleman, & Nelson, 1993; Nelson, Gallagher, & Coleman, 1993)(〈표 4-2〉 참조, pp. 142-145).

응답자들이 제시한 의견들을 기초로 까다로운 사안들에 대해서 관련 집단 간에 더욱 심도 깊은 논의가 이뤄져야 할 것이다. 확실히 교육계의 각 방면에 종사하는 많은 사람들은 지금까지 논의된 문제들에 대한 합의가 이루어지길 바라고 있다.

논 의

위의 비교들을 통해서 우리는 영재들을 가르치는 교육자들이 영재들이 필요로 하는 것이 무엇인지에 대해 협력학습을 지지하는 동료 교육자들과 중학교운동 추진자들과는 의견을 크게 달리하고 있음을 알게 되었다. 협력학습에 관한 설문조사의 경우, 사실상 거의 모든 사안에 대해서 협력학습 집단과 영재교육자 집단은 서로 반대되는 입장을 보였다. 이와는 대조적으로 중학교 교육자들과 영재교육자들은 두 가지의 주요 사안에서만 반대 의견을 보였는데, 능력별 집단편성과 '영재'로 분류됨으로써 초래되는 사회적 결과에 대한 문제였다. 그 밖의 다른 차이들은 강도의 정도가 다른 것이었지 방향이 다른 것이 아니었다.

기본적으로 협력학습과 중학교운동에 대해 영재교육자 집단이 보여 주었던 부정적인 입장은 영재교육자들이 제공한 보다 폭넓은 의견들에 의해 부분적으로 누그러지는 양상을 보였다. 이들의 개인적 의견을 고찰해 보면, 영재교육자들도 중학교의 교육개혁운동과 협력학습의 노력을 가치 있게 생각하지만, 영재들의 필요를 충족시키기에는 부족하다고 느끼고 있음을 알 수 있다. 마찬가지로 협력학습 종사자들과 중학교 교육개혁 추진자들이 보내온 많은 개인적 의견들 역시 영재학생의 필요에 대한 그들의 관심과 배려를 보여 주었다. 그럼에도 불구하고 이번 조사가 보여 주는 전반적인 결과는 각 집단의 교육자들 사이에 커다란 의견 차이가 존재하고 있음을 보여 주었다. 만약 이러한 의견 차이가 지속되도록 방치한다면 지방정부 차원에서뿐만 아니라 주정부나 연방정부 차원에서도 정책을 개발할 때 문제를 야기할 것이다.

영재교육 종사자들과 개혁운동의 당사자들을 의미 있고 유용한 대화의 장으로 이끌어 낼 수 있는 방법을 찾는 것이 모든 관련자들의 유익을 위해서 좋은 일인 듯하다. 이해당사자들이 교실의 학습 상황을 직접 관찰하여 상대

영재교육의 공공정책

방이 주장하는 의견의 좋은 실례들을 실제로 경험해 보면 서로 다른 입장의 차이를 좁히는 데 도움이 될 수도 있을 것이다. 교육개혁 노력의 효과적인 실행에 대한 긍정적인 의견들도 분명히 많이 있을 것이다. 중학교운동과 협력학습은 교육계 전반에 걸쳐 수용되었고, 이것은 분명 인상적인 성과라고 할 수 있다. 따라서 영재교육의 가장 좋은 부분과 교육개혁운동이 거둔 최상의 성과를 잘 융합하고 조화시킬 수 있는 방법을 모색하는 것이 현명한 행동일 것이다.

우리는 또한 현재의 교육개혁 노력을 실행하면서 영재학생들에게 효과적인 프로그램을 제공하는 데 좋은 성과를 거두고 있는 듯 보이는 학교 체제들을 검토하였다(Coleman, Gallagher, & Howard, 1993; Coleman, Gallagher, & Nelson, 1993). 우리가 관찰한 것에 비춰 볼 때, 현 개혁 프로그램의 효과적인 사례들과 효과적인 영재 프로그램을 조합하는 것이 가능하다는 결론을 얻었다. 두 프로그램의 이익과 실행들이 어떻게 융합될 수 있었는가에 대한 신중한 연구는 교육계 전반에 유익을 주게 될 것이다.

참고문헌

Allan, S. (1991). Ability grouping research reviews: What do they really say to the practitioner? *Educational Leadership, 48*(6), 60-65.

America 2000. (1992). Washington, DC: U. S. Department of Education.

Cohen, J. (1988). *Statistical power analysis for the behavioral sciences* (2nd ed.). Hillsdale, NJ: Erlbaum.

Coleman, M., Gallagher, J., & Howard, J. (1993). *Middle school site visit report: Five schools in profile.* Chapel Hill, NC: Gifted Education Policy Studies Program, University of North Carolina at Chapel Hill.

Coleman, M., Gallagher, J., & Nelson, S. (1993). *Cooperative learning and gifted students: Report on five case studies.* Chapel Hill, NC: Gifted Education

Policy Studies Program. University of North Carolina at Chapel Hill.

Epstein, J., & MacIver, D. (1990). *Education in the middle grades: National practices and trends.* Columbus, OH: National Middle Schools Association.

Fullan, M. (1993). *Change forces.* Bristol, PA: Falmer.

Gallagher, J., Coleman, M., & Nelson, S. (1993). *Cooperative learning as perceived by educators of gifted students and proponents of cooperative education.* Chapel Hill, NC: Gifted Education Policy Studies Program, University of North Carolina at Chapel Hill.

George, P. (1988). Tracking and ability grouping. *Middle School Journal, 20*(1), 21-28.

Goals 2000. (1994). Washington, DC: U.S. Department of Education.

Johnson, D., & Johnson, R. (1990). *Cooperation and competition: Theory and research.* Edina, MN: Interaction Book Company.

Joyce, B. (1991). Common misconceptions about cooperative learning and gifted students. *Educational Leadership, 48*(5), 72-74.

Kagan, S. (1990). The structural approach to cooperative learning. *Educational Leadership, 47,* 12-15.

Kelly, G. (1970). A brief introduction to personal construct theory. In D. Bannister (Ed.), *Perspectives in personal construct theory.* New York: Academic.

Lounsbury, J. H., & Vars, G. (1978). *A curriculum for the middle school years.* New York: Harper & Row.

Nelson, S., Gallagher, J., & Coleman, M. R. (1993). Cooperative learning from two different perspectives. *Roeper Review, 16,* 117-121.

Oakes, J. (1985). *Keeping track: How schools structure inequality.* New Haven, CT: Yale University Press.

Oakes, J. (1992). Can tracking research inform practice? Technical, normative, and political considerations. *Educational Researcher, 21*(4), 12-21.

Robinson, A. (1990). Cooperation or exploitation? The argument against cooperative learning for talented students. *Journal for the Education of the Gifted, 14,* 9-27.

Ross, P. (1993). *National excellence: A case for developing America's talent*. Washington, DC: U.S. Department of Education.

Scales, P. (1992). *Windows of opportunity: Improving middle grades teacher preparation*. Chapel Hill, NC: Center for Early Adolescence, University of North Carolina at Chapel Hill.

Sicola, P. (1990). Where do gifted students fit? An examination of middle school philosophy as it relates to ability grouping and the gifted learner. *Journal for the Education of the Gifted, 14,* 37-49.

Slavin, R. (1988). *Cooperative learning: Theory, research, and practice*. Englewood Cliffs. NJ: Prentice-Hall.

Slavin, R. (1990). Ability grouping, cooperative learning, and the gifted. *Journal for the Education of the Gifted, 14,* 3-8.

Tomlinson, C. (1992). Gifted education and the middle school movement: Two voices on teaching the academically talented. *Journal for the Education of the Gifted, 15,* 206-238.

표 4-1	중학교 설문조사에서 얻은 의견들	
중학교 교육자들	사 안	영재교육자들
우리는 학생들을 적절한 영어와 수학 학급에 배정해야 한다. 이와 동일하게 중요한 것은 다른 교과목에서도 이것이 이루어져야 한다. 이것을 정교성(elaboration)이라고 부른다.	능력별 집단편성	이종간 집단편성의 문제점인 실력 차이, 지루함, 도전은 매일 발생한다. 어떻게 한 명의 교사가 모든 학생을 가르치는 법을 배울 수 있는가? 학급 전체에 효과적인 전략은 무엇인가?
우선 필요한 것은 교사들이 모든 학생의 필요에 맞는 학습방법을 개발하도록 돕는 것이다.		이종간 집단편성의 현 추세는 그것이 옳든 그르든 간에 도전적인 경험으로의 개방된 접근을 영재 판별보다 더 중요한 것으로 만들었다.
나는 중학생들은 능력별로 반편성되어서는 안 된다고 강하게 믿는다. 중학교는 모든 학생들의 사회적, 정서적 필요와 잠재력이 가장 잘 충족되어야 하는 곳이다. 이것은 가능한 모든 자원을 가지고 학생들을 위해 최선을 다하는 교사를 채용하고 개발시킴으로서 가능하다.		나는 능력별 집단편성을 폐지하려는 움직임이 영재학생들의 발전을 가로막을 것이라고 우려한다. 교육자들은 학생들 간의 차이점을 인정해 영재학생들이 학문적 기반을 잃지 않도록 도와야 한다.
영재학생들은 하루 중 일부는 일반학생들과 같은 집단에서 학습하고, 또 다른 시간에는 같은 영재학생들과 함께 공부할 필요가 있다. 그들에게는 이 두 가지 모두 중요하다.		대부분의 학급에서 영재들은 상위 15~20%에 속하는 학생들과 함께 편성되어 공부해야 한다. 이러한 방법을 통해서 영재들은 일주일에 3시간, 5시간 혹은 그 이상의 시간 동안만 영재가 되는 것이 아니라 계속적으로 영재일 수 있다.
근본적인 과제는 영재학생들에게 자신의 가능성에 도달할 수 있는 기회를 제공하면서도 이종간 집단편성을 허용할 수 있는 계획과 전략들을 개발하는 것이다.		학문적 도전에서 중학교가 영재들에게 제대로 관심을 기울이지 않는 사실이 매우 우려된다. 게다가, 교육계는 이제 학생들이 갖는 특수한 필요를 희생시키며 현장 중심의 관리와 이종간 집단편성, 협력학습의 방향으로 나아가고 있다.

표 4-1 (이어서)

중학교 교육자들	사 안	영재교육자들
영재교육자들이 사용하는 전략은 다른 교사들도 모두 사용해야 한다고 생각한다. 영재 중학생들의 잠재력을 계발시키기 위한 교육과정의 변형은 모든 학생들에게도 적용되어야 한다. 이것이 보다 전략적이고 기술을 덜 강조하는 접근법을 사용한다면 가능할 것이라고 생각한다.	영재들이 갖는 것은 다른 학생들도 모두 가져야 한다.	중학교 프로그램들이 보다 더 차별화되었다고 하더라도, 그것이 모든 학생에게 유익할 수는 없을 것이다. 안타깝게도, 내가 아는 대부분의 프로그램들은 모든 학생들이 소화할 수 있고 유익을 얻을 수 있는 단지 심화활동과 과학에만 집중되어 있다. 영재교육에서 우리가 하는 활동의 대부분은 다른 학생들에게도 모두 이루어져야 한다. 그러면 창의력과 학습능력이 뛰어난 학생들이 초점의 대상이 될 것이다.
영재라는 꼬리표 다는 것을 멈춰라. 유치원부터 8학년까지의 교사들을 동종 학급 내에서 개인의 필요들을 만족시키도록 훈련시켜라. 집단편성은 고등학교에서 광범위한 교육과정이 제공되면서 자연스럽게 일어난다. 교사가 가장 중요하다. 모든 교사들은 학생들의 필요를 만족시켜 주는 전략들을 성공적으로 사용하도록 훈련받아야 한다. 영재학생들은 그 영재성을 인정받고 그것을 사용하도록 장려되어야 한다. 슬픈 일이지만, 우리 교육계에는 영재학생들과 연합한 엘리트주의가 존재하고 있다. 영재들을 위해 추가적인 재정이 이러한 마그넷 스쿨들(magnet school, 영재교육을 목적으로 추가 예산을 획득하는 학교들)로 쏟아져 들어가고 있다. 교사들조차도 엘리트의식에 빠져 있다. 이것으로 영재학교와 평범한 학교들 사이에, 교장들 간에, 그리고 교직원들 간에 불화가 조장된다.	교원 개발	현재의 교원들은, 그것이 영재들에게 얼마나 도전이 되는 간에, 어떻게 교육과정을 적합하게 차별화할 수 있을까에 대한 개념이 거의 없다. 고위 행정가들은 일반적으로 프로그램에 대한 정보도 없고 지원도 부족하다. 영재 중학생들의 교육에 일반교사들을 포함시키는 것은 필수적이라고 생각한다. 영재교육자들은 현재의 교육개혁과 구조개편 노력 속에서 프로그램의 '틈새(niche)'를 찾아야 한다. '중학교' 체제 안에서도 마찬가지다 중학교 개념이 보다 널리 실행됨에 따라, 행정가들이 이것을 알고 있으면서도 영재학생들을 이종 집단 안에 성공적으로 통합시킬 수 있도록 적절한 훈련과 지원을 교사들에게 제공하지 않을까 봐 심히 우려된다. '영재'라는 말을 학생들에게 사용하는 것을 싫어하는 교사들이 있다. 그런데 많은

표 4-1 (이어서)

중학교 교육자들	사 안	영재교육자들
		교사들이 '영재'라는 용어에 대한 개념도 없고 교육에 어떻게 적용해야 하는가도 모른다.
나는 모든 학생들을 위한, 적어도 절대 다수의 학생들을 위한 영재교육과정을 믿는다. 중학교 수준에서 이종 집단으로 형성된 교실 내에서 그러한 영재교육과정들을 포함시키는 시도가 있어야 한다고 강력히 주장한다.	도전이 되는 교육과정	학생들이 교육과정이나 동급생에 의해 도전을 받지 못한다면, 그들은 실질적으로 자신의 능력 이하로 성취하는 교육을 받는 것이다. 이러한 학생들은 고등학교 이상의 수준에서 어려운 교육과정에 적응하지 못할 것이며, 보다 어려운 교육과정을 경험한 학생들에 비해 부적절한 느낌을 갖게 될 것이다. 우리는 수학과 언어 과목에 학문적 재능을 지닌 학생들에게 효과적인 프로그램을 제공하기 위한 '중학교 철학' 지지자들과의 협상에서 성공하였다. 중학교는 중요한 시기다. 능력과 재능들이 이 시기에 새로운 종류와 방식으로 피어나야 할 때다. 따라서 교육과정은 아동들에게 강하고, 도전적이며, 실험적인 내용이어야 한다. 이러한 교육과정을 통해 아동들은 자신의 잠재력을 최대한 발휘할 수 있을 것이다. 중학생들을 '황무지'에서 구해 내어 최고의 교사들과 교육과정을 제공해야 한다.
영재학생들을 위한 교육은 많은 경우에 적합한 교육에 대한 보다 기본적인 사항일 뿐만 아니라 부모들에게 높은 사회적 중요성을 띠는 사항이 되었다. 동종 집단에 속한 영재들에 대해 내가 가	사회적 문제들	'영재' 학생들을 나머지 학교생활로부터 격리시키지 않는 것이 매우 중요하다고 생각한다. 영재들은 다양한 수준의 학습능력을 가진 학생들과 함께 공부하는 것을 배워야 한다.

표 4-1 (이어서)

중학교 교육자들	사 안	영재교육자들
장 우려하는 것은 사회적 기술의 발달이다. 사회에서 실패하거나 빈번하게 직업을 바꾼 대졸 영재들에 대한 연구조사를 보고 싶다. 그들이 적절한 사회적 기술을 개발하였는지 궁금하다. 중학생들은 감수성이 예민하며 과도기를 겪는 단계에 있기 때문에 그들에게 '영재' 또는 다른 식의 명칭을 부여하는 것에 신중할 필요가 있다.	사회적 문제들	우리의 목적은 엘리트 집단을 만드는 것이 아니라 다른 사람들을 효과적으로 지도하고 삶에서 새로운 것들을 발견하는 균형 잡힌 집단을 육성하는 것이다. 내가 특별히 염려하는 것은 영재 여중생의 사회성·정서적 요구들이다. 중학교는 사회적 개발에서 중요한 전환기로 여학생들은 종종 심각한 자존감의 하락을 경험한다. 특별히 외모로 여성의 가치를 평가하는 사회에서 영재 여학생들이 겪는 어려움은 더욱 클 것이다. 청소년기에 가장 큰 성공은 자기와 동일시할 수 있는 안전한 집단을 형성하여 자신들만의 일을 하는 것이다.
초등학교의 학부모들은 중학교에 포함되는 self-contained 영재학급을 유지해 왔다. 이것은 PR 문제를 야기했다. 영재학생들은 하루 중 일부 또는 전일제로 모으기 때문이다. 우리는 학부모들의 요구가 프로그램 개발이나 실행을 끌고 가려 하지 말아야 한다는 것을 인식해야 한다.	학부모들	영재 자녀를 가진 학부모들은 그들도 영재라고 전제한다. 학부모들은 영재학생들이 영재 프로그램에 참여할 때 전통적 학급들을 놓치는 것에 대해 종종 걱정을 한다.

표 4-2 협력학습에 대한 설문조사에서 나온 의견들

협력학습 교육자들	사 안	영재교육자들
나는 문제가 있다고 생각한다. 영재학생들에게 가르치는 의무를 지워 부담을 주고 싶지 않다. 그러나 협력학습을 통해 얻을 수 있는 유익이 많다는 것을 안다. 적절한 균형을 유지할 수 있는 방법은 무엇인가? 협력학습은 개념의 이해와 비판적 사고의 계발을 목적으로 할 때 가장 잘 이용될 수 있다. 모든 학생은 이것을 필요로 하며, 또한 달성할 수 있다.	혼합된 능력 집단에서의 협력학습	협력학습은 영재들에게는 신중하게 적용해야 한다. 그렇지 않으면 영재들의 학습에 인위적인 제한을 가하게 된다. 이종 집단 수업에서 영재들은 협력학습을 통해서 지적 도전을 받지 못한다. 또한 다른 학생들이 자신에게 해답을 줄 것을 기대할 때, 자신의 이미지를 본래대로 지키기도 어려울 것이다. 영재들은 현재 일반학급에서도 발전이 제한되고 있는데, 협력학습은 이들에게 더욱 큰 장애를 의미한다.
많은 교사들이 협력학습에 대한 훈련을 받긴 하지만, 성공적인 실행을 위한 조언과 도움을 받지 못한다.… 교장은 영재학생들에게 적용되는 협력학습을 관찰해야 하며 그들도 협력학습의 훈련을 받아야 한다. 나는 개인적으로 상위권과 하위권 학생 모두를 만족시키기 위해 교사들에게 어떤 전략을 사용하라고 권해야 하는가에 대해서 좀 더 많은 연구 증거들을 보고 싶다. 협력학습은 현혹적이고 단순한 전략으로서, 그것을 오용하고 있는 많은 교사들이 받은 것보다 더 많은 훈련과 선견이 요구된다.	추가적인 교원 개발에 대한 필요	…교사들은 협력학습에도 능숙하지 못한데 영재교육에는 더 말할 것도 없다. 다양한 능력 수준의 학생들을 위한 여러 가지 기법의 사용에 대해 교사들을 준비시키는 것… 임용 후뿐만 아니라 사범대학교에서부터.

표 4-2 (이어서)

협력학습 교육자들	사 안	영재교육자들
협력학습은 모든 학생에게 정확하게 사용되어야 할 많은 도구 중 하나다. 일부 교사들이 합당한 기술도 습득하지 않고 단순한 집단학습을 협력학습이라고 부르는 것이 우려된다. 교육을 위해 한 가지 전략만을 사용할 수 있다고 생각하지 않는다. 학생들의 필요가 변하면 나의 교육도 변한다.… 좋은 날도 있고 그렇지 않은 날도 있다. 우리는 협력학습이 교사들을 위한 하나의 교육 전략이지 능력별 집단편성, 사회성 계발 등을 위한 만변통치약이라고 생각하지 않는다.	모형이 아닌 도구로서의 협력학습	왜 영재들에게 협력학습을 강조할까? 협력학습은 많은 도구 중 하나일 뿐이다.… 협력학습이 실행된 지도 한참이 지났으므로 이제는 평가가 필요하다. 협력학습엔 개인의 적극성 계발이 부족하다. 일생 동안 당신의 학습을 도울 집단이 당신 옆에 존재할 것인가? 협력학습은 또 다른 실행 가능한 학습환경이라고 생각한다. 그러나 대부분의 다른 교육적 사안들과 마찬가지로 우리는 잘못된 이유로 적절한 승차 과정을 거치지 않고 성급하게 회전목마에 올라탔다. 협력학습은 교육 전략이지 아동을 위한 행정 프로그램의 계획이 아님을 분명히 구분하는 것이 필요하다.
확실히 영재학생들은 협력학습을 가장 필요로 한다. 그러나 영재학생들이 필요한 사회적 기술을 가르칠 만큼 교사들이 제대로 준비되지 않았다. 영재학생들은 참을성이 없고, 경쟁적이며, 창의적이고, 독립적이며, 개인적인 성향이 있기 때문에, 사회화 기술을 필요로 한다.	자아존중감, 사회성, 지도력에서의 협력학습의 가치	협력학습에서 영재학생이 지도자의 역할을 맡을 가능성이 높다면, 영재들을 협력학습에 투입하기 전에 필요한 지도자의 기술을 훈련시켜야 한다. 교사들은 일부 학생들이 집단 환경에서 반드시 최상의 성과만을 거두는 것은 아니라는 사실을 알아야 한다.… 영재들이 좋은 지도자가 될 것이라고 가정한다면, 이제는 그들이 스스로를 관리할 수 있도록 도와야 할 때라고 생각한다. 협력학습의 기법은 영재학생들 사이의 사회적 기술과 갈등 관리에서 놀라운 효과를 나타냈다.

표 4-2 (이어서)

협력학습 교육자들	사 안	영재교육자들
나는 협력학습이 영재들의 집단학습을 대신할 수도 없고 그래서도 안 된다고 생각한다. 두 가지 모두 존재해야 한다. 우리 학군에는 영재들을 위한 전일제 수업이 있다.… 협력학습은 이 상황에서 매우 성공적이었다. 모 고교에서 현재 우등생 학급과 대학 수준 학급에서 협력학습을 실험하고 있다.… 교사와 나는 학생들이 보여 준 학습의 깊이와 창의력에 감탄하였다.	동일한 능력 집단 내에서 협력학습 사용	영재학생들이 동일한 집단에 빈번하게 배정된다면 집단편성은 효과가 있을 것이다. 영재학생들은 동일한 능력의 학생들과 같은 집단에서 학습하는 것이 문제해결과 높은 수준의 사고력 연습에서 긍정적이라는 것을 알았다. 영재 프로그램에서 사용되면 협력학습은 훌륭한 과정이라고 생각한다.
협력학습이 적절하게 구성되면, 영재학생들을 보조교사로 세우지도 않을 것이고 집단 전체에 대해 책임을 지도록 만드는 일도 없을 것이다. 일부 훈련자들이 교사들에게 상중하 집단편성을 강조하고, 집단 등급을 사용하게 하는 한, 문제는 지속될 것이다. 부모, 행정가 그리고 교사들은 협력학습의 적절한 사용과 부적절한 사용에 대해 이해해야 한다. 나는 영재들이 협력학습의 교사와 지원을 제공하는 사람으로서 혹사되는 경우를 목격하는데, 고의는 아니었다.	협력학습의 부적절한 사용	협력학습에 대한 이상과 실재는 종종 다르게 나타난다. 영재교육이 일반교육 훈련에 포함되지 않는 것 같이, 협력학습에 대한 충분한 훈련이 부족하기 때문에 협력학습의 올바른 사용이 방해를 받고 있다. …최상의 학문적이고 지적인 아이디어들이 집단에서 나온다고 생각한 것은 커다란 낭비였다. 이는 사실이 아니다. 학습은 개인적 노력에 많은 강조를 두어야 한다. 영재학생들은 종종 보조교사의 책임을 부여받는데, 이는 동등한 학생으로서 교육받을 기회가 침해된 것이고 교우 관계를 해칠 수 있다. 집단활동의 주된 목적은 다양한 차이에 적응하는 것이 아니라 차이를 줄이려는 것에 있는 것 같다.

05

영재 프로그램 폐지가 참여 학생과
학부모에게 미치는 영향[1]

Jeanne H. Purcell

(The University of Connecticut)

영재학생을 교육하는 부담은 '자녀를 위해 홀로 눈물 흘리며 비탄하는' 부모
에게 지워져 있다.

— Ruth Martinson(1972) —

1990년에 폐지된 영재 프로그램에서 영재로 판별되어 참석하였던 19명의
부모와 학생들을 대상으로 프로그램 폐지가 그들에게 미친 영향을 알아보
기 위해 면접을 실시하였다. 또한 면접 결과를 세 가지 각도로 나누기 위해,
과거 영재로 판명되어 동일한 프로그램에 참석하였던 학생들의 학부모 49
명에게 추가로 우편을 통한 설문조사를 실시하였다. 설문조사 결과, 부모들
은 자녀들의 학습에 대한 열정과 호기심, 그리고 보다 수준 높은 학습내용에
대한 본질적인 성취동기가 점점 감소하면서 자녀들이 전통적인 교육과정으
로부터 유리되기 시작하는 것을 관찰하였다고 확인하였다. 면접에 참여하
였던 부모들 역시 영재 프로그램 폐지 과정으로 많은 분열이 일어났고, 19명
의 부모 중 반 이상이 자녀들의 남은 학교생활을 위해 대안적인 교육 수단을
생각하는 것으로 나타났다.

---

1) 편저자 주: Purcell, J. H. (1993). The effects of the elimination of gifted and talented
programs on participating students and their parents. *Gifted Child Quarterly* 37(4), 177-
187. ⓒ 1993 National Association for Gifted Children. 필자 승인 후 재인쇄.

도 입

만약 영재를 위한 프로그램이 학교에서 폐지된다면, 학교에서 영재로 판별된 학생들에게는 어떠한 일이 발생할까? 이러한 현상에 대해서 이루어진 연구는 거의 없는 실정이지만, 많은 연구자들이 학습능력이 높은 학생들에 대해 현재의 교육 상황에 관한 우려를 제기하였다. Renzulli와 Reis(1991)는 영재교육에 대한 교육개혁운동의 영향을 검토하고 교육개혁운동의 축적된 영향이 영재교육 분야에 조용한 위기와 퇴보를 야기하고 있다고 주장하였다. 특히 교육과정의 우둔화와 집단편성의 폐지, 그리고 최근 전국적으로 완전학습 모형(mastery learning models) 형태의 교육과정 표준화에 대한 강조 때문에 우수한 학생들에게 의미 있고 적절하게 차별화된 교육과정을 제공하려는 노력이 타격을 입게 되었다. Feldhusen(1989)은 공립학교 제도 내에서는 높은 학습능력을 지닌 학생들이 적절한 관심을 받지 못한 채 수준 높은 교육과정에 대한 선택권조차 제한되어 있다고 하였다. 대부분의 경우에서 Feldhusen은 모든 학생들의 교육적 성취가 지속적이고도 심각한 수준으로 저하될 것이며, 높은 학습능력의 학생들의 "학습 의욕은 교육제도에 의해 조직적으로 상실될 것"(p. 59)이라고 예견하였다.

Starko(1990)는 영재학생들을 위한 프로그램이 폐지되는 이유에 대해 고찰한 뒤, 영재 프로그램이 갖는 부정적인 영향이 프로그램 폐지의 요인이라고 주장하였다. 그녀는 교사와 학생들이 말한 영재 프로그램에 대한 부정적인 의견들을 자세히 기록하였는데, 여기에는 영재 판별 과정에 대한 부모의 불만, 학생 스스로가 느끼는 압박감의 증가, 영재로 판별된 학생이 느끼는 고립감, 프로그램에 참여한 학생이 갖는 완벽주의 성향, 그리고 "일단 영재 프로그램에 들어오고 나면 모든 학생들의 수준이 평준화되어 더 이상 자신들이 우수하다는 느낌을 가질 수 없는 것"(p 36)과 같은 문제들이 포함된다. Starko(1990)는 이러한 부정적인 문제들에 대한 해결책이 제시되기 전까지

영재교육의 공공정책

는 영재 프로그램이 그 취약성을 극복할 수 없을 것이라는 결론을 내렸다.

언론인들 역시 영재학생들을 위한 프로그램들은 현재의 시대정신에 비추어 볼 때 어려움을 겪고 있으며, 이러한 세태는 뉴잉글랜드 지역에서 특별히 두드러지게 나타나고 있다고 밝히고 있다. 『The Boston Globe』 최근판 일면 기사에는 "뉴잉글랜드 지역의 공립학교에 다니는 가장 우수한 학생들

연구의 활용도

고능력 학생을 위한 점점 더 많은 프로그램들이 존폐의 위기에 놓여 축소되거나 폐지되고 있는데, 특별히 영재교육에 대한 강제 규정이 없거나 경제 상황이 어려운 주(State)들에서 더 심각하게 진행되고 있다(Purcell, 1993). 영재 프로그램의 축소나 폐지가 영재 프로그램에 참여하였던 학생들에게 어떤 영향을 미치는가에 대한 연구조사는 현재까지 거의 이루어지지 않았다. 본 연구에 묘사된 영재들에 대한 영향은 도발적이기는 하지만 우리가 연구한 표본의 범위를 넘어서 일반화될 수는 없다. 그러나 이 연구는 보다 심도 있게 조사해야 할 네 가지 영역들을 시사한다. 첫 번째는 영재 프로그램의 폐지를 경험한 학생들의 학교에서의 행동은 어떠한가? 영재 프로그램이 축소되거나 폐지된 다른 지역의 학생들이 학습 중에 보여 주었던 부정적인 행동 유형이 우리 학교의 우수한 학생들에게서도 발견되는가? 아니면 다른 행동 유형을 보여 주는가? 두 번째로 고찰할 것은 교육 프로그램 과정 중에 영재 프로그램의 폐지를 경험한 학생들이 보여 주는 능력 수준 이하의 학업성취는 어느 정도인가? 세 번째는 영재학생들을 위한 프로그램의 폐지가 그 학생들의 부모들에게 끼치는 영향은 무엇인가? 본 연구에 묘사된 것처럼 폐지 과정은 반드시 부모들과 지역사회의 다른 구성원들 사이에 분열적인 영향을 미치는가? 네 번째는 영재 프로그램의 폐지 이유를 결정하기 위해 더 많은 조사가 필요하다는 것이다. 이러한 이유들은 재정적인 사안들과 관련된 것인가 아니면 우수한 학생들에 대한 태도와 같은 보다 뿌리 깊고 고질적인 문제들과 관련된 것인가? 본 연구조사의 결과는 명백하게 영재학생들의 부모와 영재들을 가르치는 교육자들, 그리고 영재교육 연구자들이 영재 프로그램의 축소 및 폐지와 관련한 다양한 영향들을 보다 깊게 이해하기 위해 본 연구가 도출한 결과들에 대해 더욱 심각한 노력을 기울일 필요가 있음을 강조하고 있다.

을 위해 제공되는 교육이 다른 나라의 영재들에게 제공되는 교육에 비해 한참 뒤떨어져 있다."(Radin, 1991)라고 쓰여 있다. 『USA Today』도 "영재들을 위한 프로그램이 다양한 운명에 처해 있는데, 대부분은 경제적으로 가난한 지역에서 문제를 겪고 있다"(Kelly, 1991, p. 18)라고 보도하였다. 우수한 학생들을 위한 프로그램들이 뉴잉글랜드 전역과 미국의 다른 지역에서 계속 폐지되고 있음에도 불구하고, 이 프로그램의 혜택을 입던 학생들에게 프로그램의 폐지가 어떠한 영향을 미치는가에 대한 조사는 거의 이루어지지 않고 있다.

본 연구의 목적은 두 갈래로 나뉜다. 첫 번째 목적은 영재학생들을 위한 특별 프로그램의 구성이 갖는 긍정적 영향과 부정적 영향에 대한 학부모들의 의식을 기술하는 것이다. 두 번째 목적은 자신들의 필요를 만족시키기 위해 특별히 고안된 프로그램이 폐지되었을 때, 영재로 판별된 학생들이 나타내는 반응에 대한 학부모들의 의견을 묘사하는 것이다. 이와 관련하여 다음의 연구 질문들을 조사하였다. (a) 영재학생들을 위한 프로그램이 갖는 긍정적인 학문적·사회적 영향은 무엇인가? (b) 이 프로그램이 갖는 부정적인 학문적·사회적 영향은 무엇인가? (c) 영재학생들을 위한 프로그램의 폐지가 단기적으로 가져오는 긍정적인 영향과 부정적인 영향은 무엇인가? (d) 영재학생들을 위한 프로그램의 폐지가 장기적으로 가져오는 긍정적인 영향과 부정적인 영향은 무엇인가? (e) 프로그램의 폐지가 영재로 판별된 학생들의 부모에게 미치는 영향은 무엇인가?

연구방법

이곳에 제시된 연구는 질적 사례연구로서 다양한 근원의 자료를 사용하여 결과들을 세 가지 각도로 나누었다. 초기에 68명의 학부모들을 접촉하였는데, 19명의 학부모(이후로는 면접 학부모, 혹은 면접 대상자로 지칭함)가 현상학적 접근방식으로 이뤄진 면접에 참석할 것을 동의하였다. 면접 대상자들로부터 얻어 낸 사실들을 검증하기 위해 추가적으로 네 가지의 다른 정보원(information sources)을 사용하였다. 첫 번째는 익명의 설문조사로 면접 질문과 동일하게 작성되었는데, 면접을 거절하였던 49명의 학부모 중 27명이 설문조사에 응하였다(이후로는 면접 학부모와 구별하기 위해 이들을 설문조사 학부모로 지칭함). 두 번째 정보원은 문서자료로서 아홉 개의 신문기사와 편집자에게 보내 온 33통의 편지다. 세 번째는 폐지된 영재 프로그램을 담당하였던 두 명의 교사와 실시한 면접이고, 네 번째는 교육위원회가 개최한 청문회 장면을 담은 비디오테이프로 13명의 시민이 고능력 학생들을 위한 프로그램의 폐지에 대해 자신들의 의견을 표현한 청문회 장면을 담은 비디오테이프다.

연구대상자

1989~1990년에 영재들을 위한 프로그램들을 폐지한 공립 학군과 같은 주에 있으면서 동 학년도에 영재 프로그램을 폐지한 일곱 개의 학군들 중에서 연구대상 지역을 선정하였다. 일곱 개의 학군 중 세 지역은 주민들의 평균 소득 수준이 주의 평균 소득 수준보다 훨씬 높았기 때문에 가능 지역(possible sites)으로 삭제하였다. 또 다른 한 곳이 가능 지역으로 삭제되었는데, 그곳은 서너 개의 다양한 지역이 모여서 하나의 학군을 이룬 지역 학군(regional district)이었다. 마지막으로 삭제된 곳은 연구자 중 한 명이 그 지역 구성원들에게 알려진 인물이었기 때문에 제외되었다. 우리는 남은 두 학군의 학부모들을 접촉하여 영재학생들을 위한 프로그램의 수명과 영재 프로그램의 목적에 대한 이해 정도, 그리고 연구에 참여하려는 의사가 있는가에 관하여 알아보았다. 최종 선택은 영재학생들을 위한 프로그램의 수명과 그 프로그램이 갖는 목적에 대해 학부모들의 이해 정도를 기준으로 결정하였다.

연구대상으로 삼은 학군은 교외에 위치하고 있으며, 문화적으로 동질적인 뉴잉글랜드의 지역사회로 인구는 15,200명이며, 항구와 관광업, 유통 센터가 이 지역의 주된 산업 기반이다. 소득은 주 평균 수준이며 면접에 참여한 부모들은 그 지역이 전문인들로 구성되어 있다고 알고 있었는데, 그 전문인에는 의사와 변호사, 그리고 그 지역에 위치한 여러 개의 대형 연구 기업과 에너지 생산 센터에 근무하는 과학자들이 포함되었다. 이 지역 학교들은 지역 내에서와 인근 지역 주민들에게 상당히 좋은 평을 얻고 있었다. 대부분의 주민들은 지역 학교들에 대해 다음과 같이 말하였다. "1978년에 이 마을에 정착하기로 결정하였는데, 그 이유는 훌륭한 교육제도와 훌륭한 정치 운영, 그리고 비전이 있었기 때문입니다…" 이 지역이 교육에 할당한 자금 통계는 이러한 의견을 뒷받침한다. 최근 이 지역에서는 세수의 많은 부분을 교육 분야에 분배하였고, 1987~1988년에는 1인당 916.50달러를 교육에 지출하였는데, 이것은 주의 평균 지출 수준보다 11.44%를 웃도는 수치다.

면접 학부모들과 설문조사 학부모들은 가정당 영재 프로그램에 참여하는 자녀 수, 영재교육 프로그램의 총 참여 연수(years), 그리고 영재 프로그램의 목적에 대한 학부모들의 이해 정도의 면에서 서로 비슷하였다. 19명의 면접 학부모 중 12명(63%)은 한 자녀만 프로그램에 참여하였고, 이들 12명의 학부모들은 평균 2.3년의 프로그램 참가 경험이 있었다. 나머지 7명의 학부모들은 두 자녀가 영재 프로그램에 참여하였고 총 7년의 프로그램 참가 경험이 있었다. 면접에 참석한 학부모 중 18명은 자신들이 프로그램의 목적을 이해하고 있다고 믿었다. 총 27명의 설문조사 학부모 중 19명(70%)의 학부모들은 한 명의 자녀만을 영재 프로그램에 참여시키고 있었으며, 참여 경험은 평균 2년 정도였다. 나머지 8명의 설문조사 학부모들은 두 명의 자녀를 영재 프로그램에 참여시켰으며, 참여 연수는 총 5년 정도였다. 설문조사 학부모 중 19명(70%)은 프로그램의 목적이 자신들에게 명확히 전달되었다고 생각하였고, 4명(15%)은 목적이 불명확하다고 대답하였으며, 다른 4명(15%)은 목적을 이해하지 못한다고 답변하였다.

삼부심화학습모형(Enrichment Triad Model, Renzulli, 1977)에 기초한 학문

영재교육의 공공정책

적으로 유능한 학생들을 위한 프로그램이 1978년에 3~5학년에서 시작되었고, 6년 후에 추가적인 요소들을 더하여 오라클(Oracle) 6~8로 학생들에게 실시되었다. 한 교사는 세 곳의 초등학교에서 활동을 시행하였고, 다른 한 교사는 중학교에서 활동을 시행하였다. 두 교사 모두 각 학교에서 대략 상위 10%에 속하는 학생들에게 교육 서비스를 제공하였고, 모든 학년의 학생들은 다양한 기준들(즉, 성취 검사 점수, IQ 점수, 교사 추천, 작문 과제, 창의성 검사점수)을 사용하여 영재로 판별되었다고 보고하였다. 초등학교 학생들은 매주 약 60~90분을 함께 만나 영재교육을 받고 헤어지는 풀 아웃(pull-out) 프로그램에 참석하였다. 중학교 학생들은 하루 일과에 영재 프로그램이 들어 있어서 하루에 적어도 45분씩은 영재 수업을 받기 위해 모였다. 초·중등학생 모두 스스로 선택한 개별 탐구학습이 선택받은 경우에는 자료실에서 더 많은 시간을 보낼 수 있었다.

영재학생들을 교육하였던 두 명의 교사 모두 면접에서 각자의 학교에서 진행된 영재 프로그램들에 대해 유사한 목적을 가졌다고 답변하였다. 그 목적은 학생들에게 인지적으로 적절한 심화학습과 속진(acceleration)의 경험을 제공하여 스스로 선택한 주제에 대해 학생들이 직접 조사하도록 인도하는 것이었다. 프로그램이 진행되던 12년 동안 학생들이 갖는 엘리트주의에 대한 약간의 우려는 있었지만, 두 명의 교사 모두 그 때문에 프로그램의 폐지가 절실하다고 생각하지는 않았다.

본 연구의 조사대상으로 3~8학년 프로그램에 참여하는 영재로 판별된 아동의 부모들을 선택하였는데, 그 이유는 이들이 학교 및 학업성취에서 자녀에게 나타나는 태도나 행동상의 변화를 가장 잘 알아차릴 것이라고 생각되었기 때문이다. 학부모들은 영재 프로그램이 폐지된 후 프로그램에 대한 기록들도 함께 폐기된 것으로 알고 있었기 때문에, 이 학부모들의 명단을 입수하는 것이 쉽지 않았다. 두 명의 영재교사 모두 영재 프로그램에 대한 기록이 폐기되었을 것이라고 생각하지는 않았지만, 어느 한 사람도 프로그램 관련 문서를 갖고 있지 않았으며, 프로그램이 종결되었을 때 행정관에게 문서가 넘어갔을 것이라고도 생각하지 않았다. 그래서 영재 프로그램의 폐지 제안을 둘러싸고 벌어지는 사건들에 대하여 학부모들이 서로에게 정보를 제공하기 위해 조직한 의사소통의 네트워크에서 중요한 역할을 담당하였던 한 모니터 요원(gatekeeper) (Lincoln & Guba, 1985, p. 234)이 본 연구를 위해 면접 참석이 가능한 학부모들의 초기 명단을 마련해 주었다. 그는 학부모 명단을 다음과 같은 방식으로 판별하였다. 자신의 기억을 더듬어 학부모 명단을 작성하고, 영재 프로그램에 참여하였던 자신의 두 자녀들에게 함께 프로그램에서 공부하였던 친구들의 이름을 기억해 내게 하였으며, 세 개의 초등학교와 한 개의 중학교의 학부모 연락 사무소에 영재 프로그램에 참여한 학생의 부모 명단을 부탁하였고, 그리고 다른 학부모로부터 들은 명단을 포함시키는 방식으로 명단을 작성하였다. 이렇게 하여 Bogdan과 Biklen(1982)이 "눈덩이식 표본추출(snowball sampling)" (p. 66)이라고 묘사한 방식대로 피실험자가 다른 피실험자를 채택하는 일이 이루어졌다. 연구에 참석할 가능성을 지닌 학부모들의 최초 명단에는 모두 68명의 이름이 있었는데, 이들의 자녀들은 모두 1989~1990년에 영재 프로그램에 참여한 경험이 있다. 그리고 이 68명이라는 숫자는 신문사와 제보자들의 설명에 따르면 당시 영재 프로그램에 참석하였던 자녀를 둔 전체 부모들의 절반에 해당하는 숫자였다.

우리는 68명의 부모들에게 우편물을 보내어 우리의 연구에 대해 간략히 소개한 다음, 15~20분의 시간이 소요되는 면접에 참석해 줄 것을 요청하고, 면접을 위한 일곱 개의 질문을 동봉하였다. 면접에 대한 동의는 회신 엽서에 본인이 서명을 하여 보내는 방식으로 이루어졌다. 68명의 학부모 중 28%에 해당하는 19명의 학부모가 면접을 수락하였다. 19명 중 10명은 한 초등학교를 대표하였고, 나머지 9명은 다른 두 초등학교와 한 중학교를 각각 3명씩 골고루 나누어 대표하였다. 19명의 학부모 모두에게 면접이 이루어졌다.

면접을 통해 발견한 사실들을 세 가지 관점으로 나누기 위해 후속 설문조사를 고안하였다. 익명으로 이뤄진 이 설문지는 리커트 척도를 사용한 항목들과 문항들로 구성되어, 설문조사에 응답한 학부모들이 추가적인 의견과 사실들을 제공할 수 있도록 하였다. 우리는 면접을 거절한 나머지 49명의 학부모들에게 우편으로 설문지를 발송하였다. 49명의 59%에 해당하는 27명의 학부모가 응답한 설문지를 보내옴으로써, 본 연구에 대한 전체 참여율은 68%가 되었다.

도 구

면접 학부모들에게 보냈던 최초의 편지에 실렸던 질문들과 유사한 내용으로 10단계 리커트 척도를 사용한 설문조사지가 고안되었다. 1~3번의 질문은 설문조사 학부모들로부터 인구통계학적 정보를 얻기 위한 것이었고, 4번과 5번 질문은 영재 프로그램의 긍정적 영향과 부정적 영향에 대해 묻는 항목이었는데, 이 질문에 대해 학부모들은 1~4의 네 단계로 답변하도록 요청되었다. 1 = **전혀 그렇지 않다**, 2 = **조금 그렇다**, 3 = **어느 정도 그렇다**, 4 = **상당히 그렇다**를 나타낸다. 또한 학부모들은 자신들의 긍정적인 의견이나 부정적인 의견들을 괄호 답변 항목에 기록하거나 척도 항목에 숫자로 표기하도록 권장되었다. 6번과 7번 문항은 영재학생들을 위한 프로그램의 폐지가 미치는 단기적 영향과 장기적 영향에 대한 것인데, 답변을 위해 1~5의 척도가 사용되었다. 1 = **매우 부정적인 영향을 끼친다**, 2 = **약간 부정적이다**, 3 = **아무런 영향도 끼치지 않는다**, 4 = **약간 긍정적이다**, 5 = **매우 긍정적인 영향을 끼친다**를 나타낸다. 8~10번 문항은 설문조사에 참여한 학부모들이 영재 프로그램이 폐지되기 이전과 이후의 교육과정에 대해서 적절하다고 느끼는지를 물었고, 또한 자녀들의 미래 교육에 대해 어떤 계획을 세우고 있는가에 대해 물었다(즉, 자녀들을 계속해서 공립학교에 보낼 것인가, 사립학교로 옮길 것을 고려하고 있는가, 이미 사립학교로의 전학을 결정하였는가, 아니면 다른 계획이 있는가).

설문조사는 면접 학부모들과의 초기 면접 내용에 기초하고 있다. 즉, 면접을 수락한 학부모들과 세 차례의 면접을 실시한 후에 설문지의 질문 내용을 고안한 것이다. 설문 도구의 내용에 대한 적절성은 영재학생들의 부모들과 교사들에게 행한 현장 실험을 통해 검증되었다.

절 차

면접 학부모들 19명의 학부모들은 각각 최소 15분에서 최대 80분에 이르는 대화를 통해 면접에 응하였다. 응답자들은 일곱 가지 질문에 대하여 자신의 의견을 자세하게 답변하도록 격려되었고, 질문에서 벗어난 의견도 피력할 뿐만 아니라 자신들의 설명을 제시하도록 권장되었다. 면접에 참여한 학부모들은 질문자에게 답변을 제공함과 동시에 의문을 제기하기도 하였다. 면접 내용은 녹음되어 모든 내용을 문서화하였다.

면접은 두 가지 이유로 전화상으로 진행되었다. 첫 번째 이유는 대부분의 면접 학부모들이 풀타임 직업을 가지고 있었기 때문에 전화로 면접을 진행하는 것이 그들의 일상에 불편을 가장 덜 초래할 것으로 생각되었다. 두 번째 이유는 면접이 민감한 내용을 담고 있었기 때문이었다. 우리에게 학부모 명단을 제공한 모니터 요원으로부터 알게 된 사실인데, 영재 프로그램의 폐지 과정 중에 학교와 많은 학부모들 사이에 긴장 관계가 초래되었다는 것이다. 모니터 요원을 비롯한 다른 면접 학부모들이 자신들을 괴롭히는 전화를 받은 적이 있다고 하였다. 그리고 학부모들은 면접에 참여한 사실이 학교에서 알려져 자신들이 제공한 정보가 자녀들에게 불리하게 이용될 것을 우려하였다(전화 면접 이후 후속 면접에서 19명의 면접 학부모 중 두 명의 학부모가 그러한 전화를 받은 것으로 나타났다.). 전화 면접이 사생활 침해가 가장 적기 때문에 영재학생들을 위한 프로그램 폐지에 따른 영향에 대해 학부모들이 자신들의 의견을 보다 적극적으로 나눌 것으로 생각되었다.

설문조사 학부모들 면접 요청에 대해 아무 응답을 보내지 않았던 학부모들에게 후속적인 설문 조사지를 발송하였고 면접과 동시에 수거하였다.

영재교육의 공공정책

문서   문서들은 영재 프로그램의 폐지 과정에 관한 9개의 신문기사와 편집자에게 보내 온 33통의 편지들인데, 이 모든 것은 세 개의 지역신문사와의 면접에 참여한 학부모들로부터 입수한 것들이다. 한 면접 참여자는 영재 프로그램의 폐지에 이르기까지 발생한 여러 가지 사건들에 대한 신문기사를 시간순으로 스크랩하여 모아 두었다가 본 연구자에게 모든 기사의 복사본을 제공해 주었다.

비디오   면접에 참여하였던 학부모 중 한 사람은 본 연구를 위해 교육위원회의 청문회 장면을 담은 비디오테이프를 제공하였다. 청문회에 참석한 시민들은 영재학생들의 필요를 충족시켜 줄 프로그램의 필요성에 대한 자신들의 의견을 발표하였다. 비디오테이프에는 모두 13명의 시민들이 교육위원회에서 발표하는 내용이 담겨 있다.

교사 면접   영재 프로그램이 가지는 목적에 대한 이해, 프로그램의 긍정적 영향과 부정적 영향, 프로그램의 폐지에 따른 장기적 효과와 단기적 효과에 대한 결정을 내리기 위하여 영재교육을 담당하였던 두 명의 교사와 면접을 진행하였다. 면접 내용은 녹음되었고 나중에 모든 내용이 문서화되었다.

자료 분석

면접 학부모 자료 분석은 두 가지 부분으로 완성되었다. 먼저, 영재 프로그램이 갖는 긍정적 효과와 부정적 효과, 그리고 영재 프로그램 폐지에 따른 장기적 영향과 단기적 영향의 범주와 특성을 구분하기 위해 '지속적 비교법(constant comparative method, Glaser & Strauss, 1967, p. 105)'과 유사한 과정을 거쳐 녹취록을 분석하였다. 그리고 모든 자료가 수집되었을 때는 기술된 자료에서 반복적으로 나타나는 규칙성들에 근거한 주제들(themes)을 확인하기 위해 집중적인 분석을 실시하였다.

설문조사 학부모   두 가지 방식으로 설문조사 내용을 분석하였다. 척도상의 숫자로 답변해야 하는 항목들에 대해서는 평균과 표준편차를 계산하였고, 자유로운 답변을 요구하는 항목들에 대해서는 '전범주 묶음(across category clustering, Miles & Huberman, 1984, p. 155)'방법을 사용하였다.

문서   모든 문서의 내용을 검토하여 긍정적인 영향에 관한 내용을 형광펜으로 표시하고, 부정적인 영향에 관한 내용은 다른 색의 형광펜으로 표시하였다. 그리하여 프로그램의 긍정적 영향과 부정적 영향이라는 두 가지 목록이 작성되었다. 그리고 가장 빈번하게 언급된 긍정적 영향과 부정적 영향들의 목록을 정리하기 위해서는 전범주 묶음 방법을 사용하였다.

비디오   주제 분석을 위하여 비디오테이프의 내용을 전범주 묶음 방법으로 분석하였는데, 이 방식은 위에 설명된 문서 분석 방식과 유사하다. 청문회에서 발표된 내용들은 다음과 같은 방법으로 분석되었다. 우선 각 사람의 발표 내용 중 긍정적인 영향에 대한 언급들만을 따로 모았다(부정적인 영향은 전혀 언급되지 않음). 그 다음에는 발췌된 내용들을 언급된 빈도 수에 따라 정리하였다.

교사 면접   교사들과의 면접은 두 단계로 분석되었다. 이 방법은 앞서 설명된 학부모 면접 내용 분석방법과 동일하다.

연구결과

연구에서 제시된 질문으로 발견된 사실들을 정리하였다. 그리고 각각의 연구 질문과 관련된 발견 사실들은 출처(면접 학부모, 설문조사 학부모, 문서, 비디오테이프, 교사)에 따라 나눈다.

연구 질문 1번: 영재학생들을 위한 프로그램들이 학문적 · 사회적으로 갖는 긍정적인 영향력은 무엇인가?

면접 학부모　영재들을 위한 프로그램이 갖는 긍정적인 효과에 관한 1번 연구 질문에서, 면접 학부모들이 보고한 20개의 개별적인 영향들로부터 세 가지 범주의 긍정적 영향들을 도출하였다. 세 가지 범주는 다음과 같다. 차별화된 교육과정, 개인의 외부 사안에 대한 지원, 개인의 내부 사안에 대한 지원이다([그림 5-1] 참조).

20개의 영향 중 '관심의 유발과 촉진' '열정과 (또는) 흥미 유발'이라는 두 영향이 전반적으로 두드러지게 나타났으므로 중요한 사실로 간주될 수 있다. '관심의 유발과 촉진'이라는 답변은 총 19명의 면접 학부모 중 13명(68%)의 학부모가 거론하였고, '열정과 (또는) 흥미 유발'은 10명(53%)의 학부모가 언급하였다. 이밖에도 면접 학부모들이 답변한 내용 중 두드러지게 드러나는 긍정적인 영향들로는 '지적인 학생들과 상호작용할 수 있는 기회의 증대' '교육과정의 한계를 뛰어넘을 수 있음' 등이 있다. 두 가지 영향에 대해서는 각각 9명(46%)과 8명(42%)의 학부모들이 답변하였다.

설문조사 학부모　설문조사 학부모들 사이에서 높은 점수를 얻은 긍정적인 영향들은 면접 학부모들이 가장 빈번하게 언급하였던 긍정적 영향들과 내용면에서 유사하다. 설문조사에 참여한 학부모들은 모두 8개의 긍정적인 영향을 묘사한 항목들에 대해서 1~4의 점수를 주도록 요청되었다(1 = 전혀 그렇지 않다, 2 = 조금 그렇다, 3 = 어느 정도 그렇다, 4 = 매우 그렇다). 조사한 결과, '지적인 학생들과 상호작용할 수 있는 기회의 증대'(X = 3.79, SD = 0.49)와 '평소 교실에서 배울 수 없는 교육 내용들을 접함'(X = 3.62, SD = 0.54)이 가장 높은 점수를 얻었다. 이 두 가지 모두 면접 자료 분석에서 도출한 항목이다.

문서　3개의 지역신문사 편집자에게 보내온 33통의 편지와 9개의 신문 기사를 합하여 모두 42개의 관련 문서를 이용하여 연구 질문 1번에 대해 면접 학부모들로부터 알아낸 사실들이 타당한가를 검증하였다. 33통 중 2/3에 해당하는 편지들은 영재 프로그램이 학생들에게 보다 도전되는 교육과정을 제공하므로 그대로 유지할 것을 지지하는 내용으로서, 면접 학부모들이 빈번하게 지적하였던 긍정적인 영향들이 언급되어 있었다.

비디오테이프 비디오테이프 역시 연구 질문 1번과 관련하여 면접 학부모들로부터 수집한 자료들을 확증해 주었다. 이 비디오테이프에 촬영된 13명의 시민들은 교육위원회 청문회에서 한결같이 영재 프로그램의 유지를 지지하는 입장의 의견을 발표하였다. 이들이 발표한 긍정적인 영향들은 세 가지 범주로 정리될 수 있다. 즉, 차별화된 교육과정, 개인 외부 사안에 대한 지원, 개인 내부 사안에 대한 지원이다. 첫 번째 범주와 관련하여 여섯 명의 시민 발표자들은 영재 프로그램이 보다 도전적인 교육과정을 제공한다고 생각하였고, 두 명의 발표자는 영재 프로그램이 창의력을 촉진한다고 믿었으며, 또 다른 두 명의 발표자는 영재 프로그램이 보다 높은 수준의 사고력 훈련을 제공한다고 생각하였다. 두 명의 발표자는 영재 프로그램이 갖는 가장 긍정적인 측면은 학생들에게 지적인 동료 학생들과 상호작용할 수 있는 기회를 제공하는 것으로 보았다. 세 명의 발표자(이 중 두 사람은 차별화된 교육과정의 중요성에 대해서도 이야기하였다.)는 개인의 내부 사안에 대해 발표하였는데, 영재 프로그램이 학생들로 하여금 위험을 감수하도록 격려하고, 높은 목표와 표준을 향해 노력하도록 권장하는 긍정적인 효과에 대해 언급하였다.

교사 면접 영재교육 교사들로부터 얻은 자료는 영재 프로그램이 갖는 세 가지 범주의 긍정적인 효과들과 관련이 있었다. 교사들은 영재 프로그램의 교육과정이 일반 교실에서 제공되는 교육 내용을 넘어서 상호작용적이며 경험적이고 탐구적이라고 믿고 있다. 뿐만 아니라 교사들은 프로그램 덕분에 영재학생들이 지적으로나 학문적으로 자신과 동등한 능력의 학생들이 있다는 사실을 깨닫고 기꺼이 도전하도록 장려된다고 믿었다.

요약을 하면, 관점의 삼각화(triangulation)를 위해 네 가지 정보원(즉, 설문조사 자료, 문서, 비디오테이프, 교사 면접 내용)을 활용하여 도출한 긍정적 영

범 주	빈 도	
	응답 회수	모든 응답의 %*
적절하게 차별화된 교육과정을 제공		
1. 흥미를 유발하고 촉진한다.	13**	16
2. 전통적 교육과정을 뛰어넘을 수 있는 기회를 제공한다.	8	10
3. 비판적인 사고기술을 개발한다.	4	5
4. 자신에게 적합한 지적 수준의 환경에서 학습할 수 있는 기회를 제공한다.	3	4
5. 심화학습으로 학생들의 지평을 넓힌다.	3	4
6. 사고를 자극한다.	2	2
7. 학생들을 직업의 세계에 노출시킨다.	2	2
8. 자유와 선택권을 제공한다.	2	2
9. 기술을 처리하는 것을 배울 기회를 제공한다.	2	2
10. 지루함을 없앤다.	2	2
11. 창의성을 장려한다.	2	2
12. 학생들에게 심층 학습의 기회를 제공한다.	1	1
13. 학생들에게 총체적 과정을 볼 수 있는 기회를 제공한다.	1	1
14. 학생들이 학교에 연결성을 갖게 해 준다.	1	1
범주 내 총 응답	46	(55)
개인 내부의 사안들을 지원함		
15. 학생들에게 열정과 흥분을 제공한다.	10	12
16. 자존감을 높여 준다.	7	8
17. 자신감을 높여 준다.	6	7
18. 위험을 감수하도록 장려한다.	3	4
범주 내 총 응답	26	31
개인 외부의 사안들을 지원함		
19. 지적인 동료 학생들과 학습할 기회를 증대시켰다.	9	11
20. 자신을 보다 잘 받아들여 주는 학생들과 학습할 수 있는 기회를 증대시켰다.	2	2
범주 내 총 응답	11	(13)

* 반올림되었기 때문에 백분위의 총합이 100은 아니다.
** 응답자들이 여러 개의 응답을 하였기 때문에 응답 수의 총합도 면접 참여자 총수인 19가 아니다.

[그림 5-1] 면접 참여자들이 보고한 긍정적 효과의 범주와 빈도

향의 범주들은, 면접 학부모들로부터 알아낸 긍정적 영향의 범주들(즉, 차별화된 교육과정, 개인 외부 사안에 대한 지원, 개인 내부 사안에 대한 지원)을 확증해 주었다. 더욱이 특정 효과들(즉, 차별화된 교육과정이 주는 도전, 지적인 동료 학생들과 보내는 시간)의 많은 부분은 모든 정보원에 의해 중요한 긍정적 효과라고 언급되었다.

연구 질문 2번: 영재학생들을 위한 프로그램들이 학문적 · 사회적으로 갖는 부정적인 영향력은 무엇인가?

면접 학부모   비록 다수의 면접 참가자들이 프로그램이 갖는 부정적인 영향은 없다고 느꼈지만, 면접 학부모의 43%는 여덟 가지의 부정적인 영향들을 보고하였고, 이 영향들은 크게 다섯 가지 범주로 나눌 수 있다. 그 다섯 가지 범주는 영재로 판별되지 않은 동급생들의 놀림, 보충학습(make-up work), 엘리트주의, 영재라는 낙인찍기 또는 따돌림, 그리고 영재로 판별된 학생들을 위한 교육 계획과 그들의 필요에 대한 교사들 사이의 의사소통 부족이다([그림 5-2] 참조). 다섯 가지의 부정적 효과에 대한 범주 중에서 면접 학부모들이 가장 많이 지적하였던 부분은 '영재로 판별되지 않은 동급생들이 영재학생들을 놀리는 것'(세 번 언급됨)이었고 그 다음이 보충학습이었다(두 번 언급됨).

설문조사 학부모   면접 학부모들이 언급하였던 다섯 가지의 부정적 효과 중에서 세 가지 분야가 설문조사 학부모들에 의해서도 지지되었다. 설문조사에 참여한 학부모들은 부정적 영향들과 부정적 영향이 갖는 범위를 두 가지 방식으로 나타냈다. 첫 번째 방식은 리커트 척도를 사용하여 질문에 답하는 형식이었다. 이러한 유형의 질문 내용은 영재 프로그램에 참여하는 동안 놓친 학과 수업을 마저 끝내야 하는 문제, 자신이 다른 아이들과 다르다고 느껴 소외감을 느끼는 문제, 그리고 영재로 판별되지 않은 학생들로부터 놀림거리가 되는 문제였다. 두 번째 방식은 리커트 척도 문항에서 거론

영재교육의 공공정책

되지 않은 부정적인 영향들에 대해 응답자들이 자유롭게 언급하고 그것이 갖는 심각성의 정도를 표시하는 것이었다. 척도(1 = 전혀 그렇지 않다, 2 = 약간 그렇다, 3 = 어느 정도 그렇다, 4 = 매우 그렇다)을 사용하는 질문에서 높은 점수를 받은 항목들은 응답자의 자녀들이 가장 괴롭다고 여기는 문제들이다. 설문조사 학부모들은 영재 프로그램 참여로 놓친 수업내용을 보충해야 하는 것이 가장 큰 문제점이라고 생각하였는데 (X = 2.30; SD = 1.23), 여기서 우리는 가장 심각한 문제점이 나타내고 있는 점수가 겨우 2.3일뿐이라는 사실에 주목해야 한다. 즉, 영재 프로그램의 부정적 영향은 설문조사 결과에서 두드러지게 드러나는 특성이 아니었다.

문서　18개의 문서(편집자에게 보낸 14통의 편지와 4개의 신문기사)가 엘리트주의(정예 집단에게 특별한 대우를 베푸는 것)를 영재 프로그램이 갖는 부정적 영향이라고 언급하거나 다른 사람들이 엘리트주의를 문제점으로 여기고 있다고 지적하였다. 엘리트주의라는 부정적인 영향이 면접 학부모나 설문조사 학부모의 자료에서는 크게 부각되지 않았으나, 영재 프로그램에 직접적으로 관련되지 않은 많은 사람들은 엘리트주의를 두드러진 문제점으로 보고 있다. 설문조사 학부모 집단과 신문사에 편지를 보낸 집단 사이에 이렇게 의견 차이가 있다는 사실은 영재 프로그램의 폐지 과정에서 불거졌던 갈등의 원인에 대한 설명이 될 수 있을 것이다.

비디오　교육위원회 청문회에 참석하였던 발표자 중에서는 아무도 영재 프로그램에 대하여 나쁜 의견을 언급하지 않았고, 부정적인 영향도 지적한 사람이 없었다.

교사 면접　초등학교에서 영재들의 교육을 담당하였던 교사는 영재학생들을 위한 프로그램과 관련하여 아무런 부정적인 영향도 언급하지 않았다. 그러나 중학교에서 영재학생들의 교육을 담당하였던 교사는 두 가지 면에서 부정적인 영향을 지적하였다. 첫 번째 부정적인 영향은 영재 선발 기준

범 주	빈 도	
	응답 회수	모든 응답의 %*
영재로 판별되지 않은 학생들이 영재들을 놀림	3	38
보충학습	2	25
엘리트주의	1	13
영재학생에 대한 낙인/따돌림	1	13
영재로 판별된 학생들이 프로그램에서 행하는 활동에 대한 교사들 간의 의사소통 부족	1	13
총 합	8	

* 반올림되었기 때문에 백분위의 총합이 100은 아니다.

[그림 5-2] 면접 참여자들이 보고한 부정적 효과의 범주와 빈도

의 필요성과 이 선발 기준이 영재 프로그램에 선택되지 않은 학생들과 그 부모들을 동요하게 한다는 사실과 관련이 있다. 두 번째 부정적인 영향은 프로그램에 선발된 학생들이 추구하는 학습활동의 성질과 관련된 것이다. 프로그램에 선발되지 못한 학생들이나 그 부모들은 영재 프로그램의 학습활동을 '훌륭하다'고 생각하였고, 이로 인해 영재 프로그램 활동을 갈망하는 결과를 낳았다.

지금까지의 내용을 요약하면, 면접 학부모들이 바라보았던 영재 프로그램의 부정적인 영향들은 설문조사 학부모들이 제시한 자료에 의해 확증되었다고 할 수 있다. 면접 학부모 중 절반에 못 미치는 수가 영재 프로그램에 부정적인 영향들이 있다고 지적하였으며, 설문조사 학부모들이 등급을 부여한 부정적인 영향들은 그들의 자녀들에게 거의 아무런 영향을 미치지 않는 것으로 나타났다. 그러나 문서와 교사 면접에서 도출된 자료들은 영재 프로그램의 부정적 영향에 대해 학부모들과는 다른 내용을 지적하고 있다. 문서 자료의 거의 절반(43%) 정도가 엘리트주의를 영재 프로그램이 갖는 부정적 영향으로 언급하거나, 적어도 다른 관계자들이 엘리트주의를 문제점으로 인식하고 있다는 사실을 지적하였다. 중학교 교사는 프로그램의 학

영재교육의 공공정책

생 선발 기준과 학습활동이 영재 프로그램에 선발되지 않은 학생들과 학부모들 사이에서 부정적인 반응을 불러일으킨다고 믿었다.

연구 질문 3번: 영재 프로그램의 폐지와 관련하여 단기적으로 나타나는 긍정적인 영향과 부정적인 영향은 무엇인가?

면접 학부모 면접 결과, 면접에 참여한 학부모의 3/4 이상(84%)이 영재 프로그램 폐지의 결과로 자녀에게서 발견되는 행동들을 관찰한 것으로 나타났다. 면접 학부모의 자녀들은 영재 프로그램에 의해 제공되었던 도전을 상실하고 '너무도 느린' 학습활동에 지루함을 느끼게 되었다.

> 우리 아이가 도전 의식을 상실하였다고 생각합니다. 우리 아이가 특별히 수학을 정말 잘하는데, 수학시간에 학습 진도가 너무 느려서 약간 신경질을 냅니다.

한 학부모는 자녀가 심각한 좌절감을 느끼는 것을 발견하였다.

> 아들이 학교에서 집에 돌아와 화가 나서 말하였어요. 학교에서 시계 보는 방법을 가르치니까 속이 상하고 좌절감을 느꼈대요. 우리 아이는 4학년입니다. 아이는 자신이 시계 보는 법은 다 안다고 말하였습니다. 저는 아이에게 다른 학생들은 시계 보는 방법에 대해 배울 필요가 있다고 설명하였는데, 아이가 화를 내면서 "나는 어쩌고요?"라고 말하는 거예요. 저도 아이에게 더 이상 뭐라고 할 말이 없었습니다. 아이는 수업시간에 매우 지루해하고 좌절감을 느끼는데, 마땅히 배워야 할 것은 충분히 배우지 못하고 있습니다.

면접에 참여한 학부모들은 학교에서 느끼는 지루함 때문에 자녀들이 공상 및 파괴적 행동, 그리고 학문적 의욕 상실이라는 양상들을 보인다고 답변하였다.

> 아이는 수업시간에 매우 지루해합니다. 그래서 수업에 집중하지 않는다고 말하였어요. 아이 말이 자신은 과학 수업에 집중할 수가 없대요. 왜냐하면, 공해 문제를 해결하려고 노력하기도 너무 바쁘대요. 우리는 아이에게 "수업에

집중해야 돼."라고 말하였습니다. 그러나 아이는 시시한 내용의 수업에 집중하기보다는 머릿속으로 온실 현상과 오존층에 대해 떠올리며 그 문제들을 어떻게 해결할까를 생각하고 있는 것입니다.

우리 아이는 8학년 수준의 읽기를 할 수 있지만 현재 학교에서 배우는 내용은 5학년 수준의 기초 읽기입니다. 게다가, 5학년보다 훨씬 높은 수준의 수학문제를 푸는데 5학년 수학 수업을 듣자니… 너무 지루해합니다. 수업이 너무 지루해요. 그러다 보니 가끔씩 조금은 파괴적인 행동을 보이기도 합니다.

A: 학교수업이 심부름이나 다름없어요. 전혀 동기부여를 못 받고 있죠. 두 아이 모두 학교를 싫어합니다. 학업에 적극성을 보이지 않고, 한 아이는 '끔찍한 정도'입니다.

Q: '끔찍한 정도'면 어느 정도를 말씀하시는 것입니까?

A: 성적이 떨어지고 있어요. 학교에서 가장 영리한 학생에 속하였는데, 지금은 성적이 떨어져요.

Q: 전반적으로요?

A: F학점이 세 개, D학점이 두 개입니다.

Q: 작년 성적은 어땠나요?

A: 우등생이었습니다. 그런데 지금은 학교에 대한 태도가 달라졌어요. 선생님들이 가르치는 내용을 모두 알고 있으니까 아는 내용을 숙제하고, 복습하고, 학습해서 선생님께 제출해야 할 이유를 못 찾고 있습니다. 시험에서는 100점을 맞지만 과제물 점수는 0점이예요. 그러니까 총점 50점에 F학점을 받게 되지요… 영재 프로그램에 참여할 때는 아이가 생각할 기회를 갖게 되니까 모두 A학점만 받았어요. 배움에 대해서도 매우 흥미를 보였습니다. 그런데 올해는 그러한 프로그램이 하나도 없습니다.

면접 학부모의 대다수는 자신의 자녀들이 다양한 양상으로 학교수업에 대해서 지루함을 보이고 있음을 발견하였다. 많은 학부모들은 이제 학교 환경 속에서는 자신의 자녀들이 선택할 수 있는 적절한 교육과정이 없다고 믿고 있었다. 또한 자신들의 지적인 열정을 발산할 수 있는 적당한 장소를 찾기 위해 눈에 띄게 애쓰는 모습을 보이는 아이들이 있지만, 어떤 아이들은 사회적으로 받아들여질 수 없는 태도를 보이기도 하고, 또 어떤 아이들은 다른 아이들보다 더욱 자기파괴적인 행동을 보이기도 하였다. 면접를 통해 학부모들은 자신의 자녀들이 수업의 지루함 때문에 학교에서 보이는 행동의 양상들을 거론하였는데, 이 내용은 [그림 5-3]에 나타나 있다.

면접 학부모들이 부가적으로 제공한 의견 중에는 학교에서 자녀들의 능력이 제대로 존중받지 못하고 있으며 심지어는 파괴되고 있다는 내용까지 있었다. 예를 들어, 한 학부모는 "우리 딸은 자신이 학교에서 차별 대우를 받고 있다고 생각합니다. 프로그램에 참석하기 위해 영재교육 자료실에 갈 때면 반 아이들이 딸에게 못된 표정을 지어 보이죠. 그 학년에서 프로그램에 참여하는 학생은 우리 아이뿐이거든요. 아이가 프로그램에 참석해서 그날의 숙제를 못 들어도 선생님은 그 내용을 전달해 주지 않았습니다. 반 아이들은 아이에게 일부러 틀린 내용의 숙제를 가르쳐 주었습니다." 또 다른 학부모는 영재 프로그램이 폐지된 이후에 선생님이 자신의 딸에게 심층 학

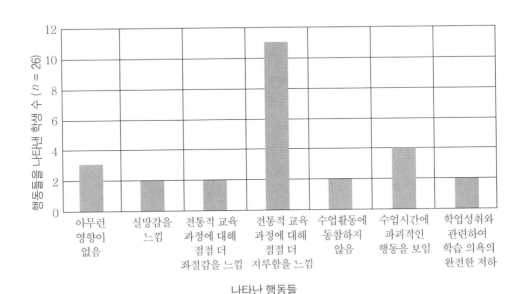

[그림 5-3] 영재 프로그램의 폐지 이후 관찰된 행동들

습을 그만두라고 말하였다고 하였다. 또 어떤 학부모는 딸의 교사가 딸이 정규 교육과정 이외의 것을 공부할 때 그 아이를 미워한다고 말하였다고 하였다. 영재 프로그램의 폐지 과정과 그 문제를 둘러싼 지역사회 구성원들의 태도에 대해서 한 학부모는 이렇게 말하였다. "한 가지 두드러졌던 것은… 태도였습니다. 재능 있는 아이가 따돌림을 받아 다른 사람들에게 부정적으로 받아들여지는 일은 없어야 합니다."

설문조사 학부모 설문조사 학부모들은 본 연구 질문과 관련된 항목에 척도를 사용하여 응답하도록 요청되었고, 자신들의 응답을 설명할 수 있는 공간이 제공되었다. 그 항목의 질문을 다음과 같다. 영재 프로그램의 폐지가 작년에 당신의 자녀에게 긍정적인 영향이나 부정적인 영향을 끼쳤습니까?

학부모들이 제공한 설문조사에 대한 응답 자료는 면접 학부모들의 의견을 뒷받침하였다. 설문조사 학부모들도 전반적으로 영재 프로그램의 폐지와 관련하여 자녀들이 단기적으로 어려움을 겪는 것을 경험하였다. 위의 설문조사 질문($SD = 0.76$, [1 = 매우 부정적임, 5 = 매우 긍정적임])에 대한 설문조사 학부모들의 응답은 평균 1.9의 점수를 얻었는데, 이 점수는 그들이 부정적인 영향을 경험하였음을 보여 준다. 또한 부정적 영향에 대해 그들이 제공한 설명은 '프로그램을 그리워하는 것'부터 '학습 의욕의 상실'까지 다양한 증상이 있었는데, 한 학부모는 다음과 같이 응답하였다.

우리 아이는 최소한으로 요구되는 과제만 겨우 하고 그 이상 학습하려는 의욕을 상실하였다. 수업시간에 지루해하며 공부를 거의 하지 않는다. 아이의 학습내용이나 노력, 성과는 2~3년 정도 퇴보하였다.

교사 면접 두 교사 모두 영재 프로그램의 폐지와 관련하여 단기적인 부정적 영향에 대해 보고하였다. 초등학교 교사의 경우 프로그램에 참여하였던 대다수의 학생들과 더 이상 연락하고 있지 않았지만, 두 명의 학생과는 여전히 만나고 있었다. 초등학교 교사에 따르면 한 학생은 그런대로 잘 지

영재교육의 공공정책

내고 있지만, 다른 학생은 영특한 학생으로 부각되는 것을 최대한으로 피하며 평범한 아이들 속에 파묻혀 지내고 있다고 하였다. 중학교 교사는 영재 프로그램이 폐지된 후 그 학군을 떠났기 때문에 특정 학생들에 대한 상황은 답변할 수 없지만, 프로그램에 참여하였던 학생들에게 '놀랍도록 부정적인 영향'이 초래되었을 것으로 믿고 있었다. 그녀는 학생들이 더 이상 비범한 사고방식과 학습이 다양한 환경 안에서 일어날 수 있다는 사실에 접할 기회를 갖지 못하였을 것이라고 생각하였다.

연구 질문 4번: 영재 프로그램의 폐지와 관련하여 장기적으로 나타나는 긍정적인 영향과 부정적인 영향은 무엇인가?

면접 학부모 면접에 참여한 학부모의 84%는 영재 프로그램의 폐지가 자녀들에게 장기적인 영향력을 미칠 것으로 믿고 있었다. 학부모들의 응답은 두 가지 범주로 나뉘어 나타났다. 첫 번째 범주는 학생들에게 미치는 장기적 영향이고, 두 번째 범주는 교육계 전반과 국제적 경쟁력에 미치는 장기적 영향이다. 면접 학부모들은 자녀들의 잠재력이 실현되지 못할 것으로 생각하였다.

> 제 생각엔 낭비라고 봅니다… 아이들 모두는 자신의 잠재력을 계발하고 도전받을 수 있도록 허용되어야 합니다… 예전에는 학교가 제 딸 같은 아이들을 교육할 수 있다고 믿었지만, 지금은 공립학교의 관심이 중간이나 중간 이하인 학습능력을 가진 학생들에게만 집중되어 있다고 생각합니다.

> 만약 영재학생들의 학습 의욕을 자극할 수 있는 프로그램이 없다면, 나는 그것을 생각하기도 싫습니다. 아마 어느 정도의 시간이 흐른 후에는 그들 안에 있는 무엇인가가 깨어날 것입니다… 제가 소망하는 것은 언젠가는 아이들이 "맞아, 나는 이것을 스스로 할 수 있어." 라고 말하면서 자신들의 적극성을 계발하고 학습에 즐거움을 느낄 수 있기를 바랍니다. 제 아들의 미래를 생각하면 정말 우울해집니다.

많은 학부모들은 자녀들이 학교수업으로부터 멀어지는 것을 목격하였다. 한 학부모는 "장담하건대 앞으로도 보통 수준 이상의 학습능력을 가진 보다 많은 학생들이 학교수업에 흥미를 잃게 될 것입니다… 그건 정말 끔찍한 일이죠."라고 응답하였다. 어떤 학부모들은 교육계와 미래의 노동 인력에 미칠 장기적인 영향력을 내다보며 이렇게 말하였다. "제 생각에는… 학교가 우리에게 필요한 교육적 기준을 만족시키지 못하고 있는 것 같습니다. 따라서 우리나라의 노동 인력 수준은 세계의 다른 국가들에 비해 경쟁력이 떨어질 것입니다."

면접 학부모의 14%는 영재 프로그램의 폐지와 관련하여 어떠한 장기적 영향도 없을 것이라고 답변하였다. 이 지역에서는 8학년 이상에서 영재들을 위한 프로그램이 진행된 적이 없었고, 면접에 참여하였던 일부 학부모의 자녀들은 이미 고등학교에 진학한 상황이었기 때문에, 14%의 학부모들은 프로그램의 폐지가 자녀들에게 아무런 영향도 끼치지 않는다고 생각하였다.

설문조사 학부모 설문조사에 참여한 학부모들은 본 연구 질문과 관련된 항목에 척도를 사용하여 응답하도록 요청되었고, 자신들의 응답을 설명할 수 있는 공간이 제공되었다. 그 항목의 질문은 다음과 같다. 당신은 영재 프로그램의 폐지가 남은 학교 기간 동안 당신의 자녀에게 전반적으로 미칠 영향이 무엇이라고 생각합니까? 설문조사 학부모들로부터 얻은 응답 자료는 면접 학부모들의 생각을 뒷받침하였고, 이 사실은 위의 조사 질문에 대한 학부모들의 응답이 평균 1.9(SD = 0.77, [1 = 매우 부정적임, 5 = 매우 긍정적임])라는 점수를 얻은 것에서 잘 나타난다. 자유로운 형식으로 응답한 내용에서 여러 가지 주제들이 거론되었는데 주된 내용은 다음과 같다.

영재 프로그램의 폐지는 우리 아들의 미래에 매우 부정적인 영향을 끼쳤습니다. 만약 우리가 아들의 학교공부에 대한 태만을 집에서 보충해 주지 않았다면 영재 프로그램의 폐지로 아이가 매우 부정적인 결과를 거두었을 겁니다.

우리가 집에서 노력한다 해도 동료 학생들과 함께 공부하는 분위기를 만들어 줄 수는 없기 때문에 여전히 부정적인 효과는 피할 수 없을 것입니다.

올바른 자극과 도전이 없으면 영재아동들은 더욱 퇴행적인 행동을 보이고, 좌절감을 느낄 것이며 화를 내거나 짜증 섞인 행동을 할 것입니다.

교사 면접 두 교사 모두 과거 영재 프로그램에 참여하였던 많은 학생들의 잠재력이 실현되지 못할 것이라고 답변하였다. 중학교 교사는 "사회의 일원으로서 우리는 영재아동들에게 합당한 대우를 해주어야 한다."라는 결론을 내렸다.

연구 질문 5번: 영재 프로그램의 폐지는 영재학생을 자녀로 둔 학부모에게 어떠한 영향을 미치는가?

면접 학부모 면접 자료에서 부각된 영재 프로그램의 폐지가 갖는 또 다른 장기적 영향은 폐지 절차가 영재로 판별된 학생들과 그 학생의 부모들에게 끼친 충격이다. 프로그램 폐지 과정을 둘러싼 의견 분열이 너무 심하여, 보다 능력 있는 자신의 자녀에게 특별한 교육이 필요하다고 믿었던 일부 학부모들은 과연 이러한 자신의 신념이 맞는 것인지 의문을 제기하기 시작하였다.

저는 항상 영재아동들이 학교생활에 흥미를 느낄 수 있도록 뭔가 특별한 프로그램을 제공하는 것이 당연히 필요하다고 생각하였습니다… 그런데 지금은 잘 모르겠어요. 믿거나 말거나 많은 학부모들이 영재 프로그램을 반대하고 있으며 그들은 제 친구들입니다. 우리 동네의 어떤 여자 분은 제 아들이 특별 프로그램에 참여하는 것을 불공평한 처사라고 생각하였습니다… 그녀는 제 아들만 선발되어서는 안 된다고 생각하였습니다… 그녀의 생각은 어떤 아이도 그러한 기회를 제공받도록 홀로 선발되어서는 안 된다는 것이었습니다… 저는 어쩌면 그녀가 옳을지도 모르겠다고 생각하였어요.

마침내는 어린이들까지 논쟁에 휘말렸다.

A: 마을 전체가 난리였습니다. 아이들은 아이들끼리 싸우고, 부모들은 부모들끼리 싸우고, 학교 이사회도 싸우고… 결국엔 공개적 논쟁으로 번졌는데, 학교와 영재로 판별된 아이들에게까지 영향을 미쳤습니다… 그래서 아픈 기억들이 있어요.

Q: 한 가지 예를 들어 주시겠습니까?

A: 하루는 제 딸이 울면서 집에 돌아왔는데, 그날 교실에서 논쟁이 있었대요. 아이들은 상당히 잔인하였습니다.

면접 자료를 통해 우리는 프로그램의 폐지 과정이 지역사회 내의 분열을 일으켰을 뿐만 아니라 면접 참석자의 3/4에 해당하는 학부모들에게도 영향을 끼쳤다는 것을 알 수 있었다. 면접 학부모의 12%는 교육제도와 교육계 지도자들에 대해 실망감을 나타냈고, 43%는 낙심과 환멸을 느꼈으며, 24%는 회의적인 자세나 공개적으로 불신하는 태도를 보였다. 나머지 21%는 영재 프로그램의 폐지가 본인들에게 어떠한 영향력도 미치지 않았다고 믿었다. 그러나 프로그램의 폐지로 영향을 받은 학부모들은 자신들이 느끼는 좌절과 낙심, 불신의 감정들을 다음과 같이 표현하였다.

A: 솔직히 말씀드리면, 저는 머리를 벽에 부딪고 싶은 심정이었습니다. 많은 시간 동안 교육감과 이야기를 하였고, 많은 시간을 학교장과 이야기를 나누었습니다. 그들은 항상 학교의 방침을 인용하면서 (결과중심 행동 프로그램은) 새로운 프로그램이기 때문에 실행하기까지는 시간이 필요하다고 답변하였습니다. 저는 프로그램을 실시하기 위해 A부터 Z까지 순서를 밟아가는 동안에… 학교 측에서 학생들을 위해 어떤 프로그램을 염두에 두고 있는지 물었습니다. 그들에겐 아무런 계획도 없었어요!

Q: 무슨 말을 하던가요?

A: 그들은 이렇게 말하였어요. "아닙니다, 존스 부인. 부인의 아드님은 지금 학교에서 도전을 받고 있습니다. 부인께서 수업에 참석하지 않으시니 그 사실을 모르시는 것뿐입니다." 그래서 저는 분명하게 대답하였습니다. "물론 제가 수업에는 참석하지 않지만 아이가 집에 돌아와서 '오늘 학교

영재교육의 공공정책

수업이 너무 지루하였어요. 저는 왜 더 배우면 안 되나요? 다른 것을 배울 수는 없는 건가요? 이미 다 알고 있는 것을 왜 또 배워야 하지요? 그리고 이미 100점 맞은 내용에 대해 복습하는 걸 왜 참고 있어야 해요?' 라고 말하는 것은 듣습니다."

면접에 참석한 일부 학부모들이 느끼는 불만 때문에 학부모들과 학교 체제 사이에 적대적인 관계가 형성되었다. 적대감의 강도는 다양하게 나타나고 있는데 다음의 답변을 보면 알 수 있다.

학교 체제에 대한 우리의 감정은 이제 크게 변하였습니다. 우리가 이 지역으로 이사 왔던 것은 학교 체제 때문입니다. 그러나 이제는 학교 체제에 대한 저의 입장이 완전히 바뀌었습니다. 누구에게도 교육제도가 좋으니 이 지역으로 이사를 오라고 말하지 않을 겁니다. 교육제도 때문에 제 마음이 너무 심란합니다. 그런데도 개선되는 모습이 전혀 보이지 않습니다.
작년에 이 모든 과정을 거치면서… 학교에 대해 느낀 좌절감은 이루 말할 수 없을 정도입니다. 단돈 몇 달러 아끼기 위해 내 아이의 교육이 파괴당하고 있다고 생각합니다… 여전히 학교를 지지하고자 노력은 하지만 학교와의 관계가 너무 적대적으로 변하였습니다.

면접 학부모와 설문조사 학부모 프로그램 폐지 과정 중에 생겨난 공립학교 체제에 대한 불만으로 면접에 참여한 많은 학부모들은 남은 학교 기간에 자녀들이 받을 수 있는 대안적인 교육 수단에 대해 고려하게 되었다. 교육 대안에 대한 생각은 면접 학부모들 사이에서만 나타난 것이 아니라 설문조사 학부모들 사이에서도 나타났다. 설문조사 학부모의 39%는 자녀를 위해 이미 대안적인 교육 수단을 고려해 보았거나 대안적 교육방식을 선택한 것으로 나타났으며, 면접 학부모의 경우는 53%가 이미 대안적 교육방식을 고려하거나 선택한 것으로 나타났다. 그런데 이러한 수치는 자녀를 다른 학교에 보내기 원하는 학부모의 실질적인 수를 온전히 반영하지 못한 듯하다. 그 이유는 설문조사와 면접에 참여한 많은 학부모들이 자녀를 다른 곳으로 전학시키기를 원하지만 경제적인 이유로 그렇게 못하고 있다고 답변하였기 때문이다. 분명히 영재 프로그램의 폐지 과정은 영재학생들뿐만 아니라 학부모들에게까지도 영향을 미쳤다.

문서 문서 자료는 영재 프로그램 폐지의 논란적인 성질을 세 가지 방식으로 확증하였다. 첫째, 많은 시민들이 신문사 편집인에게 편지를 보냈다는 사실은 영재학생들을 위한 교육 문제와 관련하여 어느 정도의 우려와 관심이 있었는가를 보여 준다. 두 번째, 신문기사와 독자투고란의 편지글에 붙여진 제목들은 지역사회 주민들의 강한 신념과, 심지어는 그들이 느꼈던 분노까지 보여 준다. 예를 들어, '푼돈 아끼자고 지성을 홀대하다' '단돈 7,000달러 때문에 미래의 지도자들에게 타격을 입힌 지역사회' '영재들은 특별대우를 필요로 하지 않는다' '영재 프로그램의 폐지, 대논란을 일으키다' '모든 학생이 동등한 것은 아니다' 등의 기사 제목들이 신문을 장식하였다. 세 번째로 악의성 전화, 기물 파괴, 협박성 우편물들이 신문기사와 독자투서에 기록되어서 면접 학부모들이 진술하였던 내용들을 검증해 주었다.

논 의

본 연구는 도발적인 사안들을 다루고 있으며, 발견된 사실들을 일반화하는 데 조심성이 요구된다. 그 이유는 질적 연구에서는 외부적 신뢰성(Goetz & LeCompte, 1984)을 획득하기가 어렵기 때문이다. 본 연구의 상황에 대한 묘사, 면접 참가자, 설문조사 학부모, 그리고 자료의 수집 및 분석 방법에 대해 개괄적으로 요약되어 있고, 연구의 대상이 된 집단으로부터 얻은 정보를 세 가지 관점으로 나누기 위해 여러 가지 정보원들을 사용하였다. 그러나 이 연구를 통해서 알게 된 사실들은 영재 프로그램의 폐지가 연구의 대상이 되었던 특정한 하나의 지역사회에서 불러일으킨 영향에 대해서만 관련이

영재교육의 공공정책

있다.

본 연구의 면접과 설문조사를 통해 한때 이 지역에서 영재 프로그램의 혜택을 누렸던 많은 학생들과 학부모들이 영재 프로그램의 폐지로 일정한 변화를 겪었음이 분명해졌다. 우리는 그중 두드러졌던 네 가지 영향들에 대해 논할 것이다. 그 네 가지 영향은 다음과 같다. 보다 높은 수준의 성취를 이루려는 학생의 의욕 감소, 전통적인 교육과정에서 본인의 능력 수준보다 낮은 성취, 프로그램의 폐지 과정이 학생과 학부모에게 미친 영향, 그리고 영재학생들의 고질적 태도가 그들의 학업수행에 미치는 영향 등이다.

보다 높은 수준의 기능에서 학생의 의욕 감소

면접 학부모들이 가장 빈번하게 언급한 영재 프로그램의 긍정적 효과 중 하나는 바로 연구자들(MacKinnon, 1960; Oden, 1983; Piechowski, Silverman, Cunningham, & Falk, 1982)이 발견한 영재의 특성인 열정 또는 흥미였다. 영재에 대한 초기 연구는 영재학생들이 높은 수준의 열정을 가지고 영재 프로그램에 온다는 사실을 시사한다. 본 연구에서 참여한 학부모들도 자신의 자녀들이 영재 프로그램을 통해 도전적인 학습활동을 수행하고 지적인 동료학생들과 상호작용을 하면서 고조된 흥분감과 열정을 갖는다고 제안하였다. 따라서 학부모들은 영재 프로그램 활동의 높은 도전과 동료 영재들과의 상호작용이야말로 프로그램 폐지 이후 자신의 자녀들이 가장 그리워하는 것이라고 대답하였다. 또한 여러 명의 학부모들은 아이들도 자신에게 발생한 변화에 대해 인식하고 있다고 답변하였다. "아들은 영재 프로그램이 폐지되지 않았다면 자신이 관심 있는 분야에 대해 훨씬 더 많이 배우고 있을 거라고 말하였어요." 이 표본에서 많은 학부모들이 제공한 자료들은 그들의 자녀들이 본질적인 학습 의욕의 저하를 경험하고 있음을 보여 준다. 즉, 아이들이 과거의 수준과 동일한 지적 호기심이나 열정을 갖지 못함을 의미한다. 많은 학부모들은 보다 어려운 교육과정의 도전들을 수행하여 자신의 특별한 능력이 인정될 수 있는 기회가 주어지지 않으면 자신의 자녀들은 점점 더 학습 의욕을 잃어갈 것이고, 결과적으로 자신들의 능력보다 낮은 기준에 만족하게 될 것이라고 생각하였다.

전통적인 교육과정에서 본인의 능력 수준보다 낮은 성취

학습 의욕의 감소와 함께, 일부 학생들은 전통적인 교육과정에 대해서도 흥미를 잃고 자신의 능력보다 낮은 학업성취 수준을 보였는데, 부모들에 따르면 그 이유는 전통적 교육과정의 쉬운 수업내용과 느린 학습 진도가 영재 학생들에게 '지루함을 느끼게 하고' '좌절케 하며' '파괴적' 태도까지 갖게 하였기 때문이다. 자료를 분석해 보면, 영재들을 위한 프로그램이 이 지역에서 운영되는 동안은 학생들의 학습 의욕이 자극되었고, 따라서 학생들은 학교의 전통적인 교육과정에도 적극적으로 참여하였던 것으로 결론을 내리는 것이 타당할 듯하다. 그러나 영재 프로그램이 폐지된 후 학부모들은 자녀들이 일반 교육과정 학습으로부터 이탈해 다양한 결과적 행동들을 나타내 보였다고 답변하였으며, 이에 따라 미래의 자녀들 학업에도 부정적인 영향을 미치지 않을까 우려하고 있었다. 당시 중학교에 재학 중인 자녀를 둔 학부모들은 자녀들이 정규 교육과정에서 거두는 성적이 낮아서 특히 걱정이 심하였다. 그들은 자녀들이 발달학적으로 어른이나 학교로부터 자신들을 분리시킬 준비가 되었으며, 학교나 교사, 그리고 정규 교육과정은 더 이상 학문적 의욕을 지닌 학생들을 제대로 돌보지 않는다고 생각하였다.

따라서 본 연구는 교육적 연구에 관련된 사람들뿐만 아니라 교육정책을 수립하고 실행할 책임을 지닌 사람들에게도 중요한 의미를 지닌다고 할 수 있다. 점점 더 많은 수의 영재 프로그램들이 폐지되고 있는 실정이다 (Purcell, 1992, 1993). 본 연구에 따르면, 일단 영재 프로그램이 폐지된 이후에는 전통적인 수업방식으로 평균 능력보다 앞선 수준의 학생들의 호기심을 자극할 수 있는 요소들을 갖추기는 거의 어렵다. Reis와 Purcell(1993)은 수학, 언어

과목, 과학 그리고 사회학 과목의 교육과정에서 24∼50%의 내용을 삭제해도 영재학생들의 학업성취 능력에는 아무런 영향을 미치지 않는다고 주장하였다. Westberg, Archambault, Dobyns 그리고 Salvin(1993)은 전국적으로 일반적인 초등학교 교실에서 영재학생들을 위해 사용되는 교육 및 교육과정 활동들을 검토하였는데, 그들이 검토한 자료에 따르면 다섯 개의 교과목 활동 중 84%에 해당하는 활동에서 영재학생들은 교육과정의 차별 없이 일반학생들과 동일한 교육을 받고 있는 것으로 나타났다.

본 연구에서는 소수의 학생들만이 영재 프로그램이 폐지된 후에도 전통적 방식의 교실에서 지속적으로 잘 학습하고 있는 것으로 나타났다. 그러나 훨씬 많은 수의 학생들은 이미 학교 활동에서 멀어졌거나, 전통적인 교육과정에서 자신들의 실력보다 낮은 학업 점수를 기록하고 있었다. 교육정책 입안자들은 이 한 지역에서 영재학생들을 위해 적절하게 차별화되어 고안된 교육적 대안 또는 교육 경험의 수나 범위가 점점 줄어들고 있다는 사실을 인식해야 할 것이다. 그리고 교육 관련 연구자들은 본 연구에서 제기된 프로그램 폐지 이후 학생들이 보였던 결과적 행동(outcome behaviors)의 범위가 어느 정도인지 추가적인 연구를 수행할 필요가 있다.

프로그램의 폐지 과정이 학생과 학부모에게 미친 영향

본 연구에 사용된 자료들은 영재 프로그램의 폐지 과정이 영재학생들과 학부모 모두에게 영향을 끼쳤음을 보여 준다. 프로그램의 폐지로 이 지역의 일부 학부모들은 이 사회가 영재들의 능력에 대해 어떠한 가치를 부여하고 있는가에 대해 의문을 갖게 되었다. 그 폐지 과정은 언제나 자신의 자녀들에게는 특별한 교육이 필요하다고 믿어 왔던 학부모들로 하여금 특수한 교육 서비스가 정말 필요한 것인가에 대해 의문을 제기하도록 만들었다. 또한 프로그램의 폐지 과정은 영재아동의 학부모에게 지나치게 소외감을 느끼게 하였으며, 그중 많은 수(적어도 반 정도)가 사립학교에 대해 심각하게 고려하도록 만들었다.

영재학생들에 대한 태도와 그들의 학업수행

　마지막으로, 본 연구를 통해 발견된 사실들은 학교와 지역사회 내에 영재학생들에 대한 뿌리 깊은 태도가 존재하여, 이것이 영재학생들의 학업수행에 영향을 미칠 수도 있음을 보여 주었다. Brown(1990)은 고등학생들을 대상으로 연구를 수행하여 고교생 집단 속에서 나타나는 동급생의 기대 및 학업성취와 관련하여 두 가지 현상에 대해 보고하였다. Brown이 발견한 첫 번째 현상은 학생들 사이에서 고등학교를 졸업해야 한다는 압박감은 매우 크지만, 학업성적이 우수해야 한다는 압박감은 상대적으로 그렇게 크지 않다는 점이다. Brown은 두 번째로 동급생들이 학문적으로 보다 우수한 학생들을 억압하기 위해 제재를 가한다는 사실을 발견하였다. '우수한 학생들이 "학업성취에 대한 기준을 높이면 동급생들은 그만큼 학교공부에 더 많은 노력을 기울여야 하기 때문에"(p. 16) 그와 같은 압박을 가한다고 설명하였다. 고등학생들은 우수한 동급생을 존중하지 않고 오히려 우수한 학생이 자신들과 동등해지도록 만들려고 시도한다(Brown, 1990, p. 28). 학업능력이 우수한 동급생에 대한 존중은 자신에 대한 좌절감에 의해 적대감과 조롱으로 변형된다.

　본 연구 자료에 따르면, Brown이 연구하였던 고등학생 시기보다 훨씬 앞선 시기에 학문적으로 높은 능력을 보이는 학생들을 억압하기 위한 규범적 압박과 제재가 존재하고 있다. 예를 들어, 본 연구에 참여하였던 면접 학부모들은 불과 초등학교 3학년인 자녀가 영재 프로그램 활동에 참여하기 위해 교실수업에 빠졌을 때, 영재로 판별되지 않은 학생들이 '일부러' 영재학생에게 잘못된 숙제의 내용을 일러 주는 사건을 경험하였다. 게다가, 면접 학부모들은 영재 프로그램의 폐지가 진행되는 동안과 폐지된 이후에 '영재로 판별되지 않은 학생들의 학부모나 일부 교사들이' 영재로 판별된 학생들을 억제하기 위해 제재를 가하였다고 말하였다. Brown은 왜 일부 학부모나 교사들이 영재학생들이 이룩한 학업성취를 조롱하는가에 대해서는 이유를 설명하지 않았지만, 청소년들 사이에서 드러나는 지적인 학생들에 대한 외적인 혐오는 어쩌면 '보다 큰 문화에서 공통적으로 나타나는 지성인들에 대한 편견을 반영'(1990, p. 15)하는 것일 수도 있다는 의견을 피력하였다.

결 론

한때 영재 프로그램의 혜택을 받았던 학생들과 그 학부모들에게 영재 프로그램의 폐지가 가져오는 영향에 대하여 이루어진 연구 논문의 수는 지극히 소수다. 본 연구에서는 한 지역사회에 속한 다수의 학부모들이 영재 프로그램의 폐지로 자녀에게 변화가 발생한 것을 인지하였음을 보여 준다. 더욱이 프로그램의 폐지 과정을 둘러싸고 지역사회 구성원 간에 분열이 발생하고, 학부모들의 학교에 대한 불만이 심해져서 절반이 넘는 영재학생의 부모들은 자녀를 다른 학교로 전학시키는 것에 대해 고려하기도 하였다. 본 연구가 계기가 되어, 여기서 발견된 사실들에 대해 앞으로 더욱 심도 있는 연구조사가 이루어지고, 영재 프로그램의 폐지가 학생들과 학교, 그리고 지역사회에 미치는 장기적인 영향에 대해 더 잘 이해할 수 있기를 바란다.

참고문헌

Bogdan, R. C., & Biklen, S. K. (1982). *Qualitative research for education.* Boston: Allyn and Bacon.

Brown, B. B. (1990, November). *School, culture, social politics, and the academic motivtion of U.S. students.* Paper presented at a conference on student motivation sponsored by the Office of Educational Improvement. Arlington, VA.

Feldhusen, J. F. (1989). Why the public schools will continue to neglect the gifted. *Gifted Child Today, 12*(61), 55-59.

Glaser, B. G., & Strauss, A. I. (1967). *The discovery of grounded theory: Strategies for qualitative research.* New York: Aldine.

Goetz, J. P., & LeCompte, M. D. (1984). *Ethnography and qualitative design in educational research.* New York: Academic Press.

Kelly, D. (1991, October 23). Programs for the gifted: Equitable or elitist? *USA Today*, p. 18.

Lincoln, Y. S., & Guba, E. G. (1985). *Naturalistic inquiry.* Newbury Park. CA: Sage.

MacKinnon, D. W. (1960). The highly effective individual. *Teachers College Record, 61,* 376-378.

Martinson, R. A. (1972). An analysis of problems and priorities: Advocate survery and statistical sources. In S. P. Marland. *Education of the gifted and talented: Background papers*, (Vol. 2. pp. 121-136). Washington, DC: U.S. Governmental Printing Office.

Miles, M. B., & Huberman, A. M. (1984). *Qualitative data analysis.* Newbury Park, CA: Sage.

Oden, M. (1983). A 40-year follow-up of giftedness: Fulfillment and unfulfillment. In R. S. Albert. (Ed.), *Genius and eminence* (pp. 203-212). Oxford, UK: Pergamon.

Piechowski, M. M., Silverman, I. K., Cunningham, K., & Falk, F. (1982, March). *A comparison of intellectually gifted and artists on five dimensions of mental functioning.* Paper presented at the American Educational Research Association Annual Meeting, New York, NY.

Purcell, J. H. (1992). Programs in states without a mandate. *An "endangered species"? Roeper Review, 15*(2), 93-95.

Purcell, J. H. (1993). *A study of the status of programs for high-ability students in twenty states and the factors that contribute to their retention and elimination.* Unpublished doctoral dissertation. The University of

영재교육의 공공정책

Connecticut. Storrs, CT.

Radin, C. A. (1991, September). Gifted students face test of indifference. *The Boston Globe,* pp. 1, 14.

Reis, S. M., & Purcell, J. H. (1993). An analysis of content elimination and strategies used by elementary classroom teachers in the curriculum compacting process. *Journal for the Education of the Gifted, 16*(2), 147-170.

Renzulli, J. S. (1977). *The enrichment triad model: A guide for developing defensible programs for the gifted.* Mansfield Center, CT: Creative Learning Press.

Renzulli, J. S., & Reis, S. M. (1991). The reform movement and the quiet crisis in gifted education. *Gifted Child Quarterly, 35,* 26-35.

Starko, A. J. (1990). Life and death of a gifted grogram: Lessons not yet learned. *Roeper Review, 13*(1), 33-38.

Westberg, K. L., Archambault, F. X., Dobyns, S. M., & Salvin, T. (1993). The classroom practices observations study. *Journal for the Education of the Gifted, 16*(2), 120-146.

06

조숙한 읽기능력: 이것은 무엇을 의미하는가?[1]

Nancy Ewald Jackson(University of Washington)

조숙한 읽기능력(precocious reading ability)에 대한 연구결과들이 검토되고, 이 결과들이 부모와 교사, 교육정책 입안자들에게 지니는 의미에 대한 논의가 이뤄지고 있다. 조숙한 읽기능력은 복잡한 기술이며, 특정한 하위기술 (specific subskill)의 단계는 개인에 따라 상당히 다양하게 나타난다. 조숙한 읽기능력이 일반적인 지능과 어느 정도 관계가 있으나 몇몇 어린이들은 지능이 매우 높음에도 불구하고 조숙한 읽기능력을 나타내지 않는가 하면, 또 어떤 아이들은 조숙한 읽기능력을 보이지만 지능은 보통이거나 보통 이하인 경우도 있다. 부모가 어린 아기들에게 읽기를 가르칠 수 있을 것으로 기대해서는 안 되지만, 부모와 아이 모두가 자연스럽고 즐겁게 받아들일 수 있는 활동을 통해 자녀의 읽기능력의 조기 발달을 자극할 수는 있을 것이다.

당신이 식당에서 저녁을 먹고 있다고 생각해 보라. 당신의 옆 테이블에 한 가족이 있는데 세 살 정도 되어 보이는 어린 아들과 함께 식사를 하러 왔다. 여종업원이 차림표를 가져왔는데, 아이가 자기도 차림표를 달라고 하더

---

1) 편저자 주: Jackson, N. E. (1988). Precocious reading ability: What does it mean? *Gifted Child Quarterly, 32*(1), 200-204. ⓒ 1988 National Association for Gifted Children. 필자 승인 후 재인쇄.

니 그 내용을 큰소리로 읽는다. 대부분의 사람들에게 이러한 모습은 마음이 동요되는 장면일 것이다. 그러나 우리가 보이는 이러한 반응의 정확한 본질은 극단적인 조숙함이 갖는 원인과 의미에 대해서 우리가 알거나 추측하고 있는 내용을 반영하고 있을 것이다. 어떤 사람들은 그 아동이 비범하게 영특하다고 생각할 수도 있다. 부모가 열심히 노력하면 자녀의 학문적 기술을 일찍부터 개발시킬 수 있으며 또 당연히 그렇게 해야 한다고 믿는 사람들은 옆 테이블의 부부가 이룩한 명백한 성공에 감탄을 보낼 것이다. 또 어떤 사람들은 아이가 자신의 나이에 걸맞지 않게 너무 일찍 읽기를 시작해서 어쩌면 다른 발달 분야를 방해할 수도 있을 것에 대해 염려할 것이다(Zigler & Lang, 1985). 아이의 조숙한 글읽기에 찬성하든, 부러워하든, 아니면 걱정하든지 간에, 이 장면을 지켜본 모든 사람들은 그 아이가 아주 이른 시기에 읽기능력을 습득한 것이 부모의 자녀 양육 습관이나 아이의 지적 능력 또는 학문적 미래에 무언가 중요한 의미를 나타내는 표시가 된다고 생각할 것이다. 이러한 추측 중 일부는 조숙한 읽기능력을 가진 아동들에 대한 경험적 연구 결과와 불일치할 수도 있다.

이 논문의 목적은 조숙한 읽기가 무엇이며 어떠한 의미를 지니는가에 대한 관련 증거들을 요약하는 것이다. 이러한 정보는 남다르게 이른 시기부터 읽기를 배운 아동들에 대해서 어떤 다른 비범한 지적 성취를 기대할 수 있으며, 학교에 입학하기 전에 이미 읽기를 시작한 학생들을 위해 초등 학년의 읽기 수업은 어떻게 적용되어야 하며, 부모들은 자녀들의 조숙한 글읽기를 육성해야 하는가의 여부, 만약 육성해야 한다면 어떠한 방법을 따라야 하는지와 같은 질문들과 관련하여 학부모나 교사, 교육정책 입안자들로 하여금 정보에 근거하여 입장을 표명할 수 있도록 도와줄 것이다.

글을 일찍 깨친 아동들은 지능이 높을까?

'글을 일찍 깨친 아동들로부터 우리는 무엇을 기대할 수 있을까?' 그리고 이와 관련하여 '아이가 글을 일찍부터 읽을 수 있을 것이라는 사실을 알려주는 특성들은 무엇인가?'라는 질문들을 고찰할 수 있는 한 가지 방법은 조숙한 글읽기와 지능 사이의 관계를 살펴보는 것이다. 표준화 검사를 통해 획득한 점수로 측정되는 일반적인 지적 능력과 조숙한 읽기능력 사이의 관계는 여러 차례 연구되었으며, 연구결과는 언제나 양자 사이에 중간 정도의 연관성이 있는 것으로 나타났다. 전체 집단 평균으로 볼 때, 글을 빨리 깨친 아동들의 지능은 일반 아동들의 평균 IQ보다 약간 높은 것으로 나타났다. 그러나 개개인의 지능 측정 점수는 평균 이하부터 최고 점수 이상의 수준까지 다양하게 분포하고 있다(Durkin, 1966; Jackson, Cleland & Donaldson, 인쇄 중; Roedell, Jackson, & Robinson, 1980). 지능이 우수한 취학 전 아동 집단 내에서 가장 높은 지능을 가진 아동들이 가장 읽기능력이 뛰어난 아동들은 아니었다(Jackson & Myers, 1982). 아동들이 점점 더 어려운 내용의 글을 읽음에 따라, 아동들이 갖는 이해력의 상한선은 그들의 일반적인 언어능력이나 논리력, 해당 주제에 대한 그들의 지식과 관련성을 갖게 된다(Curtis, 1980; Resnick, 1984). 그러나 글읽기의 초보 단계에 있는 아동들이 읽는 책들은 거의 대부분 아동이 갖는 이해력 상한선을 넘어서지 않는다. 읽기의 초보자들이 겪는 주된 어려움은 문장에 쓰인 단어의 발음법을 이해하는 것인데, 때로는 특별히 지능이 뛰어나거나 발음이 유창하지 않음에도 불구하고 발음법에 대한 이해력이 뛰어난 아이들이 있다. 단어 발음법에 대한 이해력과 그 밖의 다른 지적 능력 사이에 존재하는 불일치 중 가장 극단적인 경우는 '과독증(過讀症, hyperlexia)'이라고 불리는 행동 유형을 보이는 정신지체 아동들에게서 찾아볼 수 있다. 과독증이 있는 아동은 종종 강박적으로 정상적인 학령기에 이르기 전부터 글읽기를 시작한다. 이러한 아이들은 문장에 쓰인 단어의 발음법을 이해하거나 소리 내어 읽는 것에서 상당히 발달된 수준을 보일 수 있다. 그러나 과독증 아동들은 자신이 읽는 본문의 내용이 갖는 의미를 이해할 수 있는 능력이 매우 제한되어 있다. 그러나 해당 문자와 그에 상응하는 소리의 법칙을 매우 잘 사용할 수 있기 때문에, 이제까지 한 번도 본 적이 없는 모조단어(pseudowords)라 할지라도 법칙에 맞게 그럴듯하게 조합되어 있으면 발음 법칙을 사용하여 그 단어들을 발음한다(Healy, 1982). 대개의 경우 글을 일찍 깨치는 아이들은 평균 수준보다 지능이 높은 정상적인 아동들이지만, 과독증이 나타내는 증상은 조숙한 글읽기가 그 자체만으로 일반적 능력의 특정한 수준을 보여 주는 지표가 될 수 없다는 사실을 우리에게 극적으로 상기시켜 준다.

아동의 지능이 높다고 그 아동이 반드시 글을 일찍 깨치는 것은 아니다. Terman의 장기적 연구 표본에 선출된 높은 지능지수의 아동들 중 약 반 정도는, 부모들의 설명에 따르면 만 5세에 글읽기를 시작하였으며, 20%는 만 4세에 글읽기를 시작한 것으로 나타났다. 조숙한 글읽기는 최고의 Stanford-Binet 지능지수를 획득한 아동들에게서 가장 빈번하게 발견되었다. 그러나 위와 같은 사실에도 불구하고 최고의 지능지수를 갖은 일부 아동들은 일찍부터 글을 깨치지 않았다(Terman & Oden, 1947). 영재아동들에 대해 보다 최근에 실시된 연구들에서도 유사한 결과가 발견되었다(Cassidy & Vukelich, 1980; Price, 1976; Roedell, Jackson, & Robinson, 1980).

조숙한 읽기능력의 출현을 일단의 특정한 지적 능력과 연관시키려는 시도는 아직 결정적인 결과에 이르지 못하였지만(Torrey, 1979), 남들보다 이른 시기에 글을 읽을 수 있는 능력이 아마도 자음과 모음을 빠르게 명명할 수 있는 능력과, 청각적인 단기 기억 범위와 어느 정도 관련이 있다는 증거가 있다(Jackson & Myers, 1982; Jackson et al., 인쇄 중). 영재성을 지닌 미취학 아동들을 대상으로 실시한 어느 연구에서, 입학 전에 아동들의 읽기능력을 계발시킬 목적으로 다양한 교과활동에 어린이들을 참여시켰는데, 일부 아동들은 자음과 모음의 명칭을 배웠지만 단어를 인식하는 것에서는 거의 진척이 없었다. 가장 많은 진보를 보인 어린이들은 자음과 모음을 빨리 말할 뿐만 아니라 정확하게 읽을 수 있는 아이들이었다(Jackson & Myers, 1982). 일반적으로 글읽기를 시작하는 나이에 이르러 글자를 깨치기 시작한 아동들을 대상으로 실시한 연구의 결과에 따르면, 자음과 모음을 빨리 명명할 수 있다는 것은 장기적인 기억창고(longterm memory)로부터 정보를 꺼내 오는 데 보다 효율적임을 나타내기 때문에 글읽기가 용이한 이유가 될 수 있다(Blachman, 1983; Ehri & Wince, 1983).

일찍 글을 깨친 아동들은 이후의 삶 속에서도 지속적으로 비범한 수행능력을 보이는가?

전기문을 읽거나 일화를 들어 보면 많은 저명인사들이 일찍부터 글을 읽었던 것을 알 수 있다(Albert, 1971; Cox, 1926). 그러나 뛰어난 지적 성과와 전문적 업적으로 명성을 날린 일부 인사들이 어렸을 때 글을 깨친 속도가 비정상적으로 느렸다는 사실은 위의 결과와 균형을 이루어야 할 것이다(Schulman, 1986). 게다가, 이러한 저명인사들에 대한 과거 사실의 기록들이 현재 조숙한 읽기능력을 보이는 아이들이 어른이 되어서 뛰어난 업적을 이룰 수 있는 확률에 대해 아무것도 말해 주지 못한다.

그렇다면 조숙한 읽기능력이 인생의 중간기에서 갖는 의미(intermediate implications)는 무엇일까? 글을 일찍 깨친 아이들이 학교공부에서 좋은 성적을 거둘 것이라는 의견을 뒷받침하는 증거는 거의 없다. Durkin(1966)은 다른 학생들보다 읽기능력이 우수한 다수의 초등학교 1학년 학생을 표본으로 선출하였다. 그리고 시간이 흐른 뒤에 이 아동들의 학업성취와, 그들과 동등한 IQ를 가졌으나 우수한 읽기능력을 지니지 않았던 학생들의 학업성취를 비교하였다. 두 집단의 학생들 모두 성적이 우수하였지만, 조숙한 읽기능력을 지녔던 어린이들의 학업성적이 읽기가 느렸던 아이들보다 여전히 높았다. 그러나 Durkin의 이러한 비교는 조숙한 읽기능력이 지속적으로 높은 학업성취를 이루는 것에 대한 통계적 예측(statistical predictor)이 아니라 원인(cause)이라는 강력한 증거를 제시하지 못하고 있다. 조숙한 읽기능력 집단과 비교집단 사이의 모든 조건을 완벽하게 일치시킬 수는 없다. 그리고 조숙한 읽기능력 집단 학생들의 지속적인 우월성은 측정되지 않은 다른 요인들에 의해서 가능하였을 수도 있는데, 이러한 요인들에 의해 조숙한 읽기능력 집단이 비교집단에 대해 인지되지 않은 우위를 보였을 수도 있다. 이러한 요인들의 예로는, 부모의 학업에 대한 강조, 아동들의 특정한 지적 능력, 시험에 따르는 운 등이 있을 수 있다.

조숙한 글읽기와 읽기능력에서의 지속적인 우위 사이에 특정한 인과관계가 존재한다는 의견에 대한 회의적 시각은 이와 관련한 통제된 실험연구 결과와 일관된 입장에 있다. Durkin(1974~1975)은 무작위로 선정한 만 4세의 아동들을 2년 동안 초등학교 이전 수준의 읽기 교육을 받게 하고, 또는 조건 통제를 위하여 그 아동들이 유치원 시절에 일련의 읽기 교육을 받도록 하였다. 실험집단에 참여한 아동들이 초기 단계에 지녔던 읽기능력의 우위는 이 집단들이 3학년이 되었을 무렵에는 더 이상 통계적으로 중요한 의미를 띠지 않았다.

무작위로 선정된 미취학 아동들에게 이른 읽기 교육을 시켰을 경우 그 효력이 장기간 지속되지 않을 수 있지만, Durkin이 보다 최근에 실시한 연구 결과는 '자연스럽게 발생한' 조숙한 읽기능력의 소유자들은 앞으로도 계속해서 읽기능력이 우수한 학생이 될 것이라는 결론을 더욱 뒷받침해 준다. Durkin(1982)은 도심 지역에 위치한 공립초등학교를 연구대상으로 삼았다. 그녀는 이 연구를 통해 저소득층 가정 출신의 흑인 어린이들의 높은 읽기능력과 관련된 학교 환경적 측면을 찾고자 하였다. Durkin은 읽기능력이 우수한 학생들의 학교 기록을 검토해 보았으나 그들의 읽기능력의 중요한 열쇠가 될 만한 아무런 단서도 발견하지 못하였다. 그런데 이 학생들의 부모들을 면접하면서 Durkin은 거의 모든 학생들이 초등학교에 입학하기 전부터 가정에서 글읽기를 배웠다는 사실을 알 수 있었다. 조숙한 글읽기와 관련하여 Durkin이 이보다 앞서 실시한 연구(1966)에서 지적하였듯이, 우리는 조숙한 글읽기나 그와 관련된 요소들이 장래의 성공에 대한 진정한 결정 요소인지는 알 수 없다. 그럼에도 불구하고 조숙한 읽기능력이 아동에게 해를 끼친다는 증거가 없는 만큼, 어쩌면 그러한 능력은 일부 상황 속에서 이점으로 작용할 수도 있다.

일찍부터 글을 깨친 아동들이 학교에서 좋은 성적을 거둘 가능성이 있지만, 이들이 특별 영재 프로그램의 최고의 후보생은 아닐 수도 있다. 학교에서 실시한 시험성적을 기준으로 특별 영재 프로그램에서 공부할 1학년 학생들을 선출한다면, 글을 일찍 깨친 아이들은 상당한 이점을 갖게 되지만, 읽기 이외의 지적 영역에서는 재능을 보이지만 아직 글을 못 읽는 학생들은 불리한 입장에 처한다. 읽기능력을 강조하는 시험성적에 기초하여 1학년이나 2학년 학생들을 영재 프로그램에 선출하는 것은 프로그램의 특성이 탁월한 읽기능력에 초점을 맞추었거나 과제를 완수하기 위해 아동이 혼자서 문장을 읽어야 하는 경우라면 타당한 방법이라 할 수 있겠다. 그러나 글을 못 깨친 아동들이 읽기의 초급 단계에서 필요한 교육의 기회를 놓치거나, 조숙한 읽기능력을 가진 아동들이 이미 자기가 능숙하게 아는 기술을 배우기 위해 많은 시간을 참고 지내야만 하는 상황은 누구도 원하지 않는다. 따라서 초등학교 과정의 영재 프로그램에 들어갈 학생을 선발하는 문제는 대개의 경우 여러 해에 걸쳐 결정된다. 조숙한 글읽기와 일반 지능 사이에 연관성이 적다는 것은, 글을 빨리 깨친 일부 아동들이 초등학교 과정의 많은 영재 프로그램에서 좋은 성과를 거두기 위해 요구되는 학습이나 논리력에서 시간이 갈수록 특별한 두각을 나타내지 않을 수도 있음을 의미한다. 그러나 학교 관계자들은 일단 모두가 원하고 인정하는 특별 프로그램에 학생을 받아들이고 나면, 나중에 그 학생이 학습에서 두각을 나타내지 못해도 영재 프로그램에서 그 학생을 제외시키는 것을 매우 어려워한다. 이러한 이유 때문에 대기만성형으로 뒤늦게 영재성을 나타내는 학생들이 프로그램에 들어갈 수 있는 기회가 줄어들 수도 있다. 이러한 사정을 감안할 때, 조숙한 읽기능력이 프로그램 입학 기준에서 중대한 요인으로 작용하지 않도록 학생선발 체계를 바꾸는 것이 현명할 것이다.

조숙한 읽기능력을 지닌 학생들은 어떠한 특정 기술을 지니고 있는가?

글을 빨리 깨친 아동들이 어떠한 기술에 숙달되어 있는가를 정확히 알고 있다면 그들을 위해 교육 계획을 세우는 일이 훨씬 수월해질 것이다. 예를 들어, 일찍부터 글읽기를 시작한 아동들이 단어의 모양을 기억해서 친숙한 단어들은 읽을 수 있지만 낯선 단어들은 읽지 못한다는 증거가 제시되면, 우리는 이 아동들이 읽기에서 우수한 능력을 보인다 할지라도 이들에게 발음 중심의 음성학교수법(phonics)이 필요하다는 것을 알 수 있을 것이다. 그러나 이러한 문제를 다루었던 몇몇 연구결과에 따르면 조숙한 읽기능력을 지닌 아동 집단은 그 특성 면에서 매우 이질적인 집단이라고 한다(Backman, 1983; Jackson, et al., 인쇄 중).

평균적으로 조숙한 읽기능력을 지닌 아동들은 문맥을 활용하여 유창하게 단어의 의미를 파악하고 이해하는 능력에서 개별적으로 나열된 단어의 의미를 파악하는 능력에서 보다 우수성을 보인다는 증거가 있다(Jackson & Biemiller, 1985). 그럼에도 불구하고 조숙한 읽기능력의 아동들이 소리 내어 글을 읽을 때에 범하는 실수의 유형을 살펴보면, 이들이 개별적 단어의 모양이 주는 정보와 자신이 읽는 내용의 의미 모두에 주의를 잘 기울이고 있음을 알 수 있다(Malicky & Norman, 1985). 이 아동들이 익숙하지 않은 단어를 읽기 위해 글자와 그에 상응하는 소리의 연결 법칙을 사용하는 능력이 여러 개의 친숙한 단어들을 인식하는 능력에 비해 평균적으로 덜 발달되었을 가능성이 있다(Jackson et al., 인쇄 중). 그러나 일찍 글읽기를 시작한 아동들이 전형적으로 나타내는 특정한 기술의 상대적 장점과 약점에 대한 증거들은 일관적이지 않다(Backman, 1983; Jackson et al., 인쇄 중). 아마도 조숙한 읽기 능력이 지니는 가장 훌륭한 측면은 궁극적으로 자신의 장점을 살려 다른 영역의 어떠한 약점도 극복할 수 있는 개인적 능력에서 발견할 수 있다. 이러한 관점에서 볼 때, 조숙한 글읽기 능력의 소유자는 다른 형태의 지적 재능을 나타내는 아동과 다름이 없다(Jackson & Butterfield, 1986).

조숙한 글읽기에 대한 광범위한 연구에서 Jackson과 동료들(인쇄 중)은 이 능력이 일반적인 기술들과 글을 읽는 형식에서 다소 특화된 차이점들로 이루어졌다는 사실을 발견하였다. 그 연구자들은 일찍 글을 깨친 87명의 보통 유치원 아동들의 다양한 독서의 하위기술의 11개 표준에 따른 글읽기 수행을 분석 요소로 삼았다. 이러한 표준에 따른 글읽기 수행에서 나타난 개개인의 차이점들은 하나의 상위적인 일반 요소와 세 개의 특정 요소들로 이루어진 계층 모형에 따라 특징이 가장 잘 나타난다. 그리고 모든 표준들-단어를 발음하는 것과 단어를 판별하는 기술, 문장을 읽는 속도와 정확성, 그리고 문맥을 통해 유추하는 능력을 진단하기 위한 시험들-은 일반 요소에 기여하였다. 달리 표현하면, 조숙한 읽기능력을 가진 아동들 사이에 그 집단 내의 다른 아동들과 비교하여 모든 표준에 걸쳐서 글을 잘 읽으려는 경향이 어느 정도 있었다. 어떤 사람은 읽기 기술의 일반 요소에 따른 글읽기가 독해력과 구두 지능(verbal intelligence)에 관련이 있다고 생각한다. 그러나 많은 표준들은 세 개의 특정 요소에도 기여하였다. 아동들은 전반적인 읽기능력과 관계없이, 읽기 속도와 정확성, 단어의 발음 법칙을 사용하는 능력에서 다양한 수준을 보여 주었다. 특정한 읽기 속도 요소에서 높은 점수를 기록한 아동들은 정확한 읽기나 발음 법칙 사용 능력에서는 낮은 점수를 보이는 경우가 많다. 이러한 요소 분석결과는 뛰어난 단어 읽기능력이 독해력이나 구두 지능과는 연관성이 없을 수 있다는 사실을 지적하는 면에서 앞서 언급하였던 과독증 아동들에 대한 연구결과와도 일치한다(Healy, 1982). 과독증이 있는 사람들을 관찰해 보면, 단어를 읽는 능력에서는 개인차가 존재하지만, 글을 빨리 깨친 정상적인 사람들의 특징인 일반적인 기술과 독해력에서는 개인 차가 존재하기 않는다.

과독증이 아닌 정상적인 과정으로 글을 빨리 깨친 아동들 사이에서는 개인차가 크게 나타난다. 어떤 조숙한 읽기능력을 가진 아동은 사실상 거의 모든 단어를—심지어는 흔치 않고 복잡한 발음 법칙을 따르는 단어들까지도—읽을 수 있다. 또 어떤 아동들은 단어 자체로부터 얻은 최소한의 외형적인 정보와 그 위치에 놓인 단어가 어떤 의미를 지녀야 하는가에 대해 잘 발달된 감각을 조합하여 문맥에 과도하게 의존한다. 일부 조숙한 읽기능력을 가진 아동들은 이른 나이부터 쓰고 단어의 철자를 말할 수 있는 반면, 어떤 아동들은 독해력이 상당히 발달된 수준에 이르고 나서야 쓰기와 철자 말하기 능력을 보이기도 한다(Backman, 1983; Salzer, 1984).

조숙한 읽기능력을 가진 아동들 사이에서 나타나는 다양한 특성들 중 일부는 영재아동들에 대한 장기적 연구의 일환으로 초기 발달과정이 면밀히 관찰되었던 아동들에게서도 분명하게 나타났다(Roedell et al., 1980). 수잔이라는 아동은 이 연구 표본에서 처음으로 조숙한 읽기능력을 보여 주었다. 만 2세 때부터 수잔의 Stanford-Binet 지능지수는 상한선 이상의 수준이었고, 특별히 어휘력과 구두 논리(verbal reasoning) 항목에서 높은 수행능력을 나타냈다. 수잔은 Wechsler 블록 디자인(block design)의 반복적인 실행과 미로 테스트에서 보통에서 약간 우수한 범위에 해당되는 점수를 얻었다(척도 점수로는 10~17점 범위). 만 3세가 되었을 때는 유창하긴 하지만 부정확하게 글을 읽었으며, 광범위한 시각 어휘에 의존하고 있는 것 같았다. 수잔은 소리 내어 읽는 것을 싫어하였으며, 소리 내어 읽을 경우에는 모르는 단어를 읽으려고 멈추지 않고 재빠르게 넘어갔다. 또한 알파벳의 인쇄체를 쓰거나 철자법에 흥미를 보이지 않았으며, 이 부분에서 수잔의 기술은 독해력 수준보다 훨씬 뒤처져 있었다. 만 5세에 수잔은 교사에게 자신이 글을 매우 잘 읽을 수 있으며 이제는 쓰기를 배우고 싶다고 말하였다. 초기에는 철자에 따른 발음법을 완전히 숙지하지 못하였음에도 불구하고, 만 4세 무렵 수잔

영재교육의 공공정책

은 『Charlotte's Web』과 『Little House』 시리즈 같은 어려운 책들을 혼자서 읽을 수 있었다. 초등학교 입학 전까지 수잔은 상상력을 이용하여 시나 이야기, 연극을 창작하는 것을 좋아하였다. 만 5세에는 자신이 창작한 작품들을 부모나 교사에게 불러 주는 것이 아니라 스스로 글로 옮길 수 있었다. 만 6세가 되었을 때 읽기와 쓰기는 수잔이 가장 좋아하는 활동이었다.

브루스는 Roedell과 동료들(1980)의 장기적인 영재 연구 표본 집단에서 극히 조숙한 읽기능력을 가진 또 다른 아동이었다. 그러나 브루스의 발달과정은 수잔의 발달과정과는 완전히 다른 모습을 보였다. Wechsler 블록 디자인과 미로 테스트에서 브루스는 지속적으로 높은 점수를 기록하였고, 때로는 자신의 연령에 맞는 상한선을 넘기도 하였다. 브루스의 Stanford-Binet 지능지수는 3세 때 132에서 6세 때 163으로 점차적으로 상승하였지만 동일한 검사의 어휘력 분야에서는 한번도 매우 높은 점수를 획득한 적이 없다. 만 3세 생일까지 브루스는 유창한 읽기능력을 보였을 뿐만 아니라 알파벳 인쇄체 쓰기에도 적극성을 보이며 상당히 잘 썼다. 철자에 따른 발음법도 탁월하게 숙지하였으며, 천천히 크게 소리 내어 정확하게 책을 읽었다. 초등학교에 입학하기 전까지 브루스가 가장 좋아하였던 책들은 자동차나 트럭이 그려진 그림책과 알파벳 책들, 사전들이었다. 만 6세까지도 브루스는 수잔이라면 이미 수년 전부터 읽을 수 있었던 상위 수준의 이야기책들을 읽지 않았다. 유치원에 다닐 무렵 수잔은 상상을 가미한 이야기나 시들을 주로 창작하였지만, 브루스는 아름답게 그림이 그려져 있고 사실적으로 정확하고, 논리적으로 정연한 '사과에 대한 모든 것'과 같은 에세이 프로젝트에 집중하였다. 브루스는 유치원 내에서 수학 스타였는데, 곱셈의 원리를 설명해 주자마자 곱셈을 능숙하게 해냈다. 만 6세 때 브루스는 수학에 열정적이었으나, 학교수업이 끝나면 정보를 얻기 위해 책을 읽을 뿐 즐거움을 위해 읽는 일은 없었다.

수잔과 브루스, 그리고 다른 사례(예, Torrey, 1969)를 통해서 알 수 있듯이, 조숙한 읽기능력을 지닌 아동들 사이에 나타나는 현상은 너무도 다양하다. 따라서 일찍 글읽기를 시작한 모든 아동들에게 단 하나의 교육과정만을 처방한다는 것은 어리석은 일일 것이다. 적절한 읽기 교육은 독해력 및 전반적인 읽기와 쓰기 능력에 기여하는 다양한 기술들을 아동 개개인이 어느 정도 숙지하고 있는가를 고려한 기반 위에서 이루어져야 한다. 예를 들어, 독해력이 우수한 아동에게 그 아동이 모르는 단어나 의미 없는 단어 목록을 주고 소리 내어 읽어 보라고 하였을 때 문맥의 도움 없이는 아동이 단어를 읽지 못하는 경우가 있을 수 있다. 기본적인 음성학 법칙을 활용하지 못하는 단점을 효과적으로 보완하여 온 아동이라 할지라도 음성학 법칙의 기본적인 사항들을 배우면 글을 더욱 잘 읽을 수 있을 것이다(J. Bradley, personal communication, 1983년 3월). 또한 조숙한 읽기능력을 지닌 아동들 중 어떤 아동들은 발음법에 지나치게 의존하는 글읽기 방식으로부터 보다 유창하게 글을 읽는 방식으로 전환하기 위해 도움을 필요로 할 수도 있다. 글을 일찍 깨친 많은 아동들은 단어 철자를 말하기나 쓰기의 원리에 대해서 기본적인 지도를 필요로 한다. 글읽기가 늦은 아동들을 위해 읽기 전문가의 조언을 구하여 교육 계획을 세우는 것처럼, 글읽기가 빠른 아동들을 위해서도 전문가의 조언을 구해 교육 계획을 세우는 것이 타당하다.

부모들은 어떻게 조숙한 읽기능력을 양육할 수 있을까?

슈퍼베이비(superbabies)를 양육해야 한다는 압박감이 있는 이 시대에, 우리는 부모들이 자신의 아기들에게 읽기를 가르치는 방법을 소개한 안내책자들을 접할 수 있다. 그러나 책자에 소개된 프로그램들이 주장하는 내용의 타당성을 지지할 만한 증거는 없다(Zigler & Lang, 1985). 유치원에서 이루어지는 읽기 교육은 제한적인 성공을 거두고 있다(Durkin, 1970, 1974-1975; Feitelson, Tehori, & Levinberg-Green, 1982; Fowler, 1971; Jackson & Myers, 1982). 유치원에서의 읽기교육으로 많은 아동들은 자음과 모음의 이름과 그

영재교육의 공공정책

것들이 내는 소리를 배우고, 보면 바로 알 수 있는 중간 수준의 어휘를 습득한다. 예를 들어, 만 4세부터 2년 동안 읽기 교육을 받은 후, Durkin(1970; 1977-1975)의 실험집단에 속한 아동들은 평균 125개의 단어를 식별하였고 (비교집단에 속한 아동들은 18개의 단어를 식별하였다.), 자신들이 배운 22개의 글자소리(letter sound) 중에서 15.5개의 글자소리를 알고 있었다. 이보다 더 높은 수준의 우수한 독해력을 갖춘 유창한 읽기능력은 아마도 개인적 적성과 시기적절하게 흥미를 유발하는 여러 가지 경험들의 조합에 의해 계발될 수 있을 것이다.

글읽기를 일찍 시작한 수백 명의 아동들과 그들의 부모에 대해 10년간 연구하면서(Jackson et al., 인쇄 중; Jackson, Krinsky, & Robinson, 1977; Jackson & Myers, 1982; Roedell et al., 1980), 나는 연구의 대상이 된 가족들이 초기의 연구들(Durkin, 1966; Plessas & Oakes, 1964; Price, 1978)에서 제시된 특징을 보이고 있다는 인상을 받았다. 글을 일찍 깨친 아동의 부모들은 자녀의 지능발달을 촉진하는 일에 높은 관심을 보이며, 자녀에게 지능 계발을 위한 많은 경험들을 제공하였다. 이러한 경험들은 단어에 대한 조기 인식과 독서에 대한 관심을 증대할 것으로 기대되었다(Jackson et al., 출판 중). 그들은 자녀들에게 책을 읽어 주고, 각각의 글자와 단어들을 손으로 짚어 주며, 자녀가 글씨 쓰는 것을 도와주는 등의 노력을 기울였다. 그러나 이 부모들은 자녀가 동의하지 않는 목표를 세우고 자녀를 강하게 밀어붙이는 인상을 거의 주지 않았다. 실제로 어떤 부모들은 자녀가 부모의 도움 없이 혼자서 글을 읽는 모습을 처음 보았을 때 너무 놀라웠다고까지 말하였다. 한 외국인 부부는 일부러 아들에게 영어책을 읽어 주지 않았는데, 그 이유는 아들이 자신들의 억양을 그대로 따라하는 것을 원하지 않았기 때문이다. 그러나 아동은 자신이 가정에서 배운 것과 보모에게서 배운 것, 텔레비전을 통해 배운 것을 나름대로 조합하여 남들보다 훨씬 빨리 글을 읽기 시작하였다고 한다. 때로는 불우한 환경이 글읽기에 대한 조숙한 관심에 기여하는 경우도 있다. 예를 들어, 한 어머니는 자신의 딸이 조숙한 읽기능력을 계발할 수 있었던 이유는 류머티즘 관절염으로 장시간 병상에서 지내다 보니 책읽기만이 유일한 낙이기 때문이었을 것이라고 생각하였다.

자녀가 일찍 글을 깨친 부모들은 종종 〈Sesame Street〉나 〈The Electric Company〉와 같은 텔레비전 프로그램들이 아동들의 글읽기에 도움을 주었다는 말을 한다(Jackson et al., 인쇄 중; Salzer, 1984). 유치원에서의 읽기 교육은 그다지 중요한 역할을 하는 것 같지 않았는데, 적어도 교외 지역의 공립학교 부설 유치원에 다니는 조숙한 읽기능력의 소유자들에게는 그랬다(Jackson, 인쇄 중). 이 아동들이 가정에서 부모로부터 받는 도움도 반드시 아마추어 수준만은 아니었다. 최근 실시한 한 연구에서 조숙한 읽기능력을 가진 아동들의 약 20%가 부모 중 적어도 한 사람이 초등학교 교육에 종사하고 있는 것으로 나타났다. 그러나 초등교육에 종사하는 부모의 자녀들이나 종사하지 않는 부모의 자녀들이나 글읽기 기술에서는 큰 차이를 보이지 않았다(Jackson et al., 인쇄 중).

일부 발달심리학자들은 아동들에게 일찍부터 글을 가르쳐야 한다는 압박감에 대해 반대하는 입장을 보이며, 부모는 미취학 자녀에게 공식적인 읽기 교육을 시켜서는 안 된다고 주장한다. 이들 발달심리학자들에게서 '공식적' 교육이란 아동이 배울 준비가 되었는지 혹은 배움에 대한 열의가 있는지에 관계없이 일정한 목적을 가지고 부모가 교사의 입장이 되어 자녀가 학문적으로 좋은 성과를 거두었을 때만 자녀에게 칭찬을 베푸는 역할을 하는 교육을 의미한다. 발달심리학자들은 부모들에게 그러한 교육을 피하고 그 대신 그 시간에 일반적으로 자녀의 연령과 발달단계에 적합하다고 생각되는 활동을 자녀와 함께 하면서 보낼 것을 조언한다(Elkind, 1981; Zigler & Lang, 1985). 이러한 시각은 "부모가 자녀에게 글읽기를 가르칠 수 있어야 하므로, 이를 위해 상당한 시간과 노력을 들여야 한다."(Doman, 1983)라는 주장을 반박한다는 점에서 어느 정도 일리가 있다. 그러나 연구결과는 조숙한 읽기능력은 일부 아동들이 자연스럽고 적절하게 획득하는 능력임을 보여 준다. 다시 말해서, 이 능력은 때로는 대부분의 아동들과 부모들의 즐거운 경험 속

영재교육의 공공정책

에서 다소 예상치 못하였던 방식으로 자연스럽게 발생한 현상이다. 따라서 "부모가 자녀의 글읽기를 도와주어서는 안 된다."라는 의견은 그러한 일이 발생해서는 안 된다고 처방하는 것이기 때문에 어리석은 제안인 듯하다. 어쩌면 전문가들이 부모에게 줄 수 있는 가장 현명한 조언은, 부모가 자녀의 관심과 흥미를 이해하고 어떤 방식으로든지 자녀와 부모가 함께 즐기면서 아동의 흥미를 북돋으라는 것이다.

결론: 조숙한 읽기능력이 의미하는 것은 무엇인가?

조숙한 글읽기가 갖는 성격과 의미를 이해하려면 행동 방식과의 관련성을 주의 깊게 해석해야 한다. 일찍부터 글을 깨친 아동들에 대한 단순한 언급은 그것이 어떤 것이든 간에 중대하게 왜곡되었거나 불충분한 내용일 수 있다. 조숙한 읽기능력은 일반적인 지능과 관련이 있으나, 글을 일찍 깨친 아동들이 모두 지능지수가 높은 것도 아니고, 지능지수가 높다고 해서 모두 글을 일찍부터 읽지도 않는다. 글읽기를 일찍부터 시작한 일부 아동들은 발음 법칙을 이용하여 문장을 읽는 것보다는 문맥의 도움을 받아 단어를 익히고 문장의 의미를 이해하는 것에 더 능숙한 반면, 다른 아동들은 발음 법칙을 사용하여 글을 읽는 것에서 탁월성을 나타내기도 한다. 조숙한 읽기능력을 가진 대부분의 아동들이 읽기 학습을 위해 부모로부터 도움을 받기는 하였지만, 자신들에게 부적절한 어려운 수준의 글읽기를 강요당하지 않았다.

조숙한 읽기능력이 갖는 이러한 복잡한 양상은 우리에게 좌절감을 안겨 준다. 만약 누군가가 한 아동이 일찍부터 글을 읽었다는 단순한 사실로부터 광범위한 결론을 이끌어 낼 수 있다면 조숙한 읽기능력을 가진 아동들을 위해 교육 계획을 세우고 그 부모들에게 조언을 제공하는 일이 훨씬 단순해질 것이다. 그러나 어린 나이부터 글을 읽기 시작한 아동들이 보여 주는 특성은 너무도 다양하고, 이 아동들의 아동기 및 청소년기의 발달과정에 대한 증거도 너무 빈약하기 때문에, 개개인의 아동이 갖는 능력과 필요를 개인별로 측정하는 것이 최선의 방법일 것이다.

"조숙한 읽기능력을 보이는 아동은 영재인가?"라는 질문에 대해서도 신중하게 답변해야 할 것이다. 그에 대한 한 가지 적절한 답변은 "당신이 영재성과 글읽기를 어떻게 정의하는가에 따라 대답은 달라질 수 있다."라고 말하는 것이다. 나는 한 아동이 유독 어린 나이부터 읽기능력을 갖기 시작하였다면, 그 자체가 하나의 영재적 수행능력을 보이는 것이라 정의하겠다 (Jackson & Butterfield, 1986). 평균적으로 글을 일찍 깨친 아동들은 학교에서도 좋은 성적을 거둔다. 그러나 조숙한 글읽기가 장래의 우수하고 창의적인 수행을 어느 정도까지 보장해 주는가에 대한 해답은 아직 알려지지 않았다. 더욱이 조숙한 글읽기가 갖는 예언적인 중요성도 결국은 그 아동이 글읽기를 배운 환경과 그가 획득한 특별한 글읽기 기술의 유형에 따라 달라질 수 있다.

📑 참고문헌

Albert, R. S. (1971). Cognitive development and parental loss among the gifted, the exceptionally gifted, and the creative. *Psychological Reports, 29*, 19-26.

Backman, J. (1983). Psycholinguistic skills and reading acquisition: A look at early readers. *Reading Research Quarterly, 18*, 466-479.

Blachman, B. A. (1984). Relationship of rapid naming ability and language analysis skills to kindergarten and first grade reading achievement. *Journal of Educational Psychology, 76*, 610-622.

Cassidy, J., & Vukelich, C. (1980). Do the gifted read early? *The Reading Teacher*, 578-582.

Cox, C. M. (1926). Genetic studies of genius (Vol. 2). *The early mental traits of three hundred geniuses*. Stanford, CA: Stanford University Press.

Curtis, M. E. (1980). Development of components of reading skill. *Journal of Educational Psychology, 72,* 656-669.

Doman, G. (1983). *How to teach your baby to read.* Garden City, NY: Doubleday.

Durkin, D. (1966). *Children who read early.* New York: Teachers College Press.

Durkin, D. (1970). A language-arts program for pre-first grade children: Two-year achievement report. *Reading Research Quarterly, 5,* 534-565.

Durkin, D. (1974-75). A six-year study of children who learned to read in school at the age of four. *Reading Resarch Quarterly, 10,* 9-61.

Durkin, D. (1982, April). *A study of poor black children who are successful readers.* Reading Education Report No. 33, Center for the Study of Reading, University of Illinois at Urbana-Champaign.

Ehri, L. C., & Wilce, L. S. (1983). Development of word identification speed in skilled and less skilled beginning readers. *Journal of Educational Psychology, 75,* 3-18.

Elkind, D. (1981). *The hurried child.* Reading, MA: Addison-Wesley.

Feitelson, D., Tehori, B. Z., & Levinberg-Green, D. (1982). How effective is early instruction in reading? Experimental evidence. *Merrill-Palmer Quarterly, 28,* 485-494.

Healy, J. M. (1982). The enigma of hyperlexia. *Reading Research Quarterly, 17,* 319-338.

Jackson, N. E., & Biemiller, A. J. (1985). Letter, word, and text reading times of precocious and average readers. *Child Development, 56,* 196-206.

Jackson, N. E., & Butterfield, E. C. (1986). A conception of giftedness designed to promote research. In R. J. Sternberg & J. E. Davidson (Eds.), *Conceptions of giftedness* (pp. 151-181). New York: Cambridge University Press.

Jackson, N. E., Donaldson, L. N., & Cleland (in press). *The structure of precocious reading ability. Journal od Educational Psychology.*

Jackson, N. E., Krinsky, S., & Robinson, H. B. (1977, March). *Problems of intellectually advanced children in the public schools: Clinical confirmation of parents' perceptions.* Paper presented at the biennial meeting of the Society for Research in Child Development, New Orleans, LA. ERIC Doc. Reproduction Service No. ED 143 453.

Jackson, N. E., & Myers, M. G. (1982). Letter naming time, digit span, and precocious reading achievement. *Intelligence, 6*, 311-329.

Malicky, G., & Norman, C. (1985). Reading processes of 'natural' readers. *Reading-Canada-Lecture, 3*, 8-20.

Mason, J. M. (1980). When do children begin to read? An exploration of four-year-olds' letter and word reading competencies. *Reading Research Quarterly, 15*, 203-277.

Plessas, G. P., & Oakes, C. R. (1964). Prereading experiences of selected early readers. *The Reading Teacher, 17*, 241-245.

Price, E. H. (1976). How thirty-seven-gifted children learned to read. *The Reading Teacher*, 44-48.

Resnick, L. B. (1984). Comprehending and learning: Implications for a cognitive theory of instruction. In H. Mandl, N.L. Stein, & T. Trabasso (Eds.), *Learning and comprehension of text* (pp. 431-444). Hillsdale, NJ: Erlbaum.

Roedell, W. C., Jackson, N. E., & Robinson, H. B. (1980). *Gifted young children.* New York: Teachers College Press.

Salzer, R. T. (1984). Early reading and giftedness—Some observations and questions. *Gifted Child Quarterly, 28*, 95-96.

Schulman, S. (1986). Facing the invisible handicap. *Psychology Today, 20*, (2), 58-64.

Terman, L. M., & Oden, M. H. (1947). *The gifted child grows up. Genetic studies of genius* (Vol. 4). Palo Alto, CA: Stanford University Press.

Torrey, J. W. (1969). Learning to read without a teacher: A case study. *Elementary English, 46*, 550-556.

Torrey, J. W. (1979). Reading that comes naturally: The early reader. In T. G. Waller & G. E. MacKinnon (Eds.), *Reading research: Advances in theory and practice* (Vol. 1)

Zigler, E., & Lang, M. E. (1985). The emergence of "superbaby": A good thing? *Pediatric Nursing, 11*, 337-341.

07

변화의 시기에 영재교육이
일반교육에 기여한 공로[1]

Carol Ann Tomlinson and Carolyn M. Callahan
(The University of Virginia)

영재교육 분야의 교육자들은 두 가지 목적을 위해 학교개혁운동(School Reform Movement)으로 알려진 교육적 대화에 참여해야 한다. 첫 번째 이유는 교육계에서의 긍정적인 변화에 대한 영재학생들의 필요 때문이며, 두 번째 이유는 영재교육이 보다 넓은 범위의 학생들을 위한 교육 개선에 기여할 수 있는 잠재력을 지녔기 때문이다.

다른 학생들과 마찬가지로 영재청소년들도 제대로 훈련되지 못한 교사들, 시험 중심의 교육법, 학생들의 사고력과 흥미를 자극하지 못하는 낮은 수준의 교과서와 교육과정 때문에 고통을 받고 있다. 이러한 문제와 더불어 학생의 동질성을 강제하는 학교 환경과 '중간 수준의' 학생들에게 교육의 초점을 맞추려는 교사들의 경향으로 영재학생들의 위기는 더욱 심각해지고 있다.

더구나 영재교육 분야는 영재교육계의 원리와 관행 덕분에 다음과 같은 분야에서 교육적 지도력을 발휘할 기회를 가진다. 지능에 대한 시각의 확대, 상대적으로 교육 서비스를 적게 받는 인구 집단에 대한 관심, 교육 민주화에 대한 광범위한 시각, 교육의 차별화와 개별화, 그리고 다양한 교육 모형과 교육 전략 등이다.

---

1) 편저자 주: Tomlinson C. A., & Callahan, C. M. (1992). In the public interest: Contributions of gifted education to general education in a time of change. *Gifted Child Quarterly*, *36*(4), 183-189. ⓒ 1992 National Association for Gifted Children. 필자 승인 후 재인쇄.

동료 중 한 명이 우리에게 와서 자신은 영재교육 분야가 오늘날 교육계에 존재하는 '진정한 문제'에 초점을 두지 않기 때문에 더 이상 '흥미롭지 않다'고 여긴다고 말하였다. 우리는 가장 재능 있는 아동들과 청소년들을 가르치는 영재교육계가 현재 미국 교육계를 괴롭히는 모든 문제들로부터 완전히 자유로우므로, 미국 교육제도의 실제 문제들을 해결하려는 노력에서 영재들은 제외되어야 한다는 이 동료의 의견에 대해 반박의 필요성을 느꼈다. 그러나 동료의 주장을 듣고 보니 현재 영재교육계에서 행해지는 많은 규범들이 어쩌면 오늘날 모든 청소년들이 미국 공교육에서 겪고 있는 교육적 위기를 극복하기 위해 진정한 해결책을 찾으려는 노력의 중심 역할을 할 수도 있겠다는 생각이 우리의 뇌리를 스쳤다.

영재를 위한 학교교육: 역시 개혁이 필요하다

다른 청소년들과 마찬가지로 영재청소년들 역시 청소년기의 많은 시간을 학교에서 보낸다. 따라서 무엇이든 우리의 교육을 풍성하고 활기차게 만들어서 영재청소년들에게 유익이 된다면, 일반 청소년들에게도 동일하게 유익하다고 할 수 있다. 또한 무엇이든 영재청소년들의 학업에 손상을 초래한다면, 다른 청소년들의 학업에도 지장을 초래할 것이다. Toch(1991)는 해당 과목에 대한 준비가 제대로 되지 않은 사람들을 교사로 임명하는 관행과 너무도 시험 중심으로 치우친 나머지 활력을 잃어버린 교육, 단조로운 교과서, 철저한 규칙에 따라 기계적으로 그림을 그려 내는 것과 같다고 비유되는 교육 관리 제도, 교실의 활기를 빼앗아 버린 교수전략에 대해서 비판하면서, 영재학생들을 포함한 모든 학생들의 학습과정에 영향을 미치는 교육적 질병에 대해 모두의 관심을 촉구하였다.

Goodlad(1984)는 대부분의 교사들이 보다 높은 단계의 사고력을 가르치기 위해 요구되는 이해력과 기술을 지니지 못하였다고 지적하면서, 영재 학생들의 성장을 방해하는 교육적 상황과 영재만큼 학습 속도가 빠르지 않은 학생들이 처하였던 상황을 함께 묘사하였다. 그리고 Sizer(1984)가 학교가 학생들 안에 내재된 본질적 동기를 육성시키지 못한다고 한탄하면서, Welsh(1986)가 교사들은 중간 수준의 학생들에게 초점을 맞추어 가르치는 성향이 있다고 지적하면서, Brady(1989)가 일관성 없고 체계가 부족한 교육과정을 비판하면서, 그리고 Nehring(1989)이 교사들이 하루 140명이나 되는 학생들을 가르치며 개인에 맞게 교육내용을 개별화하는 것이 얼마나 불가능한지를 느꼈던 무익함에 대해 묘사하면서, 그들은 졸업을 위해 20세기 후반 미국의 공립 학교를 거쳐 가는 모든 학생들이 처한 현실에 대하여 우려를 표명하였다.

Oakes(1985)와 Goodlad(1984), 그리고 전문 서적과 일반 서적 분야의 다른 많은 저자들이 트래킹(tracking)의 관행을 개탄하였는데, 그들은 이러한 관행이 영재 학생들을 위한 교육의 질은 보존하지만 그들보다 학문적 능력이 뒤떨어지는 학생들을 위한 교육의 질을 희생시키고 있다고 믿었다. 학교들이 전반적으로 위기에 처한 학생들의 필요를 소홀히 다루고 있다는 주장에 대해 반박하고 나설 사람은 거의 없겠지만, 영재 학생들이 차지하는 교육적 입지 또한 증가하는 것이 아니라 점점 감소하고 있다는 증거가 있다(즉, International Association for the Evaluation of Educational Achievement, 1988; Educational Testing Service, 1989; Anderson et al., 1990; Applebee, Langer, & Mullis, 1989; Callahan, 1992; Dossey, Mullis, Linguist, & Chambers, 1988; Fetterman, 1988; Hammack et al., 1990). 251명의 영재학생들을 대상으로 그들이 거둔 학업성취를 조사한 연구에서, Zettel과 Ballard(1978)는 과반수의 학생들이 자신들의 지적 능력에 못 미치는 수준에서 학습하고 있다는 것을 발견하였다. 그리고 대다수의 학생들은 적어도 자신의 잠재력보다 4학년이나 아래 수준에서 학습하고 있었다. Boyer(1983)는 영재학생들이 자신의 잠재력을 충분히 발휘할 경우 이들이 오히려 학교에 특별한 어려움을 안겨 준다는 사실을 발견하고, 영재학생들을 위해 월반 프로그램, 개별연구(independent study), 그리고 특수 학원과 같은 특별 조치를 취해 줄 것을 제안하였다. 이렇듯 사람들은 현재의 교육행정 조치가 능력 있는 학생들에게 유리하다고 믿지만, 사실 현재의 교육행정은 능력 있는 학생들이 자신의 잠재력에 맞추어 성장할 수 있도록 적절한 도움을 주지 못하고 있다.

그러나 Brandwein(1981)이 지적하였듯이, 어느 집단의 문제가 보다 우선하느냐의 주제를 놓고 지나치게 오랜 논쟁에 휘말리는 것은 현명한 처사가 못된다. 학교교육으로부터 소외된 아동은 방황하기 쉽다. 그리고 일단 성장이 위축된 재능은 다시 복구되기 어렵다. 이것은 아동의 능력과 관계없이 진리다. 이러한 일들이 어떤 학생에게든지 제도적으로 발생하고 있다면 이것은 미국 교육계에서 받아들여질 수 없다. Brandwein은 다음과 같이 조언하였다. "목적은 분명하다: 모든 아동과 청소년은 일반적이고 특수한 능력과 적성에 따라 충분히 발전할 수 있어야 한다."(p. 266)

따라서 학교가 갖는 문제 때문에 누가 더 많이 해를 입는가에 대해 논쟁할 것이 아니라, 사실상 모든 학생들의 학습에 장애를 초래하는 문제점들에 대한 해결책을 찾기 시작하는 것이 보다 현명한 행동인 듯하다. 영재교육 분야는 문제해결의 과정에서 주도적인 역할을 수행할 수 있도록 모든 준비가 된 것 같다. 사실, 우리는 일반교육계가 영재교육자들과의 대화를 통해서 철학적으로나 교육적으로, 그리고 교수법이나 실행 분야에서 훨씬 더 풍성해질 것으로 믿는다. 물론 영재교육자들이 이러한 대화가 한 분야에만 일방적인 유익을 끼칠 것으로 믿을 만큼 교만한 것은 아니다. 우리 영재교육 분야도 일반교육계의 문제점과 관행들을 면밀히 검토함으로써 분명히 더욱 풍성해질 것이고 많은 정보를 얻을 수 있을 것이다.

영재교육의 공공정책

영재교육의 철학적 기여

지능에 대한 확장된 시각

영재교육은 연구 분야로서 인지심리학(cognitive psychology)에 크게 의존하고 있기 때문에, 많은 영재교육자들이 지능에 대한 시각을 보다 확대할 것을 권장해 왔다. Gardner(1983), Guilford(1967), Ramos-Ford & Gardner(1991), Sternberg(1985, 1991), 및 Sternberg & Detterman(1979) 같은 저술가나 연구자들의 통찰력을 이용하여, Cox, Daniel, & Boston(1985), Khatena(1986), Passow(1985), Piechowski(1991), Renzulli(1977), Richert(1991), 그리고 Tannenbaum(1983) 같은 영재교육자들은 시험점수적인 지능의 정의를 넘어서 예술이나 지도력, 창의성, '정서적 재능(Gardner(1983)가 제시한 '개인의 내부에 존재하는 영재성'의 개념과 유사함),' 그리고 그 밖의 다른 형태의 개인적 능력과 재능에 대해 눈을 돌릴 것을 권장하였다. 위에 언급된 영재교육자들은 재능을 발굴하기 위해 다양한 기준이나 출처들을 사용할 것을 제안하였다. 이러한 기준이나 출처들에는 복합적인 환경 속에서 학생들을 관찰하는 것, 학생 자신이 관심 있는 주제에 대해서 수행한 과제물 검토, 부모나 지역사회 구성원들의 의견 청취, 그리고 학생 포트폴리오 등이 포함된다. 이렇듯 영재교육은 지능 자체가 여러 가지 측면으로 이루어져 있다는 개념을 지지함과 동시에, 지능의 표현 방식 역시 지능처럼 복합적인 것이므로 전통적인 방식뿐만 아니라 비전통적인 방식으로 표현되는 지능을 찾아내야 한다고 여긴다.

마지막으로, 영재교육자들은 지능의 효과적인 기능을 위해 요구되는 높은 수준의 인지적 과정과 상위인지적 과정을 수업활동으로 변환시킬 것을 주장한다. 인지적 과정이란 분석, 비교, 대조, 자신의 의견을 변호하는 것, 배열하기 또는 우선순위 매기기, 편견(bias) 찾아내기 등과 같은 활동이다.

그리고 상위인지적 과정은 계획하기, 문제해결 전략을 명확하게 표현하기, 기억을 위한 사고의 연습 등의 활동들이다. 영재교육자들은 또한 수렴적인 (convergent) 사고능력과 발산적인(divergent) 사고능력을 모두 계발시켜야 한다고 강조한다. 그들은 교사들이 학생들에게 모든 분야에서 균형 있게 발전해야 한다고 강요할 것이 아니라 학생들이 특정한 흥미나 재능을 계발할 수 있도록 도와주어야 한다고 말한다. 이러한 행동을 촉진하기 위한 물자와 전략은 이미 영재교육 관련 문헌이나 영재교사들의 교수법 목록에 모두 나와 있다. 따라서 영재교육 종사자들은 일반 교실수업에서 재능을 인식하고 계발하는 광범위한 원리의 적용을 통하여 일반교육계에 강력하게 공헌할 수 있는 입장에 있다.

교육 서비스를 제대로 받지 못하는 학생들에 대한 관심

영재교육계는 종종 우수한 능력을 지닌 학생들에게만 관심을 갖는 것으로 인식되어 왔지만, '교육 서비스를 제대로 받지 못하는' 학생들의 능력을 발굴하고 계발하는 것에도 오랜 시간 폭넓은 관심을 기울여 왔다. Baldwin(1985, 1991), Callahan(1986, 1991), Feldhusen, VanTassel-Baska 및 Seeley(1989), Fox, Brody 및 Tobin(1983), Fraiser(1989), Gay(1978), Karnes(1979, 1983), Kerr(1985), Maker와 Schiever(1989), Ortiz와 Volkoff(1987), Reis(1989), Reis와 Callahan(1989), Torrance(1977), VanTassel-Baska, Patton 및 Prillaman(1989), Whitmore(1980), 그리고 그 밖의 많은 영재교육 전문가들이 흑인과 히스패닉, 아시아 사람, 다른 소수민족들을 비롯하여 자신의 지능보다 낮은 성적을 올리는 학생들, 장애를 지닌 학생들, 그리고 여학생들의 재능을 발굴하고 계발하기 위하여 특별한 조언을 제공하였다. Javit 장학금을 통해 연방정부로부터 5년 동안 7천 5백만 달러의 지원을 받아 코네티컷 대학교, 버지니아 대학교, 조지아 대학교, 그리고 예일 대학교에 설립된 국립영재교육연구소(The National Research

Center on Gifted/Talented Education)는 현재 위와 같은 집단의 학생들을 위한 전국적인 교육 관행에 대해서 연구하고 있다. 뿐만 아니라 Javit 장학금을 지원받는 37개의 다른 프로젝트들 역시 전통성을 벗어난 영재학생들의 필요와 요구에 대해 활발한 연구 활동을 펼치고 있다. 이러한 연구와 조사의 노력으로 얻은 통찰력들은 점점 더 백인과 중산층의 수가 감소하는 학생들 속에서 그들의 잠재력을 발견해 내고 육하성는 데 중요한 역할을 할 것이다.

민주주의에 대한 확대된 시각

교육철학 분야에서 영재교육은 교육과 관련한 민주주의에 대하여 강화된 시각의 기반을 제공함으로써 교육계 전반에 유익을 끼칠 수 있다. 보건, 교육, 복지부 장관을 지낸 John Gardner(1961)를 비롯한 다른 영재교육자들은 영재 청소년들에 대해 미국 국민들이 보이는 모순적인 태도를 지적하였다. 미국 국민들은 오늘날 미국이 이 정도의 국력을 갖출 수 있었던 것은 능력 있는 개인들의 창의력과 생산적 잠재력에 깊은 뿌리를 두고 있다고 생각한다. 미국 사회는 이들 개개인의 능력이 마음껏 발휘될 수 있도록 어떠한 제한도 가하지 않았다. 그러나 다른 한편으로 미국 민주주의는 "모든 사람은 평등하게 창조되었다."라는 문구로 특징지어진다. 따라서 미국 사회는 개인의 수월성(excellence)이라는 하나의 강력한 기둥과 집단의 형평성(equity)이라는 또 다른 강력한 기둥 사이에서 양분되고 있는 실정이다.

역사를 되돌아보면 때때로 미국은 우수한 능력 소유자들을 적극 환영하며 국력과 성장을 획득하기 위한 원동력으로 받아들였다. 형평성보다는 수월성을 선택하였던 것이다. 그러나 그보다 자주 우리는 훌륭한 학문적 능력을 지닌 사람들에 대해 분노하는 경향을 보여 왔는데, 이것은 마치 그들에 대한 분노가 학문적 능력이 뛰어나지 못한 사람들이 겪는 어려움을 어떤 식으로든 벌충하기라도 한다는 듯한 태도였다. 이 경우에는 수월성 대신 형평성을 강조하였던 것이다. 대개 '수월성'이라면 우수한 능력의 소유자에 대한 관심을 의미하고, '형평성'이라면(신체적, 사회적, 경제적 능력의) '무능력자'에 대한 관심을 의미한다.

영재학생들은 소수 계층에 속한다. 소수 계층이 의례 그렇듯이, 영재학생들 역시 올바르게 이해받지 못하고, 평가절하되며, 교육 서비스를 제대로 받지 못하고 있다. 이러한 이유로 영재교육자들은 필연적으로 수월성과 형평성의 사이의 갈등에 대해 조사하였는데, 이들의 연구는 적어도 두 가지의 중요한 부분에서 통찰력을 제시할 수 있을 것이다. 첫째, 교육 민주주의 정의를 능력의 형평성이 아니라 개인의 능력 수준이 어떠하든지 그 능력을 계발시킬 수 있는 기회의 형평성으로 정의하였다. 둘째, 영재교육 분야는 능력 계발을 위해 다중 재능 접근법(multiple-talent approach)을 권장한다. 교육 민주주의의 정의가 올바르게 이해되고 지능에 대한 다양한 정의와 결합된다면, 일반교육계는 다양성을 인정하게 될 것이고 학생들을 틀에 박힌 학교에 끼워 맞추는 것이 아니라 학교를 학생들에게 맞추게 될 것이다. 또한 모든 학생에게 형평성과 수월성 모두를 제공하라는 목적을 권하게 될 것이다.

우리는 정책 문제에서 형평성과 수월성이 경쟁 관계에 있는 가치이므로 현실에서 두 가지가 동시에 지지되는 사례는 거의 없다는 이야기를 들어 왔다(Mitchell & Encarnation, 1984). 현재까지 미국 학교의 역사를 돌아보면, 형평성과 수월성은 동시에 지지될 수 없다는 믿음에 따라 한 집단의 이익을 위해 다른 한 집단의 이익을 소홀히 여기는 행동을 반복해 왔다. 영재교육자들은 이구동성으로 국민들과 정책입안자들에게 모든 학생들의 형평성뿐만 아니라 모든 학생들의 수월성을 동시에 추구하지 않는 학교 체제는 모든 학생들의 필요를 저버리며 그러한 학교 체제를 지지하는 사회까지도 실망시킬 수밖에 없다는 점을 이해시키려고 노력해 왔다. 모든 학생의 수월성은 이제까지 우리가 그다지 기대를 하지 않았던 학생들까지 포함하는 것이며, 모든 학생의 형평성은 경기에서 앞서가는 우수한 학생들까지 포함하는 것이다. 형평성과 수월성, 이 두 가지는 모든 학생들에게서 확인되어야 하는 것이며, 영재교육자들은 전통적으로 국가가 의지를 가지고 이것을 확실하게 추진하도록 돕는 역할을 할 수 있는 사람이다.

영재교육의 교육적 기여

영재교육은 일반교육을 위한 특별하고 강력한 교육적 자원인데, 그 이유는 영재교육이 지닌 인지 심리학에 대한 이해와 적용 때문이다. 거의 반세기 동안 영재교육 분야의 저술가들이나 교육자들은 현재 모든 학생들을 위해 널리 권장되고 있는 인지 기반의 교육법(cognitively based instruction)을 연구하며 기술하고 적용하고 평가해 왔다. 예를 들어, Goodlad(1984)는 교육과정이 제한된 수의 주제를 가지고 사실의 암기보다는 개념을 적용하며, 학생들이 관심을 보이는 문제해결 활동을 중심으로 구성되어야 한다고 주장하였다. Toch(1991)는 학생들의 힘과 열정을 이끌어 낼 수 있는 학생 중심의 교육과정을 기대하고 있다. Brandwein(1981)은 자가 활성 학습(self-activated learning), 발견학습(discovery learning), 학습목표로서의 자아개념과 자존감의 건강한 성장, 학습 성장을 판단하기 위한 기반인 시험제도 폐지 등을 옹호하였다. Sizer(1984)는 자기 학습을 위한 학생 스스로의 책임을 주장하였고, Adler(1982)는 적극적 학습(active learning)과 학습의 엄격성(rigor in learning) 모두를 지지하였다.

영재교육은 바로 앞서 언급한 권고 사항들에 기초한 교실환경을 창조하기 위해 실험실 역할을 담당해 왔다. 영재교육은 학생 중심의 교실 모형을 개발하였다(Maker, 1982). 이러한 수업 환경 속에서 주제에 따른 교육을 실시하였고, 그에 따라서 교사와 학생들은 전통적인 교육방식의 경계선을 넘어설 수 있었다. 영재교육은 사고력을 가르치는 분야(Gallagher, 1985; VanTassel-Baska, 1988)와, 개인의 창의성 개발의 우위를 보장하는 분야에서(Callahan, 1978; Gowan, Khatena, & Torrance, 1981; Torrance, 1979; Treffinger, 1980)도 선구자적 역할을 해 왔다. 영재교육은 학생들이 학습한 정보를 '학교 안'에서만 활용하는 것이 아니라 '실생활의 문제'에 적용할 수 있도록 돕는 데에 광범위한 경험을 가지고 있다(Renzulli, 1982). 그러나 이와 동시에 영재교육계는 학교가 높은 수준의 학문적 엄격성을 유지할 것을 고수해 왔다(Passow, 1982; VanTassel-Baska, 1988; Ward, 1980). 더 나아가, 영재교육은 인지적, 사회적, 감정적 측면에서 생성된 감성의 발달과 지도를 강조하는 교육적 접근법을 활용하기도 하였다(Clark, 1983; Coleman, 1985; Davis & Rimm, 1989). 또한 영재교육은 학생의 성장을 평가하기 위해 시험보다 광범위하고 풍성한 방법을 사용할 것을 오랜 세월 동안 주장하면서(Gallahan & Caldwell, 1984; Feldhusen & Baska, 1989), 포트폴리오, 학생의 자기평가, 의미 있는 청중(meaningful audiences)에 대한 프레젠테이션을 통한 평가, 그리고 성장 측정을 위한 기준의 수립을 활용하였다. 이러한 기준들은 본질적으로 양적이기라기보다는 질적인 기준들이다. 사실, 영재교육은 오늘날 미국의 공립교육에 존재하는 인지 기반의 교육에서 가장 오래된 최고의 실험실이자 모형이라고 할 수 있다.

영재교육의 교육학적 기여

차별화

영재교육 분야는 적어도 세 가지의 교육학적 측면에서 일반교육 분야에 풍부한 토양을 제공하고 있다. 첫 번째는 교육의 차별화이고, 두 번째는 교육의 개별화, 세 번째는 다양한 교육 양식의 사용이다. 우선 영재교육 분야는 학생들에게 교과서나 표준 교안에 실린 모든 정보를 가르치려고 노력하는 것이 얼마나 무익한지를 확실히 깨달았는데, 이 문제는 교육계가 변화하기 전에 반드시 조정되어야 한다. 영재교육자들은 교사가 학생들에게 주제를 이해하는 토대가 되는 중심 개념만을 가르치고, 학생들이 어떻게 학습자가 되고 탐구자가 될 수 있는가를 보여 주는 것이 바람직하다고 이해하였다. 영재교육자들은 적절하게 차별화된 교육이란 개념이나 주제에 기반하고 있다고 믿는다. 이 개념과 주제들은 교과목들을 초월하여 하나로 묶어 주고, 높은 수준의 사고력을 자극하며, 학생들의 독립성과 상호의존성을 요구하고, 중요한 문제에 대한 해결책을 추구한다. 주제 중심 학습(Kaplan, 1986), 문제해결(Feldhusen & Treffinger, 1985), 자기주도적 학습(Treffinger, 1986), 연구조사(Kaplan, 1986), 그리고 생산성(Renzulli, 1977)은 유치원부터 고등학교 과정까지 영재교육학의 핵심에 자리하고 있는 요소들이다.

이것을 설명하기 위하여 한 영재 초등학생의 예를 들겠다. 이 학생은 최근 삶의 질을 결정하는 경제학의 개념을 공부하고, 1800년대 초반 미국인의 삶을 배우고 있다. 당시의 삶을 배우며, 이 아동은 자신이 사는 지역의 1800년대 초반의 경제 상황은 어떠하였는가에 대한 의문이 떠올랐다. 그래서 그 질문과 관련된 1차 인쇄물과 2차 인쇄물을 찾는 방법을 배우고, 과거 사실에 대한 법원 기록을 사용하는 방법도 배우게 되었다. 또한 이 아동은 면접에 능숙해지면서 고장의 역사를 잘 알고 있는 전문가들이나 가족사를 들려주는 마을의 어른들과도 효과적으로 대화할 수 있었다. 이 아동은 1807년에 10세의 나이로 죽어 무덤에 묻힌 한 소녀의 죽음에 대해 근거 있는 가설을 세우고 연구조사 프로젝트를 계획하고 실시하였다. 이러한 과정을 거치며 이 초등학생은 1800년대 초반 자신의 마을에서 어떠한 삶이 이루어지고 있었는지에 대해 매우 자세히 알 수 있었고, 이 고장의 경제 상황이 주민들의 보건과 생활 수준에 미친 영향, 그리고 당시의 정치 상황이 그 지역의 경제를 어떤 식으로 형성시켰는가에 대해서도 알 수 있었다. 결국 이 학생은 경제학의 주요 개념과 정치, 보건, 의학 분야까지 관심을 갖고 배울 수 있었다. 위와 같은 상황에서 이 아동은 의심의 여지없이 단순한 사실만을 암기하는 교육과정에서 얻을 수 있는 것보다 훨씬 많은 정보를 축적할 수 있었다. 또한 계획하기와 문제해결, 결정하기, 연구조사, 자기평가와 같은 기술을 습득할 수 있었고, 그와 더불어 사실과 허구를 구성하는 작가로서, 사진작가로서, 그리고 연구자로서의 기술까지 확장시킨 결과물을 생산해 낼 수 있었다.

영재교육은 교육적 모형이며 매우 광범위한 교육 전략의 근원지다. 영재교육의 교육 전략들은 사실 중심이 아닌 개념 중심으로서 발견과 연구, 독립성, 집단 내의 협동, 조사, 창의력과 같은 기술을 가르치며, 학생들이 이러한 기술을 모든 과목에 적용시킬 수 있도록 교육한다.

개별화

Goodlad(1984)는 학교교육이 고도로 개별화된 특성을 지녀야 한다고 주장하였다. 영재교육이 일반교육을 위한 교육학적 자원으로 기능할 수 있는 것은 영재교육 분야가 일반적인 교실수업에서 학생 개개인의 필요에 따른 가르침을 일관성 있게 지지해 왔기 때문에 가능하다. 보통 '표준적인' 교육과정과 교육 수준은 해당 학년의 '전형적인' 학생들을 대상으로 고안된 것이라는 생각이 지배적이다. 따라서 비전형적인 학생(영재학생들도 이 집단에 속한다)들이 자신의 지적 수준에 적합한 학문적 도전을 받으려면 표준적인 교육과정이 그들의 학습 특성에 맞게 조정되어야 한다. 영재학생들을 위한 교육의 차별화가 이루어지지 않았을 경우, 표준화된 교육과정은 영재학생들의 무관심, 학교에 대한 실망, 자신의 실력보다 낮은 학업성적, 잘못된 행동, 낮아진 기대감과 학습 수행 등의 부정적인 결과를 종종 불러왔다. 이러한 이유로 영재교육계의 주요 지령은 교사가 교육의 개별화가 무엇인지 이해하고 그에 합당한 활동들을 사용하여 학생들을 가르치는 것이다. 따라서 이와 같은 환경 속에서 학생들은 다양한 속도와 깊이로 학습할 수 있다. 학생들을 트래킹이 아닌 이종 집단으로 편성하는 현재 일반교육계의 동향 속에는 두 가지 선택권이 있는 듯하다. 하나는 모든 학생들이 인지적으로 상당히 비슷하기 때문에(비록 모든 학생이 같은 크기의 옷을 입고 같은 분량의 식사를 필요로 할 것이라고는 절대 생각하지 않더라도), 모든 학생이 한 가지의 학문적 식단으로부터 유익을 얻을 수 있다고 가장하는 것이다. 두 번째 선택권은 증가하는 교실 내 학생들의 다양성을 이해하고, 모든 교사들에게 교육

개별화 기술을 필수적으로 강제하는 것이다.

　이 개념을 설명하기 위해 또 다른 예를 들겠다. 8학년 영어 수업을 듣는 학생들이 읽기 실력이 상당히 우수하며, 같은 반의 다른 학생들에 비해서 그리스 로마 신화에 대한 지식이 훨씬 높다는 것이 증명되었다. 그래서 담당 교사는 그 반의 모든 학생들이 똑같은 신화를 동일한 속도로 배울 필요가 없다고 판단한 뒤, 우수한 학생들에게는 다른 과제를 주었다. 우수 학생들은 동양과 미국 인디언, 슬라브, 아프리카 문화권의 신화들을 조사하여 각 신화의 형식과 내용들을 서로 비교하고 대조하고, 신화의 구성과 목적을 이웃 학교의 저학년 학생들에게 설명할 수 있도록 모형을 개발하라는 과제를받았다.

　영재교육은 동일 집단에 속한 개개인의 다양한 필요를 인식하고, 그에 따른 교육을 제공할 수 있도록 철학적이고 실질적인 추진력을 제공한다.

다양한 교육 양식

　만약 교육의 차별화와 개별화 철학이 추구된다면, 영재교육이 일반교육을 위해 기여할 수 있는 세 번째 교육학적 기여가 중요한 요소로 부상할 것이다. 그 기여란 영재교육계가 차별화와 개별화의 철학을 교실환경에서 실행할 수 있도록 다양한 교육 양식을 개발하는 역할을 맡는 것이다. 영재교육계는 학습계획표를 읽는 강의(lecture-read-worksheet) 형태의 교육 양식이 풍부한 학습경험을 촉진하는 데 특별히 효과적이라는 생각을 단 한 번도 받아들인 적이 없다. 영재교육 분야는 오히려 학습방식의 평가, 교육과정의 압축(compacting), 개별연구, 탐구학습, 속진(acceleration), 학습 산출물의 차별화, 그리고 이와 관련된 전략과 같은 활동들을 시험하였다. 이러한 활동들은 개인의 다양성과 차이를 인식하고 수용하는 교육 양식을 갖춘 환경을 개발하려는 많은 교육자들에게 매우 소중한 자원이다. 이러한 교육 차별화의 체제는 수십 년간 영재교육 분야에 사용되면서 보다 발전되고 연습되며 다듬어졌다. 이제 이 체제를 적절하게 사용한다면, 미국 내의 대다수의 학교에 다니는 많은 학생들은 보다 풍성한 교육을 받을 수 있을 것이다. Sizer(1984)는 "학생들의 다양성은 교육자들에게는 불편한 현실이지만 피할 수 없는 현실이기도 하다. 그러한 다양성에 대한 적응은 생산성과 높은 기준, 모든 학생들을 위한 형평성을 위해 반드시 치러야 할 대가다." (p. 194)라고 지적하였다. 영재교육은 교육자들이 학습자들의 다양한 차이를 긍정적이고 효과적인 방식으로 다룰 수 있도록 돕고자 교육의 차별화 및 개별화와 관련된 절차와 관례들을 개발해 왔다.

영재교육이 교육의 일반적 실행에 기여한 공로

교육 모형

철학적, 교수적, 교육학적 공헌 이외에도, 영재교육 분야가 일반교육계에 기여할 수 있는 부분이 적어도 두 가지는 더 있다. 영재교육계는 오늘날의 교육 실행에서 실제적이거나 실용적인 사안들을 주로 다루는 '실제적인' 분야에서 기여할 수 있다. 첫 번째로, 영재교육은 오늘날의 학교에서 전형적으로 실행되고 있는 접근방법보다 교육과정에 대해서 더욱 학생 중심적이고, 과정 지향적이며(process-oriented), 내용 면에서 엄격한(content-rigorous) 접근을 권장하는 교육 모형들의 준비된 공급원이라 할 수 있다. 학교전체 심화학습 모형(The Schoolwide Enrichment Model, Renzulli & Reis, 1985), 다중메뉴 모형(The Multiple Menu Model, Renzulli, 1988), Purdue 모형(The Purdue Model, Feldhusen, 1980), Grid 모형(The Grid Model, Kaplan, 1986), 심화 매트릭스 모형(The Enrichment Matrix Model, Tannenbaum, 1983), 그리고 이외의 다른 모형들은 학생들의 사고력을 계발시키고자 애쓰는 교사들에게 지침을 제공하였다. 사고력이 계발된 학생들은 각 분야의 전

영재교육의 공공정책

문가들에게 적합한 수준의 중대한 문제들을 다루고, 창의적인 방법으로 문제를 해결하며, 독립적이고 스스로 능력을 발휘하는 학습자로서 자기효능감을 갖는 학생들이다. 교사들은 이러한 교육적 접근에 대해 교사 양성 과정에서 배운 적이 없고, 또한 자신들의 교육적 경험에서도 이러한 접근 모형을 경험한 적이 없다. 따라서 엄청난 수의 교사들에게 위와 같은 교육적 접근을 개발하도록 돕는 것은 만만치 않은 일이다. 전국에 잘 훈련된 영재교사들이 있다는 사실은 다른 교사들과 유용한 기술을 공유하고 모범을 보여 줄 수 있는 매우 소중한 자산이다. 또한 영재교육계는 Toch(1991)와 Brandwein(1981) 같은 저술가들이 현재의 교육 문제를 해결할 수 있는 한 가지 가능한 대안으로 제시한 마그넷 스쿨(magnet schools)과 대안적 프로그램들에 대해 긍정적이고 유리한 정보들을 많이 보유하고 있다.

표준 세우기

두 번째로 영재교육계가 실질적인 기여를 할 수 있는 분야는 교육자들 앞에서 수월성의 표준을 유지하는 것이다. 어느 회사든지 우수 사원—발명가, 아이디어를 내는 사람, 판매사원, 혹은 지도자—을 인정하고 그들을 양성하려고 노력하지 않는다면 성장하거나 번영할 수 없다. 또한 성공적인 체육 프로그램이라면 언제나 팀의 슈퍼스타들을 인정하고 그에 합당한 보상도 제공한다. 예술 전람회는 가장 창의적이고 도전적이라고 생각되는 예술가의 작품을 화랑의 가장 좋은 곳에 전시한다. 음악에서도 수석 연주자를 인정하며, 극장에서는 스타급 배우를 특별 대우하고 팸플릿에도 가장 윗줄에 그의 이름을 올린다. 이와 마찬가지로 교육계에서도 재능의 정의에 도전을 던지고, 교사의 사고를 앞지르며, 무제한적인 학습능력을 보이고, 전문적 수준의 산출물을 생산할 수 있는 아동이 있다면 그의 존재를 거리낌 없이 인정해 주어야 한다. 영재교육계는 영재아동들의 잠재력을 인정하고 그들의 잠재력이 자유롭고 올바른 방법으로 계발될 수 있도록 앞장서야 한다. 한 예로, 현재 교육계의 지도자들과 교사들은(좋은 의도로 시작되었음에도 불구하고) 일반학생들의 학업수행 상한선을 높이고자, 영재 학생들의 학업수행 상한선을 낮추는 것이 갖는 위험성에 대해 반드시 이해해야 한다. 또 다른 예를 들겠다. 학교와 학교 분과들이 이질적인 반 편성을 명령하였으나, 교사들이 그러한 실행에 대해 열정도 없고 다양한 학생들을 가르치는 것에 대한 준비도 되어 있지 않은 채 여전히 특별한 학생들에게 비범한 기대를 걸고 있다면, 우리가 '위기에 처한 아동들'이라고 부르는 학생들을 돕기 위한 체제나 미숙함의 틈, 심지어는 학생들을 새로운 환경 변화에 적응시키려고 돕는 방식까지도 바람직한 결과를 생산해 낼 것 같지 않다.

영재교육은 진정한(정치적 혹은 수사적 의미가 아닌) 수월성을 지지하는 것으로, 우수한 학생들의 성장을 촉진하거나 방해하는 관행들을 연구하는 것으로, 그리고 (거절의 분위기 속에서라도) 최선의 활동을 이용할 것을 주장하는 것으로, 영재학생들과 교육계 전반의 긍정적인 성장을 위해 중요한 역할을 수행할 수 있다.

바람직한 변화를 위하여 힘을 모을 것에 대한 호소

이 논문의 요지는 일반학생들을 제외시키거나 일반학생들에게 해를 끼치면서 공립학교가 영재학생들을 위한 서비스를 제공해야 한다고 주장하는 것이 아니다. 오히려 그와 반대로 우수한 학습자를 포함한 모든 종류의 학습자들에게 교육적 변화가 필요하다는 것을 주장하고 있다. 또한 학교는 모든 학생들이 그곳에서 자신들의 가능성을 최대한 극대화시킬 수 있을 때에 성공할 수 있다는 점을 주장한다.

본 논문은 미국의 교육계를 풍성하게 만들고 활성화시킬 수 있는 모든 해답을 영재교육계가 제공할 수 있다고 주장하는 것도 아니다. 분명히 영재교육계는 모든 해답을 가지고 있지는 않다.

또한 우리 영재교육계가 모두 옳은 일만 하였다고 말하는 것도 아니다.

거의 확실하지만 영재교육계도 잘못을 범하였다.

이 논문이 호소하는 것은 복잡한 교육적 위기에 대한 풍부하고도 다양한 해답이 필요한 이 시기에 모든 교육자들이 해결책을 찾기 위해 함께 노력해야 한다는 것이다.

영재교육자들은 우리에게 일반교육자들과 함께 공유할 수 있는 방법이 있음을 확신함과 동시에 그들로부터 배울 중요한 교훈이 있음을 이해하고 교육개혁의 주류에 참여해야 한다. 영재교육자들에겐 개혁에 참여할 의무가 있고 또한 기회도 열려 있다. 다른 분야의 교육자들 역시 교육개혁에 대한 대화를 확대하여, 교육적 변화가 영재 학생들까지 포함한 모든 학생들을 수용하는 방식으로 일어날 수 있도록 보증해야 할 의무가 있으며, 기회도 열려 있다.

이러한 목적을 이루기 위해, 영재교육자들은 다양한 분야에서 열리는 교육 세미나나 컨퍼런스에 참석하여 자신들의 견해를 발표할 수 있는 기회를 찾아보는 것이 유익할 것이다. 특정한 주제 분야에 대한 컨퍼런스나 일반적인 교육과정 및 교육에 대한 컨퍼런스, 그리고 다양한 연령 집단과 행정적 사안에 관한 컨퍼런스 등이 좋은 예일 것이다. 영재교육 분야에서 학문적인 출판물과 특정한 교육 활동에 관한 출판물을 담당하는 편집자들은 영재교육과 일반교육이 함께 관심을 갖고 우려하는 주제들에 대해서 일반교육자들도 영재교육 저널에 글을 기고하도록 초대해야 한다고 생각한다. 또한 영재교육과 일반교육 사이의 대화를 확대하고 이해를 촉진시킬 수 있는 일반교육에 관한 기고문을 재출판할 것에 대해서도 고려해야 한다. 대학이나 학교 분과, 그리고 지역 학교 차원에서 영재교육을 담당하는 교육자들은 영재교육에 포함되지만 광범위한 범위의 학생들에게도 유익이 될 수 있는 생각들이나 실행들을 모두와 공유할 수 있는 기회를 찾아야 한다. 상호적으로 일반교육자들도 영재교육계와 협력함으로써 유익을 얻을 수 있을 것이다. 일반교육에 관한 컨퍼런스에 영재교육 분야의 종사자를 초청하여 의견을 듣고, 영재교육 저널에 실린 논문들을 일반교육 저널에 다시 싣는가 하면,

두 분야가 서로 관심을 갖는 주제에 대해 영재교육자들이 글을 기고하도록 초청하고, 모든 학년 및 학과목, 능력 수준에 걸쳐서 교육을 보다 풍성하게 해 줄 수 있는 통찰력과 실행들을 공유하기 위해 모든 수준의 영재교육자들의 의견을 구해야 한다. 더 나아가서, 일반교육과 영재교육 사이의 대화를 위한 특정한 전략 개발 목적과 계획을 가지고 국가와 주, 그리고 지역 차원에서 회의, 세미나, 컨퍼런스 등을 계획하는 것이 상호 교류에 중요한 걸음이 될 것이다.

과거에는 별개의 분야로 생각되었던 학문들 간에도 통합이 요구되고 있는 이 시기에, 이제까지 너무나 개별적으로 다루어졌던 전문적인 교육 이론들과 관행들을 통합시킬 기회를 교육자들이 찾는다는 것은 단순한 상징적인 의미 이상의 것을 나타낸다고 생각된다.

교육의 전문성에 대한 필요는 지속될 것이다. 학생들의 실력과 적성의 차이도 계속 존재할 것이다. 그럼에도 불구하고 그러한 차이점들을 효과적으로 다루고 모든 학생들의 적성을 계발시키고자 노력하는 다양한 교육자들을 도울 수 있는 전략들을 공유하는 것은 교육적 변화가 일어나고 있는 이 시기에 상당히 타당한 행보인 듯하다.

📑 참고문헌

Adler, M. (1982). *The Paideia proposal*. New York: Collier Books.

Anderson, L., Jenkins, L., Leming, J., MacDonald, W., Mullis, I., Turner, M., & Wooster, J. (1990). *The civics report card*. Princeton, NJ: Educational Testing Service.

Applebee, A., Langer, J., & Mullis, I. (1989). *Crossroads in American education: A summary of findings*. Princeton, NJ: Educational Testing Service.

Baldwin, A. (1985). Programs for the gifted and talented: Issues concerning

영재교육의 공공정책

minority populations. In F. Horowitz & M. O'Brien (Eds.), *The gifted and talented: Developmental perspectives* (pp. 223-250). Washington, DC: American Psychological Association.

Baldwin, A. (1991). Ethnic and cultural issues. In N. Colangelo & G. Davis (Eds.), *Handbook of gifted education* (pp. 416-427). Boston: Allyn & Bacon.

Boyer, E. (1983). *High school: A report on secondary education in America.* New York: Harper & Row.

Brady, M. (1989). *What's worth teaching: Selecting, organizing, and integrating knowledge.* Albany, NY: State University of New York.

Brandwein, P. (1981). *Memorandum: On renewing schooling and education.* New York: Harcourt, Brace, Javanovich.

Callahan, C. (1978). *Developing creativity in the gifted and talented.* Reston, VA: The Council for Exceptional Children.

Callahan, C. (1986). The special needs of gifted girls. *Journal of Children in Contemporary Society, 18*, 105-117.

Callahan, C. (1991). An update on gifted females. *Journal for the Education of the Gifted, 14*(3), 284-311.

Callahan, C. (1992, April). *Performance of high ability students in the United States on national and international tests.* Paper presented at the meeting of the American Education Research Association, San Francisco, CA.

Callahan, C., & Caldwell, M. (1984). Using evaluation results to improve programs for the gifted and talented. *Journal for the Education of the Gifted, 7*(1), 60-74.

Clark, B. (1983). *Growing up gifted.* Columbus, OH: Charles E. Merrill.

Coleman, L. (1985). *Schooling the gifted.* Menlo Park. CA: Addison-Wesley.

Cox, J., Daniel, N., & Boston, B. (1985). *Education able learners: Programs and promising practices.* Austin, TX: University of Texas Press.

Davis, G., & Rimm, S. (1989). *Education of the gifted and talented.* Englewood Cliffs, NJ: Prentice Hall.

Dossey, J., Mullis, I., Linquist, M., & Chambers, D. (1988). *The mathematics report card: Are we measuring up?* Princeton, NJ: Educational Testing Service.

Educational Testing Service. (1989). *What Americans Study.* Princeton, NJ: Author.

Feldhusen, J. (1980). *The three-stage model of course design.* Englewood Cliffs, NJ: Educational Technology Publications.

Feldhusen, J., & Baska, L. (1989). Identification and assessment of the gifted. In J. Feldhusen, J. VanTassel-Baska, & K. Seeley (Eds.) *Excellence in educating the gifted* (pp. 85-101). Denver, CO: Love.

Feldhusen, J., & Treffinger, D. (1985). *Creativity in thinking and problem solving far gifted education.* Dubuque, IA: Kendall-Hunt.

Feldhusen, J., VanTassel-Baska, J., & Seeley, K. (1989). *Excellence in educating the gifted.* Denver, CO: Love.

Fetterman, D. (1988). *Excellence and equality: A qualitative different perspective on gifted and talented education.* Albany, NY: State University Press of New York.

Fox, L., Brody, L., & Tobin, D. (1983). *Learning-disabled gifted children: Identification and programming.* Austin, TX: Pro-Ed.

Frasier, M. (1989). The identification of gifted Black students: Developing new perspective. In J. Maker (Ed.), *Critical issues in gifted education: Defensible programs for cultural and ethnic minorities* (pp. 213-225). Austin, TX: Pro-Ed.

Gallagher, J. (1985). *Teaching the gifted child.* Boston: Allyn & Bacon.

Gardner, H. (1983). *Frames of mind: The theory of multiple intelligences.* New York: Basic Books.

Gardner, J. (1961). *Excellence: Can we be equal and excellent too?* New York: Harper & Row.

Gay, J. (1978). A proposed plan for identifying Black gifted children. *Gifted Child Quarterly, 22,* 353-360.

Goodlad, J. (1984). *A place called school: Prospects for the future.* New York: McGraw-Hill.

Gowan, J., Khatena, J., & Torrance, P. (1981). *Creativity: Its educational*

영재교육의 공공정책

implications. Dubuque, IA: Kendall-Hunt.

Guilford, J. (1967). *The nature of human intelligence*. New York: McGraw-Hill.

Hammack, D., Hartoonian, M., Howe, J., Jenkins, L., Levstik, L., MacDonald, W., Mullis, I., & Owen, E. (1990). *The U.S. history report card*. Princeton, NJ: Educational Testing Service.

International Association for the Evaluation of Educational Achievement. (1988). *Science achievement in seventeen countries: A preliminary report*. Oxford, UK: Pergamon Press.

Kaplan, S. (1986). The grid: A model to construct differentiated curricula for the gifted. In J. Renzulli (Ed.), *Systems and models for developing programs for the gifted and talented* (pp. 180-193). Mansfield Center, CT: Creative Learning Press.

Karnes, M. (1979). Young handicaped children can be gifted and talented. *Journal for the Education of the Gifted, 6*, 157-172.

Karnes, M. (1983). The long-term effects of early programming for the gifted/talented handicapped. *Journal for the Education of the Gifted, 6*, 266-278.

Kerr, B. (1985). *Smart girls, gifted women*. Columbus, OH: Ohio Psychology Publishing Company.

Khatena, J. (1986). *Educational psychology of the gifted*. New York: Macmillan.

Maker, J. (1982). *Curriculum development for the gifted*. Austin, TX: Pro-Ed.

Maker, J., & Schiever, S. (1989). *Critical issues in gifted education: Defensible programs for cultural and ethnic minorities*. Austin, TX: Pro-Ed.

Mitchell, D., & Encarnation, D. (1984). Alternative state policy mechanisms for influencing school performance. *Educational Researcher, 13*(5), 4-11.

Nehring, J. (1989). *"Why do we gotta do this stuff, Mr. Nehring?": Notes from a teacher's day in school*. New York: Fawcett Columbine.

Oakes, J. (1985). *Keeping track: How schools structure inequality*. New Haven, CT: Yale University Press.

Ortiz, V., & Volkoff, W. (1987). Identification of gifted and accelerated Hispanic students. *Journal for the Education of the Gifted, 11,* 45-55.

Passow, H. (1982). The relationship between the regular curriculum and differentiated curricula for the gifted/talented. In *Selected Proceedings of the First National Conference on Curricula for the Gifted/Talented.* Ventura, CA: Ventura Superintendent of Schools Office.

Passow, H. (1985). Intellectual development of the gifted. In F. Link (Ed.), *Essays on the intellect* (pp. 23-43). Alexandria, VA: Association for Supervision and Curriculum Development.

Piechowski, M. (1991). Emotional development and emotional giftedness. In N. Colangelo & G. Davis (Eds.), *Handbook of gifted education* (pp. 285-306). Boston: Allyn & Bacon.

Ramos-Ford, V., & Gardner, H. (1991). Giftedness from a multiple intelligences perspective. In N. Colangelo & G. Davis (Eds.), *Handbook of gifted education* (pp. 55-64). Boston: Allyn & Bacon.

Reis, S. (1989). We can't change what we don't recognize: Understanding the needs of gifted females. *Gifted Child Quarterly, 31,* 83-88.

Reis, S., & Callahan, C. (1989). Gifted females: They've come a long way — or have they? *Journal for the Education of the Gifted, 12,* 99-117.

Renzulli, J. (1977). *The enrichment triad model.* Mansfield Center, CT: Creative Learning Press.

Renzulli, J. (1982). What makes a problem real: Staking the illusive meaning of qualitative differences in gifted education. *Gifted Child Quarterly, 4,* 147-156.

Renzulli, J. (1988). The multiple menu model for developing differentiated curriculum for the gifted. *Gifted Child Quarterly, 32,* 298-309.

Renzulli, J., & Reis, S. (1985). *The schoolwide enrichment model: A comprehensive plan for educational excellence.* Mansfield Center, CT: Creative Learning Press.

Richert, S. (1991). Rampant problems and promising practices in identification. In N. Colangelo & G. Davis (Eds.), *Handbook of gifted education* (pp. 81-96). Boston: Allyn & Bacon.

영재교육의 공공정책

Sizer, T. (1984). *Horace's compromise: The dilemma of the American high school*. Boston: Houghton Mifflin.

Sternberg, R. (1985). *Beyond IQ: A triarchic theory of human intelligence*. New York: Cambridge University Press.

Sternberg, R. (1991) Giftedness according to the triarchic theory of human intelligence. In N. Colangelo & G. Davis (Eds.), *Handbook of gifted education* (pp. 45-54). Boston: Allyn & Bacon.

Sternberg, R., & Detterman, D. (1979). *Human intelligence: Perspectives on its theory and measurement*. Norwood, NJ: Ablex.

Tannenbaum, A. (1983). *Gifted children: Psychological and educational perspectives*. New York: Macmillan.

Toch, T. (1991). *In the name of excellence*. New York: Oxford University Press.

Torrance, P. (1977). *Discovery and nurturance of giftedness in the culturally different*. Reston, VA: Council for Exceptional Children.

Torrance, P. (1979). *The search for satori and creativity*. Buffalo, NY: Creative Education Foundation.

Treffinger, D. (1980). *Encouraging creative learning for the gifted and talented: A handbook of methods and techniques*. Ventura, CA: Ventura County Superintendent of Schools Office.

Treffinger, D. (1986). Fostering effective independent learning through individualized programming. In J. Renzulli (Ed.), *Systems and models for developing programs for the gifted and talented* (pp. 429-460). Mansfield Center, CT: Creative Learning Press.

VanTassel-Baska, J. (1988). *Comprehensive curriculum for gifted learners*. Boston: Allyn & Bacon.

VanTassel-Baska, J., Patton, J., & Prillaman, D. (1989). Disadvantaged gifted learners at rksk for educational attention. *Focus on Exceptional Children, 3*(22), 1-15.

Ward, V. (1980). *Differential education for the gifted*. Venture, CA: Ventura Superintendent of Schools Office.

Welsh, P. (1986). *Tales out of school*. New York: Viking.

Whitmore, J. (1980). *Giftedness, conflict, and underachievement.* Boston: Allyn & Bacon.

Zettel, J., & Ballard, J. (1978). A need for increased federal effort for the gifted and talented. *Exceptional Children, 44,* 261-267.

영재교육의 공공정책

영재교육 교사들은 전문가인가? 영재 특수교육 교사 임용에 대한 획기적 결정[1]

Joseph S. Renzulli(The University of Connecticut)

여러 영재 프로그램의 상대적인 새로움과 교사 자격 규정의 부족으로 영재 교육 교사는 때로 새로운 교육 상황에서 그들의 근속 연수 부족의 결과로 나타나는 임용 불안에 당면한다. 한 5년차 영재교육 전문가는 재적 학생 수가 감소하는 시기에 교사 계약이 종료될지도 모른다는 위협을 느끼고 종신 재직권이 있지만 특별 훈련을 받지 않은 고참 교사에 우선하는 자신의 임용 적격 심사를 위해 고충 처리 제도를 찾았다.

판결 청문회에는 두 교사와 교육위원회, 그리고 미국 중재 협회가 참여하였으며, 영재교육 교사들과 영재교육 분야에까지 영향을 미칠 수 있는 여러 요소들이 쟁점이 되었다.

오늘날 영재교육이 당면한 가장 중요한 쟁점 가운데 하나는 이 직업에서 교사들이 전문가로 인정을 받도록 도와줄 정책의 필요성이다. 이 문제는 몇 가지 이유에서 중요하다. 그중 가장 중요한 이유는 재적 학생 수의 감소와 그에 따른 전국의 많은 학교에서 일을 하는 교사 수의 감소다. 상대적으로

---

1) 편저자 주: Renzulli, J. S. (1985). Are teachers of the gifted specialists? A landmark decision on employment practices in special education for the gifted. *Gifted Child Quarterly, 29*(1), 24-28. ⓒ 1985 National Association for Gifted Gifted Children. 필자 승인 후 재인쇄.

영재 프로그램은 모든 학생들에게 포괄적인 서비스를 제공하려는 학교의 총체적인 노력에 새롭게 더해진 분야이므로 영재교사들은 자주 '임용의 제일 마지막 순위'에 들어가게 된다. 연공서열의 낮은 단계라는 이 현실은 이미 영재교육 분야에서 앞선 훈련을 받기 위해 특별한 노력을 기울인 교사들의 자리가 없어지는 결과를 낳았다. 이보다 더 중요한 점은 영재교육에 자신의 경력을 걸었던 훈련된 전문가들이 이 분야의 훈련을 전혀 받지 않았으며 어떤 경우에는 영재학생들과 함께하고 싶어 하지 않는 교사들로 대체되고 있다는 것이다. 이러한 상황은 우리가 수년에 걸쳐 이루려고 노력해 온 영재 프로그램과 헌신적인 전문가 집단의 질에 중요한 암시를 할 수 있다. 이 분야에 종사하는 대부분의 사람들은 영재학생을 가르치는 일에는 특별한 역량과 훈련과 의무감이 필요하다는 점에 동의하지만 50개 주 가운데 16개 주만이 이 특수교육 분야를 운용하는 특수교사 자격 규정을 개발할 준비가 되어 있을 뿐이다.

특수 자격 제도가 없는 34개 주에서는 이미 영재교사들 가운데 수많은 '피해자'가 나오는 결과가 초래되었다. 그러나 미국 중재 협회의 최근 결정은 교사 수의 감소 때문에 일자리를 잃을 위험에 처한 다른 영재교사들의 지위를 지탱하는 데 사용될 수 있는 판례를 세우는 경우가 될 수 있다.

문제의 경우에 대한 개요

미국 중재 협회(American Arbitration Association: AAA) 사건 번호 1139-1912-83은 매사추세츠 주 데드햄 교육위원회[2]가 1983~1984학년도 동안 교사 수가 감소된 시기에 영재교사(이하 하급 교사로 통일함)를 고용하자 데

---

2) 매사추세츠 주에서는 교육위원회(Boards of Education)를 학교위원회(School Committees)로 부른다. 그러나 필자는 미국에서 널리 인정되는 용어인 '교육위원회(Boards of Education)'를 사용하였다.

드햄 교육협회(이하 협회로 통일함)가 위원회를 상대로 제기한 고충 처리 사건이다. 위원회는 처리를 거부하였으나 미국 중재 협회(AAA)는 그 사건을 판결을 위해 제출하였다. 위원회와 협회의 계약에는 미해결 고충 처리 건이 생길 경우 AAA가 중재자 역할을 하며, 중재자의 결정은 최종 결정으로 모든 당사자들에게 구속력을 가진다고 명문화되어 있다. 중재는 사법 절차로서, 고충 처리 건은 해당 양 당사자가 제출한 증거와 주장에 근거한 판결을 위해 공정한 자(들)에게 제출된다. 계약적 합의에 따라 이 사건의 양 당사자들은 중재자의 결정을 최종적이고 구속력이 있는 것으로 수용할 것에 미리 합의하였다.

이 사건은 위원회가 근속 연수가 높은 교사를 해직하고 하급 교사를 고용한 상황에 관련된 것이다. 이는 하급 교사가 영재학생들을 가르칠 특수 자격과 훈련을 갖고 있다고 위원회가 판단하였기 때문이었다. 매사추세츠 주에서는 영재교사를 위한 자격 기준이 없었기 때문에 이 사건의 양 교사들은 모두 규정 초등교사 자격증을 소유하고 있었다. 특수 자격증이 없음에도 불구하고 매사추세츠 주 교육 부국장은 다음과 같이 발표하였다. "…지방 교육위원회는 주 법이나 규정이 없을 경우 그들이 고용하는 교사의 자격증 범위를 넘어선 자격을 정할 권한이 있다."(Case, 1984) 교사들의 자격에 대한 기준을 정할 교육위원회의 권리가 주의 자격증 규정보다 상위에 있다는 것은 이 사건의 최종 판결에서 특히 중요한 요소다.

이 사건의 본질은 위원회와 협회의 교사 수 감소를 통제하는 계약에 나와 있는 다음의 내용에 구체화되어 있다.

> …교사 수를 줄여야 할 경우, (종신 재직권이 없는 교사들이나 성과가 만족스럽지 못한 교사들 외에) 이는 학과 내 연공 역순서로 실시된다. 그러나 해당 학과의 다른 교사들이 해고 순서에 해당하는 하급 교사의 위치를 채울 수 없는 경우는 예외로 한다. 이 경우에는 해당 학과에서 다른 교사들이 채울 수 있는 위치에 있는 그 다음 순서의 하급 교사가 먼저 해직된다(Dedham Educ. Assoc., Article XXXI, C).

영재교사 특수 자격증이 없는 매사추세츠 주에서 이 사건의 두 교사들은 '같은 학과'인 초등: K6으로 분류되었다. 따라서 사건의 본질은 영재들을 가르칠 특수 자격증이 없는 상급 교사에 우선하여 하급 교사가 임용될 자격증이 있느냐의 여부였다.

해당 당사자들의 입장

협회의 입장

협회는 상급 교사가 영재들을 포함한 (비록 이러한 경험은 정규교실에서 얻어진 것으로, 영재들을 위해 정식으로 조직된 프로그램의 한 부분은 아니었지만) 모든 능력 수준의 학생들을 가르쳐 왔다고 반박하였다. 더 나아가, 협회는 상급 교사의 지도 주임이 그 교사에게 당국에서 말하는 영재를 가르치기에 바람직한 자질이 있는 것으로 보았다고 주장하였다. 협회는 또 그 상급 교사가 교사로 재직하는 동안 교실환경 안에서 영재들과 함께 일하려는 바람을 보였으며, 그런 학생들을 위해 그 상급 교사가 창조적이고 문학적이며 학구적인 심화학습에 맞는 경험을 제공하였다고 주장하였다. 더 나아가, 협회는 계약서의 조항 31, C에서 말하는 것은 최고의 자질이 아니라 단지 자질이 있는지 만을 이야기하는 것이라고 반박하며, 교육위원회는 그 상급 교사가 영재교사로서의 일을 수행할 수 없다는 증거를 제시하지 못하였다는 입장을 유지하였다.

교육위원회의 입장

위원회의 입장은 Powers와 Hall의 변호사인 우다드(John V. Woodard) 씨에 의해 제출되었다. 그가 이용한 전략은 교사 수를 줄여야 할 경우에 주 자격증 규정에 의해 보호받지 못하는 영재교사들이 관련된 다른 사건들을 위해 자세하게 설명되고 '견본'으로 제공될 것이다.

우다드 씨는 초등교사 자격증이 교사가 영재들을 가르칠 자질이 있음을 입증하는 것은 아니라고 반박하였다. 법은 지방위원회가 초등 자격증에 필요한 자질의 범위를 넘는 추가적인 자질을 정하는 것을 허가하고 있다. 우다드 씨는 이 사건에서 위원회가 실로 그런 자질을 정한 것이라고 지적하며, 매사추세츠 주 교육부가 영재교육에 관련된 문제들을 지방 감독으로 위임한 것이라고 강조하였다. 우다드 씨의 주장은 다음에서 설명하는 세 가지 주요 요소들을 중점으로 하고 있다.

영재교사직 고지

1979년 위원회는 영재교사(초등학교)직을 만들고 그러한 직위에 필요한 자질들을 발표하였다. 그 자질에는 교실에서 적합한 학년 수준을 가르친 경험과 함께 다음의 자질들이 언급되어 있었다.

> …영재교육에 관한 과정을 최소한 하나 수료하여야 하며… 후보자는 코네티컷 주 교육부와 코네티컷 대학교가 후원하는 영재에 관한 여름 학회/집회에 참석할 계획을 세워야 한다 …

데드햄의 영재 프로그램은 삼부심화학습모형에 기초를 두고 있었기 때문에 교사는 영재교육에 대한 이 특정한 접근법에 대해 적절한 교육을 받아야 할 필요가 있다고 간주되었다. 그리고 이 교육은 앞에 언급된 기관에서 제공되었다.

처음 영재교사직 고지가 이루어졌던 시기에 그 상급 교사는 이 영재교사직에 지원하지 않았음을 지적하는 것이 중요하다. 반면, 하급 교사는 영재교사직에 지원하고, 코네티컷 대학교에서 개최하는 두 번의 여름 학회에 출석하였다. 비록 그러한 학회에 출석하는 것 자체가 영재를 가르칠 능력을 보장하는 것은 아니지만 거기에 출석하였다는 것은 실재적인 관심의 표현이다. 그 하급 교사가 높은 평가를 받고 학회를 이수하였다는 사실도 이 교사가 영재를 위한 삼부 프로그램을 성공적으로 수행하는 데 요구되는 특별한 역량을 지녔다는 점을 강력하게 내세우는 데 도움이 되었다.

역량의 구체적 내용

위원회를 대신한 우다드 씨 주장의 주요 요점은 영재를 가르치는 것과 관련된 구체적인 기술에 대한 정보에 기초를 두고 있었다. 그는 필자를 포함한 이 분야의 다른 전문가들과의 접촉을 통해 영재교사의 역할을 정의하는 전문 역량을 강조하는 데 도움이 되는 교수활동과 기술에 대한 세부 내용을 수집할 수 있었다. 이 주장을 준비하는 데 세 가지 문서가 특히 중요한 역할을 하였다.

그 첫 번째는 심화학습 과정 분류 유형 II(A Taxonomy of Type II Enrichment Processes)라는 문서로, 이 문서는 대부분의 영재 프로그램 중심을 이루는 200개 이상의 인지 및 정서 과정 기술의 분류별 목록으로 구성되어 있다. 여기에는 일반교육의 바람직한 목표가 될 수 있는 많은 기술과 능력도 포함되어 있었지만, 그럼에도 영재 프로그램에서 주요 초점이 되어야 하는 폭 넓은 기술이 강조되었다.

다른 두 개의 문서는 개인 및 소집단별 연구와 창조적인 경험(Reis & Cellerino, 1983; Renzulli, 1983)을 통해 영재학생들을 지도하는 데 관련된 유형별 교수 기술에 더 구체적으로 집중하고 있다. 이 자료들은 특히 다음의 구체적인 기술에 초점을 맞추고 있다.

1. 개인의 관심, 능력 및 학습방식 분석
2. 학생들 사이에 다양한 새로운 관심을 촉진하기 위해 고안된 특정 활동의 조직 및 실행
3. 문제발견 및 문제에 집중하는 과정의 지도

영재교육의 공공정책

4. 정규 교육과정을 조정하는 체계적 전략. 여기에는 이미 터득한 기술의 배제, 각자의 속도에 맞게 공부하는 능력, 적절한 교과의 가속이 포함된다.

5. 방법적(조사 기술) 자료를 파악하는 데 도움 제공

6. 높은 수준의 다양한 참고 자료와 인적 자원의 파악과 이의 적절한 사용에 대한 도움 제공

7. 창조적 작품을 수정하고, 과학, 문학 또는 예술적 시도에서 나온 초안을 단계적으로 확대하는 데 학생들에게 적절한 피드백과 지도를 제공하기 위한 절차

8. 학생이 시도한 작품을 위한 다양한 의사소통의 구성과 방법을 탐구하는 데 도움 제공

9. 학생 작품의 적절한 판로 및 관객을 파악하는 데 도움 제공

10. 이러한 교수 행동의 구체적 예들이 언급한 두 가지 서류에 설명되어 있다. 이 설명들은 우다드 씨 주장의 세 번째 요소에 대한 토대를 놓는 데 도움이 되었다.

영재교사의 특수 자질 문제

이 사건에서 중요한 쟁점은 위원회와 협회의 합의서 조항 31, C.2.B에 나와 있는 '자격(자질)이 있는'이라는 말의 해석이다. 이 말은 합의서에서 정의되지 않은 채 사용되어 그 해석이 분분하다. 위에서 설명한 문서에서 이끌어 온 자료 외에도, 우다드 씨는 합의서에 사용된 이 용어의 사용에 대한 논리적인 분석을 근거로 자신의 주장을 펼쳤다. 영재교사가 '초등교육'이라는 제목 아래 합의서에 포함되어 있다는 사실은 영재교사들의 직위가 다른 모든 초등교사 직위와 마찬가지라거나 혹은 그 학과 내에서 특별한 것이 아니라는 추론의 근거를 제공하지 않는다. 양 당사자(즉, 위원회와 협회)가 합의서에 그러한 용어를 삽입하였다는 사실은 모든 학과 내에서 특별한 자질을 요

구하는 직위가 있음을 분명하게 암시한다. 위원회는 영재교사의 직위에는 초등교사 자격증이 필요하다는 사실에 이의를 제기하지 않았다. 그러나 그것이 위원회가 부가적인 자질 및/또는 교육을 규정하는 것을 막지는 않는다. 자격증의 요구는 단순히 최소한의 요건이다. 이 점에서 우다드 씨는 매사추세츠 일반법에서 다음의 조항(조항 71, 38G)을 인용하였다.

> 교사가 임용을 바라는 직위 형태에 대해 위원회가 자격증을 수여한 것이 아니라면… 어떤 교사도 교육위원회에 의해 교사로 임용될 자격이 없다. 그러나 여기에 있는 어떤 내용도 교육위원회가 부가적인 자질을 정하는 것을 막는 것으로 해석되지 않는다.…

매사추세츠 주에 별도의 자격증이 없는 것이 영재교사의 직위가 독특하지 않다거나 부가적인 자질이 부당하다는 추론의 근거가 되지는 않는다. 매사추세츠 주가 영재교사를 위한 자격증을 설립하지 않은 이유는 그 대부분의 영재교육이 지방의 관리에게 맡겨져 있다는 사실 때문임이 지적되었다.

매사추세츠 주 교육부가 개발한 두 개의 문서는 이 항목의 위원회 주장을 뒷받침하는 데 특히 유용하였다. 1979년에 출판된 『영재교육을 위한 자원 가이드(A Resource Guide for the Education fo Gifted and Talented)』에는 이렇게 적혀있다.

> 주 교육위원회는 영재학생의 교육적 필요성을 다루는 학교의 역할을 인정하며, 지방 학교 체제에서 이 학생들을 위한 프로그램을 개발하는 것을 지원한다.

영재교육의 특수성에 대한 주 교육위원회의 인정은 위원회의 1978년 영재에 관한 의견서 승인과 주 교육부의 교육과정 지도과 내에 만들어진 영재 정책방침서에도 반영되고 있다. 우다드 씨는 앞서 언급된 교육 부국장이 작성한 문서(Case, 1984)의 내용을 인용하여 영재교사가 갖는 지위의 특수성을 수립하는 것을 도왔다. 1979년에 메사추세츠 주에서 새로운 교사 자격증 요건이 초안되고 있을 때 별도의 자격증을 만들 것인가가 고려되었다. 그러나 부국장이 설명한 것과 같이 주 교육위원회는 다음의 이유로 별도의 자격증을 만들지 않기로 결정하였다.

> 첫째, 영재아동의 교사들은 주로 학문적 과목이나 (초등 단계) 과목의 교사로, 학과목 자격증으로 지도가 가능하다. 둘째, **영재아동들에 대해 교사를 특히 성공할 수 있게 만드는 자질들은 규정으로 개정할 수 있는 것이 아니다.** 그러한 교사를 정의하는 특별한 태도, 감수성과 관심사를 성문화하는 것은 거의 불가능할 것이다. 셋째, **학교에 영재아동을 가르치기 위한 유형이 정해져 있지 않다.** 자격증을 발행하기 위해서는 자격증이 다루는 역할을 정의할 수 있어야 하며, **전국적으로 다양한 교수 프로그램에는 그만큼 다양한 교사들의 역할이 존재한다**(Case, 1984).[굵은 서체는 추가한 것임]

특수 자격증을 만들지 않겠다고 결정한 이유는 성공적인 교사의 자질은 규정으로 개정할 수 없으며, 교사의 역할은 지역의 프로그램에 따라 다양하다는 인식과 관련되어 있다. 이 내용은 영재 프로그램을 위한 자질을 정하는 문제를 지방 관리에 맡기겠다는 주 교육위원회의 결정을 재확인해 준다. 요컨대, 특수 자격증이 없다고 해서 초등교사 자격증을 가진 교사도 영재학생들을 가르질 자질이 있다는 말은 아닌 것이다. 반대로, 영재교사 지원자의 자질은 지방위원회가 정한 요건에 비추어 평가되어야 한다. 분명히 이 요건들은 초등교육 분야의 교과학습을 규정하는 초등교사 자격증을 따기 위한 최소 요건의 범위를 넘어선다. 이 요건들은 초등 영재학생들이 갖는 독특한 필요성에 절대적으로 초점을 맞춘 것이다. 이 주장을 뒷받침하기 위해 우다드 씨는 전문 서적에서 발췌한 몇 가지 내용을 제공하였다. 거기에서는 영재학생들을 가르치는 사람에게 특별교육 및 교수 능력이 필요하다는 점을 분명히 지적하고 있다. 상급 교사가 교사 수를 감소해야 하는 상황이 오기 이전에 전문 교육을 받으려 하지도 않았고, 영재 프로그램을 가르치는 데 관심도 보이지 않았으며, 영재 프로그램이 열리는 동안 그 프로그램에 참가하지 않았다는 사실은 그 교사가 영재 프로그램에 참여할 동기가 부족하다는 사례로 제공되었다. 그 상급 교사의 전문 직업인으로서의 헌신과 정규 초등 교사로서의 자질을 결코 헤치지 않으면서 우다드 씨는 그 교사가 정규 교실 환경 밖에서 영재아동들의 필요를 다루는 일에 관심을 보여 준 경우가 없다고 강조하였다. 반면, 하급 교사의 동기는 영재교사직이 처음 공고되었을 때 그 자리에 지원을 하고, 일자리 고지에 지정되어 있는 최소 이수 단위를 뛰어넘는 교육 프로그램에 등록한 것으로 드러났다. 그녀가 데드햄에서 5년간 영재 프로그램을 성공적으로 운영한 것 또한 관심과 열성, 그리고 영재학생들을 가르치는 데 특히 알맞은 개인의 특성 및 교수 기술을 개발한 예로서 인용되었다. 하급 교사의 감독 하에 지난 5년 간 영재 프로그램에서 학생들이 이룬 뛰어난 성과에 관한 수많은 사례들이 그녀의 자질에 대한 증거로 제공되었다.

결과 및 결론

1984년 5월 14일, 미국 중재 협회의 지정 중재자인 로렌스 T. 홀든 주니어(Lawrence T. Holden, Jr.)는 다음과 같은 결정을 내렸다.

> 데드햄 교육위원회의 1983~1984학년도에 6학년 교사(상급 교사)를 해고하고, 5, 6학년 영재학생들을 위한 교사(하급 교사)를 고용하기로 한 결정은 공동 교섭 합의서의 조항 31, C의 규정을 위반하지 않았다.

이 사건에는 우리가 배울 수 있는 몇 가지 중요한 교훈이 있다. 그 교훈을 통해 우리는 현재 특수교육 분야를 위한 교사 자격증을 요구하지 않는 주에서 영재교사의 직위를 보호할 수 있게 될 것이다. 첫째, 일자리 고지는 영재교사에게 요구되는 자질을 확립하는 데 도움이 되는 매우 중요한 문서다.

이 문서들은 신중하게 개발되어 영재교사들의 교육 요건과 그러한 직위에 관여될 교수 기술 형태에 관한 뚜렷한 내용을 포함하여야 한다. 그러한 문서 이전에 설명된 분류에서 나온 정보와 함께 이 글의 앞 장에 포함되어 있는 교수 행동을 포함하고 있는 부록을 첨부하는 것도 좋은 생각이다. 영재교사직에 지원하는 교사들의 기록을 보관하는 것 또한 현명한 생각이다. 이 사건에서 상급 교사는 분명히 이 직위가 처음 공고되었을 때 관심을 표하지 않았다. 이 사실은 우다드 씨 주장의 강한 요소다.

특별 프로그램에 관해 설명하는 내용도 유지되어야 한다. 이 내용에는 프로그램과 관련된 모든 특별활동과 함께 이 활동을 수행하는 교사의 책임이 지적되어야 한다. 주 수준의 문서가 존재하는 경우 이 문서들은 지방 교육위원회에 의해 공식적으로 받아들여지거나 채택되어야 한다. 그러한 주 수준의 문서에 영재 프로그램이 지방 규정과 통제에 달려 있다는 점을 지적하는 참조 사항을 다는 것은 특히 중요하다. 많은 경우에 주 수준의 서비스와 자금, 그리고 영수증을 받기 위해 지원하는 것은 주의 정책과 규정을 지키겠다는 실질적인 표현이다.

세 번째 결론은 프로그램 모형의 채택과, 영재학생들에게 서비스를 제공하기 위한 특정 교수 모형이나 조직화된 접근법 내에서 교사가 지녀야 할 역량에 대한 구체적인 사항과 관계가 있다. 데드햄의 경우에는 삼부 모형을 기초로 한 프로그램의 수립과 이 모형을 운용하기 위한 특수교육의 필요성이 하급 교사의 전문 자질을 확립하는 데 중요한 요소였다.

최종적으로, 영재학생들을 가르치는 사람의 전문 요건을 강조하기 위해 모든 프로그램 활동을 신중하게 문서화하는 것이 훌륭한 방법이다. 학생들이 완성한 작품 사례와 사진, 다양한 활동과 학생 프로젝트, 그리고 학생, 부모, 관리자 및 교사들로부터의 정기적인 피드백은 영재 프로그램 활동의 전문적 본질과 그에 수반되는 교사의 특성, 책임감 및 행동을 확립하는 데 강력한 도구 역할을 할 것이다. 이 모든 요소들은 집합적으로 작용하여 미국 중재 협회가 임명한 중재자로 하여금 영재교사 직위에 내재하는 특수성을 지지하기로 한 결정에 대한 근본적인 이유로 작용하였다. 확실히 이 사건은 교사 수의 감소로 영재교사로서의 기술을 개발하기 위해 특별한 단계를 거친 교사들의 지위가 위험에 처하는 유사한 상황에 대해서 강력한 판례로 제공될 수 있다.

📝 참고문헌

Case, J. H. Letter to John V. Woodard, February 22, 1984.

Dedham Education Association. *Collective bargaining agreements between the Dedham Board of Education and the Dedham Education Association for the 1983-84 school year.*

Frank, R. (1979). *A resource guide for education of the gifted and talented.* Boston: Massachusetts Department of Education, Division of Curriculum and Instruction.

Holden, L. T. (1984). *Voluntary labor arbitration tribunal, Case No. 1139-1912-83.* [American Arbitration Association, 140 W. 51st St., New York, NY 10020].

Massachusetts Department of Education. (1978). *The education of gifted and talented: A position statement and proposed actions.* Boston: Division of Curriculum and Instruction, M. Bogert, Associate Commissioner and R. Frank, Project Director.

Massachusetts General Laws. (1983). *Selected general laws for school committees and school personnel.* Boston: Commonwealth of Massachusetts.

Reis, S. M., & Cellerino, M. V. (1983). Guiding gifted students through independent study. *Teaching Exceptional Children, 15,* 136-141.

Renzulli, J. S. (1983). Guiding the gifted in the pursuit of real problems: The transformed role of the teacher. *The Journal of Creative Behavior, 17,* 49-59.

Renzulli, J. S. (1977). *The enrichment triad model. A guide for developing*

영재교육의 공공정책

defensible programs for the gifted and talented. Mansfield Center, CT: Creative Learning Press.

Renzulli, J. S., & Reis, S. M. (in press). *A guide book for developing defensible programs for the gifted and talented: An action form approach.* Mansfield Center, CT: Creative Learning Press.

'교사가 되는 것':
영재교육에서 얻는 감정과 최상의 경험[1]

Laurence J. Coleman(University of Tennessee)

학생을 가르치는 동안 교사가 경험하는 감정은 비교적 탐구가 되지 않은 분야다. 나는 교사 알렉스를 대상으로 그가 영재아동을 위한 특별 프로그램을 가르치면서 경험하는 감정을 이해하기 위해 현상학적 면접과 참가자 관찰 기법을 사용하여 연구하였다. 그리고 귀납적 절차를 사용하여 자료를 분석하였다. 알렉스는 수업의 교육적 역학이 그의 전문적이고 실질적 지식과 일치하거나 일치하지 않을 때 다양한 감정을 경험하였다. 대부분의 감정은 긍정적이었다. '교사가 되는 것'에 대한 어쩔 수 없는 감정 상태는 그가 느끼는 여러 가지 감정들과 혼합되어 수업에서 반복적으로 나타났다. 알렉스는 가르치면서 교사로서의 존재를 재창조하는 것 같았다. 그의 감정 상태는 Csikszentmihalyi(1990)가 '최상의 경험(optimal experience)'이라고 부른 것과 같은 것으로 해석되었다. 알렉스의 연구에서 발견된 사실들은 특별 수업환경이 알렉스가 최상의 경험을 가질 가능성을 증가시키는 환경을 조성한다고 밝히고 있다.

1) 편저자 주: Coleman, L. J. (1994). "Being a teacher": Emotions and optimal experience while teaching gifted children. *Gifted Child Quarterly, 38*(3), 146-152. © 1994 National Association for Gifted Children. 필자 승인 후 재인쇄.

교실에서의 삶은 미국 사회의 거의 모든 사람들에게 익숙한 것이다. 이러한 익숙함은 지난 몇 세대에 걸친 교실 조직의 동일성, 그리고 대중 매체의 소비자와 학생으로서의 우리의 경험에 뿌리를 두고 있다. 우리의 익숙함은 학교가 어떤 것인지를 아는 것에 대한 확실성으로 이어지고, 교사들이 하는 일과 그들의 경험을 알고 있다는 대중적 믿음을 보장하는 것 같다. 양질의 교양 과목 교육을 받은 사람이라면 유능한 교사가 될 수 있다고 믿는 정치가들과 논설위원들의 글에서는 학교를 위해 무엇이 최상인가를 알고 있다는 우리의 자신감이 나타난다.

학교교육을 보통의 알기 쉬운 것으로 보이게 하는 것은 이렇게 편안한 익숙함이다. 그러나 "비범함과 복잡함은 평범하고 흔한 표면의 바로 아래에 숨어 있다."(Clark, 1990, p. 334) 한 영재교사의 경험을 다룬 이 글에서는 어떤 교사들은 가르치는 동안 '최상의 경험'(Csikszentmihalyi, 1990)을 할 수도 있음을 시사한다.

특수교육 교사들의 경험을 연구하기 위해 고안된 프로젝트의 결과로 필자는 이 글을 쓰게 되었다(Coleman, 1989). 그 프로젝트의 한 부분은 교사들이 특수한 환경에서 학생들을 가르치면서 경험하는 감정을 드러내기 위한 것이었다. 한 영재교사를 연구하는 과정에서 필자는 '교사가 된다는 것'의 감정적 상태와 조우하였다. 이 감정은 가르치는 행위에 강력한 영향력을 미치는 동시에 영재교사들을 이해하는 데 중요한 암시를 주고 있는 듯하였다. 이러한 발견 사실을 다른 교사들과 나누었을 때 어떤 교사들은 고개를 끄덕이며 "그래요, 무슨 말인지 알 것 같습니다."라거나 "나도 그렇게 느꼈죠."라는 말들을 하였다. 이 글의 목적은 교사라는 존재를 설명하고 이 감정적 상태가 암시하는 것을 토론하기 위한 것이다. 나는 관찰자에게는 아주 좋지만 평범해 보이는 특별 프로그램의 수업이 실제 교사에게는 매우 특별한 감정적 경험임을 보여 주고자 한다. 가르치는 일이 주는 보통의 감정적 경험을 연구한 연구자들은 상대적으로 매우 적다. 이 연구자들(Bolin, 1990; Butt, Raymond, & Yamagishi, 1989; Clandinin, 1986; Connelly & Clandinin, 1990)은

영재교육의 공공정책

교사들의 은유법, 이미지, 이야기를 연구하여 간접적인 증거를 제공하였다. Wagner(1987)는 교사들의 '… 해야만 한다'는 '자기 강박적인' 생각이 우려의 감정과 어떻게 연결되어 있는지를 연구하였다. 필자는 이 글에서 영재를 위한 여름 특별 프로그램의 교실 생활에서 발산되는 감정적 생각을 간략히 묘사하고 한 가지 특별한 감정적 상태를 깊이 있게 설명하고자 한다.

교사, 환경, 전문적이고 실질적인 지식

영재아동을 위한 특별 프로그램에서 철학을 가르치는 한 교사가 연구되었다. 특별 프로그램에서 가르쳤다는 사실은 이 이야기의 중요한 부분이다. 교사 알렉스는 이 프로그램에서 7년을 가르쳤으며, 교사 경력은 17년이었다. 알렉스는 특수교육(K~12)과 중등 영어 자격증이 있으며, 독립적인 환경(self-contained settings), 자원 환경(resource settings), 그리고 정규 학과(regular academic classes)에서 아동들을 성공적으로 가르쳐 왔다. 교사 경험 외에도 알렉스는 전 세계를 여행하였으며 솜씨 있는 요리사이자 기계공이었고 시도 썼다. 그는 북미 국제학사학위제(International Baccalaureate of North America) 프로그램에서 고등학교 영재학생들에게 10년간 철학 과정에서 지식 이론을 가르쳐 왔다. 그는 교사상을 수상한 경력이 있는 전문교사다. 그가 가르친 학생들 역시 전국적인 인정을 받았다. 그 특별 프로그램의 과정은 그 과정을 거친 사람들 모두가 힘든 경험이었다고 말하였다. 다른 여름 영재 프로그램에 참가하였던 학생들은 다시 이 과정으로 돌아와서 알렉스가 가르치는 과정이 그들이 경험한 어떤 과정보다 '우수'하다고 말하였다.

> ### 연구의 활용도
> 가르치는 행위는 끊임없이 변화하는 감정적 경험이다. 하루에도 감정은 고도의 흥분과 전율에서 좌절과 절망까지를 오간다. 교사들은 이러한 감정을 둘러싼 상황을 반추해 봄으로써 자신의 교사 경험을 보다 잘 이해하는 데 도움을 받을 수 있다.

알렉스가 가르친 프로그램은 대학 캠퍼스에서 행해진 영재아동을 위한 여름 기숙 프로그램이었다. 교육과정은 학문적, 예술적 학습을 강조하는 심화학습 모형에 기초를 두었다. 학생들은 교사와 부모의 추천을 근거로 판별되었다. 대부분의 아동들은 그들의 정규학교에서 운영하는 특별교육 프로그램에도 참가하였다. 여름 프로그램은 8년간 운영되어 있었다.

알렉스는 바쁜 일정을 보냈다. 매일 90분 수업 네 개를 가르쳤다. 필자는 일주일짜리 철학 과정 두 개의 자료를 수집하였다. 첫 번째 과정은 현실의 본질이었으며, 두 번째 과정은 시간의 본질이었다. 알렉스는 지도 접근법으로 소크라테스식 토론 방법을 사용하였다(Coleman, 1992a). 첫 주에는 등록 인원이 11명이었고, 두 번째 주에는 9명이었다. 각 과정의 학생들은 다른 집단이었고, 연령대는 12~18세로 평균 14세였다. 그의 수업은 색이 바랜 칠판이 걸린 낡은 교실에서 이루어졌다. 45개의 이동식 책상과 소음이 심한 에어컨이 있는 바닥이 울퉁불퉁한 교실이었다. 자리는 정하지 않았지만 학생들은 모두의 모습을 볼 수 있도록 타원형으로 앉았다. 3일째에는 칠판이 더 잘 보이고 다가가기 편하도록 책상을 옮겼다.

이 글은 교사들이 경험을 통해 교실에서 회전의(gyroscope) 기능을 하는 기술과 지식과 본체, 즉 전문적이고 실질적 지식(Professional Practical Knowledge: PPK)을 습득한다는 개념 위에 세워진 것이다. 교사들은 수업이 어떻게 진행되어야 하는가에 대한 그들의 내재적 감각에 근거하여 무엇을 하고 무엇을 말할 것인가를 조정한다. 알렉스의 PPK에는 다양한 요소가 들어 있다. 계획과 행동을 연결하는 복잡한 사고 네트워크, 대부분 부분적으로 숨겨져 있는 PPK의 복합층(Coleman, 1991), 토론을 수행하기 위한 인지 지도(Coleman, 1992a), 가르치는 동안 일어나는 감정적 사고(이는 그의 PPK에 이어져 있다)(Coleman, 1992b) 등이 그것이다. 이 모든 것들이 영재학생을 가르치는 상황에서 일어난다.

방법과 절차

이 연구에서 사용된 방법은 질적 연구의 성질을 띠고 있으며, 교사들이 교사가 되는 것을 어떻게 경험하느냐에 대한 연구와 일관성을 갖는다(Butt et al., 1989; Clandinin, 1986). 이 사례연구에서는 자료를 수집하기 위해 참가자 관찰, 면접, 실물(artifact) 수집이 사용되었다. 자료는 귀납적 분석, 삼각화, 회원 확인을 사용하여 분석되었다(Lincoln & Guba, 1985). 이 연구의 기초가 되는 방법과 가정에 대한 보다 자세한 설명은 Coleman(1993)을 참고하기 바란다.

자료 수집

모든 수업에서 현장 기록이 이루어졌으며, 15시간짜리 음성 녹음테이프가 수집되었다. 현장 기록은 시간을 표시하여 전사되었다.

세 가지 종류의 면접이 진행되었고, 각 면접은 현상학적인 질문으로 시작되었다(Giorgio, 1985). 이 질문들은 '오늘 수업에 대해 어떤 생각이 드는가? 오늘 수업은 어땠는가? 내일은 무엇을 할 계획인가?'와 같은 것들이었다. 한 면접은 교사가 수업을 끝낸 90분 후의 첫 자유시간인 점심시간에 녹음기에 대고 혼자서 진행한 **자가 면접**이었다. 또 다른 면접은 **일일** 면접이었다. 그 면접에서는 수업 후 5시간에 관한 것으로 약 60분간 계속되었다. 면접하는 그 사람에게 적절하다고 생각될 경우 명확성을 기하기 위해 간혹 특정한 일에 관하여 추가 질문이 더해졌다. 세 번째 종류의 면접은 부가적 면접으로, 이 면접은 각 주의 마지막에 한 번 행해졌다. 여기서 사용된 질문은 이전 면접에서 파생된 것이었다.

현장 기록과 면접 외에도 교사의 공책과 학생의 작품과 같은 문서에 대한 조사에서도 분석을 위한 자료가 제공되었다. 교사의 수첩에는 수업을 계획하고 가르치는 동안의 그의 생각이 기록되어 있었다.

자료 분석

이들 자료원(sources of data)은 감정 표현을 발견하기 위해 분석되었다. 필자가 행한 절차는 감정 표현을 찾기 위해 자가 면접과 일일 면접을 듣는 것이었다. 그리고 당시의 정황을 확인하고 감정 표현의 징후를 찾기 위해 그날의 현장 기록을 다시 읽었다. 그런 다음에는 정황을 보다 깊이 있게 이해하고 말뿐만 아니라 그 말의 어조와 속도를 알아보기 위해 시간이 기록된 음성 녹음테이프를 검토하였다. 감정의 의미와 당시의 정황을 명확히 하기 위해 비슷한 감정 표현도 연구하였다. 다른 날에도 반복되고 두 가지 이상의 자료원에 의해 보강된 감정들만이 보통의 일상적 감정으로 기록되었다 (Goetz & LeCompte, 1984). 면접 발췌록은 이 자료에 감정적 사고의 표현이 존재함을 확정하기 위해 두 사람에게 제출되었다.

감정의 연대기는 매일 기록되었다. 더 나아가, 감정 사이의 유형을 찾기 위해 매일의 연대기가 비교되었다. 중간쯤 분석을 하다가 필자는 알렉스의 여러 감정 표현을 어떻게 나타낼 것인가가 걱정되기 시작하였다. 긍정적/부정적 감정, 내적 발생 대 외적 발생, 과정 관련 대 결과 관련 등등 다양한 주제별 범주와 씨름한 후에야 두 가지 점이 분명해졌다. 첫째는 필자의 범주는 알렉스의 말과 행동에 충분히 뿌리를 두지 않고 있다는 점이었다. 그래서 다시 자료로 돌아가야 하였다. 두 번째는 다른 평범한 감정 표현과 다르고, 또한 그것들과 결합되어 있는 더 폭 넓고 덜 일상적인 감정의 유형이 자료에 존재한다는 점이었다. 따라서 그 감정 상태를 기술할 수 있어야 하였다. 그러한 감정적 사고의 유형을 포착하기 위해 현장 기록과 음성 녹음테이프로 돌아가서 그의 감정을 실제적인 교수 상황에 묶는 분류 틀을 발견하였다. 필자는 이것을 그의 말을 이용하여 '(수업이) 잘 되어 간다.'라고 이름 붙였다. 이 표현은 그의 감정에 대해 닻 기능을 한다. 알렉스가 자신의 감정에 대해 이야기를 할 때면 그의 설명은 언제나 당시 토론이 어떻게 되어 가고 있었나(잘 되어 간다)로 돌아갔기 때문이다.

본질적으로 알렉스는 좋은 토론을 구성하는 것에 대한 기준을 갖고 있었다. 이는 그의 PPK의 한 부분이었다. 이 기준은 알렉스의 감정을 일으키는 데에 중심적인 역할을 하였다. 이 주제에 묶이는 124개의 감정 표현이 발견되었다. 이 감정들은 수업 성공의 느낌과 연결되는 경향이 있었다. 그의 기준이 충족되면 수업이 잘 되어 가는 것이고, 그는 긍정적인 감정을 경험하였다. 기준이 거의 충족된 수준이면 '잘 되어 가는 편'이었다. 기준이 충족되지 않아 '이런 식으로 되면 안 될' 때면 그는 부정적인 감정을 경험하였다(Coleman, 1992b). 이러한 평범한 감정 표현 외에도, 단일 감정을 상위의 감정에 통합시키는 듯한 다른 감정 상태가 발견되었다. 이 글은 이러한 보다 폭 넓은 감정 상태, 즉 알렉스가 교사가 되는 것이라고 부르는 상태를 묘사하기 위해 쓰였다. 분석이 계속되는 동안 알렉스는 발견 결과를 확인하기 위해 이 글의 초고를 읽었다. 그는 "내 자신을 알아보겠군요."라고 말하였다. 사실, 그는 '깔끔한 편'이라고 한 필자의 최종 개념적 해석을 그에게 자신의 감정적 사고를 보여 주는 것으로 보았다. 그는 필자가 그의 직업의 중요한 부분을 파악하였다는 것에 동의하고, 그의 일에 이를 반영할 기회를 반겼다. 이어지는 글에서 그의 말은 큰따옴표 안에 넣어 표시되어 있다.

알렉스의 몇몇 수업들에는 그가 교사가 되는 것이라고 부르는 행동과 감정의 주기가 나타났다. 이 감정은 파악하기가 매우 어렵지만 동시에 역설적이게도 반복적으로 나타난다. 이 감정의 존재를 알아차리게 되자 자료를 다시 기입하고 알렉스가 교사가 되는 순간을 발견할 수 있었다. 이 단락에서 나는 교실 토론 시간 동안 더 많은 보통 감정들 앞에서 교사가 되는 것을 감정 상태로 보여 줄 것이다.

알렉스에게 수업이 어떻게 진행되기를 원하는지에 대한 감각(그의 PPK)이 있다는 생각은 그의 감정과 교사가 되는 순간의 발현을 이해하는 데 매우 중요하다. '토론의 흐름'이 일어나면 알렉스는 여러 감정적 사고를 경험한다. 〈표 9-1〉에는 수업에서 어떤 일이 일어나고 있는지에 대한 그의 말과 연관되는 그의 전형적인 감정이 기록되어 있다. 교사가 되는 순간은 이런 감정들이 존재하는 동안 일어나지만, 이런 감정들을 경험하는 것이 그가 교사가 되는 순간이라는 뜻은 아니다. 이런 상황에서의 알렉스의 행동과 감정은 결합되어 그에게 특별한 종류의 경험을 만들어 준다. 그 경험은 평범하지만 동시에 평범한 감정을 뛰어넘는다. 그 감정을 의미 있게 만드는 것은 알렉스가 언제 그 감정이 생길지 모른다는 사실에도 불구하고 그 감정을 매일 재창조하기 위해 노력한다는 점이다. 그렇게 하려면 엄청난 노력이 필요하지만 그는 계속 그 노력을 하고 있다.

〈표 9-1〉에 있는 감정을 그가 경험할 때마다 교사가 되는 순간이 일어나는 것이 아닐 뿐만 아니라 교사가 되는 순간이 수업 내내 생기는 것도 아니다. 수업시간에 알렉스의 감정은 변화무쌍하다. 수업은 천천히 시작되어 변화할 수도 있고, 또는 반대로 빨리 시작되어 변화할 수도 있다. 알렉스는 이 두 상황 모두를 바람직하게 만들 수 있다. 그에게는 수업이 잘 되고 있지 않을 경우 취할 수 있는 다양한 조처가 있다. 조처는 토론을 지휘하기 위해 그가 실행하는 전략을 가리키는 그의 용어다(Coleman, 1992a). 이 조처들은 알렉스가 수업이 더 잘 진행될 수 있다고 인식할 때 시작된다. 그의 말대로 "위대한 계획이 잘못되기 시작하면 거기에서 벗어날 길을 찾아야 한다." 그

표 9-1 보통의 감정과 수업에서 어떤 일이 일어나는지에 대한 알렉스의 말

무슨 일이 일어나는지에 대한 말	보통 감정
"수업이 원활하다."	"희망"
"학생들이 말을 하고 있다."	"흥분"
"아이디어가 여기저기서 튀어나온다."	"놀라움"
"학생들이 놀며 즐기고 있다."	"기쁨"
"학생들이 다른 점에 대해 이야기하고 있다."	"의문"
"순조롭게 계속되게 유지한다."	"좋은 기분"
"학생들이 감정을 드러내고 있다."	"만족"
"학생들이 표준을 뛰어넘는 이야기를 한다."	"만족"

의 조처는 토론을 '조금 진행한 후에 자동적으로 다음 단계를 찾기 시작' 하는 것이다. 우리는 그의 상황 인식이 대개 의식적인 생각이 아님을 알아야 한다. 그러므로 그가 취하는 조처는 목적을 갖고 있지만 고의적인 것은 아니다. 대개의 경우에는 "그냥 떠오른다…. 번쩍 하고 떠오르면 그걸 말하는 것이다!" 그보다 드물게 나타나는 현상은 미리 생각을 하다가 효과가 있는 한 "그 생각에 따른다." 토론이 제대로 이루어지면 이 모든 것들은 변화한다. 감정이 다른 것이다.

정말로 잘될 때는 토론이 훨씬 더 자발적이죠. 잘되고 있으면… 보통 토론이 흘러간다는 느낌이 들고요. 그리고 그 흐름에 모두가 참여하고 있다면, 대부분의 토론은 현재 진행되고 있는 것으로부터 유기적으로 자라나는 것 같죠.

요점은 잘 진행되는 토론에는 자발적이고 유기적인 특성이 있다는 것이다.

나는 무엇을 해야 할지 생각하려고 멈추는 일이 거의 없습니다. 대부분의 시간이 유기적인 활동인 것 같아요. 그냥 자라는 거죠. 그게 제가 수업을 진행하는 방식입니다. 수업시간에 다음에는 뭘 할까 하는 생각을 하면서 많은 시간을 보내지 않습니다. 그렇게 안 돼요.

토론이 '흘러가기' 시작하면 흥분이 쌓여 그는 교사가 되는 기분에 사로잡히게 된다. 감정의 순간을 알아차릴 때 필자는 교사가 되는 것의 감각적인 특질을 인식하였다. 그럴 때면 대개 필자는 특별한 일이 그 수업에서 일어났다는 것을 알아차렸다. 다음은 토론의 흐름과 교사가 되는 것을 보여주는 장면이다. 나는 다른 날에도 나타났던 감정을 보여 주기 위해 한 수업을 택하였다.

몰입과 교사가 되는 순간: 사례

오전 9시. 수업이 시작된다. 알렉스를 포함한 모두가 지쳐 있다. "무슨 일이 일어날까 궁금하군요." 그는 학생들이 '아침 피로 증후군에서 빠져 나와 수업에 집중해 주기를…' 바란다. 그에게 약간의 문제가 있었다. 그는 '약간 화가' 났지만 자신의 '이성적인 면'은 상황의 정직성을 인식한다. '그래서 여러 가지 감정이 섞인 상태다.' (필자에게는 그의 화가 보이지 않는다.) 그는 질문으로 수업을 시작한다. 이 상황과 관련하여 '어느 누구(학생)도 아무 것도 하지 않는다는… 일반화된 감정'이 상기된다. '질문의 유형'이 생각나지 않는다. 그는 왜 우리에게 시간이 있는지에 관한 질문을 던진다. 이 질문은 수업에 적절하다. 몰입에 대한 경험이 시작된다(이 순간에는 그와 필자 어느 누구도 무슨 일이 일어날지 모른다).

> 학생들이 서서히 [말을] 시작하더니 더 많은 의견들을 이야기하였죠. 잠깐, 희망이 있다는 생각이 들더군요! (큰 소리로 웃는다.) 아이들이 수업에 문제를 느끼면 전 문제를 재정의하고, 다시 설명해 주고, 아이들이 풀어 나갈 수 있는 예를 들어 줍니다. 그래서 다시 수업이 시작되면, 전 '하! 하! 됐어!' 하는 기분이 들죠. 수업이 진행되기 시작하고 전 흥분을 느끼죠. '됐어!'

알렉스는 이제 수업이 잘 진행될 수 있음을 감지한다. 그는 수업을 계속 진행한다. 말이 이전보다 더 빨라진다.

> 수업은 들쭉날쭉입니다.… 전 거기에 따라 오르락내리락 하구요. '됐어'라고 느끼기 시작하면 곧 오르락내리락하기 시작합니다. (말을 하면서 팔로 파도를 그린다.) 어떻게 보면 전 수업이라는 파도에 따라 움직이는 것 같은 기분이 듭니다.

학생들은 자신의 생각을 발표하고 있다. "흥분되기 시작합니다. 그리고 더 많은 아이들이 그에 따라가는 것 같아 보이죠." 학생들은 우리에게 왜 시간이 있는지에 대한 자신들의 논리를 이야기하고 있다.

그 논리들은 사례들을 통해 자신의 것이 된다.… 길을 잃었을 때 올바른 길을 찾는 것과 같습니다. '드디어 길을 찾았다.…' 라는 그런 기분이 들죠. 그러면 전 다시 사례를 들어 주어 [그 위에] 쌓으려고 노력하죠.

더 많은 학생들이 기면 상태(lethargy)에서 빠져나와 토론에 참여한다.

많은 의견들이 쇄도하죠.… 그건 좋은 일이에요.… 실제적인 결론에 도달한 건 아니지만 좋아요. 그건 희망이기도 하고… 만족감이기도 합니다.… 마지막 10분 내지 15분쯤이면 전 아이들의 말을 멈추게 해요. 모든 점들을 다 건드렸으니까요. 그리고 전 만족을 느끼죠.… 내 수업에 만족합니다.

이 행동과 감정의 장면에서 흥미로운 부분은 '파도'나 '쇄도'와 같은 용어들을 사용한 고도로 의식적인 표현과 시간 인식의 변화에 대한 표현이다. 분명 시간 감각의 상실은 교사가 되는 순간에 기여하는 한 요소다.

또 다시 토론이 진행되는 데 시간이 걸리는 것 같았어요. …서서히 진행되는 동안 수업은 활기를 띠는 것 같았죠. 그러다가 문득 시계를 봤는데 10시가 조금 지나 있었습니다.… 시간이 얼마나 지났는지 모르고 있었던 거죠. 놀라웠죠.

이런 일이 일어나면 "보통 내가 생각하였던 것보다 더 많은 일이 일어나고 있었다는 뜻이죠. 왜냐하면, 대개는 시간을 의식하고 있거든요. 그래야 정시에 끝낼 수 있으니까요." 시간 감각의 변화는 그의 관심이 몇몇 학생들의 설명에 열중한 탓에 몰입 상태에 빠져 있었기 때문에 일어난 것이었다. 시간 감각을 잃는 것은 "적어도 내가 수업을 즐겼고, 좋은 시간을 보냈다는 뜻입니다."

알렉스는 교사가 되는 순간의 이러한 감정적 경험을 알고 있다. 그의 자기인식은 일일 면접에서뿐만 아니라 최종 부가 면접에서도 분명하게 나타났다. 그 면접에서 필자는 처음으로 교사가 되는 순간의 감정에 관해 직접적인 질문을 던졌다. 다음은 그의 대답을 요약한 것이다.

수업에서 일반적인 흥분감과 수업내용에 열중하는 모습을 관찰하면 언제가 제가 교사가 되는 순간인지를 알 수 있죠. 학생 모두가 다 그렇다는 건 아닙니다. 전 그랬으면 좋겠지만요. 경험상 보면 아이들은 흥분해서 신이 나는데 저는 그렇지 않은 상황은 생각할 수 없습니다. 학생들이 무언가에 정말로 흥분해 있는데… 흥분하지 않는 내 모습은 상상할 수 없죠. 아이들이 서로의 말을 듣기 시작하였고, 귀중한 할 말이 있다는 걸 알아차리는 감각 같은 게 있습니다.… 전 아이들이 흥분하기를 기대합니다. 그들이 이 어려운 문제에 성실하게 대답하려고 노력하기를 바라죠…

그의 말에서 나타난 혼합된 감정과 상호성에 주의를 기울이기 바란다. 이는 교사가 되는 것이란 복잡한 감정들을 통합시키면서 특별하고 사람을 몰두하게 만드는 감정 상태라는 것을 알려 준다.

교사가 되는 것과 최상의 경험

기록과 분석을 다시 읽으며 필자는 흥분과 기분 좋음, 기쁨, 만족과 같은 개별적인 감정을 지닌 교사가 되는 것의 매력에 대해 생각해 보았다. 알렉스가 이런 감정들이 수업에서 함께 일어난다고 말하였을 때 가르치는 일이 그에게 매우 긍정적인 경험이 되었음을 알 수 있었다. 그리고 그가 이런 순간들에 대해 이야기하는 방식에는 일종의 선험적인 특성이 있다는 직감도 느꼈다. 필자는 알렉스가 보람된 감정들을 발견하기 때문에 토론에서 몰입을 재창조하려 노력하고 있다고 추측하였다. 각각의 경우에 대한 정확한 경계를 확립하지는 못하였다.

면접에서 필자는 교사가 되는 것이 그에게 매우 중요한 일이며, 그가 그런 감정 상태를 설명할 때 가르치는 일에 매우 긍정적인 태도를 가지고 있다는 것을 알게 되었다. 알렉스의 경험과 그것이 어떤 의미인가에 대해 생각하는 동안 '몰입'이라는 구조를 기억해 냈다(Csikszentmihalyi, 1990). 이는 알렉스가 토론이 잘 이루어지고 있음을 묘사할 때 사용한 말과 같다. 이 사실을 발견하고 나서 몰입이 '매우 보람이 있어서 단지 그 기분을 느끼기 위해 엄청난 열정을 써도 가치 있다' 고 느끼는 진심 어린 즐거움과 연관되는 '최상의 경험 (optimal experience)' 이라는 구조에 대한 약칭임을 알게 되었다 (Csikszentmihalyi, 1990, p. 49). 알렉스는 분명히 수업에 엄청난 노력을 기울여 감정의 쇄도를 경험하는 교사였다. 최상의 경험이라는 개념은 알렉스가 교사가 되는 순간의 감정 상태와 꼭 들어맞는 것 같았다. Csikszentmihalyi는 다음과 같이 말하였다.

> 사람들이 매우 긍정적인 경험을 하고 어떤 기분인지를 반추해 볼 때 그들은 다음 중 최소한 한 가지, 대개는 모두를 언급한다. 첫째, 완수할 수 있는 기회가 있는 임무에 직면할 때 보통 그런 경험이 일어난다. 둘째, 자신이 하는 일에 집중할 수 있어야 한다. 셋째와 넷째는 그런 집중이 맡은 임무에 분명한 목표가 있고, 즉각적인 피드백이 제공될 때 가능하다는 것이다. 다섯째, 진심으로, 그러나 쉽게 집중하여 행동한다. 이러한 집중성은 의식에서 일상생활의 걱정과 좌절을 제거해 준다. 여섯째, 즐거운 경험은 사람들로 하여금 자신의 행동에 통제력을 행사하게 한다. 일곱째, 자신에 대한 걱정이 사라진다. 그러나 역설적으로 몰입의 경험이 끝나면 자기 존재 의식은 보다 강하게 나타난다. 마지막으로, 시간 감각이 바뀐다. 몇 분 만에 몇 시간이 지나가기도 하고, 몇 분이 몇 시간처럼 늘어날 수도 있다(1990, p. 49).

위 내용을 읽으며 필자는 알렉스가 면접에서 최상의 경험을 특징짓는 많은 특성들을 반복적으로 언급하였다고 생각하였다. Csikszentmihalyi의 연구를 모르는 알렉스가 그가 사용한 것과 동일한 '몰입'이라는 용어를 사용하였다는 것도 알았다. 이 두 가지를 갖고 필자는 알렉스의 교사가 되는 순간의 감정 상태가 최상의 경험의 한 사례인지 아닌지를 확인하기 위해 자료로 돌아가 알렉스의 구조 경험을 비교해 보기로 결정하였다.

알렉스가 가진 PPK의 존재와 구성이 그가 학생들을 가르칠 때 최상의 경험을 하게 만든다는 것이 필자의 주장이다. 그의 PPK는 그가 교실에서 새로운 상황을 창조할 수 있게 해 준다. 그 상황은 예측이 불가능하고 매우 복잡한 교실의 현실이 아닌 그의 마음속에 존재하는 상황이다(Doyle, 1986; Jackson, 1968). 알렉스의 PPK가 이 환경에 적용되면 복잡성과 예측 불가성은 그가 수업을 최상의 경험에 대한 가능성을 촉진시키는 특성을 가진 일련의 활동으로 볼 수 있게 하는 방식으로 단순화한다(다른 연구자들은 교사들이 활동의 측면에서 사고하는 경향을 가지고 있다고 파악하였다[Clark & Peterson, 1986].).

활동의 취지는 Csikszentmihalyi의 과제(tasks) 개념과 비슷하다. 알렉스는 임무가 완수될 수 있음을 알 수 있다. 과제에 비교적 분명한 목표가 있고(철학 수업에는 없지만), 즉각적인 피드백이 제공되며, 집중이 가능하기 때문이다. 따라서 학생들을 가르치는 동안 알렉스는 자신이 어디로 가는지를 볼 수 있고, 이 목표들을 달성하는 데 집중하며, 그의 조처가 어떻게 작용하는지에 대한 빠른 피드백을 얻을 수 있다. 이 정보로 무장한 그의 가르침(조처)이 수업을 원활하게 이루어지도록 하고 교사가 되는 순간을 재창조하도록 조절할 수 있다.

증거는 이 점들을 뒷받침하는 사례들로 충분하다. 알렉스의 수업은 다양한 크기와 복잡성으로 이루어진 활동의 연속이었다. 활동의 수와 크기는 그의 계획에 따라 달랐다. 많은 활동들이 그의 행동에 의해 기대되는 행동양식을 가지고 있었다. 알렉스의 수업은 각 형태의 수업이 그 수업 내의 일련의 행동들, 그리고 그 행동들의 결과물들과의 연관 속에서 정의될 수 있다(Coleman, 1991). 예를 들어, "네가 나에게 말하고 있다" 수업과 "최종 결과" 수업에는 고유의 유형이 있다. 더 나아가, 모든 수업은 알렉스가 학생들에게 생각해 보도록 한 철학적 주제에 관한 질문에 따라 나눠질 수 있다. 학생들이 그 질문에 참여하는 정도는 다음 과제, 즉 질문으로 넘어가기 전에 그가 판단할 수 있다.

자료에는 그의 집중력에 관한 많은 예가 들어 있다. 알렉스에게는 취할 수 있는 조처들이 많다(Coleman, 1992a). 분명 90분짜리 토론을 이끄는 일은

영재교육의 공공정책

집중력을 요한다. 그의 집중력을 보여 주는 조처들은 그가 하는 일에 내재되어 있다. 토론을 진행시키기 위해 그는 주로 당일이나 혹은 그 주에 앞서 나왔던 학생의 의견을 이용한다. 그 학생의 이름을 언급하면서 이 토론을 진행한다. 예를 들어, "시간이 칸 사이의 간격이 다른 사다리라는 빌리의 생각이 우리에게 힌트가 될 수 있을 것이다."라고 말한다. 각 수업에서 많은 경우에 나타나는 또 다른 흔한 조처는 재언급으로, 학생들이 한 말을 요약해서 '수업을 하나로 모으는' 조처다. 적절한 학생의 의견을 기억하고 끼워 넣는 능력은 알렉스의 집중 능력을 보여 주는 분명한 표시다.

Csikszentmihalyi(1990)는 피드백에는 분명한 목표가 필요하다고 말한다. 알렉스의 목표는 분명하지 않지만 그는 수업에서 무슨 일들이 일어나야 하는지에 대해 잘 발달된 감각을 가지고 있다. 당신과 필자가 목표들은 틀림없이 명백히 이해되어야 한다는 입장에서 본다면 그의 목표는 분명하지 않으며, 그는 행동 목표의 관점에서 목표를 생각하지도 않는다. 알렉스가 그의 학생들이 교실 밖에서 배웠으면 하는 것들로 관심을 전향하고 있다는 것을 알게 된다는 측면에서 그의 장기적 목표는 즉각적인 피드백을 제공하지 못하지만, 알렉스에게는 좋은 토론을 한다는 더 즉각적인 목표에 대한 분명한 감각이 있다. 따라서 알렉스에게는 자신에게 피드백을 제공해 주는 기준이 있는 것이다. 그의 여러 감정들은 수업이 원활하게 진행되느냐에 이어져 있는 것 같다. 그리고 그 감정들은 그가 즉각적인 피드백을 얻는지를 알려주는 존재다. 뭔가가 잘되고 있다는 것을 아는 것은 그가 '그들이 철학적으로 사유하는 것을 돕는다.' 또는 '학생들이 보다 낳은 인간이 되도록 돕는다."라는 모호한 목표 가운데서도 어떤 피드백을 추구하고 있는지를 안다는 뜻이다. 흥미롭게도 알렉스의 목표는 대부분의 교사들이 갖는 목표만큼이나 분명하게 말할 수 있는 것 같다(Clark & Peterson, 1986).

필자는 관찰자로서 그가 무엇을 하는지를 볼 수 있었다. 그가 솜씨 있고 손쉽게 토론을 조정하는 것을 볼 수 있었다. 그가 생활의 관심사와 걱정거리를 어느 정도 뒤로 떨쳐놓을 수 있었는지는(최상의 경험이 갖는 특성) 확신할 수 없다. 우리의 면접에서 그는 가끔 교실 밖의 생활이 교사직에 방해가 될 수 있다는 말을 하였지만 필자에게는 이 점에 대한 증거가 거의 없다.

알렉스는 분명히 자신에게는 수업에서 일어나는 일을 감독할 책임이 있다고 생각하였다. 그의 지도적인 조처와 PPK는 교실에서 일어나는 일에 영향을 미치기 위한 시도다. 교사의 역할에는 교육 지도자라는 개념이 내포되어 있다. 알렉스에게는 통제력이 있는데 이것은 난폭한 힘을 이용해서 행사하는 것이 아니다. 오히려 그 통제력은 토론의 과정을 이끄는 데 사용된다. 알렉스는 토론을 통제하기 위해 직접적인 접근법을 쓰는 데 능숙하지만, 그보다는 수업이 스스로 방향을 찾도록 내버려둔다. 대체로 필자는 알렉스의 수년에 걸친 성공적인 경험이 수업이 원하는 대로 진행되지 않을 때에도 상황을 교정할 수 있다고 스스로 믿게 한 것이 아닌가라고 생각한다.

필자는 수업과정에서 알렉스의 자기 존재 의식이 사라질 수 있다고 강하게 믿는다. 그는 자신이 교사가 되는 순간에는 '덜 방어적이고 통제적'이 된다고 말하는데, 필자는 이를 평범한 관심사에서 자신을 해방시키는 징후라고 생각한다. 토론이 진행되면 "제가 토론을 이끄는지 토론이 절 이끄는지 확신하지 못하는 경우가 있습니다."라고 그는 말한다. 이 말은 그가 자신의 영향력을 늦출 수 있다는 것을 보여 준다. '만족을 느끼는' 상태에 대한 그의 말도 수업의 끝에 이르면 그의 자기 존재 의식이 확장된다는 것을 의미할 수 있다. 몇몇 경우에서 그는 자신이 어떤 면에서 수업을 '건드렸다'고 느끼는데, 그러면 자신이 해야 할 일을 하고 있다는 기분이 든다고 말하였다. 따라서 필자는 그의 자기 존재 의식은 사라지고 교사로서의 존재 의식이 재확인 되는 것인지도 모른다고 생각한다. 그의 자기 존재 의식이 최상의 경험 구조에서 약술되는 식으로 바뀌는 것일지도 모른다는 생각인 것이다.

알렉스는 여러 번 자신의 시간 감각에 대해 언급하였다. 어느 날 그는 아주 평범한 어조로 "시간 감각을 잃어버린 것 같아서… 놀랐다."라고 하였다. 또 어떨 때는 시간 감각을 잃는다는 것은 "제가 수업을 즐기고 있고, 좋은 시간을 보내고 있다는 뜻이죠."라고 하였다. 대체로 그는 가르치는 동안

표 9-2 알렉스의 수업에서 나타나는 최상의 경험의 특성

특 성	존 재
과제가 완성될 수 있다.	그렇다
집중이 가능하다.	그렇다
과제에 분명한 목표가 있다.	그렇다
과제가 즉각적인 피드백을 제공한다.	그렇다
쉽게 집중하여 걱정이 사라진다.	그런 것 같다
자신의 행동에 대한 통제력이 있다.	그렇다
자아가 사라졌다가 더욱 강력하게 다시 나타난다.	그런 것 같다
시간 감각이 바뀐다.	그렇다

흔하게 시간 감각의 변화를 경험하는 것 같다.

자료를 최상의 경험의 특성과 비교해 보면 교사가 되는 순간에 8개의 특성 가운데 최소한 6개는 존재한다는 것이 분명해진다. 그 증거가 〈표 9-2〉에 요약되어 있다.

결론 및 의미

영재아동을 가르치는 감정적 경험에 관해 알기 위해 한 교사가 심층적으로 연구되었다. 그의 여러 감정들은 교사가 되는 순간의 예기치 못한 상위 감정 아래 포함되었다. 이 감정은 알렉스의 말을 인용하여 자세히 설명하였다. 교사가 되는 순간은 10개의 수업 가운데 5개 수업에서 나타난 매우 강렬한 감정 상태임이 분명하였다. 교사가 되는 순간의 특성은 최상의 경험이라고 불리는 구조의 특성과 유사한 것으로 밝혀졌다.

어떤 사람은 다른 영재교사들이나 일반교사들이 최상의 경험을 경험하는지, 아니면 알렉스에게 특별하게 나타나는 현상인지 궁금해할 수 있다. 필자가 사용한 방법론은 그런 일반화를 허용하지 않는다. 그러나 필자가 발견한 사실들을 다른 영재교사들에게 이야기하였을 때 즉각적인 반응을 일

으킨 것으로 봐서는 어떤 교사들은 그와 유사한 경험을 할 수도 있다고 추측된다. 그 감정의 보편성을 결정할 수는 없지만 알렉스가 연구된 특정한 정황이 그에게 영향을 미쳤다고 말할 수 있다. 교사가 되는 순간은 여름 프로그램에 비해 정규 고등학교 수업에서는 자주 일어나지 않는 경험이라고 그는 말하였다. 그리고 그는 영재들과 함께할 때 교사가 되는 순간을 더 자주 경험하였다.

이런 점에 근거하여 필자는 다음과 같이 추론해 본다. (a) 알렉스는 그가 맡은 영재학생들과 일반학생들의 삶에 변화를 주는 일에 전념하며, 그의 감정은 그 전념하는 일에 연관되어 있다. (b) 알렉스는 특별 여름 프로그램과 영재학생이 있는 고등학교 수업, 그리고 정규수업에서 직업적 수행의 한 부분으로 흐름을 정기적으로 경험한다. (c) 특별한 환경은 최상의 경험을 더 잘 나타나게 하는 상태를 만든다. 가장 분명한 차이점은 다음과 같다. (a) 수업이 더 길다. 특별 프로그램의 수업은 90분이다. 90분 대 50분이다. (b) 인원이 더 적다. (c) 특별 프로그램에 참가한 아이들은 모두 다른 매력적인 대안들 가운데서 그 수업을 선택하였다. (d) 특별 프로그램의 목적은 지적 동료들과 함께 즐기는 가운데 배우는 것이다. (e) 알렉스는 만들어진 교육과정에서 벗어나 자유롭게 수업의 내용을 창조하였다. (f) 알렉스는 나쁜 행동을 관리하는 데 주의를 분산할 필요 없이 학문적 목표에만 주의를 기울였다.

이러한 요소들은 모두 중요할 수 있다. 그러나 알렉스와도 일치하는 필자의 직감은 (c)에서 (f)까지의 차이점과 알렉스의 PPK는 교사가 되는 순간의 빈도성을 높이기 위해 어떤 식으로든 상호작용한다는 것이다. 이 그림에서 보이지 않는 요소는 알렉스가 최상의 경험을 하고 있을 때 영재학생들은 무엇을 경험하는지에 대한 정보다. 알렉스에 초점을 맞추었고, 흐름을 설명하는 유형에 대한 인식은 연구 당시에는 분명하지 않았기 때문에 이런 틈이 존재하는 것이다. 필자가 가진 유일한 정보는 학생들이 교실을 나갈 때 던졌던 긍정적인 말들뿐이다.

특별 프로그램의 사회적인 정황이 몰입이라는 경험을 나타나게 하는 데 기여한 점도 있지만, 특수화된 환경에 있는 새로운 영재교사들이 토론 방법을 이용해 그러한 경험을 할 수 있을지 의심스럽다. 새로운 교사들은 아직 토론을 진행할 PPK의 토대를 확립하지 못하였다. 도달 가능한 분명한 목표를 정하고, 자신에게 즉각적인 피드백을 제공하며, 주의를 집중하고, 통제력을 얻고, 가르치는 순간에 자신과 시간에 대한 감각을 잃어버릴 수 있는 틀을 만들 수 있었던 것은 혼란스러운 교실에 알렉스의 PPK가 가해졌기 때문이라고 믿는다.

이 글의 문제는 '최상의 경험'이라는 말이 알렉스의 것도 필자의 것도 아니라는 점이다. 교사가 되는 순간은 행동과 감정의 반복 사이클이 보일 때까지 계속적으로 면접 내용과 현장 기록을 반복해서 읽음으로써 발견되었다. 이러한 관찰로 나는 그가 좋은 토론을 되찾으려고 노력한다는 결론을 내렸다. 알렉스와 Csikszentmihalyi의 공통 연결 고리인 '몰입'에 대한 생각이 기억난 것은 나중에 우연한 기회에 의해서였다. 필자는 흐름의 이론적 구조와 알렉스가 사용한 의미 사이에 놓인 선을 흐리게 만들고 있다.

특별한 환경에서 영재아동을 가르치는 것이 최상의 경험을 할 가능성을 높인다면 다른 영재교사들이 그러한 경험을 하도록 돕는 것이 가능할까? 필자의 정보는 교사 한 명의 경험에 기초를 두고 있다. 다른 교사들이 이러한 감정을 발견하도록 돕는 것이 좋은 생각인지, 혹은 어떻게 하면 도울 수 있는지에 관한 정보가 필자에게는 없다. 더 많은 연구를 통해서만이 교사들의 감정을 이해하기 위한 최상의 경험이라는 개념의 이전 가능성을 알게 될 것이다.

최상의 경험의 구조, 이 경우에는 교사가 되는 순간이 영재교사들에 관한 질문을 부분적으로 설명하는 데 유용하게 쓰인다. 왜 어떤 교사들은 역할에 그렇게 많은 노력을 기울이면서도, 상대적으로 낮은 급료와 언론의 잦은 공격과 연관되는 자리에 남아 있으려고 할까? 가르치는 일에서 최상의 경험을 하게 된다면, 그런 경험을 한 교사들은 그 일을 반복하려 할 수도 있다. 알렉스는 그런 사람인 듯하다. 이 말로 표현할 수 없는 감정은 그가 "어떻게 당신처럼 똑똑한 사람이 교사가 되었는가?"와 같은 모욕적인 말을 견디는 데 도움이 되는 것 같다. 그리고 교사가 되는 순간이나 그 밖의 최상의 경험을 하는 순간들은 우리가 몇몇 매우 유능한 영재교사들에서 발견하는 가르치는 일에 대한 일반적인 열정을 이해하는 데 도움이 될지도 모른다.

느낌과 감정은 손에 잡기 어렵다. 사람과 정황의 불가분성을 추정하고, 자가 면접, 일일 면접, 추가 면접을 참가자 관찰과 결합시킨 방법을 이용함으로써 알렉스의 감정을 꺼내 보는 것이 가능하였다. 중복적인 자료를 통해 알렉스의 직업적 수행에 분명하게 나타나는 사실들이 과다할 정도로 발견되었다. 흥미롭게도 연구를 통해 알렉스도 자신의 감정에 대해서 분명하게 알게 되었다. 필자는 알렉스가 자신의 감정에 대해 생각하지 않는다는 것을 안다. 그는 이전에는 그의 감정에 대해 "아무도 물어본 적이 없었다."라고 여러 번 말하였다. 어느 정도 자신의 감정을 알고는 있었지만 그는 그 감정을 파고들지 않았다. 감정은 교사들이 이야기하지 않는 것들 가운데 하나인지도 모른다. 각자의 교실에 갇혀 교사들에게는 다른 사람들에게 자신의 가르치는 일에 대해 이야기할 기회가 거의 없다. 게다가, 보통의 교수 상황에 대해 자신이 어떻게 느끼는지 이야기하는 것은 용납되지 않는 것인지도 모른다. 아마도 영재아동을 가르치는 일의 감정적 경험에 관한 연구가 없다는 사실과 일반적으로 교사들의 감정 생활에 관한 연구가 거의 없다는 사실은 감정에 대한 낮은 관심이나 우리 사회에서 감정이 다루어지는 방식을 알려 주는 하나의 표시인지도 모른다.

📑 참고문헌

Bolin, F. (1990). Helping student teachers think about teaching: Another look at Lou. *Journal of Teacher Education, 41*, 10-19.

Butt, R., Raymond, D., & Yamagishi, L. (1989). Autobiographic praxis: Studying the formation of teachers knowledge. *Journal of Curriculum*

Theorizing, 7, 87-164.

Clandinin, D. (1986). *Classroom practice.* Philadelphia: Falmer.

Clark, C. (1990). What can you learn from applesauce? A case of qualitative inquiry in use. In E. W. Eisner & A. Peskin (Eds.), *Qualitative inquiry in education* (pp. 327-338). New York: Teachers College Press.

Clark, C., & Peterson, P. (1986). Teachers' thought processes. In M. C. Whittrock (Ed.), *Handbook of research on teaching* (pp. 255-296). New York: Macmillan.

Coleman, L. (1989, November). *Teacher cognition: The connection between plan and action in a special education teacher.* Paper presented at the Council for Exceptional Children. Teacher Education Division Conference, Memphis, TN.

Coleman, L. (1991). The invisible world of professional practical knowledge. *Journal for the Education of the Gifted, 14,* 151-165.

Coleman, L. (1992a). The cognitive map of a master teacher of the gifted conducting discussions with gifted students. *Exceptionality, 3,* 1-16.

Coleman, L. (1992b, January). *Finding the invisible knowledge of teachers of the gifted and the disabled.* Paper presented at the Qualitative Research in Education Conference, University of Georgia, Athens, GA.

Coleman, L. (1993). A method for studying professional practical knowledge of service providers. *Journal of Early Intervention, 17,* 1-9.

Connelly, F. M., & Clandinin, D. J. (1990). Stories of experience and narrative. *Educational Researcher, 19,* 2-14.

Csikszentmihalyi, M. (1990). *Flow: The psychology of optimal experience.* New York: Harper Row.

Doyle, W. (1986). Classroom organization and management. In M. C. Whittrock (Ed.), *Handbook of research on teaching* (pp. 432-463). New York: Macmillan.

Giorgio, A. (1985). *Phenomenology and psychological research.* Atlantic Highlands, NJ: Humanities Press.

Goetz, J., & LeCompte, M. (1984). *Ethnography and qualitative design in educational research.* Orlando, FL: Academic Press.

Jackson, P. (1968). *Life in classrooms.* Chicago: Holt, Rinehart and Winston.

Lincoln, Y. S., & Guba, E. G. (1985). *Naturalistic inquiry.* Newbury Park, CA: Sage.

Wagner, A. (1987). Knots in teachers thinking. In J. Calderhead (Ed.), *Exploring teacher's thinking* (pp. 161-178). London: Cassell.

10

인류를 위하여: 피어나는 재능과 양심 교육과정의 조화[1]

Carolyn R. Cooper

이번 세기의 대부분 동안 교육자들은 영재학생들이 자신과 사회에 기여하는 것을 깨닫기 위해 영재학생들이 요구하는 차별화된 교육과정의 형태를 두고 논쟁해 왔다(Gallagher et al., 1969; Marland, 1971; Milne, 1979; Passow, 1958, 1979, 1985; Renzulli, 1982; Tannenbaum, 1979; Tomlinson, 1995; Ward, 1961). 재능 계발과 궁극적으로 창조적 표현을 낳는 인간의 노력을 고취시키는 영감은 어디에 있는가? 이 글에서 필자는 특별한 재능의 계발을 위한 근본 논리를 찾기 위해 저명한 철학자인 William James(1902)의 자취를 돌이켜 보고, 개인적인 과정과 인격의 성숙, 혹은 윤리적 세계관 간의 관계를 제시한다. 재능 계발의 한 요소인 윤리적 행동은 인류에 도움이 되는가? 만약 그렇다면 똑똑하고 재능 있는 아동들과 젊은이들의 경계선을 확장하고, 그들이 원하는 대로 도전받도록 하고, 더 나은 세상을 만들기 위해 그들이 지닌 창조성을 생산적으로 사용하도록 자극하기 위해 어떤 형태의 교육과정 기회를 제공해야 하는가?

『Gifted Child Quarterly』의 특별호에 글을 기고한 A. Harry Passow는 재능 계발이라는 용어가 대중화되기 10년 전에 그 용어를 개념화시켰다

---

1) 편저자 주: Cooper, C. R. (1998). For the good of humankind: Matching the budding talent with a curriculum of conscience. *Gifted Child Quarterly*, *42*(4), 238-244. ⓒ 1998 National Association for Gifted Children. 필자 승인 후 재인쇄.

(1985). 비범한 시각을 지닌 학자였던 Passow는 개인의 재능이 예술적, 학문적, 운동적 재능이든 카리스마적인 재능이든, 그가 '사상의 소비자나 관중이나 아마추어 감상가가 아닌 뛰어난 생산자나 수행자가 되기 위한 잠재력'이라고 정의하였던 구조인 영재성의 필수요소임을 알았다(p. 25).

Passow(1985)는 재능 계발에 관하여 다음과 같이 대담한 주장을 펼쳤다.

> 교육자와 심리학자가 아동들에게서 영재성이라고 인식하는 것은 사실 잠재적인 영재성이다. 이는 성취보다는 전제를, 미래의 성취에 대한 확실성보다는 가능성을 의미한다. 그리고 그 가능성들이 얼마나 높은 것인지에 대해서는 아동의 싹 트는 재능과 제공되는 양육의 조화에 달려 있다(p. 24).

따라서 Passow는 즉각 엄격한 판별 기준에 관한 국가적 대화를 어느 정도 늦추고, 영재교육 지도자들에게 아동의 재능을 계발하는 데 필요한 양육의 형태를 결정하는 책임을 지웠다.

더 나아가, Passow는 영재성을 창의성과 나란히 두어(1985) 재능 계발 개념이 출발하는 데 필요한 토대를 마련하였다. 그는 이렇게 말하였다.

> 창의성은 드물고 귀중한 인간의 소양을 의미하므로 이는 영재성과 호환성 있는 개념으로 보아야 한다. 결국 영재성이란 낡고 귀중한 것의 관리인이 아니라 새롭고 귀중한 것의 도입자가 될 수 있는 능력에 반영된다(p. 26).

Passow는 영재성을 성숙한 상태에 이를 때까지 개인의 잠재력을 펼치는 역동적 과정으로 인식한 것 외에도 영재성을 행동 중심적 재능이라고 보았다.

개발될 수 있다는 것이 영재성의 본성이라는 입장, 또는 초보자(아마추어) 단계에서 전문가(완성된 생산자나 수행자) 단계로 진보하기 위해 학생들에게 특별한 종류의 교육 경험이 필요하다는 입장을 지닌 학자는 Passow만이 아니었다. 이미 한 세기 전 Galton(1869)은 위대한 업적에는 지성과 열정이 필요

연구의 활용도

어떤 학생들이 다른 사람의 필요를 인식하고, 그보다 중요하게는 그러한 필요를 돌보기 위해 긍정적인 행동을 취하게 하는 것은 무엇인가? 그것은 자연스러운 감수성인가? 타인의 복지에 대한 진정한 염려인가? 아니면 이 글이 시사하는 것처럼 이 두 가지 특질을 통합하여 개인으로 하여금 인류를 위해 현재 상태를 변화시키도록 하는 것은 성숙한 인격인가?

인격을 자극하는 것은 진정한 교육과정인 현실 세상에 바탕을 둔 복잡하고 질 높고 앞선 수준의 경험에 직접적으로 참여함으로써 개발된 개인의 철학이다. 단지, 그것이 옳기 때문에 인류를 위해 선을 행하는 고결한 태도를 반영하는 이 개인의 철학은 생산적인 인간 행동을 자극한다.

영재학생들이 지닌 특별한 책임을 사회에 효과적으로 수행할 수 있게 하기 위해 그들의 도덕성을 계발하려는 Passow의 비전을 실현하려면, 이들이 윤리적인 행동을 보여 줄 수 있는 기회가 교육과정에 절대적인 구성요소가 되어 최고 수준의 사회 인식을 촉진시킬 수 있어야 한다.

하다는 신념을 내세웠고, 보다 최근에 Renzulli(1978)는 영재성의 개념을 확장시키면서 재능 자체는 Passow가 '약속'이라고 부른 것에서 이행으로 나아가는데, 혹은 '가능성'에서 확실한 성취로 변하는 데 충분치 않다고 주장하였다. 강한 정서적 요소가 개인의 재능을 계발하는 데 중요한 역할을 한다는 것은 논문에 꾸준히 실린 입장이다(MacKinnon, 1965; Passow, 1979; Roe, 1952; Sumption, Norris, & Terman, 1950; Tannenbanm, 1979; Ward, 1961).

Passow가 개념화한 것같이 재능 계발은 개인으로 하여금 그들의 독특한 능력을 확인하고 키우며, 사회적으로 가치 있는 영역 안에서 그 재능을 창조적으로 표현하거나 적용하도록 돕는 것을 뜻한다(Kirschenbaum, this issue). 달리 말하면, Passow는 재능 계발을 학생의 잠재력과 그 잠재력을 창조적으로 펼칠 분명한 목적을 위해 고안된 기회를 고의적이고 사려 깊게 연결하는 역동적 과정이라고 보았다.

이에 알맞은 비유를 장미 봉오리가 피는 것에서 발견할 수 있다. 올바른 양분과 물, 환경, 격려가 주어지면 꽃봉오리는 미개발된 혹은 닫힌 상태에서 완전히 개발된 꽃으로 서서히 피어나게 된다. 다른 장미들 가운데서도 이 장미의 모습은 남다르다. 예를 들어, 다른 장미의 꽃잎은 짧고 구부러진 반면, 이 장미의 꽃잎은 길고 납작할 수 있다. 다른 장미들의 촉촉한 질감과는 다르게 보송보송한 벨벳 같은 표면을 지니며, 같은 나무에서 자라난 다른 장미보다 한 단계 더 짙은 장밋빛을 띠게 된다. 두 가지가 절대 비슷할 수 없는 것이다. 마찬가지로, 많은 아동들과 젊은이들은 피어날 재능의 봉오리다. 그리고 **적절한 양분이 주어진다면** 그 봉오리는 훌륭한 꽃으로 피어날 것이다. 이 봉오리 맺힌 두 재능이라도 결코 동일하지 않을 것이다.

이 과정의 마지막은 행동으로 특징지어질 것이다. 재능 있는 개인은 재능 계발의 여정이 그에게 갖는 특별한 의미를 창의적인 방식으로 표현하기 위해 무언가를 할 것이다. 창의적인 생산자나 예술가를 위해 이 의미에 형태를 부여하는 것은 잘 발달된 인격과 함께 개인의 일을 추진하고 구체화시키는 개인의 철학이다.

개인의 철학과 윤리학

철학자 William James(1907)는 한 개인이 윤리적이려면 개인적 경험에서 나온 자신의 철학을 실천해야 한다고 믿었다(Walters, 1997). 아동이 어떻게 자신의 창조적인 일 혹은 자신이 지닌 재능의 표현을 특징지을 개인적 철학을 계발하는가? 어떤 종류의 개인적 경험이 그러한 철학을 계발하는 데 기여하는가? 초보자에서 전문가로 발전하는 예술가는 개인적 신념 체계 속에 단단히 짜인 몇 단계의 경험을 거친다. 이는 계획, 실험, 창조, 동료의 반응 및 비판, 수정, 마케팅, 그리고 적절한 관객의 승인이나 거부다. 이 계속 축적된 경험의 영향이 자신의 재능을 표현하는 모든 세부 내용과 관련된 예술가의 결정을 특징짓게 된다. 그리고 그에 관여된 철학은 매우 엄격한 의미에서 매우 개인적인 것이다. 특정한 시간과 특정한 상황에서 개인이 겪는

영재교육의 공공정책

독특한 경험으로 그 철학은 형성된다.

이런 인간의 노력을 일으키는 영감은 어디에 존재하는가? 이러한 영감은 인간의 영적 생존과 같은 실질적인 필요인가(James, 1902)? James가 거의 1세기 전에 제시한 원리대로 종교적 경험이 그것의 기원인가? 만약 그렇다면, James가 파악한 '종교적 경험'에 기여하는 것은 무엇인가? 오늘날 이 용어는 '영적인 경험'으로 일반화되기 쉽지만 James가 의미하는 본래의 모습은 타협될 수 없는 것이다. James는 인류는 태생적으로 선한 존재이며, 윤리적 존재인 우리는 동료들의 짐을 덜어 줄 책임을 지고 있다고 하였다. 특정한 개인들은 이 책임감을 기꺼이 열성적으로 받아들이라는 요구를 감지한다. 그들은 자신이 변화의 주체가 되고, 타인, 즉 인류의 이익을 위해 개선에 앞장설 능력이 있음을 안다. 더 나아가, 이 개인들은 그들의 재능을 짐이 아닌 기회로 인식한다.

행동에 대한 이런 요구―가능한 한 타인의 고통을 완화시키고자 하는 책임감―는 어린 나이의 아동들에게서도 찾아볼 수 있다. 미국의 국가 상징인 대머리 독수리를 지키는 데 강한 의지를 보이는 유치원생들에게 물어 보라. 목적의 심각성과 현 상태의 변화에 대한 개인의 책임감이 이 아동의 눈에 있다. 이 때문에 아동이 하는 일은 나이를 뛰어넘는다. "다섯 살짜리가 정말로 그렇게 복잡한 행동 계획을 실행할 수 있나요?" 지금까지 무엇을 이루었고, 앞으로 해야 할 일이 무엇인지에 대해 숨 가쁘게 이야기하는 아동의 말을 들으며 한 교사가 묻는다.

더 숭고한 도리에 고취된 의식은 우리에게 당장 윤리적이고 타인에게 도움이 되는 인간적 노력을 기울이라고 격려한다. 다시 한번 우리의 재능과 창의성을 창조적 생산으로 이끌고, 어쩌면 우리 재능을 가장 개인적으로 실행하는 표현으로 인도하는 강한 행동 지향성을 본다. 그러나 윤리적인 인간의 노력에 관여하라는 생각은 문명 사회의 구성원에게 기본적인 듯 보이지만, 타인이 단순한 우리의 '좋은 의도' 이상의 것으로부터 도움을 받으려면 최소한 그것은 사람이 지닌 재능과 창의성과 상호작용해야 한다.

긍정적 행동을 촉진시키는 것은 인격이 계발되는 정도와 직접적인 관계가 있다고 나는 생각한다. 어떤 이들에게 도덕적 계발은 초기에 일어나는 것 같다. 그들의 개인적 철학은 위에서 본 유치원생 행동가의 경우처럼 어릴 때 형성된다. 다른 이들은 그들의 '영혼' 혹은 '자아'(Gregore, 1998)가 정의되는 데 더 많은 시간이 걸린다.

윤리적으로 계발된 자아가 책임감에 대한 부름을 받아들일 준비가 되면 그 책임감을 행동으로 옮기는 것 외에는 선택의 여지가 없다. 예를 들어, 미국의 아동 학대와 관련된 엄청난 통계 숫자에 걱정하는 학생들은 이 사회적 요청에 부응하기 위해 이상주의와 접한 진지한 목적 의식을 갖고 부단하게 노력한다. 이 청년들에게 아동을 학대한다는 생각은 받아들일 수 없는 것이다. 살아 있는 것에 대한 학대는 잘못이며 일어나서는 안 되는 일인 것이다. 이 학생들은 타인에게 가해지는 부당함을 무시하지 못하게 만드는 도덕적 원칙 체제를 반영해서 보여 준다. 나는 이 학생들이 시작한 행동을 만든 개인적 철학은 양심이라고 생각한다.

아동이 지닌 재능의 싹과 제공되는 양육의 조화

이상적인 세계에서는 아동들의 재능은 성장과 계발의 기능으로서 자연스럽게 펼쳐진다. 앞서 말하였듯이, 매년 장미 봉오리와 같은 재능은 아주 서서히 피어나서 결국에는 부러움을 사는 훌륭한 재능으로 만개할 것이다. 각각의 아동이 독특하듯 그 아동들의 재능 역시 독특하다. 모방은 가능하지만 복제는 불가능하다.

그러나 불행하게도―최소한 아동들에게는―우리가 사는 세상은 이상과 거리가 멀다. 학교는 똑똑한 학생들을 속인다. 뛰어난 재능을 가진 아동들은 대부분의 교실에서 도전을 받지 못한다. 그들은 학생들을 능력별로 나누는 것이 정치적으로 올바르지 못하다는 이유로 많은 형태의 우등반 혹은 속진학급이 배제되어 고통을 받는다(Reis, 1994). 결과적으로 많은 재능의 싹들이 적절한 관심의 부족으로 계발되지 못하거나 꽃을 피우지 못하고 안으로 움츠러든 채 시들어 죽어 버린다.

Passow는 미래의 성취에 대한 가능성이 얼마나 높으냐 하는 것은 아동의 재능의 싹과 제공되는 영양소 종류의 조화에 달려 있다고 설명한다(1985). 이 재능의 싹은 목적의식 있고 왕성한 재능 계발의 과정을 거쳐야만, 재능 있는 젊은이들이 사회에서 가치 있게 여기는 업적을 통해 개인적 의미(철학)를 표현할 수 있게 된다. 바로 이 조화의 필요성 때문에 수 세기 동안 영재를 위한 차별화된 교육과정과 지도에 관한 토론이 계속 왕성히 진행된 것이다. 그러나 차별화된 교육과정과 지도가 무엇이냐에 관한 해석은 실제적인 문제다.

'차별화'라는 용어가 소개되기 오래 전, 국립교육연구협회의 제23회 연감위원회는 우수한 학생들의 교육과정과 지도 방식을 개정하는 문제를 심사숙고하였다. 1924년 그들은 다음과 같은 사실을 관찰하였다. '가장 큰 문제와 가장 어려운 해법은 이것이다. (능력 있는 아동의) 우수한 능력을 어떻게 자극할 것인가, 그리고 어떻게 교육과정과 교실 내의 절차를 우수한 자질을 가진 아동들의 정당한 요구에 맞게 개정할 것인가?'(Whipple, 1991, pp. 63-64)

약 30년 후에 출간된 같은 시리즈의 제57회 연감에서 Passow(1958)는 영재학생들을 위한 다양한 접근법을 검토한 다음, 구체적으로 성취하려면 특정한 개정이 중요한 것 같다고 지적하였다(p. 201). 이 비전은 우리가 다양한 형태와 수준의 재능을 수용할 지속적인 서비스의 개발을 위해 학교에 제시하는 현행 요건의 전조가 되었다.

차별화된 교육과정 분야의 걸출한 이론가는 Ward다(1961). 그는 영재학생들에게 '수학, 인문학, 자연 및 사회 과학, 그리고 무용, 드라마, 음악, 그림과 같은 예술에서' 명백히 차별화된 경험이 필요하다고 확언하였다(p. 79). 나아가, 그는 "**개인의 평생에 걸친 성장과 그에 공헌하는 사회적 상호작용**에 필요한 중요한 모든 지식과 인간 행동이 차별화된 교육과정의 내용과 과정의 요소에 포함되어야 한다.”라고 개괄하였다(p. 214, 굵은 서체는 추가한 것임).

이는 Ward가 생각을 행동으로 전환하는 데 개인의 철학이 필요하다는 James(1907)의 이론을 세상에 보급하고 있는 것이 아닌가? 분명히 Ward는 사회에 기여하려는 영재학생들의 필요성을 인식하고 있다. 따라서 차별화된 교육과정은 그들이 그들 자신만의 개인적 의미(철학)를 개발하는 데 도움이 되어야 한다. Ward(1965)는 영재를 위해 적절히 차별화된 교육과정의 목표 혹은 결과를 ‘최적으로 개발되고 지속적으로 어울리는 사람, 사회적·문화적 상호작용을 위해 교육받은 자유롭고 책임감 있는 보편화된 인간의 정신과 특성’(p. 214)으로 정의하였다. 현실화된 행동에 대한 주제는 재능과 재능의 목적 의식 있는 개발에 계속적으로 관련되어 있다.

영재의 차별화된 교육에 관한 Ward의 독창적인 연구에 기초를 둔 Marland 보고서는 십 년 후에 등장하였다. 미국 의회가 의뢰한 영재학생의 국가적인 연구인 Marland 보고서(1971)에는 이 젊은이들은 뛰어난 능력의 힘으로 “자신과 사회에 기여하기 위해 정규학교 프로그램이 제공하는 범위를 뛰어 넘는 차별화된 교육 프로그램과 (또는) 서비스를 요구하고 있다.”(p. 2)라고 언급되어 있다. 다시 한번 말하지만, 영재학생을 위한 특별 프로그램의 궁극적 목표는 고상하고 진보된, 혹은 난해하기까지 한 교육과정을 위한 교육과정 그 이상인 것 같다. 실로 그 목표는 학생들의 사회에 대한 기여다. 1957년 옛 소련의 스푸트니크(Sputnik)의 발사에 놀란 미국인들은 세계에서 힘 있고 뛰어난 자신들의 자리를 회복하기 위해 똑똑하고 재능 있는 젊은이들에게 눈을 돌렸다. “1960년대 초기에는 두뇌에 대한 요구가 높았다.”라고 Tannenbaum(1979)은 말하였다. 보다 뛰어난 능력을 가진 이들은 기여할 점이 더 많았기 때문에 그들은 재능을 묻어 두지 못하도록 압력을 받았다고 Tannenbaum은 증언하였다. 또 다시 불붙은 사회적 의무감이 미국에서 자라나고 있었다. 그것은 국가의 안전과 인류를 위한 선에 대한 새로운 관심에 창조적인 해법을 요구하는 집합적인 양심이었다.

Marland 보고서(1971)에 뒤이어, 영재를 위한 차별화된 교육과정을 구성하는 것은 무엇인가를 비롯해 그 교육과정을 실행하는 데 필요한 지도 기술에 관한 서적들이 출판되었다. 그 분야의 노련한 실천가들은 '차별화'가 단순히 '다른' 것과는 상당한 거리가 있다는 것을 알고 있지만 영재를 가르치는 초보교사들은 이 중요한 차이점을 이해하지 못하는 경우가 자주 있다. 경험이 없는 교사는 교육과정과 지도의 차별화가 단순히 다른 것을 의미하는 것이 아님을 모른다. 임용 전에 교사가 받는 교육은 영재를 위한 교육과정 개발에 대한 길잡이를 거의 또는 전혀 제공하지 않는다(Olenchak, 1993).

단순히 표준 교육과정에서 대부분의 학생들이 경험하는 것과 다른 교육과정 자료나 지도법을 사용함으로써 많은 선의의 교사들은 자신들이 능력 있는 학생들을 위해 교육과정과 지도법을 차별화하고 있다고 믿는다. 물론 여기서 부족한 것은 재능 계발 과정에 요구되는 신중한 계획이다. 이 계획들은 재능 있는 젊은이들이 의미를 구축하도록 자극하기 위해 학교가 마련해야 하는 연속적인 서비스에서 받는 질 높고 진정한 학습경험의 신중한 선택, 교사들이 학생들의 섬세한 학문적, 예술적 재능을 수용하기 위해 교육과정상에 구축해야 할 내용 및 과정과 기대 산출물에 관한 결정, 어떤 학생이 책임을 지게 될 것인지에 대한 구체적인 성과 지표의 명확성, 학생들이 엄격한 기대 성과를 지닌 교육과정에 전념하는 동안 그들의 사회적, 감정적 건강을 지속적으로 모니터하는 것이다. 요컨대, 차별화 과정은 교사가 학생들의 학문적 차이, 즉 학생들이 어떤 것을 배우고, 어떻게 배울 것이며, 그들이 배운 것을 어떻게 증명할 것인가를 수용하는 것에 관해 중요한 결정을 내리면서 시작된다(Tomlinson, 1995).

차별화된 지도법뿐만 아니라 차별화된 교육과정은 대부분의 학생들이 학교 환경에서 경험하는 표준적인 프로그램과 **질적으로** 달라야 한다. 이는 종류의 차이지 양의 차이가 아니다. 우리는 똑똑하고 재능 있는 학생들만 질 높은 교육을 경험해야 한다고 권유하지는 않는다. 사실, 영재를 위한 차별화된 교육과정의 원칙(Gallagher et al., 1969)이 개발된 후로 거의 30년 동안 일반교육은 서서히 모든 학생들의 이익을 위해 이 원칙들 가운데 몇 가지를 수용하였다. 예를 들어, 간학문적인 주제, 개별연구 기술, 현실 세계의 문제 및 높은 수준의 사고기술은 이제 미국 전역에서 일반 교육이 제공하는 교육과정과 지도법의 표준 구성요소다. 오늘날 많은 학생들은 원래 영재교육을 위해 개발되었던 질적으로 다른 교육과정의 혜택을 받고 있다(Renzulli, 1994).

이 원칙들을 똑똑하고 재능 있는 학생들을 위한 교육과정과 지도법 소개에 어떻게 통합시킬 것인지에 관해 우리는 다음 사항들을 질문해 보아야 한다. Passow(1985)가 우리에게 충고하였듯이, 싹이 트기 시작한 재능과 그 재능을 계발하는 데 필요한 양육의 조화를 이루기 위한 특별 재료는 무엇인가? 만일 우리가 이 토론의 전제, 즉 영재학생들은 평생 인류에 대한 책임을 질 준비되어야 한다는 영재교육 서적에 들어 있는 이 전제를 받아들인다면, 우리의 의무는 분명하다고 생각한다. 우리에게는 학생들이 특정한 시기에 할 수 있는 최고 수준의 학습에 진정으로 자극적이고 도움이 되는 학습경험을 구축할 강제 의무가 있다. 이 똑똑하고 재능 있는 학생들은 발레, 식물학, 사진, 약리학, 로켓 공학, 러시아 역사등 그 분야를 가릴 것 없이 각자의 관심 분야에 대해 현존하는 지식의 화려한 위용 앞에 노출되어야 한다. 학생들은 개념과 원칙, 계율, 그리고 유기적인 사회 기반 시설에서 이러한 구성요소들을 연결하는 주제를 철저히 익혀야 한다. 학문을 내부로부터, 즉 학문과 **분리되는 것**이 아니라 학문의 **한 부분**이 되어 아는 데에 꼭 필요하다.

학생들이 선택한 학문에 몰두하게 하기 위해 우리는 두 번째 학습경험군을 추가해야 한다. 이 경험들은 주로 학생들이 몰두한 학문과 구체적으로 관련된 기술, 도구, 기법의 사용을 중심으로 한다. 여기서 학생은 자원, 과정, 장비 전문가와 함께 그들 전문 분야에서 그것들을 사용하는 연습을 하고, 적절한 기술적 용어의 어휘를 익히고 사용하며, 학문에 관한 근본적인 질문을 하고, 그 해답을 찾기 위해 상위 수준의 자료를 조사한다. 학생은 또한 인류를 위해 자신의 지식을 적용하는 데 필요한 계획을 세운다. 가장 중요한 것은 학생이 창조적이고 비판적인 사유자로 성장하고, 자신이 공부하는 학문의 독특한 과정에 깊숙이 관여하는 것이다.

영재교육의 공공정책

학문의 필수적인 요소에 훨씬 더 관심을 갖고, 학문에서의 성장이 요구하는 독특한 기술, 재료 및 과정을 사용하는 일에 직접적인 경험으로 무장하게 되면 그 학생은 자신의 지식을 실제 생활 환경에 적용할 준비가 된 것이다. 이 단계의 재능 계발에서 학생은 자신의 학문을 깊이 있게 경험하게 된다.

> 목적은 학생을 단순한 교과목이 아닌 학문에 **관여시키는** 것이다. 유리를 갈아 그것을 통과하는 빛 파장의 굴절을 연구해서 안경을 만든다면 검안이라는 학문에 관련되는 것이다. 단순히 과정에 대해서만 읽는다면 그 교과목에만 관여하게 된다. 따라서 학생들은 알려진 답을 갖고 단순히 실험만 할 것이 아니라 진정한 과학적 연구를 수행하여야 한다. **그들은 학문에 관여하는 사람들이 실제로 무엇을 하는지 알아야 한다**(Arnold, 1982). (굵은 서체는 추가한 것임)

Arnold가 기술하는 과정 내에서 연구-보고서 쓰기가 아닌 연구-는 주요 구성요소다. 그리고 학생들에게 현실적인 문제에 대해 장기적인 조사를 수행하는 것은 연구자가 되기 위한 효과적인 접근법이다. 내가 10년 전에 만났던 5세 아동은 자신이 고생물학자가 될 계획이라고 하였다. 고생물학자라는 말을 그는 자신의 한 음절짜리 애칭만큼이나 쉽게 발음하였다. 왜 고생물학자를 선택하였느냐고 묻자 자크(Zak)는 무미건조하게 이렇게 대답하였다. "평생 공룡을 연구하고 있거든요!" 1학년인 그는-그와 다른 많은 과학자들에게-매우 현실적인 장기 연구를 수행하였다. 그의 연구는 '네스 호의 괴물은 파충류였나, 공룡이었나?'라는 분명한 의문점을 근거로 하고 있었다. 나중에 그는 자신의 연구 기록과 그때까지의 발견 자료, 그리고 결론을 복사해서 내게 보냈다. 내게 이 어린 고생물학자는 그 나이의 아동이 될 수 있는 진정한 연구자였다. 공룡에 대한 아동의 정보는 방대하였다. 연구 기술은 꾸준히 향상되었다(비록 자료를 찾을 때 엄마에게서 도움을 받기는 하였지만). 그는 가장 신뢰할 만한 자료만을 조사하였다. 공룡 전반에 관한, 그리고 특히 네시의 유래를 밝히려는 그의 의지는 거의 압도적이었다. 그 연구는 거의 1년이 걸렸는데, 이는 현실 세계의 문제에 대한 장기 연구에 전형적으로 소요되는 시간이었다.

아동의 싹이 트기 시작한 재능과 제공되는 양육 사이의 조화? 물론 Passow(1985)는 학생으로 하여금 자신의 개인적 의미를 구축할 수 있게 하는 고도로 진보된 교육과정을 상상하였다. 이 교육과정은 의도적으로 높은 성취도와 사고기술 개발의 인지적, 정서적 요소를 모두 다룬다. 게다가, 이 교육과정은 학습을 자극하고 뒷받침하기 위해 창조된 인도주의적이고 사회적 의식이 강한 환경 안에서 실행된다. 1991년 면접에서 Passow는 프로그램 고안자들에게 "개인의 감정, 태도, 동기, 자아개념, 가치, 그리고 성격을 걱정해야 한다. 교육적으로 우리는 길잡이를 제공하고, 학습을 자극하며 지원하는 환경을 조성해야 한다."(Kirschenbaum, this issue, p. 199)라고 역설하였다.

매우 도덕적이고 인격을 형성하는 교육과정이 난해할 필요는 없다. 그러나 그것은 참된 것이어야 하고, 현실 세계의 관심사에 바탕을 두고 있어야 하며, 진행 중인 일에 기득권을 가진 자에게 영향을 미쳐야 한다. 주로 시사적인 일들이 그러한 교육과정에 촉매로 작용한다. 예를 들어, 1995년의 오클라호마 연방 건물 폭파 사건이 있었을 때 멀리 정반대의 해안에 위치한 코네티컷과 알래스카에 사는 두 학생이 컴퓨터 온라인 서비스를 통해 그 슬픔에 잠긴 도시에 사는 그들 또래의 다른 학생들과 연결된 적도 있다. 똑똑하고 재능 있는 학생들은 도움을 주고 싶어 한다. 그들은 타인의 감정에 민감하며, 다정하고, 타인의 복지를 염려한다. 더 나아가, 그들은 **자신들에게 도울 능력이 있음을 안다**. 따라서 도울 수 있을 때마다 어떤 방식으로든 도와야 한다는 그들의 말에는 일리가 있다(Cooper, 1995). 이런 식의 아동 대 아동의 연결이 여전히 깊은 우정으로 자리 잡고 있다고 예상하는 것이 불합리하지는 않을 것이다. 적어도 이러한 연결이 어떤 아동들의 무력감을 완화시키고 그들에게 절망의 대체물로서 희망을 제공해 주었다고 말하고 싶다.

인류를 위하여: 양심 교육과정

Galton(1869)에서 Passow까지 연구자들이 제시한 주요 개념은 우리에게 강제적인 명령을 내리고 있다. 그것은 집중적인 관심 분야의 학문을 하는 학생들을 빠져 들게 하고 "상위 단계에서 학생들이 공부하는 학문의 쟁점에 대해 더 날카롭게 집중할 기회"(Ward, 1979, p. 216)를 주라는 것이다. 이를 통해 자아(Gregore, 1998)가 성숙되고 학생들은 자신의 양심에 따른 판단에 의거하여 행동하라는 요구를 수용할 준비가 된다.

열정은 상위 수준의 학습에서 행해지는 직접적인 연구의 **필수 조건**이다. 그것은 앞에 놓인 사명에 연료를 공급한다. 재능의 전개는 이미 발견되었다. 열정은 어린 예술가, 시인, 곤충학자, 분자생물학자들이 필연적인 장애물을 창의적이고 우아하게 극복하도록 도와준다. 개인의 성숙해지는 인격과 더불어 열정은 결과의 모든 단계에서 우수성을 향한 동기를 제공하여 이전에 성취한 것의 경계를 넓히도록 도와준다. 그리고 마지막으로 열정은 재능이 완전히 계발되는 데 필요한 에너지의 흐름을 유지시켜 준다. 지상의 다른 모든 것들과 마찬가지로 봉오리가 화려한 꽃으로 피어나는 것이다.

매주 토요일 아침, 한 메릴랜드 고등학교 학생은 볼티모어 시청 계단에 모인 거지들에게 음식을 준다. 그녀는 토요일 아침마다 몇 시간씩 자신보다 운이 나쁜 사람들에게 줄 수백 개의 샌드위치를 만든다. 사우스캐롤라이나에서는 에이즈에 걸린 한 용감한 어린이가 그 질병에 대한 아이들의 인식을 높이기 위해 세미나를 연다. 세인트루이스에서는 몇 년 전 초등학생 연령의 아동들이 '기저귀 보내기 대륙 횡단 운동'을 조직하고 운영하였다. 그들은 플로리다 주에 닥친 허리케인 앤드류로 난민이 된 유아들을 위해 석 달 동안 모은 화물차 한 대 분량의 기저귀와 유아식을 화물 열차에 실어 보냈다. 개인이 사회에 기여하는 예들은 매일 늘어나고 있다. 학생들은 그들이 사는 지역의 다른 사람들을 위해 이타적인으로 기여를 하는 일에 참여한다

(Lewis, 1992). 젊은 사람들은 개인의 보상을 위해서가 아니라 세상을 더 살기 좋은 곳으로 만드는 데 일조하였다는 만족감을 위해 사회 행동에 참여한다. 이런 고결한 태도는 단지 옳은 일이기 때문에 인류를 위해 선을 행한다는 개인적 철학의 한 구성요소로, 생산적인 인간의 노력을 촉발시키는 성숙한 인격의 필수요소인 것 같다.

재능 계발과 사람에게 자아실현을 하도록 하는데 지식, 학생, 교사, 창의성이 하는 역할을 조절함으로써(Ward, 1961), 재능 있는 학생들은 그 나이의 대다수 학생들에게 제공되는 교육과정에 한정되어 있을 경우에 생각하는 어떻게 배울 것인가─혹은 배우지 않을 것인가─의 문제와는 매우 다른 수준과 방법으로 자신들의 관심을 추구할 수 있게 된다. 알맞은 교육과정과 지도법은 학생들에게 싹트기 시작한 재능과 개인적으로 매우 관심 있는 분야 안에서 삶을 경험할 수 있는 기회와 특별한 자원과 격려를 제공한다.

나아가, 이런 종류의 질 높은 종교적, 영적, 도덕적, 윤리적 경험을 통해 깨달음의 과정에 있는 학생들은 사회적 책임감에 뿌리를 둔 개인적인 철학을 계발할 수 있다(James, 1907). 부당함과 고통과 억압을 완화시키려는 열정에 힘입어, 이러한 개인적 철학은 인류에 도움이 되는 매우 윤리적인 행동으로 그 사람을 이끌 수 있다. Passow는 영재학생들이 도덕성의 계발을 통해 그들이 갖는 특별한 책임을 사회에 효과적으로 실행할 수 있다고 확고히 믿었다. 그리고 필자는 이 믿음을 실현하기 위해 양심 교육과정이 필요하다고 믿는다.

📖 참고문헌

Arnold, J. (1982). Rhetoric and reform in middle schools. *Phi Delta Kappan,*
    63(7), 453-456.
Cooper, C. R. (1995). Integrating gifted education into the total school

curriculum. *The School Administrator, 4*(52), 8-15.

Gallagher, J. J., Kaplan, S. N., Passow, A. H., Renzulli, J. S., Sato, I. S., Sisk, D., & Wickless, J. (1969). *Principles of a differentiated curriculum for the gifted and talented.* Ventura, CA: National/State Leadership Training Institute on the Gifted and Talented.

Galton, F. (1869). *Hereditary genius: An inquiry into its laws and consequences.* London: Macmillan & Co.

Gregore, A. F. (1998). *The mind styles™ model: Theory, principles, and practice.* Columbia, CT: Gregore Associates, Inc.

James, W. (1902). *The varieties of religious experience.* New York: Longmans, Green, & Co.

James, W. (1907). *Pragmatism: A new name for old ways of thinking.* New York: Longmans, Green, & Co.

Lewis, B. A. (1992). *Kids with courage: True stories about young people making a difference.* Minneapolis, MN: Free Spirit.

MacKinnon, D. W. (1965). Personality and the realization of creative potential. *American Psychologist, 20,* 67.

Marland, S. P., Jr. (1971). *Education of the gifted and talented, 1.* Washington, DC: U.S. Government Printing Office.

Milne, B. G. (1979). Career education. In A. H. Passow (Ed.), *The gifted and the talented: Their education and development, the seventy-eighth yearbook of the National Society for the Study of Education, Part I* (pp. 97-103). Chicago: University of Chicago Press.

Olenchak, F. R. (1993). Teachers as role models of creative productivity: A longitudinal study in progress. (Research Brief, Vol. 8, pp. 37-44). Tuscaloosa: University of Alabama.

Passow, A. H. (1958). *Education for the gifted, the fifty-seventh yearbook of the National Society for the Study of Education, Part II.* Chicago: University of Chicago Press.

Passow, A. H. (1979). Educational policies, programs, and practices for the gifted and talented. In A. H. Passow (Ed.), *The gifted and the talented: Their education and development, the seventy-eighth yearbook of the*

National Society for the Study of Education, Part I (pp. 97-103). Chicago: University of Chicago Press.

Passow, A. H. (1985). Intellectual development of the gifted. In F. R. Link (Ed.), *Essays on the intellect* (pp. 23-43). Alexandria, VA: Association for Supervision and Curriculum Development.

Reis, S. M. (1994). How schools are shortchanging the gifted. *Technology Review, 97*(3), 38-45.

Renzulli, J. S. (1978). What makes giftedness? Re-examining a definition. *Phi Delta Kappan, 60*, 180-184, 261.

Renzulli, J. S. (1982). What makes a problem real? Stalking the illusive meaning of qualitative differences in gifted education. *Gifted Child Quarterly, 26*(4), 147-156.

Renzulli, J. S. (1994). *Schools for talent development: A practical plan for total school improvement.* Mansfied Center, CT: Creative Learning Press.

Roe, A. (1952). *The making of a scientist.* New York: Dodd, Mead.

Sumption, M. B., Norris, D., & Terman, L. M. (1950). Special education for the gifted child. In N. B. Henry (Ed.), *The education of exceptional children, the forty-ninth yearbook of the National Society for the Study of Education, Part II.* Chicago: University of Chicago Press.

Tannenbaum, A. J. (1979). Pre-Sputnik to Post-Watergate concern about the gifted. In A. H. Passow (Ed.), *The gifted and the talented: Their education and development, the seventy-eighth yearbook of the National Society for the Study of Education, Part I.* Chicago: University of Chicago Press.

Tomlinson, C. A. (1995). *How to differentiate instruction in mixed-ability classrooms.* Alexandria, VA: Association for Supervision and Curriculum Development.

Walters, M. E. (1997). William James (1842-1910) and the varieties of human abilities. *Gifted Education Press Quarterly, 11*(2), 12.

Ward, V. S. (1961). *Educating the gifted: An axiomatic approach.* Columbus, OH: Charles E. Merrill.

Ward, V. S. (1965). *Differential education for the gifted: Theory and application. Paper presented at the annual conference of the Council for Exceptional Children, Portland, OR.

Ward, V. S. (1979). The Governor's School of North Carolina. In A. H. Passow (Ed.), *The gifted and the talented: Their education and development, the seventy-eighth yearbook of the National Society for the Study of Education, Part I*. Chicago: University of Chicago Press.

Whipple, G. M. (1991). *The twenty-third yearbook of the National Society for the Study of Education, Part I. Report of the society's committee on the education of gifted children.* (ERIC Document Reproduction Service No. ED 196 204) (Original work published 1924)

11

영재 운동은 1990년에도
건재할 것인가?[1]

Joseph S. Renzulli

　새로운 십 년의 시작은 졸업식이나 선거 또는 '다른 변천(other passages)' 등과 같이 우리가 과거의 지혜를 반추해 볼 수 있는 시간이다. 이런 시기에 우리는 미래의 보편적인 특성일 뿐인 불확실성을 뚫고 나갈 수 있게 안내해 줄 새로운 진로를 계획하려고 한다. 지금 시작되는 십 년은 그러한 성찰에 특히 중요한 시기다. 왜냐하면, 미국에서 영재 운동이 지금껏 받아 온 것보다 더 강한 인정과 공적 지원을 한껏 누리고 있기 때문이다. 그러나 계속 제기되는 의문점은 이 운동이 성장하고 번영할 것인가, 아니면 과거에 여러 번 그랬듯이 또다시 흐릿하게 사라져 버리고 말 것인가 하는 것이다. 이 질문에 대한 답은 분명히 매우 복잡하지만 동시에 이 분야의 전체 미래는 프로그램 개발을 위한 하나의 '커다란' 쟁점과 그와 관련된 창조적 도전을 둘러싸고 움직이고 있는 듯하다. 중요한 쟁점의 과도한 단순화는 언제

---

1) 편저자 주: Renzulli, J. S. (1980). Will the gifted child movement be alive and well in 1990? *Gifted Child Quarterly*, 24(1), 3-9. ⓒ 1980 National Association for Gifted Children. 필자 승인 후 재인쇄.

나 위험한 일이다. 그러나 보다 큰 문제를 하나의 문제로 집중시킴으로써 여기에 제시된 생각들이 어쩌면 많은 사람들이 십 년 앞선 목표로 삼을 수 있는 공동의 목표를 확립하는 데 도움이 될지도 모르겠다.

이 크고 중요한 문제는 무엇인가? 간략하게 정리하면, 영재교육 분야는 그 것을 반대하는 자들이 지지하는 실천 방안을 위해서 개발되어 왔던 것만큼 강하고 방어적인 원리로서 실천 방안을 개발해야 한다. 아마 유추가 이것의 중요성에 대한 쟁점과 이유를 명확히 하는 데 도움을 줄 수 있을 것이다.

1930년대와 1940년대 동안 진보교육협회(Progressive Education Association)는 미국에서 가장 크고 강한 영향력을 지닌 교육 단체였다. 그러나 오늘날 사람들은 이 단체를 전혀 모른다. 왜 미국 교육을 개혁하려던 이 선구적인 시도가, John Dewey가 일으킨 교육 사상에서의 혁명이 희미하게 사라져 잊혀졌을까? 많은 역사학자들은 그 소멸의 이유를 진보주의자들이 자신들이 지지하는 것보다 반대하는 것에 대해 더 잘 알았기 때문이라고 말한다. 영재교육자들처럼 이 혁신적인 집단은 내용 중심, 암기 위주의 교육과정에 반대하였다. 그들은 학생 중심보다는 과목 중심적인 학교, 아주 작은 세부 내용까지 틀에 박힌 학교, 인본주의가 아닌 기능주의 철학에 기초한 교육과정에 반대하였다. 확실히 진보주의자들의 많은 생각들은 미국 교육의 주류에 통합이 되었다. 그러나 그 운동은 수렁에 빠져 주요 개선 방안으로서의 영향력을 잃었다. 이는 그 운동이 확고하고 긍정적인 행동으로 비판을 헤쳐 나가지 못하였기 때문이다. 1960년대의 개방교육운동을 통해서도 이와 유사한 유추를 할 수 있다.

이제 주의를 현재의 영재 운동으로 돌리자. 첫째, 대부분의 영재교육자들은 우리가 반대하는 형태의 교육적 실행에 대해 동의할 것이다. 둘째, 우리가 지지하는 것들 중 많은 것들이(예, 인지적 감정적 과정 개발에 대한 강조) 일반교육계의 사람들에 의해 통합되거나 최소한으로 받아들여졌다. 마지막으로, 몇 년 동안 영재교육 분야 내에서의 활동 증가에도 불구하고, 우리가 어린 영재들을 위해 지지하는 매일의 활동에 방어적 원리로 사용될 수 있는 체

제나 이론, 모형의 개발에는 관심이 거의 기울여지지 않고 있다.[2]

이 시점에서 실용적인 독자라면 이 글을 읽기를 포기할 준비가 되어 있을 것이라 거의 확신한다. 그 독자들은 이렇게 물을 것이다. 내게 필요한 건 월요일 아침 영재학생들과 함께할 활동인데, 왜 저자는 '그 이론 따위'에 열을 올리는가? 이 질문에 대한 답은 어렵다. 필자 역시 영재교사였으므로 두 시간 반 동안 아주 활동적인 정신을 가진 십여 명의 아동들을 바쁘게 만들 '뭔가를' 알아야(그것도 빨리) 한다는 시급성을 알 수 있다. 그러나 거기에는 딜레마가 있다. 영재아동들을 위해 즐겨 쓰는 활동 서너 가지를 신중하게 설명하며 이 글을 완성하려고 한다고 가정해 보자. 확실히 이러한 접근법이 대중적인 호소력을 가질 수는 있을 것이다. 그러나 그러한 활동이 왜 영재아동들을 위해 권장되는지에 대한 방어적 원리를 함께 곁들이지 않는다면 그것은 독자들에 대한 서비스가 아니라고 생각한다. 영재교사나 프로그램의 감독관이 교육위원회나 교육과정 협의회 앞에 서서 필자가 다른 곳에서 '터무니없는 질문들'(Renzulli, 1977)이라고 말하였던 것에 대해 대답할 수 없다면, 우리는 전투에서는 이기더라도 전쟁에서 질 위험에 처해 있다고 할 수 있다. 가장 자주 제기되는 터무니없는 질문은 이 분야에 종사하는 거의 모든 사람들에게 익숙한 것이다. '당신이 영재들을 위해 하는 일은 다른 아동들에게도 좋지 않은가?' 우리가 오직 월요일 아침의 현실만을 다루고 체제 이론과 모형 개발에 그와 같은 수준의 관심을 기울이지 않는다면 우리는 결코 이 질문에 방어적인 방식으로 대답을 할 수 없을 것이다.

체제와 이론 개발이 우리로 하여금 어떻게 전쟁에서 이길 수 있게 도와주는지에 대해 한 가지 예를 살펴보자. 비평가와 그 분야 내부의 사람들이 제기하기 시작하는 또 다른 터무니없는 질문은 평가와 관계가 있다. 그들은 우리의 프로그램에 보상이 있을지를 어떻게 아는지, 혹은 한 영재교육 접근

---

2) 이론과 체제 개발의 결여에 대한 두드러진 여섯 가지 예외 사항을 Ward(1961), Stanley(1974), Feldhusen & Kolloff(1978), Treffinger(1975), Renzulli(1977), Renzulli & Smith(1979)의 연구에서 발견할 수 있다.

법이 다른 접근법에 비해 어떤 이익이 있는지를 어떻게 알 수 있는지를 묻는다. 안타깝지만 부인할 수 없는 사실은 우리의 프로그램들이 여러 실천 방안과 활동들을 되는 대로 이어 붙여 놓은 집합체인 현실에서는 정말로 남부끄럽지 않은 평가모형을 개발할 수 없다는 것이다. 연구자와 평가자들이 모형이나 프로그램에 대한 광범위하고 통합적인 접근법을 검증할 때만 그들은 효과적인 결과를 얻을 수 있다(프로그램에 대한 최대한의 지지도 얻을 수 있기를 바라지만). 그런 다음 프로그램 감독관은 교육위원회 앞에 나가서 이렇게 말한다. '우리의 프로그램은 (이런 저런) 모형을 기초로 한 것이며, 이 틀 안에서 우리의 평가자료는 (이렇고 저렇고를) 보여 준다."

원리 개발과 관련된 몇 가지 구체적인 필요성에 대해 이야기하기 전에 언급하고 넘어가야 할 일반적인 사안에 관해 염려되는 점이 두 가지 있다. 첫째, 필자는 난해한 체제나 이론, 모형을 옹호하지 않는다는 것이다. 실용적으로 적용할 수 있는 사례와 제안이 풍부하지 않은 이론은 원리가 없는 구체적인 활동만큼이나 응용과학이나 연구 분야에 가치가 없다. 필자는 '실용적 이론'이 두 세계 모두에 최고의 것이라고 믿는다. 왜냐하면, 나란히 함께 작용하는 두 접근법(이론과 실천)은 이론과 모형을 입증하는 데 도움이 될 실제적인 학습활동을 제공하고, 창조적인 수많은 사람들이 주어진 이론이나 모형의 실용적인 적용에 기여할 수 있는 틀을 제공할 수 있기 때문이다.

둘째, 이 분야가 앞서 나가려면 우리에게는 경쟁적이고 심지어는 모순되기까지 한 이론이 필요하다. 그래야 젊은 영재들을 위해 더 나은 방법을 찾으려고 끊임없이 하나를 다른 하나에 대비하여 검증할 수 있기 때문이다. 과학에는 '오늘 받아들여진 이론은 내일이면 시대에 뒤떨어진 사상이다.'라는 오랜 속담이 있다. 아인슈타인의 업적이 뉴턴의 물리학 '법칙'의 많은 부분이 그릇됨을 증명하였듯, 우리도 전통적인 지혜와 기존의 방법에 도전해야 한다. 이러한 도전적 태도야말로 우리가 젊은 영재를 위해 옹호하는 것이다. 어쩌면 우리가 말하는 것을 실천하기에는 이미 늦었는지도 모른다. 우리 분야가 나아가려고 가장 자주 사용되는 (그리고 남용되는) 개념인 '질적 차별화'에 진정한 의미를 제공하는 데 쓰일 훌륭한 내부 대화의 전달 수단인 체제와 이론과 모형을 만들어야 한다.

네 가지 관련 사안들

다음은 보다 방어적인 체제, 이론, 모형의 개발 필요성을 담고 있는 네 가지 분야의 토론이다. 다음의 네 가지 사안들은 과거나 현재의 노력 면에서, 그리고 이 네 가지 모두가 우리 분야에서 필요한 약간의 논쟁을 자극할지도 모른다는 면에서 특히 흥미롭다.

영재 판별과 '영재적 위선'

대부분의 사람들은 인정하지 않겠지만 역사적으로 우리는 지금까지 재능을 절대적인 개념—다른 것과 아무런 관련 없이 본질적으로 그 자체로 존재하는 것—으로 보아 왔다. 이런 이유로 대부분의 판별 노력은 그 아동이 '정말로 영재인지'를 알려 줄 증거가 되는 마술 조각을 찾기 위한 방향으로 향한다. 절대적 개념은 우리로 하여금 재능이 '당신이 가지고 있는' 것이거나 혹은 '당신이 가지고 있지 않은' 것인 듯 행동하게 만든다. 그리고 결과적으로 우리는 여전히 아동을 프로그램에 '넣느냐' 혹은 '넣지 않느냐'라는 측면에서 생각한다. 절대주의자에 따르면 선택(혹은 거부) 과정에서의 실수는 영재성이 상대적이거나 상황적 개념이기 때문이라기보다는 판별도구의 결점 때문이다.

판별을 위한 다중 재능과 다중 준거에 관해 강단에서 많은 수사법들이 사용되고 있지만 특별 프로그램에 참가하는 대부분의 학생들은 최소한 1년이라는 기간 전에 미리 선택되었으며, 대부분의 경우 선택의 주요 기준이 지능검사 점수 커트라인 125나 130에서 미리 결정되었다는 것은 안타까운 사실이다.[3] 특별 프로그램의 단면을 보려면 판별 절차를 조사하기만 해도 되고, 높은 시험점수에 기대는 관행을 확인하려면 몇 개 주의 지침을 살펴보기만 해도 가능하다.

지능검사 점수에 기대는 것은 '전부가 아니면 전무'라는 식의 학생 선발을 초래하였다. 학생들은 꼬박 1년을 프로그램에 '참가'하거나 '참가하지 않는' 집단으로 나뉘고, 선발되지 않은 학생들에게는 우수한 잠재력이 매우 높게 나타나는 경우에도 특별 서비스의 기회가 거의 주어지지 않는다. 이러한 접근법은 영재성을 어떤 특질이 특정한 화제나 관심 분야 또는 특정한 재능과 관련하여 상호작용하면서 나타나는 일련의 행동이라기보다는 절대적이고 미리 정해진 조건이라고 생각된다는 점에서 머리카락이나 눈 색깔에 근거하여 학생을 선택하는 것과 유사하다고 볼 수 있다.

방대한 양의 축적된 연구(Renzulli, 1978)를 보면 창의적이고 생산적인 사람에게 나타나는 영재행동 유형은 언제나 세 가지 특성 집단 간의 상호작용 결과임이 분명히 지적되어 있다. 이 세 가지 특성 집단은 평균 이상의 능력, 과제집착력 그리고 창의성이다. 뛰어난 성과는 상호작용 특징들이 하나 혹은 여러 가지가 조합된 구체적인 수행 영역(즉, 현실 생활에서 인간이 자신을 표현하는 수많은 방법과 수단)에서 나타나게 할 때 일어난다. 연구와 오래된 상식으로 우리는 영재행동이 본질적으로 시사적이며 시간적이라는 것을 알 수 있다. 즉, 그러한 행동은 진심으로 흥미가 있는 분야와의 관계에서 나타나며, 주어진 기간에 최대한 효율적으로 작용한다. 아동이 강한 관심을 나타내고 의심할 여지없이 최대한 창의적인 노력을 쏟고 싶어 하는 이런 시기에, 보조적인 서비스와 자원이 아동에게 제공되어야 한다. 전체적인 프로그

---

3) 잘 알려진 Pegnato와 Birch의 연구(1965)는 개인의 IQ 점수와 대안적 접근법을 비교함으로써 판별 작업에 대한 복합 기준 접근법을 입증하였다. 다시 말해서, 아동은 한 가지 수단의 궁극적인 기준을 충족시키기만 하면 '정말로 재능 있다'라는 판정을 받는다. 이렇기 때문에 사람들은 개인의 IQ 점수를 사용하지, 왜 대안적 기준에 대해 고민을 하느냐 하고 의아해한다. Pegnato와 Birch가 사용한 연구 설계의 대안은 Renzulli와 Smith(1977), Jenkins(1979)의 연구에서 찾아볼 수 있다.

영재교육의 공공정책

래밍의 중요한 부분은 과제집착력과 창의성에 대한 고취(실제로는 창조)다. 그러나 우리가 그러한 고취의 노력을 프로그램에 참가할 (검사점수에 근거하여) 미리 선발된 학생들에게 한정시킨다면, 우리는 관심 계발과 창의성 계발 활동으로 혜택을 받을 수 있는 뛰어난 잠재력을 지닌 아동의 '스위치를 켜는' 데 실패할 것이다.[4] 영재행동은 어떤 아이들(일반적으로 평균 이상의 능력을 지닌 아이들)이 그들에게 주어진 기회를 이용하는 결과로 나타난다. 우리가 1) 기회의 수와 다양성을 확대하고, 2) 더 많은 학생들에게 기회를 제공하며, 3) 모든 아동들에게 모든 활동을 따르라고 요구하지 않고, 4) 아동이 끝까지 해내고자 하는 열정을 보이는 시기와 그 분야에서 보조적인 서비스를 제공한다면 우리는 영재학생들을 보다 더 효율적으로 도울 수 있다. 다시 말하면, 우리의 판별 절차는 아이들이 구조화된 질문이나 평가(즉, 상태나 정신심리학적 정보)에 반응하는 방법만큼, 경험(즉, 행동이나 수행 정보)과 상호작용하는 방법도 강조해야 한다는 것이다.

영재성의 보다 상대적인 개념의 특성과 '영재임'보다는 '영재행동' 면에서 생각할 필요성에 관해 논의하기 전에, 왜 영재성이 전통적으로 절대적인 개념으로 여겨졌는지에 관한 또 다른 이유를 생각해 보자. 다른 능력보다 더 파급적이고 지속적인 특정한 능력이 있고, 영재성에 대한 우리의 다소 편협한 개념을 낳은 것은 바로 이런 능력들이다. 본질적으로 이러한 능력에는 전통적인 학습 상황에서 시험을 잘 보는 사람과 (또는) 잘 배우는 사람이 포함된다. 비록 '학교에 잘 가'지만 지능이나 태도 또는 성취도 검사에서는 잘 '두드러지지' 않는 아동들의 사례가 많기는 하지만, 대부분의 경우 시험을 잘 보는 사람들은 잘 배우는 사람이다. 시험점수는 좋지만 어떤 이유에서인지 전통적인 학습 상황에서 성취도가 높지 않은 학생들의 사례도 많다. 시

---

4) 지면의 부족으로 관심과 창의성 계발 활동이 어떻게 재능 있는 행동 개발과 관련되어 있는지에 관해 자세한 논의는 할 수 없다. 독자들은 J. S. Renzulli의 『삼부심화학습모형: 방어 가능한 영재 프로그램 개발을 위한 가이드(The Enrichment Triad Model: A Guide for Developing Defensible Programs for the Gifted and Talented)』(Mansfield Center, CT: Creative Learning Press, 1977)의 유형 Ⅰ과 유형 Ⅱ를 참조하기 바란다.

험을 잘 보거나 잘 배우는 사람이 되는 것이 특정한 형태의 '영재성'인지 잠시 가정해 보자. 이러한 형태의 영재성은 분명 존중받아야 하며 학교 프로그램을 통해 가능한 한 제공되어야 한다. 사실, 정규 교육과정의 변형과 조정으로 가장 쉽게 제공될 수 있는 것은 이러한 형태의 영재성이다. 정규 교육과정의 자료를 치밀하고 능률적으로 소화할 수 있는 아동(시험점수와 관계없이)에게는 그런 영재성을 제공받을 기회가 주어져야 한다. 물론 이것이 아동에게 과도한 스트레스나 감정적 문제를 야기하지 않아야 한다. 일반 교사가 태만하다고 합법적으로 소송을 제기할 수도 있는 한 가지 중요한 분야가 있다면, 그것은 아동에게 제공할 일반 교육과정 자료 내용을 적절하게 변형시키지 않은 데에 있다.

시험을 치고 수업을 받는 능력을 특정한 형태의 영재성이라고 본다면 우리가 명심해야 할 고려 사항이 최소한 세 가지가 있다. 첫째, 아동이 시험을 잘 치거나 수업을 잘 받는다고 해서 창의적이고 생산적인 면에서의 영재행동을 보여 줄 것임을 보장하지 않는다는 점이다. 창의적이고 생산적인 노력은 특정 분야(일반적인 지능을 포함하지만 그에 한정되지는 않는다)의 특정 능력이 과제집착력과 창의성과 함께 결합된 결과다. 둘째, 높은 수준의 과제집착력과 창의성에서 나오는 창의적이고 생산적인 행동을 보이기 위해 시험을 잘 치거나 수업을 잘 배울 필요는 없다는 점이다. 그러나 영재성에 대한 우리의 한정된 개념 때문에 시험을 잘 치고 수업을 잘 배우는 능력을 지니면서 거기다 매우 창의적인 아이들이 특별 프로그램에 참여하거나 보조서비스를 받는 것이 방해받거나, 화제(topics)나 재능 있는 영역을 추구하는 데 뛰어난 동기를 보이는 아이들이 체계적으로 특별 프로그램에서 제외되어 왔다.

세 번째로 고려해야 할 사항은 과제집착력이나 창의성을 '타고나는' 사람은 없다는 점이다. 이 능력들은 우리가 모든 학생들에게서 계발해야 하는 것이다. 시험을 잘 치고 수업을 잘 배우는 학생들이 창의성과 과제집착력을 키우기 위해 고안된 경험의 도움을 받을 잠재력이 높은 것은 분명하지만, 이러한 능력들이 성공을 보장하는 것도 아니며, 그것 때문에 시험이나 수업에서 능력을 보이지 못하는 아동들을 배제해서도 안 된다. 어떤 점에서 보면, 과제집착력과 창의성을 계발하기 위해 세심하고 체계적으로 고안된 활동들은 우리가 영재행동의 예를 발견할 수 있는 상황이나 경우라고 볼 수 있다. 다시 말하면, 이러한 상황들에서 행해지는 수행은 우리 판별 절차의 한 부분이 되어야 하며, 전체 판별 절차는 필요성이 대두될 때 아동들이 특별 프로그램에 들어오고 나갈 수 있게 하는 '회전문' 개념을 중심으로 설립되어야 한다는 것이다.

이 접근법과 1년 내내 프로그램에 같은 아동들을 넣는 전통적인 방법의 주요 차이점은 아동(혹은 공동의 문제를 연구하는 아동들의 소모임)에게 정해진 기간 동안 그 프로그램에 들어가야 할 구체적인 존재 이유가 있다는 것이다. 그 기간은 몇 주 또는 몇 개월이 될 수도 있다. 그 기간을 정하는 주요 요소는 프로젝트를 완성하거나 특정한 문제를 해결하는 데 필요한 시간이다. 어떤 의미에서 이 접근법은 아동이 영재성의 '필요한 성분(즉, 평균 이상의 능력, 과제집착력, 창의성)'을 어느 정도 또는 모두 보여 줌으로써 특별 서비스를 받을 '권리를 얻는다'는 뜻이기도 하다. 특별 서비스를 받을 '권리를 얻는다'는 개념은 분명 논쟁의 소지가 있기는 하지만 이 접근법은 확실히 판별 과정에 관해 최근 부모들이 표명한 몇몇 매우 유효한 비판을 극복하는 데 도움이 될 것이다(특히, Weiler(1978) 참조). 이 접근법은 또한 일반 교실 교사의 지속적인 관련을 보장하는 데도 도움이 될 것이다(아동이 미리 선발되고 1년 내내 프로그램에 편성되는). 전통적인 접근법에서는 대개 일반 프로그램과 특별 프로그램이 별개로 운영되어, 일단 아동들이 영재 프로그램에 편성되면 정규 교실 교사는 진보적으로 표현되는 능력에 관해 '잊어버리는' 일이 흔하다. 반면, 회전문 접근법에서는 일반 교실 교사가 관심의 징후와 창의성, 과제집착력, 진보적으로 표현되는 능력을 꾸준히 찾아야 한다. 보다 더 세심한 '재능 탐지기'가 되는 것 외에도 정규 교실 교사는 특별지도실에 '투입'되어야 할 아동들을 찾아내는 상황이나 경우에 유용하게 작용될 특정한 형태의 심화학습 경험을 제공하여 보다 깊이 관여할 수 있게 된다. 특별지도실은 정규 교육과정의 확대와 보다 진보적인 수준의 관여가 일어날 수 있는 장소가 된다.

이러한 접근법은 특별지도실이나 순회 교사 모형 위주로 조직된 특별 프로그램의 주요 결점 가운데 하나를 극복하는 데도 도움이 될 수 있다. 대부분의 특별지도실 교사들은 특별 교사가 아니다. 그들은 전통적 의미의 교사다. 필자가 특별지도실을 방문하였을 때 아주 많은 경우에 교사는 전체 집단에 미리 정해진 수업을 하고 있었다. 수업내용은 일반 교육과정과 다르고 분위기는 조금 더 느슨하였으나 그것만 빼면 학습 또는 지도 모형은 여느 모범 교실에서 진행되는 교수 형태와 완전히 똑같았다. 특별지도반 교사가 영재아동들에게 진정한 특별 교사가 되고 싶다면 그들은 학생들을 지도하고 '수업을 가르치는' 시간을 급격히 감소시켜야 한다. 진정한 특별 교사는 개개인의 학생(또는 공동 프로젝트를 진행하는 소집단의 학생들)을 대학원 지도교수가 박사 과정의 연구 프로젝트를 진행하는 학생에게 하듯이 지도해야 한다. 교사는 학생이 관심 분야를 연구할 문제로 집중시키거나 틀을 짜도록 돕는다. 전문 연구자처럼 문제를 추구하기 위한 적절한 방법을 어디에서 찾을 수 있는지 제안하고, 적절한 자원(사람, 장비, 참고 자료, 재정적 지원)을 얻을 수 있도록 돕고, 비판적인 피드백과 편집의 도움, 격려, 기대어 울 수 있는 어깨를 제공하며, 학생의 창조적인 작품을 발표할 적절한 판로와 관객을 찾도록 도와준다.

그러나 '특별지도반 교사 쪽에서 어떻게 회전문 접근법으로 이러한 형태의 행동을 성취하도록 도울 수 있는가?'라는 질문이 있을 수 있다. 이 질문에 대한 답은 이 접근법이 아동 개개인, 아동의 특정한 관심 분야, 어떤 문제를 연구하고자 하는 아동의 의지에 강조를 두고 있다는 데 있다. 다시 말하면, 우리로 하여금 아동을 특별지도반으로 보내게 하는 근본 이유가 그들이 특별반 교사의 지도하에 공부를 할 때 제공되는 보조 서비스에 대한 바탕이 된다는 것이다. 어떤 의미에서 회전문 접근법은 특별반 교사가 개개인의 아동과 그 아동이 특별반에 보내진 구체적인 이유를 다루도록 '강제한다'.

이 접근법은 책임 문제와 프로그램 평가문제에서도 우리를 도울 수 있다. 어떤 아동이 특별반에 보내진 구체적인 이유를 안다면, 그리고 제공되는 구체적인 서비스에 대한 문서를 갖고 있다면 우리는 그 아동의 과제물들을 검토하고 그 개별적인 학생을 위해 제시된 목적과 관련된 성장에 대한 결정을 내릴 수 있다.

요컨대, 회전문 접근법은 영재 프로그램과 연관된 많은 문제와 비판을 극복할 수 있게 도와준다. 이것은 많은 부모들이 자신의 아이가 영재라고 생각하는 비교적 부유한 학군에서 특히 명백히 나타난다. 이 접근법으로 우리는 더 많은 학생을 가르칠 수 있고, IQ 점수로 잘라 내는 일을 피할 수 있으며, 연구 문헌들이 만장일치로 지지하는 특성에 진보적인 수준의 서비스를 제공해야 하는 원리를 마련할 수 있고, 특별 프로그램의 강조점을 수업 위주, 전체 집단 활동에서 개인적 강점과 관심의 개발로 옮겨 놓을 수 있게 된다.

눈속임 교육과정

우리가 특별 프로그램에 깔려 있는 원리를 살펴보아야 할 두 번째 영역은 영재교육 영역에서 사용되는 호칭 가운데 가장 성스러운 부분을 형성하는 소위 '과정 모형'이라는 것과 관련되어 있다. Bloom의 『교육 목표 분류(Taxonomy of Educational Objectives)』(Bloom et al., 1956)와 Guilford의 『지능의 구조(Structure-of-the-Intellect)』(Guilford, 1967) 모형은 특별 프로그램의 원리로 거의 예외 없이 제시된다. 그러나 이 모형들을 자세히 살펴보면 거의 분명한 두 가지 결론이 나온다. 첫째, 그 모형들은 모든 아동들에게서 계발되어야 하는 정신적 과정을 지적한다. Bloom이 자신의 분류를 '고등 정신 과정'의 분류라고 하였을 때, 그는 단지 이 과정들(모든 인간에게 공통적인)과 감각과 인식이라는 하급 과정(인간이 다른 동물들과 공유하는)의 차이점에 대한 주의를 환기시키고자 하였던 것이다. 단순히 Bloom의 연속체(분석, 통합, 평가)의 상위 목적에 초점이 맞춰져야 한다고 말하는 것으로 영재 프로그램을 막을 수 없는 한 가지 이유는, 그 분류(taxonomy)가 계급적 구조이기 때문이다. 이런 계급적 구조에서는 진보된 수준의 지식과 이해(분류법에서 가장 낮은 단계에 있는 두 가지)를 다루지 않고는 분석이나 창의성의 높은 단계에 관여할 수 없다. 과정의 예언자들이 우리에게 믿게 한 것과는 대조적으로 지식은 중요하다. 자신의 분야에서 의미심장한 돌파구를 만들려고 하는 사람에게 방법론에 관한 지식(Bloom의 수준 1.20)은 어쩌면 가장 중요한 기술일 수 있다. 이런 계급적 배열을 이해하지 못한 이유로 영재교육은 창의성과 기타 사고기술의 개발을 목적으로 하는 커트 게임(여러 형태로 진행되는 사고력 증진 게임)과 상황 특수적인 교육활동에 과도하게 의지하는 결과를 낳았다. 그저 오트밀 상자에 마카로니를 창의적으로 붙이는 방법을 30분 동안 연습함으로써 초래되는 정신적 성장과, 퀴리 부인, 루디야드 키플링, 마틴 루터 킹을 비롯해 역사가 진정으로 영재라고 인정한 이들의 업적의 원동력이 된 과제집착력 사이에는 커다란 차이가 있다고 말하기에 충분하다. 이런 점에서 우리의 주요 이론 개발에 필요한 것은 상황적 교육활동이 그 자체로 목적이라기보다는 보다 진보적인 연구로 나아가기 위한 징검다리로 어떻게 사용될 수 있는지를 배우는 것이다.

과정 모형을 신중히 살펴보면 분명해지는 두 번째 결론은 그러한 모형들이 학습활동에 부과하는 엄청난 경직성이다. (내용보다는) 특정한 과정에 집중한다는 고귀해 보이는 그들의 목표에서 그러한 활동들은 학습을—우리가 내용 중심 교육과정에서 비판하였던— 고도로 구조화된 경험의 종류로 분할시키는 경향이 있다. 그래서 이제 아동들의 머리를 동떨어진 사실과 숫자들로 채우기보다 우리는 구조화되고 미리 정해진 수업 계획에 따라 Guilford 모형에서 말하는 각 '세포'를 동떨어진 과정으로 채우고 있는 것이다. 영재는 '과정 중심적이다'라는 대중적이지만 완전한 지지를 받지 못하는 믿음 때문에 과정 모형에 의존하게 된다. 그러나 작가, 발명가, 디자이너 등 예술이나 과학의 창조적인 면에 종사하는 사람은 누구나 새롭고 상상력이 풍부

영재교육의 공공정책

한 산물을 생산하기 위해 문제를 공략하는 것이 현실이다. 이야기를 쓰거나 새로운 기계 부품을 디자인하는 행동에서 특정한 과정이 사용되고 개발된다는 것은 분명하다. 그러나 영재는 매우 결과 중심적이다. 과정은 그들의 창조적 노력에서 목표라기보다는 통로다. 우리가 이런 식으로 과정 활동을 보지 않는다면 학생들에게 사실과 숫자를 억지로 안겨 주는 것과 마찬가지로 아동들의 목에 이들을 억지로 쑤셔 넣으려 할지도 모른다.

과정 모형에 열중하는 현상에 대한 걱정은 몇 년 전 (영재를 위한) 교육과정 개발 프로젝트를 할 때 시작되었다. 그 프로젝트에는 학자 몇 명이 관여하였다. 우리가 이 학자들에게 '분류'와 '지능의 구조(Structure-of the Intellect Models)' 모형을 선전하려고 하자 그들은 이 모형이 교육학자들이 날조한 용어이거나 '눈속임 교육과정'이라고 잘라 말하였다. 그들은 심리학적 현상으로서의 과정을 인정하고, 어떤 종류의 초등교육 활동은 그 모형을 위주로 만들어질 수 있다는 데까지 동의하였다. 그러나 우리가 목표로 하는 영재에게 이 모형들은 단지 직접적인 연구자들이 자신의 관련 분야에서 지식을 추구하는 방법의 반영일 뿐이라고 그들은 말하였다. 이런 면에서 우리의 순진성을 극복하고자 한다면, 아마도 창조적인 사람들이 다양한 지식 분야에 존재하는 실제 문제를 공격하는 방법을 신중하게 연구하는 것에서 출발해야 할 것이다.

몇 가지 더 추가적인 눈속임 교육과정은 많은 영재교육자들의 학습 속도와 효율성에 대한 거의 편집적인 염려에서 비롯된 것이다. 보다 영리한 학생이 능력이 떨어지는 학생보다 교육과정상의 자료를 더 빨리, 더 정확하게 익힐 수 있다는 사실은 알고 있지만, 우리는 과제집착력과 개인의 관심, 학습방식과 같은 다른 중요한 요소들이 기여하는 점에 대해서는 정교하게 알지 못하고 있다. 이러한 요소들에 대해 이해하지 못하면서 결과적으로 영재교육에 대해 질적으로 접근하지 못하고 양적으로 접근하게 되었다. 다시 말해서, 우리는 전통적인 학습 접근법을 가속화시킴으로써 영재들을 다뤘을 뿐이다.

전형적인 학습 상황을 간단하게 분석해 보자. 거의 모든 전형적인 학습경험은 교사가 계획하고 관리하는 교육과정 자료를 단계적으로 추구하는 특징이 있다. 학생들은 미리 정해진 연습에 관여한다. 그 연습에는 보통 문제해결에 관해 지정된 절차가 있으며 성공을 위한 용인 기준이 합의되어 있다. 따라서 초등 학년에서 대개 대학 수준 과정까지의 교육과정은 연쇄적인 하나의 긴 연습 과정으로 구성되고, 학생들은 '연습하는 사람'의 역할에 배정된다. 우리는 단순히 학생들을 속진시키거나 미리 정해진 끝없는 연습에 그들이 노출되는 속도를 높이면서 정말로 질적으로 다른 일을 하고 있다고 말할 수 있는가? 단순히 연습을 하는 하나의 상황에서 학생들을 데리고 나와 그와 비슷한 다른 상황(비록 더 높은 수준이라 하더라도)에 넣는 것으로 학습자의 역할이 바뀌지는 않는다. 진보적인 재료를 가르치는 방식으로 적절한 변용이 이루어지지 않는다면 가속화된 학습경험이 정규 교육과정과 질적으로 어떻게 다른 것인지 모르겠다. 매우 능력 있는 학생들에게 빠른 속력으로 배울 수 있는 기회를 제공하는 것이 영재를 위한 특별교육의 중요한 목적이라는 것은 확실하지만, 역시 그것만큼 확실한 것은 인류의 위대한 업적이란 대담하고 모험적인 사람들이 전통적인 재료의 미리 정해진 단계별 진전의 범위를 뛰어넘었을 때 나온 결과였다는 것이다. 위대함이 만들어지는 '재료'는 이 중요한 과정에서 제시된 연습이 아니라 진정한 발견과 연구, 그리고 창의성의 경험에서만 나올 수 있다. 이러한 이유로 사람들이 영재를 위한 '교육과정을 만들고' 있다고 말할 때 나는 그 교육과정 자료가 비전통적인 영역에 있거나 선택된 주제나 과정에 관련되어 있다 하더라도 회의적인 편이다. 학습경험에 대한 인식(즉, 학습자의 역할과 그가 지식을 추구하는 방법)이 여전히 똑같다면 영재를 위한 교육과정을 만드는 것이 자기를 현혹하는 눈속임의 또 다른 예일 뿐이라고 생각한다. '교육과정을 만드는 것'은 아동과 그의 관심으로부터 시작해서 그 다음으로 직접적인 조사 활동과 진정한 창의성이라는 결과를 낳을 조건과 자원, 그리고 안내를 제공하는 것이기보다는 미리 정해서 제시하는 연습이 더 많아진다는 것을 의미한다. 우리가

영재교육의 공공정책

영재를 위해 최소한 부분적인 학교 경험만이라도 '연습에서 탈피시키는' 방법을 배울 때 우리는 질적 차별화를 위한 돌파구를 만들 수 있을 것이다.

영재교사와 아메리칸 파이

지난 몇 년간 보다 다행스러웠던 전개 양상 가운데 하나는 소위 '영재교사'를 정의하는 데 도움이 되는 특성과 행동을 파악하는 데 더 많은 강조가 이루어졌다는 점이다. 우리가 '영재교사'를 논할 때 언급하는 최소한 두 집단의 사람들이 있다. 첫 번째 집단은 당연히 전문가 집단이다. 특정한 시기에 특정한 상황하에서 영재학생들과 일하도록 임명된 개인들이다.

두 번째 집단은 우리가 영재행동을 촉발시키려고 하는 아동을 다루고 있을 때의 일반 교실 교사로 이루어진다. 예견 가능한 미래에 영재아동들이 대부분의 시간을 일반 교실에서 보내게 되리라는 것과 대다수의 학군에서 아동들이 어떠한 보조 서비스나 영재교육의 전문가에도 접근할 수 없을 것이라는 점은 슬프지만 사실이다. 이러한 상황에서 우리는 최소한 특별 프로그램 또는 '풀 아웃(pull-out)' 프로그램에서 제시하는 몇 가지 서비스를 제공하려는 노력을 해야 한다. 영재아동과 일하도록 임명되는 전문가가 되는 것은 마술이 아니다. 그러한 전문가가 사용하는 어떤 교수 행동들은 정규 교실 교사에 의해서도 매우 효과적으로 사용될 수 있다. 물론 이는 그 교사들이 그러한 역량을 배우고 그 역량들을 자신의 교실 안에서 열매를 맺게 할 시간과 자원이 있다는 가정하에서다.

영재교사들의 특별 역량이 무엇인지에 관한 질문으로 주의를 돌려 보자. 필자는 이 분야의 사람들에게 영재교사의 가장 중요한 특성을 나열해 달라고 몇 번 부탁하였다. 그 결과 만들어진 목록은 순수한 '아메리칸 파이'라고 묘사될 수 있다.

즉, 그러한 목록에는 언제나 누구도 반대하지 않을, 매우 일반적이고 판에 박힌 이상적인 문구들이 포함된다는 말이다. 그러한 목록의 상위에 항상 나타나는 것들에는 융통성, 민주성, 개인차에 대한 배려, 열린 마음, 유머 감각, 학생의 정서적 필요에 반응하는 민감성, 학습환경을 변화시키는 것 등등이다[5](재미로 하는 말이지만 당신이 영재교사의 특성을 나열하라고 부탁받는다면 위에 나온 항목들이 비교적 상위를 차지하지 않겠는가?).

이러한 특성들이 영재교사의 특성이 아니라는 말을 하려는 것이 아니다. 그러나 당신이 소위 평범한 (혹은 평균 이하의) 아동의 부모라고 가정해 보자. 이 말은 아이의 교사가 융통성이 없을 수 있다는 말인가? 비민주적이고, 개인의 차이에 대한 배려가 없고, 마음이 닫혀 있고, 유머 감각이 부족하며, 정서적인 필요에 둔감하고, 학습환경을 바꾸지 않는 등등의 특성을 가졌다는 말인가? 필자는 우리 지역의 교육위원회 앞에서 이것들이 우리 교사진의 다른 구성원들이 아니라 영재교사에서 찾는 것들이라고 말하기 꺼려질 것 같다.

'아메리칸 파이' 목록의 더 큰 문제점은 항목들이 교사교육과 관련하여 실질적인 가치를 지니기에는 너무 일반적이거나 추정에 의한 것이라는 점이다. '아메리칸 파이' 목록은 성격 요소들이며, 어쩌면 지도 과정에 더 직접적으로 관련되는 구체적인 교수 행동보다 (교사교육을 통해) 변형이 어려운 것들이다. 우리는 물론 이러한 특성에 근거하여 교사를 선택하고, 그 특성들을 보다 더 촉진시킬 수 있는 교육을 시키는 데 노력을 기울여야 한다. 그러나 다시 말하지만, 우리는 그런 특성들을 가진 '모든' 교사들을 선택하고 훈련시켜야 한다.

영재교사의 특성을 정의하는 데 진척을 이루려면 우리가 구체적인 종류의 학습, 특히 창조적 · 생산적 행동을 촉진시키는 구체적인 교수 행동에 관해 진지해지는 것이 중요하다고 생각한다. 확실히 우리는 모든 (혹은 거의 모

---

5) 이 특성 목록 가운데 몇 가지는 연구에 사용되었으며, 문헌에서 찾아볼 수 있다. 『Instructor』 (May, 1977, p. 20)의 사례를 참고하기 바란다.

든) 교사들을 보다 더 융통성 있고, 보다 높은 수준의 질문을 하고, 창의성과 정서적 계발을 촉진시키는 수업을 하도록 훈련시킬 수 있다. 그러나 동시에 단순히 수업을 배우는 역할을 뛰어넘은 (그들이 어떤 수준의 수업을 받든지 간에) 아동들에게 적용해야 할 교수 행동도 있다. 그리고 아동들이 진정으로 창조적이고 생산적인 능력을 계발하는 것을 돕는 데 가장 중요한 것은 바로 이러한 행동들이다.

평가와 확실한 자료 숭배의 모순

우리가 방어적 논리의 계발에 더 주의를 기울일 필요가 있는 마지막 영역은 프로그램 평가다. 영재를 위한 프로그램의 비교적 독특한 목적 때문에 (Renzulli, 1975), 교육의 다른 영역에서 프로그램을 평가하는 데 사용되어 온 전통적인 모형과 도구와 과정은 영재에게 제공되는 프로그램을 평가하기에 대개는 적절치 못하다. 최근 관찰 가능하고 측정 가능한 학생 행동과 관련된 목표의 구체 사항에 관해 많은 관심들을 기울였다. 많은 평가자들은 '행동 목표 모형'을 평가연구를 수행하는 만병통치약으로 여겨 왔다. 그러나 영재 프로그램의 본질, 그리고 더 복잡한 행동과 더 광범위한 형태의 창의적 산출물을 개발하려는 그들의 관심은 이 모형을 영재 프로그램에 실제적으로 적용하기에는 너무 성가신 것으로 만들 수 있다.

경직된 행동 목표 모형은 주로 가장 쉽게 측정되지만, 가장 사소한 것이기도 한 행동들에 초점을 맞추도록 강요하기 때문에 영재학생들에게 제공되는 프로그램에는 적절치 못하다. 그런 상황은 꼬리가 개를 흔드는 것과 마찬가지의 결과다. 즉, 우리의 프로그램들이 측정될 수 있는 깔끔함과 정확성 때문에 하위 수준(기초 기술)의 목표에 초점을 맞추려는 경향을 갖게 될 수도 있다는 말이다. 오늘날 교육평가에 관해 가장 영향력 있는 저자인 Michael Scriven은 '목표를 세우고, 그에 따르며, 평가 가능한 방식으로 이를 표현하라고 압력을 가하게 되면 그 사람이 만들어 내는 산출물이 언제나 바람직한 것은 아닌 방향으로 엄청나게 바뀔 수 있다.'(Scriven, 1967, p. 55)라고 지적하였다. 다른 작가들도(Stake, 1973, pp. 196-199) 평가의 실수는 우리가 매우 구체적인 성과 분야에서 더 복잡한 과정과 도달되지 않은 인간 잠재력을 향해 나아가려는 아동들의 시도를 측정해야 하는 경향이 있는 항목으로 이동할 때 현저히 증가한다고 지적한 바 있다.

검증 산업(testing industry)이 우리에게 기초기술과 일반적 성과를 측정하는 데 다양한 도구를 제공하였으나 그 때문에 지금까지 영재 프로그램의 특징인 보다 복잡한 학습과 창조적인 성취를 평가하는 기술은 부재하였다. '확실한 자료'에 대한 지속적인 요구가 이 분야의 사람들이 지지하는 프로그램에 더 많은 도움이 될 수 있는 기술과 대안적 평가모형의 개발에 제한을 가져온 것이었다. 반면, 사람들은 "영재교육자들은 나가서 이 특별한 학생들에게서 상위 수준의 매우 창조적이고 생산적인 행동을 개발해 내라!"라고 말한다. 그러나 동시에, 우리에게 이렇게 창조적인 자극을 제공하는 사람들이 규격화된 시험의 깔끔한 점수로 우리가 기울인 노력의 결과를 보이라는 요청도 한다. 불행히도 우리 목표의 복잡성과 그들이 요청하는 깔끔하고 정확한 평가자료는 공존할 수 없다. 아동의 일이 주법을 바꾸거나, 환경적으로 안전하지 못한 각 주 간의 고속도로의 건설을 막고, 상 받은 영화를 만들고, 특별한 화젯거리를 다루는 신문을 펴내고, 중요한 역사적 의미를 지닌 곳에 기념비를 설립하게 만드는 데 도움이 될 때 시험은 단순히 우리에게 성장의 양을 말하기 위해 존재하지 않는다. 이런 종류의 창조적인 산출물이 우리의 평가가 초점을 맞추어야 하는 옳고 제대로 된 자료인 것이다. 규격화된 시험점수만큼 정확하고 객관적이지는 않겠지만, 그래도 우리가 평가에서 중요한 돌파구를 만들려면 우리는 아동들이 이룬 업적을 자료로 보아야 한다. 그러한 자료에 대한 우리의 평가는 시험점수 자료보다 더 부정확할지도 모른다. 그러나 옳은 객관성에 관한 정확하지 않은 정보를 갖는 것이 그른 객관성에 관한 정확한 정보를 갖는 것보다 훨씬 나은 일이다.

구체적이고 확실한 숭배에 관하여 더욱 놀라운 사실은 그러한 객관적 자료를 요구하는 사람들 가운데 영재를 위해 우리가 옹호하는 보다 광범위한 목표에 대해서는 연구하려는 사람이 거의 없다는 것이다. 이 목표들을 출발점으로 삼아 평가 영역에서 우리가 해야 할 가장 큰 첫 번째 일은 평가 보고서를 받는 사람들(주 교육부, 교육위원회)에게 우리의 특별한 노력에는 새로운 평가모형이 필요하다는 것을 확신시키는 것이다.

그런 모형들의 주요 특성 몇 가지에 관해서는 추측만 할 수 있을 뿐이지만, 한 가지 확실한 점은 우리가 학생들이 만든 모든 형태의 산출물의 질을 평가하는 더 나은 수단을 개발해야 한다는 것이다. 그러한 평가를 하려면 특정 분야(건축, 가구 디자인, 안무가 등등)의 전문가에게서 충고를 받아야 할 것이다. 그들의 지식과 올바른 인식, 특별한 통찰력, '감식안(connoisseurship)' 을 통해 우리는 프로그램 평가에서 도움이 될 질적 기준에 관해 배울 수 있을 것이다.

참고문헌

Bloom, B. S. (1956). (Ed.). *Taxonomy of educational objectives, handbook I: The cognitive domain.* New York: David McKay Co.

Do you have to be gifted to teach the gifted? (1977, May). *Instructor*, 20.

Feldhusen, J. F., & Kolloff, M. B. (1978). A three-stage model for gifted education. G/C/T, 4, 3-5; 53-57.

Guilford, J. P. (1967). *The nature of human intelligence.* New York: McGraw-Hill.

Jenkins, R. C. W. (1979). The identification of gifted and talented students through peer nomination (Doctoral dissertation, University of Connecticut, 1978). *Dissertation Abstracts International*, 40. (University Microfilms No. 7914161, 167-A)

Pegnato, C. W., & Birch, J. W. (1975). Locating gifted children in junior high schools: Comparison of methods. In W. B. Barbe & J. S. Renzulli

(Eds.), *Psychology and education of the gifted: Selected readings.* New York: Irvington Press.

Renzulli, J. S. (1975). *A guidebook for evaluating programs for the gifted and talented.* Ventura, CA: Ventura County Superintendent of Schools.

Renzulli, J. S. (1977). *The enrichment triad model: A guide for developing defensible programs for the gifted and talented.* Mansfield Center, CT: Creative Learning Press.

Renzulli, J. S. (1978). What makes giftedness: Reexamining a definition. *Phi Delta Kappan*, 60, 180-184.

Renzulli, J. S., & Smith, L. H. (1977). Two approaches to identification of gifted students. *Exceptional Children*, 44, 512-518.

Renzulli, J. S., & Smith, L. H. (1979). *A guidebook for developing individualized educational programs (IEP) for the gifted and talented.* Mansfied Center, CT: Creative Learning Press.

Scriven, M. (1967). *Perspectives on curriculum evaluation.* AERA monograph series on curriculum evaluation, No. 1. Chicago: Rand McNally.

Stake, R. E. (1973). Measuring what learners learn. In E. R. House (Ed.), *School evaluation: The politics and process.* Berkeley, CA: McCutchan.

Stanley, J. C., Keating, D. P., & Fox, L. H. (1974). (Eds.). *Mathematical talent: Discovery, description, and development.* Baltimore: Johns Hopkins University Press.

Treffinger, D. J. (1975). Teaching for self-directed learning: A priority for the gifted and talented. *Gifted Child Quarterly*, 19, 46-59.

Ward, V. S. (1965). *Educating the gifted: An axiomatic approach.* Columbus, OH: Charles E. Merrill, Inc.

Weiler, D. (1978). The alpha children: California's brave new world for the gifted. *Phi Delta Kappan*, 60, 185-187.

Lang, M. E. 176, 188
Lewis, B. A. 266
Lykken, D. 72

MacIver, D. 114
MacKinnon, D. W. 167
Madden, N. A. 56
Maker, J. 201
Margolin, L 75, 76
McGue, M. 72
Morelock, M. 72
Myers, M. G. 177, 179, 187

Naisbitt, J. 44
Nehring, J. 195
Nelson, S. 33, 129

Oakes, J. 71, 114, 187, 195
Oden, M. 167
Olenchak, F. R. 261

Parker, J. 80, 81
Passow, H. 197, 202, 253
Patton, J. 73
Pendarvis, E. 73
Peterson, P. 245
Piechowski, M. M. 167, 197
Plessas, G. P. 187
Plomin, R. 72

Popkewitz , T. 96
Price, E. H. 178, 187
Purcell, J. H. 33, 141, 168

Ramos-Ford, V. 74, 197
Reis, S. 30, 55, 60, 71, 79,
    140, 168, 222, 259
Renzulli, J. S. 30, 35, 55, 60,
    62, 71, 79, 140, 197, 202,
    222, 255, 262, 287
Resnick, L. B. 177
Richert, S. 197
Rimm, S. 202
Robinson, A. 77, 115, 177,
    178, 187
Roedell, W. C. 177, 178, 184,
    187
Rogan, J. 55

Salvin, T. 169
Sapon-Shevin, M. 71, 76
Sawyer, R. 76
Schulman, S. 179
Segal, N. 72
Shore, B. 77
Sicola, P. 114
Silverman, I. K. 167
Sizer, T. 201
Slavin, R. E. 56, 58, 114, 115

Smith, L. H. 56
Starko, A. J. 140
Stepien, W. 78
Sternberg, R. J. 197

Tannenbaum, A. 197, 260
Taylor, B. M. 53
Tellegen, A. 72
Terman, L. M. 103, 178
Tomlinson, C. A. 34, 114,
    261
Torrance, P. 103, 201
Treffinger, D. J. 34, 76, 79,
    201, 203

VanTassel-Baska, J. 78, 81,
    201, 202
Vukelich, C. 178

Walters, M. E. 256
Ward, V. 77, 202, 259
Welsh, P. 195
Westberg, K. L. 169
Whipple, G. M. 259
William James 253, 256

Zettel, J. 195
Zigler, E. 176, 188

내 용

Sally M. Reis

Sally M. Reis는 코네티컷(Connecticut) 대학교의 교육심리학과 학과장이며, 국립영재연구소의 책임 연구원으로 활동하고 있다. 15년 동안의 교사 재직 기간 중에서 11년을 초 · 중 · 고등학교에서 영재를 가르쳤다. 130여 편의 논문, 9권의 책, 그리고 수많은 연구 보고서를 집필하였다.

그녀의 연구대상은 학습장애 학생, 여성 영재, 재능 있는 학생 등 영재와 재능을 지닌 학생이다. 특히, 영재를 위한 학교전체 심화학습모형의 확장뿐 아니라, 이전에 영재로 판별되지 않은 학생의 잠재력과 재능을 확인하기 위해 일반적인 강화를 제공하고 강의를 늘리는 데도 노력을 기울이고 있다.

또한 워크숍을 운영하며, 학교의 영재교육, 심화 프로그램, 재능발달 프로그램의 전문성 개발을 위해 여러 곳을 다니며 힘쓰고 있다. 『The Schoolwide Enrichment Model』 『The Secondary Triad Model』 『Dilemmas in Talent Development in the Middle Years』의 공동 저자이며, 1998년에는 여성의 재능 발달을 다룬 『Work Left Undone: Choices and compromises of Talented Females』를 출판하였다. 그리고 『Gifted child Quarterly』를 포함한 여러 저널 위원회의 편집 위원으로 활동하면서, 미국영재학회 회장을 역임하였다.

James J. Gallagher

James J. Gallagher는 Chapel Hill에 위치한 노스캐롤라이나 대학교 부설 프랭크 포터 그래이엄 아동발달연구소(Frank Porter Graham Child Development Institute)의 선임연구원이다. Gallagher 박사는 40여 년간 뛰어난 아동들을 위한 교육 분야에 종사해 왔다.

그는 2004년 현재 World Council for Gifted and Talented와 Council for Exceptional Children(CEC)의 회장직을 맡고 있으며, 미국영재학회의 회장을 역임하였다. 저서로는 Samuel Kirk, Nick Anastasiow와 공동 저술한 뛰어난 교과서 『Educating Exceptional Chilren』이 있고, 자신의 딸인 Shelagh Gallagher 박사와 『Teaching the Gifted Child』를 공동 집필하였다.

역자 소개

김 미 숙
이화여대 영어영문과 졸업
미국 로체스터대학교 석사(인간발달 전공)
미국 로체스터대학교 철학박사(교육학 전공)
미국 워싱턴주립대 객원조교수 역임
(현재) 한국교육개발원 영재교육센터 소장

〈주요 저서〉
영재 리더십 프로그램(공저, 한국교육개발원, 2007)
2006 영재교육기관 컨설팅을 위한 기관 맞춤형 평가(공저, 한국교육개발원,
 2006)
영재교육 강화 사업성과 지표평가 연구(공저, 한국교육개발원, 2005)

유 효 현
원광대학교 교육학과 졸업
홍익대학교 석사(교육심리 전공)
홍익대학교 박사(교육심리 전공)
한국교육개발원 영재교육센터 근무
(현재) 명지대학교 강사

〈주요 저서〉
영재 리더십 프로그램(공저, 한국교육개발원, 2007)
2006 영재교육기관 컨설팅을 위한 기관 맞춤형 평가(공저, 한국교육개발원,
 2006)

이 행 은
이화여자대학교 교육학과 졸업
이화여자대학교 석사(교육과정 전공)
University of Georgia (교육심리 전공)
(현재) 한국교육개발원 연구위원

〈주요 논문〉
The Relationship between Bilingualism and Creativity of Korean
 Americans (University of Georgia)

영재교육필독시리즈 제12권

영재교육의 공공정책
Public Policy in Gifted Education

2008년 1월 8일 1판 1쇄 인쇄
2008년 1월 15일 1판 1쇄 발행

엮은이 • James J. Gallagher
옮긴이 • 김미숙 · 유효현 · 이행은
펴낸이 • 김진환
펴낸곳 • **학지사**

121-837 서울시 마포구 서교동 352-29 마인드월드빌딩 5층
대표전화 • 02-326-1500   팩스 • 02-324-2345
등록 • 1992년 2월 19일 제2-1329호
홈페이지 www.hakjisa.co.kr
ISBN 978-89-5891-552-2   94370
      978-89-5891-540-9   (전13권)

가격 15,000원